자바 프로그래밍 바이블

: 차근차근 배우는 자바 A to Z

오경주, 염기호, 정용훈 지음

KB210949

한빛아카데미
Hanbit Academy, Inc.

지은이

오경주 adonis_oh@hanmail.net

1996년부터 지속적으로 강의를 해오면서 2000년대 초반부터 동국대학교 위기관리 연구센터 프로젝트와 엘림티엔씨 솔루션 개발 및 혼다 자동차 사이트의 웹 컨트롤러 개발, 쌍용에스아이에스티 사이트 개발 등 실전 프로젝트에 지속적으로 참여하고 있다. 이러한 경험을 통해서 현재는 개발자의 마음과 강사의 눈을 가지고 (주) INCREPAS에서 교육과 개발을 겸하고 있다. 평범한 안정보다는 작지만 독특한 도전을 갈망하고 박수를 보내는 성격이며 현재는 미약하지만 중고등학생들의 프로그래밍 교육을 위해 시간을 아끼지 않고 있다.

염기호 yumkh99@hanmail.net

어린 시절부터 베이직, 코볼, 포트란, 어셈블리 등의 많은 언어를 다루어 보았다. 그리고 대성정보처리, 중앙정보처리, KCC 교육센터, 쌍용정보통신교육센터 등에서 C/C++, Visual C++, Java, VB 등의 프로그램 강의를 하였고 프리랜서로 프로젝트에 참여하고 있다. 현재는 한빛 ENI 대표이사로, IT 사업과 고급 인력 양성에 힘을 보태고 있다.

정용훈 john@increpas.com

2000년 후반부터 스타트업들의 콘텐츠 개발과 안드로이드 개발을 지속적으로 해오면서 옳은 길을 찾아다니는 행복한 사람이다. 자바, 안드로이드를 비롯하여 스마트워치, 유니티, Kotlin, Hybrid 등 여러 분야에 관심이 있다. 현재는 (주) INCREPAS에서 개발 및 강의를 하며 3D와 융합 SW에 관심을 가지고 꿈을 키워 나가고 있다.

자바 프로그래밍 바이블 : 차근차근 배우는 자바 A to Z

초판발행 2016년 8월 12일
5쇄발행 2023년 01월 03일

지은이 오경주, 염기호, 정용훈 / **펴낸이** 전태호
펴낸곳 한빛아카데미(주) / **주소** 서울시 서대문구 연희로2길 62 한빛아카데미(주) 2층
전화 02-336-7112 / **팩스** 02-336-7199
등록 2013년 1월 14일 제2017-000063호 / **ISBN** 979-11-5664-273-2 93000

책임편집 김성무 / **진행** 김성무
디자인 표지 김연정 내지 여동일
영업 김태진, 김성삼, 이정훈, 임현기, 이성훈, 김주성 / **마케팅** 길진철, 김호철, 주희

이 책에 대한 의견이나 오탈자 및 잘못된 내용에 대한 수정 정보는 아래 이메일로 알려주십시오.
잘못된 책은 구입하신 서점에서 교환해 드립니다. 책값은 뒤표지에 표시되어 있습니다.

홈페이지 www.hanbit.co.kr / **이메일** question@hanbit.co.kr

지금 하지 않으면 할 수 없는 일이 있습니다.
책으로 펴내고 싶은 아이디어나 원고를 메일(writer@hanbit.co.kr)로 보내주세요.
한빛아카데미(주)는 여러분의 소중한 경험과 지식을 기다리고 있습니다.

1시간 강의를 위해
3시간을 준비하는 마음!

군더더기 없는 핵심 원리 + 말랑말랑 쉬운 컨텐츠

핵심 원리 하나만 제대로 알면 열 가지 상황도 해결할 수 있습니다.
친절한 설명과 명확한 기승전결식 내용 전개로 학습 의욕을 배가시켜줍니다.

핵심 원리 → 풍부한 예제와 연습문제 → 프로젝트로 이어지는 계단 학습법

기본 원리를 다져주는 예제, 본문에서 배운 내용을 촘촘하게 점검해볼 수 있는 연습문제,
현장에서 바로 응용할 수 있는 프로젝트를 단계별로 구성해 학습의 완성도를 높였습니다.

학습욕구를 높여주는 현장 이야기가 담긴 IT 교과서

필드 어드바이저의 인터뷰와 주옥 같은 현업 이야기를 담았습니다.
강의실 밖 현장의 요구를 접하는 기회를 제공하고,
학생들 스스로 필요한 공부를 할 수 있도록 방향을 제시합니다.

자바라는 새로운 인연을 자신감으로 맞이하자!

"한 사람이 인연을 기다리며 서성이고 있다! 무작정 기다리는 인생? 속된 말로 너무 싱겁지 않을까? 내 인생을 만들어 가기 위해 주저하지 말고 이 책을 선택하라! 그리고 떠나야 한다. 인연은 기다리는 것이 아니라 찾아가는 것이며, 아무 것도 하지 않고 이렇게 시시하게 맞이해서는 안 된다."

지금 저자가 소개하고자 하는 인연은 자바라는 프로그래밍 언어다. 현재 객체지향 언어로서 웹 환경을 장악하고 있는 언어가 바로 자바다. 많은 회사들이 자사의 웹 언어로 자바를 선택할 정도로 유지보수 및 실용적으로 접근할 때는 자바가 최강자다.

이 책에서는 모든 자바 기술의 기본이 되는 Java 2 Platform, Standard Edition(J2SE) 기반을 다루었다. 전공자뿐만 아니라 프로그래밍 언어를 처음 접하는 비전공자들도 쉽고 진지하게 접근할 수 있도록 편하게, 하지만 결코 가볍지 않게 집필했다.

우리가 일상생활에서 보고 접하는 것들이 모두 객체이기 때문에 객체지향 언어는 우리가 가장 쉽게 접할 수 있는 프로그래밍 언어라 생각한다. 하지만 일상생활에서 미처 생각하지 못한 부분까지 구체적으로 표현하다보니 처음 접하는 독자들에게는 어렵게 느껴질 수도 있을 것이다.

또한, 이 책을 통해 자바 프로그래밍의 전체적인 흐름을 속속들이 이해하게 된다면 그보다 좋을 것이 없겠지만, 아무래도 한 권의 책에 프로그래밍 언어의 모든 것을 담기는 쉬운 일이 아니며, 결국 이 작디작은 지면 위에 저자들이 담은 것은 사막의 모래알과 같은 작은 지식에 불과함을 이해해주길 바란다.

다만 저자들이 바라는 것은 독자들이 이 책을 통해 "자신감"을 갖게 되는 것이다.

저자들은 풍부한 강의 경험을 바탕으로 자바의 객체지향 개념과 Collections의 활용 등 다양한 실무 요소들을 최대한 쉽게 풀어서 소개했다. 시작하기도 전에 "할 수 있을까?" 의심하며 위축되지 말고, 이 책을 통해 자바라는 새로운 인연에 친숙함과 자신감을 가지고 다가서길 바란다.

저자 오경주

JDK가 버전업되면서 자바에는 없었던 새로운 기능들이 추가되었고, 불편했던 점들도 많이 개선되었다. 물론, C언어와 비슷해져서 "자바 고유의 특징이 퇴색된 것 아니냐?"고 불평하는 사람들도 있다. 하지만 프로그래밍 언어는 그것을 사용하는 개발자가 조금이라도 더 쉽게 프로그래밍 할 수 있도록 계속 다양한 기능을 제공해야 된다고 생각한다. 앞으로도 계속 그렇게 될 것이라 믿고, 이 책을 선택한 독자분들은 자바의 정확한 개념 설명과 다양하게 활용할 수 있는 예제 및 설명을 통해 자바라는 언어를 정확히 이해할 수 있을 것이라 믿는다.

필자의 책을 읽어 주실 독자 여러분에게 감사의 마음을 전하고, 이 책을 집필할 수 있도록 협조해 주신 한빛아카데미㈜ 관계자 분들과 옆에서 항상 힘이 되어준 아내 허지은, 변함없이 저를 지켜 주시고 보살펴 주시는 부모님과 가족, 그리고 주위에 있는 모든 분들에게도 감사의 마음을 전하고 싶다. 마지막으로 집필을 무사히 마칠 수 있도록 해주신 하나님께 감사드린다.

저자 염기호

자바는 초보자가 배우기에도, 숙련자가 사용하기에도 상당히 편한 언어이다. 특히 객체지향 프로그래밍은 반드시 알아두어야 할 중요한 기법이므로, 이 책에서는 클래스를 의도적으로 분리하여 클래스 간의 상호작용을 확인하기 편하게 기술하였다.

또한 JDK 버전이 올라가면서 향상된 기능들(API 향상, 람다식, Base64 클래스 추가 등)을 반영함으로써 입문자들도 문법상으로 접근하기 편하도록 노력을 기울이는 한편, 저자가 그동안 자바를 공부해오면서 어려웠던 부분이나 기술적으로 설명하기 복잡했던 부분은 독자들도 본인과 같이 헤매는 일이 없도록 최대한 체계화, 간략화하였다.

마지막으로 이 책을 집필하는 데 많은 도움을 주고 응원해주신 사랑하는 가족과 여자친구, 그리고 회사 동료들에게도 감사의 마음을 전한다.

저자 정용훈

● 이 책을 읽기 전에

누구를 위한 책인가?

이 책은 자바의 최신 버전을 기반으로 기초 문법에서 네트워크 프로그래밍까지 배우는 자바 기본서다. 특히 객체지향 개념과 자바 언어의 깊이 있는 설명을 통해 자바에 대한 근본적인 이해를 꾀했으며, 해당 개념을 다지는 예제로 응용력까지 담보했다. 또한 다년 간의 강의 경험을 토대로 독자들의 눈높이를 정확히 맞췄기 때문에 자바를 처음 배우려는 이들에게 매우 적합하다.

선수 연계 과목

프로그래밍을 처음 시작하는 학습자들을 대상으로 집필했기 때문에 특별하게 선수 과목의 필요성은 없다. 그렇지만 컴퓨터와 프로그래밍에 대한 기본 이해가 있다면 좀더 쉽고 빠르게 배울 수 있다. 물론, C 언어와 같은 프로그래밍 언어를 사용한 경험이 있다면 더할나위 없이 좋다.

● 이 책의 구성 요소

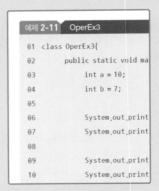

용어 풀이, 부연 설명

본문에서 다룬 중요한 내용이나 어려운 용어에 대한 추가 설명 등은 아래에 별도로 구성하여 바로 확인할 수 있다.

예제

개념 설명 이후 바로 이어지기 때문에 본문에 대한 이해력을 높일 수 있고, 행별로 자세한 설명을 달아 쉽게 흐름을 파악할 수 있다.

저자 한마디

저자가 강의하면서 발견한 유용한 팁, 학습자가 자주 막히는 부분에 대한 정리, 참고로 알아두면 좋은 내용을 정리했다.

● 이 책의 뼈대만 빨리 보기

이 책은 풍부한 분량으로 다음과 같이 자바의 기술 흐름에 맞춰 세 부분으로 나눌 수 있다. 따라서 독자들은 자바의 기본 문법, GUI 프로그래밍에 필요한 그래픽 처리 방법, 네트워크, 데이터베이스와 같은 자바의 고급 기술 등 필요한 부분만 적절하게 선택하여 공부할 수 있다.

❶ 기초학습(1장)

자바의 탄생과 특징, 객체지향 언어에 대한 기본적인 내용을 살펴보고 JDK에서 새롭게 변화된 내용도 알아본다. 그리고 JDK를 직접 설치한 후 가장 기초적인 자바 프로그램을 작성하면서 자바에 대한 감을 익힌다.

❷ 기본학습(2장~8장)

자바의 기본적인 문법을 다루는 부분이다. 주석문과 제어문, 클래스와 배열, 패키지와 예외, 제네릭과 컬렉션에 대해 알아보고 그 밖의 유용한 클래스들을 별도로 살펴본다. 자바로 프로그래밍하는 데 있어 가장 기본적인 내용들이므로 여러 번 반복해서 확실하게 익혀두어야 한다.

❸ 심화학습(9장~12장)

자바에서 그래픽을 처리하기 위해서 필요한 내용을 배운다. GUI 프로그래밍에 대한 개념에서부터 컨테이너, 컴포넌트, 배치관리자 등 그래픽 프로그램에 필요한 구성요소를 다루며 전통적인 그래픽 처리 방법인 AWT와 AWT 관련 이벤트, 애플릿을 배운다. 그리고 좀더 강력해진 스윙을 통해서 그래픽 프로그램에 대한 체계를 확립한다.

❹ 응용학습(13장~17장)

이제 좀더 세련된 프로그래밍을 하기 위한 단계에 들어섰다. 스레드와 동기화, 입출력 스트림을 통해 다중 사용자 및 동일한 자원을 효과적으로 처리하기 위한 자바의 고급 기술을 다루며, 네트워크, NIO, JDBC 등 인터넷 기반에서 필요한 자바의 응용까지 함께 배울 수 있다.

☆ **요약**

1 식별자는 클래스명, 메서드명, 변수명과 같
   다. 그리고 %, # 등과 같은 특수문자들을
   와 정의에 필요한 공통 규칙이다.

   • 클래스명 정의 규칙: 첫 문자를 대문자로

   • 변수/메서드명 정의 규칙: 첫 문자는 소
     로 표현한다.

   • 상수명 정의 규칙: 모든 문자를 대문자로

요약

해당 장이 끝날 때마다 핵심 내용을 요약해서 정리한다. 해당 장에서 익힌 세분화된 지식을 여기서 전체적으로 조립하여 완성된 모습으로 볼 수 있다.

☆ **연습문제**

1 int형 변수 a에 10을 대입하고 int형 변수
   적 OR)를 사용하여 얻어지는 결과는 얼마

2 다음 예제를 보고 출력되는 결과를 예측해

```
01  class OperTest1{
02    public static void main
03      int a = 10;
04      int b = 20;
05      System.out.println
```

연습문제

각 장에서 익힌 핵심 내용을 문제 형식으로 정리해 본다. 문제를 풀면서 익힌 내용을 확인하며 응용력을 배가시킬 수 있다.

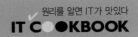
강의 보조 자료

한빛아카데미 홈페이지에서 '교수회원'으로 가입하신 분은 인증 후 교수용 강의 보조 자료를 제공받으실 수 있습니다. 한빛아카데미 홈페이지 상단의 〈교수전용공간〉 메뉴를 클릭해 주세요.
http://www.hanbit.co.kr/academy
(일반 독자에게는 연습문제 해답을 제공하지 않습니다.)

예제소스/개발도구 설치 및 설정 방법

다음 사이트로 접속하면 본문에서 사용한 예제소스를 압축된 형태로 내려 받을 수 있습니다.
또한 에디트 플러스, 이클립스 설치 및 설정 방법이 담긴 PDF 파일도 내려 받을 수 있습니다.
http://www.hanbit.co.kr/exam/4273

연계 사이트(문의/다운로드)

- jdk-8u66-windows-x64.exe 또는 jdk-8u66-windows-i586.exe
  내려받기 : http://www.oracle.com

- 에디트 플러스
  내려받기 : http://www.editplus.co.kr

- 이클립스
  내려받기 : http://www.eclipse.org

연습문제 해답 안내

본 도서는 대학 강의용 교재로 개발되었으므로 연습문제 해답은 제공하지 않습니다.

차례

Chapter 14 입출력 스트림

Chapter 15 네트워크

자바란 무엇인가?

✳ **학습 목표**
- 자바에 대한 기본적인 내용을 배운다.
- JDK의 설치와 환경 설정을 익힌다.

자바 소개

❶ 자바의 탄생

1991년경 썬 마이크로시스템즈(이하 썬)에 소속된 제임스 고슬링(James Gosling)을 비롯한 일부 연구진들은 '그린 프로젝트(Green Project)'라는 이름으로 '오크(Oak)'라는 새로운 언어를 개발하고 있었는데, 이 언어의 목적은 오디오, TV, 세탁기 등 각각의 가전제품을 제어하는 통합된 언어를 만드는 것이었다. 즉, 각각의 하드웨어에 종속 받지 않고 이식성이 높은 언어를 만들고자 했다. 하지만 결국 이러한 개발 목적을 달성하지 못하고 실패로 돌아가고 말았다.

그 무렵 웹(WWW)이라는 문화가 급속도로 발전하자 썬에서는 오크 언어의 공식 명칭을 '자바(Java)'로 바꾼 뒤 서로 다른 컴퓨터 사이에서 호환성과 이식성이 뛰어난 언어로 발전시켰다. 그리고 자바의 애플릿(applet)을 이용한 동적 웹페이지의 데모를 시연하면서 자바는 전 세계에 급속히 알려졌다.

결국 가전제품의 통합이 목적이었던 것을 웹으로 전환한 썬의 발상전환은 적중하였고, 오늘날 자바는 많은 기업에서 분산 컴퓨팅 시스템과 웹 서비스에 이르기까지 폭 넓게 사용되고 있다.

 저자 한마디

**자바의 기술
채택 과정**

자바의 모든 기술력과 새로운 기술력 그리고 자바 커뮤니티 등을 단계적으로 지원하는 공식 사이트가 바로 http://www.oracle.com이다. 여기에는 자바 기술력의 제안서라고 할 수 있는 JSR(Java Specification Requests)과 자바 기술의 표준화를 진행하는 단체, 즉 JCP(Java Community Process)도 있다.

JCP는 세계적으로 유명한 회사들로 형성되어 있으며 이들간의 협력으로 운영되고 있다. 지금까지 저자가 확인한 것에 의하면 자바의 전체 기술 제안(JSR)은 200여 개가 넘으며 여기서 어떤 것은 채택을 기다리거나 또는 이미 채택되어 개발에 들어가 있는 것도 있다. 그리고 또 어떤 것은 채택되지 않아 소외당한 제안도 있다. 앞으로도 이러한 과정을 거쳐 더욱 발전할 것이다.

❷ 자바의 특징

자바의 특징을 얘기하자면 어떤 것부터 얘기해야 할지 고민을 하게 된다. 자바는 완벽한 객체지향 언어로서 단순함(Simple)을 바탕으로 한 네트워크 프로그래밍 등과 같이 너무도 좋은 기능이 많기 때문이다. 그렇지만 자바의 수없이 많은 특징 중 대표적인 내용을 선별해서 살펴본다.

배우기 쉽다

자바의 가장 큰 특징은 배우기 쉽다는 것이다. 예를 들어 보자. 간단하게 자바를 C++와 비교해보면 메모리를 접근하는 '포인터' 개념이 자바에는 없다. 자바와 같은 객체지향 언어의 특징은 복잡하고 다루기 힘든 부분은 모두 제거하고 꼭 필요한 부분들만 적용시켜 프로그래밍을 간편하게 작성하는 데 있기 때문이다. 따라서 필요성이 낮고 다루기가 힘든 부분들은 사용자의 작업 영역에서 제거하여 언어 자체가 단순하면서 배우기가 좀더 쉬워진 것이다.

📄 포인터(pointer) : C 언어에서 접근하고자 하는 자료나 프로그램 등의 정보가 기억되어 있는 메모리 내의 주소(번지)를 가지고 있는 변수다.

플랫폼 독립성

이 특징이 바로 자바의 가장 큰 특징 중 하나라고 말할 수 있다. 이해를 돕기 위해서 우리 생활과 밀접한 화폐와 관련된 예를 들어보자. 우리나라 화폐인 원화를 캐나다나 유럽에 있는 다른 나라에 가서 직접 사용할 수는 없다. 반대로 다른 나라의 화폐를 직접 가져와서 우리나라에서 사용할 수 없다. 당연하지만 각 나라들마다 통화의 기준과 쓰이는 단위가 다르기 때문이다.

컴퓨터도 마찬가지다. 운영체제(윈도우, 리눅스, 유닉스 등)별로 환경이 다르므로 해당 운영체제에서 돌아갈 수 있는 적합한 환경이 필요하다. 그러다 보니 윈도우 환경에서 구동되는 프로그램이 리눅스에서 실행하면 동작 환경이 달라 구동되지 않는 문제가 발생하게 된다.

[그림 1-1]을 보면 쉽게 이해가 될 것이다. 윈도우 운영체제와 리눅스 운영체제의 블록 모양이 다르므로 운영체제별로 별도의 프로그램을 사용해야 한다. 따라서 똑같은 동작을 가진 프로그램을 각 운영체제에 따라 따로따로 준비해야 하는 시간적 또는 비용적 부담이 늘어나게 된다.

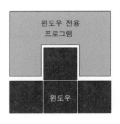 

[그림 1-1] 타 언어의 운영체제별 실행 조건

다시 통화의 예로 돌아가서 생각해보자. 그렇다면 각 나라마다 통화 단위가 다르기 때문에 공통적으로 통용할 수 없는 것이 이유가 된다면 각 나라들이 모여 통화 단위의 기준을 같이 정하여 통용할 수 있는 환경을 구축하면 되지 않을까? 눈치 빠른 독자들은 이쯤에서 독일과 프랑스, 네덜란드 등 유럽에서 유통되는 유로(EURO)라는 유럽연합(EU)의 공통 통화의 명칭이 생각날 것이다.

이를 컴퓨터 환경에서 구현한 것이 바로 자바다. 자바 환경이 바로 유로(EURO)와 같은 것이다. "한번 작성하면 어느 곳에서든 사용한다(Write Once, Use Anywhere)", 바로 자바의 구현 정신이며 자바로 구현한 프로그램은 어떤 운영체제에서든지 수정 없이 사용할 수 있다. 여기에는 어떤 운영체제에서도 자바 프로그램을 수행시킬 수 있도록 제공되는 최적의 환경인 자바 가상 머신(JVM, Java Virtual Machine)이라는 것이 작업 기준을 조성하기 때문이다. 다음 그림을 보자!

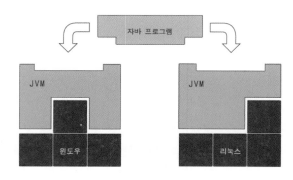

[그림 1-2] 자바의 운영체제별 실행 조건

[그림 1-2]와 같이 자바에서는 각각의 운영체제에 맞는 JVM을 제공한다. 이 때문에 컴파일된 모든 자바 프로그램들은 그림에서와 같이 JVM을 통해 그 어떠한 환경에서도 수정 작업 없이 어디서든 사용할 수 있다.

객체지향 프로그래밍

객체지향이란 말은 참으로 어려운 개념이다. 그렇다고 해서 피해갈 수 있는 부분이 아니므로 간단한 예제를 통해 객체지향의 의미를 파악하자. 먼저 '객체(object)'란 무엇일까? 객체를 사전에서는 "주체(主體)에 대하여 작용(作用)의 대상(對象)이 되는 쪽"이라고 정의하지만 너무 어렵다. 따라서 우리는 일단 "눈으로 확인할 수 있고 만질 수 있는 모든 것"이라고 쉽게 정의하자(객체에 대한 정의에 너무 매달리다 보면 자바를 시작하기도 전에 자포자기할 수도 있다. 중요한 것은 자바의 프로그래밍 단위는 '객체'라는 것이다).

'객체'를 이해하기 위해서 앞서와 마찬가지로 일상생활에서의 백화점이라는 큰 객체를 통해 객체지향 개념에 접근해보자. 좀 커서 부담스럽지만 앞서 정의한대로 눈으로 확인할 수 있고 만질 수 있으므로 백화점도 하나의 '객체'다.

백화점에서는 수많은 고객이 이 점포 저 점포를 들르면서 물건을 사기 위해 만져 보기도 하고 이것저것을 물어보기도 한다. 그러면 각 점포의 점원들은 자기가 맡은 일에 충실하게 안내를 하면서 고객이 원하는 서비스를 제공한다.

즉, 객체지향이란 서로 다른 일을 부여받은 하나 이상의 '객체' 가운데 요청된 일을 처리하기 위해 실천 가능한 '객체'를 호출하여 처리하게 하는 것을 말한다. 그리고 때로는 그 '객체'를 다른 곳에서도 사용할 수 있도록 하는 것(재사용성)과 기능을 좀더 추가하여 '객체'를 더 확장하는 것 등을 '객체지향'이라 할 수 있으며 이를 프로그래밍에 적용한 것을 바로 '객체지향 프로그래밍'이라고 부르는 것이다.

지붕 역할을 하는 객체

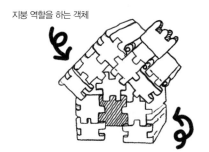

기둥 역할을 하는 객체   **[그림 1-3]** 객체 개념의 도식화

[그림 1-3]을 보면 지붕 역할을 하는 객체가 제공되고 기둥 역할을 하는 객체가 다시 제공되었다. 이들을 원하는 형태로 조립하여 집이라는 또 하나의 객체를 생성했다. 하지만 객체지

향이라는 개념은 여기서 끝나지 않는다. 예를 들어, 지붕 역할을 하는 삼각형 모양의 객체가 이처럼 지붕으로만 쓰인다면 집을 만들지 않을 때에는 자리만 차지하는 불필요한 객체로 전락하게 된다. 그러므로 지붕역할을 하던 객체를 이번에는 놀이기구인 '시소(seesaw)'의 받침대로 사용한다면 같은 객체를 가지고 다른 곳에서 다른 용도로 활용할 수 있으므로 재활용성을 높일 수 있다. 이러한 특징과 목적이 바로 객체지향 언어의 개념에 대한 일부다.

가비지 컬렉션

자바의 특징 중 둘째가라면 서러운 기능이며 가장 깔끔하게 일을 처리할 수 있는 기능이 바로 '가비지 컬렉션(Garbage Collection)'이다. C/C++ 같은 언어는 메모리에 무언가를 생성하면 프로그램이 끝나기 전까지는 프로그래머가 소멸자를 호출하여 메모리에 생성된 무언가를 반드시 소멸해야 한다. 그래야만 컴퓨터가 갑자기 다운되는 현상이 나타나지 않는다.

하지만 자바에서는 가비지 컬렉션이라는 기능을 통해서 위에서 얘기한 메모리 영역 중 더이상 사용될 수 없거나 참조되지 않는 영역을 모아 프로그램이 다시 사용할 수 있게 해준다. 즉, 프로그래머 대신 언어 차원에서 메모리에 생성된 무엇인가를 자동으로 소멸시켜주는 것이다.

멀티스레드

스레드(thread)란 프로그램의 수행단위를 말한다. 따라서 멀티스레드(Multi Thread)란 말 그대로 한 프로그램을 수행하는 단위가 여러 개 있다는 뜻이다. 예를 들어, 설명하면 이해가 쉬울 것이다.

[그림 1-4] 스레드와 멀티스레드의 비교

트럭에서 상자를 하나씩 내려 사무실로 옮기는 일을 단 한 사람이 하고 있다. 일하던 사람이 목이 말라 물을 마시러 갔다면 상자를 옮기는 일이 계속 지속될 수 있을까?

하지만 일하는 사람이 여러 명이라면 한 사람일 때보다 작업의 속도도 빠를 것이다. 또는 한 사람이 목이 말라 물을 마시러 갔다면 다같이 물을 마시러 가지 않는 이상, 상자를 옮기는 일에 속도는 다소 떨어질지라도 한 사람이 일할 때와는 달리 작업은 계속 지속되고 있을 것이다. 간단히 말해서 자바는 멀티스레드가 가능하게 설계되었기 때문에 프로그램에 좀더 쉽고 간편하게 멀티스레드를 적용할 수 있다는 것이 특징이다.

❸ 자바 플랫폼

'자바 플랫폼(Java Platform)'을 간단하게 정의하면 자바 프로그램이 실행되기 위해 제공되는 '하드웨어적 프로그램'이다. 자바 플랫폼은 해당 운영체제와 하드웨어의 조합으로 묘사되며 다음 그림과 같이 '자바 API'와 'JVM'으로 구성되어 있다.

[그림 1-5] 자바 플랫폼의 도식화

자바 플랫폼의 구성

■ **자바 API(Java Application Programming Interface)**

자바 API는 GUI(Graphical User Interface)와 같은 작은 장치들과 유용한 능력을 제공하는 많은 클래스와 인터페이스들의 묶음이며 패키지라는 것으로 제공된다.

■ **JVM(자바 가상 머신, Java Virtual Machine)**

JVM은 물리적인 실제의 기계 장치가 아닌 추상적인 장치이며 여기에는 명령어와 레지스터의 집합, 스택, 힙, 메서드 영역 등으로 구성되어 있다.

이처럼 자바 플랫폼은 내부에 JVM과 자바 API를 포함하고 있으므로 자바 프로그램을 작성하는 데 있어 최적의 환경을 제공한다. 그리고 자바 플랫폼을 좀더 세부적으로 나누면 다음과 같이 크게 세 종류로 나눌 수 있다.

자바 플랫폼의 종류

■ Java Platform, Standard Edition(JavaSE)

이 책에서 다루는 환경이며 간단하게 J2SE라 불린다. 이는 자바의 핵심적이면서 표준이 되는 플랫폼으로서, 일반적인 컴퓨터 환경의 응용 프로그램들을 개발하기 위해 제공되는 환경이다. 이는 다음에 소개되는 J2EE나 웹 서비스 등에도 제공할 수 있는 말 그대로 자바 프로그래밍의 표준이 되는 환경이다.

- 적용분야: 일반적 데스크탑 PC

■ Java Platform, Enterprise Edition(JavaEE)

J2SE를 바탕으로 자바의 가장 많은 특징을 이용하는 환경이라 할 수 있다. 추가적인 툴(tool)이나 개발에 필요한 API들이 추가적으로 제공되고 있다. 이는 기업적 자원을 이용한 상호 작용에 대한 CORBA 기술(분산), 그리고 인터넷 응용프로그램까지 Servlet/JSP 그리고 XML 기술 등이 추가되어 표준으로 규정하는 또 하나의 환경이다.

- 적용분야: 서버용 컴퓨터

■ Java Platform, Micro Edition(JavaME)

가장 작은 환경이므로 아무래도 휴대폰이나 PDA, 프린터, 그리고 TV 셋탑 박스 등의 장치에서 필요로 하는 응용프로그램들의 실행을 위해 제공되는 견고하고 유연성있는 환경이다. 주로 소형제품을 위한 플랫폼이므로 메모리 관리에는 최적화되어 있고 전원 처리, 내부 장치간의 입출력 기능 등 일정한 범위를 두고 제공된다.

- 적용분야: 휴대폰, PDA, 셋탑 박스 등

이 외에도 스마트 카드의 표준과 호환을 이루는 '자바 카드(Java Card)' 기술과 자료 표준화인 XML에 근거한 '웹 서비스(Web Service)' 환경 등이 있는데, 이 모두는 이 책에서 다루는 'J2SE 플랫폼' 환경을 기본으로 하고 있다.

❹ JVM(자바 가상 머신, Java Virtual Machine)

자바 언어로 작성된 프로그램 코드는 운영체제에서 직접 이해되는 코드가 아니고 컴파일러에 의해 JVM에서 이해할 수 있는 중간 코드 형태인 '바이트코드(bytecode)' 형식으로 변환된다. 이것이 바로 class 파일인데, 이 class 파일에는 명령어와 기호표, 그리고 다른 보조적인 정보들도 담고 있으며 이런 명령어들과 정보들을 해석하여 실행하는 가상적 기계가 바로 JVM이다.

즉, 자바의 실행 파일이 바로 class 파일이고 class 파일을 실행시키는 것이 바로 JVM이라고 생각하면 쉽다. 그리고 이러한 특징 때문에 자바로 작성된 프로그램은 어떤 운영체제에서도 거의 수정 없이 사용할 수 있는 것이다.

이는 윈도우에서 사용하는 실행 파일인 exe 파일과 비교해보면 쉽게 이해할 수 있을 것이다. 윈도우에서 어떤 프로그램을 실행시키려면 exe 파일이 있어야 한다. 따라서 C나 C++와 같은 컴파일 언어는 '컴파일러(Compiler)'를 통해 exe 파일을 만들고 만들어진 exe 파일을 통해 프로그램을 실행하게 된다.

하지만 exe 파일은 윈도우에서만 사용하는 파일이므로 리눅스나 기타 다른 운영체제에서는 이 파일을 인식하지 못한다. 따라서 동일한 프로그램일지라도 윈도우용, 리눅스용 등으로 코드를 수정해서 별도로 컴파일을 해주어야 하는 불편함이 따른다.

따라서 자바는 코드의 수정 없이 모든 운영체제에서 실행할 수 있도록 모든 운영체제에서 실행되는 가상의 운영체제인 JVM을 제공하고 이 JVM에서 실행되는 class 파일을 통해 프로그램을 실행하게 되므로 운영체제가 바뀌어도 소스코드를 새로 작성하는 번거로움을 피할 수 있는 것이다.

이해가 되는가? 아직 처음이라서 감이 잡히지 않더라도 프로그래밍을 직접 작성하면서 자연스럽게 이해할 수 있는 부분이므로 너무 낙심하지 말기를 바란다. 그럼 이제 모든 운영체제에서 자바 프로그램을 실행시켜주는 JVM의 내부를 살펴보자.

JVM의 구성

JVM을 다음과 같이 4개의 구조적 영역으로 구분할 수 있는데, 각각의 영역에 대한 설명은 [그림 1-6]과 같다.

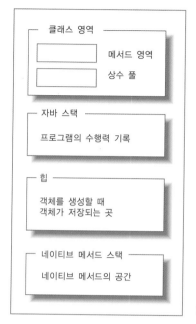

클래스 영역

　메서드 영역
　상수 풀

자바 스택

프로그램의 수행력 기록

힙

객체를 생성할 때
객체가 저장되는 곳

네이티브 메서드 스택

네이티브 메서드의 공간

[그림 1-6] JVM의 구성

■ **클래스 영역(Class Area)**

import문을 통해 필요로 하는 클래스들이 로드되며 멤버 메서드들은 메서드 영역에 저장되고, 상수들은 상수 풀에 저장된다. 이렇게 사용자가 직접 작성하는 클래스 코드를 저장하는 곳이 바로 클래스 영역이다.

■ **자바 스택(Java Stack)**

프로그램을 수행하다 보면 여러 메서드들을 호출하고 또는 관련된 정보를 주고 받기도 한다. 이때 이러한 일정한 일 처리를 기록하는 곳이 바로 '자바 스택' 영역이다. 각 메서드에 관련된 정보들은 메서드가 호출될 때마다 '스택 프레임(Stack Frame)'이라는 또다른 영역이 생성되어 기록을 하게 된다.

그리고 가장 최근에 호출한 메서드의 스택 프레임이 가장 위에 존재하게 되는데, 이를 '활성 스택 프레임(Active Stack Frame)'이라 한다. 메서드가 수행을 다하게 되면 해당 스택 프레임은 소멸되고 아래에 있던 스택 프레임 위로 올라와 활성화가 된다. 그리고 항상 현재 활성화되어 실행중인 곳을 가리키는 커서와 같은 것이 있는데, 이것이 바로 '프로그램 카운터(Program Counter)'다.

■ 힙(Heap)

new라는 예약어를 통해서 객체가 동적으로 공간을 할당받는 곳이며 가비지 컬렉션이 관리하는 영역이다. 물론, 생성된 객체는 '클래스 영역'에 해당 클래스가 존재해야만 공간을 할당받을 수 있다.

■ 네이티브 메서드 스택(Native Method Stacks)

자바에서는 하드웨어를 직접 제어하지 못한다. 따라서 C 언어와 같은 다른 언어의 기능을 잠시 빌려서 사용할 때가 있는데, 이때 사용하는 것이 JNI(Java Native Interface) 기술이다. 여기서 사용되는 네이티브 메서드들이 바이트 코드로 변환되면서 사용되고 기록하는 영역이 바로 네이티브 메서드 스택이다.

이처럼 소프트웨어로 만들어진 가상적인 운영체제의 역할을 하는 JVM의 구성을 알아보았다. 가상적인 운영체제라고 해서 JVM 혼자서 모든 일을 처리할 수 있는 것은 아니다. 앞서 자바 플랫폼에서 살펴본 것과 같이 자바 API와 같이 실행 환경을 이루는 것이다.

지금까지 자바의 탄생부터 JVM까지 자바 환경을 개략적으로 알아봤다. 자바를 처음 접하는 이들에게는 다소 생소한 얘기들일지 모르겠다. 그렇지만 앞서도 잠깐 언급했지만 프로그래밍을 직접 작성하고 실행하면서 자연스럽게 이해할 수 있는 부분이므로 크게 걱정하지 말기를 다시 한 번 당부한다.

02 JDK의 주요 기능

JDK는 프로그래밍의 유연함을 좀 더 향상시키기 위해 버전업을 통해 여러 가지 기능들이 개선되고 추가되었다. 이번 절에서는 JDK의 유용한 여러 기능을 알아보자. 그렇지만 자바를 처음 접하는 이들에게는 전혀 이해가 안 되는 얘기들일 것이다. 따라서 모든 내용을 이해할 생각은 하지 말고 그냥 "이런 것이 있구나!" 하고 참고로 알아두길 바란다.

❶ 제네릭 타입

하나 이상의 클래스가 공통으로 사용할 수 있는 기능들을 제공한다.

일반화된 API를 사용하려면 컴파일 할 때 단지 〈 〉 사이에 사용할 자료 타입을 선언해주기만 하면 캐스팅은 더 이상 할 필요가 없다. 나아가서 사용되는 Collection에 삽입되는 객체의 자료 타입이 잘못 대입될 경우, 이젠 런타임 때가 아닌 컴파일 때 확인할 수 있다. 예를 들어, 옷을 직접 입지 않고 옷의 사이즈를 확인하는 것만으로 내게 맞는 옷인지 확인할 수 있게 된 것이다.

❷ 메타데이터

'메타데이터(Metadata)' 기능을 통해 자바 클래스, 인터페이스, 메서드, 그리고 필드(변수나 상수) 등에 추가적인 정보들을 부과할 수 있게 되었다. 이 추가적인 정보는 javac 컴파일러 외에도 여러 툴로부터 읽어 들일 수 있으며, 설정하기에 따라 클래스 파일에 저장할 수도 있고, Java Reflection API를 통해 런타임 할 때 접근할 수도 있다.

메타데이터를 통해 여러 개발 툴과 런타임 툴 간의 공통된 인프라를 구축함으로써 프로그래밍과 개발에 소요되는 수고를 덜 수 있다.

❸ 개선된 루프

Collections API의 iterator는 상당히 자주 사용되는 객체다. 이는 Collection 내에서 이동하는 기능을 제공하는데, 개발을 하다보면 이런 Collection들과 배열들을 반복적으로 사용할 때가 많다. 하지만 iterator와 인덱스 변수들로 인해 복잡함과 불편함을 느낄 때가 많다. '개선된 루프(Enhanced for Loop)'는 이와 같은 불편함에서 나올 수 있는 오류 발생 가능성을 줄여준다. 컴파일러는 필요한 루프 코드를 생성하게 되고, Generic Type을 함께 사용하면 일일이 자동 형 변환(casting)을 해주지 않아도 되므로 프로그래밍이 더 편해진다.

예를 들어, 기차를 탈 때와 비슷하다. 기차를 이루는 각각의 호차들마다 번호표가 있는데, 호차마다 이 번호표가 없다고 가정해보자 그렇다면 모든 승객들이 맨 앞의 기차부터 일일이 숫자로 세어 자신이 배정받은 호차에 타야 하는 불편함을 감수해야 한다. 그리고 숫자로 호차들을 세다가 중간에서 잘못 세면 다른 사람 자리에 앉는 오류를 범하게 되어 여간 불편한 것이 아니다. 그래서 철도청에서는 기차를 이루는 모든 호차들을 미리 나열하고, 그 호차들에 번호표를 미리 붙여놓음으로써 불편함을 줄인 것이다.

'개선된 루프'는 바로 이와 같은 반복적 비교문을 강화한 것이다.

```
for(String n : ar) {
        System.out.println(n);
}
```

위 예문과 같이 개선된 루프를 사용하면 내부적으로 나열화 작업이 자동으로 이루어지므로 예외에 대한 우려는 하지 않아도 된다.

❹ 오토박싱/언박싱

int 또는 boolean과 같은 기본 자료형(Primitive Type)과 이에 상응하는, 즉 Integer 또는 Boolean과 같은 Wrapper 클래스 타입 간의 자료 변환 작업이 때로는 불필요할 정도의 많은 코딩을 요구하는 경우가 있다. 특히 Collections API 중 메서드의 인자로서 사용하기 위한 경우라면 더욱 골치 아픈 일이 될 수 있는데, 이런 귀찮은 변환 작업을 '오토박싱/언박싱

(Autoboxing/Unboxing)'을 통해 자동으로 해결해준다.

```
Integer iTest = new Integer(500);
int i = iTest;
```

간단히 정리하자면, 위 예문의 핵심은 마치 객체가 기본 자료형에 대입되는 것처럼 보이지만 이때 변환작업을 컴파일러가 알아서 해준다는 것이다.

❺ static import

static import 기능은 'import static'의 형태로 사용되는데, 이를 통해 클래스로부터 상속받지 않고 또는 해당 클래스를 일일이 명시하지 않고도 static 상수들에 접근할 수 있다.

다시 말해 기존과 같이 BorderLayout.CENTER라고 사용할 필요 없이 'import static'을 적용한 이제부터는 단순히 CENTER라고만 해도 사용할 수 있다는 것이다.

```
import static java.awt.FlowLayout.*;
...
JPanel p1 = new JPanel(new FlowLayout(RIGHT));
```

위 예문만으로는 크게 유익한 점을 못 느낄 수도 있다. 하지만 실제 예제를 다루게 되면 그렇지 않다. 또는 System.out.println(" ... ");이라는 문장이 많이 사용될 경우 out까지를 static import로 미리 적용해두면 코딩이 상당히 편해질 것이다.

❻ Formatter과 Scanner

JDK에서는 Formatter 클래스가 제공되는데, 이를 C style format input/output이라 하여 C 언어에서 사용되었던 printf 형태의 기능이 추가되어 정형화된 출력을 할 수 있다.

더 나아가 같은 텍스트 형태를 유지하면서 큰 수정 없이 C언어의 응용프로그램으로부터 소스를 물려받아 자바로 변환(migration)도 쉽게 할 수 있다. 다음 예문을 살펴보자.

```
System.out.printf("%s %5d%n", "총점:", 500);
```

이 예문처럼 %로 시작하는 포맷 형식을 설정하고, 그 형식에 맞도록 정형화된 출력을 목적으로 하는 것이 Formatter다.

Scanner 클래스는 기존에 사용되었던 Stream들에 없었던 파싱(parsing) 기능을 부여하여 자료를 효율적으로 유입하기 위한 클래스다. 기존의 Stream들은 Character 기반의 Stream인 BufferedReader를 쓴다 하더라고 한 번에 한 줄씩 읽어 들이는 수밖에 없었다.

하지만 Scanner 클래스를 사용하면 한 번에 전체를 읽어 들일 수도 있으며, 때에 따라서는

한 줄 단위로 읽을 수도 있다. 이는 Pattern클래스 또는 문자열로 되어 있는 구분자의 패턴을 useDelimiter( )라는 메서드로 간단하게 변경하여 유연성을 높인다.

❼ Varargs(Variable Arguments)

varargs 기능을 사용하여 여러 개의 인자를 매개변수(parameter)의 형태로 전달할 수 있다. 인자로 받는 메서드에서 '...'이라고 명시를 해주면 이를 통해 메서드를 수행하는 데 필요한 인자의 수를 유연하게 구현할 수 있다.

```
01  class VaraTest {
02  public static void test(Object ... args){
03      for(int i = 0 ; i < args.length ; I++){
04          System.out.print(args[i]+",");
05      }
06      System.out.println();
07  }
```

```
08   public static void main(String[] args){
09             test("Java5");
10             test("Varargs"," Test!", " Java5");
11             test(new Integer(1000), new Float(3.14));
12         }
13   }
```

【 출력 결과 】

```
Java5,Varargs, Test!, Java5,1000,3.14,
```

이와 같이 Varargs법을 사용하면 인자가 한 개이든, 세 개이든 인자의 수를 유연하게 받아주
는 특징이 있어 작업 효율을 높일 수 있다.

❽ Simpler RMI interface generation 기법

원격 인터페이스에 대한 stub을 생성하는 데 있어서 더 이상 rmi 컴파일러인 rmic를 사용할
필요가 없으므로 RMI 기법을 더 간편하게 사용할 수 있게 되었다. Dynamic Proxy가 소개
됨에 따라 stub가 제공하는 정보는 이제 런타임할 때 찾을 수 있게 되었기 때문이다.

그밖에 JVM 관련 기능들과 프로토콜을 감시하는 모니터링 기능 그리고 JDBC RowSets 등
여러 기능이 추가되고 개선되었다. 하지만 이 책의 수준에 맞춰 이 정도의 소개로 마무리하
고, JDBC RowSets과 같이 꼭 알아야 하는 것들은 해당 장에서 소개할 예정이다.

❾ 람다식

람다식은 익명의 메서드를 의미한다. 아래에서 이야기 할 함수형 인터페이스에서 주로 사용
되는 형태로, 코드 흐름의 중복을 개선하고 다양한 축약형 코드 작성을 가능하게 한다.

제어 흐름을 추상화시킨 축약형 코드를 사용하면 익명클래스의 비용이 절약되며 프로그램의
유연성이 상당히 향상된다.

❿ 단순해진 함수형 인터페이스의 사용

함수형 인터페이스란 Runnable과 같이 추상 메서드를 한 개만 가지고 있는 인터페이스를 뜻하는데, 이와 같은 함수형 인터페이스의 생성 및 사용이 람다식을 통해 단순화되었다.

```
public class InterTest {
        public static void main(String[] args){

                //람다식을 통해 클래스의 정의 없이 객체 생성
                new Thread(() -> {
                        System.out.println("Hello World");
                }).start();
        }
}
```

⓫ 영속 세대(Permanent Generation) 제거

지금까지 힙의 영속 세대 영역은 기본적으로 클래스 메타 데이터를 저장하는 용도로 사용되어 왔다. 하지만 자바 프로젝트에 사용되는 프레임워크와 라이브러리의 수와 규모가 갈수록 커지고 최근에는 동적 클래스 생성 기법도 광범위하게 사용되어 영속 세대가 부족해 오류가 발생하는 일이 많았다. Java 8에서는 기존의 영속 세대에서 메타스페이스로 처리영역을 옮겨 감으로써 Heap의 메모리 부족 문제를 해결하였다.

JDK 설치와 환경 설정

❶ JDK 설치

JDK는 Java Development Kit라 하여 자바 프로그램을 개발할 수 있게 해 주는 개발 도구인데, JDK는 자바의 기본적인 기능들을 제공하는 핵심적인 환경이다.

■ JDK 설치

1 http://www.oracle.com에 접속한다. 그리고 상단의 Downloads탭에 마우스를 오버하면 나오는 메뉴 중 Java for Developers를 클릭한다.

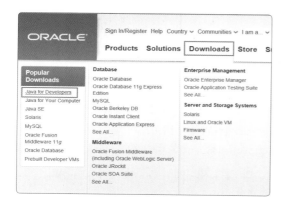

[그림 1-7] 오라클 사이트 초기 화면

2 그럼 다음과 같은 화면이 나오는데, 여기서는 'Java Platform(JDK)'을 선택한다.

[그림 1-8] JDK 다운로드 페이지 (1)

3 다운로드 메뉴 상단에 보이는 'Accept License Agreement' 항목을 선택한 후 현재 사용 중인 운영체제에 맞는 JDK 버전을 다운 받는다.

[그림 1-9] 라이선스 동의 및 다운로드 화면

4 자신의 운영체제 플랫폼에 맞는 설치 파일을 내려받자. 대부분 윈도우 운영체제를 사용하고 있으므로 32비트 운영체제라면 Windows x86을, 64비트 운영체제라면 Windows x64를 내려받으면 된다.

5 해당 파일을 '저장할 것인지, 바로 실행할 것인지'를 결정해야 하는데, 여기서는 '저장'을 선택한다. 〈저장〉 버튼을 누른다.

[그림 1-10] JDK 다운로드 페이지 (2)

6 다운로드한 프로그램을 실행한다.

 [그림 1-11] JDK 설치 준비

7 JDK의 설치 초기 화면에서 'I accept the terms in the license agreement' 항목을 선택한 후 〈Next〉 버튼을 누른다.

[그림 1-12] JDK 설치 초기 화면

8 그러면 설치할 위치를 설정하는 부분이 나오는데, 향후에 설치하게 될 이클립스의 설치 환경을 고려하여 설치 경로를 변경해도 좋다. 기본적으로 C:\Program Files\Java 경로에 설치된다.

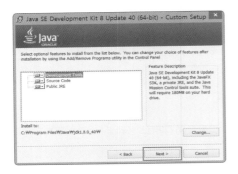

[그림 1-13] JDK 설치 경로와 옵션 지정 화면

9 그리고 다음 화면에서 〈Next〉 버튼을 누르면 아래와 같이 설치가 시작되는 것을 확인할 수 있다.

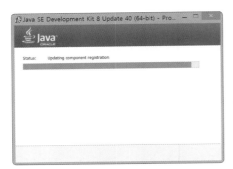

[그림 1-14] JDK 설치 진행 화면

10 설치가 진행되고 나면 다음 그림처럼 JRE(Java Runtime Environment)의 설치 경로를 물어보는 창이 나타난다. 〈다음〉 버튼을 누르면 JDK와 같은 경로에 자동으로 설치된다.

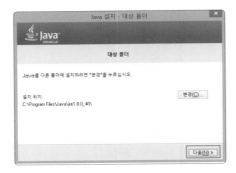

[그림 1-15] JRE 설치 경로와 옵션 지정 화면

11 설치 진행 화면이 나오는 것을 확인하자.

[그림 1-16] JRE 설치 진행 화면

12 설치가 끝나면 다음과 같이 설치 종료 창이 나타난다. 〈Close〉 버튼을 눌러 설치를 마무리한다. 하지만 JDK가 이미 설치된 상태에서 업데이트가 이루어졌을 경우에는 재부팅 창이 나타날 수도 있다. 이때는 〈Yes〉 버튼을 선택하여 안정된 환경으로 재부팅하기를 권한다.

[그림 1-17] JRE 설치 완료 화면

13 설치 완료 화면이 사라졌거나 재부팅이 완료되었다면 'C:\Program Files\Java' 폴더에 설치가 잘 되었는지 확인해보자. 다음 그림과 같이 확인되었다면 설치가 제대로 된 것이다.

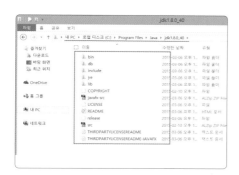

[그림 1-18] JDK 설치 완료 화면

❷ 윈도우에서의 환경 설정

JDK를 잘 설치했다면 이제 윈도우에서 JDK를 효율적으로 사용할 수 있도록 몇 가지 환경을 설정해주어야 한다. 잘 보고 따라해보자.

■ 윈도우에서의 JDK 환경 설정

1 아래 그림과 같이 바탕 화면의 [내 컴퓨터]에서 마우스의 〈오른쪽〉 버튼 클릭하여 [속성]을 선택한다.

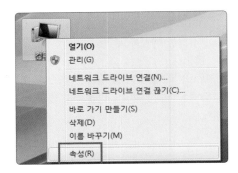

[그림 1-19] 내 컴퓨터 속성 창 열기

2 다음 그림과 같이 '고급 시스템 설정' 항목을 누른다.

[그림 1-20] 내 컴퓨터 속성창의 '고급 시스템 설정' 항목

❸ 시스템 속성 창에서 〈환경 변수〉 버튼을 클릭한다.

[그림 1-21] 〈환경 변수〉 항목 선택

❹ 그러면 다음과 같은 환경 변수 창이 열리는데, 'Path'라는 변수명을 찾아 〈편집〉 버튼을 누른다. 〈편집〉 버튼이 없다면 〈새로 만들기〉 버튼을 클릭하여 '변수 이름'에 'Path'라고 적는다. '변수 이름'은 수정하면 안되며 아래 그림과 같이 '변수 값'에서 커서를 맨 앞으로 이동시킨 후 앞서 설치한 C:\Program Files\Java\jdk1.8.0_40 폴더의 bin이라는 하위 폴더를 'C:\Program Files\Java\jdk1.8.0_40\bin;'이라고 명시해서 현재 컴퓨터의 어떤 위치에서든 bin 폴더에 있는 모든 명령들을 사용할 수 있도록 자동 경로를 만들어 준다.

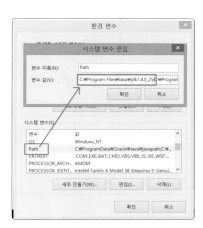

[그림 1-21] 환경 변수 Path값 수정 화면

📝 환경 변수의 경로를 입력할 때 마지막에 세미콜론(;)을 반드시 넣어야 한다. 그렇지 않으면 뒤로 이어지는 또 다른 path 경로와 구분할 수 없어서 자동 경로가 생성되지 않는다.

■ 이클립스 설치와 실행

1 http://www.eclipse.org에 접속한 후 상단의 〈DOWNLOAD〉를 클릭한다.

[그림 1-23] 이클립스 홈페이지 접속 화면

2 자신의 운영체제에 맞는 이클립스를 다운받는다. 앞서 JDK를 64비트로 다운받았다면 이클립스 또한 64
비트를 다운받아야 한다.

[그림 1-24] 이클립스 다운로드 페이지

3 초록색 화살표 아이콘을 눌러서 이클립스 최신버전을 다운받는다.

[그림 1-25] 이클립스 다운로드 화면

4 다운받은 이클립스의 압축을 해제한 후(이클립스
는 따로 설치할 필요가 없다.) 실행 아이콘을 더블
클릭해서 실행한다. 그리고 이클립스가 실행되면
앞으로의 결과물이 저장될 workspace 폴더를
지정해야 하는데, 여기서는 C:₩work 폴더를 만
들어서 그 곳으로 지정했다. workspace 폴더 경
로 지정까지 완료되면 〈OK〉 버튼을 눌러서 이클
립스를 실행하면 된다.

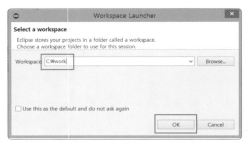

[그림 1-26] 이클립스 실행하기

5 처음 실행하면 Welcome 페이지가 함께 올라오는데, 우측의 〈x〉 버튼을 눌러서 종료하면 된다. Welcome 페이지는 상단 메뉴바의 [Help] – [Welcome] 항목을 통해 통해 언제든지 다시 볼 수 있다.

[그림 1-27] 이클립스 Welcome 페이지

■ 처음으로 만들어보는 자바 프로그램

1 상단 메뉴의 [File] – [New] – [Java Project]를 클릭하여 프로젝트를 생성한다. 위 경로에 Java Project 항목이 없을 경우 [File] – [New] – [Other...] – [Java 폴더] – [Java Project]를 선택한다.

[그림 1-28] 이클립스에서 프로젝트 생성하기 (1)

2 'FirstProject'라는 이름으로 프로젝트명을 지정해주고 〈Finish〉 버튼을 누른다.

[그림 1-29] 이클립스 프로젝트 생성하기 (2)

❸ 생성한 프로젝트의 src 폴더에서 [마우스 우측 클릭] – [New] – [Class]를 선택하여 클래스를 생성한다.

[그림 1-30] 이클립스에서 클래스 생성하기 (1)

❹ 클래스명을 Ex1로 지정해주고 Finish를 누른다.

[그림 1-31] 이클립스에서 클래스 생성하기 (2)

❺ 만들어진 클래스 안에 대/소문자를 정확히 구분하여 아래와 똑같이 입력하자.

```
class Ex1{
    public static void main(String[] args){
        System.out.println("자바의 꿈!");
    }
}
```

> 📋 클래스명은 속성과 동작을 가지는 객체를 만들기 위한 틀의 이름이다.

❻ 입력이 완료되었으면 단축키 〈Ctrl〉 + 〈s〉를 눌러 프로젝트를 저장한다. 저장이 완료되면 클래스명 왼쪽
에 표시되어있던 *표시가 사라진다. 프로그래밍에서는 저장이 상당히 중요하기 때문에 프로젝트의 내용이
수정되면 잊지 말고 저장하는 습관을 기르도록 하자.

[그림 1-32] 저장 전(a)과 후(b)의 클래스의 상태

7 컴파일을 해보자. 컴파일은 상단의 초록색 화살표를 누르거나 단축키 〈Ctrl〉 + 〈F11〉을 눌러서 진행할 수 있다.

[그림 1-33] 컴파일하기

8 만약 오류가 없었다면 '자바의 꿈!'이라는 메시지가 출력되는 결과가 나타날 것이다.

[그림 1-34] 자바 실행 결과

문법적인 부분은 2장에서 다시 얘기하기로 하고, 여기서는 실행 구조에 관해서만 간단히 살펴보고 넘어가자.

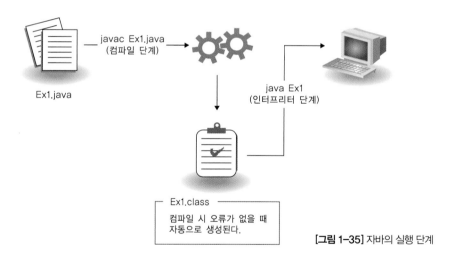

[그림 1-35] 자바의 실행 단계

이것을 컴파일 단계라 하고 자바에서는 이렇게 생성된 bytecode(또는 클래스 파일)를 JVM을 통해 해석하고 실행하여 결과를 얻어내는 것인데 이 부분을 인터프리터(interpreter) 단계라 한다.

 자바 API

❶ 자바 API의 소개와 설치

API(Java Application Programming Interface)란, 직역하여 분석해보면 자바 응용프로 그램을 만드는 데 필요한 중계자 같은 것이라고 볼 수 있다. 만약, 여러분이 만들지 못하는 클래스를 다른 사람이 만들어서 나에게 주며 사용법을 내게 일러주었다고 가정하자. 여러분 은 그냥 이 클래스를 어떻게 가져다 사용하는 것인지만 숙지하고 있을 뿐 클래스의 자세한 내부적인 움직임은 잘 알지 못한다. 하지만 여러분이 언제든지 필요할 때마다 사용법에 의해 불러 쓸 수 있다는 편리함이 제공된다. 이렇게 유용한 클래스들과 사용 방법을 문서화하여 제공해주는 것이 바로 자바 API다.

이해를 돕기 위해 자동차를 생각해보자. 자동차는 여러분이 직접 만들지 못한다. 자동차를 만드는 회사가 멋진 자동차를 만들어서 여러분에게 제공하면 여러분은 이 자동차의 사용법 을 잘 익혀 여러분이 필요할 때 그냥 사용하면 되는 것이다.

자동차의 예와 같이 이미 제공되는 유용한 클래스들(Java API)이 너무 많다 보니 개발자가 모두 기억할 수 없는 실정이고 그래서 API 문서를 제공하는데, 이것이 도움말 형식의 문서인 '자바 API 문서(Java API Documentation)'다. 그럼 자바 API 문서를 어떻게 내려받고 어 떻게 사용하는지 알아보자.

■ 자바 API 설치와 실행

1 http://www.oracle.com으로 접속한다. 그리고 최하단 메뉴에서 'Java Resources for Developers'
를 선택한다.

[그림 1-36] 오라클 사이트 초기 화면

2 [Essential Links] 메뉴에서 'Java APIs' 항목을 선택한다.

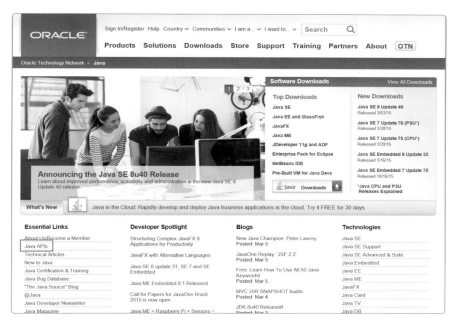

[그림 1-37] API 명세 페이지로 이동 (1)

3 사용자가 참조하려는 버전에 맞는 항목을 선택한다.

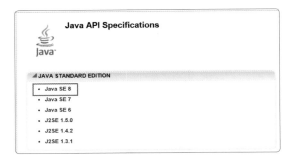

[그림 1-38] API 명세 페이지로 이동 (2)

4 그럼 다음과 같은 화면이 나오는데, 이 사이트(http://docs.oracle.com/javase/8/docs/api/)를 즐겨찾기에 추가한다. 그러면 앞으로 공부할 때나 예제를 풀 때 쉽게 참고할 수 있다.

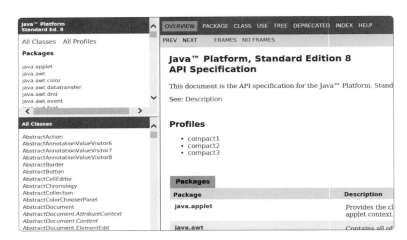

[그림 1-39] API 창의 구조

❷ 자바 API의 구성

자바 API는 다음 그림과 같이 크게 세 부분으로 구성되어 있는데, 하나씩 살펴보면 다음과 같다.

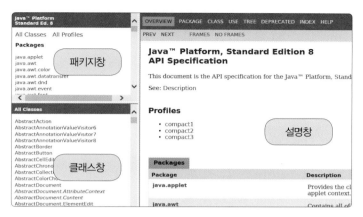

[그림 1-40] API 창의 구성

■ 패키지 창

여기는 각각의 주머니들을 나타낸 곳이라고 생각하면 된다. 우리가 학생들의 성적표를 관리한다고 생각해보자. 학년과 반에 상관없이 한 곳에 모두 넣고 관리한다면 나중에 특정 학생의 성적표를 찾기란 상당히 어려울 것이다. 따라서 서로 연관성이 있는 것끼리 묶어 따로 관리함으로서 향후에 어디쯤 있을지에 대한 예측을 할 수 있고 작업 진행률을 높일 수 있기 때문에 패키지화는 중요하다.

■ 클래스 창

패키지 창의 가장 위에 있는 java.applet 항목을 선택해보자. 그러면 클래스 창의 클래스들의 목록이 바뀐다. 지금 보고 있는 클래스 창의 클래스가 Applet이라는 프로그램을 작성할 때 필요한 클래스인 것을 보여 주는 것이다. java.io를 선택한다면 자바 입출력과 관련한 프로그래밍을 하는 데 필요한 클래스와 그 이외 것들을 보여줄 것이다.

■ 설명 창

java.applet이라는 패키지의 클래스 창에서 Applet이라는 클래스를 선택해보자. 그러면 설명 창에 Applet 클래스의 상속관계부터 클래스의 설명이 나타난다. 이처럼 설명창에서는 해당 클래스에 대한 내용을 보여준다.

1 자바 기술력의 제안서라 할 수 있는 JSR(Java Specification Requests)과 자바 기술의 표준화를 진행하는 단체, 즉 JCP(Java Community Process)를 중심으로 자바의 커뮤니티 등을 단계적으로 지원하는 사이트가 바로 http://www.oracle.com이다.

2 JVM(Java Virtual Machine)의 구성은 클래스 영역(Class area), 자바 스택(Java Stack), 힙(Heap), 네이티브 메서드 스택(Native Method Stacks)으로 되어 있음을 기억하자.

3 JDK는 J2SE Development Kit라 하여 자바 프로그램을 개발할 수 있게 해주는 개발 도구를 말한다.

4 자바의 실행 구조는 다음과 같다.

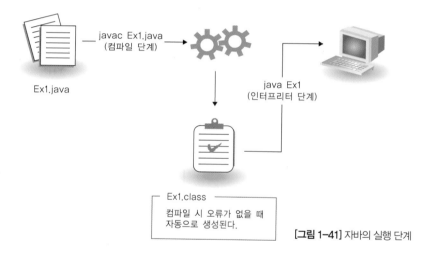

javac Ex1.java
(컴파일 단계)

Ex1.java

java Ex1
(인터프리터 단계)

Ex1.class
컴파일 시 오류가 없을 때
자동으로 생성된다.

[그림 1-41] 자바의 실행 단계

5 자바의 특징에는 쉬운 언어, 플랫폼 독립성, 객체지향 프로그래밍, 가비지 컬렉션, 멀티스레드 등이 있다.

6 JDK의 오토박싱/언박싱 기능으로 인해 Wrapper 클래스 타입간의 자료 변환 작업이 상당히 유연해졌다. 그리고 정형화된 출력을 위해 Formatter가 제공되며, 오버로딩법과 메서드 사이의 인자전달의 유연함을 높이기 위해 Variable arguments 등이 지원된다.

7 API(Java application Programming Interface)라는 것은 유용한 클래스들과 사용 방법을 문서화하여 제공해주는 것이다.

1 자바의 특징 중 다음 두 가지를 요약하라.

- 플랫폼 독립성

- 객체지향 프로그래밍

2 JDK가 무엇인지 간략히 기술하라.

3 Java Virtual Machine(JVM)에 대해 아는 대로 기술하라.

[MEMO]

자바 기본 문법

✳ 학습 목표

- 자바의 식별자 규칙과 정의 방법을 익힌다.
- 예약어에 대해서 알아본다.
- 각 자료형에 변수를 선언하고 정의하는 방법을 익힌다.
- 형 변환의 의미를 알아본다.
- 연산자의 개념을 알아보고 사용 방법을 익힌다.

식별자와 예약어

현실 세계에서 사용하는 언어를 공부할 때도 마찬가지겠지만 프로그래밍 언어를 배울 때도 기본적인 문법을 알아야 한다. 물론, 요즘에는 영어와 같은 외국어 공부를 하는 데 있어서 문법보다는 회화 위주로 배운다는 사람들도 있긴 하지만 프로그래밍 언어는 다르다. 함수를 어떻게 선언하고, 클래스를 어떻게 사용하는지 등의 기본적인 문법을 모른다면 프로그래밍을 전혀 할 수 없기 때문이다.

예를 들어 1+1=2라고 하는 공식이 있다고 하자. 우리는 1+1이 왜 2인지를 먼저 알려고 하기보다 +나 =의 용법을 우선적으로 학습해야 하는 것이다.

자, 그럼 이제부터 식별자와 예약어를 시작으로 본격적인 자바 학습을 시작해보자.

❶ 식별자

식별(識別)이란 말 그대로 현상, 사물 등 모든 것에 대해 각각을 구별할 수 있는 것을 의미하는데, 가장 쉽고 대표적인 예가 바로 '철수', '영희'와 같은 여러분들의 이름이다. 바로 각자의 이러한 이름을 통해서 서로의 인격체를 구별할 수 있다.

프로그래밍 세계에서도 현실 세계와 마찬가지로 식별자를 통해서 각 클래스나 메서드의 이름을 구별하여 사용할 수 있다. 결국 '식별자(identifier)'란 자바 프로그래밍을 하는 데 필요한 구성요소를 구별하는 이름 정도라고 생각하면 쉽다.

식별자를 사용하는 데 있어 몇 가지 규칙이 있는데, 그 중에서 '예약어(Reserved Word)'는 식별자로 사용할 수 없음을 기억하고 식별자에 대한 다음의 다른 규칙을 공부해보자.

식별자를 정의하는 규칙

식별자는 클래스명, 메서드명, 변수명과 같이 서로를 구별하는 이름을 의미한다. 그렇지만 각각의 식별자들을 정의하는 규칙에는 조금씩 차이가 있다. 그러나 아래와 같이 공통된 부분도 있으니 이를 먼저 숙지하기 바란다.

- 식별자는 중간에 공백문자, %, # 등과 같은 특수문자들을 사용할 수 없다. 단, $와 _는 사용할 수 있다.
- 일반적으로 $, _ 등의 특수 문자는 식별자의 첫 문자로 사용하지 않는다. 이유는 자바 내부에서 쓰는 이름 중 _나 $로 시작되는 것이 많아 충돌을 예방하기 위해서다.

클래스명을 정의하는 규칙

'클래스(class)'란 속성과 동작을 통해서 하나의 객체(object)를 만들기 위한 틀과 같은 것이다. 그 틀의 이름을 정의하는 데는 다음과 같은 규칙이 있다.

- 첫 문자는 항상 대문자로 표현한다.
- 하나 이상의 단어가 모여 클래스명으로 지정될 때는 단어의 첫 문자들만 대문자로 표현한다.

예를 들어, Java라는 단어와 test라는 단어를 연결하여 클래스명으로 정의한다면 다음과 같이 만들 수 있다.

[표 2-1] 클래스명의 정의 규칙

	정의 규칙	설명

옳은 예	class JavaTest{
	    ... ;
	}
		규칙대로 잘 정의했다.

틀린 예	class Java Test{
	    ... ;
	}
		공백을 포함하면 안 된다.

저자 한마디

이미 생성되어 있는 상태이며 확인과 접근이 가능한 것이다. 다시 말해서 우리가 오감(五覺)으로 느낄 수 있는 모든 사물들은 객체(object)인 것이다. 자바에서는 이런 사물들을 추상적으로 정의하고 메모리 내에 생성함과 동시에 실제로 메모리 내에 존재하고 실행되는 것을 객체라고 표현한다.	**객체(object)**
객체(object)를 만드는 데 꼭 필요한 설계도면과 같은 것이다. 앞서 객체를 설명할 때 사물을 추상적으로 정의한다는 말이 있었다. 이는 곧 클래스를 의미하는 것이며 클래스는 만들고자 하는 객체를 디자인한 설계도면, 즉 틀과 같은 것이다. 다시 말해서 클래스를 생성하면 만들어지는 것이 바로 객체다.	**클래스(class)**
하나의 클래스 내에서 정의되는 상수, 변수, 메서드를 총칭하는 말이다.	**멤버(member)**

물론, Javatest라고 해도 컴파일이나 실행시키는 데 전혀 지장은 없지만 앞서 말했다시피 개발자들끼리 개발의 편의를 위해서 약속한 규칙이므로 이를 지키는 것이 향후에 개발자간의 소스를 교환하거나 공동으로 개발할 때 매우 유용하다.

상수명을 정의하는 규칙

'상수(constant)'란 자료를 담을 수 있는 메모리 공간으로 프로그램이 끝날 때까지 자료가 변하지 않는 것을 말한다. 즉, 프로그램이 끝나는 동안 값이 절대로 변경되지 않는 메모리 공간이다. 규칙은 다음과 같다.

- 모든 문자를 대문자로 표현한다.
- 하나 이상의 단어가 연결될 때에는 _로 연결한다.

[표 2-2] 상수명의 정의 규칙

	정의 규칙	설명
옳은 예	JAVA_TEST: JAVATEST:	규칙대로 잘 정의했다.
틀린 예 (1)	1JAVATEST:	숫자로 시작하면 안 된다.
틀린 예 (2)	JAVA&TEST:	&와 같은 특수 문자를 포함하면 안 된다.

물론, javaTest라고 해도 개발자가 잘 기억만 해 둔다면 상관은 없지만 다른 개발자가 봤을 때 상수가 아닌 변수로 받아들이기가 쉬우므로 주어진 약속은 지키는 것이 좋다.

변수명, 메서드명을 정의하는 규칙

'변수(variable)'란 자료를 담을 수 있는 메모리 공간으로 객체의 색상이나 크기 같이 변할 수 있는 상태를 나타낸 것이다. 즉, 상수와 반대로 저장된 값의 변화가 일어날 수 있는 메모리 공간을 의미하여 '속성'이라고도 한다.

'메서드(method)'는 객체 자신, 또는 다른 객체의 속성을 변경한다거나 또는 자신의 크기(속성)에 변화를 주기 위한 행위다. 즉 변수(속성)의 값을 가공하는 동작과 같은 의미인데, 다르게 표현하면 객체가 수행하는 동작을 말하며 타 언어의 함수와 같은 것이다.

- 첫 문자는 무조건 소문자로 표현한다.
- 하나 이상의 단어가 연결될 때에는 뒤에 오는 단어 중 첫 문자만 대문자로 표현한다.

[표 2-3] 변수명, 메서드명의 정의 규칙

	정의 규칙	설명
옳은 예	itLand it_Land	규칙대로 잘 정의했다.
틀린 예 (1)	it land	공백을 포함하면 안 된다.
틀린 예 (2)	2itLand	숫자로 시작하면 안 된다.
틀린 예 (3)	super	예약어이므로 그 어떤 식별자로도 사용할 수 없다.
틀린 예 (4)	-superMan	첫 문자를 _나 $ 이외의 특수 문자로 시작하면 안 된다.

물론, 변수명과 메서드명을 DoublePlus와 같은 형식으로 정의한다고 해도 틀린 것은 아니지만 앞서 배운 클래스명 정의 규칙과 같아서 클래스명으로 잘못 생각할 수도 있으므로 변수명이나 메서드명을 정의할 때는 첫 문자를 대문자로 정의하지 않는 것이 좋다.

❷ 예약어

'예약어(Reserved Word)'란 말 그대로 자바 언어 자체에서 이미 예약한 단어라는 의미다. 식별자를 설명할 때와 마찬가지로 일상에서의 예를 들면 이해가 쉬울 것이다. 예를 들어, 여러분이 A 호텔 505호를 예약했다면 다른 사람이 그 방을 동일한 시간에 사용할 수 없는 것처럼 몇몇 이름을 자바에서 이미 사용하겠다고 예약어로 등록했기 때문에 사용자가 동일한 이름을 사용할 수 없다. 즉, 예약어의 개념은 자바 프로그래밍을 하는 데 있어 특정한 의미가 부여되어 있는 이미 만들어진 식별자라고 생각하면 된다. 예약어의 종류는 다음과 같다.

[표 2-4] 예약어의 종류

abstract	assert	boolean	break	byte	case	catch
char	class	const	continue	default	do	double
else	enum	extends	false	final	finally	float
for	goto	if	implements	import	instanceof	int
interface	long	native	new	null	package	private
protected	public	return	short	static	strictfp	super
switch	synchronized	this	try	void	while	

📋 예약어 중 const와 goto는 예약어로 등록만 되어 있을 뿐 현재는 사용하지 않는다.

02 자료형

자바에서 자료형은 크게 '기본 자료형'과 '참조 자료형(객체 자료형)', 두 가지로 나누어진다. 각각의 자료형에 따라 표현 범위가 정해져 있으며 운영체제가 바뀐다 해도 자료형에는 변함이 없다.

❶ 기본 자료형

기본 자료형이란 컴파일러에 의해서 해석되는 자료형을 의미하며 종류는 다음과 같다.

[표 2-5] 기본 자료형의 종류

자료형	키워드	크기	기본값	표현 범위
논리형	boolean	1bit	false	true 또는 false(0과 1이 아니다)
문자형	char	2byte	\u0000	0 ~ 65,535
정수형	byte	1byte	0	−128 ~ 127
	short	2byte	0	−32,768 ~ 32,767
	int	4byte	0	−2,147,483,648 ~ 2,147,483,647
	long	8byte	0	−9,223,372,036,854,775,808 ~ 9,223,372,036,854,775,807
실수형	float	4byte	0.0	−3.4E38 ~ +3.4E38
	double	8byte	0.0	−1.7E308 ~ +1.7E308

이제 예제를 통해 기본 자료형을 하나씩 익혀보자.

논리형

논리형은 [표 2-5]의 표현 범위에서 알 수 있듯이 가장 간단한 형태의 자료형으로 가질 수 있는 값이 true, false 밖에 없다. 그리고 이 논리형은 다른 자료형으로 변환하거나 다른 자료형에서 변환될 수 없음을 기억하자.

이클립스에서 BooleanEx라는 이름의 클래스를 생성하여 아래의 예제를 작성해보자

예제 **2-1**　　BooleanEx

```
01  class BooleanEx{
02      public static void main(String[] args){
03          boolean b = true;
04          System.out.println("변수 b의 값 :" +b);
05      }
06  }
```

위 예제에서 'boolean b'라는 변수를 아래와 같이 수정한다면 어떻게 될까?

```
boolean b = 1;
```

자바에서의 boolean형은 오로지 true나 false만 기억하게 되어 있으므로 위 문장은 정수형인 1이라는 자료를 boolean형에 넣으려고 하니 당연히 자바로서는 자료형이 맞지 않다는 오류를 나타낸다.

```
boolean b;
```

또 한 가지가 있다. 코드를 위와 같이 작성했다면 이 상태는 선언문장이라 하여 이는 변수를 선언만 했을 뿐이지 자료를 저장하지 않은 상태가 된다. 이때 변수 b를 사용하여 출력을 하게 되면 어떻게 될까?

변수 b가 준비(초기화)가 되어 있지 않았다며 다음 문장인 4행에서 오류가 발생한다. 특정 메서드 내에서만 쓰이는 변수, 다시 말해 '지역변수'들은 모두 초기화가 되어야 하기 때문이다. 무슨 말인지 예를 통해 이해해보자.

```
boolean b = true;
```

초기화라는 것은 위와 같이 변수가 선언될 당시에 정의된 자료형(여기서는 boolean형이 되

겠다)에 맞는 값으로 대입하는 행위를 뜻한다. 아니면 다음처럼 변수 b를 사용(출력)하기 전에 선언과 대입을 따로 해도 상관없다. 즉, 사용(출력)하기 전에 변수에 값이 설정되어 있어야 한다는 것이다.

```
boolean b;
b = true;
System.out.println(b);
```

문자형

자바에서는 비영어권 나라들의 언어까지, 즉 다국어 처리와 최대 65,000여 문자를 처리할 수 있도록 2Byte 문자 처리 방식인 '유니코드(unicode)' 방식을 내부적으로 사용하고 있다. 그러므로 자바의 char 자료형이 2Byte이며 표현범위가 0~65,535가 되었다고 생각된다. 예제를 보고 이해해보자.

 유니코드(unicode) : '세계 문자 표준'이라고도 불리며 바이너리 코드(2진수코드)를 확립하고 세계 각국의 언어를 처리하고 표현하기 위한 것이며 현재 24개 언어를 지원하기 위해 34,168개의 개별 코드문자를 담고 있다.

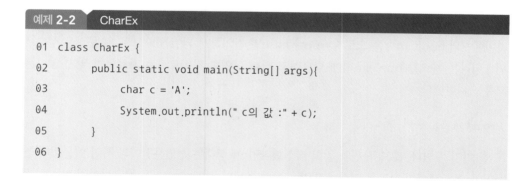

예제 2-2	CharEx

```
01  class CharEx {
02      public static void main(String[] args){
03          char c = 'A';
04          System.out.println(" c의 값 :" + c);
05      }
06  }
```

```
c의 값 :A
```

[그림 2-1] CharEx 실행결과

▶▶▶ 01행: 클래스를 정의하는 부분. CharEx라는 이름의 클래스를 정의하면서 {로 시작한 현재 행에서 }로 끝나는 6행까지 영역을 설정한다.

02행: 프로그램 시작 부분. 자바의 모든 응용프로그램은 main( ) 메서드에서 시작한다. 이main( ) 메서드에 관해서는 5장에서 설명하겠다. 지금은 프로그램이 어떻게 진행하는지 파악할 수 있도록 중심을 잡아보자.

03행: 변수 선언. char(문자)형 변수 c를 선언하면서 대문자 A를 변수 c에 대입했다. 정확하게는 대문자 A에 해당되는 아스키 코드값은 65다. 이것이 2Byte로 들어가 있는 것이다.

04행: 출력문. 현재 컴퓨터의 콘솔창에 출력하고자 할 때 사용하는 코딩이 바로 System.out. println( );이다. 사실 어려운 내용이지만 그냥 콘솔창에 출력하고 싶을 때 현재 행의 코딩 내용으로 사용한다는 정도로만 기억하자.

이제 저장과 컴파일에 관해서는 충분한 반복이 되었으리라 생각하고 더 이상 언급하지는 않겠다. 위 예제에서 조금 수정해보자.

```
char c = "A";
```

위와 같이 수정하면 오류가 발생한다. 이유는 간단하다. " "(Double Quote)는 문자형(한 글자)이 아닌 문자열(문장)을 의미하기 때문이다.

```
char c = 65;
```

위와 같이 수정한 후 결과가 어떻게 될지 예측해보자. 이는 아주 정상적인 코드다. char형은 내부적으로 모두 아스키코드 정수값으로 저장된다고 했다. 그리고 이를 수용하기 위해서 char형의 표현 범위가 0~65,535까지라는 것을 앞서 설명했다. 이런 이유로 간혹 char형이 switch~case문이라는 제어문에서 정수형과 같이 쓰일 때도 있다(3장에서 다룬다).

다음은 이미 만들어 둔 문자 상수값들이다. 흔히들 '리터럴(literal)'이라고 부르는데, 자주 쓰이는 몇 가지를 정리했다.

🗒 아스키 코드(ASCII Code) : 128개의 문자, 즉, 알파벳을 비롯해 숫자 또는 특수문자들을 7개의 0 또는 1의 조합으로 표현하는 코드체계로서 운영체제 중 윈도우를 제외한 리눅스나 유닉스가 문자를 표현할 때 사용한다. 윈도우는 유니코드를 사용한다.

[표 2-6] 문자 리터럴의 종류

문자 리터럴	설명
\n	줄 바꿈(Line Feed)
\t	탭 기능

\b	백스페이스 기능
\\	\를 문자화
\ '	' 를 문자화
\ "	" 를 문자화
\u0042	16진수 0042에 해당하는 문자

예를 들어, \u0042에서 \u라는 것은 유니코드를 의미하는 것이며 뒤에 나오는 0042는 16
진수를 의미한다. 이것을 풀어보자. 먼저 유니코드가 몇 Byte 체제인지 기억해야 한다. 그렇
다. 바로 2Byte라 했다. 따라서 0042를 2Byte로 만들어보면 앞의 0과 0이 1Byte를 차지하
게 되고 나머지 4와 2가 1Byte를 차지하게 된다. 결국, 숫자 1개당 4Bit씩 되는 것이고 이를
모두 더하면 16Bit(2Byte)가 되는 셈이다.

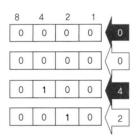

[그림 2-2] \u0042를 표현한 그림

이제 4Bit씩 잘라 놓은 것을 모두 합쳐 2Byte로 만들어 보자.

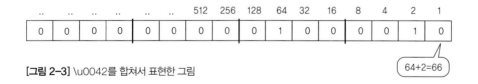

[그림 2-3] \u0042를 합쳐서 표현한 그림

66이라는 정수가 결국 char형의 변수에 대입되어 있다는 것이 되고 출력을 하면 66이라는
아스키코드값에 해당되는 문자인 대문자 B가 출력되는 것이다.

직접 예제를 통해 살펴보자.

예제 **2-3**   CharEx2

```
01  class CharEx2 {
02      public static void main(String[] args){
03          char c = '\u0042';
04          System.out.println(" c의 값 :" + c);
05      }
06  }
```

```
c의 값 : B
```

[그림 2-4] CharEx2 실행결과

▶▶▶ 01행: 클래스 정의 부분. 이름이 CharEx2라는 클래스를 정의하면서 {로 시작한 현재 행에서 }로 끝나는 6행까지 영역을 설정한다.

02행: 프로그램 시작 부분.

03행: 변수 선언. char형 변수 c를 선언하면서 유니코드값 ₩u0042를 변수 c에 대입했다. 위 [그림 2-3]과 [그림 2-4]의 내용을 내부적으로 처리하고 66이라는 아스키코드값이 저장된다.

04행: 출력문. 변수 c의 내용을 출력하여 확인한다.

정수형

정수형은 크게 네 가지로 나누어져 있다. 각 자료형의 크기는 앞서 [표 3-1]에서 정리했으므로 그 크기를 가지고 순서를 정리하면 다음과 같다.

byte → short → int → long

다음 예제를 보고 분석해보자.

예제 **2-4**   IntEx1

```
01  class IntEx1 {
02      public static void main(String[] args){
```

```
03            byte var1 = 128;
04            System.out.println(" var1의 값 :" + var1);
05      }
06  }
```

```
Exception in thread "main" java.lang.Error: Unresolved compilation problem:
    Type mismatch: cannot convert from int to byte

    at IntEx1.main(IntEx1.java:4)
```

[그림 2-5] IntEx1 실행결과

▶▶▶ 01행: 클래스 정의 부분.

02행: 프로그램 시작 부분.

03행: 변수 선언. byte형 변수 var1을 선언하면서 128이라는 값을 변수 var1에 대입시킨다. 하지만 byte형의 표현 범위를 넘는 자료이므로 오류가 발생할 것이다.

04행: 출력문.

기본 자료형의 자료형들은 정수형뿐만 아니라 다른 자료형들에게도 주어진 표현 범위가 있으며 이를 벗어나는 자료 대입은 허용하지 않음을 명심하자.

예제 2-5 IntEx2

```
01  class IntEx2 {
02      public static void main(String[] args){
03            byte var1 = 127;
04            int var2 = 550L;
05            System.out.println(" var2의 값 :" + var2);
06      }
07  }
```

```
Exception in thread "main" java.lang.Error: Unresolved compilation problem:
    Type mismatch: cannot convert from long to int

    at IntEx2.main(IntEx2.java:5)
```

[그림 2-6] IntEx2 실행결과

▶▶▶ 04행: 변수 선언. int형 변수 var2를 선언하면서 550이라는 정수값 뒤에 l 또는 L이 붙으면 long형
(8Byte)을 의미하므로 이것을 int형(4Byte) var2에 넣으려 하니 오류가 발생하는 것이다.

| 예제 2-6 | IntEx3 |

```
01  class IntEx3 {
02      public static void main(String[] args){
03          byte var1 = 127;
04          short var2 = 32000;
05          int var3 = 550;
06          System.out.println(" var1의 값 :" + var1);
07          System.out.println(" var2의 값 :" + var2);
08          System.out.println(" var3의 값 :" + var3);
09      }
10  }
```

```
var1의 값 :127
var2의 값 :32000
var3의 값 :550
```

[그림 2-7] IntEx3 실행결과

▶▶▶ 03행: 변수 선언. byte형 변수 var1을 선언하면서 127이라는 정수값을 대입한다.

04행: 변수 선언. short형 변수 var2를 선언하면서 32000이라는 정수값을 대입한다.

05행: 변수 선언. int형 변수 var3을 선언하면서 550이라는 정수값을 대입한다.

06행~08행: 출력문. 각 변수들을 확인하기 위해 차례로 출력한다.

실수형

소수점을 가지는 자료를 말하며 float형과 double형, 두 가지로 나누어져 있다. 다음 예제를
살펴보고 문제점이 무엇인지 찾아보자.

```
01   class FloatEx1 {
02       public static void main(String[] args){
03           float var1 = 3.4;
04           System.out.println(" var1의 값 :" + var1);
05       }
06   }
```

```
Exception in thread "main" java.lang.Error: Unresolved compilation problem:
    Type mismatch: cannot convert from double to float

    at FloatEx1.main(FloatEx1.java:3)
```

[그림 2-8] FloatEx1 실행결과

▶▶▶　03행: 변수 선언. float형 변수 var1을 선언하면서 3.4라는 값을 대입한다. 하지만 이런 일반적인 소
수점을 가지는 실수 자료를 대입하게 되면 무조건 오류가 발생한다. 이유는 실수형은 float형임을
명시하거나 float형으로 형 변환하지 않으면 기본으로 double형으로 받아들이게 되어 있기 때문
이다(주의를 요하는 부분이다). 다시 말해, float형(4Byte)에 더 큰 double형(8Byte) 자료를 넣은
형태가 되므로 오류가 발생한다.

또한 실수형에도 아래와 같이 작업을 할 수 있음을 기억하자.

```
01   class FloatEx2 {
02       public static void main(String[] args){
03           float var1,var2;
04           var1 = 3.4f; // float형으로 명시한 것
05           var2 = 550;
06           System.out.println(" var1의 값 :" + var1);
07           System.out.println(" var2의 값 :" + var2);
08       }
09   }
```

```
var1의 값 :3.4
var2의 값 :550.0
```

[그림 2-9] FloatEx2 실행결과

▶▶▶ 02행: 프로그램 시작 부분.

03행: 변수 선언. ,라는 구분자를 써서 같은 float형의 변수 var1과 var2, 두 개를 선언했다.

04행: 초기화. float형 변수 var1에 3.4f라는 값을 대입한다. f는 float형을 의미한다.

05행: 초기화. float형 변수 var2에 550이라는 정수를 대입한다. 이것이 정상적인 이유는 550이라는 int형 자료가 컴파일러에 의해 550.0이라는 float형 자료로 변환된 자료이기 때문이다. 즉 자동으로 형 변환이 일어난 후 var2라는 변수에 대입되기 때문이다.

06행~07행: 출력문.

❷ 참조 자료형(객체 자료형)

참조 자료형(객체 자료형)이란, 자바 내부(Java API)에서 제공되거나 사용자에 의해 만들어진 클래스(class)와 같은 것을 자료형으로 선언하여 사용하는 것이다.

문자열을 나타내는 자료형 중 String형을 가지고 변수 선언을 해보면 다음과 같다.

```
String str;
```

자세히 살펴보면 자료형(Data Type)인 String이라는 것의 첫 문자가 대문자다. 이것은 바로 String이라는 클래스를 자료형으로 하는 str이라는 변수(reference)를 선언한 것이 된다.

이렇게 일반 기본 자료형이 아닌 객체(클래스, 인터페이스 등) 형식(Type)의 자료형들을 '참조 자료형(객체 자료형)'이라고 하는데, 참조 자료형에 대한 사용 방법은 5장에서 자세히 다루므로 여기서는 생략한다.

❸ 형 변환

형 변환이라는 것은 다음 절에서 배우게 되는 연산자 중 변수들의 대입 연산을 할 때 발생하는 것으로 여기에는 '프로모션(확대변환, promotion)'과 '디모션(축소변환, demotion)', 두 가지가 있다. 이 두 가지를 간단하게 설명하자면 '프로모션'은 더 큰 자료형으로 승격이 일어나는 형태를 의미한다. 이는 정보의 손실이 전혀 없으며 자동적으로 발생하는 형 변환이다. 하지만 '디모션(demotion)'은 반대로 더 작은 자료형으로 강등(격하)되는 것으로 이것은 정보의 손실이 발생할 가능성이 있다. 이는 프로그래머가 명시해주어야 발생하는 형변환이다.

[표 2-7] 형 변환의 종류

종류	설명	코딩 예

프로모션	• 더 큰 자료형으로의 변환(자동) short a, b;
	• 정보의 손실 없음
		short a, b;
		a = b = 10;
		int c = a + b; // 형 변환

		short s = 10; float f = 10 + 3.5f; // 형변환

디모션	• 더 작은 자료형으로의 변환(명시)
	• 정보의 손실이 발생할 가능성 있음
		short a, b, c;
		a = b = 10;
		c = (short)(a + b); // 형 변환

		int c = 0;
		short s = 10;
		c = (int)(10 + 3.5f); // 형 변환

Section

연산자

여기서 얘기하는 연산자란 자료의 가공을 위해 정해진 방식에 따라 계산하고 결과를 얻기 위한 행위를 의미하는 기호들의 총칭이다. 각각의 연산자들은 자신이 연산을 하기 위해 받아들일 수 있는 자료형이 따로 있음을 알아두자. 예를 들어 "비교 연산자에는 결과가 boolean형이어야 하며 연산에 참여되는 자료형은 boolean형이 올 수 없다"는 규칙이 있다.

```
boolean b = "가" > "나";
```

위의 내용을 컴파일해보면 비교 연산자인 >는 연산에 참여하는 피연산자들이 String형이기 때문에 연산 적용을 할 수 없다는 오류가 발생하게 된다. 즉, 비교 연산자는 연산 대상의 자료형을 '기본 자료형'의 boolean형을 제외한 나머지 자료형으로 정해져 있음을 알 수 있다 (String은 참조 자료형). 그럼 여기서 연산자의 종류와 각 연산자의 역할을 알아보자.

[표 2-8] 연산자의 종류와 우선순위

종류	연산자	우선순위
증감 연산자	++, --	1순위
산술 연산자	+, -, *, /, %	2순위
시프트 연산자	>>, <<, >>>	3순위
비교 연산자	>, <, >=, <=, ==, !=	4순위
비트 연산자	&, |, ^, ~	~만 1순위, 나머지는 5순위
논리 연산자	&&, ||, !	!만 1순위, 나머지는 6순위
조건(삼항) 연산자	?, :	7순위
대입 연산자	=, *=, /=, %=, +=, -=	8순위

❶ 산술 연산자

산술 연산자는 4칙 연산(+, −, *, /)과 나머지 값을 구하는 연산자를 말한다.

[표 2-9] 산술 연산자의 종류

구분	연산자	의미
산술 연산자	+	더하기
	−	빼기
	*	곱하기
	/	나누기
	%	나머지 값 구하기

위 표의 내용을 토대로 예제를 통해 내용을 익혀보자.

예제 2-9 OperEx1

```
01  class OperEx1{
02      public static void main(String[] args){
03          int a, b, c;
04          a = 20;
05          b = 7;
06          c = a + b;
07          System.out.println(" a+b = " + c);
08
09          c = a - b;
10          System.out.println(" a-b = " + c);
11
12          c = a % b;
13          System.out.println(" a%b = " + c);
14      }
15  }
```

```
a+b = 27
a-b = 13
a%b = 6
```

[그림 2-10] OperEx1 실행결과

▶▶▶ 02행: 프로그램 시작 부분.

03행: 변수 선언. , 구분자를 사용하여 같은 int형 변수 a와 b, 그리고 c를 각각 선언한다.

04행~05행: 초기화. 변수 a에는 20이라는 값으로 대입하고 변수 b에는 7이라는 값으로 대입한다.

06행: 초기화. a + b 부분이 먼저 연산된 후 구문의 가장 왼쪽(대입 연산자의 왼쪽)이 연산이 끝난 마지막 결과값이 들어갈 변수가 된다. 연산자들도 우선순위가 있는데, 그 중에 대입 연산자가 순위가 가장 낮기 때문이다.

07행: 출력문. 이것을 쉽게 설명하자면 현재 시스템의 표준 출력 장치로 출력을 하겠다는 의미며 출력 내용은 "a+b=" + c다. 분명 " "(double quote)는 문자열(String)을 의미한다고 했으니 이것은 "a+b="라는 문자열에 c, 즉 27이라는 정수를 더하라는 것인데, 모두가 알고 있듯이 문자열과 정수는 연산이 되지 않는다. 그래서 자연스럽게 27이라는 정수값이 문자열로 자동 형 변환이 일어나 +가 더하기 연산이 아닌 문자열 연결 연산으로 이루어진 것이다

한 가지만 더 기억하자. 다음은 실무적인 활용은 전혀 없는 문제지만 자료형을 이해하는 데 도움이 되는 예제다.

예제 2-10　　OperEx2

```
01  class OperEx2{
02      public static void main(String[] args){
03          short a,b;
04          a = b = 10;
05
06          short c = a + b;
07          System.out.println(" c의 값 :" + c);
08      }
09  }
```

```
Exception in thread "main" java.lang.Error: Unresolved compilation problem:
    Type mismatch: cannot convert from int to short

    at OperEx2.main(OperEx2.java:6)
```

[그림 2-11] OperEx2 실행결과

▶▶▶ 02행: 프로그램 시작 부분.

03행: 변수 선언. , 구분자를 사용하여 같은 short형 변수 a와 b를 각각 선언한다.

04행: 초기화. 변수 a와 b 모두에게 10이라는 값으로 대입한다.

06행: 초기화. short형 변수 c를 선언하면서 변수 a와 b를 더하기 연산하여 결과를 c에 대입한다. 하지만 여기서 자료들끼리의 연산만 일어나는 것이 아니라 자료형끼리도 연산이 일어난다는 것에 주목해야 한다. 자료형 a + b가 아닌 단순히 20이라는 상수값을 short형 c 변수에 대입한다면 문제가 없겠지만 자바에서는 32bit 미만, 즉 short형과 byte형끼리 연산이 일어나면 32bit로 승격(promotion)시켜 결과값이 그냥 값이 아닌 32bit인 int형이 된다는 것을 잊지 말자.

7행: 출력문.

위의 예제를 바르게 수정하려면 가장 간편한 방법이 6행에 있는 변수 c의 자료형 short를 int형으로 변경하면 오류 없이 결과 값 20을 얻을 수 있다. 또는 다음과 같이 cast 연산(강제 형변환)을 통해 해결할 수 있다.

```
06 short c = (short)(a + b);
```

❷ 대입 연산자

대입 연산자는 특정한 상수값이나 변수값 또는 객체를 변수에 전달하여 기억시킬 때 사용하는 연산자다.

[표 2-10] 대입 연산자의 종류

구분	연산자	의미	
대입 연산자	=	연산자를 중심으로 오른쪽 변수값을 왼쪽 변수에 대입한다	
	+=	왼쪽 변수에 더하면서 대입한다.	

–=		왼쪽 변수값에서 빼면서 대입한다.
*=		왼쪽 변수에 곱하면서 대입한다.
/=		왼쪽 변수에 나누면서 대입한다.
%=		왼쪽 변수에 나머지 값을 구하면서 대입한다

항상 오른쪽의 값을 왼쪽으로 전달하는 순서를 가지며 이런 대입 연산자를 잘 이용하면 프로그램의 코드가 간편해지는 장점이 있다. 예제로 익혀보자.

예제 2-11　　OperEx3

```
01  class OperEx3{
02      public static void main(String[] args){
03          int a = 10;
04          int b = 7;
05
06          System.out.println(a+b);
07          System.out.println(" 변수 a:" + a);
08
09          System.out.println(a+=b); // a = a + b;와 같다.
10          System.out.println(" 변수 a:" + a);
11      }
12  }
```

```
17
 변수 a:10
17
 변수 a:17
```

[그림 2-12] OperEx3 실행결과

▶▶▶ 02행: 프로그램 시작 부분.

03행: 변수 선언. int형 변수 a를 선언하면서 10이라는 값으로 대입한다.

04행: 변수 선언. int형 변수 b를 선언하면서 7이라는 값으로 대입한다.

06행: 출력문. 변수 a의 값과 b의 값을 더한 결과를 화면에 출력한다.

07행: 출력문. 변수 a의 값을 확인하기 위한 출력문이다.

09행: 출력문. 변수 a에 a 자신의 값과 변수 b의 값을 더한 결과를 대입하고 출력한다. 즉, a = a + b;라는 문장을 수행한 후에 그 결과를 출력하는 것이다.

10행: 출력문. 변수 a의 값을 확인하기 위한 출력문이다.

위 예제의 6행, 7행은 단순히 변수 a값과 변수 b값을 더하여 화면에 출력했을 뿐 변수 a값에는 전혀 변동이 없다. 하지만 9행은 얘기가 다르다. 소스해설에서도 표현했듯이 a + b한 값을 다시 변수 a에 전달하므로 직접적인 변수 a의 값에 변화가 있는 것이다. 실행해 보면 변수 a값이 변경되었음을 확인할 수 있을 것이다.

❸ 비교 연산자(관계 연산자)

비교 연산자는 말 그대로 변수나 상수의 값을 비교할 때 쓰이는 연산자로서 결과가 항상 논리값, 다시 말해 boolean형인 true 아니면 false가 되어야 한다.

[표 2-11] 비교 연산자의 종류

구분	연산자	의미
비교 연산자	〉	크다.
	〈	작다.
	〉=	크거나 같다.
	〈=	작거나 같다.
	==	피연산자들의 값이 같다.
	!=	피연산자들의 값이 같지 않다.

| 예제 2-8 | FloatEx2 |

```
01  class OperEx4{
02      public static void main(String[] args){
```

```
03          int a = 10;
04          int b = 20;
05          boolean c = a < b; // 변수 a가 변수 b보다 작다.
06          System.out.println(" a < b :" + c);
07
08          c = a != b; // 변수 a와 변수 b는 같지 않다.
09          System.out.println(" a != b :" + c);
10      }
11 }
```

```
a < b :true
a != b :true
```

[그림 2-13] OperEx4 실행결과

▶▶▶ 02행: 프로그램 시작 부분.

03행: 변수 선언. int형 변수 a를 선언하면서 10이라는 값으로 대입한다.

04행: 변수 선언. int형 변수 b를 선언하면서 20이라는 값으로 대입한다.

05행: 변수 선언. boolean형 변수 c를 선언하면서 변수 a가 변수 b보다 작다면 true값을 c에 대입하고 그렇지 않을 경우에는 false값을 변수 c에 대입한다.

06행: 출력문. 변수 c의 값을 확인하는 차원에서 화면에 출력한다.

08행: 초기화. 이미 선언된 변수 c에 a값과 b값이 서로 다르다면 true값을 대입하고 그렇지 않을 경우에는 false값을 변수 c에 대입한다.

09행: 출력문. 변수 c의 값을 확인하기 위한 출력문이다.

비교 연산자의 결과값은 boolean형인 것을 기억하자. 그리고 하나의 변수값이나 상수값을 비교하려면 비교 연산자만으로 충분하지만 두 개 이상의 값을 비교할 때는 비교 연산자만으로는 무리가 있다.

예를 들어, 나이가 20세 이상인 사람은 age >= 20이라고 비교할 수 있다. 하지만 나이가 20

세 이상 30세 미만, 다시 말해서 20대들만 가려내는 비교는 어떻게 해야 할까? 20 〈= age 〈 30이라고 하면 될까? 답은 "아니오"다.

자바에서는 이와 같이 비교하는 식은 허용하지 않는다. 따라서 다음에 나올 '논리 연산자'를 배우는 것이니 다시 한번 집중하자.

❹ 논리 연산자

논리 연산자는 앞서 정리한 비교 연산자와 같이 결과가 true나 false가 되는 논리값을 가지고 다시 한번 조건 연산하는 것이다. 그러므로 연산자 중심으로 왼쪽부터 처리하게 되는데, 그 처리 결과에 따라 오른쪽 조건의 수행 여부가 결정된다.

[표 2-12] 논리 연산자의 종류 (1)

구분	연산자	의미	설명
논리 연산자	&&	and(논리곱)	주어진 조건들이 모두 true일 때만 true를 나타낸다.
	||	or(논리합)	주어진 조건들 중 하나라도 true이면 true를 나타낸다.
	!	not(부정)	true는 false로 false는 true로 나타낸다.

위 표를 중심으로 예제를 살펴보자.

예제 2-13	OperEx5

```
01  class OperEx5{
02      public static void main(String[] args){
03          int a = 10;
04          int b = 20;
05
06          boolean c = ((a+=12) > b) && (a==(b+=2));
07          System.out.println("c="+c);
08
09          System.out.println("a="+a);
```

```
10              System.out.println("b="+b);
11          }
12  }
```

```
c=true
a=22
b=22
```
[그림 2-14] OperEx5 실행결과

▶▶▶ 02행: 프로그램 시작 부분.

03행: 변수 선언. int형 변수 a를 선언하면서 10이라는 값으로 대입한다.

04행: 변수 선언. int형 변수 b를 선언하면서 20이라는 값으로 대입한다.

06행: 변수 선언. boolean형 변수 c를 선언하면서 우선적으로 && 연산자의 왼쪽에 있는 조건부터 연산에 참여한다. ((a+=12) > b)가 true일 경우 && 연산자의 오른쪽 조건을 수행하여 그 결과값이 true가 아니면 false를 변수 c에 대입하지만 만약, 선조건에서 false이면 && 연산자의 오른쪽 조건을 절대 수행하지 않고 여기서 변수 c에 false를 대입하고 현재 행의 구문은 끝나게 된다.

07행~10행: 출력문. 변수 c와 변수 a, 그리고 변수 b의 값을 확인하는 차원에서 화면에 출력한다.

위 예제의 6행을 다음과 같이 수정하면 결과는 어떻게 될까?

```
06 boolean c = ((a+=12) > b) || (a==(b+=2));
```

결과는 다음과 같지만 결과를 보기 전에 변수 a와 변수 b의 값을 모두 예측해보자.

```
c=true
a=22
b=20
```
[그림 2-15] OperEx5의 수정된 실행결과

▶▶▶ 06행: 변수 선언. 우선 || 연산자는 or 연산을 하며 두 조건 중 하나만 true이면 true라는 boolean 값을 c에 대입하게 되는 논리합이다. 선조건인 (a+=12) > b부터 알아보면 a에 12가 누적되어 a 값이 22가 된 다음 b보다 크다고 했으니 이는 true다. 이것으로 || 연산자는 뒤에 오는 조건이 false라 할지라도 변수 c에 대입되는 값은 true이므로 뒤에 오는 조건을 수행하지 않게 된다. 즉

a==(b+=2)을 수행하지 않으므로 변수 b에 2가 누적되지 않아 변수 b의 값은 변함 없이 20이
된 것이다.

[표 2-13] 논리 연산자의 종류 (2)

연산자	설명	
&&	선조건이 true일 때만 후조건을 실행하며 선조건이 false이면 후조건을 실행하지 않는다.	
||	선조건이 true이면 후조건을 실행하지 않으며 선조건이 false일 때만 후조건을 실행한다	

❺ 비트 연산자

비트 연산자는 논리 연산자와 유사하지만 차이가 있다. Bit 단위로만 연산이 이루어지며, 연
산에 참여되는 자료형은 정수형을 기본으로 한다.

[표 2-14] 비트 연산자의 종류

구분	연산자	의미	
비트 연산자	&	비트 단위의 AND	
	|	비트 단위의 OR	
	^	XOR(배타적 OR)	

Bit 단위 연산이란 2진 자료(0아니면 1로 구성)의 논리 연산을 의미하며 사용하는 방법은 다
음과 같다.

[표 2-15] 비트단위 곱, 비트단위 합, 배타적 OR의 결과

값1	값2	결과	값1	값2	결과	값1	값2	결과
0	0	0	0	0	0	0	0	0
1	0	0	1	0	1	1	0	1
0	1	0	0	1	1	0	1	1
1	1	1	1	1	1	1	1	0

<table>
<tr><td>& : 비트단위 곱</td><td>| : 비트단위 합</td><td>^ : 배타적 OR</td></tr>
</table>

그럼 비트 연산자의 간단한 예제를 풀어보자.

예제 2-14 OperEx6

```
01  class OperEx6{
02      public static void main(String[] args){
03          int a = 10;
04          int b = 7;
05
06          int c = a & b;
07          System.out.println(" 변수 c의 값 :" + c);
08      }
09  }
```

변수 c의 값 : 2

[그림 2-17] OperEx6 실행결과

▶▶▶ 02행: 프로그램 시작 부분.

03행: 변수 선언. int형 변수 a를 선언하면서 10이라는 값으로 대입한다.

04행: 변수 선언. int형 변수 b를 선언하면서 7이라는 값으로 대입한다.

06행: 변수 선언. int형 변수 c를 선언하면서 변수 a의 값과 변수 b의 값을 비트단위의 논리곱(and) 비트 연산으로 얻어지는 결과값을 변수 c에 대입한다.

```
변수 a  ……… 1 0 1 0  ← 10
변수 b  ……… 0 1 1 1  ←  7
& ───────────────────────
변수 c  ……… 0 0 1 0  →  2
```

[그림 2-18] OperEx6의 변수 선언 과정

비트 연산자는 연산에 참여하는 자원을 2진 코드(BCD 코드)화하여 각 비트 단위로 연산한다는 의미로 붙여진 이름이다. 위 내용을 살펴보면 변수 a가 가지고 있는 값 10을 2진 코드로 표현하면 '…… 1010'이 된다. 그리고 변수 b의 값을 2진 코드로 표현하면 '…… 0111'이 되므로 이것을 비트 연산자의 &(논리곱) 연산을 이루면 같은 비트의 값이 서로 1일 때만 1을 반환하므로 연산 처리가 끝나면 변수 c에 대입되는 값은 '……0010', 즉 2가 된다.

07행~10행: 출력문. 변수 c의 값을 확인하는 차원에서 화면에 출력한다.

❻ 시프트 연산자

시프트 연산자도 Bit 단위로 연산이 이루어지지만 정수의 값도 실제 0 아니면 1로 되어 있는 Bit 단위를 말하며 이것을 오른쪽 또는 왼쪽으로 이동시켜 값에 대한 변화, 즉 자료 가공을 일으키는 연산자다. 그리고 이렇게 어느 한쪽으로 이동시키면 밀려 떨어지는 자원이 생기고 동시에 이동시키는 반대쪽은 당연히 빈 자리가 생기기 마련이다. 이런 빈 자리를 처리하는 연산자도 시프트 연산자지만 약간의 차이가 있음을 알아두자.

[표 2-16] 시프트 연산자의 종류

구분	연산자	의미	
시프트 연산자	>>	bit값을 오른쪽으로 이동(빈 자리는 부호값으로 대입)한다	
	<<	bit값을 왼쪽으로 이동(빈 자리는 0으로 대입)한다.	
	>>>	bit값을 오른쪽으로 이동(빈 자리는 0으로 대입)한다.	

여기서 얘기하는 부호값이란 무엇일까? 자바에서는 양수를 0, 음수를 1로 하여 부호 비트라는 자리에 표현하는데, 이 부호 비트는 나열되는 비트의 가장 왼쪽에 자리를 잡고 있다.

그럼 시프트 연산자에 대해 예제를 통해 살펴보자.

예제 2-15   OperEx7

```
01  class OperEx7{
02      public static void main(String[] args){
03          int a = 12;
04          int b = 2;
05
06          int c = a >> b;
07          System.out.println(" 변수 c의 값 :" + c);
08
09          char d = (char)(a<<2);
10          System.out.println(" 변수 d의 값 :" + d);
11      }
12  }
```

```
변수 c의 값 : 3
변수 d의 값 : 0
```

[그림 2-18] OperEx7 실행결과

▶▶▶ 02행: 프로그램 시작 부분.

03행: 변수 선언. int형 변수 a를 선언하면서 12라는 값으로 대입한다.

04행: 변수 선언. int형 변수 b를 선언하면서 2라는 값으로 대입한다.

06행: 변수 선언. int형 변수 c를 선언하면서 변수 a의 값을 변수 b의 값만큼 오른쪽으로 시프트(bit 단위의 이동)하여 그 결과값을 변수 c에 대입한다.

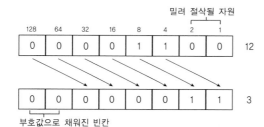

[그림 2-19] 시프트 연산의 비트 단위 이동

07행: 출력문. 변수 c의 값을 확인하는 차원에서 화면에 출력한다.

09행: 변수 선언. char형 변수 d를 선언하면서 변수 a의 값을 왼쪽으로 2만큼의 시프트(비트 단위의 이동)하여 그 결과값인 int형 자료 48을 char형으로 형 변환하여 변수 c에 대입한다.

10행: 출력문. 변수 d의 값을 출력하여 확인한다. 📋 아스키코드값 48은 숫자 0을 의미한다.

비트 연산자와 지금의 시프트 연산자 같은 비트 단위의 연산자는 보안에서 많이 사용된다. 예를 들자면 암호화에서 소개되는 최초의 암호 즉, 줄리어스 시저가 사용한 암호가 어떤 것인지 간단히 살펴보자. 시저의 암호화된 편지 내용을 보면 ATTACK을 DWWDFN으로 표현했는데, 이는 ATTACK이라는 문자열의 각 문자들을 알파벳 순서상 3자씩 이동한 자리의 문자로 표기한 것이 바로 DWWDFN인 것이다. 다시 말해, 오른쪽으로 3칸씩 시프트한 것이다. 이렇게 bit 단위의 연산자들은 네트워크 등과 같은 데에서도 사용되지만 보안 부분에서 비중을 많이 차지하면서 활용되고 있다.

❼ 증감 연산자

증감 연산자는 간단히 말하자면 "1씩 증가시키느냐" 아니면 "1씩 감소시키느냐"에 중심이 있는 연산자이지만 저자가 생각하기엔 ++ 또는 −−가 변수의 "앞에 있느냐(선행증감)", "뒤에 있느냐(후행증감)"가 더 중요하다고 생각되는 연산자다.

[표 2-17] 증감 연산자의 종류

구분	연산자	의미	
증감 연산자	++	1씩 증가시킨다.	
	−−	1씩 감소시킨다.	

++ 또는 −−가 변수 앞에 있다면 변수 자신의 연산부터 먼저 수행한다(말 그대로 내 것이 먼저다).

다시 말해, 1을 증가시키거나 1을 감소시킨 후 다른 작업을 수행하게 되어 있다. 하지만 그 반대로 변수 뒤에 증감 연산자가 온다면 자신의 증감 연산보다는 다른 작업부터 먼저 수행한 후 자신의 증감 연산을 수행하게 되어 있다.

예제를 통해 살펴보자.

예제 2-16   OperEx8

```
01  class OperEx8{
02      public static void main(String[] args){
03          int a = 10;
04
05          System.out.println(++a);
06
07          System.out.println(a++);
08          System.out.println(" 변수 a의 값 :" + a);
09      }
10  }
```

```
11
11
변수 a의 값 : 12
```

[그림 2-20] OperEx8 실행결과

▶▶▶ 02행: 프로그램 시작 부분.

03행: 변수 선언. int형 변수 a를 선언하면서 10이라는 값으로 대입한다.

05행: 출력문. ++a는 주위의 연산보다 우선권이 자신의 값을 먼저 증가하는 데 있다. 그러므로 자신의 값을 먼저 증가시킨 후 출력문을 수행하게 된다.

07행: 출력문. a++는 변수 자신의 값을 먼저 증가시키기보다는 주위의 연산부터 먼저 처리하므로 변수 a의 값을 출력한 후 변수 자신의 값을 증가시키므로 출력 시에는 11이지만 다음 8행으로 갈 때는 이미 12가 된 상태다.

08행: 출력문. 변수 a의 값을 확인하는 차원에서 화면에 출력한다.

❽ 조건 연산자(삼항 연산자)

조건 연산자는 삼항 연산자라고도 하는데, 하나의 조건을 정의하여 그 조건을 만족할 경우의 '참값'과 조건을 만족하지 않을 경우의 '거짓값'을 미리 준비하여 단순 비교의 결과에 따라 얻게 되는 값을 다르게 가져오기 위한 연산자다.

[표 2-18] 조건 연산자의 종류

구분	연산자	의미	구성
조건 연산자	?:	제어문의 단일 비교문과 유사하다.	제어문의 단일 비교문과 유사하다.

구성 중 조건식의 결과는 항상 논리 값(true/false)이어야 하며 '참값'과 '거짓값'은 간단한 식이 될 수도 있으나 대입 연산자는 사용하면 안 된다. 그러므로 그냥 단순하게 변수나 상수값을 쓰는 경우가 많다. 그리고 참값과 거짓값의 자료형은 동일해야 하는데, 그 이유는 '참값'과 '거짓값' 중 하나가 리턴(return)되기 때문이다.

예제를 통해 살펴보자.

```
01  class OperEx9{
02      public static void main(String[] args){
03          int a = 10;
04          int b = 15;
05          String s = " 크다 ";
06
07          s += ++a >= b ? (a-b)+ " 만큼 a가.." : (b-a)+ " 만큼 b가.." ;
08          System.out.println(s);
09      }
10  }
```

크다 **4** 만큼 b가..

[그림 2-21] OperEx9 실행결과

▶▶▶ 02행: 프로그램 시작 부분.

02행: 변수 선언. int형 변수 a를 선언하면서 10이라는 값으로 대입한다.

04행: 변수 선언. int형 변수 b를 선언하면서 15라는 값으로 대입한다.

05행: 변수 선언. 참조(객체) 자료형 변수 s를 선언한 후 String(문자열)객체 "크다"를 대입한다.
String에 관해서는 5장에서 자세히 다루도록 하겠다.

07행: 조건(삼항) 연산 처리. ?를 중심으로 해서 왼쪽이 조건식이며 이 부분(++a >= b)부터 처리하
게 된다. ++ 연산이 변수 앞에 있으므로 변수 자신의 값을 먼저 증가시킨다. 그래서 변수 a의 값
이 11이 되었다. 그리고 비교 연산자인()=)로 인해 변수 a의 값 11이 변수 b의 값 15보다 크거나
같다면 변수 s에 (a-b) 연산부터 수행한 후 "만큼 a가.."라는 문자열을 += 연산자로 추가한 형태
가 된다. 그렇지 않다면 (b-a)의 결과에 "만큼 b가.."를 연결하여 변수 s에게 전달하게 된다.

08행: 출력문. 변수 s의 값을 확인하는 차원에서 화면에 출력한다.

다음 예제와 같이 하게 되면 오류가 발생한다. 수행 할 문장은 있지만 수행 후 리턴 할 값이
없어서 발생하는 오류다. 간단하지만 쉽게 실수할 수 있는 부분이니 눈여겨보자.

```
예제 2-18    OperEx10

01  class OperEx10{
02      public static void main(String[] args){
03          int a = 10;
04          int b = 15;
05          String c = " ";
06          String s;
07          s = ++a >= b ? c = " a가 크다" : c = " b가 크다"
08          System.out.println(s);
09      }
10  }
```

```
Exception in thread "main" java.lang.Error: Unresolved compilati
        The operator <= is undefined for the argument type(s) ja
        Syntax error on token "=", <= expected

        at OperEx10.main(OperEx10.java:7)
```

[그림 2-22] OperEx10 실행결과

▶▶▶ 02행: 프로그램 시작 부분.

03행: 변수 선언. int형 변수 a를 선언하면서 10이라는 값으로 대입한다.

04행: 변수 선언. int형 변수 b를 선언하면서 15라는 값으로 대입한다.

05행: 변수 선언. 참조 자료형 변수 c를 선언한 후 String(문자열)객체 " "를 대입한다.

06행: 변수 선언. 참조 자료형 변수 s를 선언하였다.

07행: 조건 연산 처리. 비교 연산자인 >=로 인해 변수 a의 값과 변수 b의 값을 비교하여 변수 s에 특정 값을 얻으려 했으나 변수 c에 특정 값을 대입하라는 뜻일 뿐 변수 s에 어떤 값을 전달하라는 문장이 아니므로 오류가 발생한다. 이런 잘못된 동작으로 인해 조건 연산자의 두 개의 값 부분에서 대입 연산자를 같이 사용할 수 없게 되어 있다.

08행: 출력문. 변수 s의 값을 확인하는 차원에서 화면에 출력한다.

만약, 변수 a의 값이 10이 아닌 14로 초기화가 되어 같은 값이 된다면 두 변수의 값이 같다는 것을 나타내고 싶을 것이다. 어떻게 하면 될까?

7행의 내용을 다음과 같이 수정하면 된다.

    s = ++a>=b?a == b?"가 아니라 같네":(a-b)+"만큼 a가..":(b-a)+"만큼 b가..";

위는 조건이 두 개다. 우선 첫 번째 조건인 (++a>=b)가 만족하지 않을 경우에는 (b-a)+"만큼 b가.."를 수행하게 되지만 만약 만족한다면 a값이 크지 않으면 같은 것이므로 두 번째 조건인 a == b ? "가 아니라 같네" : (a-b)+"만큼 a가.."를 수행하게 된다.

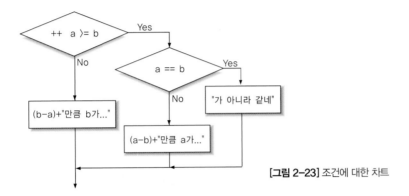

[그림 2-23] 조건에 대한 차트

이렇게 해서 연산자까지 공부하면서 가볍게 형 변환하는 부분도 있었으며 각 변수들을 선언하는 방법도 익혔을 것이다. 하지만 지금쯤이면 공부한 것들이 완벽하게 머릿속에 자리를 잡고 있는 것이 아니라 어느 정도 이해만 하는 수준일 것이라 생각된다.

1 식별자는 클래스명, 메서드명, 변수명과 같은 이름들을 의미하며 식별자를 정의할 때 공백을 포함할 수 없다. 그리고 %, # 등과 같은 특수문자들을 사용할 수 없으나 $와 _는 사용할 수 있다. 이것이 식별자의 의미와 정의에 필요한 공통 규칙이다.

- 클래스명 정의 규칙: 첫 문자를 대문자로 표현한다.

- 변수/메서드명 정의 규칙: 첫 문자는 소문자로 시작하며 뒤에 이어지는 새로운 단어의 첫 문자는 대문자로 표현한다.

- 상수명 정의 규칙: 모든 문자를 대문자로 표현한다.

2 예약어(reserved word)란, 자바에서 이미 특정한 기능을 부여받고 만들어진 이름을 말한다. 그리고 예약어에 등록되어 있는 것을 식별자로 사용할 수는 없다.

3 자바의 자료형에는 다음과 같이 크게 두 가지로 나누어진다.

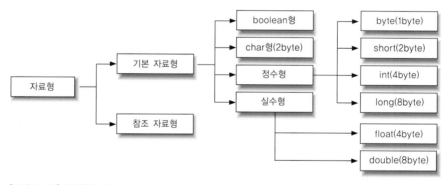

[그림 2-24] 자료형의 구조

☆연습문제

1 int형 변수 a에 10을 대입하고 int형 변수 b에 7을 대입한 후 두 변수의 값을 비트 연산자 중 XOR(배타적 OR)를 사용하여 얻어지는 결과는 얼마인지를 알아보는 프로그램을 작성하라.

2 다음 예제를 보고 출력되는 결과를 예측해보자.

```
01  class OperTest1{
02    public static void main(String[] args){
03        int a = 10;
04        int b = 20;
05        System.out.println(++a);
06
07        System.out.println(++a + b++);
08
09        System.out.println((++a%3) + (a*++b));
10    }
11  }
```

3 다음 예제를 보고 각 변수들의 값을 예측해보자.

```
01  class OperTest2{
02    public static void main(String[] args){
03        int a,b;
04        a = b = 10;
05
06        boolean c = ++a > b++ || a++ >= ++b;
07
08        System.out.println(a+","+b);
09        System.out.println("변수 c의 값 :"+c);
10    }
11  }
```

📋 ++a를 풀어서 생각해보면 a = a + 1; 즉, a += 1;이라는 문장이 모두 같은 것임을 알 수 있다.

주석문과 제어문

✳ **학습 목표**

• 주석문의 정의와 종류를 알아보고 사용 방법을 익힌다.
• 분기문에 대해 알아보고 구현력을 익힌다.
• 반복문과 반복적인 수행의 순서를 구현하고 익힌다.
• break문과 continue문의 차이점을 이해하고 활용도를 익힌다.

주석문

앞서 간단한 용어와 식별자들 그리고 자료형에 이어 연산자까지 살펴보았다. 이제부터는 자바 프로그래밍을 하는 데 있어 기초적인 문장을 익힐 것이다.

주석문은 실제 프로그램에 영향을 주지 않으며 단지 소스코드의 기능이나 동작을 설명하기 위해 사용되는 것으로, 원시코드(java)의 컴파일 단계에서 제외되기 때문에 실제로 bytecode(클래스 파일)에는 영향을 주지 않는 문장이다. 그럼 이런 주석문을 왜 사용하는 것일까? 바로 프로그래머 자신이나 다른 개발자들이 그 소스코드를 보고 프로그램의 내용을 쉽게 파악할 수 있도록 도움을 주기 위해서다.

자바에서 지원하는 주석 처리 방법은 다음과 같이 세 가지가 있다.

[표 3-1] 주석문의 종류

주석 종류	의미	설명
// 주석문	단행 주석처리	현재 행에서 //의 뒷문장부터 주석으로 처리된다.
/* 주석문 */	다행 주석처리	/*에서 */ 사이의 문장이 주석으로 처리된다.
/** 주석문 */	HTML 문서화 주석처리	/**에서 */ 사이의 문장이 주석으로 처리된다. 장점은 HTML 문서화로 주석이 처리되므로 API와 같은 도움말 페이지를 만들 수 있다.

각각의 주석을 구분하는 데는 큰 어려움이 없을 것이다. 그렇지만 간단한 예제를 통해서 이해를 다지도록 하자.

예제 3-1 CommentEx1

```
01  /**
02  <font color="navy" size="5">
03      "go for it!"
```

```
04   </font>
05   출력하는 클래스!
06   */
07   public class CommentEx1{
08       public static void main(String[] args){
09
10           // 화면에 출력-(한 줄 주석처리)
11           System.out.println("go for it!!");
12       }
13   }
```

```
go for it!!
```

[그림 3-1] CommentEx1 실행결과

▶▶▶ 01행~06행: 주석문. html로 문서화되는 주석 처리 부분이다. 문서화될 때 현재 클래스가 어떤 일을 하는 클래스인지를 알리는 부분이며 소스 내용과 같이 html 태그를 적절하게 사용해야 보기에 편하다.

07행: 클래스 정의 부분. 이때까지의 예제 클래스와는 다르게 선언되고 있다. public이라는 예약어가 사용되었는데, 이는 외부에서 현재 클래스로의 접근을 허용하겠다는 의미다. 이런 것을 '접근 제한'이라고 하며 이는 5장에서 자세히 다룬다. 지금은 public이 무슨 의미인지만 알아두고 이 public을 생략하면 오류가 발생하므로 절대 생략해서는 안 된다는 것을 기억하자.

08행: 프로그램 시작 부분.

10행: 주석문. 단행 주석 처리 부분이다. // 기호 뒤로 오는 모든 소스나 문장은 컴파일할 때 제외된다. 단, 현재 행에서만 적용된다.

11행: 출력문.

□2 제어문

일반적인 프로그래밍 언어들은 순차적인 언어가 대부분이다. 다시 말해, 물이 위에서 아래로 흐르듯이 위에서 하나씩 순차적으로 처리해 나가는 것을 말하는 것이다. 하지만 때에 따라서는 특정 문장을 피해가거나 아니면 여러 번 반복을 해야 할 때가 있다. 이렇게 프로그램 흐름에 영향을 주는 문장을 필요에 따라 제어할 수 있어야 하는데, 이때 사용하는 것이 바로 '제어문'이다.

제어문은 크게 분기문(비교문), 반복문, break문, continue문으로 나눌 수 있다.

❶ 분기문(비교문)

분기문(비교문)은 말 그대로 주어진 조건의 결과에 따라 실행 문장을 달리하여 전혀 다른 결과를 얻기 위해 사용하는 제어문 중 하나다.

if문

if문은 true 아니면 false, 다시 말해서 boolean형의 결과를 가지는 조건식이 있어야 하며 그 조건식의 결과로 수행하는 문장을 결정하게 되는 제어문이다. 여기에는 '단순 if문', '단일 if~else문', '다중 if문'의 세 가지가 있다.

■ 단순 if문

우선 if문이라는 분기(비교) 제어 문장의 구성을 알아보자.

```
if(조건식)
        조건에 만족할 때 수행할 문장;
```

위의 구성을 보면 '조건식'이라는 것이 있는데, 이는 반드시 true 아니면 false의 결과를 가져야 한다. 그럼 한번 예제로 접근해보자.

예제 3-2   **IfEx1**

```
01  class IfEx1 {
02      public static void main(String[] args) {
03          int su1 = 51;
04          String str = "50미만"; // String str; 이렇게 하면 오류가 발생한다.
05
06          if(su1 >= 50)
07                  str = "50이상";
08
09          System.out.println(str+"입니다.");
10      }
11  }
```

```
50이상입니다.
<
```

[그림 3-2] IfEx1 실행결과

▶▶▶ 02행: 프로그램 시작 부분.

03행: 변수 선언. int형 변수 su1을 선언하면서 51이라는 정수를 변수 su1에 대입한다.

04행: 변수 선언. String형 변수 str을 선언하면서 "50미만"이라는 문자열을 대입한다. 이는 사실 기본 자료형이 아니라 객체 자료형이다. 이와 관련한 내용은 5장에서 자세히 다루므로 여기서는 단지 문자열을 저장할 때는 String형 변수에 넣는다는 것만 기억하자.

06행: 비교문. 만약 su1이라는 변수 값이 50보다 크거나 같다면 str이라는 변수에 "50이상"이라는 문자열을 대입하게 한다.

09행: 출력문. 6행의 if문과는 아무 상관 없으며 str이라는 변수의 값을 확인하는 차원에서 출력한다.

su1이라는 int형 변수값이 반드시 50이상이어야만 9행을 수행하여 문자열(String)형 변수 str에 새로운 값으로 대입된다. 위 코딩을 플로우 차트로 만들어 보면 다음과 같다.

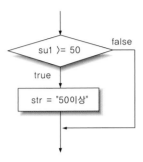

[그림 3-3] 단순 if문의 플로우 차트

그리고 위 예제에서 4행의 String형 지역변수 str을, 다음처럼 초기화 작업을 생략하면 문제가 발생한다는 것도 기억하자.

```
String str;
```

즉, 문자열을 대입하여 초기화하는 부분을 생략하여 위처럼 수정하게 되면 9행에서 초기화되지 않았다는 오류가 발생한다. 이유는 변수 su1이 만약 50미만일 경우에는 수행문이 없기 때문에 str에는 당연히 참조 영역(대입된 값)이 아무것도 없게 되고 참조 영역이 없는 String형 변수를 출력하는 것은 문제가 되므로 컴파일할 때 오류가 발생하게 되는 것이다.

■ 단일 if ~ else문

다음은 if ~ else문이다. 앞선 예제에서는 조건식에 만족할 경우에만 무엇인가 수행하는 문장이 주어졌으며 조건을 만족하지 않을 경우에는 수행하는 부분이 정의되지 않았다. 그렇지만 작업을 하다 보면 조건을 만족할 때와 그렇지 않을 때, 각각 서로 다른 수행 문장을 부여하여 프로그램의 명확성을 높일 필요가 있다. 이때 필요한 것이 바로 단일 if ~ else 문이며 구성은 다음과 같다.

```
if(조건식)
            조건에 만족할 때 수행할 문장;
else
            조건에 만족하지 않을 때 수행할 문장;
```

예제를 통해 단일 if ~ else문을 이해해보자.

예제 **3-3**   IfEx2

```
01 class IfEx2 {
02     public static void main(String[] args) {
03         int su1 = 51;
04         String str ;
05
06         if(su1 >= 50)
07             str = "50이상";
08         else
09             str = "50미만";
10         System.out.println(str+"입니다.");
11     }
12 }
```

50이상입니다.

[그림 3-4] CharEx 실행결과

▶ ▶ ▶ 02행: 프로그램 시작 부분.

03행: 변수 선언. int형 변수 su1을 선언하면서 51이라는 정수를 변수 su1에 대입했다.

04행: 변수 선언. String 변수 str을 선언만 했다. 이후 str이라는 변수를 사용하기 전에 반드시 초기화가 되어야 한다.

06행: 비교문. 만약 su1이라는 변수의 값이 50보다 크거나 같다면 str이라는 변수에 "50이상"이라는 문자열을 대입하게 하고 그렇지 않으면 str이라는 변수에 "50미만"이라는 문자열을 대입하게 되어 초기화 작업을 완료하게 된다.

10행: 출력문. 6행의 if문과는 아무 상관 없으며 str이라는 변수의 값을 확인하는 차원에서 출력한다.

위 예제는 "변수 su1의 값이 50보다 크거나 같다"라는 조건을 주고 조건에 만족하면 true 그렇지 않으면 false을 출력한다. 즉, true일 때와 false일 때 변수 str이 가지는 값을 다르게 두어 무슨 일이 있어도 변수 str에 값이 들어가게 했다.

그리고 10행에서 변수 str을 참조하여 출력했다. 이는 [예제 3-2] IfEx1의 불안한 코드가 있었던 것과는 달리 if문에서 조건에 따라 무조건 변수 str에 초기화 작업을 하게 된다. 그러므로 [예제 3-2] IfEx1과 같은 불안한 코드에 따라 초기화되지 않았다는 오류는 발생할 수 없다.

그럼 여기서 [예제 3-2] IfEx1과 어떤 차이가 있는지 플로우 차트를 그려보자.

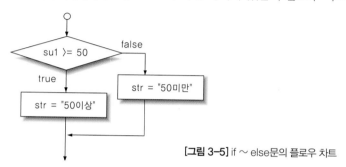

[그림 3-5] if ~ else문의 플로우 차트

예제와 플로우 차트를 봐서 느끼겠지만 else문을 두어 조건에 만족하지 않을 경우, 수행할 부분을 따로 구분하여 프로그램의 흐름을 완전히 바꿔 놓을 수 있다는 장점도 있다. 하지만 위의 경우는 "이것이 아니면 저것인 경우(조건 비교가 한가지로 충분한 경우)"에만 사용된다.

■ 다중 if문

'다중 if문'은 조건 비교가 한 가지로 충분치 않을 경우에 사용하는 문법이다. 예를 들어, su1이라는 int형 변수에 특정한 정수형 값 하나가 들어 있다고 가정하자. 그리고 그 변수 값이 0~10이면 "초급", 11~40이면 "중급", 41이상이면 "고급"이라고 표현하고 싶다면 앞서 배운 '단일 if ~ else문'으로는 부족함을 느낀다. 조건에 따라 표현해야 할 값이 두 개이상이기 때문이다. 이처럼 단순 비교가 아닌 여러 개의 조건 비교가 필요할 경우에는 다중 비교문, 즉 '다중 if문'을 사용하는 것이 유용하며 구성은 다음과 같다.

```
if(조건1)
        조건1에 만족할 때 수행할 문장;
else if(조건2)
        조건1에 만족하지 않고 조건2에 만족할 때 수행할 문장;
else
        조건1과 조건2, 모두 만족하지 않을 때 수행할 문장;
```

그럼 위에서 정의한 조건을 가지고 플로우 차트를 작성하고 그것을 기반으로 예제를 만들어보자.

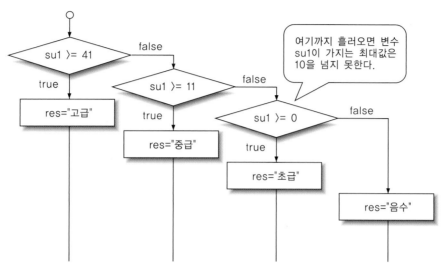

[그림 3-6] if ~ else if문의 플로우 차트

위 그림에서 도움말이 있는 세 번째 비교 기호에서는 이미 앞선 비교문들을 수행하여 변수 su1의 값이 41이상도 아니며 11이상도 아님을 증명하고 내려왔다. 그러므로 여기 세 번째 비교 기호에서 su1이 가지는 예상 최대 값은 10이 된다. 결국 "su1이 0보다 크거나 같다"라는 비교는 0에서부터 su1의 예상 최대값인 10까지의 범위를 자연스럽게 정의하고 비교하게 되는 것이다.

예제 **3-4**   IfEx3

```
01  class IfEx3 {
02      public static void main(String[] args) {
03          int su1 = 10;
04          String res;
05
06          if(su1 >= 41)
07              res = "고급";
08          else if(su1 >= 11)
```

```
09                    res = "중급";
10            else if(su1 >= 0)
11                    res = "초급";
12            else
13                    res = "음수";
14
15            System.out.println(res+"입니다.");
16        }
17 }
```

초급입니다.

[그림 3-7] IfEx3 실행결과

▶▶▶ 02행: 프로그램 시작 부분.

03행: 변수 선언. int형 변수 su1을 선언하면서 10이라는 정수를 변수 su1에 대입했다.

04행: 변수 선언. String 변수 res를 선언만 했다. 이후 res라는 변수를 사용하기 전에 반드시 초기화가 되어야 한다.

06행~13행: 비교문. 만약 su1이라는 변수값이 41보다 크거나 같다면 res라는 변수에 "고급"이라는 문자열을 대입하게 하고 그렇지 않으면 su1이라는 변수값을 다시 비교하여 11보다 크거나 같은 값인지 비교한다. 그것이 true면 res라는 변수에 "중급"이라는 문자열을 대입하게 하고 그렇지 않다면 다시 su1의 값이 0보다 크거나 같은지 비교하여 true면 res라는 변수에 "초급"을 대입하게 한다. 여기까지 모두 만족하지 않으면 이는 0보다도 작다는 의미이므로 음수가 될 것이고 res에 "음수"라는 문자열을 대입하면서 초기화 작업을 완료하게 된다.

15행: 출력문. 6행부터 시작한 if문과는 아무 상관이 없으며 res라는 변수값을 확인하는 차원에서 출력한다.

Scanner 클래스를 사용하여 프로그램을 실행할 때마다 값을 입력받아 분기(비교) 처리하게 해보자. Scanner 클래스는 추후 IO(입출력스트림) 챕터에서 자세히 살펴볼 것이므로 지금은 똑같이 따라서 쓰면 된다.

아래의 '조건'을 기준으로 플로우 차트를 각자 그려보고 바로 예제로 들어가겠다.

[표 3-2] [예제 3-5] IfEx4의 조건과 희망 결과

조건	결과
클래스명은 IfEx4이며 프로그램이 시작할 때마다 main( ) 메서드의 args 인자로 과일명을 입력한다. 과일명에 따라 옆의 셀과 같은 결과를 나타내자.	"포도"가 입력되었다면 "달다"를 출력한다. "수박"이 입력되었다면 "시원하다"를 출력한다. "딸기"가 입력되었다면 "맛있다"를 출력한다.

예제 3-5   **IfEx4**

```
01  class IfEx4 {
02      public static void main(String[] args) {
03
04          System.out.println("과일명 : ");
05          Scanner scan = new Scanner(System.in);
06          String fruit = scan.next();
07          String res;
08          // String 객체 내용을 비교할 때는 equals() 메서드를 사용한다.
09          if(fruit.equals("grape"))
10                  res = "달다.";
11          else if(fruit.equals("watermelon"))
12                  res = "시원하다.";
13          else if(fruit.equals("strawberry"))
14                  res = "맛있다.";
15          else
16                  res = "기타";
17          System.out.println(res);
18      }
19  }
```

▶▶▶ 02행: 프로그램 시작 부분.

05행: Scanner 클래스를 이용하여 키보드에서 값을 받을 준비를 한다.

06행: 변수 fruit에 키보드에서 받은 문자열(String)을 대입한다.

07행: 변수 선언. String 변수 res는 선언만 된 상태다.

08행: 주석문.

09행~16행: 비교문. 만약 data의 내용이 문자열인 "grape"와 같다면 res라는 변수에는 "달다"를 넣어야 한다. 만약, 그렇지 않고 fruit의 내용이 "watermelon"이라면 res에는 "시원하다"를 넣어야 한다. 만약, fruit의 내용이 "watermelon"이 아니라 "strawberry"라면 res에는 "맛있다"를 넣어두고 이 외의 다른 값들은 res에 "기타"라는 값을 대입한다.

17행: 출력문. 9행부터 시작한 if문과는 아무 상관이 없으며 res라는 변수값을 확인하는 차원에서 출력한다.

예제 자체가 미흡한 듯 하지만 우리가 아직 배열을 공부하지 않았기 때문에 배열 관련 내용으로 예제를 이어 갈 수 없으므로 간략하게 비교만 해보겠다. 예제를 실행해보면 다음과 같은 대화창이 나온다.

```
T1 [Java Application] C:₩Prog
과일명 :
watermelon
```

[그림 3-8] 키보드를 통해 값 입력받기

이때 입력하고 싶은 과일명을 입력하고 〈Enter〉 버튼을 누르면 해당 문자열이 출력될 것이다. 그리고 분기문(비교문)에서 사용된 equals( ) 메서드는 객체의 내용을 비교할 때 사용되는 메서드다. 이는 4장에서 객체를 다룰 때 다시 자세히 알아보자.

switch문

switch문은 다양한 처리문을 두고 조건값에 의해 하나의 처리문이나 여러 개의 처리문을 한 번에 수행하는 데 유용한 분기문(비교문)이다. if문과 비교하자면 if문은 조건값(인자값)이 boolean형인 것에 비해 switch문의 조건값(인자값)은 정수형(byte, short, int)과 문자형(char)인 것이 다르다. 참고로 switch문에서는 long형이나 문자열 그리고 boolean형과 실수형은 사용할 수 없다.

> case문 뒤에 있는 조건값이 다른 case문의 조건값과 중복되지 않게 주의해야 한다. 만약, 중복되었다면 컴파일할 때 "case를 구분하는 값이 복제 되어 있다"라는 의미의 오류가 발생한다.

```
switch(인자값) {
        case 조건값1 :                    ← 세미콜론(;)이 아닌 콜론(:)임을 기억하자.
                수행문; break;
        case 조건값2 :
                수행문; break;            ← break문은 하나의 조건값마다 넣어주는 것이
        case 조건값3 :                        적당하며 만약 없을 때에는 다음 break문을
                수행문; break;                만날 때까지 모든 수행문을 처리한다.
        default :                         ← 받은 인자 값이 case문의 조건값에서
                수행문;                       조건값3까지 일치하는 것이 단 하나도 없다면
                                              default를 수행한다.
}
```

설명과 구성을 살펴 보았으니 예제 하나만 살펴보자. 이해를 위주로 하기 위해서 그리고 프로그램의 간편함을 고려하여 윤년을 따지지 않고 2월은 29일로 고정하여 원하는 달의 날짜 수를 출력하는 프로그램이다.

예제 3-6	SwitchEx1

```
01  class SwitchEx1 {
02      public static void main(String[] args) {
03          Scanner scan = new Scanner(System.in);
04          int month = scan.nextInt();
05          String res;
06          switch(month)
07          {
08                  case 1:
09                  case 3:
10                  case 5:
11                  case 7:
12                  case 8:
13                  case 10:
14                  case 12:
15                          res = "31"; break;
```

```
16              case 4:
17              case 6:
18              case 9:
19              case 11:
20                      res = "30"; break;
21              case 2:
22                      res = "29"; break;
23              default :
24                      res = "몰라";
25          }
26          System.out.println(month+"월은 "+res+"일까지 입니다.");
27      }
28  }
```

▶▶▶ 02행: 프로그램 시작 부분.

04행: 변수 선언. int형 변수 month를 선언하면서 args라는 문자열 배열의 0번지 자료, 즉 args 인
자의 첫 번째 인자를 parseInt( )라는 메서드를 통해 String형을 int로 변환하여 month라는 변수
에 대입한다.

05행: 변수 선언. String 변수 res는 선언만 된 상태다.

06행~25행: switch문. month라는 정수형 변수값과 case문들의 조건값을 비교하여 일치하는
case문의 수행문을 break문을 만날 때까지 수행하고 switch문을 빠져나간다.

26행: 출력문. 6행부터 시작한 switch문과는 아무 상관이 없으며 month와 res라는 변수값을 확인
하는 차원에서 출력한다.

case문의 조건값을 정렬시킬 필요는 없다. 단, 위 예제처럼 break문을 묶어서 처리할 경우,
프로그램의 흐름 상 프로그래머가 적절한 위치에 배치시켜야 하는 번거로움이 따르지만 저
자가 볼 때엔 번거로움보다는 하나의 수행 순서에 가까운 것이라고 생각된다.

예제 **3-7**   SwitchEx2

```
01  public class SwitchEx2 {
```

```
02      public static void main(String[] args) {
03
04          String str = "미";
05          String result;
06
07          switch (str) {
08          case "수":
09                  result = "90 ~ 100점";
10                  break;
11          case "우":
12                  result = "80 ~ 89점";
13                  break;
14
15          case "미":
16                  result = "70 ~ 79점";
17                  break;
18          case "양":
19                  result = "60 ~ 69점";
20                  break;
21          case "가":
22                  result = "59점 이하";
23                  break;
24          default:
25                  result = "제대로 입력하시지";
26                  break;
27          }
28          System.out.println(result);
29      }
30 }
```

▶▶▶ 04행: 변수 선언. String 변수 str에 "미"라는 값을 대입했다.

05행: 변수 선언. String 변수 result는 선언만 된 상태다.

07행~27행: switch문. str이라는 문자열 변수값과 case문들의 조건값을 비교하여 일치하는 case 문의 수행문을 break문을 만날 때까지 수행하고 switch문을 빠져나간다.

28행: 출력문. 7행부터 시작한 switch문과는 아무 상관이 없으며 result라는 변수값을 확인하는 차원에서 출력한다.

❷ 반복문

반복문은 하나의 수행문 또는 중괄호 범위 내에 있는 모든 수행문을 반복할 수 있게 하는 것을 의미한다. 하지만 생각해야 할 것은 무한적인 반복을 벗어날 수 있도록 하여 반복의 끝을 만나게 해야 한다는 것이다.

for문

for문은 반복문으로 특정한 명령들을 원하는 만큼 반복적으로 처리할 때 사용하는 제어문이다. 동작에 있어서는 매번 조건 비교부터 먼저하여 조건을 만족해야만 실행 명령문을 처리하는 형태로 이루어져 있으며 조건을 만족하지 못할 때에는 for문을 빠져나가게 되어 있다.

```
for(초기식 ; 조건식 ; 증감식){
        수행문1;
        수행문2;
        ...
}
```

- **초기식**: 가장 먼저 수행하는 부분이며, 두 번 다시 수행하지 않는다(다중 for문에서는 예외).

- **조건식**: 초기식 다음으로 수행하는 부분이며 루프(loop)가 돌 때마다 한 번씩 비교하여 반복을 수행해야 할지 반복을 벗어나야 할지를 결정한다.

- **증감식**: 증감식은 루프를 수행할 때마다 조건식에서 비교하기 전에 항상 수행하며 조건식에 사용되는 변수값을 증가시키거나 감소시켜 루프를 원활하게 수행하거나 무한 루프를 피하는 데 바탕이 되는 부분이다.

주의해야 할 점은 다음처럼 C++ 언어와 같이 각 식들을 콤마(,)로 구분하여 여러 개의 수식을 기재 할 수 없다는 것이다.

```java
for(int i = 0, int j = 10 ; i < 10 ; i++){
        System.out.println(i);
    }
```

따라서 자바에서는 다음처럼 작성해야 한다.

```java
for(int i = 0, j = 0 ; i < 10 ; i++)
```

그럼 예제를 통하여 for문을 익혀보자.

예제 3-8   ForEx1

```java
01  class ForEx1 {
02      public static void main(String[] args) {
03
04          for(int i = 1 ; i <= 5 ; i++){
05                  System.out.println(i+"번째 수행");
06          }
07      }
08  }
```

```
1번째 수행
2번째 수행
3번째 수행
4번째 수행
5번째 수행
```

[그림 3-9] ForEx1 실행결과

▶▶▶   02행: 프로그램 시작 부분.

04행: 반복문. 초기식을 처음이자 마지막으로 수행한다. int형 변수 i가 선언되면서 1이라는 값으로 초기화된다. 조건식은 i가 5일 때까지만 반복한다.

05행: 출력문.

5번만 반복하는 이유는 조건식에 "변수 i의 값이 5보다 작거나 같을 때"라고 정의되어 있기 때문이다. 따라서 변수 i의 값이 5를 초과하게 되면 for문을 빠져나가는 것이다. 그리고 실행 문이 딱 한 문장이므로 아래와 같이 for문의 중괄호는 생략해도 관계없다.

```
04 for(int i = 1 ; i <= 5 ; i++)
05 System.out.println(i+"번째 수행");
06
```

다음은 for문에 대한 프로그램 흐름을 간단하게 나타낸 플로우 차트이므로 한 번만이라도 직접 흐름을 따라가면서 변수에 대한 변화와 for문에 대한 제어를 확실히 익혀 두자.

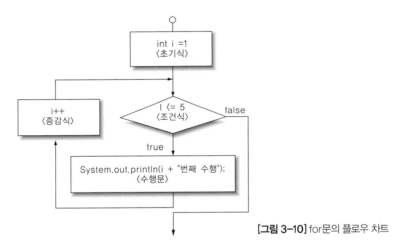

[그림 3-10] for문의 플로우 차트

그럼 이제 예제를 하나 풀어보자. 클래스명은 GuguDanEx1이라 하고 프로그램을 실행시킬 때 다음 그림과 같이 인자를 입력받아 입력한 단을 출력하는 구구단 프로그램을 만들어보자.

```
T1 [Java Application]
인수입력 :
5
```

[그림 3-11] 입력창

예제 3-9	GuguDanEx1

```
01  class GuguDanEx1 {
02      public static void main(String[] args) {
```

```
03
04              System.out.print("인수입력 : ");
05              Scanner scan = new Scanner(System.in);
06              int dan = scan.nextInt();
07              System.out.println(dan+"단");
08              System.out.println("----------");
09              for(int i = 1 ; i <= 9 ; i++)
10                      System.out.println(dan+"*"+i+"="+(dan*i));
11        }
12 }
```

```
인수입력 : 5
5단
----------
5*1=5
5*2=10
5*3=15
5*4=20
5*5=25
5*6=30
5*7=35
5*8=40
5*9=45
<
```

[그림 3-12] GuguDanEx1 실행결과

▶ ▶ ▶ 02행: 프로그램 시작 부분.

06행: 변수 선언. int형 변수 dan을 선언하면서 Scanner 클래스의 nextInt() 메서드를 사용하여 dan에 대입한다.

07행~08행: 출력문.

09행~10행: 반복문. 초기식을 처음이자 마지막으로 수행한다. int형 변수 i가 선언되면서 1이라는 값으로 초기화된다. 그리고 조건식을 수행하는데, 당연히 i가 9일 때까지만 반복하면서 프로그램이 시작할 때 받은 dan과 반복문의 수행변수값인 i를 연산하여 출력한다.

다중 for문

이것은 특정한 명령을 여러 번 수행하는 단일 for문에서 끝나는 것이 아니라 그것을 다시 여러 번 반복하는 제어문이다. 다시 말해 for문 안에 for문이 있는 경우를 다중 for문이라 한다.

```
for(초기식1 ; 조건식1 ; 증감식1){
        for(초기식2 ; 조건식2 ; 증감식2){
                명령어2;
        }

        명령어1;
}
명령어3;
```

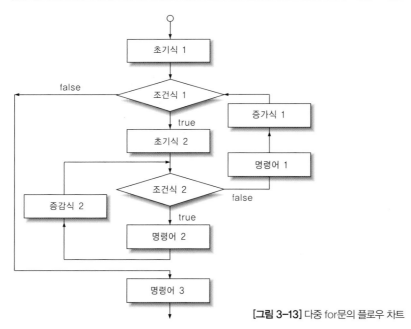

[그림 3-13] 다중 for문의 플로우 차트

위 그림은 앞서 보았던 '다중 for문의 구성'을 프로그램적 흐름으로 보았을 때 그릴 수 있는 플로우 차트다.

처음 접하는 다중 for문이라면 흐름을 이해한다는 것이 결코 쉽지 않을 것이다. 또 그냥 플로우 차트와 코드를 통해 이해했다 하더라도 그건 잠시 뿐이다. 나중 정리가 되지 않아 오히려

혼동과 답답함을 가져올 수도 있다. 그러므로 예제를 직접 작성해보면서 익혀야 한다. 이번에는 순서를 바꿔서 결과 화면을 먼저보고 분석한 후 프로그램 작업에 들어간다.

```
A B C D E
F G H I J
K L M N O
```

[그림 3-14] MultiForEx1 실행결과

위 결과 화면을 보고 아래 그림처럼 코드를 예측한 사람이 있는가? 아주 훌륭한 예측이다.

```
16 System.out.println("A B C D E");
17 System.out.println("F G H I J");
18 System.out.println("K L M N O");
```

코드가 아주 간단명료하지 않는가. 프로그램이란 이처럼 간단하고도 명확하게 작성해야 하는 것이다. 하지만 똑같은 프로그램을 개발해도 "분석과 예측이 어떻게 이루어졌느냐?"에 따라서 프로그램의 실용성과 가치는 달라지는데, 이런 관점에서 본다면 위 코드의 가치는 0점이다.

왜 그럴까? 먼저, 코드의 수정작업이 간편해야 하며 어디서든 불편하지 않게 사용할 수 있어야 하는데, 위 코드는 이런 점이 많이 결여되어 있어서 좋은 작업이라 할 수 없다. 예를 들어, 위의 프로그램의 결과를 영문 대문자 'A'에서 'Z'까지 모두 출력하기 위한 수정 작업을 한다면 어떨까? 물론, 출력 문장을 복사하여 붙여넣은 후 표현할 문자 하나하나를 원하는 문자로 수정하면 된다. 하지만 어딘가 모르게 불편함이 느껴진다.

예제를 보자. 다음은 동일한 결과를 출력하는 예제다

예제 3-10　　**MultiForEx1**

```
01  class MultiForEx1 {
02      public static void main(String[] args) {
03
04          char ch = 65;
05
06          for(int i = 0 ; i < 3 ; i++){
07              for(int j = 0 ; j < 5 ; j++)
```

```
08                          System.out.print(ch++ +" ");
09                  System.out.println();
10          }
11      }
12 }
```

📋 print( )와 println( )의 차이는 글자 수에 있는 것이 아니라 Line feed(줄바꿈)에 있다.

▶▶▶ 02행: 프로그램 시작 부분.

04행: 변수 선언. char형 변수 ch를 선언하면서 코드값 65를 대입한다.

06행~10행: 반복문. 시작은 6행의 바깥쪽 for문이 먼저 시작하지만 안쪽 for문의 변수 j값이 0에서
4까지, 즉 5번을 수행해야 비로소 바깥쪽 for문이 한 번 수행한 것이 된다. 변수 i의 값이 1이 되
어 또 다시 안쪽 for문을 수행 할 때에는 안쪽 for문의 초기식부터 수행하게 되므로 j의 값은 다시
0으로 초기화되어 5번을 다시 반복하는 다중 for문의 움직임을 볼 수 있다.

while문

while문은 for문과 유사하며 또한 특정한 명령들을 반복적으로 처리할 목적으로 사용된다.
조건 비교에 만족할 때에만 반복 처리를 할 수 있으며 구성과 동작은 다음과 같다.

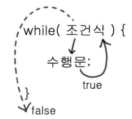

[그림 3-15] while문의 구성과 동작

while문에서 주의해야 할 점이 하나 있는데, 아래의 예제를 보고 각자가 한번 문제점을 찾아
보자.

예제 **3-11** WhileEx1

```
01  class WhileEx1 {
02      public static void main(String[] args) {
03
04          int sum,su;
05          sum = su = 0;
06
07          while(su <= 100){
08              sum += su;
09          }
10          System.out.println("1~100까지의 합 : "+sum);
11      }
12  }
```

▶▶▶ 02행: 프로그램 시작 부분.

04행: 변수 선언. int형 변수 sum과 su를 선언한다.

05행: 초기화. sum과 su에게 각각 0으로 초기화한다.

07행~09행: 반복문. su가 0으로 시작하여 while문의 조건식을 만날 때는 100보다 작은 수이므로 true를 받아 while문을 수행하게 된다. 8행에서 sum = sum + su;의 연산을 한 후 9행의 while 문을 만나 다시 7행의 while문 조건식으로 돌아와서 조건식을 수행한다. 여전히 su라는 변수값에 는 변함이 없으므로 true를 받아 다시 8행의 수행문을 수행한다. 그런데 어딘가 모르게 이상하다. 그렇다. 바로 조건식에 쓰이는 변수값에 변화가 없으니 무한루프에 빠진 것이다. 프로그래머가 한 가지 고려해야 할 것은 while문 안에서 조건식에 쓰이는 변수값을 증감 연산자 등을 써서 값에 대 한 변화를 가져와서 언젠가 조건 비교에서 불만족한 상태가 되어 반복문을 빠져나갈 수 있도록 해야 한다.

그렇다면 while문을 다음과 같이 수정하여 다시 실행해서 결과를 확인해보자.

```
07      while(su <= 100){
08          sum += su;
09          su++; // 조건식에 쓰이는 변수에게 변화를 준다.
10      }
```

모든 반복문이 그렇듯이 while문을 정리하자면 조건식에 참여하는 변수의 값이 변화를 가져오지 않으면 무한 루프에 빠진다는 것에 주의해야 한다. 즉, while문의 특징은 '선 비교, 후처리'에 있는데, 이는 조건비교가 먼저 오기 때문에 첫 조건비교에서 false를 받게 되면 한 번도 수행하지 않을 수 있다는 특징이 생길 수 있다.

do ~ while문

do ~ while문의 특징은 '선 처리, 후 비교'에 있다. while문은 조건비교부터 먼저하기 때문에 처음부터 조건에 만족하지 않을 경우, 한 번도 수행하지 않을 수 있지만 do ~ while문은 '선 처리, 후 비교'이므로 조건비교에서 불만족한 경우가 될지라도 처리를 먼저하고 조건비교가 이루어지므로 최소 한번은 수행하게 되어 있다는 뜻이다. 구성을 잘 살펴보자.

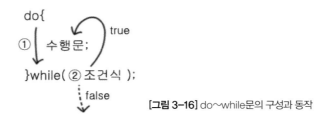

[그림 3-16] do~while문의 구성과 동작

그리고 다음 예제를 보고 결과를 예측해보자.

예제 3-12	Do_WhileEx1

```
01  class Do_WhileEx1 {
02      public static void main(String[] args) {
03
04          int su = 5;
05          String str = "Java DoublePlus";
06
07          do{
08              System.out.println(str);
09          }while(su-- > 10); // (주의) 세미콜론(;)을 생략하면 오류가 발생한다.
10      }
11  }
```

❸ break문

break문은 반복문, 즉 위에서 배운 for문, while문, do~while문 내에서 쓰이며 강제적으로 해당 반복문을 빠져나갈 때 쓰이는 제어문이다. 형식은 break문과 breaklabel문, 두 가지가 있는데, 서로 완전히 다른 동작을 보이므로 차이점을 꼭 이해하고 넘어가자.

break문

break문은 앞서 말한 것과 같이 for문과 같은 반복문에서 쓰이는데, 가장 가까운 반복문을 빠져나간다. 즉, 아래의 그림을 참조해보면 다중 for문을 사용했을 때 어디에서 사용했느냐에 따라 탈출하는 구간이 다른 것이다.

아래는 내부 for문에서 break를 사용했으므로 내부 for문만 탈출한다는 의미의 그림이다.

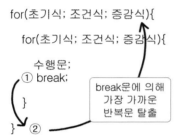

[그림 3-17] break문의 구성과 동작

다음 예제를 살펴보자.

예제 3-13	BreakEx1

```
01  class BreakEx1 {
02      public static void main(String[] args) {
03
04          for(int i = 0 ; i < 3 ; i++){
05              for(int j = 0 ; j < 5 ; j++){
06                  if(j == 3)
07                      break;
08                  System.out.println("i값:"+i+", j값:"+j);
09              }
```

```
10                    }
11              }
12  }
```

```
i값:0, j값:0
i값:0, j값:1
i값:0, j값:2
i값:1, j값:0
i값:1, j값:1
i값:1, j값:2
i값:2, j값:0
i값:2, j값:1
i값:2, j값:2
```

[그림 3–18] BreakEx1 실행결과

▶▶▶ 02행: 프로그램 시작 부분.

04행: 반복문. 조건 비교문에 사용되는 변수가 int형 i로 하고 0으로 초기화가 된 상태에서 3번을 반복하는 반복문이다.

05행: 내부 반복문. 조건 비교문에 사용되는 변수는 int형 j이며 0부터 5보다 작을 때까지 5번을 반복하는 앞서 정의된 반복문 안에서 돌아가는 내부 반복문이다. 그러므로 다중 for문은 총 15번을 수행하는 반복문인 것이다.

06행: 비교문. j값이 3이 될 때 break문을 만나서 내부 반복문을 빠져나가므로 j가 3일 때만 8행 출력문을 수행하지 못하게 된다.

08행: 출력문.

위의 형식은 다중 for문 내에서 break문만을 적용시켰을 때 이 제어권이 break문이 속해 있는 반복문만 탈출하는 것을 보여주는 예제다.

break label문

break label문은 하나의 반복문을 빠져나가려는 앞의 break문과는 달리 여러 개의 반복문을 탈출할 때 많이 사용한다.

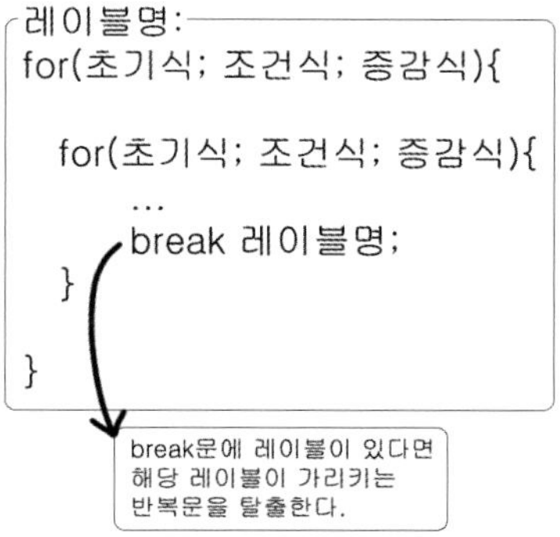

```
레이블명:
for(초기식; 조건식; 증감식){

    for(초기식; 조건식; 증감식){
        ...
        break 레이블명;
    }
}
```

break문에 레이블이 있다면
해당 레이블이 가리키는
반복문을 탈출한다.

[그림 3-19] break label문의 구성과 동작

다음은 break label문을 이용한 예제다.

예제 3-14 BreakEx2

```
01  class BreakEx2 {
02      public static void main(String[] args) {
03
04          exit_For: // 레이블 설정
05          for(int i = 0 ; i < 5 ; i++){
06              for(int j = 0 ; j < 5 ; j++){
07                  if(j == 3)
08                      break exit_For;
09                  System.out.println("i값:"+i+", j값:"+j);
10              }
11          }
12      }
13  }
```

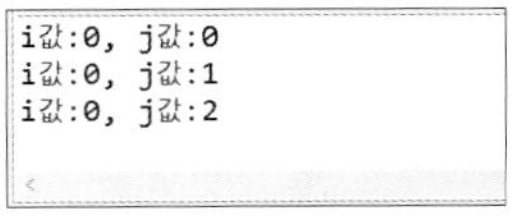

```
i값:0, j값:0
i값:0, j값:1
i값:0, j값:2
```

[그림 3-20] BreakEx2 실행결과

▶▶▶ 02행: 프로그램 시작 부분.

04행: 레이블 설정. 레이블명은 식별자 규칙과 같아서 숫자나 다른 특수문자로 시작할 수 없다.

05행: 반복문. 조건 비교문에 사용되는 변수가 int형 i로 하고 0으로 초기화가 된 상태에서 5번을 반복하는 반복문이다.

06행: 내부 반복문. 조건 비교문에 사용되는 변수는 int형 j이며 0부터 5보다 작을 때까지 5번을 반복하는 앞서 정의된 반복문 안에서 돌아가는 내부 반복문이다. 그러므로 다중for문은 총 25번을 수행하는 반복문인 것이다.

07행: 비교문. j값이 3이 될 때 break문을 만나서 외부 반복문까지 빠져나가므로 25번 반복문이 단 3번만에 다중 for문의 수행이 끝나게 된다.

08행: 출력문.

레이블은 일반 문장을 지칭할 수 없으며 보통 반복문 앞에 선언하여 반복문을 지칭하게 하여 사용하는데, break문에 레이블을 붙여 반복문을 제어할 수 있다.

❹ continue문

반복문을 수행하다가 continue문을 만나면 continue문 이하의 수행문들은 처리하지 않고 while문과 do~whil문은 조건식, for문은 증감식으로 제어권이 이동된다. 사용되는 형식은 break문과 같이 두 가지 형식이 있지만 break문과는 다르게 움직이므로 잘 살펴봐야 한다.

continue문

continue문은 반복문 내에서 사용되며 어느 특정 문장이나 여러 문장들을 건너뛰고자 할 때 유용하게 쓰인다.

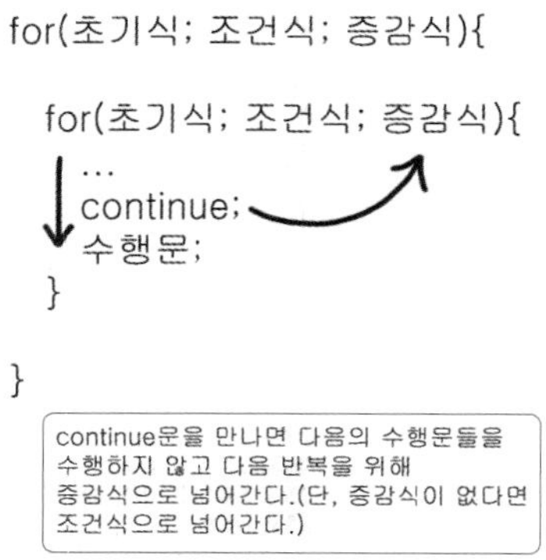

```
for(초기식; 조건식; 증감식){

    for(초기식; 조건식; 증감식){
        ...
        continue;
        수행문;
    }

}
```

continue문을 만나면 다음의 수행문들을 수행하지 않고 다음 반복을 위해 증감식으로 넘어간다.(단, 증감식이 없다면 조건식으로 넘어간다.)

[그림 3-21] continue문의 구성과 동작

예제 **3-15**　ContinueEx1

```java
01  class ContinueEx1 {
02      public static void main(String[] args) {
03
04          for(int i = 0 ; i < 10 ; i++){
05              if(i%4 == 0) {// 4의 배수
06              // continue를 만나면 해당 for문의 증감식으로 넘어간다.
07              // (만약 for문에 증감식이 없다면 조건식으로 넘어간다.)
08                  continue;
09              }
10              System.out.println("i값:"+i);
11          }
12
13  }
```

```
i값:1
i값:2
i값:3
i값:5
i값:6
i값:7
i값:9
```

[그림 3-22] ContinueEx1 실행결과

▶▶▶ 02행: 프로그램 시작 부분.

04행: 반복문. 조건 비교문에 사용되는 변수가 int형 i로 하고 0으로 초기화가 된 상태에서 10번을 반복하는 반복문이다.

05행: 분기문(비교문). 반복문의 조건 비교문에서 사용되는 변수는 int형 i이며 이 변수값이 4의 배수일 경우에만 continue문을 만나면서 7행의 출력문을 수행하지 않는다. 하지만 반복문의 반복 회차는 10회가 맞다.

10행: 출력문.

break문과 비교하여 다른 점이 있다면 "반복문을 빠져나가느냐, 그렇지 않느냐"다.

continue문은 반복문을 빠져나가지 않으며 반복문 내에서 continue문을 만났을 때 당시 수행중이던 반복 회차는 중단되며 다음 반복 회차를 수행하기 위해 반복문의 조건식으로 제어가 넘어간다.

continue label문

레이블을 가지는 continue문은 레이블이 지칭하는 반복문의 조건식 또는 증감식으로 프로그램에서의 수행 시점(제어권)이 이동한다.

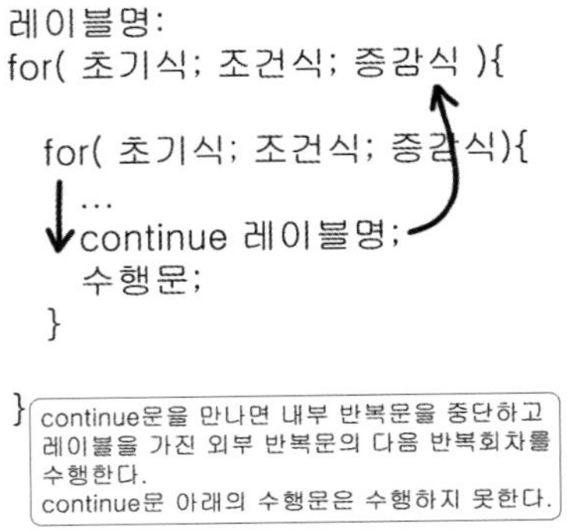

```
레이블명:
for( 초기식; 조건식; 증감식 ){

   for( 초기식; 조건식; 증감식){
       ...
   continue 레이블명;
      수행문;
   }

}
```

continue문을 만나면 내부 반복문을 중단하고 레이블을 가진 외부 반복문의 다음 반복회차를 수행한다.
continue문 아래의 수행문은 수행하지 못한다.

[그림 3-23] continue label문의 구성과 동작

다음은 continue label문을 이용한 예제다.

예제 3-16	ContinueEx2

```
01  class ContinueEx2 {
02      public static void main(String[] args) {
03
04          label: // 레이블 설정
05          for(int i = 0 ; i < 5 ; i++){
06              for(int j = 0 ; j < 5 ; j++){
07
08                  if(j == 3)
09                      continue label;
10                  System.out.println("i값:"+i+", j값:"+j);
11              }
```

```
12              }
13          }
14   }
```

```
i값:0, j값:0
i값:0, j값:1
i값:0, j값:2
i값:1, j값:0
i값:1, j값:1
i값:1, j값:2
i값:2, j값:0
i값:2, j값:1
i값:2, j값:2
i값:3, j값:0
i값:3, j값:1
i값:3, j값:2
i값:4, j값:0
i값:4, j값:1
i값:4, j값:2
```

[그림 3-24] ContinueEx2 실행결과

▶▶▶ 02행: 프로그램 시작 부분.

04행: 레이블 설정. 레이블명은 식별자 규칙과 같아서 숫자나 다른 특수문자로 시작할 수 없다.

05행: 반복문. 조건 비교문에 사용되는 변수가 int형 i로 하고 0으로 초기화가 된 상태에서 5번을 반복하는 반복문이다.

06행: 내부 반복문. 조건 비교문에 사용되는 변수는 int형 j이며 0부터 5보다 작을 때까지 5번을 반복하는 앞서 정의된 반복문 안에서 돌아가는 내부 반복문이다. 그러므로 다중 for문은 총 25번을 수행하는 반복문인 것이다.

08행~09행: 비교문. j값이 3이 될 때 9행의 continue label문을 만나서 외부 반복문의 다음 반복 회차를 수행하기 위해 외부 반복문의 증감식으로 이동한다.

10행: 출력문.

결과창을 확인해보면 알겠지만 break label문 때와는 달리 외부 반복문이 5번 모두 수행한 것을 알 수 있다. 이렇게 break문과 continue문이 비슷한 것 같지만 전혀 다른 결과로 움직인다는 것을 확인했다. 다시 한번 정리한다면 "수행을 포기하느냐(break) 아니면 수행을 건너뛰게 하느냐(continue)"로 구분해도 되겠다.

이렇게 해서 주석문과 제어문을 통해 기초적인 문장을 익히므로서, 프로그램의 순차적인 흐름을 조금은 이해했을 것이라고 생각된다.

1 주석문은 bytecode(기계어 또는 클래스 파일)의 해석(Interpreter) 단계에서 제외되므로 실행되는 프로그램에게는 영향을 미치지 않는 문장이다. 이런 주석문을 사용하는 이유는 프로그래머 자신이나 다른 개발자들이 실행되는 프로그램의 소스코드를 보고 프로그램 구현력의 내용을 쉽게 파악할 수 있도록 도움을 주기 위한 것이다.

2 제어문이란 교통경찰이 교통의 흐름을 제어하듯이 프로그램의 흐름을 프로그램 작성자가 원하는 대로 제어할 수 있는 것이다.

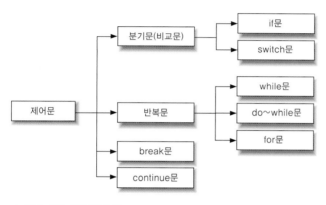

[그림 3-25] 제어문의 구성

3 분기문(비교문)은 조건식의 결과에 따라 실행 문장을 다르게 하여 전혀 다른 결과를 얻기 위해 사용하는 제어문 중의 하나다.

4 반복문은 하나의 수행문 또는 여러 개의 수행문을 반복문 범위 내에 정의하여 주어진 조건이 만족할 동안만 반복 수행할 수 있게 하는 것을 의미한다.

5 break문은 반복문 내에서 많이 사용되며 강제적으로 해당 반복문을 탈출할 때 쓰이는 제어문이다.

6 continue문은 break문과는 달리 반복문을 탈출하기 위해 사용되는 것이 아니라 당시 수행중이던 반복 회차는 중단되며 다음 반복 회차를 수행하기 위해 while문과 do~while문은 조건식, for문은 증감식으로 제어권이 이동한다.

1 키보드를 통해 나이를 입력받는다. 이때 if문을 사용하여 20대 또는 30대와 같이 연령대를 출력해주는 프로그램을 작성하시오.

2 API 문서를 참조하여 String 클래스의 메서드 중 charAt(int index)를 이용하여 프로그램이 시작될 때 전달된 args[0]에서 첫 문자가 소문자인지, 아니면 대문자인지, 또는 숫자인지를 알아내는 프로그램을 작성하시오.

3 다음 [보기]와 같이 출력하는 구구단 프로그램을 작성하시오.

【보기】

```
---------- Java Run ----------
2*1=2    3*1=3    4*1=4    5*1=5    6*1=6    7*1=7    8*1=8    9*1=9
2*2=4    3*2=6    4*2=8    5*2=10   6*2=12   7*2=14   8*2=16   9*2=18
2*3=6    3*3=9    4*3=12   5*3=15   6*3=18   7*3=21   8*3=24   9*3=27
2*4=8    3*4=12   4*4=16   5*4=20   6*4=24   7*4=28   8*4=32   9*4=36
2*5=10   3*5=15   4*5=20   5*5=25   6*5=30   7*5=35   8*5=40   9*5=45
2*6=12   3*6=18   4*6=24   5*6=30   6*6=36   7*6=42   8*6=48   9*6=54
2*7=14   3*7=21   4*7=28   5*7=35   6*7=42   7*7=49   8*7=56   9*7=63
2*8=16   3*8=24   4*8=32   5*8=40   6*8=48   7*8=56   8*8=64   9*8=72
2*9=18   3*9=27   4*9=36   5*9=45   6*9=54   7*9=63   8*9=72   9*9=81
Normal Termination
출력 완료 (0초 경과).
```

[그림 3-26] 구구단 프로그램 실행결과

클래스와 배열

✳ **학습 목표**

• 클래스와 객체를 구별하고 객체지향 프로그래밍의 특징을 익힌다.
• String이나 StringBuffer와 같은 기본 클래스를 알아본다.
• 배열의 필요와 활용을 익힌다.
• 개선된 루프를 익힌다.
• 오토박싱/언박싱의 유익함을 알아본다.
• Varargs 기능과 구현을 익힌다

클래스와 객체의 개념

이번 절에서는 클래스의 개념과 객체에 대한 기초적인 개념을 알아보려 한다. 먼저, 클래스란 한 마디로 건물을 지을 때 제일 먼저 필요로 하는 설계도면과 같다. 일반적으로 설계도면을 토대로 현관 위치와 복도 크기 등의 속성들을 정확하게 디자인한 후 건물을 짓게 되는데, 자바에서는 이러한 설계도를 바탕으로 완성된 건물을 '객체(object)'라고 한다.

이렇게 건물이 지어지면 그 건물의 위치를 가리키는 주소(reference)가 있게 마련이고 그 주소를 통해 건물로 세금통지서 또는 각종 배달 서비스, 즉 연락(요청)을 취할 수 있다.

그리고 똑같은 설계도면을 가지고 다시 다른 곳에 건물을 짓는다면 당연히 위치만 다를 뿐이지 똑같은 건물이 세워지게 마련이다. 물론, 모양만 같을 뿐이지 엄연히 다른 건물, 즉 다른 객체임을 우린 잘 알고 있다. 다시 말해 하나의 설계도면을 재사용하여 똑같은 건물이 서로 다른 위치에 각각 만들어진 것이다.

따라서 잘 만들어진 설계도면 하나를 가지고 여러 곳에서 쓰인다면 건축 회사 입장에서는 설계도면 작성까지 완성되어 있으므로 건축에 필요한 시간과 비용을 절감할 수 있다.

[그림 4-1] 클래스의 재사용

프로그래밍에 있어서도 마찬가지다. 위 [그림 4-1]과 같이 잘 만들어진 설계도면(클래스)만 있다면 필요할 때마다 똑같은 건물(객체)을 아주 손쉽게 만들 수 있다.

그러므로 많은 개발자는 클래스를 작성할 때 이러한 재사용성을 고려하게 된다. 이유는 한 번만 사용한 후 더 이상 사용되지 않는 클래스는 시간과 자원을 낭비하기 때문이다. 따라서 클래스를 객체화할 때는 적어도 다른 곳에서 또는 다른 응용프로그램에서도 필요에 따라 생성하고 사용할 수 있도록 재사용성과 이식성 등을 고려해야 한다. 결국, 유용한 클래스(설계 도면)를 만들고 그것을 통해 이루어지는 작업의 효율은 상당히 크기 때문이다.

그럼 여기서 1장에서 이미 얘기했던 '객체지향 프로그래밍'이라는 개념을 조금만 더 얘기해보자. 객체가 수행하는 능력이 뛰어나면 다른 곳에서도 그 객체를 사용하려는 횟수가 많아질 것이다. 이런 재사용성을 목적으로 '속성(자료)'과 '동작(수행력)'을 하나의 객체로 정의하고 이런 객체를 중심으로 이루어지는 설계가 객체지향 프로그래밍(Object Oriented Programming)에서 얘기하려는 기본 개념이 된다. 더 나아가 초보자 입장에서는 조금은 어려운 얘기가 되겠지만 이런 기본 개념을 기반으로 해서 객체지향의 꽃이라 할 수 있는 '상속성'과 그에 맞는 '확장성' 그리고 '다형성' 등으로 완전한 객체지향 언어의 결실을 얻게 되는 것이다.

이런 객체지향 언어들은 객체가 생성되어 사용되기까지 여러 단계를 거치게 되는데, 우선 대부분의 모든 일이 그렇듯이 가상적인 차원에서 필요한 자원 또는 자료를 정의하게 된다.

그리고 그 자료들과 연계되는 여러 가지 동작들을 생각하게 되며 우리가 원하는 형태로 객체가 생성될 수 있는지를 고민하게 된다.

이런 단계를 '디자인 단계'라 하는데, 시간과 노력이 가장 많이 투자되는 부분이다. 여기서 행여 설계가 잘못된 상태 그대로 공사가 시작되면 바로 부실공사로 이어져 생성된 객체가 제기능을 못하고 엉키는 경우가 발생하게 된다. 더욱 더 심하면 디자인 단계부터 전면 수정해야 하는 막대한 손실을 가져오게 된다. 그러므로 심사 숙고하여 원하는 객체에 대한 클래스를 디자인하는 작업이 필요한 것이다.

그리고 이 작업이 완벽하게 끝나면 비로소 객체를 생성할 수 있는 설계도(클래스)를 작성하게 된다. 더불어 그 설계도(클래스)가 다른 사람이 만들어 이미 제공되어 있든, 또는 본인이 직접 만들었든, 현재 개발자가 필요할 때 언제든지 해당 객체의 설계도(클래스)를 생성하여 사용하는 것까지가 자바에서 프로그래밍하는 단계다.

❶ 클래스의 구조와 정의

자바 프로그램은 클래스들이 모여서 이루어진다고 생각해도 무리는 아니다. 그래서 자바를 '완전한 객체지향 언어'라고 호평하는 것이다. 결국, 이런 클래스를 많이 이해하고 생성하여 얻어지는 객체를 사용하는 것이 자바이므로 객체를 생성하려면 반드시 클래스의 구조를 먼저 알고 작성할 수 있어야 한다.

[그림 4-2] 클래스의 구조

사실 위 그림과는 다르게 프로그래머들이 얘기하는 클래스 정의에 포함시킬 수 있는 것은 '멤버 필드'와 '멤버 메서드'라 할 수 있다. 하지만 우리는 클래스의 구조가 가장 주된 관심사이므로 초보자를 위해 클래스 헤더부터 간단하게 알아보자.

클래스 헤더

클래스 헤더는 클래스를 선언하는 부분을 의미한다. 여기에는 class라는 예약어를 중심으로 오른쪽에는 클래스명을 나타내고 왼쪽에는 '접근 제한(Access Control/Access Modifier)'과 '클래스의 형태', '클래스 종류'를 나타내기도 한다.

> [접근제한] [클래스 종류] class 클래스명

[접근제한]

뒤에서 자세히 공부하겠지만 그래도 의미 정도는 알아보자. 접근제한이란, 말 그대로 현재 클래스를 접근하여 생성하고 사용하는 데 있어 제한을 두겠다는 의미에서 정의하는 것이다. 클래스에서 쓰이는 접근제한을 하는 방법에는 public을 정의하는 방법과 아예 정의하지 않는 방법, 두 가지가 있다.

[클래스 종류]

이는 '최종(final) 클래스' 또는 '추상(abstract) 클래스'와 같은 클래스 종류를 의미하며 현재 클래스가 어떤 클래스인지를 알리는 수식어의 일종이다. 이 부분이 생략되면 일반 클래스라고 생각하면 된다.

[클래스명]

말 그대로 클래스명을 의미하는데, 여기에는 몇 가지 약속이 있다고 했다. 이는 '2장. 자바 기본 문법'에서 식별자를 다루면서 이미 공부한 바가 있으니 기억이 나지 않으면 지금 바로 참조하기 바란다.

이 외에 [클래스명] 뒤에 '상속에 대한 정의'와 '구현에 대한 정의' 방법이 올 수 있는데, 이 방법은 매우 중요한 것이므로 이후에 따로 공부하기로 하자.

그럼 여기서 클래스 헤더에 Ex1이라는 일반적인 클래스를 정의한다면 다음과 같다.

```
01  class Ex1{
02
03  }
```

이 방법은 [접근제한] 부분과 [클래스 종류]가 생략된 일반적인 방법이며 { }로 둘러싸인 부분은 클래스 영역을 의미한다. 이 안에 [멤버필드]와 [생성자], [멤버 메서드]를 정의한다.

멤버 필드

변수와 상수, 즉 자료라고도 하는데, 이는 객체가 만들어질 때 그 객체의 특징적인 속성을 담아두는 것이다. 여기서 필드의 형태가 static이냐, instance냐에 따라 필드 개념이 달라진다. 이는 뒤에서 다룰 '멤버변수' 부분과 현재 절의 'static' 부분에서 다루겠다.

[상수]

상수라는 것은 고정된 값을 의미하며 프로그램이 종료될 때까지 절대로 변하지 않는 값(속성)이다. 좀더 자세한 내용은 6장의 'final' 부분에서 다룬다.

[변수]

변수는 상수와는 반대로 프로그램이 종료될 동안 값이 변경될 수 있는 값이다.

```
01  class Ex1{
```

```
02    int data;
03  }
```

이런 멤버 필드들은 하나의 클래스로 똑같은 객체가 여러 개 생성되었을 때 각각의 객체를 구별하는 데에도 쓰인다. 물론, 여기에는 여러 가지 종류가 있지만 우선 클래스의 구조파악에 중점을 두고 이후 멤버 필드를 다룰 때 배우도록 하자.

멤버 메서드

메서드는 특정한 일을 수행하는 행위, 다시 말해 동작을 의미하는 것이다. 멤버필드들의 값을 가지고 작업을 수행할 수도 있으며 메서드도 static 메서드(클래스 메서드)와 instance 메서드라는 두 가지 종류가 있다. 간단히 설명하자면 static 메서드는 메서드를 가지는 객체를 생성하지 않아도 사용할 수 있지만 instance 메서드는 객체를 생성해야만 사용할 수 있는 것이다. 마찬가지로 현재 절의 마지막 부분인 'static'을 공부할 때 자세하게 알아보자.

```
01  class Ex1{
02      int data;
03      public void setData(int n){
04          data = n;
05      }
06  }
```

위 코드는 data라는 멤버필드의 값을 n이라는 변수값으로 변경하는 형태의 동작을 정의한 메서드다. 이런 속성들과 동작들을 우리는 한 마디로 '멤버(member)'라고 총칭한다.

클래스 정의

프로그래머들은 그 사물을 자바라는 프로그램 언어에 도입하여 추상적으로 사물의 속성과 움직임을 표현한 것이다. 그럼 다음 [조건]을 보고 우리가 일상 생활에 있는 사물 중 MP3 Player를 클래스로 간단하게 정의해보자.

[조건]

① 우선 클래스명은 MP3p라 정하고 ② 속성 부분은 색상을 기억하는 color와 메모리 용량을 기억하는 memory로 정하자. ③ 동작 부분에서는 memory 용량을 업그레이드해주는 memoryUp이라는 동작과 color를 설정하는 setColor라는 동작으로 정의해보자.

이 조건에 맞춰 클래스를 정의하면 다음과 같다.

MP3p

String color;
int memory;

memoryUp(int n)
setColor(String c)

[그림 4-3] 클래스 정의 구조

```
1   class MP3p{
2       String color;
3       int memory;
4       public void memoryUp(int n){
5           memory += n;
6       }
7       public void setColor(String c){
8           color = c;
9       }
10  }
```

위 그림을 보고 클래스를 정의해보았다. 물론, 부족하고 빠진 것이 있지만 위에서 [조건]으로 제시한 내용을 모두 충족시킨 작은 클래스다.

조금은 생소한 부분이지만 너무 걱정하지 말자. 그저 산을 오르는 데 있어 우리가 오를 산에 대한 정보를 간단하게 안내 받았다고 생각하면 된다. 여기서 중요한 것은 클래스가 어떤 것들로 이루어졌는지 그 구조를 알아본 것이며 간략하게 "클래스는 멤버라는 것들을 가진다"라고 정리할 수 있다는 것이 핵심이다.

❷ 객체 생성과 멤버 접근법

클래스 멤버들은 자료형을 가지는데, 자바의 자료형에는 '기본 자료형', '참조 자료형(객체 자료형)', 두 가지로 나눌 수 있다.

정수형 또는 실수형 그리고 문자형 등과 같은 자료형을 기본 자료형이라 하며 자바 내부에서 제공되는 클래스 또는 MP3p 클래스처럼 프로그래머에 의해 만들어진 사용자 정의 클래스 등을 자료형으로 하는 '참조 자료형(객체 자료형)'이 있다는 것을 3장에서 이미 공부한 적이 있다. 이제 이런 참조 자료형을 가지는 참조 변수(reference), 다시 말해서 객체를 생성하고 사용하는 법을 알아보자.

객체 생성

객체 생성의 첫 번째 단계는 다음과 같이 객체를 선언하는 일이다.

```
MP3p m3;
```

위처럼 선언 부분에서는 객체가 생성되는 것이 아니라 MP3p 클래스 타입의 m3이라는 참조변수가 메모리 영역에서 주로 변수와 같이 가벼운 것들이 자리 잡는 stack이라는 영역에 만들어지는 단계다.

두 번째 단계는 선언된 변수에 객체를 생성해야 한다.

```
m3 = new MP3p( );
```

new라는 연산자를 통해 무조건 메모리 내에 공간을 할당받고 MP3p 클래스의 생성자를 통해서 객체를 생성한 후 생성된 객체를 참조할 수 있는 참조변수(reference)를 m3에 담아준다(이것이 객체를 구분할 수 있는 주소개념이다).

생성자에 관해서는 뒤에서 좀더 자세히 알아 볼 것이며 여기서는 "객체는 생성자라는 것에 의해 만들어진다"라는 것만 알고 가자.

여기서 조금 어려운 얘기지만 메모리 공간에 대해 추상적으로나마 간략하게 알아보자. 앞서 클래스를 통해 객체가 메모리 내에서 생성된다고 배웠다. 우선 메모리 공간은 크게 다음 그림과 같이 stack과 heap의 두 가지 영역으로 나눌 수 있다. 사실 static 영역이 따로 있지만 이 부분은 뒤에서 공부하므로 여기서는 stack과 heap에 관해서만 얘기하자.

stack은 offset값만으로 바로 참조할 수 있는 변수와 같이 가벼운 것을 저장하는 곳이며 heap은 사실 내부에 참조영역(registry)을 따로 가지므로 객체와 같은 무거운 것들을 저장하는 공간이라 할 수 있다.

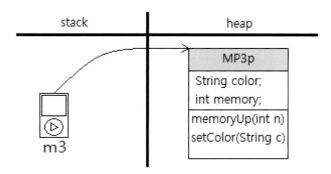

[그림 4-4] 객체 생성 시 메모리 공간의 추상적 구조

위 그림과 같이 heap 영역에는 필요에 따라 생성된 객체들이 존재하고 가비지 컬렉터에 의해 자동 소멸되는 공간이며 stack 영역의 가벼운 것들은 프로세서가 시작하고 끝날 때 자동적으로 JVM에 의해 생성, 소멸되는 곳이다. 따라서 이들을 사용하려면 어떻게 접근해야 하는지 알아야 한다. 먼저 접근에 필요한 접근 제한자부터 알아보자.

접근 제한자

서로 다른 객체 각각에 있는 멤버들은 객체 자신들만의 속성이자 특징이므로 대외적으로 공개되는 것이 결코 좋은 것은 아니다. 그런 이유로 프로그래머가 객체의 멤버들에게 접근을 제한할 수 있는데, 그 제한 속성에 따라 어떤 멤버에게는 접근을 허용하고 또 어떤 멤버에게는 접근을 제한하여 은닉성을 높여 정보의 유지를 고려하는 효과를 가져올 수 있다.

멤버들에게 접근 제한에 대한 속성으로는 다음과 같이 네 가지 방법이 있다.

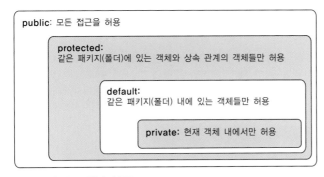

[그림 4-5] 접근 제한자의 종류

아직 패키지라는 것을 공부하지 않아 이해가 잘 안되겠지만 패키지라는 말의 뜻을 간단히 설명하자면, 서로 관련있는 것들을 모아놓은 폴더와 같은 것이라고 생각하면 쉬울 것이다. 패키지에 관해서는 7장에서 좀더 자세히 알아볼 예정이므로 일단 아래의 내용을 살펴보자.

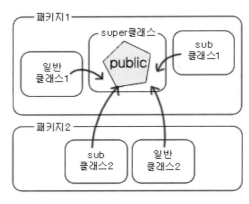

[그림 4-6] public의 제한　　　　　[그림 4-7] protected의 제한

 저자 한마디

인스턴스 **(instance)**	간단하게 말하기에는 너무 어려운 부분이다. 인스턴스(instance)라는 것은 앞서 설명한 클래스 또는 추상적으로 정의된 틀을 가지고 명칭을 정하고, 저장될 위치와 그곳에 생성시켜 실제 구현하도록 만드는 것이다. 즉, 앞서 얘기한 객체가 생성되어 있는 모든 객체를 의미하는 것이라면 인스턴스는 생성된 객체가 어떤 클래스로 인해 생성된 객체인지를 의미하는 것이다. 예를 들면 문자열을 의미하는 String 클래스로부터 s1이라는 것을 생성하였고 정수를 의미하는 Integer 클래스로부터 i1이라는 것을 생성하였다. 여기서 객체는 s1과 i1, 이 모두를 총칭하는 것이 되겠지만 인스턴스라는 것은 s1을 칭할 때 String 클래스로부터 생성되었다는 것을 강조하기 위해 "String클래스의 인스턴스인 s1이다"라고 한다. 또는 Integer 클래스의 instance인 i1이라 할 수 있다. 결국 객체는 좀 포괄적인 개념인 것이고 인스턴스는 좀더 세부적인 개념에서 사용할 수 있는 객체라 할 수 있다.
메모리 구조용어	자바에서 메모리 공간에 대해 얘기하는 것이 쉬운 일은 아니다. 왜냐하면 자바의 메모리 관리는 프로그래머가 하지 않으며 1장의 2절에서 같이 공부한 자바의 특징을 살펴보면 자바에선 가비지 컬렉션이 메모리 관리를 도맡아 하고 있기 때문이다. 하지만 앞으로 객체 작업을 하는 데 있어 객체가 메모리에 어떤 식으로 자리를 잡는지를 이해하게 되면 자바를 익히는 데 있어 조금이나마 도움이 되기 때문에 자주 나오는 용어를 간단히 정리해보자. • **Stack**: Stack 영역에 자리잡는 것은 주로 변수와 같은 가벼운 것들이다. • **Heap**: Heap 영역에는 객체와 같은 무거운 것들이 자리를 잡는다. • **Static**: 정적인 값들만 들어온다. 상수와 같은 정적인 값들을 의미하는데, 이는 프로그램이 끝날 때까지 없어지지 않으며 한 번 생성되면 똑같은 것이 두 번 다시 만들어지지 않는다.

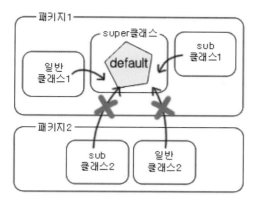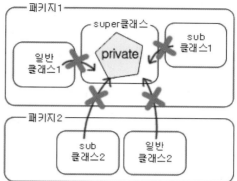

[그림 4-8] default의 제한   **[그림 4-9]** private의 제한

일반 클래스들은 같은 패키지(폴더)에 있는 경우에는 '접근제한'이 private이 아닌 이상 모두 접근할 수 있음을 알 수 있다. super 클래스와 sub 클래스는 서로 상속관계에 있는 클래스들을 의미한다. 우린 아직 상속개념을 공부하지 않았지만 간단한 개념만 알아보고 넘어가자. 하나의 super 클래스(부모 클래스)에 두 개의 sub 클래스(자식 클래스)는 일반 가족구조와 같다고 볼 수 있다. 즉, 하나의 super 클래스(부모 클래스)는 여러 개의 sub 클래스(자식 클래스)를 가질 수 있다. 다시 말해서 부모가 여러 명의 자식을 두고 부모 자신의 모든 재산과 권리를 자식들에게 물려(상속)주는 형태를 자바에서는 추상적으로 '상속개념'이라는 것으로 제공됨을 알아두자.

하지만 부모의 재산 중에서도 자식이 마음대로 가질 수 없는 것들이 있는데, 그것은 바로 접근제한을 전혀 정의하지 않은 상태인 default와 접근제한이 private로 정의된 것들이며 간단하게 알아보면 다음과 같다.

■ **default**

super 클래스 자신과 한 집(패키지 1)에서 같이 살고 있는 sub 클래스에게만 접근을 허용하고 다른 집(패키지 2)에서 살고 있는 sub 클래스에는 접근을 허용하지 않는다.

■ **private**

같은 집(패키지 1)에 살든, 다른 집(패키지 2)에서 살든 모든 sub 클래스들의 접근을 허용하지 않는다. 한마디로 super 클래스 자신만의 속성을 지닌다.

멤버 접근법

멤버 접근법에 대해서는 객체의 참조변수(reference)를 통해 ' . '을 사용하여 해당 객체의 메서드나 변수, 즉 멤버들을 접근할 수 있다. ' . '는 dot 연산자라고도 하며 사용법은 [객체참조.멤버명] 형식으로 사용된다. 이러한 것을 멤버 접근법이라 하는데, 이를 좀더 효율적으로 알아보기 위해서 접근 제한에 대해 알아본 것이다. 위에서 정의해 본 MP3p 객체를 예로 들어 MP3p라는 클래스의 메서드 중에서 메모리의 성능을 높이는 memoryUp(int n)을 사용해보자.

```
m3. memoryUp(768);
```

여기서 쓰인 m3가 바로 MP3p 클래스가 생성되어 그 객체의 참조변수를 가지는 변수가 된다. 즉, 생성된 MP3p 객체를 m3가 참조하게 되는 것이고 이것을 통해 인자(Arguments)값으로 768을 전달하며 memoryUp( ) 함수를 호출하여 하나의 멤버변수에 누적시키는 동작을 하게 되는 것이다.

❸ 캡슐화

객체지향 언어라 하면 캡슐화(encapsulation)가 절대 빠지지 않는다. 왜냐하면 여러 개의 자료 및 처리 과정을 하나의 모듈(부품)처럼 사용하므로 객체간의 이식성이 높기 때문이다. 그리고 자료 또는 내부 수정 작업을 했다 하더라도 사용하는 외부 객체에서는 이것을 인식하지 못하며 별다른 영향을 받지 않아 독립적인 면을 유지하는 장점이 있다.

캡슐화

주위를 살펴보자. 지금 저자 눈에는 전기압력밥솥이 보인다. 전기압력밥솥은 쌀을 잘 씻어서 정해진 밥통에 그 쌀을 넣고 덮개를 잘 닫은 후 취사 버튼을 눌러주면 얼마있다가 맛있는 밥을 제공해주는 가전제품이다.

그렇지만 저자는 이 밥솥이 어떤 원리와 어떤 과정을 통해서 밥을 지어내는지는 알지 못한다. 그냥 사용법만 익혀서 사용할 뿐이다.

이처럼 캡슐화란 관련있는 자료 그리고 동작들을 하나로 묶어 요약하고 사용자에게는 내부적인 접근을 허용하지 않는 대신에 사용의 편의성을 제공해주는 것이다.

정보은닉

정보은닉이라는 것은 캡슐화의 장점에 속하는 것이다. 앞서 배운 '접근 제한법'을 이용하여 자료(instance 변수)를 외부로부터 직접적인 접근을 철저히 차단하고, 자료를 수정 또는 조작할 수 있는 동작들은 내부에 둔다. 이렇게 되면 외부에서는 내부적인 움직임을 알 수가 없으며 자료에 어떤 값이 있는지 또는 어떤 변화가 일어나는지를 알 수가 없게 된다. 단지 접근이 용이한 메서드를 통해 결과만 받을 뿐이다. 이러한 것을 '정보은닉'이라고 한다.

❹ 멤버변수

멤버변수에는 두 가지의 형태가 있다. instance 변수와 static 변수(클래스 변수)가 그것이다. 이것은 객체가 생성될 때 객체의 특징과 속성을 저장하는 곳이며 '자료', '멤버필드', '멤버변수'들이 여기에 속한다. 모두 같은 의미를 가지고 있지만 참조변수와 static 변수의 목적과 생성되는 시기 등은 두 형태가 완전히 다르므로 정확히 파악하도록 하자.

instance 변수

우선 하나의 클래스로 여러 개의 객체가 생성될 때 각 객체들마다 따로 따로 생성되어 고유의 값을 받은 다음 각 객체의 속성으로 자리 잡는 변수가 바로 instance 변수다.

```
1  class MP3p{
2        String color;
3        int memory;
```

앞서 클래스 정의 부분에서 한번 만들어 보았던 MP3p라는 클래스를 가지고 설명을 하자면 2행과 3행에 선언된 color 변수와 memory 변수가 바로 instance 변수인 것이다. 이들은 MP3p 클래스로 생성되는 모든 객체들마다 따로 따로 생성되어 존재하게 된다. 그리고 각 객체들만의 고유하고 특징적인 속성을 담게 되며 객체를 생성하지 않고서는 절대로 사용할 수 없음을 명심하자.

static 변수(클래스 변수)

하나의 클래스로 여러 개의 객체가 생성될 때 단 하나만 생성되며 모든 객체들이 공유하는 개념으로 사용되는 변수가 static 변수다. 그럼 MP3p라는 클래스에 static 변수(클래스 변수)를 하나 정의해보자.

```
1 class MP3p{
2 String color;
3 int memory;
4 static String maker;
```

4행에 속하는 maker 변수가 static 변수이며 이는 이제부터 MP3p 클래스로 생성되는 모든 객체들은 maker라는 이 하나의 변수를 공유하며 사용하게 된다. 객체들마다 따로 따로 가지는 instance 변수와는 완전히 다른 것이며 static 변수들은 객체가 생성되지 않아도 이미 존재하고 있으므로 객체를 생성하지 않아도 접근할 수 있다는 큰 장점이 있다. 그리고 특정 객체에서 값을 수정하게 되면 다른 모든 객체들이 수정된 값을 사용하게 되는 것이다.

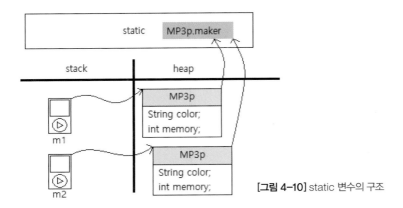

[그림 4-10] static 변수의 구조

위 그림에서처럼 동일한 클래스를 통해 다수의 객체가 생성되면 각 객체들은 각자의 특징을 저장하기 위해 별도의 instance 변수를 가지게 된다. 하지만 static 변수(클래스 변수)는 static 영역에 오로지 하나만 만들어지고 모든 객체가 이것을 공유하게 되는 것이다.

이런 static 변수가 필요한 이유는 MP3p 제품이 동일한 회사의 비슷한 제품일 경우에는 메모리 용량이나 색상의 차이가 있을 뿐 제조회사는 동일하기 때문이다. 이럴 경우 동일한 회사명을 각 객체들마다 저장한다는 것은 자원 낭비이지만 그렇다고 없어서는 안 되는 자료이기 때문에 static 영역에 두어 모든 객체가 공유할 수 있도록 하기 위한 것이다. 이에 대한 예제는 잠시 뒤 static에 대한 부분을 별도로 다룰 때 함께 작성해보자.

❺ 멤버변수

메서드(멤버함수)란 "객체가 할 수 있는 동작"을 정의하는 것이다. 그리고 메서드도 멤버메서드(필드)와 마찬가지로 instance 메서드와 static 메서드(클래스 메서드)로 나뉘어 있음을 앞서 말한 적이 있다. static 메서드의 의미는 static 변수의 의미와 같다고 볼 수 있지만 instance 메서드는 조금 차이가 있다. 사실 각 객체들마다 instance 메서드들까지 모두 따로 따로 만들어 주기에는 다소 무리가 있기 때문이다. 따라서 메모리 특정 공간에 클래스가 동일한 모든 객체들이 공유할 수 있도록 그 객체(instance)의 클래스명과 메서드명, 그리고 상수 등을 기억하는 곳이 존재한다. 간단하게 설명하자면 특정 객체가 함수를 호출할 때 준비된 객체(instance)의 단축 아이콘 같은 것이 움직여 호출한 객체의 일을 처리해 주는 방식이라고 보면 된다. 여기에 관해서는 다음 '기본 클래스 익히기' 부분에서 다시 한번 설명하겠다.

우선 중요한 것은 메서드의 구성과 정의다.

메서드의 구성과 정의

메서드는 앞서 설명한 것과 마찬가지로 객체가 제공하는 동작을 구체화한 것이다. 사용자들은 이런 메서드(멤버함수)들을 호출하여 객체가 할 수 있는 능력의 일부를 호출하여 가공된 결과를 얻어낼 수도 있다. 그 결과를 가지고 프로그램의 흐름을 제어하는 데도 쓰인다.

그럼 먼저 구성부터 살펴보고 예제들을 살펴보자.

```
[접근제한] [반환형] [메서드명](자료형 인자1, 자료형 인자2, …){
            수행문1;
            수행문2;
            …;
        }
```

[접근제한]

앞서 공부한 부분이지만 다시한번 복습하자면 자바에서 객체나 멤버들에 대한 접근을 제한하는 방법을 의미한다. 여기에는 public, protected, default, private로 나눌 수 있다.

[반환형]

메서드(멤버함수)에서 해야할 일들을 모두 끝내고 마지막으로 메서드(멤버함수) 자신을 불러준 곳으로 반환하는 값의 자료형을 의미하는 것이다. 만약, 반환값이 없다면 void라는 예약어로 대체해야 한다. 즉, 생략은 불가능하다는 뜻이다.

[메서드명]

사용자 정의 이름(User Defined Name)이다. 3장의 식별자에 대한 규칙을 참조하기 바란다.

 저자 한마디

main (String[ ] args) 메서드

자바에서 만든 모든 응용프로그램은 main( ) 메서드를 가지는 객체가 중심이 되어 JVM에 의해서 가장 먼저 움직이게 되어 있다. 그러므로 main( ) 메서드는 항상 제일 먼저 인식되고 동작을 가져오는 것을 원칙으로 한다.(때에 따라서는 그렇지 않은 경우가 더러 있다. 그것은 후에 static이라는 것을 배울 때 알게 되므로 여기서는 main( ) 메서드에 대해서만 얘기하기로 하자.)

main( ) 메서드를 정의한 코딩 내용을 살펴보면 다음처럼 되어 있다.

```
public static void main(String[ ] args)
```

여기서 인자명인 args를 제외한 다른 것들은 절대 변경하면 안 된다. 접근제한자부터 하나씩 알아보자.

- **public**: 앞서 '접근제한'에 대해서 공부한 적이 있다. public은 접근제한을 두지 않겠다는 의미이며 어디에서든 접근을 허용하겠다는 뜻도 된다. 이유는 main( ) 메서드가 프로그래머에 의해서 호출되는 것이 아니라 객체가 실행될 때 운영체제 위에 존재하는 JVM에 의해 호출되므로 접근제한이 public이 아니면 접근할 수 없으므로 호출이 불가능하게 된다.

- **static**: static이란 것의 깊은 의미는 뒤에서 얘기하기로 하고 쉽게 설명하자면 메모리 내의 또 하나의 영역인 static 영역을 의미하는 것이다. 프로그램이 끝날 때까지 오로지 하나만 생성하겠다는 의미가 되며 또한 공유 의미도 포함된다. 잠시 생각해보면 이해가 안 되는 것도 아닐 것이다. 만약, main( ) 메서드가 여러 개 만들어져 있다면 JVM이 어느 것을 불러야 할지 혼란스러울 것이라는 생각이 든다. 그러므로 정적인 공간에 하나만 만들어 두고 객체를 생성하지 않고도 접근을 용이하게 하기 위한 것이라고 생각하면 된다.

- **void**: 호출한 곳이 바로 JVM이며 JVM은 return형이 없는 main( ) 메서드를 호출하게 되어 있다. 다시 말해 return형이 있으면 JVM이 호출하지 못한다는 것이다.

- **String[ ] 인자**: 프로그램을 실행할 때 JVM을 통해 main( ) 메서드로 인자를 전달하고자 할 때 사용되며 JVM이 무조건 String으로만 인식하게 되어 있다. 예를 들어 자바를 실행할 때 다음과 같이 실행한다고 해보자.

java Method Test 100   600   900

```
           ↓      ↓     ↓
       " 100 "  " 600 " " 900 "
      args[0] args[1] args[2]
```

[그림 4-11] main 메서드에 인자 전달

100은 배열 인자의 0번지, 600은 1번지, 900은 2번지에 대입되면서 main( ) 메서드가 호출되는 것이다.

[인자(parameter)]

메서드(멤버함수)를 호출할 때 필요에 따라 특정 값을 제공해주기 위해 미리 선언하는 것
이며 메서드를 호출할 때에 반드시 인자의 자료형과 수가 일치해야 한다.

[수행문]

식 수행문이나 제어문(또는 실행문) 등을 의미한다.

이렇게 해서 메서드의 구성을 간단히 알아보았다. 그럼 여기서 앞서 배운 멤버변수와 메서드
정의를 같이하여 하나의 클래스를 작성해보자. 그리고 그것을 생성하여 객체화한 후 활용하
는 부분까지 연결해보자.

예제 4-1　　MethodEx

```
01  class MethodEx {
02
03      int var1,var2; // 멤버 변수들
04
05      public int sum(int a, int b){ // 메서드(멤버 함수)
06          return a+b;
07      }
08      public static void main(String[] args){
09          MethodEx me = new MethodEx();
10          int res = me.sum(1000, -10);
11          System.out.println("res="+res);
12      }
13  }
```

```
res=990
```

[그림 4-12] MethodEx의 실행결과

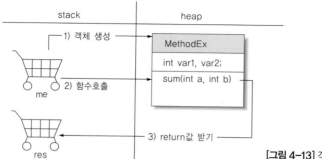

[그림 4-13] 객체 생성과 메서드(멤버함수) 사용

위 예제를 간단히 설명해보면 우선 "프로그램의 시작이 어디인가"를 찾는 것이 중요한데, 프로그램의 시작은 바로 8행부터다.

▶▶▶ 09행: 객체 생성. 위의 그림과 같이 stack 영역에 MethodEx라는 객체만 담을 수 있는 me라는 변수가 만들어진다. 뒤에 오는 new MethodEx( );라는 기본 생성자로 인해 객체가 heap 영역에 만들어지면서 참조변수 me에게 전달한다.

10행: 멤버 메서드 사용. res라는 int형 변수가 선언되고 앞서 9행에서 생성된 참조 객체를 통해 1000과 −10을 sum(int a, int b)이라는 메서드의 인자로 지정하여 메서드 호출을 수행한다. 이어 제어권은 5행으로 넘어가면서 메서드 내에서의 수행력을 가지게 된다. 이때 1000은 메서드의 인자로 선언된 지역변수인 int a에 대입되고 −10은 int b에 대입되면서 메서드의 내부로 들어가게 된다.

06행: 반환문. 현재 행의 return 문장을 만나면서 메서드를 호출해주었던 10행의 res 변수로 return값과 제어권을 던진다. 메서드 내에 아무리 수행문이 더 있다고 하더라도 return문을 만나면 메서드의 동작은 더 이상 수행력을 잃게 되는 것이다.

11행: 출력문. 끝으로 println( )은 모니터 화면에 return받은 res의 값을 출력하므로 res=990이라는 자료가 결과로 나오게 된다.

이렇게 객체가 제공하는 동작(메서드) 중 원하는 정보를 직접 전달하거나 또는 전달되는 정보 없이 동작을 호출하는 행위를 정보 처리 또는 서비스 호출이라 한다.

그럼 다음 예제를 보고 결과를 예측해보자.

```
예제 4-2      MethodEx2

01  class MethodEx2{

02

03      int var;

04

05      public void setInt(int var){

06          var = var;

07      }

08

09      public int getInt(){

10          return var;

11      }

12

13      public static void main(String[] args){

14          MethodEx2 me2 = new MethodEx2();

15          me2.setInt(1000);

16          System.out.println("var : "+ me2.getInt());

17      }

18  }
```

▶▶▶ 13행~14행: 프로그램 시작 부분이다. main( )부터 시작하며 그 안에서 MethodEx2라는 객체를
생성하여 me2라는 변수에 객체 참조값을 전달했다.

15행: 멤버 메서드 사용. 이제 14행에서 생성된 객체를 통해 setInt(int var)를 호출하여 var의 값을
1000으로 변경했다.

16행: 출력문. 현재 행에서는 다시 객체를 통해 getInt( )를 호출하여 멤버변수의 값을 받아 출력하
는데, 결과는 "var : 0"이다.

1000이 출력되지 않는 이유가 무엇일까? 문제는 setInt(int var)라는 메서드에 있으며 자바
에서는 특정 영역의 우선권은 멤버변수가 아닌 지역변수가 가지게 되어 있기 때문이다. 그러
므로 setInt(int var) 메서드를 다시 살펴보면 다음과 같다.

```
public void setInt(int var)
{
        var = var;
}
```

인자가 정의되면서 var이라는 지역변수가 선언되었다.
지역변수란 현재 영역(함수)을 벗어나면 소멸되는
메모리 공간을 의미한다.

지역변수의 이름이 멤버변수와 같을 경우에는 지역변수가
우선권을 가지므로 여기서는 멤버변수에 값 대입이 아닌
지역변수 자신에게 자신의 값을 대입한 것이다.

이제 조금은 이해가 되었을 것이다.

1000이라는 자료가 setInt(int var) 메서드로 전달되는 것까지는 별다른 이상이 없다. 하지만 메서드(멤버함수)가 정의되면서 int var이라는 지역변수가 선언되었고 공교롭게도 멤버변수의 이름과 같은 경우가 되었다. 그리고 현재 메서드 내에서 var = var;이라는 내용은 멤버변수가 아닌 지역변수 자신에게 다시 자신의 값으로 대입한 경우가 된다. 마지막으로 메서드가 자신의 역할을 다하고 자신을 호출한 곳으로 돌아갈 때 지역변수인 var은 소멸되므로 1000이라는 자료 또한 유실된 것이다.

위의 예제를 setInt(int var)에 넣어준 인자값 그대로 출력하게 하려면 6행의 내용을 다음과 같이 수정해야 한다. 다시 컴파일하고 실행해보자.

```
08  public void setInt(int var){
09          this.var = var;
10  }
```

this라는 예약어를 추가했을 뿐인데 예측한 결과가 나올 것이다.

this는 현재 객체의 자신을 의미하며 'this.var'은 객체 자신이 가지는 것 중 var이라는 변수를 의미하는 것이다. 뒤에서 공부할 예정이므로 여기서는 그냥 멤버들을 지칭할 때는 위의 예문과 같이 현재 객체 자신을 의미하는 this라는 예약어를 사용한다는 것만 숙지하고 넘어가자.

인자 전달 방식

메서드를 호출할 때 여러 개의 값을 전달하고 또는 때에 따라 return문으로 값을 다시 받기도 했다. 메서드를 사용하는 데 있어 인자 전달 방식은 매우 중요하다. 자바에서는 인자 전달 방식이 크게 두 가지로 나누고 있지만 JDK 5.0에 오면서 Varargs라는 개념을 추가하여 인자 전달 방식의 유연함을 더했다. 그럼 인자 전달 방식 중 값 호출부터 알아보자.

값 호출

값 호출은 메서드를 호출할 때 기본 자료형의 값을 인자로 전달하는 방식을 의미한다. 물론, 앞서 본 예제 또한 값 호출(Call by value) 방식의 예제였던 것이다.

우선 예제부터 살펴보자.

예제 4-3 ValueParameter

```
01   class ValueParameter{
02
03       public int increase(int n){
04           ++n;
05           return n;
06       }
07       public static void main(String[] args){
08           int var1 = 100;
09           ValueParameter vp = new ValueParameter();
10           int var2 = vp.increase(var1);
11           System.out.println("var1 : "+ var1 + ", var2 : " + var2);
12       }
13 }
```

```
var1 : 100, var2 : 101
```

[그림 4-14] ValueParameter 실행결과

▶ ▶ ▶ 07행: 프로그램 시작 부분.

08행: 지역변수 선언. int형인 var1이라는 지역변수가 선언되면서 초기 값으로 100을 받았다.

09행: 객체 생성. main( ) 함수를 가지는 현재 객체를 생성하여 vp에 참조변수를 대입한다.

10행: 멤버 메서드 호출. 객체의 참조변수를 통해 increase( ) 메서드 호출하면서 var1이라는 변수를 전달했다. 이때 쓰여진 var1변수를 '실인자'라고 하며 이것이 3행의 int n으로 복사되어 대입

된다. 이를 '형식인자'라고 한다.

04행: 증감식. 여기서 n값의 증가는 8행의 변수(실인자)가 아니라 3행에서 복사되어 새롭게 만들어진 형식인자의 값이 증가된 것이다.

05행: 반환문. 증가된 값을 메서드를 호출해준 곳으로 다시 반환한다. 즉, 10행의 var2라는 변수에 대입된다.

11행: 결과 출력.

위의 결과 내용을 보게되면 인자로 전달된 int var1(실인자)의 값은 변함이 없음을 알 수 있다. 그러므로 int var1(실인자)의 값이 다음 그림과 같이 복사본이라고 할 수 있는 int n(형식인자)에 대입되고 그것을 증가시키면 int var1(실인자)는 영향을 전혀 받지 않게 된다. 즉 int n(형식인자)만 증가하게 되는 것이다.

[그림 4-15] 값 호출의 인자 전달 방식

정리하면 값 호출(Call by value) 방식은 기본 자료형을 가지고 메서드를 호출할 때 사용되는 인자 전달 방식인데, 그 전달되는 인자가 직접 전달되어 작업에 참여하는 것이 아니라 복사본이 만들어져 전달된다는 것이다. 그러므로 메서드를 호출할 때 사용되었던 실인자는 전혀 영향을 받지 않는다는 개념이다.

참조 호출

참조 자료형을 메서드 호출할 때 '실인자'로 사용할 경우를 의미한다. 여기에는 기본 자료형이 아닌 일반 객체 또는 배열들이 여기에 속한다. 아래의 예제를 보자.

예제 **4-4**　　ReferenceParameter

```
01  class ReferenceParameter{
02
03      public void increase(int[] n){
04          for(int i = 0 ; i < n.length ; i++)
05              n[i]++;
06      }
07      public static void main(String[] args){
08          int[] ref1 = {100,800,1000};
09          ReferenceParameter rp = new ReferenceParameter();
10          rp.increase(ref1);
11
12          for(int i = 0 ; i < ref1.length ; i++)
13              System.out.println("ref1["+i+"] : "+ ref1[i]);
14      }
15 }
```

```
ref1[0] : 101
ref1[1] : 801
ref1[2] : 1001
```

[**그림 4-16**] ReferenceParameter 실행결과

▶▶▶ 07행: 프로그램의 시작 부분.

08행: int형 배열 생성. 아직 배열을 배우지 않았기 때문에 이해가 안 될 것이다. 하지만 다음 그림처럼 생성됨을 인식한 후 넘어가고 배열을 공부할 때 자세히 알아보자.

[**그림 4-17**] 배열의 생성구조

09행: 객체 생성. main( ) 함수를 가지는 현재 객체를 생성하여 rp에 참조변수를 대입한다.

10행: 멤버 메서드 호출. 객체의 참조변수를 통해 increase( ) 메서드를 호출하면서 ref1이라는 배열의 참조변수를 전달했다.

03행: 참조변수 인자값을 받아 메서드 수행. 이때 실인자로 사용된 ref1이 복사되어 3행의 int[ ] n 이라는 형식 인자로 복사되어 대입된다.

04행: 반복문 수행. n.length는 배열들에게만 주어진 속성이다. length라는 속성은 현재 배열의 길 이를 반환해주는 속성이다.

05행: 값 증가. 인자로 넘어온 참조변수 주소로 접근하여 값을 1씩 증가한다. 이때 사용된 인자가 기 본 자료형이 아니라 참조변수이기 때문에 복사되었다 해도 특정 값이 아닌 객체의 주소를 복사받 은 것이다.

12행: 반복문 수행. 반복문을 통해 ref1(실인자) 배열의 값을 출력하면 값들이 변경되었음을 알 수 있다.

참조변수인 ref1(실인자)이 기억하고 있는 주소가 그대로 int[ ] n(형식인자)에게로 복사되었다. 그러므로 두 변수가 기억하고 있는 주소가 같다는 결론이 된다. 그러므로 increase( ) 메서드에서 수정작업을 하게 되면 '값 호출'과는 달리 주소를 기억하고 있는 경우이므로 ref1(실인자) 참조변수가 기억하고 있는 객체값이 직접적으로 변경되는 것이다. 다시 한번 비유를 하자면 어떤 서비스업체 사이트에 회원의 전화번호를 저장해두었는데, 어느 날 이 서비스업체 직원이 회원들의 전화번호 목록을 복사해서 외부로 유출을 했다면 아무리 복사본이라 할지라도 회원들에게는 직접적인 영향을 받게 되는 것과 같은 이치다.

Varargs(Variable Arguments)

이것은 새롭게 추가된 기능이다. 보통 이전까지는 메서드를 호출할 때 메서드에 정해 놓은 인자의 수가 다르면 함수를 호출할 때 오류가 발생했었다. 그렇지만 이젠 하나의 함수를 호출할 때 어떤 때에는 인자를 두 개만 넣어 호출할 수가 있으며 또 어떤 때에는 인자 네 개를 넣어 같은 메서드를 호출할 수 있게 되었다. 다음 예제를 살펴보자.

예제 **4-5**   VarTest

```
01   class VarTest{
02
03       public void argTest(String ... n){
04           for(int i = 0 ; i < n.length ; i++)
05               System.out.println("n["+i+"]:"+n[i]);
```

```
06                    System.out.println("-------------------------");
07            }
08        public static void main(String[] args){
09                    VarTest vt = new VarTest();
10                    vt.argTest("Varargs", "Test");
11
12                    vt.argTest("100", "600", "900", "1000");
13            }
14    }
```

```
n[0]:Varargs
n[1]:Test
-------------------------
n[0]:100
n[1]:600
n[2]:900
n[3]:1000
-------------------------
```

[그림 4-18] VarTest 실행결과

▶▶▶ 08행: 프로그램의 시작 부분.

09행: 객체 생성. main( ) 함수를 가지는 현재 객체를 생성하여 변수 vt에 참조변수를 대입한다.

10행: 멤버 메서드 호출. 두 개의 String 객체를 가지고 생성된 객체의 멤버인 argTest( ) 메서드를 호출한다.

03행: 메서드 수행. 메서드 호출 당시 인자로 정해진 값들을 n의 배열화를 통해서 받아들여진다.

04행~05행: 반복문. 배열의 길이 만큼(n.length) 반복문을 수행하면서 배열의 내용을 출력한 후 메서드를 호출한 곳으로 돌아간다.

12행: 멤버 메서드 호출. 10행과 달리 똑같은 멤버 메서드를 이번에는 네 개의 인자를 넣어 호출하고 있다. 마찬가지로 3행에서 7행까지 수행한 후 돌아와서 프로그램이 종료된다.

위 예제에서 중점으로 봐야 할 곳은 아무래도 진한 글씨로 표시된 곳들이다. 메서드를 호출하는 데 있어 인자의 수가 정해져 있지 않고 가변적 인자를 제공하는 인자 전달 방식이다. 이것으로 기존의 방법처럼 메서드를 호출할 때 인자들의 표준화를 위한 번거로운 배열화 작업 같은 수고는 없어지게 된다.

메서드 오버로딩

오버로딩(중복정의, Overloading)이라는 것은 하나의 클래스 내에서 같은 이름을 가지는 메서드(멤버함수)가 여러 개 정의되는 것을 말한다. 이것은 컴파일할 때 컴파일러에 의해 각 메서드들이 구별되며 기준은 인자가 된다. 오버로딩의 목적은 일관된 작업이며 그것으로 프로그램의 신뢰가 높아지기 마련이다. 우선 다음을 보자.

위와 같이 오버로딩에 있어서 [접근제한]과 [반환형]은 오버로딩의 구조 조건에서 제외된다. 즉 같아도 되고 달라도 된다는 것이다. 하지만 [메서드명]은 대/소문자를 비롯해서 반드시 똑같아야 한다. 그리고 인자들만큼은 인자명을 제외한 인자의 수가 다르든, 아니면 인자의 수가 같을 경우 인자의 자료형이 다르든, 다른 메서드에 배치된 인자들과 반드시 다르게 정의되어야 한다.

이런 오버로딩 기법이 필요한 이유는 같은 목적으로 비슷한 동작을 수행하는 메서드들을 모아 이름을 같게 만들어주면 프로그래머들은 다양한 메서드들을 같은 이름으로 일관되게 작업할 수 있다.

다음 예제들을 살펴보자.

예제 4-6 OverloadingTest1

```
01  class OverloadingTest1{
02
03      public void intLength(int a){
04          String s = String.valueOf(a);
05          System.out.println("입력한 값의 길이 : "+s.length());
06      }
07      public void floatLength(float f){
```

```
08              String s = String.valueOf(f);
09              System.out.println("입력한 값의 길이 : "+s.length());
10      }
11      public void stringLength(String str){
12              System.out.println("입력한 값의 길이 : "+str.length());
13      }
14      public static void main(String[] args) {
15              OverloadingTest1 ot1 = new OverloadingTest1();
16
17              ot1.intLength(1000);
18              ot1.floatLength(3.14f);
19              ot1.stringLength("10000");
20      }
21 }
```

위 예제는 인자 값의 길이를 알아보는 단순한 프로그램이다. 'API 문서'를 열어서 java.lang 패키지의 String 클래스를 참조해보자. 5행과 9행에서 사용된 String 클래스의 valueOf( ) 는 각 인자들을 String 객체로 변환하기 위한 메서드다. 조금만 더 확인해보면 String 클래스 내에서 오버로딩되어 있음을 알 수 있다. 즉, 기본 자료형을 인자로 하여 String 클래스의 valueOf( )를 사용하면 무조건 String 객체로 만들어 반환해주는 기능의 메서드다. 하지만 위의 예제는 valueOf( )를 사용하는 것까지는 좋았지만 어딘가 모르게 불필요한 내용들이 엿보인다.

오버로딩 기법을 써서 다시 만들어 보자. 아래 OverloadingTest2라는 예제가 앞서 본 OverloadingTest1보다는 좀더 간결해 보인다. 그리고 메서드(멤버함수)를 사용하는 데 있어서도 일관되어 프로그래머가 사용하는 데 더욱 더 편리해 보이는 것이 사실이다.

예제 4-7　OverloadingTest2

```
01 class OverloadingTest2{
02
```

```
03        public void getLength(int n){
04                String s = String.valueOf(n);
05                getLength(s);
06        }
07        void getLength(float n){
08                String s = String.valueOf(n);
09                getLength(s);
10        }
11        private int getLength(String str){
12                System.out.println("입력한 값의 길이 : "+str.length());
13                return 0;
14        }
15        public static void main(String[] args) {
16                OverloadingTest2 ot2 = new OverloadingTest2();
17
18                ot2.getLength(1000);
19                ot2.getLength(3.14f);
20                ot2.getLength("10000");
21        }
22 }
```

```
입력한 값의 길이 : 4
입력한 값의 길이 : 4
입력한 값의 길이 : 5
```

[그림 4-19] OverloadingTest2 실행결과

📄 String 클래스가 가지는 valueOf()라는 멤버 메서드를 사용하려면 String 객체를 생성하여 그 객체 의 참조변수를 통해서 사용해야 한다고 배웠다. 하지만 현 코딩 내용에서는 객체를 생성하지 않고 바로 클래스명으로 메서드를 호출했다. 이것은 static 메서드이기 때문인데 이런 static 메서드 또는 static 변수들은 객체를 생성하지 않고도 사용할 수 있는 장점이 있다. 이 static에 관해서는 잠시후에 공부해 보자.

▶▶▶ 15행: 프로그램 시작 부분.

16행: 객체 생성 부분. new 연산자에 이어 생성자로 인해 현 객체를 생성한다. 아직 생성자를 공부하지 않아 조금은 답답할 것이다. 바로 뒤에 이어서 공부하게 되니 조금만 더 참자.

18행: 객체의 멤버 메서드(Overloading) 사용. 오버로딩되어 있는 getLength(…)라는 메서드 중 인자 수가 한 개이고 그 인자가 int형인 메서드에 1000을 제공하며 호출한다. 즉 3행이 된다.

04행: 객체 활용. String 객체 기능 중 valueOf( )라는 메서드를 호출하여 인자로 넘어온 1000을 String 객체로 변환하고 있다. 즉, 1000은 "1000"이다.

05행: 오버로딩 메서드 호출. 현재 행도 getLength(int n) 메서드의 내부인데, getLength( ) 메서드를 또 호출하는 것은 마치 자신을 호출하는 재귀호출 같지만 인자가 5행과는 다르므로 여기서는 11행의 getLength(String str)를 호출하게 된다.

12행~13행: 출력과 반환. 인자로 넘어온 값을 출력하고 현 메서드가 return형이 int형이므로 자신을 호출한 곳으로 제어권과 함께 0값을 반환하게 된다. 그럼 다시 5행으로 가서 메서드의 끝을 만나 3행의 getLength(int n) 메서드를 호출한 18행으로 다시 제어권이 반환되고 19행을 수행하게 된다.

18행: 객체의 멤버 메서드(Overloading) 사용. 여기서는 getLength(…) 메서드 중에 인자가 float형 한 개짜리인 7행의 getLength(float n)에 3.14f를 인자로 넣어 호출하게 된다.

08행~09행: 객체 활용. String 객체의 기능 중 valueOf( )라는 메서드를 호출하여 인자로 넘어온 3.14f를 String 객체로 변환하고 5행에서 했던 것과 같이 11행의 getLength(String str) 메서드를 호출한다.

12행~13행: 출력과 반환. 인자로 넘어온 값을 출력하고 현 메서드가 return형이 int형이므로 자신을 호출한 곳으로 제어권과 함께 0값을 반환하게 된다. 결국 9행으로 돌아가게 되고 다시 10행을 만나 getLength(float n)을 호출한 main( ) 메서드의 19행으로 돌아간다. 그리고 다음 20행을 수행하게 된다.

7행과 11행에서 알 수 있듯이 오버로딩에 있어 [접근제한]과 [반환형] 그리고 [인자명]은 아무런 영향력을 미치지 못한다. 메서드명이 같은 여러 개의 메서드(멤버함수)를 구별하는 방법은 메서드에 사용되는 인자의 자료형 또는 인자의 수 아니면 인자들의 배치가 서로 달라야 각 메서드들을 구별할 수 있다는 것을 명심하자.

우리가 값 출력을 위해 사용하는 System.out.println( ) 코드에서 println( ) 메서드 역시 대표적인 오버라이딩 메서드 중 하나이다.

void	`println()`
	Terminates the current line by writing the line separator string.
void	`println(boolean x)`
	Prints a boolean and then terminate the line.
void	`println(char x)`
	Prints a character and then terminate the line.
void	`println(char[] x)`
	Prints an array of characters and then terminate the line.
void	`println(double x)`
	Prints a double and then terminate the line.
void	`println(float x)`
	Prints a float and then terminate the line.
void	`println(int x)`
	Prints an integer and then terminate the line.
void	`println(long x)`
	Prints a long and then terminate the line.
void	`println(Object x)`
	Prints an Object and then terminate the line.
void	`println(String x)`
	Prints a String and then terminate the line.

[그림 4-20] 자바 API의 println( ) 메서드

❻ 생성자

생성자라는 것은 메모리 내에 객체가 생성될 때 자동적으로 단 한번 호출되어 객체의 구조를 인식하게 하고 생성되는 객체의 멤버변수들을 초기화하는 데 목적을 둔 것을 말한다. 우선 생성자를 선언할 때에는 다음과 같은 두 가지 특징에 유의해야 한다.

• Return Type이 전혀 정의되지 않는다.
• 생성자명이 클래스명과 같아야 한다.

이제 이 특징을 염두에 두고 생성자의 구성과 생성자의 필요성을 알아보자. 먼저 다음의 구성을 살펴보고 예제로 익혀보자.

```
[접근제한] [생성자명](자료형 인자1, 자료형 인자2, …){
        수행문1;
        수행문2;
        …;
}
```

아래의 예제는 기존의 예제와 다를 바 없다. 그렇지만 객체의 생성자가 어느 것이며 또 무엇이 불편하고 무엇이 문제인지 살펴보자.

예제 **4-8**   MyClass1

```
01  class MyClass1{
02
03      private String name;
04      public void setName(String n){
05          name = n;
06      }
07  }
```

위 클래스를 생성하여 사용하기 위해 다음과 같은 클래스를 작성하여 main( ) 메서드 내에서 클래스를 생성해보았다.

```
01  class MyClass1Test{
02
03      public static void main(String[] args){
04          MyClass1 mc1 = new MyClass1();
05          mc1.setName("www.sist.co.kr");
06      }
07  }
```

위의 MyClass1Test의 내용 중에 4행을 주시하자.

```
04          MyClass1 mc1 = new MyClass1();
```

이는 객체를 생성하는 문장임을 우리는 잘 알고 있다. new 연산자 뒤로 오는 것이 생성자라는 것인데, 위 예문과 같이 전달되는 인자가 없는 생성자를 default 생성자라고 한다. 하지만 이 생성자란 것이 MyClass1이라는 클래스 내부에는 없다는 것이 이상하다. 이러한 default 생성자들은 위 예제와 같이 어느 특정 클래스를 작성하는 데 있어 프로그래머가 생성자를 하나도 정의하지 않았을 경우에는 컴파일러가 컴파일할 때 자동적으로 정의해주는 특징이 있다. 하지만 클래스 내부에 프로그래머에 의해 생성자가 하나라도 정의되어 있다면 컴파일러는 더 이상 default 생성자를 만들어주지 않음을 명심하자.

생성자의 필요성

사실 위 클래스는 사용하는 데 별 무리가 없다. 하지만 MyClass1이라는 클래스는 생성 후 항상 참조변수인 name의 값을 설정해야 하는 번거로움이 있다. 지금으로서는 아주 작은 클래스이므로 답답함을 느끼지 못할 수도 있으나 만약, 자주 쓰이는 클래스가 별다른 이유 없이 위 예제와 같이 설계되어 있다면 상당히 어수선할 것이다.

더구나 name이라는 멤버변수는 앞서 배운 접근제한 중에서도 private로 정의되어 있다. 그러므로 MyClass1 자신 이외에는 절대로 접근을 허용하지 않고 있는 상태다. 이럴 때 생성자를 통해 1차적인 초기화 작업을 거치면서 객체를 생성하게 되면 좀더 간결한 객체 생성력을 가져올 수 있다. 다음은 위의 MyClass1을 수정한 것이다.

```
01  class MyClass1{
02
03      private String name;
04      public MyClass1(String n){
05          name = n;
06      }
07      public void setName(String n){
08          name = n;
09      }
10  }
```

위의 4행부터 정의된 것이, return형이 없고 이름이 클래스명과 일치한 것으로 봐서 하나의 생성자임을 확인할 수 있다. 그리고 인자가 있는 것으로 봐서 default 생성자는 아님을 알 수 있다.

이렇게 되면 위의 MyClass1이라는 클래스를 생성할 때에는 항상 다음과 같은 문자열 Literal을 인자로 사용하여 생성해야 함을 잊지 말자. 다시 말해 MyClass1Test라는 클래스의 4행을 아래와 같이 수정해야 한다는 것이다.

```
04          MyClass1 mc1 = new MyClass1("www.increpas.com");
```

인자로 전달되는 값을 5행에서 String형의 name이라는 멤버변수에 "www.increpas.com"이라는 문자열을 초기화하고 있다. 만약, 위 내용으로 수정하지 않고 그냥 그대로 컴파일하면 어떻게 될까?

물론, 컴파일할 때 default 생성자를 찾을 수 없다는 오류가 발생한다. 이유는 앞서 말한 것처럼 생성자를 하나라도 만들면 컴파일러가 예전과 같이 default 생성자를 만들어 주지 않기 때문이다. 만약, default 생성자로 객체 생성을 해야 할 경우에는 MyClass1이라는 클래스에 프로그래머가 임의적으로 defualt 생성자를 정의해야 한다.

그러므로 생성자가 필요한 이유는 객체가 생성될 때 단 한번 수행하는 부분이므로 멤버들의 초기화 작업과 같이 반드시 또는 단 한번만 수행해야 하는 행위 등을 생성자에 정의해 두는 것이다. 그리고 객체를 생성할 수 있는 방법을 좀더 많이 제공하여 생성력의 폭을 넓혀가는 것 또한 그 이유 중에 하나라고 할 수 있다. 또한 생성자가 많다는 것은 그만큼 유용한 클래스임을 증명하는 것이 된다. 이렇게 하나의 클래스 내에 여러 개의 생성자가 존재하는 것을 '생성자 오버로딩'이라 한다.

생성자 접근제한의 의미

생성자의 접근제한에도 이 장에서 얘기한 '접근 제한자(Access Modifiers)'를 똑같이 사용한다. public과 protected 그리고 default와 private의 의미적 차이는 없으며 클래스의 접근제한과 생성자의 접근 제한은 별도의 제한력을 가진다는 것이 중요하다. 예를 들자면 아무리 클래스의 접근제한이 public으로 정의되었다고 해도 클래스를 생성하는 생성자를 private로 정의하게 되면 그 생성자를 접근하여 생성할 수 있는 것은 클래스의 내부에서만 가능하다. 또는 생성자의 접근 제한을 protected로 정의되는 클래스들도 간혹 있는데, 이는 5장에서 공부하게 되는 상속관계에 있는 sub 클래스(자식 클래스)들만 자신을 생성할 수 있는 권한을 주는 것이다. 특정 클래스를 생성하는 데 있어 제한을 두고자 할 때 생성자의 접근제한을 두며 그렇지 않고 모든 객체들이 생성할 수 있게 하는 것이 바로 생성자의 접근제한을 public으로 정의하는 것이다.

생성자 오버로딩

생성자의 오버로딩은 객체를 생성할 수 있는 방법의 가지 수를 제공하는 것과 같다. 다시 말해, 객체를 생성할 수 있는 방법이 그만큼 많다는 뜻이 된다. 생성자의 오버로딩 방법은 앞서 배운 메서드 오버로딩과 같으며 각 생성자의 구분 또한 인자로 구별함을 잊지 말자. 그럼 다음 생성자의 오버로딩 예제를 살펴보자.

예제 4-9	MyClass2

```
01  class MyClass2{
02
03      private String name;
04      private int age;
05      public MyClass2(){
```

```
06              name = "www.oracle.com";
07          }
08      public MyClass2(String n){
09              name = n;
10          }
11      public MyClass2(int a, String n){
12              age = a;
13              name = n;
14          }
15      public MyClass2(String n, int a){
16              age = a;
17              name = n;
18          }
19      public String getName(){
20              return name;
21          }
22      public int getAge(){
23              return age;
24          }
25  }
```

위 클래스는 default 생성자를 비롯해서 생성자가 총 네 개나 된다. 자세히 보면 인자의 수 또는 인자의 형식, 아니면 인자들의 배치가 모두 다르다. 이렇게 인자를 다르게 해야 각각의 생성자들을 구별할 수 있음을 다시 한번 강조한다.

그럼 MyClass2Test라는 클래스를 작성하여 MyClass2를 생성하고 사용해보는 예제를 만들어 보자. 물론 위 MyClass2와 같은 폴더에 저장되어야 한다.

예제 4-10　MyClass2Test

```
01  class MyClass2Test{
02
```

4장. 클래스와 배열 ◀

```
03      public static void main(String[] args)
04      {
05          MyClass2 mc1 = new MyClass2();
06          MyClass2 mc2 = new MyClass2("아라치");
07          MyClass2 mc3 = new MyClass2("마루치",46);
08          MyClass2 mc4 = new MyClass2(23,"오자바");
09
10          System.out.println(mc1.getName()+","+mc1.getAge());
11          System.out.println(mc2.getName()+","+mc2.getAge());
12          System.out.println(mc3.getName()+","+mc3.getAge());
13          System.out.println(mc4.getName()+","+mc4.getAge());
14      }
15  }
```

```
www.oracle.com,0
아라치,0
마루치,46
오자바,23
```

[그림 4-21] MyClass2Test의 실행결과

▶▶▶ 03행: 프로그램의 시작 부분.

05행: 객체 생성. MyClass2 클래스의 생성자 중 defualt 생성자로 객체를 생성한다. 하지만 객체가 생성될 때 기본값으로 멤버변수인 name에게는 "www.oracle.com"이라는 문자열이 초기화된다. 참조변수 mc1에게 대입한다.

06행: 객체 생성. MyClass2 클래스의 생성자 중 String형 인자를 받는 생성자로 객체 생성 참조변수 mc2에게 대입한다.

07행: 객체 생성. MyClass2 클래스의 생성자 중 String형 인자가 먼저 대입되고 이어 int형 인자를 받는 생성자로 객체를 생성한다. 참조변수 mc3에게 대입한다.

08행: 객체 생성. MyClass2 클래스의 생성자 중 int형 인자가 먼저 대입되고 이어 String형 인자를 받는 생성자로 객체 생성 참조변수 mc4에게 대입한다.

10행~13행: 출력문. 각 객체의 속성(멤버변수)들의 값을 출력해보았다.

위의 예제를 독자들이 주고 싶은 값들로 수정하여 결과를 확인해보자.

API를 참조해보면 알겠지만 java.lang이라는 패키지에 String이라는 클래스처럼 생성자가 많은 클래스들은 객체를 생성할 수 있는 방법이 다양하다는 뜻이 되며 더 나아가서는 그만큼 사용량이 많은 유용한 클래스라고 볼 수 있다.

❼ this와 this( )

this라는 것은 특정 객체 내에서 현재 객체 자신을 의미하는 참조변수다. 이는 자신의 객체 위치(주소)를 알릴 때도 쓰이며 현재 객체의 멤버들을 접근할 때도 쓰인다.

this

앞으로 프로그래밍을 하다 보면 현재 객체를 외부로 알려줘야 할 때도 있을 것이고 또는 객체 내부에서 객체 자신을 칭하고 싶을 때나 아니면 지역변수와 멤버변수를 구별해야 할 때도 있을 것이다. 추상적으로 예를 들자면 친구랑 영화를 보기로 하고 영화티켓은 내가 가지고 어느 위치에 있을 테니 친구에게 내가 있을 위치로 찾아오라고 하는 것과 같다. 즉 this라는 것은 메모리 내에 현재 객체가 생성되어 있을 위치를 의미하는 것이다. 예제를 보자.

예제 4-11	ThisTest

```
01  class ThisTest{
02
03      public ThisTest(){
04          System.out.println("객체생성 시 : "+this);
05      }
06      public static void main(String[] args) {
07          ThisTest tt = new ThisTest();
08          System.out.println("객체생성 후 : "+tt);
09      }
10  }
```

```
객체생성 시 : ThisTest@659e0bfd
객체생성 후 : ThisTest@659e0bfd
```

[그림 4-22] ForEx1 실행결과

▶▶▶ 06행: 프로그램 시작 부분.

07행: 객체 생성. 현재 클래스 3행의 default 생성자를 사용하여 ThisTest 객체를 생성한다.

03행~05행: 생성자 수행. 여기서 코딩 내용에는 없지만 사실 현 객체의 super 클래스 또는 상위 (부모) 클래스라고 하는 클래스의 생성자를 먼저 호출한 후 4행을 수행하게 된다. 이것은 다음 장 의 상속성에서 얘기하기로 하고 현재로는 객체를 생성할 때 this값을 출력한다.

08행: 출력문. 객체가 생성된 후 tt라는 참조변수값을 출력한다. 확인해본 결과 객체를 생성할 때의 this값이 객체가 생성된 후의 값과 일치함을 알 수 있다.

위의 코드 내용을 살펴보면 객체 내부에서 쓰이는 this가 후에 자신이 객체가 되어 메모리 내 에 존재할 자신의 위치값(reference)을 기억하고 있음을 알 수 있다. 다시 말해, 프로그램이 진행하면서 자신이 자신을 칭할 수 있는 유일한 방법인 것이다.

[그림 4-23] 객체 자신: this

다음 예제는 자신의 멤버변수를 참조해야 하는 상황에서의 this 사용법이 담긴 예제다.

예제 **4-12** ThisTest1

```
01   class ThisTest1{
02
03       int a = 100;
04       public void setA(int a){
05           a = a;
```

```
06        }
07        public static void main(String[] args){
08             ThisTest1 tt1 = new ThisTest1();
09             tt1.setA(200);
10             System.out.println(tt1.a);
11        }
12   }
```

```
100
```

[그림 4-24] ThisTest1 실행결과

앞서 이와 비슷한 예문이 있었지만 다시 한번 살펴보자. 위 예제의 결과는 보시다시피 100이다. 분명 9행에서 200을 전달했는데도 불구하고 100을 출력하고 있다. 문제는 5행에 있다.

코드를 살펴보면 알겠지만 3행의 a라는 멤버 변수와 4행의 메서드 인자명과 공교롭게도 똑같다. 이렇게 되면 setA( )라는 메서드 안에서는 지역변수가 우선권을 가지므로 다음과 같이 수정하여 다시 컴파일 후 실행해 보기 바란다.

```
05             this.a = a;
```

위의 내용은 현재 객체의 멤버들을 참조 할 때 많이 쓰이는 방법이다.

수정 전의 코드 내용이 지역변수 a에 지역변수 a 자신의 값을 넣었던 것이다. 그러므로 [this.]으로 멤버변수인 a를 명시하므로 우리가 생각했던 결과가 나오게 된 것이다.

this( )

이것은 현재 객체의 생성자를 의미하는 것이다. 주의해야 할 점은 생성자의 첫 행에 정의해야 한다는 것이며 그렇지 않으면 컴파일할 때 오류가 발생한다.

다시 말하면 이 this( )를 이용하여 한 클래스 내의 특정 생성자에서 오버로딩되어 있는 다른 생성자를 호출할 수 있는 것이다. 그렇게 함으로 해서 생성자 내에서 코드 내용이 중복되는 부분을 막을 수 있다.

4장. 클래스와 배열 ◀

예제 4-13　ThisConstrEx

```
01  class ThisConstrEx{
02
03      String str;
04      public ThisConstrEx(){
05          this(" ");
06      }
07      public ThisConstrEx(char[] ch){
08          this(String.valueOf(ch));
09      }
10      public ThisConstrEx(long lo){
11          this(String.valueOf(lo));
12      }
13      public ThisConstrEx(boolean b){
14          this(String.valueOf(b));
15      }
16      public ThisConstrEx(String str){
17          this.str = str;
18          System.out.println(str+"의 길이 : "+str.length());
19      }
20      public static void main(String[] args){
21          char[] ch = {'m','y','♥','S','u','n','A','e'};
22          long lo = 900000000;
23          boolean b = true;
24
25          ThisConstrEx te1 = new ThisConstrEx();
26          ThisConstrEx te2 = new ThisConstrEx(lo);
27          ThisConstrEx te3 = new ThisConstrEx(b);
28          ThisConstrEx te4 = new ThisConstrEx(ch);
29      }
30  }
```

```
 의 길이 : 1
900000000의 길이 : 9
true의 길이 : 4
my♥SunAe의 길이 : 8
```

[그림 4-25] ThisConstrEx 실행결과

▶▶▶ 20행: 프로그램 시작 부분.

21행: 배열 생성. 문자형 배열을 생성하여 ch에 대입한다.

22행: 변수 선언. long형 변수 lo에게 900000000이라는 값을 대입한다.

25행: 객체 생성. ThisConstrEx 클래스의 4행에 정의된 default 생성자로 넘어간다. 이때 5행의 this(" ")문으로 현 클래스의 생성자 중 String 인자를 받는 생성자로 제어가 넘어간다. 다시 말해, 16행의 생성자가 호출되고 인자로 들어온 str을 this 키워드로 인해 멤버변수인 str에게 대입한다. 그리고 str값 출력에 이어 그 문자열 값의 길이를 구해 출력한다.

26행: 객체 생성. ThisConstrEx 클래스의 long형 인자값으로 10행에 정의된 생성자를 호출한다. 그 안에서 String.valueOf( ) 실행과 함께 인자값이 문자열로 변환되고 곧이어 this( )문으로 인해 다시 16행의 생성자에게로 넘겨져 18행에서 출력문을 똑같이 맞이한다.

27행: 객체 생성. ThisConstrEx 클래스의 13행의 생성자로 boolean형 인자값을 전달하며 호출한다. 마찬가지로 String.valueOf( )로 인자값이 "true"라는 문자열이 되고 바로 이어진 this( )로 인해 또 다시 16행의 생성자로 넘겨진다. 그리고 18행에서 출력하게 된다.

28행: 객체 생성. 문자형 배열을 인자로 해서 현재 ThisConstrEx 클래스에 7행의 생성자로 전달되며 그것 또한 문자열로 변환하여 16행의 생성자로 전달되어 결과문과 같이 출력문으로 남게 된다.

이렇게 해서 this라는 것은 객체 자신의 정보를 의미함을 알았으며 this( )라는 것은 현 객체의 또 다른 생성자를 호출할 수 있는 유일한 방법임을 알았다. 그리고 this라는 키워드는 어디서든 사용하여 현 객체 또는 현 객체의 멤버들의 참조가 가능하나 this( )라는 것은 생성자의 첫 행에서만 사용할 수 있음에 주의하자.

❽ static 예약어

static 예약어는 메서드나 멤버변수에 정의할 수 있으며 지역변수나 클래스에게는 정의 할 수 없다. 하지만 다음 장에서 공부하게 되는 내부 클래스(Inner Class)는 예외가 되는데 그건 그

때가서 공부하자.

메서드나 멤버변수에 static이라는 예약어를 정의하면 static 메서드(클래스 메서드)와 static 변수(클래스 변수)라고 불리게 된다. 이유는 멤버변수나 메서드들은 해당 객체가 생성될 때 객체가 생성된 메모리 공간에 같이 존재하게 되지만 static으로 선언된 메서드나 멤버변수들은 static 영역(메서드 영역)이라는 곳에 유일하게 만들어지면서 모든 객체들이 사용할 수 있도록 공유개념을 가지기 때문이다.

static 예약어를 메서드나 멤버변수에 정의하는 형식은 다음과 같다.

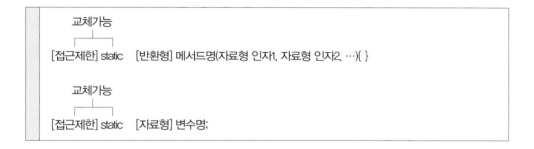

static 변수(클래스 변수)

static으로 선언되었다면 객체를 생성하지 않고도 사용할 수 있다. 그리고 현재 static 변수를 가지는 클래스를 아무리 많이 생성한다 해도 static 변수는 오직 하나만 만들어진다. 그리고 그것은 모든 객체가 공유하는 변수가 된다.

예를 들어보자. 여러분의 집 주변에 OO은행에서 이자율 0.1%의 예금 상품이 나왔다. 그럼 전국의 모든 OO은행의 새로나온 예금 상품은 이자율이 0.1%로 통일되어야 할 것이다. 만약 같은 상품의 이자율이 지역마다 차이가 있다면 문제가 될 수 있기 때문이다.

이자율을 0.1%에서 0.2%로 변경하고 싶게 되었다면 모든 은행 객체들의 이자율을 일일이 수정해줘야 하겠지만 static 변수를 사용하여 이자율을 관리하면 어느 하나의 객체가 값을 수정함으로써 다른 모든 객체들에게 까지 영향을 줄 수 있다.

예제 4-14 　 Bank

```
01  public class Bank{
```

```
02
03      private String point;// 은행 위치
04      static float interest;// 은행 이자
05
06      public Bank(String point) {
07          this.point = point;
08      }
09
10      // 결과를 출력할 메서드
11      public void getInfo(){
12          System.out.println("지점 : " + point );
13          System.out.println("이자율 : " + interest);
14      }
15 }
```

```
01  public class BankMain {
02      public static void main(String[] args) {
03
04          Bank bk1 = new Bank("강남");
05          Bank.interest = 0.2f;
06          bk1.getInfo();
07
08          System.out.println("----------------------------");
09
10          Bank bk2 = new Bank("분당");
11          //Bank.interest = 0.2f;
12          bk2.getInfo();
13      }
14 }
```

```
<terminated> T1 [Java Application] C:₩Program Files₩Java₩jre1.8
지점 : 강남
이자율 : 0.2
- - - - - - - - - - - - - - - - - - - - - - - - - - - -
지점 : 분당
이자율 : 0.2
```

[그림 4-26] BankMain 실행결과

▶▶▶ 02행: 프로그램 시작.

　　04행: Bank 클래스를 통해 bk1 객체를 생성하고, 생성자에 은행 위치를 넣었다.

　　05행: Bank 클래스의 static 변수인 interest에 0.2를 넣어 초기화. static 변수는 [클래스명.static 변수]를 통해 직접 접근 가능하다.

　　10행: Bank 클래스를 통해 bk2 객체를 생성하고, 생성자에 은행 위치를 넣었다.

　　11행: 은행 이자율이 0.2라는 것을 따로 명시하지 않아도 05행에서 이자율을 지정해 뒀으므로 bk2 객체에도 같은 이자율이 적용된다.

그럼 다음 예제로 static 변수를 정의하고 사용하는 방법을 익히고 일반적인 멤버변수(instance 변수)와의 차이점을 알아보자.

예제 4-15　　StaticTest1

```java
01  class StaticTest1{
02
03      int a;
04      static String s;
05      public static void main(String[] args) {
06          s = "자바의 꿈";
07          StaticTest1 st1 = new StaticTest1();
08
09  //      a = 1000; // 오류
10          st1.a = 1000;
11          System.out.println("s : " + s);
12      }
13  }
```

```
s : 자바의 꿈
```

[그림 4-27] StaticTest1 실행결과

▶▶▶ 04행: static 인식 작업. 프로그램이 시작하면서 가장 먼저 인식하는 부분이다. 메모리 공간 중의 또
　　　　다른 공간인 static 영역(메서드 영역)에 s라는 참조변수가 초기값은 null을 가지면서 생성된다.

　　　　05행: 프로그램 시작. main( ) 메서드가 두 번째로 인식하면서 4행과 같이 static 영역에 자리잡은
　　　　후 JVM으로부터 호출을 당하게 된다.

　　　　06행: 초기화 작업. 같은 static 영역에 위치한 s라는 변수를 접근하여 값을 대입시킨다. 여기서 알
　　　　아야 할 것은 자바에서는 문자열도 객체로 인식한다.

　　　　07행: 객체 생성. 이때 멤버변수가 객체 생성되는 영역 안에서 인식되며 초기값으로 0을 가진다.

　　　　09행: 오류. main( ) 메서드는 static 영역에 있으므로 멤버변수들을 직접 접근하지 못한다. 다시 말
　　　　해서 서로 존재하는 공간이 다르므로 객체의 참조변수를 반드시 통해야만 멤버변수 또는 멤버 메
　　　　서드에 접근할 수 있다.

　　　　10행: 멤버 사용. 객체의 참조변수를 통한 멤버 접근이므로 접근할 수 있다.

　　　　11행: 출력. main( ) 메서드 입장에서 봤을 때 멤버변수는 객체의 참조변수를 통해야 하지만 같은
　　　　static 영역에 있는 s는 바로 접근할 수 있다.

　　10행처럼 멤버변수 에 직접 접근하는 것은 사실 실무적으로 봤을 때 적합하지 않다. 멤버변수란 어떻게 보면 그 클래스의 속성이자 특징이
　　라 할 수 있는데, 그런 특별한 값을 외부에서 직접 접근한다는 것은 내가 은행원을 거치지 않고 직접 은행 금고에 들어가 돈을 가져온 경우와
　　같다. 그러므로 위 예제는 하나의 움직임을 이해하기 위한 예제로만 생각하기 바란다.

static 메서드(클래스 메서드)

static 메서드 또한 static 변수와 마찬가지로 공유 차원에서 사용되는 것이며 한가지 주의해
야 할 점이 있다면 static 메서드 안에서는 static이 아닌 instance 변수(멤버변수)들을 참조
할 수 없다. 다음은 static 변수와 static 메서드를 같이 정의하고 다른 클래스의 static 메서
드를 호출하는 예제다.

예제 **4-16**　　StaticTest2

```
01  class StaticTest2_1{
02
03      String s1 = "static";
```

```
04        static String s2 = "STATIC";
05
06        public static String getString(){
07            return s2; // 여기서 만약 s1을 return하면 오류가 발생한다.
08        }
09  }
```

```
01  class StaticTest2{
02
03        public static void main(String[] args) {
04            System.out.println("s2 : "+StaticTest2_1.getString());
05        }
06  }
```

```
s2 : STATIC
<
```

[그림 4-28] StaticTest2 실행결과

위 예제에서 가장 중요한 것은 다른 객체의 메서드(멤버함수)를 객체의 참조변수를 통하지 않고 바로 사용했다는 점이다(4행).

```
클래스명.클래스메서드();
```

위와 같은 사용법이 가능한 것은 static 메서드(클래스 메서드)이기 때문이며 멤버 메서드를 이 같이 사용할 수는 없다. static 메서드나 static 변수들은 정적인 영역(static 영역)에 존재하므로 위의 예제처럼 객체를 생성하지 않고도 접근할 수 있다는 장점이 있다. 하지만 static 메서드 안에서는 static 변수가 아닌 다른 instance 변수(멤버변수)는 사용할 수 없다는 점을 주의해야 하며 잊어서는 안 된다. 하지만 객체를 생성하여 얻어진 참조변수를 통한 멤버변수 접근은 가능하다.

다음 예제는 하나의 static 변수와 하나의 instance 변수를 가지는 클래스를 정의해두고 이 클래스를 다른 객체에서 여러 번 생성했을 때의 instance 변수와 클래스 변수의 차이점을 확

인하는 예제다. 직접 확인해보자.

예제 **4-17**   StaticCount

```
01  class StaticCount{
02
03      int c;
04      static int count; // 클래스변수 선언
05      public StaticCount() {
06          c++;
07          count++;
08      }
09  }
```

다음은 위의 StaticCount 클래스를 생성하여 사용할 클래스를 작성해보자.

예제 **4-18**   StaticTest3

```
01  class StaticTest3{
02
03      public static void main(String[] args) {
04      StaticCount sc1 = new StaticCount();
05      System.out.println("sc1의 c : " + sc1.c + ", sc1의 count : " + sc1.count);
06
07      StaticCount sc2 = new StaticCount();
08      System.out.println("sc2의 c : " + sc2.c + ", sc2의 count : " + sc2.count);
09
10      StaticCount sc3 = new StaticCount();
11      System.out.println("sc3의 c : " + sc3.c + ", sc3의 count : " + sc3.count);
12      }
13  }
```

```
sc1의 c : 1, sc1의 count : 1
sc2의 c : 1, sc2의 count : 2
sc3의 c : 1, sc3의 count : 3
```

[그림 4-29] StaticTest3의 실행결과

위 예제의 결과로 알 수 있듯이 StaticCount라는 객체가 메모리 내에 세 개가 만들어졌다. 생성을 하게 되면 생성자에서 instance 변수와 static 변수를 똑같이 1씩 증가하도록 되어 있다. 결과를 보면 c라는 instance 변수는 각 객체들마다 항상 1을 출력하는 것으로 봐서 객체가 생성되는 공간에 따로 하나씩 가지고 있음을 알 수 있다. 하지만 count라는 static 변수는 객체가 생성될 때마다 값의 변화가 일어나므로 각 객체가 가지고 있다기보다는 어딘가를 참조하고 있다는 느낌이 든다. 이것으로 static 메서드와 static 변수들은 정적인 공간(static 영역)에 유일하게 생성되어 모든 객체들로부터 공유할 수 있는 공간을 의미한다.

또한 객체의 참조변수를 통하지 않고 클래스명으로 바로 접근할 수 있다는 장점을 기억하자.

static 초기화(staic Initializers)

이제 static에 대한 마지막 얘기로 static 초기화 작업에 대해서 간단히 알아보자. 우선 구성은 다음과 같다.

```
static {
        수행문1;
        …;
}
```

위 구성과 같이 static 초기화는 중괄호로 영역을 구분하고 중괄호 내에서 초기화 작업을 수행하는 것이다. 사실 static 초기화의 사용도를 두고 많은 얘기가 있는데, 저자가 경험한 예를 들어 한가지만 얘기하겠다.

static 초기화는 JNI(Java Native Interface) 기술을 적용하기 위해 사용되기도 한다. JNI라는 것은 Native 메서드를 통해 라이브러리를 읽어 오는 데 쓰이는 기술이다.

예를 들자면 자바는 자체에서 하드웨어를 제어 할 수 없다. 이런 이유로 하드웨어를 제어하는 다른 언어의 라이브러리를 이용하여 하드웨어를 제어하게 하는 기술이 바로 JNI다. 그리고 클래스 내부에서 꼭 필요한 static 변수(클래스 변수)들의 초기화를, 지금 얘기하는 static

초기화로 미리 정의하는 방법도 있다. 이것은 static 변수(클래스 변수)에 잘못된 값으로 초기화되는 것을 막고 현재 클래스 내에 static 변수를 선언하게 하여 프로그램의 신뢰성을 높이는 데도 쓰인다. 그럼 우선 static 초기화의 움직임과 거기에 따른 static 변수들을 파악하는 데 중심을 두는 다음 예제를 보고 결과를 예측해보자.

예제 **4-19**　　StaticTest4

```
01  class StaticTest4{
02
03      static{
04          System.out.println("Static init1");
05      }
06      static String s = echo("string");
07      static{
08          System.out.println("Static init2");
09      }
10      static String echo(String s){
11          System.out.println(s);
12          return s;
13      }
14      public static void main(String[] args) {
15          System.out.println("main");
16          StaticTest4 st4 = new StaticTest4();
17      }
18  }
```

```
Static init1
string
Static init2
main
```

[그림 4-30] StaticTest4의 실행결과

📄 객체가 생성될 때 항상 static이 제일 먼저 인식되며 단 한번 수행한다. 그리고 같은 static으로 선언된 것들이 있다면 먼저 정의된 것에 우선권이 있다.

위 예제를 실행하여 나오는 결과를 보고 움직임이 어떻게 흐른다는 것을 알 수 있을 것이다. 하지만 특정한 static 변수가 아직 정의되지 않은 static 변수를 사용해서는 안 된다. 다시 말해, 특정 static 변수가 정의되기 전에 다른 static 변수에 사용하는 것은 옳지 않다는 의미다.

```
static String s1 = s;
```

위의 내용을 다음과 같이 6행 전에 미리 정의하면 오류가 발생한다. 확인해보자.

```
02 static String s1 = s; // 오류, static 예약어를 삭제할 때 정상화된다.
03 static{
04 System.out.println("Static init1");
05 }
06 static String s = echo("string");
```

s1을 static으로 다시 정의하지 않고 instance 변수로 정의하면 정상적으로 실행됨을 알 수 있다. 다음은 static 초기화를 이용한 static 변수들의 초기화 작업을 간단하게 작성한 예다.

예제 **4-20** StaticTest5

```
01 class StaticTest5{
02
03     int a = 100;
04     static int b = 200;
05     static{
06         b = 5000;
07         c = 10000;
08     }
09     public static void main(String[] args){
10         System.out.println(c);
11     }
12     static int c;
13 }
```

```
10000
```

[그림 4-31] StaticTest5의 실행결과

위 내용 중 static 초기화 부분인 7행에서 작업한 c라는 변수는 아직 선언되지 않은 static 변수다. 즉, 현재 클래스가 끝날 때까지 선언이 되지 않으면 컴파일할 때 오류가 발생하게 되며 위와 같이 클래스가 끝나기 전에 선언되는 경우에는 별다른 이상이 없게 된다. 그러므로 꼭 필요한 static 변수들의 필요성을 강조함과 동시에 초기화 작업까지 이루어지므로 모든 객체가 공유하는 static 변수에 잘못된 값으로 초기화되어 프로그램의 흐름을 흐트려 놓을 일도 없게 된다.

마지막으로 static으로 선언되는 클래스 변수들은 지역변수로 선언이 불가능함을 강조하며 이번 절을 마치겠다.

□2 기본 클래스 익히기

지금부터 자바에서 기본적으로 제공해주는 클래스 중 몇 가지를 알아보려 한다. 이렇게 이미 제공되는 클래스들을 런타임 클래스(Runtime Classes)라고도 하는데, 이는 자바 홈디렉토리안에 jre의 서브 디렉토리인 lib에 있는 rt.jar로 제공되고 있다(C:\jdk5\jre\lib\rt.jar).

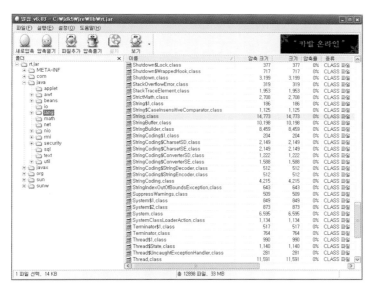

[그림 4-32] 런타임 클래스의 구조

위 그림과 같이 rt.jar 파일 내의 구조를 확인할 수 있는데, 이는 API 문서와 동일한 구조인 것을 알 수 있다. 그리고 클래스 파일이 아닌 소스파일은 자바 홈디렉토리의 src.zip(C:\jdk5\src.zip)으로 제공되고 있다.

이제 런타임 클래스(Runtime Classes) 중 자바 프로그래밍을 하는 데 있어 가장 기본이 되는 클래스들이 어디에 있는지 알아보자. 그것은 위 [그림 4-32]에 선택되어 표현되는 Java Language를 줄인 java.lang이라는 패키지다. 화면 왼쪽의 폴더 개념으로 나타나는 것들은 자바에서 패키지(Package)라고 하는데, 이는 다음 7장에서 다루도록 하겠다.

API 문서를 참조해보면 알겠지만 자바의 기본 자료형들을 생각나게 하는 클래스를 예로 들자면 byte는 Byte 클래스, char는 Charater 클래스, int는 Integer 클래스, 그리고 float은 Float 클래스 등이 있다. 이런 클래스들이 제공되는 이유는 프로그래밍을 하다보면 int형 변수가 객체가 아니어서 작업에 어려움을 겪을 때가 있는데, 이럴 때 각 자료형에 맞는 클래스로 기본 자료형을 감싸서 객체로 만들어 낼 수 있다. 그래서 이런 클래스들을 묶어서 Wrapper 클래스라고 한다. 이런 Wrapper 클래스들은 잠시 뒤에 알아보기로 하고 우선 String 클래스부터 공부하자.

❶ String 클래스

String 클래스는 문자열을 의미하는 가장 기본이면서 가장 많이 쓰이는 클래스다. 그래서 자바에서는 이 String 클래스를 정확히 따지면 참조 자료형이지만 마치 기본 자료형처럼 쓰이는 아주 특별한 기능으로 제공하고 있다.

우선 String 클래스의 생성 방법부터 알아보자.

[표 4-1] String 클래스 생성 방법

생성법	예	
암시적 객체 생성	String s1 = "www.oracle.com";	
명시적 객체 생성	String s2 = new String("www.oracle.com");	

위처럼 String 객체를 만드는 데 있어 '암시적'과 '명시적' 생성법이 있다. 첫 번째 암시적 객체 생성을 살펴보면 int a = 10;과 같이 문자열 리터럴(Literal, " "로 이루어진 문자열 상수)을 자바 내부에서 제공하는 것처럼 보인다. 이것은 조금 어려운 얘기지만 가볍게 듣고 넘어가자. 사실 자바의 모든 클래스들은 1장의 JVM에서 얘기한 클래스 영역(Class Area)에서 취급되고 관리된다.

그 중에서 해당 객체에 관련된 모든 자원과 정보들을 모아서 클래스 파일 내의 그 어떤 위치에서든 자원과 정보의 사용이 가능하게 하기 위한 Constant Pool이라는 영역이 있다. 이 Constant Pool 안에는 클래스명, 메서드명과 문자열 리터럴, 그리고 나중에 배우는 final

변수(상수) 등을 포함하고 있다.

암시적 객체 생성 시 주어진 문자열 리터럴을 Constant Pool에 등록하려 할 때 이미 똑같은 문자열 리터럴이 등록되어 있다면 모든 작업을 해제 또는 포기하고 이미 존재하는 문자열 리터럴의 참조 변수를 받는 특징이 있다. 이는 객체 참조를 원활하게 함과 동시에 메모리 관리의 효율성을 높이기 위함이다.

하지만 명시적 객체 생성 시에는 Constant Pool에 문자열 리터럴을 등록하지 않고 heap 영역에 별도로 생성하게 된다. 이렇게 해서 String 객체 생성법에는 어떤 것들이 있으며 대략적으로 어떤 차이점이 있는지도 알아 보았다. 그럼 여기서 String 클래스에 자주 쓰이는 생성자와 메서드들을 알아본 후 간단한 예제로 위의 내용을 익혀보도록 하자.

String 클래스 생성자

[표 4-2] String 클래스의 주요 생성자

생성자	설명
String( )	비어있는 문자열 객체를 생성하고 초기화한다.
String(char[ ] value)	현재 인자로 들어온 value라는 문자형 배열의 내용을 순차적으로 배정하여 새로운 문자열로 생성한다.
String(String original)	현재 인자로 들어온 original이라는 문자열을 새롭게 생성된 문자열 객체에 초기화한다.

API 문서를 참조해 보면 위의 생성자 외에도 여러 가지 생성자들이 제공되고 있으며 위의 생성자는 기본으로 알아두어야 하는 생성자들이다. 앞으로 이 책에서 소개되는 모든 클래스들은 이와 같이 모든 생성자들을 나열하지 않고 주요 생성자와 메서드들만 소개하므로 API 문서와 함께 비교하여 숙지하기 바란다.

[표 4-3] String 클래스의 주요 메서드

반환형	메서드	설명
char	charAt(int index)	해당 String 객체에서 index 위치의 문자를 반환한다.
String	concat(String str)	String 객체의 끝부분에 str을 연결하여 새로운 String 객체로 반환한다.
	copyValueOf(char[ ] data)	문자형 배열을 하나의 String 객체로 생성하여 반환한다.
boolean	endsWith(String suffix)	해당 String 객체가 suffix로 끝나면 true를 반환한다.

boolean	equals(Object anObject)	해당 String 객체의 내용이 anObject와 같다면 true를 반환한다.
	equalsIgnoreCase (String anotherString)	해당 String 객체가 대/소문자 구별없이 anotherString과 같다면 true를 반환한다.
static String	format(String format, Object… args)	인자인 args를 format 형식에 맞춰 새로운 String 객체로 반환한다.
int	indexOf(int ch)	인자인 ch는 char형을 의미하며 해당 String 객체에서 ch의 위치값을 반환한다. 만약 ch가 존재하지 않을 경우 −1을 반환한다.
	indexOf(String str)	해당 String 객체에서 인자인 str의 위치값을 반환한다. 만약, 존재하지 않을 경우에는 −1을 반환한다.
	lastIndexOf(int ch)	인자인 ch는 char형을 의미하며 해당 String 객체에서 가장 마지막에 존재하는 ch의 위치값을 반환한다. 만약, ch가 존재하지 않을 경우 −1을 반환한다.
	length( )	해당 String 객체의 문자열 길이를 반환한다.
String	replace (CharSequence target, CharSequence replacement)	해당 String 객체에서 target 문자열을 replacement 문자열로 치환하여 새로운 String 객체로 반환한다.
boolean	startsWith(String prefix)	해당 String 객체가 prefix 문자열로 시작하면 true를 반환한다.
String	substring(int beginIndex)	해당 String 객체로부터 beginIndex에서 마지막까지 잘라내어 새로운 String 객체로 반환한다.
	toLowerCase( )	해당 String 객체의 모든 내용을 소문자로 치환하여 새로운 String 객체로 반환한다.
	toUpperCase( )	해당 String 객체의 모든 내용을 대문자로 치환하여 새로운 String 객체로 반환한다.
	trim( )	해당 String 객체의 무의미한 공백(White Space)를 제거하여 새로운 String 객체로 반환한다.

마지막으로 valueOf( ) 메서드가 있는데, 이는 API 문서를 참조해보면 여러 개가 있는 것을 확인할 수 있다. 인자로는 char형 배열을 포함해서 각 기본 자료형들이 인자로 쓰여짐을 알 수 있다. 이렇게 다양한 인자값으로 String 객체를 새롭게 생성하여 반환해주는 메서드다.

String 객체 비교

다음은 (==)이라는 비교연산자를, 객체를 비교할 때 사용하게 되면 어떤 의미를 가져오는지 알아보는 예제다.

4장. 클래스와 배열 ◀

예제 **4-21**	StringEx1

```
01  class StringEx1{
02
03      public static void main(String[] args){
04          String s1 = "Twinkle";
05          String s2 = "Twinkle";
06          if(s1 == s2)
07                  System.out.println("s1과 s2는 같다. ");
08          else
09                  System.out.println("s1과 s2는 같지 않다. ");
10
11          String s3 = new String("Little Star");
12          String s4 = new String("Little Star");
13          if(s3 == s4)
14                  System.out.println("s3과 s4는 같다. ");
15          else
16                  System.out.println("s3과 s4는 같지 않다. ");
17      }
18  }
```

```
s1과 s2는 같다.
s3과 s4는 같지 않다.
```

[그림 4-33] StringEx1 실행결과

▶▶▶ 03행: 프로그램 시작 부분.

04행: String 객체 생성(암시적 객체 생성). String형의 s1이 선언되면서 "Twinkle"이라는 문자열이 생성되어 대입된다.

05행: String 객체 생성(암시적 객체 생성). String형의 s2가 선언되면서 "Twinkle"이라는 문자열을 생성하지만 Constant Pool에 등록할 때는 4행의 객체로 인해 이미 등록되어 있으므로 모든 것을 취소하고 4행에서 생성된 객체의 참조변수를 받게 된다.

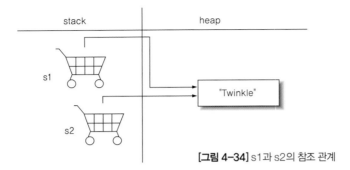

stack | heap

s1

s2

"Twinkle"

[그림 4-34] s1과 s2의 참조 관계

06행∼09행: 비교문. s2가 s1의 참조변수를 참조하게 되었으므로 두 개의 객체가 같은 곳을 참조
하게 되었다. 그러므로 if문에서 true로 인해 7행의 출력문을 수행하고 9행은 수행하지 않게 된다.

11행: String 객체 생성(명시적 객체 생성). 이것은 new 연산자를 통해 무조건 메모리 내에 공간을
할당받고 객체를 생성하게 된다.

12행: String 객체 생성(명시적 객체 생성). 위 11행과 마찬가지로 heap 영역에 무조건 공간을 할
당받아 객체가 생성된다.

13행∼16행: 비교문. 이번 비교문은 앞의 비교문과 다르다. s3과 s4는 각자가 new 연산자로 인해
독립적으로 객체가 각각 다르게 생성되었으므로 참조변수가 같을 수 없다. 그러므로 if문의 false
로 인해 16행의 출력문을 수행하게 된다.

> == 비교연산자는 피연산자가 모두 객체일 경우엔 값 비교가 아닌 참조변수값 비교가 된다. 즉, 객체와 객체를 비교할 때는 참조 영
> 역비교를 하게 되는 것이다. 물론, 피연산자가 하나는 int형과 같은 기본 자료형이고 나머지 하나는 참조 자료형이라면 컴파일 오
> 류가 발생한다.

위의 예제를 분석하면서 "=="은 피연산자가 객체일 경우엔 참조변수 비교임을 알았다. 그렇
다면 객체의 내용을 비교하려면 어떻게 해야 하는지 알아보자.

위의 예제의 코딩 내용 중 13행을 아래와 같이 수정한 후 다시 컴파일하고 실행해보자.

```
13 if(s3.equals(s4))
```

결과로 알 수 있듯이 equals( ) 메서드는 객체의 내용을 비교할 때 사용되며 그 외의 int나
char 등의 기본 자료형 변수 비교에는 사용할 수가 없다. 왜냐하면 기본 자료형들은 기본 자
료형일 뿐이지 객체가 절대 아니기 때문이다.

equals( )라는 메서드는 객체들만 지원받는 Object 객체가 제공해주는 메서드다.

String 객체의 불변적 특징

이제 String 객체의 불변적(immutable) 특징을 알아보자. '불변적'이라는 것은 간단히 말해서 String 객체는 편집할 수 없다는 것을 의미한다. 이는 편집이 되는 것처럼 느껴질 뿐, 실제로는 기존 String 객체의 참조변수를 버리고 편집되어 새롭게 생성된 String 객체의 참조변수를 가지는 것이다(마치 마술사의 빠른 손 놀림처럼..). 예제를 살펴보자.

예제 4-22	StringEx2

```
01  class StringEx2{
02
03      public static void main(String[] args){
04          String s1 = "I  ♡  YOU";
05          s1 = s1 + "Yun-A!";
06          System.out.println("s1 : "+s1);
07      }
08  }
```

```
s1 : I ♡ YOUYun-A!
```

[그림 4-35] StringEx2의 실행결과

▶▶▶ 03행: 프로그램이 시작되는 부분.

04행: String 객체 생성(암시적 객체 생성). String형 s1이라는 변수가 선언되면서 "I ♡ YOU"라는 String 객체를 참조하게 된다.

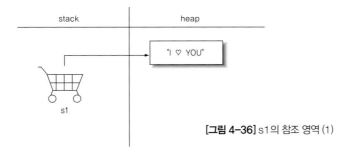

[그림 4-36] s1의 참조 영역 (1)

05행: String 객체 생성(암시적 객체 생성). 그냥 s1의 값에다가 "Yun-A!"를 추가해서 다시 s1에 대입한 것처럼 보이지만 사실은 s1 + "Yun-A!"에서 암시적인 객체 생성이 일어난다. 그것으로 새롭게 생성된 객체를 s1에게 대입하게 되고 기존의 참조영역은 버리게 된다. 그것으로 인해 4행에서 참조했던 객체는 가비지 컬렉터에 의해 소멸 대상이 된다.

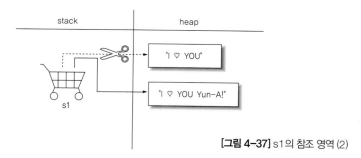

[그림 4-37] s1의 참조 영역 (2)

06행: 출력문. s1 객체의 값을 적용하여 출력하게 된다.

+ 연산자는 원래가 더하기 연산이지만 피연산자 중에 String 객체를 만나게 되면 자연스럽게 문자열 연결 연산자로 바뀐다. 특별하게 String 객체만을 위해 따로 준비된 것이라고 생각해도 좋다. 하지만 좋은 것만은 아닌 것 같다.

다음 예제를 살펴보자.

예제 4-23   StringEx3

```
01  class StringEx3{
02
03      public static void main(String[] args){
04          int count = 0;
05
06          String msg = ++count + "little, "+
07              ++count + "little, " + ++count + "little Indian";
08
09          System.out.println(msg);
10      }
11  }
```

```
1little, 2little, 3little Indian
```

[그림 4-38] StringEx3 실행결과

위 예제는 출력 내용을 봐서는 별다른 문제점이 없어 보인다. 하지만 내부에서 실행되는 움직임을 살펴보면 문제가 크다.

▶▶▶ 03행: 프로그램의 시작.

04행: 지역 변수 선언. int형 변수 count 선언과 함께 0으로 초기화 작업을 한다.

06행: String 객체 생성(암시적 객체 생성).

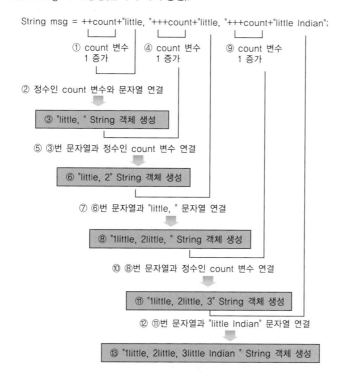

[그림 4-39] String의 불변적 특징으로 인한 움직임

마지막으로 13번째 수행되면서 5번째 생성된 String 객체를 msg라는 변수에 대입하게 된다.

09행: 화면에 출력.

연산은 임의적인 괄호가 없다면 왼쪽이 기준이 되어 오른쪽으로 흐르게 되어 있다. 정수가 문자열을 만나면 String으로 변환이 먼저 이루어지고 그 다음에 만나게 되는 문자열과 연결되어 새로운 String 객체가 만들어진다.

우린 그저 쉽게 그리고 간단하게 사용하였지만 그에 반해 조금은 무의미한 객체들이 생성되는 것을 볼 수 있다. 이런 경우가 그저 한번만 쓰여지는 것이라면 이해하고 갈 수도 있지만 그렇지 않고 여러 번 반복적으로 사용된다면 메모리 관리적으로 한번 고려해보아야 할 부분이다.

이렇게 String 객체는 다른 객체와는 다르게 생성법도 두 가지로 제공이 되며 + 연산자를 사용하여 자료형이 다른 값과 무리 없이 연결될 수도 있다. 이렇게 특별한 기능으로 제공되는 String 객체지만 편집이 되지 않는 불변적(immutable) 특징으로 인해 + 연산자를 너무 자주 사용하게 되면 무의미한 객체가 많이 생성되어 시스템에 무리가 될 수 있다. 이런 문제점을 해결하는 방법은 다음에 이어지는 StringBuffer 클래스를 공부하면서 해결하겠지만 우선 String 객체의 다른 유익한 메서드들을 이용하여 예제를 더 풀어 본 후에 다루도록 하겠다.

String 객체 내용 비교

이번 예제는 String 객체의 내용 비교와 JDK 5.0에서 새로 추가된 format 메서드를 사용한 예제다. format( ) 메서드에서 사용된 포맷방식은 뒷 부분의 Formatter 클래스에서 자세히 다루므로 여기서는 현재의 예제를 이해하기 위한 설명만 하겠다.

예제 **4-24**　　StringEx4

```
01  class StringEx4{
02
03      public static void main(String[] args){
04          String s1 = "Kwon Sun Ae";
05          String s2 = new String("KWON SUN AE");
06          String msg = null;
07
08          if(s1.equals(s2)) // 객체간의 내용비교
09              msg = "s1과 s2는 내용이 같다";
10          else
```

```
11                      msg = "s1과 s2는 내용이 다르다";
12              System.out.println(msg);
13
14              if(s1.equalsIgnoreCase(s2)) // 대/소문자 구별없이 내용비교
15                      msg = "s1과 s2는 대/소문자 구별없이 같다.";
16              else
17                      msg = "s1과 s2는 대/소문자 구별없이도 다르다.";
18              System.out.println(msg);
19
20              // format 형식에 맞춰 String 객체 생성
21              msg = String.format("%20s,%s",s1,s2);
22              System.out.println("msg :"+msg);
23
24          }
25  }
```

```
s1과 s2는 내용이 다르다
s1과 s2는 대/소문자 구별없이 같다.
msg :             Kwon Sun Ae,KWON SUN AE
```

[그림 4-40] StringEx4의 실행결과

▶▶▶ 03행: 프로그램 시작 부분.

04행: String 객체 생성(암시적 생성). String형 변수 s1이 선언되면서 문자열 "Kwon Sun Ae"를 생성하여 그 참조변수를 가진다.

05행: String 객체 생성 (명시적 생성). String형 변수 s2가 선언되면서 문자열 "KWON SUN AE"를 생성하여 그 참조값을 대입한다.

06행: 변수 선언. String형 변수 msg가 선언되면서 null값으로 대입한다.

08행~12행: 객체 비교 및 출력. s1이 참조하고 있는 내용과 s2가 참조하고 있는 내용을 비교한다. 하지만 서로 다른 값을 가지므로 11행을 수행하게 되고 출력문을 만난다.

14행~18행: 객체 비교 및 출력. s1이 참조하고 있는 내용과 s2가 참조하고 있는 내용을 비교하는데 먼저와는 다르게 대/소문자를 구별하지 않으면서 비교가 이루어진다. 그렇게 되면 서로 같은

값을 의미하게 되므로 15행을 수행하고 출력문을 만나게 된다.

21행~22행: String 객체 생성과 출력. format 메서드로 인해 s1이 "%20s"에 형식에 맞춰지고 s2
가 "%s"에 맞춰지면서 새로운 String 객체가 생성되어 msg라는 변수에 대입된다. 그리고 출력
할 때 확인해보면 s1은 11자이고 형식은 20자의 String 형식이므로 왼쪽에서 9칸을 띄운 다음
s1의 값이 출력됨을 확인할 수 있다.

```
msg = String.format("%20s,%s",s1,s2);
```

[그림 4-41] String.format()메서드의 값 대입 구조

문자나 문자열 검색

다음 예제는 일부 문자나 문자열을 검색하고 또는 문자나 문자열을 추출하는 예제다.

예제 **4-25**   StringEx5

```
01   class StringEx5{
02
03       public static void main(String[] args){
04           String s1 = "Kwon Sun Ae";
05
06           int index = s1.indexOf('n');
07           System.out.println("맨 처음 문자 n의 위치 : " + index);
08
09           index = s1.indexOf("Sun");
10           System.out.println("문자 Sun의 위치 : " + index);
11
12           index = s1.lastIndexOf('n');
13           System.out.println("마지막 문자 n의 위치 : " + index);
14
15           char c = s1.charAt(index); // 문자 추출
16           System.out.println("추출한 문자 : "+ c);
17
```

```
18            index = s1.indexOf('S');
19            String str = s1.substring(index);
20            System.out.println("대문자 S로부터 끝까지 잘라내기 : "+str);
21
22            str = s1.substring(index, index+3);
23            System.out.println("대문자 S로부터 3자까지 잘라내기 : "+str);
24
25            int length = s1.length();
26            System.out.println("s1의 길이 : " + length);
27
28            String[] arr = s1.split(" "); // 문자열 분할
29            for(int i = 0 ; i < arr.length ; i++)
30                    System.out.println("arr["+i+"] : "+arr[i]);
31        }
32 }
```

```
맨 처음 문자 n의 위치 : 3
문자 Sun의 위치 : 5
마지막 문자 n의 위치 : 7
추출한 문자 : n
대문자 S로부터 끝까지 잘라내기 : Sun Ae
대문자 S로부터 3자까지 잘라내기 : Sun
s1의 길이 : 11
arr[0] : Kwon
arr[1] : Sun
arr[2] : Ae
```

[그림 4-42] StringEx5의 실행결과

▶▶▶ 03행: 프로그램 시작 부분.

04행: String 객체 생성(암시적 생성). String형 변수 s1이 선언되면서 문자열 "Kwon Sun Ae"를 생성하여 그 참조변수를 가진다.

06행~07행: 문자 검색. String형 객체인 s1에서 문자 'n'을 왼쪽에서부터 검색하여 위치값을 int형인 index에게 전달한다. 그리고 7행에서 그 값을 출력하고 있다.

09행~10행: 문자열 검색. String형 객체인 s1에서 문자열인 "Sun"을 검색하여 위치값을 int형인 index에게 전달하며 이때 앞서 받았던 index값은 소멸된다. 10행에서 그 값을 출력하고 있다.

12행~13행: 문자 검색. String형 객체인 s1에서 문자 'n'을 오른쪽 끝에서 검색하여 위치값을 int 형인 index에게 전달한다. 그리고 13행에서 그 값을 출력하고 있다.

15행~16행: 문자 추출 및 출력. String형 객체인 s1에서 index 변수값이 기억하고 있는 위치의 문 자를 추출하여 char형 변수 c에게 전달하고 16행에서 그것을 출력하고 있다.

18행~20행: 문자열 추출 및 출력. String형 객체인 s1에서 대문자 'S'를 검색하여 그 위치값을 index에게 전달한다. 19행에서 s1의 index번째의 문자부터 마지막까지 추출하여 새로운 String 객체를 생성하여 String형 변수 str에 대입한다. 그리고 20행에서 출력하여 확인하고 있다.

22행~23행: 문자열 추출 및 출력. String 객체인 s1에서 index번째의 문자에서 index+3한 위치 의 문자까지 추출하여 String형 변수인 str에 대입하고 출력하여 확인한다.

25행~26행: 문자열 길이 구하기. String 객체인 s1의 길이를 length( ) 메서드로 구하여 int형 length라는 변수에 전달한다. 그리고 그것을 26행에서 출력하여 확인해 보면 길이에 변화가 없 음을 확인할 수 있다.

28행~30행: 문자열 분할. String 객체인 s1에서 무의미한 공백(" ")을 구분문자로 분할하여 배열 arr로 받는다. 그리고 arr의 길이만큼 반복하며 배열의 내용을 출력한다.

문자열 수정

다음은 문자열의 일부를 변경하여 새로운 String 객체로 생성하는 방법과 무의미한 공백처리 방법을 알아보겠다. 기본 자료형들을 String 객체로 생성하는 방법도 같이 하는 예제다.

예제 4-26	StringEx6

```
01  class StringEx6{
02
03      public static void main(String[] args){
04          String s1 = " aaa ";
05          String msg = null;
06
07          msg = s1.replace("aa","b");
08          System.out.println("msg :"+msg);
09
10          msg = s1.toUpperCase();
```

```
11              System.out.println("msg :"+msg);
12
13              msg = s1.trim();
14              System.out.println("msg :"+msg);
15
16              msg = String.valueOf(s1.length());
17              System.out.println("msg :"+msg);
18          }
19   }
```

```
msg : ba
msg : AAA
msg :aaa
msg :5
```

[그림 4-43] StringEx6 실행결과

▶▶▶ 03행: 프로그램 시작 부분.

04행: String 객체 생성. String형 s1에 무의미한 공백이 포함되어 문자열 길이가 7인 " aaa"을 생성하여 대입하였다.

05행: 변수 선언. String형 msg를 선언하고 null로 초기화하였다.

07행~08행: 문자열 변경. String 객체 s1에서 "aa"을 "b"로 변경한 문자열을 새롭게 String 객체로 생성하여 msg에 대입한다. 그리고 8행에서 출력하여 확인한다.

10행~11행: 대문자로 변경. String 객체 s1의 모든 값들을 대문자로 변경한 문자열을 새롭게 String 객체로 생성하여 msg에 대입한다. 이때 기존의 msg값은 소멸된다. 그리고 11행에서 출력하고 있다.

13행~14행: 공백 제거. String 객체 s1의 값에서 앞과 뒤에 무의미한 공백(White Space)을 제거한 문자열을 새로운 String 객체로 생성하여 msg에 대입한다. 그리고 14행에서 출력하여 확인한다.

16행~17행: 정수를 String으로 변환. String 객체 s1의 길이 값인 정수 7을 static으로 선언된 valueOf( ) 메서드를 사용하여 새로운 String 객체로 생성한 후 그 결과를 msg에 대입한다. 그리고 그 값을 17행에서 출력하여 확인한다.

이렇게 해서 String 클래스가 제공하는 함수들을 간략한 예제를 통해 간단히 알아보았다. 다시 한번 강조하지만 String 객체의 불변적 특징으로 편집이 불가능함을 잊지말자. 즉, String 클래스에서 제공하는 메서드들 중 반환형이 String 객체라 해도 편집된 현재 객체가 아니고 새롭게 생성되는 객체임을 강조한다. 이런 메서드들은 앞으로 많은 예제를 통해 중간 중간에 계속적으로 접하게 될 것이고 그때마다 기억하여 String 클래스의 활용법을 익히도록 하자.

❷ StringBuffer 클래스

StringBuffer 클래스는 String 클래스와 마찬가지로 문자 정의 클래스다.

앞서 배운 String 클래스는 불변적인 특징으로 변경이 불가능하지만 StringBuffer 클래스는 내부적으로 직접 변경할 수 있는 클래스다. 그러므로 문자열의 변경이 자주 사용되는 객체일수록 실제 변경이 불가능한 String 클래스보다는 문자열을 포함할 수 있는 메모리의 임시적 공간(buffer)을 사용하는 StringBuffer 클래스를 사용하는 것이 바람직하다. 그럼 생성자부터 알아본 후 중요한 메서드들을 알아보자.

StringBuffer 클래스 생성자

[표 4-4] StringBuffer 클래스의 주요 생성자

생성자	설명
StringBuffer( )	비어있는 StringBuffer 객체를 생성하고 초기값으로 문자 16자를 기억할 수 있는 용량(buffer의 길이)을 가진다.
StringBuffer(CharSequence seq)	현재 인자로 전달된 특정한 CharSequence와 같은 문자열을 포함한 StringBuffer 객체를 생성한다.
StringBuffer(int capacity)	현재 인자로 들어온 capacity이라는 값으로 새롭게 생성될 StringBuffer 객체의 용량(buffer의 길이)으로 초기화하여 생성한다.
StringBuffer(String str)	현재 인자로 전달된 문자열 str을 초기값으로 하여 StringBuffer 객체를 생성한다. 이때 용량(buffer의 길이)은 str의 길이+16이다.

StringBuffer 클래스 메서드

[표 4-5] StringBuffer 클래스의 주요 메서드

반환형	메서드명	설명
StringBuffer	append(String str)	해당 StringBuffer 객체에 인자로 전달된 str을 덧붙인다.
int	capacity( )	현재 용량(buffer의 길이)을 반환한다.
StringBuffer	delete(int start, int end)	현재 전달된 인자인 start에서 end 사이의 문자열을 삭제한다.
	insert(int offset, String str)	현재 인자로 전달된 offset 위치에 str을 삽입한다.
	replace(int start, int end, String str)	현재 전달된 인자들 중 start에서 end 사이의 문자열을 마지막 인자인 str로 변환한다.
void	setLength(int newLength)	현재 인자로 전달된 newLength로 StringBuffer 객체 내에 포함되어 있는 문자열의 길이를 다시 설정한다.
String	toString( )	현재 StringBuffer 객체가 포함하고 있는 문자열을 String 객체로 반환한다.

StringBuffer 클래스를 생성할 때 위에 정의되어 있는 생성자들 가운데 int형 용량을 인자로 받아 용량(buffer의 길이)을 직접 정의하는 생성자를 제외하고 defualt 생성자로부터 특정 문자열을 가지고 StringBuffer 객체를 생성하는 생성자들로부터 StringBuffer 객체를 생성 하면 실제 용량(buffer의 길이)보다 항상 16문자가 더 긴 공간을 메모리로부터 할당 받는다. 왜냐하면 이 공간은 문자열의 일부분을 삭제하거나 또는 수정할 때 그리고 특정 위치에 추가 할 때 필요로 하는 공간이기 때문이다. 다음 그림은 추상적인 그림이므로 참고하기 바란다.

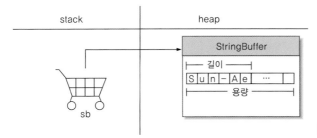

[그림 4-44] StringBuffer 객체의 용량

StringBuffer 객체 생성과 기본 용량

[예제 4-27]은 위 내용과 그림을 참고로 한 것으로, StringBuffer 객체가 가지는 문자열의

길이와 StringBuffer 객체의 기본 용량(buffer)에 대한 차이점을 알아보는 예제다.

예제 **4-27**　StringBufEx1

```
01  class StringBufEx1{
02
03      public static void main(String[] args){
04
05          int var = 0;
06          StringBuffer sb = new StringBuffer("Sun-Ae");
07          var = sb.capacity();
08          System.out.println("capacity : "+var);
10          var = sb.length();
11          System.out.println("length : "+var);
12      }
13  }
```

```
capacity : 22
length : 6
```

[그림 4-45] StringBufEx1의 실행결과

▶▶▶ 03행: 프로그램 시작 부분.

05행: 변수 선언과 초기화. int형 var이라는 main( ) 메서드 내에서만 쓰이는 지역변수를 선언하면서 0으로 초기화하였다.

06행: 객체 생성. 문자열 "Sun-Ae"을 가지고 StringBuffer 객체가 생성되어 객체의 참조값을 sb에 대입한다. 이때 위에서 설명한 것처럼 생성된 StringBuffer 객체 내의 문자열은 6자지만 16이 더 추가된 buffer의 용량이 설정된다.

07행~08행: 객체의 메서드 호출과 출력. int형 var에 StringBuffer 객체의 용량을 대입한 후 8행에서 출력하여 확인한다.

10행~11행: 객체의 메서드 호출과 출력. int형 var에 StringBuffer 객체가 가지는 문자열의 길이를 대입한 후 11행에서 출력하여 확인한다.

위 [그림 4-45]와 예제를 통해 StringBuffer 객체가 포함하고 있는 문자열의 길이를 나타내는 length( )라는 메서드와 StringBuffer 객체의 기본 용량(buffer)을 알아보는 capacity( ) 메서드를 구별하게 되었다. 그리고 ensureCapacity(int min) 메서드를 통해 StringBuffer 객체의 기본 용량(buffer)을 변경할 수도 있다. 또한 처음으로 기본 용량을 모두 소진할 때 StringBuffer 객체의 용량이 자동적으로 재설정되는 경우도 있다.

예를 들어, 위의 예제의 sb.capacity( )값이 초기에 22였다면 sb.length( )가 23이 될 때 22+2=24를 기본 용량(buffer)으로 추가 설정되어 기본 용량이 46이 된다. 그러나 이후의 기본 용량을 소진할 때는 한번에 기본 용량이 두 배 가량 증가하지 않으며 추가된 문자열의 길이만큼씩만 증가한다는 것을 기억하자.

StringBuffer 객체에 문자열 추가하기

앞의 주요 메서드를 표로 설명했듯이 문자열을 추가하는 메서드는 append( )라는 메서드다. API 문서를 참조해보면 알 수 있듯이 오버로딩되어 있으며 각 기본 자료형들뿐만 아니라 다른 StringBuffer 객체 또한 인자로 받아 추가 기능을 수행할 수 있다. 그리고 char형 배열의 특정 부분만 append( ) 메서드를 이용하여 추가 기능을 수행할 수 있음을 알 수 있다.

그리고 무엇보다 중요한 것은 append( ) 메서드의 반환형이 StringBuffer지만 이는 String 클래스처럼 새롭게 객체가 생성되어 반환된 것이 아니라 수정 작업을 한 기존의 StringBuffer 객체라는 것을 기억하자.

예제 **4-28**	StringBufEx2

```
01   class StringBufEx2{
02
03       public static void main(String[] args){
04
05           StringBuffer sb1 = new StringBuffer("Sun-Ae");
06           StringBuffer sb2 = sb1.append(" & Kyung-Ju");
07
08           String msg = null;
09           if(sb1 == sb2)
10                   msg = "sb1와 sb2는 같다.";
```

```
11              else
12                    msg = "sb1와 sb2는 다르다.";
13          System.out.println(msg);
14          msg = sb1.toString();
15          System.out.println("sb1 : " + msg);
16          msg = sb2.toString();
17          System.out.println("sb2 : " + msg);
18      }
19  }
```

```
sb1와 sb2는 같다.
sb1 : Sun-Ae & Kyung-Ju
sb2 : Sun-Ae & Kyung-Ju
```

[그림 4-46] StringBufEx2 실행결과

▶▶▶ 03행: 프로그램 시작 부분.

05행: 객체 생성. "Sun-Ae"라는 문자열을 가지고 StringBuffer 객체를 생성하여 참조변수를 sb1
에 전달한다.

06행: StringBuffer 객체에 문자열 추가. 문자열 "Sun-Ae"을 가지고 있는 StringBuffer 객체의 참
조변수인 sb1을 통해 append( ) 메서드를 호출하여 " & Kyung-Ju"라는 문자열을 추가한다. 그
리고 수정된 기존의 StringBuffer 객체를 sb2에게 전달한다. 새롭게 만들어 준 것이 아님을 상기
하자.

08행: 객체 선언. String형의 msg를 선언하고 그 안에 null값으로 초기화하였다.

09행~13행: 객체 비교. sb1과 sb2의 주소값 비교를 한다. 6행에서 받은 sb2의 StringBuffer 객
체는 새롭게 생성되어 전달된 객체가 아니며 5행에서 생성된 객체가 내부적으로 직접 수정되어
전달받았으므로 여기서는 sb1과 sb2가 같은 객체를 참조하고 있는 것이 된다. 그러므로 비교문
에서 true가 인정되어 10행을 수행하고 12행은 수행하지 못하며 13행의 출력문은 서로가 같음
을 알리게 된다.

14행~17행: StringBuffer 객체를 String 객체로 생성. toString( )이라는 메서드를 통하여 텅빈 새
로운 String 객체를 만든 후 StringBuffer 객체가 내부적으로 가지는 문자열로 채운 다음 msg에
전달한다. 그리고 화면에 출력하여 sb1와 sb2의 참조값을 확인했다.

StringBuffer 객체에 문자열 끼워 넣기

insert( )라는 메서드를 통해 StringBuffer 객체 내의 문자열에 또 다른 문자열 또는 int나 float과 같은 값을 원하는 위치에 삽입할 수 있다. 다음 예제를 살펴보자.

예제 **4-29**　StringBufEx3

```
01  class StringBufEx3{
02
03      public static void main(String[] args){
04
05          StringBuffer sb1 = new StringBuffer("Sun-Ae");
06          StringBuffer sb2 = sb1.append(" & Kyung-Ju");
07
08          sb2.insert(6," & Yun-A");
09          String msg = sb1.toString();
10          System.out.println("sb1 : " + msg);
11      }
12  }
```

```
sb1 : Sun-Ae & Yun-A & Kyung-Ju
```

[그림 4-47] StringBufEx3 실행결과

▶▶▶ 03행: 프로그램 시작 부분.

05행: 객체 생성. "Sun-Ae"라는 문자열을 가지고 StringBuffer 객체를 생성하여 참조변수를 sb1 에 전달한다.

06행: StringBuffer 객체에 문자열 추가. 문자열 "Sun-Ae"을 가지고 있는 StringBuffer 객체의 참 조변수인 sb1을 통해 append( ) 메서드를 호출하여 " & Kyung-Ju"라는 문자열을 추가한다. 그 리고 수정된 기존 StringBuffer 객체를 sb2에 전달한다. 새롭게 만들어 준 것이 아님을 상기하자.

08행: 문자열 삽입. sb2가 참조하고 있는 StringBuffer 객체 내부에 저장되어 있는 문자열에서 index값 6에 해당되는 위치에 " & Yun-A"라는 문자열을 삽입한다.

09행~10행: StringBuffer 객체를 String 객체로 생성. sb1과 sb2가 서로 같은 곳을 참조하고 있

으므로 위에서 sb2로 객체의 내용을 수정했다 하더라도 sb1 또한 수정된 같은 객체를 참조하고 있음을 우리는 잘 알고 있다. sb1이 참조하고 있는 String Buffer 객체를 toString( )이라는 메서드로 새로운 문자열로 생성하여 msg에게 전달하고 그것을 출력했다.

이 외에도 StringBuffer 객체에서 문자 추출과 char[ ]의 일부분만 추가하는 등의 기능도 있지만 관련된 내용은 API 문서를 참고하기 바라며 무엇보다 중요한 것은 StringBuffer 클래스는 String 클래스와는 다르게 무분별한 객체 생성을 하지 않는다는 것이며 직접 수정할 수 있는 가변성의 특징이 있다는 것이다. 그러므로 빈번한 문자열 수정 작업이 필요할 경우에는 String 클래스보다는 StringBuffer 클래스가 좀더 유익함을 잊지 말자.

❸ StringTokenizer 클래스

아직 패키지를 배우지 않았지만 우선 StringTokenizer 클래스를 사용하려면 java.util이라는 패키지에 있는 StringTokenizer를 이용해야 하며 이것을 현재 클래스에서 사용하겠다는 의미로 import문으로 선언해야 함을 알아두자. 이는 6장에서 같이 공부하도록 하겠다. StringTokenizer 클래스는 한마디로 말해서 문자열을 분할할 수 있는 기능을 제공하는 클래스다. 프로그램을 작성하다 보면 다음과 같은 문자열을 나누어야 할 때가 있다.

2005/08/15

위 자료를 년, 월, 일 형태로 나누고자 한다. 그렇다면 년, 월, 일을 구별하는 것은 무엇인가? 그렇다. 바로 슬래시(/)를 구분문자로 하여 원하는 형태로 분리하여 구분하면 된다. 이렇게 분리된 값을 토큰(Token)이라 한다. 이런 기능을 기본적으로 제공하는데, 그것이 바로 StringTokenizer 클래스다. 그럼 여기서 StringTokenizer 클래스의 생성자와 주요 메서드를 알아보자.

StringTokenizer 클래스의 생성자

[표 4–6] StringTokenizer 클래스의 주요 생성자

생성자	설명	
StringTokenizer(String str)	현재 인자로 전달된 String 객체인 str을 기본 구분문자인 white space, new line, tab 등의 구분문자로 하여 분할할 StringTokenizer 객체를 생성한다.	

| StringTokenizer(String str, String delim) | 현재 인자로 전달된 String 객체인 str을 두 번째 인자인 delim으로 구분문자로 하여 분할할 StringTokenizer 객체를 생성한다. |
| StringTokenizer (String str, String delim, boolean returnDelims) | 현재 인자로 전달된 String 객체인 str을 두 번째 인자인 delim으로 구분문자로 하여 분할할 StringTokenizer 객체가 생성될 때 세 번째 인자인 boolean형에 의해 delim 또한 token 자원으로 사용할 것인지를 결정하게 된다. |

StringTokenizer 클래스의 메서드

[표 4-7] StringTokenizer 클래스의 주요 메서드

생성자	메서드명	설명
int	countTokens( )	token된 자원의 수를 반환한다.
boolean	hasMoreTokens( )	token할 수 있는 자원이 있을 경우엔 true, 없으면 false을 반환한다.
String	nextToken( )	token된 자원을 반환한다.

그럼 간단한 예제를 통해 위의 생성자와 주요 메서드를 익혀보자. 우선 StringTokenizer 객체를 멤버로 가지는 클래스를 작성하도록 하여 서로 다른 문자열과 생성자를 통해 각각의 객체를 생성하도록 한다. 그리고 객체 내부에서 어떻게 문자열을 구분하는지 결과를 통해 확인해보자.

4-30   StringTokenEx1

```
01  import java.util.StringTokenizer;
02  class StringTokenEx1{
03
04      StringTokenizer st;
05      public StringTokenEx1(String str){
06          System.out.println("str : " + str);
07          st = new StringTokenizer(str);
08      }
09      public StringTokenEx1(String str, String delim){
10          System.out.println("str : " + str);
11          st = new StringTokenizer(str, delim);
```

```
12          }
13
14      public void print(){
15          System.out.println("Token count : " + st.countTokens());
16          while(st.hasMoreTokens()){
17          String token = st.nextToken();
18          System.out.println(token);
19          }
20          System.out.println("-------------------------");
21      }
22      public static void main(String[] args) {
23
24          StringTokenEx1 st1 = new StringTokenEx1("Happy day");
25          st1.print();
26
27          StringTokenEx1 st2 = new StringTokenEx1("2005/08/15","/");
28          st2.print();
29      }
30  }
```

```
str : Happy day
Token count : 2
Happy
day
-----------------------------
str : 2005/08/15
Token count : 3
2005
08
15
-----------------------------
```

[그림 4-48] StringTokenEx1의 실행결과

▶▶▶ 01행: import문. java.util이라는 패키지의 StringTokenizer 클래스를 현재 클래스에서 들여와 쓰
겠다는 의미로 import문 선언 부분이다.

22행: 프로그램 시작 부분.

24행: 객체 생성. "Happy day"라는 문자열을 가지고 5행에 정의되어 있는 생성자를 통하여 StringTokenEx1 객체를 생성하여 st1에게 전달한다.

06행: 출력문. 생성자에 전달된 str 인자값을 출력한다.

07행: 멤버 객체 생성. 5행에서 인자로 전달받은 str을 가지고 멤버인 StringTokenizer 객체를 생성한다. 이때 str 문자열을 분할하기 위한 구분문자는 white space"( )"가 된다.

25행: 멤버 메서드 호출. st1이라는 참조변수를 통해 14행의 print( ) 메서드를 호출한다.

15행: 출력문. 앞서 "Happy day"라는 문자열로 생성된 멤버객체 st의 분할되는 문자열의 수를 출력한다.

16행~18행: 반복문. st 객체에 분할된 문자열 요소가 남아 있을 경우엔 while문을 수행한다. 그 안에서 상징적으로 분할된 문자열을 token이라는 String형 변수에 대입한 후 출력문으로 확인한다. 그리고 현재 영역을 호출해 준 25행으로 돌아가서 다음 문장을 수행하게 된다.

27행: 객체 생성. "2005/08/15"과 "/"를 가지고 9행의 생성자를 호출하면서 객체를 생성하여 참조값을 st2에게 전달한다.

10행: 출력문. 생성자에 전달된 str 인자값을 출력한다.

11행: 멤버객체 생성. 9행에서 인자로 전달받은 str을 가지고 멤버인 StringTokenizer 객체를 생성한다. 이때 str 문자열을 분할하기 위한 구분문자로는 두 번째 인자인 delim"(/")이 되어 분할하게 된다. 생성자의 일을 끝내고 호출한 27행으로 돌아가 다음 문장을 수행한다.

28행: 멤버 메서드 호출. st2라는 참조변수를 통해 14행의 print( ) 메서드를 호출한다.

15행: 출력문. 앞서 "2005/08/15"과 "/"를 가지고 생성된 멤버객체인 st에서 분할된 문자열의 수를 출력한다.

16행~18행: 반복문. st 객체에 분할된 문자열 요소가 남아 있을 경우엔 while문을 수행한다. 그 안에서 상징적으로 분할된 문자열을 token이라는 String형 변수에 대입한 후 출력문으로 확인한다. 그리고 현재 영역을 호출해 준 28행으로 돌아간다.

split( )과 StringTokenizer의 차이

지금까지의 내용을 확인해보면 StringTokenizer 클래스는 특정 구분문자로 문자열을 분할하는 데 쓰인다. 그럼 앞에서 배운 String 클래스의 split( ) 메서드와는 어떤 차이가 있을까? 물론 split( )하면 정규 표현의 Pattern 클래스가 생각나겠지만 그런 차이점보다는 동작에 대한 차이점을 말하고 싶은 것이다. [예제 4-24] StringEx5를 확인해보면 split( ) 메서드와

StringTokenizer 클래스와는 큰 차이가 없으며 오히려 StringTokenizer 클래스가 사용하기가 더 불편해 보인다. 하지만 둘은 엄연히 다르다. 다음 예제를 살펴보자.

예제 **4-31**　StringTokenEx2

```java
01  import java.util.StringTokenizer;
02  class StringTokenEx2{
03
04      public static void main(String[] args) {
05          System.out.println("split 테스트 ::::::::::::::::");
06          String date = "2005/08//15/";
07          String[] sp = date.split("/",5);
08          for(int i = 0 ; i < sp.length ; i++)
09          System.out.println("sp["+i+"] : "+sp[i]);
10
11          System.out.println("StringTokenizer 테스트 ::::::::::::::::");
12          StringTokenizer st = new StringTokenizer(date,"/");
13          int index = 0;
14          while(st.hasMoreTokens()){
15          String token = st.nextToken();
16          System.out.println("st"+index+" : "+token);
17          index++;
18          }
19      }
20  }
```

```
split 테스트 ::::::::::::::::
sp[0] : 2005
sp[1] : 08
sp[2] :
sp[3] : 15
sp[4] :
StringTokenizer 테스트 ::::::::::::::::
st0 : 2005
st1 : 08
st2 : 15
```

[그림 4-49] StringTokenEx1의 실행결과

194

▶▶▶ 01행: import 선언문. StringTokenizer라는 클래스는 다른 패키지(폴더)에 존재하는 클래스이므로 import라는 문을 사용하여 현재 객체에서 사용하겠다는 정의를 해주어야 한다. 말 그대로 우리나라에 없는 자원이 필요할 경우에 우리가 수입을 해서 사용하는 경우와 같다. 이는 패키지 부분에서 공부하도록 하자.

04행: 프로그램 시작 부분.

05행: 출력문.

06행: 객체 생성. String 객체를 암시적으로 생성하여 참조변수를 date에 전달한다.

07행~09행: 문자열 분할과 출력. date가 참조하는 String 객체를 "/"로 구분문자로 하여 분할문자열 요소가 5개인 배열을 생성하여 sp에게 전달한다. 그리고 sp의 길이만큼 반복문을 수행하면서 sp배열의 요소들을 차근차근 하나씩 출력한다.

11행: 출력문.

12행: 객체 생성. date가 참조하는 String 객체를 가지고 "/"를 구분문자로 하여 StringTokenizer 객체를 생성하여 st에게 전달한다.

13행: 변수 선언. 지역 변수인 int형 index를 선언하고 초기값으로 0을 대입한다.

14행~18행: 반복문. st 객체에 분할된 문자열 요소가 남아 있을 경우엔 while문을 수행한다. 그 안에서 상징적으로 분할된 문자열을 token이라는 String형 변수에 대입한 후 출력문으로 확인한다. index라는 변수는 반복횟수를 알기 위한 int형 변수다.

위의 예제를 살펴보면 String 클래스의 split( ) 메서드는 프로그래머가 원하는 수만큼의 분할이 가능함을 알 수 있다. 다시 말해서 무의미의 공백(White Space)까지 그냥 무시하지 않는다는 것이다. 하지만 StringTokenizer 클래스는 다르다. 구분문자로 분할되는 위치에 자원이 없는 무의미의 분할공간일 경우에는 무시되며 제거되므로 split( )과의 차이를 명백하게 하고 있음을 기억하자.

❹ Wrapper 클래스

Wrapper 클래스라는 것은 프로그램을 작성하다 보면 가끔은 int형 또는 double형과 같은 기본 자료형들이 객체였으면 하는 바람이 있을 때가 있다.

이럴 때 주방에서 쓰이는 랩(Wrap)을 사용하여 음식을 포장하듯이 기본 자료형인 변수를

Wrapper 클래스를 이용하여 객체로 생성하게 된다. 이렇게 하면 기본 자료형인 변수의 값이 객체가 되어 객체로서 작업을 수행하게 되는데, 주의할 것은 각 기본 자료형들마다 각각의 Wrapper 클래스가 별도로 제공됨을 기억해야 한다. 예를 들어, byte형 변수의 값을 Integer라는 Wrapper 클래스를 통해 객체를 생성할 수 없다는 것이다. 각 기본 자료형들의 Wrapper 클래스의 생성자들은 다음과 같다.

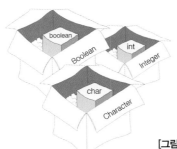

[그림 4-50] Wrapper 클래스를 표현한 예

[표 4-8] 기본 자료형과 Wrapper 클래스

기본 자료형	Wrapper 클래스의 생성자	
boolean	Boolean(boolean value)Boolean(String s)	
byte	Byte(byte value)Byte(String s)	
char	Character(char value)	
short	Short(short value)Short(String s)	
int	Integer(int value)Integer(String s)	
long	Long(long value)Long(String s)	
float	Float(double value)Float(float value)Float(String s)	
double	Double(double value)Double(String s)	

위 표를 참조해 보면 Character를 제외하고 다른 Wrapper 클래스의 생성자들은 각자의 기본 자료형을 인자로 받아 객체로 생성되는 것과 문자열로 각 기본 자료형의 값이 표현된 인자를 받아 객체화하는 생성자들이 제공된다.

다음 예제는 몇몇 기본 자료형의 Wrapper 클래스 생성법과 유용한 메서드들을 사용한 것이므로 살펴보도록 하자.

예제 4-32　　WrapperEx1

```
01  class WrapperEx1{

02

03      public static void main(String[] args){

04          boolean b = true;

05          Boolean wrap_b = new Boolean(b);

06          System.out.println("문자열의 값 :"+wrap_b.toString());

07

08          char c = 'A';

09          Character wrap_c = new Character(c);

10          System.out.println("문자 값 :"+wrap_c.charValue());

11

12          Integer wrap_i = new Integer("10000");

13          int i = wrap_i.intValue();

14          System.out.println("정수 값 :"+i);

15

16          double d = 3.14;

17          Float wrap_f = new Float(d);

18          float f = wrap_f.floatValue();

19          System.out.println("실수 값 :"+f);

20

21          System.out.println("정수와 실수의 연산 값 :"+(i+f));

22      }

23  }
```

```
문자열의 값 :true
문자 값 :A
정수 값 :10000
실수 값 :3.14
정수와 실수의 연산 값 :10003.14
```

[그림 4-51] WrapperEx1 실행결과

▶▶▶　03행: 프로그램의 시작 부분.

04행: 변수 선언. boolean형 변수 선언하여 초기값으로 true로 대입한다.

05행: 객체 생성. 4행에서 선언된 boolean형 변수 b를 가지고 Boolean이라는 Wrapper 클래스를 이용하여 객체화한다.

06행: 출력문. Wrapper 클래스가 제공해주는 toString( )이라는 메서드를 사용하여 객체 내부에 존재하는 값을 문자열로 출력한다.

08행: 변수 선언. char형 변수 c를 선언하면서 초기값으로 대문자 'A'를 대입하고 있다.

09행: 객체 생성. 8행에서 선언된 char형 변수를 가지고 Character라는 Wrapper 클래스를 이용하여 객체화한다.

10행: 출력문. Wrapper 클래스가 제공해 주는 charValue( )라는 메서드를 사용하여 객체 내부에 존재하는 값을 문자로 출력한다.

12행: 객체 생성. 문자열 "10000"으로 Integer라는 Wrapper 클래스를 통해 객체를 생성한다.

13행~14행: 변수 선언과 출력문. 문자열 "10000"을 가지고 12행에서 생성된 객체의 정수값을 int형 변수 i에게 전달한다. 그리고 14행에서 변수 i의 값을 출력하여 확인하고 있다.

16행: 변수 선언. double형 변수 d를 선언하면서 초기값으로 3.14를 대입하고 있다.

17행: 객체 생성. 16행에서 선언된 double형 변수를 가지고 Float이라는 Wrapper 클래스를 통해 객체를 생성한다. 이렇게 double형을 가지고 Float 객체를 생성하는 경우는 Float이라는 Wrapper 클래스를 통하는 수 밖에 없다.

18행~19행: 변수 선언과 출력문. 앞서 double형 자료를 가지고 생성된 Float 객체에서 floatValue( )라는 메서드 통해 변수 f에 전달하고 19행에서 출력하여 확인하고 있다.

21행: 출력문. 연산의 결과를 확인하기 위해 13행의 int형 변수 i와 18행의 float형 f를 더하기 연산하여 출력하고 있다.

이런 Wrapper 클래스는 앞서 설명한 것처럼 기본 자료형을 객체화 작업할 때 필수적으로 필요한 클래스이며 나중에 같이 공부하게 되는 객체형들만 저장할 수 있는 Vector에 기본 자료형을 저장하려 한다면 위의 Wrapper 클래스를 이용하여 기본 자료형들도 쉽게 객체가 될 수 있으며 이것으로 Vector에 저장할 수 있게 된다. 하지만 특정 기본 자료형으로 Wrapper 클래스를 통해 객체가 된 것에 대한 수정 작업은 할 수 없음을 기억하자. 다시 말해서 수정한 기본 자료형의 값으로 객체를 다시 생성해야 한다는 것이다.

❺ Formatter 클래스

Formatter 클래스는 printf-style 형식의 문자열들에 대한 하나의 번역기 역할을 하는 클래스다. 쉽게 말해서 C 언어에서 제공되는 printf에서의 출력형식과 비슷한 새로운 출력 포맷 방법을 제공해주는 클래스다. 여기에는 숫자, 문자열, 날짜 또는 시간 자료와 지역 특징적 출력 형식 등을 제공한다. 우선 Formatter 클래스의 주요 생성자와 메서드를 살펴보자.

Formatter 클래스의 생성자

[표 4-9] Formatter 클래스의 주요 생성자

생성자명	설명
Formatter( )	새로운 Formatter 객체를 생성한다.
Formatter(File file)	현재 인자로 전달된 File 객체인 file과 연결된 새로운 Formatter 객체가 생성된다. 후에 Formatter 객체에 정의된 포맷 형식으로 출력 내용을 file에 저장시킬수 있다.
Formatter(File file, String csn)	현재 인자로 전달된 File 객체인 file과 String 객체의 csn이라는 문자셋으로 적용된 새로운 Formatter 객체가 생성된다.
Formatter (OutputStream os)	현재 인자로 전달된 OutputStream 객체인 os와 연결된 새로운 Formatter 객체가 생성된다. 후에 연결된 os라는 스트림을 통해 Formatter 객체에 정의된 포맷형식으로 출력 내용을 보낼 수 있다.
Formatter (String fileName)	현재 인자로 전달된 String 객체인 fileName은 파일 경로다. 해당 경로에 파일이 존재해야 하며 그 파일과 연결된 새로운 Formatter 객체가 생성된다.

Formatter 클래스의 메서드

[표 4-10] Formatter 클래스의 주요 메서드

반환형	메서드명	설명
void	close( )	해당 Formatter 객체를 닫는다.
	flush( )	해당 Formatter 객체에 정의된 포맷방식과 내용을 몰아낸다.
Formatter	format(String format, Object... args)	특정한 문자셋과 인자들을 사용하여 현재 Formatter 객체의 포맷 방식으로 설정한다.

Formatter 객체를 사용하는 방법은 우선 위에서 정의된 생성자 중 하나를 선택하여 Formatter 객체를 생성한 후 format( ) 메서드로 출력형식, 즉 포맷방식을 설정하는 것이 중

요하다. 출력형식에 쓰이는 문자열들은 항상 %로 시작해야 하며 표현하고자 하는 객체형식으로 끝나는 것이 출력형식의 문자열을 정의하는 기본 문법이다.

기본 문법

- 일반 문자, 그리고 숫자형들을 위해 포맷 규칙자들의 문법은 다음과 같다.

  %[argument_index$][flags][width][precision]conversion

- 날짜/시간들을 표현하도록 사용된 형들에 대한 포맷 규칙자들의 문법은 다음과 같다.

  %[argument_index$][flags][width]conversion

- 인자들에 부합하지 않은 포맷 규칙자들의 문법은 다음과 같다.

  %[flags][width]conversion

[argument_index$]

인자 인덱스는 전달된 인자 목록에서 인자의 위치를 표시한 십진수 정수다. 첫 번째 인자는 1$로 표현되며 두 번째 인자는 2$ 형식으로 표현한다.

[flags]

표현하고자 하는 객체형식에 따라 출력형식을 바꿀수 있는 문자셋을 의미한다. 다음 표는 지원되는 flag를 요약한 것이다. 값이 y이면 표시된 인자형식에서 지원됨을 의미한다.

[표 4-11] flag의 종류

Flag	General	Character	Integral	Float	Date/Time	설명
'-'	y	y	y	y	y	좌측으로 정렬된다.
'#'	y		y	y		변환의존적 대치형식을 출력하게 된다. 예 %o에 적용 시 대치형식은 0을 의미하고 %x에 적용시 0x를 의미한다.
'+'			y	y		언제나 부호를 포함한다.
' '			y	y		양수값을 위한 앞공간을 포함한다.
'0'			y	y		'0'으로 채운다.
','			y	y		지역 특징적 콤마유형 ','를 포함한다. 예 1,000,000
'('			y	y		음수값을 괄호 안에 넣어서 표현한다.

[width]

출력할 때 사용되는 글자들의 최저수를 의미한다(최소값).

[precision]

출력할 때 사용되는 글자들의 수를 제한하기 위한 것이며 이것은 곧 표현될 글자들의 최대 수가 된다.

conversion

전달된 인자가 어떻게 포맷되어야 하는지를 알리는 포맷형식 문자셋을 의미한다.

이렇게 해서 포맷 방식의 기본 문법을 알아보았다. 다음은 포맷에 쓰이는 객체형식들을 하나 씩 알아보고 앞서 살펴본 포맷 방식의 기본 문법을 이용한 예제들을 접해보자.

포맷형식에 쓰이는 객체형식

여기에는 General과 Character, 숫자 자료 중 Integral과 Float, 그리고 날짜/시간 자료들 이 있으며 이들의 문자셋은 아래와 같다.

■ General

General에서 얘기하는 객체형식은 boolean과 String, 그리고 16진수로 표현하는 해시 코드값 등을 문자열로 반환하는 형식을 가진 것이다.

[표 4-12] General의 문자셋 종류

문자셋	설명
%b	boolean 형식을 의미하며 "true" 아니면 "false"를 생성한다.
%h	객체의 해시코드값을 표현한 문자열을 생성한다.
%s	문자열을 생성한다.

이 외에 표현 문자셋을 대문자로 표현할 수 있는데, 그것은 표현 문자열이 대문자로 표현함 을 의미한다. 그럼 위의 문자셋을 이용한 예제를 살펴보자.

```
01  import java.util.*;
02  class FormatterEx1{
03
04      public static void main(String[] args){
05          Formatter f = new Formatter();
06          f.format("%1$b, %3$h, %2$5s", false, 500, 'A');
07          System.out.println(f.toString());
08      }
09  }
```

```
false, 41,   500
```

[그림 4-52] FormatterEx1의 실행결과

▶▶▶ 01행: import 선언. Formatter 클래스를 사용하려면 Formatter가 위치하고 있는 패키지(폴더)를 현재 객체에서 인식해야 하므로 import문으로 util 패키지의 모든 내용을 인식하고 있다.

04행: 프로그램의 시작부분.

05행: 객체 생성. Formatter 객체를 명시적 생성하여 참조값을 f라는 변수에게 전달한다.

06행: 객체의 메서드 활용. format( )이라는 메서드를 통하여 Formatter 객체에 주어지는 값들의 출력형식을 정의하게 된다. 그럼 여기서 format( ) 메서드에서 정의된 "%1$b, %3$h, %2$5s" 포맷방식을 하나씩 분리하여 분석해보자.

06행: [%1$b,]는 1$라는 argument_index로 봐서 주어진 인자 중 첫 번째 인자값을 b타입(boolean)으로 문자열 "true"아니면 "flase"로 표현하고 이어서 ','를 출력하는 포맷으로 설정된다.

06행: [%3$h,]는 3$라는 argument_index로 봐서 주어진 인자 중 세 번째 인자값을 h타입 (hexadecimal)으로 대문자 'A', 즉 65라는 코드값(0100 0001)을 해시코드(hexadecimal)로 바꾸기 위해 4비트씩 잘라서 표현하면 0100은 4가 되고 0001은 1을 의미하므로 포맷방식에 따라 설정되는 값은 41이 되고 이어서 ','를 출력하게 된다.

06행: [%2$5s]는 주어진 인자 중 두 번째 인자값을 5칸짜리 s타입(String)으로 표현하는 포맷 방식 이며 여기에는 500이라는 정수가 앞에서 2칸을 띄운 상태에서 나머지 3칸을 차지하며 포맷방식에 적용된다.

07행: 출력문. f라는 참조변수가 가지는 포맷형식을 문자열로 생성하여 출력하여 확인한다.

■ Character

문자와 정수형(byte, short, int) 변수에 적용되며 표현되는 객체형식은 char형이다.

[표 4-13] Character의 문자셋 종류

문자셋	설명
%c	char형을 의미하며 인자를 유니코드 문자로 포맷한다.

그럼 출력형식 중 문자를 의미하는 c타입을 이용한 간단한 예제를 살펴보자.

예제 **4-34**　FormatterEx2

```
01  import java.util.*;
02  class FormatterEx2{
03
04      public static void main(String[] args){
05          Formatter f = new Formatter();
06          f.format("결과1:%1$5c%n결과2:%1$-5c", 'A');
07          System.out.println(f.toString());
08      }
09  }
```

```
결과1:    A
결과2:A
```

[그림 4-53] FormatterEx2 실행결과

▶▶▶ 01행: import 선언. Formatter 클래스를 사용하려면 Formatter가 위치하고 있는 패키지(폴더)를 현재 객체에서 인식해야 하므로 import문으로 util 패키지의 모든 내용을 인식하고 있다.

04행: 프로그램의 시작 부분.

05행: 객체 생성. Formatter 객체를 명시적 생성하여 참조값을 f라는 변수에게 전달한다.

06행: 객체의 메서드 활용. format( )이라는 메서드를 통하여 Formatter 객체에 주어지는 값들의 출력형식을 정의하게 된다.

06행: [결과1:%1$5c]는 주어진 인자 중 첫 번째 인자값을 c타입(char)으로 결과1:이라는 문자열 뒤로 이어 5칸짜리로 문자화하여 표현하는 포맷으로 설정된다.

06행: [결과1:%1$-5c]는 주어진 인자 중 첫 번째 인자값을 c타입(char)으로 결과2:라는 문자열 뒤로 이어 5칸짜리로 문자화하여 좌측정렬로 표현하는 포맷으로 설정된다.

07행: 출력문. f라는 참조변수가 가지는 포맷형식을 문자열로 생성하여 출력하여 확인한다.

📋 [%n]은 플랫폼 특징적 라인 분리자를 의미하는 포맷방식이다.

■ Integral

Integral은 byte, short, int, long과 같은 기본 자료형과 정수형 Wrapper 클래스에 의해 생성된 객체들과 BigInteger 등 자바 정수형 형식에 적용된다.

[표 4-14] Integral의 문자셋 종류

문자셋	설명
%d	10진수 정수로 인자를 포맷한다.
%o	8진수 정수로 인자를 포맷한다.
%x	16진수 정수로 인자를 포맷한다.

위의 내용을 살펴보면 Integral은 정수형에 관련된 자료와 객체들에게만 적용됨을 강조하고 있으며 해당 문자셋의 사용 예를 살펴보기 위해 아래의 간단한 예제를 접해보자.

예제 **4-35**　FormatterEx3

```
01  import java.util.*;
02  class FormatterEx3{
03
04      public static void main(String[] args){
05          Formatter f = new Formatter();
06          f.format("d:%1$5d%no:%1$5o%nx:%1$5x", 65);
07          System.out.println(f.toString());
```

```
08        }
09  }
```

```
d:     65
o:    101
x:     41
```

[그림 4-54] FormatterEx3의 실행결과

▶▶▶ 01행: import 선언. Formatter 클래스를 사용하려면 Formatter가 위치하고 있는 패키지(폴더)를 현재 객체에서 인식해야 하므로 import문으로 util 패키지의 모든 내용을 인식하고 있다.

04행: 프로그램의 시작 부분.

05행: 객체 생성. Formatter 객체를 명시적 생성하여 참조값을 f라는 변수에게 전달한다.

06행: 객체의 메서드 활용. format( )이라는 메서드를 통하여 Formatter 객체에 주어지는 값들의 출력형식을 정의하게 된다.

06행: [d:%1$5d]는 주어진 인자 중 첫 번째 인자값을 d타입(십진수)으로 d:라는 문자열 뒤로 이어 5칸짜리 십진수로 표현하는 포맷으로 설정된다.

06행: [o:%1$5o]는 주어진 인자 중 첫 번째 인자값을 o타입(8진수)으로 o:라는 문자열 뒤로 이어 5칸짜리 8진수로 표현하는 포맷으로 설정된다.

06행: [x:%1$5x] 는 주어진 인자 중 첫 번째 인자값을 x타입(16진수)으로 x:라는 문자열 뒤로 이어 5칸짜리 16진수로 표현하는 포맷으로 설정된다.

07행: 출력문. f라는 참조변수가 가지는 포맷 형식을 문자열로 생성하여 출력하여 확인한다.

📋 65라는 인자값을 'A' 라는 문자로 변경 후 다시 컴파일하고 실행해보자. 컴파일은 되지만 실행할 때 'd' 와 'A'는 서로 맞지 않는 포맷 형식임을 알 수 있을 것이다. 다시 말해서 포맷형식도 아무거나 다 되는 것이 아니라 서로가 맞는 타입이 정해져 있음을 알아두자.

■ Float

Float에는 float, double의 실수 자료형과 Wrapper 클래스인 Float, Double 그리고 BigDecimal 등 자바 부동소수점에 적용된다.

[표 4-15] Float의 문자셋 종류

문자셋	설명		
%e	전산화된 과학적 표기법(지수와 가수부가 있는)으로 인자를 포맷한다.		
%f	반올림이 적용된 인자로 포맷한다.		
%g	반올림이 적용된 십진수나 지수 형태로 인자를 포맷한다.		
%a	가수와 지수부를 가진 16진수 부동소수점 형태로 인자를 포맷한다.		

예제 4-36   FormatterEx4

```
01  import java.util.*;
02  class FormatterEx4{
03
04      public static void main(String[] args){
05          Formatter f = new Formatter();
06          f.format("e:%1$5.1e%n", 3.14f);
07          f.format("f:%1$5.1f%n", 3.15);
08          f.format("g:%1$5.1g%n", new Float(3.55));
09          f.format("a:%1$5.1a", 3.15);
10          System.out.println(f.toString());
11      }
12  }
```

```
e:3.1e+00
f:  3.2
g:    4
a:0x1.9p1
```

[그림 4-55] FormatterEx4 실행결과

▶▶▶ 01행: import 선언. Formatter 클래스를 사용하려면 Formatter가 위치하고 있는 패키지(폴더)를 현재 객체에서 인식해야 하므로 import문으로 util 패키지의 모든 내용을 인식하고 있다.

04행: 프로그램의 시작 부분.

05행: 객체 생성. Formatter 객체를 명시적 생성하여 참조값을 f라는 변수에게 전달한다.

06행~09행: 객체의 메서드 활용. format( )이라는 메서드를 통하여 Formatter 객체에 주어지는 값들의 출력형식을 정의하게 된다.

06행~09행: [e:%1\$5.1e%n]은 주어진 인자 중 첫 번째 인자값을 e타입으로 e:라는 문자열 뒤로 이어 5칸짜리에 소수점 이하 1자리로 표현하는 포맷으로 설정하고 %n이라는 행 분리자를 만난다.

06행~09행: [f:%1\$5.1f%n]은 주어진 인자 중 첫 번째 인자값을 f타입으로 f:라는 문자열 뒤로 이어 5칸짜리에 소수점 이하 1자리로 표현하는 포맷으로 설정된다. 그리고 %n이라는 행 분리자를 만난다.

06행~09행: [g:%1\$5.1g%n]은 주어진 인자 중 첫 번째 인자값을 g타입으로 g:라는 문자열 뒤로 이어 5칸 짜리의 소수점 1자리로 표현하는 포맷으로 설정된다. 그리고 %n이라는 행 분리자를 만난다.

06행~09행: [a:%1\$5.1a]는 주어진 인자 중 첫 번째 인자값을 a타입으로 a:라는 문자열 뒤로 이어 5칸짜리의 소수점 1자리로 표현하는 포맷으로 설정된다.

10행: 출력문. f라는 Formatter 객체의 참조변수가 가지는 포맷 형식을 문자열로 생성하여 출력한다.

■ Date/Time

Date/Time 자료는 Calendar 객체와 Date 객체 그리고 long형과 Long 객체들이 변환에 적용되는 것들이며 변환 문자셋은 't' 또는 'T'가 있다. 그리고 추가적인 변환 문자셋들은 자바 스펙에 접근하기 위해 제공된다.

[표 4-16] Date/Time의 문자셋 종류

문자셋	설명
%t 또는 %T	날짜/시간 출력형식을 위한 문자셋이다.

다음 변환글자들은 자주 사용되는 Date/Time 변환을 위한 컨버전(Conversions)이다.

[표 4-17] Date/Time의 변환을 위한 컨버전

01~12시까지의 12시간제 포맷방식을 의미한다.	문자셋	설명
시간	1%tH	00~23시까지의 24시간제 포맷방식을 의미한다.
	%tI	01~12시까지의 12시간제 포맷방식을 의미한다.

	%tK	0~23시까지의 24시간제 포맷방식을 의미한다.
	%tl	1~12시까지의 12시간제 포맷방식을 의미한다.
	%tM	00~59분까지의 2자리로 표현되는 분 포맷방식을 의미한다.
	%tS	00~59초까지의 2자리로 표현되는 초 포맷방식을 의미한다.
	%tL	000~999까지의 3자리로 표현되는 1/1000초 포맷방식을 의미한다.
	%tp	지역 특징적 am/pm을 표현하는 포맷방식이며 'T'를 사용하면 대문자로 표현한다.
	%ts	1 January 1970 00:00:00 UTC. 부터의 초수
	%tQ	1 January 1970 00:00:00 UTC. 1000/1 초수
날짜	%tB	"January", "February"와 같은 지역 특징적의 완전한 월 이름을 표현하는 포맷방식을 의미한다.
	%tb	"Jan", "Feb"와 같은 지역 특징적의 축약된 월 이름을 표현하는 포맷방식을 의미한다.
	%tA	"Sunday", "Monday"와 같은 지역 특징적의 완전한 요일 이름을 표현하는 포맷방식을 의미한다.
	%ta	"Sun", "Mon"과 같은 지역 특징적의 축약된 요일 이름을 표현하는 포맷방식을 의미한다.
	%tY	0이 포함된 4자리로 형식화된 년도 포맷방식을 의미한다.
	%ty	0이 포함된 년의 마지막 두 자리를 표현하는 포맷방식을 의미한다.
	%tj	0이 포함된 3자리로 이루어진 일년 중의 날짜 번호를 표현하는 포맷방식을 의미한다.
	%tm	0이 포함된 두자리로 이루어진 달을 표현하는 포맷방식을 의미한다.
	%tD	01~31과 같이 0이 포함된 2자리로 이루어진 월중의 날짜 번호를 표현하는 포맷방식을 의미한다.
	%te	1－31과 같이 0이 포함되지 않는 월중의 날짜 번호를 표현하는 포맷방식을 의미한다.

위의 문자셋을 이용하여 날짜와 시간을 표현하는 포맷방식을 정의하는 예제를 살펴보자.

예제 4-37 FormatterEx5

```
01  import java.util.*;
02  class FormatterEx5{
03
04      public static void main(String[] args){
```

```
05              Formatter f = new Formatter();
06              Calendar now = Calendar.getInstance();
07              f.format("%1$tH:%1$tM:%1$tS%n", now);
08              f.format("%1$tH:%1$tM:%1$tS %1$tp%n", now);
09              f.format("%1$ty년%1$tm월%1$td일%n", now);
10              f.format(
11                      "%1$tY-%1$tm-%1$td,%1$tA 년중%tj일째%n", now);
12              System.out.println(f.toString());
13          }
14  }
```

```
11:05:40
11:05:40 오전
15년07월01일
2015-07-01,수요일 년중182일째
```

[그림 4-56] FormatterEx5 실행결과

▶▶▶ 01행: import 선언. Formatter 클래스를 사용하려면 Formatter가 위치하고 있는 패키지(폴더)를 현재 객체에서 인식해야 하므로 import문으로 util 패키지의 모든 내용을 인식하고 있다.

04행: 프로그램의 시작 부분.

05행: 객체 생성. Formatter 객체를 명시적 생성하여 참조값을 f라는 변수에게 전달한다.

06행: 객체 생성. 실행 당시의 날짜와 시간정보들을 의미하는 Calendar 객체를 명시적으로 생성하여 해당 참조값을 now라는 변수에게 전달한다.

07행: 객체의 메서드 활용. format( )이라는 메서드를 통하여 Formatter 객체에 주어지는 값들의 출력형식을 정의하게 된다.

07행: [%1$tH:%1$tM:%1$tS%n]은 주어진 인자 중 첫 번째 인자값을 t타입(Date/Time)으로 tH(00~24)라는 시간제와 tM(00~59)이라는 분(minute), 그리고 첫 번째 인자를 다시 한 번 tS(00~59)라는 초(seconds)를 표현하는 포맷으로 설정하고 %n이라는 행 분리자를 만나 개행이 일어난다.

08행: 객체의 메서드 활용. "[%1$tH:%1$tM:%1$tS %1$tp%n]은 주어진 인자 중 첫 번째 인자값을 t타입(Date/Time)으로 tH(00~24)라는 시간제와 tM(00~59)이라는 분(minute), 그리고 첫

번째 인자를 다시 한 번 tS(00~59)라는 초(seconds)로 표현하는 방식으로 설정한다. 그리고 다시 한 번 tp(am/pm)라는 오전/오후 표현자를 적용한 후 %n이라는 행 분리자를 만나 개행이 일어나는 포맷 방식을 적용한다.

09행: 객체의 메서드 활용. [%1$ty년%1$tm월%1$td일%n]은 주어진 인자 중 첫 번째 인자값을 t타입(Date/Time)으로 ty(00~99)라는 년도의 마지막 두 자리를 표현하는 방식과 tm(01~12)이라는 월(month) 표현법이 적용되었다. 그리고 td(01~31)라는 월 중의 일을 적용하여 %n이라는 행 분리자로 연결되는 포맷방식을 적용한다.

10행: 객체의 메서드 활용. [%1$tY-%1$tm-%1$td,%1$tA 년중%tj일째%n]은 주어진 인자 중 첫 번째 인자값으로 tY라는 년도를 4자리로 표현하는 방식과 tm(01~12)이라는 월(month) 표현법이 적용되었다. 그리고 td(01~31)라는 월 중의 일을 적용하고 ','로 이어지도록 하였다. tA라는 지역 특징적 완전한 요일을 출력하도록 하고 tj라는 년 중 몇 일째인지를 알아보는 날 번호를 적용한다. 그리고 %n이라는 행 분리자로 연결되는 포맷방식을 적용한다.

12행: 출력문. f라는 Formatter 객체의 참조변수가 가지는 포맷형식을 문자열로 생성하여 출력한다.

합성 포맷을 위한 컨버전

다음 변환 문자들은 Formatter에서 유용하고도 자주 쓰이는 날짜와 시간정보의 합성 포맷 방식을 간편하게 하여 제공하기 위해서 사용되는 컨버전이다.

[표 4-18] Date/Time의 합성 포맷을 위한 컨버전

문자셋	설명	
%tR	"%tH:%tM"이라는 문자열로 포맷을 정의한 것과 같이 [15:35] 형식의 시간과 분의 결과를 얻을 수 있다.	
%tT	"%tH:%tM:%tS"라는 문자열로 포맷을 정의한 것과 같이 [15:35:30] 형식의 시:분:초의 결과를 얻을 수 있다.	
%tr	"%tI:%tM:%tS %tp"라는 문자열로 포맷을 정의한 것과 같이 [15:35:30 오후] 형식의 결과를 얻을 수 있다.	
%tD	"%tm/%td/%ty"라는 문자열로 포맷을 정의한 것과 같이 [04/20/05] 형식의 월/일/년의 결과를 얻을 수 있다.	
%tF	"%tY-%tm-%td"라는 문자열로 포맷을 정의한 것과 같이 [2005-04-20] 형식의 결과를 얻을 수 있다.	
%tc	"%ta %tb %td %tT %tZ %tY"라는 문자열로 포맷을 정의한 것과 같이 [수 4월 20 15:35:30 KST 2005] 형식의 결과를 얻을 수 있다.	

다음은 위의 합성 포맷방식에서 사용되는 문자셋을 이용하여 일반적인 포맷방식을 사용했을 때보다 간편하게 사용할 수 있음을 보여주는 예제다.

```
예제 4-38    FormatterEx6

01  import java.util.*;
02  class FormatterEx6{
03
04      public static void main(String[] args){
05          Formatter f = new Formatter();
06          Calendar now = Calendar.getInstance();
07          f.format("%tR%n", now);
08          f.format("%tT%n", now);
09          f.format("%tr%n", now);
10          f.format("%tD%n", now);
11          f.format("%tF%n", now);
12          f.format("%tc", now);
13
14          System.out.println(f.toString());
15      }
16  }
```

```
11:06
11:06:31
11:06:31 오전
07/01/15
2015-07-01
수 7월 01 11:06:31 KST 2015
```

[그림 4-57] FormatterEx6 실행결과

▶▶▶ 01행: import 선언. Formatter 클래스를 사용하려면 Formatter가 위치하고 있는 패키지(폴더)를 현재 객체에서 인식해야 하므로 import문으로 util 패키지의 모든 내용을 인식하고 있다.

04행: 프로그램의 시작 부분.

05행: 객체 생성. Formatter 객체를 명시적 생성하여 참조값을 f라는 변수에게 전달한다.

06행: 객체 생성. 실행 당시의 날짜와 시간정보들을 의미하는 Calendar 객체를 명시적으로 생성하여 해당 참조값을 now라는 변수에게 전달한다.

07행: 객체의 메서드 활용. format( )이라는 메서드를 통하여 Formatter 객체에 주어지는 값들의 출력형식을 정의하게 된다.

07행: [%tR%n]은 주어진 인자값을 t타입(Date/Time)으로 tR이라는 시간제를 적용하였다. 이는 %tH:%tM이라고 정의한 것과 같은 포맷방식이다.

08행: 객체의 메서드 활용. [%tT%n]은 주어진 인자값을 t타입(Date/Time)으로 tT라는 시간제를 적용하였다. 이는 %tH:%tM:%tS라고 정의한 것과 같은 포맷방식이다.

09행: 객체의 메서드 활용. [%tr%n]은 주어진 인자값을 t타입(Date/Time)으로 tr라는 시간제를 적용하였다. 이는 %tI:%tM:%tS %tp 라고 정의한 것과 같은 포맷방식이다.

10행: 객체의 메서드 활용. [%tD%n]은 주어진 인자값을 t타입(Date/Time)으로 tD라는 날짜형식의 표현법을 적용하였다. 이는 %tm/%td/%ty라고 정의한 것과 같은 포맷방식이다.

11행: 객체의 메서드 활용. [%tF%n]은 주어진 인자값을 t타입(Date/Time)으로 tF라는 날짜형식의 표현법을 적용하였다. 이는 %tY−%tm−%td라고 정의한 것과 같은 포맷방식이다.

12행: 객체의 메서드 활용. [%tc]는 주어진 인자값을 t타입(Date/Time)으로 tc라는 날짜형식의 표현법을 적용하였다. 이는 %ta %tb %td %tT %tZ %tY라고 정의한 것과 같은 포맷방식이다.

14행: 출력문. f라는 Formatter 객체의 참조변수가 가지는 포맷 형식을 문자열로 생성하여 출력한다.

배열

앞에서 기본 문법을 익히고 클래스와 객체 개념을 알아보고 이제 배열까지 진입했다. 여기서 타 언어를 조금이라도 경험해본 독자들은 아마 "배열이 다~ 그렇지 뭐!?"라는 생각에 조금은 여유가 생길 수도 있다. 하지만 자바에서 얘기하는 배열은 C와 같은 다른 언어에서 얘기하는 것과는 조금 차이점이 있으니 다시 한번 집중해서 공부하도록 하자. 아래의 그림은 자바에서 배열을 구별하는 방법이다.

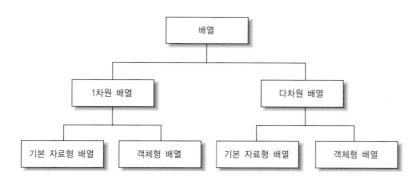

[그림 4-58] 배열의 종류와 구분

배열에 대해서 정의부터 하자면 "배열은 같은 자료형들끼리 모아두는 하나의 묶음"이다. 이런 배열을 쓰는 가장 큰 이유 중 하나가 자료 관리가 편하다는 것에 있다. 예를 들자면 int형 변수 10개 정도가 필요하다고 가정해 놓고 각각의 변수 이름을 생각해 내려면 그것 또한 여간 힘든 일이 아닐 수 없다. 하지만 배열로 작업하게 되면 이런 수고를 덜게 된다. 그리고 한 가지 더 중요한 것은 자바에서 하나의 배열은 하나의 객체로 인식된다는 점이다. 그리고 배열의 형태 는 1차원과 다차원으로 나누어지며 그 안에서의 종류는 기본 자료형 배열과 객체형 배열 두 가지 종류로 나누어진다.

❶ 1차원 배열

1차원 배열이란 같은 자료형끼리 모아둘 수 있는 묶음이 하나밖에 없는 것을 의미하며 2단 책꽂이가 아닌 1단 책꽂이라고 생각하면 이해가 빠를 것이다.

[**그림 4-59**] 책들의 집합체(1차원 배열)

위 그림과 같이 책들을 모아두는 것을 우린 일상 생활에서 책꽂이라고 한다. 이는 책이라는 것을 모아두고 관리 또한 편하게 하기 위해 사용되는 것이며 이것은 다름 아닌 책들의 배열이라고 할 수 있다. 누군가가 이에 대한 필요성을 느끼고 만들어 놓은 하나의 물건(객체)인 것이다. 그리고 이것을 많은 사람들이 필요에 따라 재사용하고 또는 더 나아가 확장하여 사용하고 있는 객체인 것이다.

그러므로 객체지향 언어인 자바에서 자료를 모아두거나 또는 담아두는 구조를 하나의 객체로 인식하는 것이 그렇게 이상한 일은 아니며 어떻게 보면 당연한 일이다.

그럼 여기서 책꽂이가 하나의 객체라는 것은 인정할 수 있을 것이다. 그렇다면 그 책꽂이라는 객체를 사용자가 필요할 때마다 참조하여 사용 할 수 있도록 참조변수가 당연히 있어야 한다. 예를 들면 책상 위에 있는 책꽂이에서 2번째 책, 또는 화장실의 책꽂이에서 2번째 책, 이런 식으로 책꽂이의 정확한 경로 또는 참조변수가 있기 때문에 사용자가 원하는 책을 정확히 참조할 수 있게 된다.

이제 위에서 얘기한 기본 자료형 배열(PrimitiveType Array)과 객체형 배열(Reference Type Array)중 기본 자료형 배열부터 알아보자.

기본 자료형 배열

기본 자료형 배열이란 이름에서도 알 수 있듯이 boolean, char, int, float 등과 같이 기본 자료형들을 가지고 배열을 생성하는 것을 말한다. 그럼 이쯤에서 배열의 단계적인 작업을 익혀두면 앞으로 배열을 사용하는 데 있어 많은 도움이 될 것이다.

■ **배열 선언(char[ ] ch; 또는 char ch[ ];)**

boolean형도 아니고 int형도 아닌 오로지 char형만 저장할 수 있는 하나의 묶음(배열)을
선언하는 부분이며 그 묶음(배열)을 참조할 수 있는 참조변수가 바로 ch다. 여기까지는 단
순히 선언만 했을 뿐 실제 배열 객체가 생성되는 부분은 아니다.

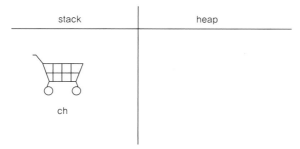

[그림 4-60] 배열 생성 1단계(선언)

■ **배열 생성(ch = new char[4];)**

new 연산자를 통해 배열 객체가 명시적으로 생성되는 단계다. 이때 char형을 저장할 수
있는 공간을 총 몇개까지 하겠다고 정한 후 묶음(배열)의 길이를 명시해야 한다. 왼쪽의 코
딩 내용을 보면 4개짜리 배열을 생성했다.

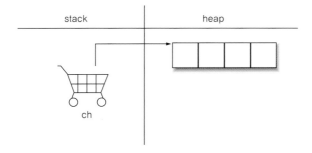

[그림 4-61] 배열 생성 2단계(생성)

■ **배열 초기화(ch[0] = 'J'; ch[1] = 'a'; ch[2] = 'v'; ch[3] = 'a';)**

생성 단계에서는 이미 기본적인 값으로 초기화가 되지만 원하는 프로그램의 움직임을 가
져오기 위해서는 초기화 작업을 해야 한다.

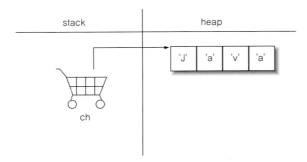

[그림 4-62] 배열 생성 3단계(초기화)

위 내용을 보면 1단계에서의 선언은 ch라는 변수에 char형 배열만 들어갈 수 있다는 선언에 불과하다. 다른 그 어떠한 것도 안 되며 2단계에서 지정된 길이만큼 배열에 사용될 char 요소들을 준비하고 그것으로 heap 영역에 배열 객체가 생성된다. 그 주소를 ch라는 변수에게 전달하여 배열 객체를 참조하도록 한 것이다.

3단계에서의 작업은 비록 단순한 것 같지만 사실 배열의 특징을 나타내는 부분이라고 할 수 있다. 저자가 말하려는 요점을 정리하자면 다음과 같다.

- 배열의 각 요소들은 항상 참조변수명을 통해야 한다.
- 배열의 요소들은 각각을 참조할 수 있는 index값을 가지는데, 항상 첫 번째 요소의 index값이 0부터 시작한다.
- 배열은 하나의 객체다.
- 배열의 길이를 구하려면 참조변수명을 통해 length라는 예약어를 사용하여 얻을 수 있다.

이제 위의 내용을 익혀보는 예제를 다뤄보도록 하자. 아무래도 예제의 중심은 배열 선언과 생성을 어떻게 하며, 초기화 작업을 어떻게 하는지에 맞춰야 하겠다.

예제 **4-39**	ArrayEx1	

```
01  class ArrayEx1{
02      public static void main(String[] args){
03          char[] ch; // 배열 선언
04          ch = new char[4]; // 배열 생성
```

```
05
06              // 배열 초기화
07              ch[0] = 'J';
08              ch[1] = 'a';
09              ch[2] = 'v';
10              ch[3] = 'a';
11
12              // 배열 내용 출력
13              for(int i = 0 ; i < ch.length ; i++)
14                      System.out.println("ch["+i+"]:"+ch[i]);
15      }
16 }
```

```
ch[0]:J
ch[1]:a
ch[2]:v
ch[3]:a
```

[그림 4-63] ArrayEx1 실행결과

▶▶▶ 03행: 배열 선언. char형 배열 객체만 담을 수 있는 ch라는 변수를 선언한다.

04행: 배열 객체 생성. char형 변수 4개짜리를 하나로 묶는 배열을 생성하여 3행에서 선언된 ch라
는 변수에 생성된 배열의 참조변수를 전달한다.

07행~10행: 배열 초기화. ch배열의 0번째 index에 "J"를 추가한 것이다. 두 번째 char형 변수는
ch의 index 1이 된다. 이와 같이 index값으로 접근하여 각각의 char형 변수들에게 임의의 char
형 자료로 초기화하고 있다.

13행~14행: 출력 반복문. 현재 반복문은 배열의 길이만큼 반복적으로 수행하는 문장이다. 여기서
중요한 것은 for문 내의 조건식에서 ch.length라는 문장이며 이는 ch가 가리키는 배열 객체의 길
이를 뜻한다. 결국 i라는 변수의 값이 0부터 4보다 작을 때까지 4번에 걸쳐 반복적으로 출력문을
수행한다는 것이다. 이는 배열 객체 내에 있는 4개의 요소들을 각각 접근하기 위한 index값으로 i
라는 변수를 이용하여 하나씩 출력하는 것이 된다.

그럼 배열은 항상 위의 단계별로만 생성할 수 있는 것인가? 그건 그렇지 않다. 다음은 배열을 위의 단계별 내용을 다른 방법으로 생성한 예다.

① char[] ch = new char[]{ 'J', 'a', 'v', 'a' };

또는 다음과 같이 사용한다.

② char[] ch = { 'J', 'a', 'v', 'a' };

위의 내용 ①, ②는 서로가 같은 내용이며 이는 배열의 각 요소에 대입될 초기값들을 이미 알고 있을 때 많이 사용되는 코드 내용이다. 즉, 앞서 얘기한 1, 2, 3단계순으로 움직이는 선언, 생성, 초기화 작업을 한번에 해결하는 방법이다.

객체형 배열

객체형 배열은 기본 자료형 배열과 다를 것이 없지만 단지 다른 것이 있다면 char형이나 int형과 같은 기본 자료형들의 묶음(집합)이 아니라 말 그대로 객체를 참조하는 참조변수들의 묶음(집합)을 객체형 배열이라 하며 다르게는 참조형 배열이라고도 한다.

객체형 배열은 집집마다 우편함을 한 곳에 모아둔 것과 같다. 각 우편함들은 나름대로 특정한 가정이라는 객체의 주소를 대신하는 것을 의미하며 이들의 묶음(집합)이 곧 참조형 배열 또는 객체형 배열이된다. 그럼 예제를 통해 객체형 배열을 살펴보자.

예제 4-40 ObjArrayEx1

```
01  class ObjArrayEx1 {
02      public static void main(String[] args){
03          String[] arr;
04          arr = new String[3];
05
06          arr[0] = "Java ";
07          arr[1] = "Array ";
08          arr[2] = "Test";
09      }
10  }
```

▶▶▶ 02행: 프로그램 시작 부분. 자바의 모든 응용프로그램은 main( ) 메서드로부터 시작한다. 이 main( ) 메서드에 관해서는 5장에서 설명하겠다. 지금은 프로그램이 어떻게 진행하는지 파악할 수 있도록 중심을 잡아보자.

03행: 배열 선언. String 객체만 저장할 수 있는 배열을 식별자로 arr이라고 하면서 stack 영역에 선언만 되어 있을 뿐이다.

04행: 배열 객체 생성. 비로소 String 객체를 저장할 수 있는 배열이 heap 영역에 생성되면서 생성된 배열 객체의 주소를 다음 그림과 같이 참조변수 arr에게 전달한다.

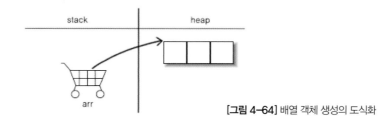

[그림 4-64] 배열 객체 생성의 도식화

06행~08행: 배열의 초기화. 배열이 차지하게 되는 메모리의 구조를 추상적으로 그려보자. arr이 참조하는 배열의 0번지(arr[0])에 "Java"라는 String 객체를 저장하고, 1번지(arr[1])에는 "Array"라는 String 객체를 저장하고, 2번지(arr[2])에는 "Test"라는 String 객체를 저장시켜 배열의 초기화 작업을 마무리한다. 다음 그림을 참조하자.

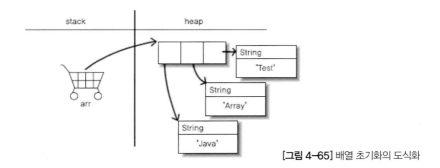

[그림 4-65] 배열 초기화의 도식화

위 그림을 보면 알 수 있듯이 배열의 요소들은 실제 문자열 리터럴("Java"와 같은 문자열 상수)를 가지는 것이 아니라 String 객체의 참조변수를 가지는 것이다.

위의 예제는 결과물은 없지만 배열이 어떻게 선언되고 생성되어 사용되는지를 알 수 있는 기본 예제다. String 배열 arr에 "Java", "Array", "Test" 문자열을 저장하고 arr의 내용을 차례로 출력해보자.

```
01  class ObjArrayEx2 {
02      public static void main(String[] args){
03          String[] arr = {"Java", "Array", "Test"}
04
05          for(int i = 0 ; i < arr.length ; i++) {
06          System.out.println("arr["+i+"]:"+arr[i]);
07      }
08  }
```

▶▶▶ 02행: 프로그램 시작 부분.

03행: String 객체형의 배열만 저장할 수 있는 arr이라는 참조변수에 Java, Array, Test라는 String 객체형 배열의 주소를 대입시킨다.

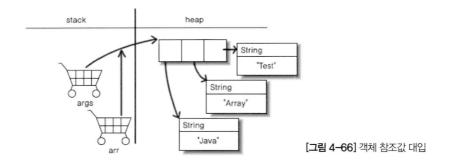

[그림 4-66] 객체 참조값 대입

05행~06행: 배열을 순차적으로 반복하며 index에 들어가 있는 내용을 화면에 출력한다.

❷ 배열을 이용한 개선된 루프

개선된 루프(Enhanced for Loop)는 한마디로 컬렉션들과 배열을 반복적으로 사용할 때 iterator들과 인덱스 변수들로 인한 불편함과 오류 발생 가능성을 줄여준다. 그럼 여기서 배운 배열을 가지고 개선된 루프를 적용하여 결과를 출력하는 간단한 예제를 작성해보자.

예제 4-42 ObjArrayEx3

```
01  class ObjArrayEx3 {
02      public static void main(String[] args){
03          String[] arr = {"윤아","♡","윤서"};
04
05          for(String s : arr)
06              System.out.print(s);
07      }
08  }
```

```
윤아♡윤서
```

[그림 4-67] ObjArrayEx3 실행결과

▶▶▶ 02행: 프로그램 시작 부분.

03행: 배열 생성/초기화. "윤아"라는 String 객체와 "♡"와 "윤서"라는 String 객체를 초기값으로 하는 String형 배열 객체를 생성하여 그의 참조값을 arr에게 전달한다.

05행~06행: 반복문. 개선된 루프가 적용되었다. for문에서 사용된 :은 in으로 읽어 "for each String s in arr"이라 분석할 수 있다. 컴파일러가 내부적으로 arr이 참조하는 배열의 요소들을 순차적으로 변수 s에게 하나씩 전달하고 그 결과를 6행에서 출력하여 확인한다.

앞서 구현해본 [예제 4-41] ObjArrayEx2와 지금의 [예제 4-42] ObjArrayEx3에서 for문만 간단하게 비교해보자.

- [예제 4-41] ObjArrayEx2의 for문 : **for(int i = 0 ; i < arr.length ; i++)**
  int형 변수 i를 arr이 참조하는 배열의 요소들을 접근하기 위한 index 변수로 사용하고 있다. 하지만 반복문 내에서는 항상 이런 index 변수들이 중복되지 않도록 신경을 써야 하며 간혹 프로그래머의 실수로 IndexOutOfBoundsException과 같은 실행 시 예외가 발생하는 불편함이 있었다.

- [예제 4-42] ObjArrayEx3에서의 개선된 루프문 : **for(String s : arr)**
  위 코드에서 알 수 있듯이 우선 간편하다. 배열에서 개선된 루프를 사용하면 내부적으로 배열의 요소 접근이 가능하도록 컴파일러가 알아서 해준다. 그러므로 index 변수를 프로그래머가 따로 정의하고 사용할 이유가 없는 것이다. 이러한 이유로 작업이 간편해지고 좋은 코드를 만들어 주는 것이다.

개선된 루프를 사용할 때 주의해야 할 점

이렇게 비교해보니 개선된 루프가 상당히 좋은 기술인 것 같다. 하지만 조금은 걱정되는 부분이 있다. 그것은 바로 요소들의 접근이 내부적으로 이루어짐으로 index 변수가 숨겨지는 것이다. 이렇게 index 변수가 숨겨지게 되면 요소를 삭제하거나 교환 작업을 하지 못한다.

요소를 접근하는 index 변수가 없는데 어떻게 특정한 요소를 삭제 또는 교환을 할 수 있겠는가? 그러므로 특정 요소에 대해 별도의 작업을 해야 하는 반복문에서는 사용할 수 없음을 기억하자.

❸ 오토박싱과 언박싱

이 기능은 int형과 같은 기본 자료형들을 일일이 Integer와 같은 wrapper 클래스 타입으로 변환해 주거나 또는 반대로 Integer와 같은 객체가 가지는 값을 다시 int형과 같은 기본 자료형으로 변환할 때의 불편함을 해소했다.

다음은 오토박싱과 언박싱을 적용한 예제다.

예제 **4-43**   AutoboxingEx2

```
01  class AutoboxingEx2 {
02
03      Integer var;
04      public void setInt(int i){
05          var = i;
06      }
07      public Integer getInt(){
08          return var;
09      }
```

```
10        public static void main(String[] args){
11            AutoboxingEx1 a1 = new AutoboxingEx1();
12            a1.setInt(10000);
13            int res = a1.getInt();
14            System.out.println("res :"+res);
15        }
16  }
```

```
res :10000
```

[그림 4-68] AutoboxingEx2 실행결과

▶▶▶ 10행: 프로그램 시작 부분.

11행: 객체 생성. main( ) 함수를 가지는 현재 객체를 생성하여 a1에 참조값을 대입한다.

12행: 멤버 메서드 호출. 객체의 참조변수인 a1을 통해 setInt( ) 메서드를 호출하면서 10000이라는 정수를 전달하였다.

04행~06행: 정수값을 인자로 받아 메서드 수행. Integer라는 wrapper 클래스 타입의 멤버변수인 var에 인자로 넘어온 10000을 넣어주는 부분이 이해하기 힘들다. JDK

5.0에 오면서 컴파일러가 내부적으로 Integer라는 wrapper 객체를 생성하여 대입하는 과정까지 대신 해주므로 코드의 내용이 간편해진 것이다.

13행: 지역 변수 선언과 멤버 메서드 호출. int형의 res라는 변수를 선언하면서 11행에서 생성한 a1을 통해 getInt( ) 메서드를 호출하여 반환되는 값으로 초기화한다. 이때 반환되는 것은 Integer라는 객체지만 컴파일러에 의해 자동 변환작업이 수행되어 int형으로 받게 된다.

14행: 출력문. 변수 res의 값을 확인하기 위해 출력한다.

다음은 개선된 루프를 적용한 오토박싱과 언박싱 예제다.

예제 4-44   AutoboxingEx3

```
01  class AutoboxingEx3 {
02
```

```
03        public static void main(String[] args){
04            Integer[] var = {100,200,300};
05
06            for(int i : var)
07                    System.out.println(i);
08        }
09 }
```

```
100
200
300
```

[그림 4-69] AutoboxingEx3 실행결과

▶▶▶ 03행: 프로그램 시작 부분.

04행: 배열 생성. Integer라는 wrapper 클래스 타입의 배열을 생성한다. 이때 이전 버전이라면 현재 내용은 당연히 오류이며 다음과 같아야 한다.

Integer[ ] var = {new Integer(100), new Integer(200), new Integer(300)};

06행~07행: 반복문. 개선된 루프의 내용이며 var이 Integer 객체형 배열이지만 컴파일러에 의해 int형으로 자동 변환이 가능하므로 "for each int i in var"로 적용하였다.

지금까지 배운 내용을 가지고 간단하게 오토박싱/언박싱 예제를 알아보았다. 여기에 컬렉션과 제네릭을 더한다면 효율성이 더욱 높은 예제가 나오겠지만 앞으로 배워야 할 부분이므로 그때 가서 다루도록 하겠다.

저자가 생각하는 오토박싱/언박싱이라는 특징은 자바가 완전한 객체지향 언어로 거듭나기 위한 노력이라 생각한다. 자바의 자료형은 기본 자료형과 객체 자료형으로 나누어져 있다고 했다. 모든 것이 객체로 인식될 때 완전한 객체지향 언어라 할 수 있지 않겠는가? 그러므로 오토박싱/언박싱 특징의 목적은 단순히 어떠한 근본적 변화가 아닌 기본 자료형과 객체 자료형간의 차별을 없애는 데 있다(완전한 객체 지향을 꿈꾸며⋯).

❹ 다차원 배열

다차원 배열이란 1차원 배열 이상을 의미하며 1차원 배열이 여러 개 모인 것을 다차원 배열
이라고 한다. 설명이 너무 간단하게 끝이 난 것 같지만 이게 전부다. 그리고 1차원 배열에서
배웠던 배열의 선언과 생성법은 다차원 배열에서도 똑같이 사용된다. 우선 고정적 길이 배열
의 선언에서부터 초기화 작업까지의 내용을 본 후 계속 이어가도록 하자.

고정적 길이 배열

지금까지 배열을 사용한 예제들을 살펴보면 배열의 크기를 알리는 정수를 이용하여 배열을
생성해왔다. 이는 배열의 크기를 지정하여 고정적인 배열을 생성하는 방법이므로 이런 고정
적 길이 배열은 크기를 변경할 수 없음을 기억하자.

■ 고정적 길이 배열 정의와 생성법

```
int[][] test; // 다차원 배열 선언
test = new int[저장될 1차원 배열의 수][각 1차원 배열의 길이];
```

위의 설명대로 다음과 같이 생성한다고 해보자.

```
test = new int[2][3];
```

int형 자원을 3개 저장할 수 있는 1차원 배열 객체 2개를 가질 수 있는 다차원 배열의 생
성이다. 이후로는 절대로 배열의 크기를 변경할 수 없음을 명심하자. 예제를 살펴보자.

> 배열 작업 시 주의사항 : int[ ][ ] test ; 또는 char[ ] ch; 와 같은 것이 선언부분이므로 자바에서는 이를 절대 int[2][3] test; 또는
> char[3] ch;와 같이 길이를 명시하면서 배열을 선언하지 않는다. 이것은 어디까지나 선언 부분이므로 어떤 형태의 배열을 만들겠다고 정
> 의만 해주면 된다.

예제 4-45   ObjArrayEx4

```
01  class ObjArrayEx4 {
02      public static void main(String[] args){
03          int[][] test; // 다차원 배열 선언
04          test = new int[2][3];
05          test[0][0] = 100;
06          test[0][1] = 200;
07          test[0][2] = 300;
```

```
08              //--------------------- 1행 초기화 끝
09              test[1][0] = 500;
10              test[1][1] = 600;
11              test[1][2] = 700;
12              //--------------------- 2행 초기화 끝
13          }
14  }
```

▶▶▶ 02행: 프로그램 시작 부분.

03행: 배열 선언. int형 자료만 저장할 수 있는 다차원 배열을 식별자로 test라고 하면서 stack 영역에 선언만 되어 있을 뿐이다.

04행: 배열 객체 생성. 다차원 배열(2행 3열짜리)을 생성한다. 이것은 1차원 배열 두 개를 저장할 수 있는 배열이며 각 1차원 배열은 int형 자료 3개씩 저장할 수 있는 배열이다.

05행~11행: 초기화 작업. 배열의 요소들을 접근할 수 있는 index값을 사용하여 배열의 초기화 작업을 하고 있다. 다음 그림을 보고 각 index의 위치를 확인해보자.

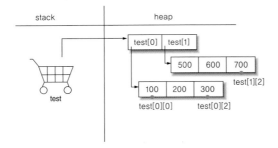

[그림 4-70] 다차원 배열의 구조와 접근 index값

위 해설의 도식화된 그림을 보고 다차원 배열의 요소들을 출력해보자.

예제 **4-46** ObjArrayEx5

```
01  class ObjArrayEx5 {
02      public static void main(String[] args){
```

```
03              int[][] test; // 다차원 배열 선언
04              test = new int[2][3];
05              test[0][0] = 100;
06              test[0][1] = 200;
07              test[0][2] = 300;
08              //-------------------- 1행 초기화 끝
09              test[1][0] = 500;
10              test[1][1] = 600;
11              test[1][2] = 700;
12              //-------------------- 2행 초기화 끝
13
14              for(int i = 0 ; i < test.length ; i++){
15                      for(int j = 0 ; j < test[i].length ; j++)
16                              System.out.println("test["+i+"]["+
17                                              j+"]:"+test[i][j]);
18
19              }
20      }
21 }
```

```
test[0][0]:100
test[0][1]:200
test[0][2]:300
test[1][0]:500
test[1][1]:600
test[1][2]:700
```

[그림 4-71] ObjArrayEx5의 실행결과

▶▶▶ 14행~19행: 반복문. test.length라 하여 test라는 배열 객체의 길이만큼 반복하는 for문이 시작하였다. 앞서 그림을 확인해보면 알 수 있듯이 test가 참조하고 있는 곳의 길이는 2가 되어 2번을 반복하는 반복문이다. 여기서 쓰인 변수 i는 저장된 각 1차원 배열을 접근할 수 있는 index값으로 쓰인다. 다음 15행에서 정의되는 내부 for문을 살펴보면 test[i].length라 하여 test라는 배열의 i번째 요소가 참조하는 1차원 배열의 길이만큼 반복하는 내부 for문이다. 즉, 변수 i값이 0일 때 순차적으로 0,1,2라는 값으로 변하는 변수 j가 특정 1차원 배열의 각 요소들을 접근하는 index값이 된다.

위 예제의 15행에서 사용된 test[i].length는 test라는 다차원 배열의 i번째 요소가 참조하는 1차원 배열의 길이를 뜻하는 것이다. 현 예제가 고정길이 배열 예제이므로 사실은 test[i].length 대신에 3이라고 정의해도 프로그램 진행상 문제될 것이 없다. 하지만 다음에 공부하는 가변적 길이 배열에서는 다르므로 숙지하기 바란다.

가변적 길이 배열

이는 앞서 배운 고정적 길이 배열과 반대로 다차원 배열에 저장되는 각 1차원 배열들의 길이를 다르게 지정하면서 배열이 생성되는 것을 의미한다.

■ 가변적 길이 배열 정의와 생성법

```
int[][] test; // 다차원 배열 선언
test = new int[저장될 1차원 배열의 수][];
```

다음과 같이 배열을 생성한다고 해보자.

```
test = new int[2][];
```

int형 자원을 저장하는 1차원 배열 객체 2개를 가지는 다차원 배열의 생성이다. 저장될 1차원 배열들의 길이를 지정하지 않았으므로 다차원 배열이 가지는 1차원 배열들의 길이는 서로 달라도 상관없다. 이 때문에 가변적 길이 배열이라 하고 생성법에는 3가지가 있다.

| 예제 **4-47** | ObjArrayEx6 |

```
01  class ObjArrayEx6 {
02      public static void main(String[] args){
03          int[] t1 = {1,100};
04          int[] t2 = {20,200,2000,20000};
05
06          int[][] test = new int[2][]; // 다차원 배열 선언과 생성
07          test[0] = t1;
08          test[1] = t2;
09
10          for(int i = 0 ; i < test.length ; i++){
11              for(int j = 0 ; j < test[i].length ; j++)
```

```
12                          System.out.println("test["+i+"]["+
13                                  j+"]:"+test[i][j]);
14                    System.out.println("----------------");
15              }
16          }
17  }
```

```
test[0][0]:1
test[0][1]:100
----------------
test[1][0]:20
test[1][1]:200
test[1][2]:2000
test[1][3]:20000
----------------
```

[그림 4-72] ObjArrayEx6 실행결과

▶▶▶ 02행: 프로그램 시작 부분.

03행: 배열 객체 생성. 1차원 배열의 선언과 생성, 그리고 int형 자료인 1과 100으로 초기화하여 t1에 대입한다.

04행: 배열 객체 생성. 1차원 배열의 선언과 생성, 그리고 int형 자료인 20과 200, 2000, 20000으로 초기화하여 t2에 대입한다.

06행: 다차원 배열 선언과 생성. int형 자료만 저장할 수 있는 다차원 배열을 선언하면서 int형 1차원 배열을 2개만 저장할 수 있는 길이만 지정하여 배열을 생성하였다.

07행: 초기화. test[0]은 test라는 다차원 배열의 첫 번째에 위치한 1차원 배열을 의미하며 그곳에 t1이라는 1차원 배열을 대입하였다.

08행: 초기화. test[1]은 test라는 다차원 배열의 두 번째에 위치한 1차원 배열을 의미하며 그곳에 t2라는 1차원 배열을 대입하였다.

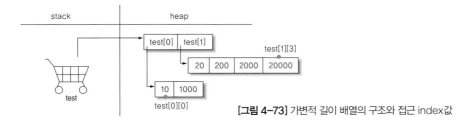

[그림 4-73] 가변적 길이 배열의 구조와 접근 index값

10행~15행: 다차원 배열의 요소 출력. 위 그림을 보면 할 수 있듯이 test.length라 하면 test가 참
조하고 있는 곳의 길이이므로 2가 되어 두 번을 반복하는 for문의 시작이다. 저장된 1차원 배열
들을 각각 참조하여 수행하게 되며 11행에서 정의된 내부 for문이 바로 각 1차원 배열의 요소들
을 처리하는 반복문이다. 첫 번째 배열인 test[0]의 1차원 배열은 두 번 반복하고, 두 번째 배열인
test[1]은 4번 반복한 후 결과를 출력한다.

다음은 3행에서 8행까지의 내용을 다음과 같이 변경하여 다차원 배열을 생성하는 데 있어
여러 가지 방법을 제시하고 있음을 기억하자.

```
int[][] test = new int[][]{
        {1,100},
        {20,200,2000,20000}
};
// 선언과 생성 그리고 초기화까지 한번에…
```

또는 다음과 같다.

```
int[][] test = {
        {1,100},
        {20,200,2000,20000}
};
// 선언과 생성 그리고 초기화까지 한번에…
```

위 내용들은 선언과 생성 그리고 초기화까지 한번에 처리하는 내용이니 변경하여 확인해
보기 바란다. 이런 방법은 아무래도 초기화되는 자료들을 프로그래머 자신이 명확하게 알
고 있을 때 활용도가 높을 것이다. 이제 배열의 복사 방법을 알아보자.

배열 복사

배열 복사라고도 하지만 배열 합성이라는 말도 쓰인다. 이런 배열 복사에 대한 방법에 앞서
어떤 상황에서 이런 배열 복사를 사용하는지 궁금할 것이다. 우선 배열은 크기가 한번 정의
되면 두 번 다시 변경할 수 없다. 하지만 때에 따라 배열의 크기를 더 크게 늘리고 싶을 때가
있다. 이럴 때 자료형이 동일하고 원하는 크기의 배열을 새롭게 생성하여 준비해 두고 기존
의 배열 요소들을 준비된 배열에 복사하여 붙여 넣으면 작업을 완료할 수 있다. 그리고 나중
네트워크 기술을 다루다 보면 넘어온 정보를 byte형 배열로 받아 어느 특정 배열에 적재하여
처리하는 경우 또한 이런 배열 복사의 필요성을 높여주는 상황이라 할 수 있다.

배열 복사의 기본적인 방법은 java.lang.System 클래스의 arraycopy( ) 메서드로 한다. 그

럼 구성부터 살펴본 후 간단한 예제를 보자.

■ System.arraycopy( )의 구성

```
public static void arraycopy(Object src, int srcPos, Object
dest, int destPos, int length)
```

- src: 소스 배열

- srcPos: 소스 배열의 복사 시작 위치

- dest: 전송처 배열

- destPos: 전송처 자료 내의 복사 시작 위치

- length: 복사되는 배열 요소의 수

예제 4-48	ArrayCopyEx

```
01  class ArrayCopyEx {
02      public static void main( String args[] ) {
03          byte[] ar1 = {11,22,33,44,55};
04      byte[] ar2 = new byte[10];
05      System.arraycopy(ar1, 0, ar2, 3, 5);
06
07      System.out.println("::::::: 원본 배열 :::::::");
08          for(byte n : ar1)
09          System.out.println(n);
10      System.out.println(":::::: 복사본 배열 ::::::");
11          for(byte n : ar2)
12          System.out.println(n);
13      }
14  }
```

```
: : : : : : :  원본 배열 : : : : : :
11
22
33
44
55
: : : : :  복사본 배열 : : : : :
0
0
0
11
22
33
44
55
0
0
```

[그림 4-74] ArrayCopyEx의 실행결과

▶▶▶ 02행: 프로그램 시작 부분.

03행: 배열 객체 생성. 11, 22, 33, 44, 55의 정수를 가지는 byte형 배열을 생성하여 ar1이라는 변수에 대입한다.

04행: 배열 객체 생성. byte형 배열 10개짜리를 생성하여 변수 ar2에 대입한다. 이때 초기값을 0으로 모든 요소에 채워진다.

05행: 배열 복사. ar1이라는 배열의 요소 index값 0부터 복사한다. 그리고 ar2라는 배열의 요소 index값 3부터 5개 칸에 붙여 넣는다.

08행~09행: 반복문. 원본 배열인 ar1의 요소를 모두 출력한다.

11행~12행: 반복문. 복사한 배열인 ar2의 모든 요소를 출력한다.

Varargs

먼저 Varargs(Variable Arguments)가 어떤 장점이 있는지부터 알아보자. JDK 5.0 이전 버전과는 달리 메서드를 정의할 때 인자 정의 부분에서 인자의 자료형 다음으로 '...' 이라고 명시해주면 이를 통해 메서드를 수행하는 데 필요한 인자 목록들을 일일이 배열화해야 하는 불편함을 없애준다.

가변길이의 인자를 가지는 메서드(Varargs)를 제공하면서 이런 문제들이 해결되고 소스코드가 좀더 유연해진 것이 사실이다.

예제 4-49   VarEx1

```
01   class VarEx1{
02
03       public String format(String pattern, int... data) {
04           StringBuffer sb = new StringBuffer();
05
06           for (int i = 0, j = 0; i < pattern.length(); i++) {
07               char c = pattern.charAt(i);
08               if (c == '%') {
09                   sb.append(data[j]);
10                   j++;
11               } else
12               sb.append(c);
13           }// end for
14
15           return sb.toString();
16       }
```

```
17
18          public static void main(String[] args) {
19              VarEx1 v1 = new VarEx1();
20              String msg = v1.format("입력된 값 %,%,%",
21                      100, new Integer(5000), 10);
22              System.out.println(msg);
23
24          msg = v1.format("%이 %보다 많은건가?",
25              new Integer(36), new Integer(28));
26          System.out.println(msg);
27          }
28  }
```

입력된 값 100,5000,10
36이 28보다 많은건가?

[그림 4-75] VarEx1 실행결과

▶▶▶ 18행: 프로그램 시작 부분.

19행: 객체 생성. main( ) 메서드를 가지는 현재 객체를 생성한다.

20행~21행: 변수 선언과 멤버 메서드 호출. 19행에서 생성된 객체 v1을 통해 이때 String형 객체와 100이라는 정수값 그리고 Integer형 객체, 마지막으로 10이라는 정수값들을 인자로 하여 format( ) 메서드를 호출한다. 그리고 반환된 값을 String형인 msg에 전달한다.

03행: 메서드 수행. 첫 인자를 pattern 문자열로 인식하기 위해 String형으로 설정하고, 두 번째 인자부터는 가변길이의 인자 전달 방식을 적용하였다. 앞서 20행에서 현 메서드를 호출할 당시에 int형과 Integer 객체형을 섞어 호출했다. 하지만 우리가 알고 있듯이 JDK 5.0에는 오토박싱/언박싱이라는 특징이 있으므로 모두가 int형 배열로 자동 인식된다.

04행: 객체 생성. StringBuffer 객체를 명시적으로 생성한다.

06행: 반복문의 시작. 초기식에 보면 int형 변수 i와 j가 초기화되고, 인자로 전달된 패턴의 길이만큼 반복하는 반복문이다.

　　📋　C 언어에서 사용되는 for(int i=0, int j=0 ; i < pattern.length(); i++)식으로의 초기식 선언은 자바에서 사용할 수 없다. 유사하므로 주의하기 바란다.

07행: 문자 추출. 첫 번째 인자로 전달된 패턴에서 한 문자를 추출하여 char형 변수 c에게 대입한다.

08행~12행: 분기(비교)문. char형 변수 c의 값이 문자 '%'라면 가변길이의 인자 전달 방식으로 전달된 int형 배열인 data에서 요소를 접근하는 index변수로 j를 사용하여 해당 요소의 자원을 StringBuffer 객체에 추가한다. 만약, char형 변수 c의 값이 '%'가 아니라면 char형 변수 c의 값을 StringBuffer 객체에 추가한다. 이것이 끝나면 13행의 반복문의 끝을 빠져나가게 된다.

15행: 반환문. return문은 반환문이다. 현재 메서드를 호출한 곳으로 StringBuffer 객체에 저장된 자원을 새로운 문자열을 생성하여 그 객체를 반환한다(20행의 msg로 반환된다).

22행: 출력문. 반환받은 문자열을 출력하여 확인한다.

24행~25행: 멤버 메서드 호출. 앞서 똑같은 메서드를 호출하는 데도 20행~21행과는 달리 메서드 호출 시 인자의 수가 다르다. 이번엔 전달되는 자료형은 모두 Integer 객체로 통일되어 있다. 전혀 다른 메서드를 호출하는 듯 하지만 사실 20행~21행에서 호출하는 메서드와 같은 메서드를 호출하고 있고 내부적으로 컴파일러에 의해 Varargs 기능이 적용되었다. 이후의 메서드 움직임은 3행에서 15행의 반환문까지 동일하게 움직이므로 확인만 해보기 바란다.

✩ 요약

1 클래스와 객체의 개념에서 객체는 이미 생성되어 메모리 내에 존재하는 것을 의미한다. 그리고 클래스는 이런 객체를 생성하기 위해 객체의 속성과 동작 등을 추상적으로 디자인한 설계도면과 같은 것이다. 즉, 클래스를 생성하면 메모리 내에 무엇인가 만들어지는데, 그것이 객체다.

2 OOP(Objective-Oriented Programming): 객체지향 프로그래밍은 프로그래밍(정보처리)을 하는 데 있어 최소 단위를 객체로 하는 것이며 그 객체는 최소한의 정보와 그 정보를 다양하게 사용할 수 있도록 처리할 수 있는 능력을 함께 가지고 있어야 한다. 이런 객체를 중심으로 설계를 이루는 것이 객체지향 프로그래밍이다.

3 자바에서의 프로그래밍 단위는 클래스라고 할 수 있다. 클래스의 기본적인 구조를 이해해야만 자바를 알아 갈 수 있는 것이다.

【클래스 구조】

```
class 클래스명 {
    멤버필드;
    생성자;
    멤버 메서드;
}
```

클래스명	
변수 상수	(속성)
생성자	
메서드(동작)	

[그림 4-76] 클래스의 구조

4 접근 제한자(Access Modifiers)란 정보의 은닉 또는 공유를 하기 위해 정보의 접근 규제를 위한 메커니즘 이다.

[표 4-19] 접근 제한자

접근 제한자	설명	
public	모든 접근을 허용한다.	
protected	같은 패키지(폴더)에 있는 객체와 상속관계의 객체들만 접근을 허용한다.	
default	같은 패키지(폴더)에 있는 객체들만 접근을 허용한다.	
private	현재 객체 내에서만 접근을 허용한다.	

5 메서드를 호출할 때 인자 전달방식은 값 호출, 참조 호출, Varargs와 같이 3가지 방법으로 제공된다.

[표 4-20] 전달 방식의 종류

전달 방식	설명
값 호출	전달되는 인자의 값이 기본 자료형임을 의미한다.
참조 호출	전달되는 인자의 값이 객체 또는 배열임을 의미한다.
Varargs	메서드를 호출할 때 전달되는 인자의 수가 가변적 인자를 제공하여 유연함을 더하는 인자 전달 방식이며 JDK 5.0에서 새롭게 제공되는 기능이다.

6 오버로딩(중복정의)이라는 것은 하나의 클래스 내에서 같은 이름을 가지는 메서드(멤버함수)가 여러 개 정의되는 것을 말한다. 이때 메서드명은 반드시 동일해야 하며 메서드에 정의되는 인자의 수나 인자의 자료형이 다른 동일한 이름의 메서드들과 반드시 달라야 하는 규칙이 있다.

7 생성자라는 것은 메모리 내에 객체가 생성될 때 단 한번 호출되어 객체의 구조를 인식하게 하고 생성되는 객체의 멤버변수들을 초기화하는 데 목적을 둔 것이다.

8 this라는 것은 특정 객체 내에서 현재 객체 자신을 의미하는 참조변수다. 그리고 this( )는 현재 자신의 객체 생성자를 의미한다.

9 String 객체 내에는 검색 기능, 절삭 기능, 추출 기능 등의 여러 가지 기능을 담당하는 메서드들이 제공되지만 이들은 모두 String 객체의 값을 직접 수정하는 작업을 하지 못한다. 이유는 String 객체가 불변적(immutable) 특징으로 편집이 불가능하기 때문이다.

10 Formatter 클래스는 JDK 5.0에서 printf-style의 출력 포맷 방법을 제공해주는 새로운 클래스다. 이는 문자열로 전달되는 포맷 형식을 번역하는 하나의 번역기 역할을 하는 클래스인 것이다.

11 배열이란 같은 자료형들끼리 한 곳에 모아두는 묶음과 같은 하나의 객체다. 그리고 배열을 이루는 각각의 변수를 요소라 한다. 배열의 특정 요소를 참조하려면 '배열명[index값]' 형식으로 사용할 수 있다. 여기서 쓰이는 index값은 반드시 정수형이어야 한다.

Chapter 03

☆ 연습문제

1 다음의 조건과 그림을 보고 클래스를 정의하고 구현해보자.

【조건1】

- 클래스 이름은 Animal로 한다.
- 클래스 내부에는 생존 여부를 가리는 속성을 가진다.
- 나이와 이름 정보를 기억하는 속성을 가진다.
- 이름 정보를 바꾸는 기능이 있어야 한다.
- 이름 정보를 반환하는 기능이 있어야 한다.
- 생존여부를 반환하는 기능이 있어야 한다.

Animal
live : boolean age : int name : String
setName( ) getName( ) getLive( )

[그림 4-77] Animal 클래스 구조

【조건2】

- 클래스 이름은 AnimalTest라 한다.
- AnimalTest클래스에는 main() 메서드를 가진다.
- 【조건1】의 Animal 클래스를 이용하여 나이가 3살, 이름이 "큰뿔소"이며 살아있는 객체를 생성하자. 그리고 이름과 생존 여부를 출력해보자.
- 위의 "큰뿔소" 객체의 이름을 "펭귄"으로 변경한 후 이름과 생존 여부를 출력해보자.

AnimalTest
main( )

[그림 4-78] AnimalTest 클래스 구조

2 특정 클래스의 main() 메서드 내에서 "Java Programming"이라는 문자열을 생성하자. 그리고 "va"를 추출하여 출력해보자.

3 위의 예제를 for문과 if문 등을 사용하여 소문자 'r'의 수를 출력해보자.

4 다차원 배열을 생성하고 [조건]과 같이 초기화 한 후 출력해보자.

【조건】

- 클래스 이름은 ArrTest라 한다.
- int[][] arr = new int[4][4];

```
1 0 0 0
0 1 0 0
0 0 1 0
0 0 0 1
```

[그림 4-79] 배열 arr의 출력화면

5 오토박싱/언박싱에 대해서 간단히 기술하라.

클래스 Ⅱ

✳ 학습 목표

- 상속의 개념과 중요성을 익힌다.
- 상속에 이은 다형성을 알아보고 익힌다.
- final 예약어의 활용도를 알아본다.
- 추상화가 무엇인지 알아보고 익힌다.
- 인터페이스가 무엇인지 알아보고 인터페이스 정의법과 사용법을 익힌다.
- 열거형에 대해 알아보고 필요성과 생성법 그리고 활용법을 익힌다.
- 내부 클래스의 개념과 장점 등을 익힌다.

클래스 상속

지금까지 객체에 대한 기본적인 개념을 익혀보았다. 조금은 어려움을 느끼는 독자들도 있을 것이다. 하지만 그것은 익숙하지 못해서 나오는 자연스러운 것이므로 너무 걱정하지 말자. 이런 점들을 극복하고 익숙하게 만드는 것이 중요하며 이런 부분들을 이 책이 도와줄 것이다. 단, 눈으로 보는 학습법은 좋은 방법이 못 된다. 직접 코드를 입력하며 머리로 생각해야함을 잊지 말자.

상속이란 부모가 보유하고 있는 재산 중 일부를 자식이 물려받는 것을 의미한다. 어제까지만 해도 나의 전 재산은 17,000원이었다. 하지만 오늘 10억원의 재산과 훌륭한 자동차를 상속받았다면 현재 나의 전 재산은 10억하고도 17,000원 그리고 자동차까지 포함된다. 이처럼 상속이라는 것은 확장성과도 직결된다는 얘기다.

[그림 5-1] 상속개념의 도식화

이런 현실적 상속 개념이 객체지향 언어에도 적용되는데, 이것이 바로 클래스간의 관계라 할 수 있다. 그리고 자바에서 얘기하는 클래스간의 관계는 다음 표와 같이 나눌 수 있다.

[표 5-1] 클래스 관계의 종류

구분	클래스 관계
[has a]	특정 객체 내에서 다른 객체를 가지고 있는 것을 의미한다.
[is a]	특정 객체가 다른 객체에게 자신의 능력을 포함시켜주는 상속 관계를 의미한다.

여기서 얘기하려는 것은 클래스 관계 중 [is a]에 속하는 것이 상속이며 이런 상속에 대한 장점은 super 클래스의 일부 기능을 sub 클래스에서 그 어떠한 제재(制裁)를 받지 않고 사용할 수 있게 한다는 것이다. 그리고 그 작업의 효율을 높이고 결과를 쉽고 빠르게 얻을 수 있게 만드는 점도 장점이다.

❶ 상속의 개념과 중요성

클래스의 상속

자바 클래스의 상속은 단일 상속이다. 따라서 자바에서는 클래스간의 다중 상속을 지원하지 않는다. 물론, 다중 상속이 지원되는 타 언어의 프로그램을 보면 거기에 대한 편리함을 무시할 수 없다. 그런데 자바에서는 이렇게 좋은 것을 왜 포기했을까?

자바 프로그래밍의 단위인 클래스가 다중 상속을 지원하게 되면 생성되는 객체의 명확성은 떨어지게 될 것이다. 사람으로 따지면 대한민국 국민이면서 미국이나 다른 나라 국적을 가진 이중국적 관리대상자들과 같겠다. 이쪽 나라에서 세금 좀 내라고 하면 자신은 저쪽나라 사람이니 이렇게 하겠다고 하여 탈세하고 또는 저쪽나라에서 군대가라고 하면 자신은 이쪽 나라 사람이니 그럴 필요가 없다고 하게 되니 사실 살아가는 데 있어 상당히 편리하다. 하지만 자바의 개발환경에서는 객체 자신의 뿌리가 없어지고 명확성이 떨어지므로 객체에 대한 신뢰가 낮아진다. 적어도 자바에서 얘기하는 객체지향 개발 환경에서는 객체의 애매모호함이 많이 생기게 된다(마치 한 사람이 김씨이면서 이씨이기도 하고 강씨이기도 한 것처럼...). 그러므로 자바에서는 각 객체를 명확하게 구별하기 위해서 정확한 상속 구조를 가지는 것이다. 따라서 다중 상속의 편리함은 인정하지만 자바에서 얘기하는 완전한 객체지향 개념에는 그다지 필요성이 없다고 보는 것이다.

정리하자면 자바에서 얘기하는 상속이라는 것은 특정 클래스가 가지는 일부 속성과 기능을 다른 새로운 클래스에게 제공하기 위해 맺는 클래스간의 관계를 말한다. 이때 기억해야 할 용어가 몇 가지 있는데, 이는 다음과 같다.

[표 5-2] 상속관계의 용어

용어	설명
Base Class(기본 클래스) Super Class(슈퍼 클래스) Parent Class(부모 클래스)	왼쪽의 용어가 모두 같은 뜻을 의미하며 이는 상속을 주기 위해 준비된 특정 클래스를 의미한다.
Derivation Class(유도 클래스) Sub Class(하위 클래스) Child Class(자식 클래스)	왼쪽의 용어가 모두 같은 뜻을 의미하며 이것은 특정 클래스로부터 상속을 받아 새롭게 정의되는 클래스를 의미한다.

클래스 상속이라 함은 super 클래스를 새로운 sub 클래스에서 'extends'라는 예약어를 사용하여 서로 관계를 맺은 상태다. 더 나아가 sub 클래스에서 자신의 멤버들뿐만 아니라 super 클래스의 모든 멤버를 포함하는 상태이며 접근하고 사용할 수 있는 것은 제한되어 있다. 코드의 구성은 다음과 같다.

```
class sub클래스명 extends super클래스명
{
     …;
}
```

만약, 상속을 받지 않았다면 자바에서의 모든 클래스들은 최상위의 클래스인 java.lang. Object 클래스를 묵시적으로 상속받게 된다.

클래스 상속의 중요성

클래스 상속은 객체의 재사용이라는 장점뿐만 아니라 코드의 간결성을 제공해주는 객체지향 언어의 장점과 중요한 특징이 된다. 그러므로 잘 정의된 super 클래스가 있다면 sub 클래스의 작성이 간편해지고 무엇보다 개발 시간이 단축된다는 데 상속의 중요성과 장점을 들 수 있다.

그럼 휴대폰을 통한 간단한 예를 들어 보자. 아래의 예제는 super 클래스로 쓰일 CellPhone 이라는 클래스다. 여기에는 모델명과 전화번호, 그리고 화음수를 기억하는 멤버 필드(변수)

가 존재하며 전화번호를 변경시킬 수 있는 멤버메서드(동작)도 제공한다.

예제 **5-1**	CellPhone

```
01  class CellPhone{
02
03      String model; // 모델명
04      String number; // 전화번호
05      int chord; // 화음
06
07      public void setNumber(String n){
08          number = n;
09      }
10      public String getModel(){
11          return model;
12      }
13      public int getChord(){
14          return chord;
15      }
16      public String getNumber(){
17          return number;
18      }
19  }
```

위의 클래스를 상속받는 D_caPhone이라는 디지털 카메라가 내장된 휴대폰을 클래스로 정의해보자. 추가될 특징은 디지털 카메라의 화소수다.

예제 **5-2**	D_caPhone

```
01  class D_caPhone extends CellPhone{
02
03      String pixel; // 화소수
04      public D_caPhone (String model, String num, int chord, String pixel){
```

```
05          this.model = model;
06          number = num;
07          this.chord = chord;
08          this.pixel = pixel;
09       }
10  }
```

이제 MP3Phone이라 하여 MP3폰을 클래스로 정의해보자. 이 예제의 특징은 파일을 저장할 수 있는 용량에 있다.

예제 5-3   MP3Phone

```
01  class MP3Phone extends CellPhone{
02
03       int size; // 저장 용량
04       public MP3Phone (String model, String num, int chord, int size){
05          this.model = model;
06          number = num;
07          this.chord = chord;
08          this.size = size;
09       }
10  }
```

위 D_caPhone과 MP3Phone 두 클래스를 확인해보면 생성자 내에서 model, number, chord라는 변수들을 참조하고 있다. 하지만 이들 각 클래스 내에는 참조하려는 model과 number 그리고 chord라는 변수들이 존재하지 않는다. 어떻게 이런 일이 가능할 수 있을까? 대답은 간단하다. CellPhone이라는 클래스로부터 상속을 받았기 때문이다.

D_caPhone과 MP3Phone은 가지고 있지 않지만 CellPhone이라는 super 클래스(부모)가 상속을 내려주면서 필요한 멤버들을 포함시켜 주었기 때문이다.

그럼 main( ) 메서드를 구현하고 있는 CellPhoneTest라는 주 클래스를 정의하여 위의 sub

클래스들을 생성한 후 상속구조를 확인해보자.

예제 5-4 CellPhoneTest

```
01  class CellPhoneTest{
02
03      public static void main(String[] args){
04          D_caPhone dca = new D_caPhone(
05              "IN-7600","011-9XXX-9XXXX",60,"400만");
06          MP3Phone mp = new MP3Phone(
07              "KN-600","011-9XXX-9XXXX",60,256);
08
09          System.out.println(dca.getModel()+","+
10              dca.getChord()+","+dca.getNumber());
11      }
12  }
```

```
IN-7600,60,011-9XXX-9XXXX
```

[그림 5-2] CellPhoneTest 실행결과

이렇게 해서 상속관계에 있어 정보의 공유와 상속을 받는 sub 클래스의 작업이 매우 유익함을 알 수 있다. 다음 그림을 살펴보고 상속관계에서 객체를 생성할 때의 구조를 이해해보자.

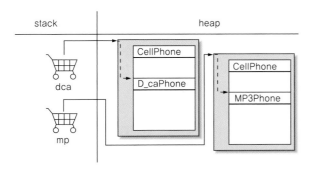

[그림 5-3] 상속관계에서 객체를 생성할 때의 메모리 구조

245

❷ 상속되는 멤버의 제한과 은폐

서로 상속관계가 이루어진 super 클래스의 속성과 동작 중 특별하게 private와 같은 예약어로 접근 제한을 정의하지 않은 멤버들에 대해서는 sub 클래스가 마치 자신의 멤버인 것처럼 사용할 수 있음을 앞서 얘기했다. 하지만 때에 따라서는 이런 멤버들이 작업환경에 맞지 않는 경우가 있다. 이럴 때 sub 클래스의 멤버를 super 클래스와 같은 이름으로 정의하고 작업에 맞도록 좀더 확장하여 사용할 수 있다. 이 때문에 super 클래스에서는 이름이 같은 멤버가 은폐(숨김)되게 되는데, 이를 이어서 공부하게 되는 '오버라이딩(Overriding) 기법'이라 한다.

❸ 오버라이딩

오버라이딩은 '메서드 재정의'라고도 불리며 이는 서로 상속관계로 이루어진 객체간의 관계에서 비롯된다. super 클래스 일부 멤버들을 sub 클래스에서 그 어떠한 제재(制裁)를 받지 않고 마치 자신의 멤버와 같이 사용한다고 했다. 하지만 super 클래스가 가지는 메서드를 sub 클래스에서 똑같이 새롭게 만들게 되면 더 이상 super 클래스에서 이름이 같은 메서드를 호출할 수 없게 된다. 이를 '오버라이딩', 또는 '멤버 은폐'라고도 한다. 이렇게 super 클래스의 기능을 더 확장하고 다른 유형의 객체가 되어 여러 가지 일을 지원하는 것이 객체지향 언어의 특징적 개념이라 할 수 있다. 그럼 규칙부터 알아보자.

오버라이딩의 규칙

오버라이딩 기법을 구현하려면 주어진 규칙을 잘 지켜야 한다. 여기서 갑자기 저자가 '자바'라는 것을 처음 공부할 때가 생각난다. 무슨 얘기냐 하면 이 오버라이딩 기법이 앞서 4장에서 배운 '오버로딩(Overloading)'이라는 기법과 이름이 비슷하여 여러모로 많이 헷갈린 기억이 있다. 이 생각을 하면 아직도 입가에 작은 미소가 스친다. 그 때를 생각해서 두 기법을 같이 비교해보겠다.

[표 5-3] 오버라이딩과 오버로딩의 차이

오버라이딩(재정의)	구분	오버로딩(다중정의)
상속관계	적용	특정 클래스

super 클래스의 메서드보다 sub 클래스의 메서드 접근제한이 동일하거나 더 넓어야 한다. 예를 들어, protected라면 protected/public이다.	**접근제한**	상관없다.
같아야 한다.	**리턴형**	상관없다.
super 클래스의 메서드명과 sub 클래스의 메서드명이 같아야 한다.	**메서드명**	반드시 같아야 한다.
반드시 같아야 한다.	**인자(타입, 개수)**	반드시 달라야 한다.

다음은 오버라이딩을 이용한 간단한 예제다. 간단하다고는 하지만 코드 내용과 결과를 확인하면 오버라이딩의 특징을 알 수 있는 충분한 내용이 담긴 예제다.

📋 이 예제와 같이 하나의 파일에 여러 개의 클래스를 정의할 때는 main( ) 메서드를 가지는 클래스명으로 파일을 저장해야 한다. 그리고 파일 안에 정의된 클래스 중 main( ) 메서드를 가지는 클래스만 public으로 설정할 수 있다.

예제 5-5	OverridingEx

```
01  class Parent{
02
03      String msg = "Parent클래스";
04      public String getMsg(){
05          return msg;
06      }
07  }
08
09  class Child extends Parent{
10
11      String msg = "Child클래스";
12      public String getMsg(){ // 메서드 오버라이딩
13          return msg;
14      }
15  }
16
17  public class OverridingEx {
```

```
18          public static void main(String[] args){

19

20          Child cd = new Child();

21          System.out.println("cd : "+cd.getMsg());

22

23          Parent pt = new Child();

24          System.out.println("pt : "+pt.getMsg());

25      }

26 }
```

```
cd : Child클래스
pt : Child클래스
```

[그림 5-4] OverridingEx 실행결과

▶▶▶ 18행: 프로그램 시작 부분.

20행: 객체 생성. Child 클래스를 명시적 객체로 생성하여 생성된 주소를 변수 cd에 전달한다.

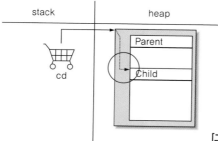

[그림 5-5] Child 객체를 생성할 때의 메모리 구조

21행: 메서드 호출과 화면 출력.

23행: 객체 생성. Parent 클래스형의 변수 pt를 선언한 후 Parent가 아닌 Child 클래스로 생성하여 pt에 전달했다.

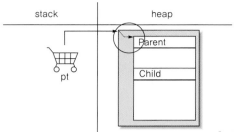

stack   heap

Parent

Child

pt

[그림 5-6] Parent 객체를 생성할 때의 메모리 구조

23행: 위 그림을 보면 pt라는 참조변수는 부모 클래스인 Parent를 참조하고 있지만 객체가 생성되는 과정에서 자식 클래스인 Child로부터 생성력을 가져왔다. 이렇게 되면 pt는 사실 Parent 클래스와 그림에는 생략되었지만 Object 객체까지 사용 범위가 넓어진다. 하지만 자식 클래스인 Child 클래스로 인해 객체가 생성되었다.

23행: 그러므로 위와 같은 그림으로 메모리 내에 구조를 이루고 있을 것이다. 만약, Child 클래스에서 부모 클래스의 기능(메서드) 중 오버라이딩한 것이 있다면 부모 클래스의 기능(메서드)은 은폐된다. 부모의 기능(메서드)과 똑같은 것을 자식이 가지게 되면 자식의 기능이 확장되면서 더 우선권을 가지기 때문이다.

24행: 메서드 호출과 화면 출력.

위 예제에서는 msg라는 String과 이를 반환하는 getMsg( )라는 메서드를 각각 멤버로 하는 Parent라는 클래스와 Child 클래스가 정의되어 있다. 그리고 이들을 생성하여 확인해주는 main 클래스가 바로 OverridingEx다.

결론적으로 '오버라이딩'이란 부모 클래스가 가지는 메서드를 자식 클래스에서 똑같이 재정의하는 것을 말한다. 이것은 부모 클래스의 기능을 변경하거나 필요에 따라 확장을 필요로할 때 사용하는 것이다.

❹ super와 super( )

super의 개념

super는 앞서 배운 this와 함께 객체를 참조할 수 있는 참조변수다. this는 특정 객체 내에서 자기 자신의 객체를 참조할 수 있는 유일한 참조변수다. 그리고 super라는 참조변수는 현재 객체의 바로 위의 super 클래스(부모 클래스)를 참조할 수 있는 것이다. 이러한 것이 필요한 이유는 앞서 배운 오버라이딩과 연결된다. 오버라이딩은 super 클래스(부모 클래스)의 특정 메서드를 sub 클래스(자식 클래스)에서 똑같이 재정의한 것인데, 앞서 공부한대로 이것으로 super 클래스의 메서드를 호출할 수 없다.

재정의가 되어 super 클래스(부모 클래스)의 일부를 사용할 수 없는 상태를 '멤버 은폐'라 부른다. 이처럼 은폐된 것을 sub 클래스(자식 클래스)에서 호출하고자 할 때 또는 super 클래스(부모 클래스) 자체를 참조하고자 할 때 사용하는 것이 바로 super라는 예약어다.

"엄마~!"하고 한번 불러보자. 그럼 절대 옆집 아이의 엄마가 오지 않는다. 바로 우리 엄마가 나를 주시하고 있기 때문이다.

super( )의 활용

super라는 것이 super 클래스를 의미한다는 것을 이미 알아보았다. 그럼 super( )는 무엇을 의미하는 것일까? 바로 super 클래스의 생성자를 의미하는 것이다. 인자가 있다면 인자의 형태와 일치하는 생성자를 의미한다. 따라서 다음 예제에서 사용한 super( )는 바로 super 클래스의 int형 인자를 하나만 받는 생성자를 의미하는 것이다.

예제 5-6	SuperEx

```
01  class Parent{
02
03      public Parent(int var){
04          System.out.println("Parent 클래스");
05      }
06  }
07  class SuperEx extends Parent {
08      public SuperEx() {
```

```
09              super(1);
10              System.out.println("SuperEx 클래스");
11          }
12
13      public static void main(String[] args) {
14              SuperEx se = new SuperEx();
15          }
16  }
```

```
Parent 클래스
SuperEx 클래스
```

[그림 5-7] SuperEx 실행결과

▶▶▶ 13행: 프로그램 시작 부분.

14행: 객체 생성. SuperEx 클래스형의 se라는 변수를 선언한 후 default 생성자를 부르며 명시적으로 객체를 생성하여 참조변수를 se에게 대입한다.

08행~11행: sub 클래스의 생성자. 9행의 super(1);은 Parent 클래스의 생성자 중 int형 인자 1개를 받는 생성자를 의미한다. 그러므로 3행으로 제어가 넘어간다.

03행~05행: Parent 클래스의 생성자. 현 생성자에서 하는 일은 4행에서 문자열 'Parent 클래스'를 출력하는 일 밖에 없다. 그리고 현 생성자를 호출해준 곳, 즉 9행으로 돌아간 후 10행을 수행한다.

10행: 출력문.

🔳 부모 클래스의 생성자를 의미하는 super( )는 현 객체의 생성자 내에서도 첫 행에 기재되어야 한다.

super와 super( )의 의미를 알아보았다. 상속 관계에서의 super 클래스(부모 클래스)에 관련된 내용임을 느꼈을 것이다. 그럼 이제 final 예약어는 어떤 것인지 알아보도록 하자.

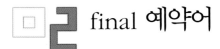 final 예약어

final은 예약어이며 이것은 더 이상의 확장이 불가능함을 알리는 종단(상수)과 같은 것을 의미한다. 적용 분야는 클래스와 메서드 그리고 변수다.

❶ 변수에서의 final

변수에 final을 적용시키면 프로그램이 끝날 때까지 값을 변경하지 못하는 상수(Constant)화가 된다. 그리고 상수는 static 예약어와 함께 정적화하여 특정 클래스의 객체가 여러 개 생성되더라도 오로지 1개만 만들어지도록 하는 것이 보통이다. 이유는 어차피 값의 변경이 불가능한 상수이므로 객체가 생길 때마다 똑같은 값을 가지면서 값에 대한 변경도 불가능한 상수를 여러 개 만들게 되면 그것 역시 메모리 낭비이기 때문이다. 그리고 2장의 식별자에서 말한 것과 같이 상수의 이름은 모두 대문자로 하는 것이 관례다.

[표 5-4] 변수에 final을 적용할 때의 사용 예

구성	사용 예	
final [자료형] [변수명};	final int VAR = 100;	

예제 5-7	ContEx		

```
01  class Cont{
02      final int VAR = 100;
03      public void setVar(int var){
04          VAR = var;
05      }
06  }
```

```
07  class ContEx {

08

09      public static void main(String[] args) {

10          Cont ct = new Cont();

11          ct.setVar(1000);

12      }

13  }
```

```
Exception in thread "main" java.lang.Error: Unresolved compilation problem:
        The final field Cont.VAR cannot be assigned

        at Cont.setVar(ContEx.java:4)
        at ContEx.main(ContEx.java:11)
```

[그림 5-8] ContEx 실행결과

▶▶▶ 09행: 프로그램 시작 부분.

10행: 객체 생성. Cont 클래스형의 ct라는 변수를 선언한 후 default 생성자로 인해 명시적 객체 생성을 하여 참조변수를 ct에게 대입한다.

11행: 메서드 호출. 10행에서 생성된 객체의 참조변수를 통해 멤버 메서드를 호출한다.

03행~05행: 메서드 수행. 4행에서 var이라는 상수에 인자로 전달받은 1000을 대입하고 있다. 하지만 상수는 프로그램이 종료되는 순간까지도 값 변경을 허용하지 않는다.

❷ 메서드에서의 final

메서드에 final을 적용하면 상속관계에 따른 오버라이딩으로의 확장을 할 수 없게 된다.

[표 5-5] 메서드에 final을 적용할 때의 사용 예

구성	사용 예
[접근제한] final [반환형] [메서드명]( ){ }	public final void method( ){ }

```
01  class Me{
02       int var = 100;
03       public final void setVar(int var){
04            this.var = var;
05       }
06  }
07  class MeEx extends Me{
08
09       public void setVar(int var){
10            this.var = var;
11       }
12       public static void main(String[] args) {
13            MeEx me = new MeEx();
14            me.setVar(1000);
15       }
16  }
```

```
Exception in thread "main" java.lang.VerifyError: class MeEx overrid
        at java.lang.ClassLoader.defineClass1(Native Method)
        at java.lang.ClassLoader.defineClass(Unknown Source)
        at java.security.SecureClassLoader.defineClass(Unknown Source
        at java.net.URLClassLoader.defineClass(Unknown Source)
        at java.net.URLClassLoader.access$100(Unknown Source)
        at java.net.URLClassLoader$1.run(Unknown Source)
        at java.net.URLClassLoader$1.run(Unknown Source)
```

[그림 5-9] MeEx 실행결과

▶▶▶ 07행: 클래스의 헤더(선언부). 현재 MeEx라는 클래스는 Me라는 클래스로부터 상속받았다.

12행: 프로그램 시작 부분.

13행: 객체 생성. 현재 객체인 MeEx 클래스형의 me라는 변수를 선언한 후 default 생성자를 통해 명시적 객체 생성을 하여 참조변수를 me에게 대입한다.

14행: 메서드 호출. 13행에서 생성된 객체의 참조변수를 통해 멤버 메서드를 호출한다.

09행~11행: 메서드 수행. 인자로 1000을 전달받지만 super 클래스 Me의 setVar(int var) 메서드는 final 예약어로 인해 더 이상의 오버라이딩을 허용하지 않게 되었다. 그런데도 불구하고 MeEx 라는 sub 클래스의 9행에서 오버라이딩을 하여 오류가 발생한다.

❸ 클래스에서의 final

클래스에 final이 적용되면 더 이상 상속을 허용하지 않는 종단 클래스가 된다.

[표 5-6] 클래스에 final을 적용할 때의 사용 예

구성	사용 예
[접근제한] final class [클래스명]{ }	public final class MeEx{ }

예제 5-9 MeEx1

```
01  final class Me1{
02      int var = 100;
03      public void setVar(int var){
04          this.var = var;
05      }
06  }
07  class MeEx1 extends Me1{
08
09      public void setVar(int var){
10          this.var = var;
11      }
10      public static void main(String[] args) {
11          MeEx1 me1 = new MeEx1();
12          me1.setVar(1000);
13      }
14  }
```

```
Exception in thread "main" java.lang.Error: Unresolved compilation problem:
        at MeEx1.main(MeEx1.java:12)
```

[그림 5-10] MeEx1 실행결과

> 📄 앞선 예제들을 잘 살펴보면 오류를 잡기 위해 어떻게 해야 하는지 감이 올 것이다. 독자 본인들의 느낌으로 한번 수정하여 결과를 확인하기 바란다.

이처럼 클래스에 final을 적용하면 더 이상의 확장은 허용하지 않고 상속도 할 수 없다.

Section

추상화

❶ 추상화의 이해와 선언법

추상화라는 것은 구체적인 개념으로부터 공통된 부분들만 추려내어 일반화 할 수 있도록 하는 것을 의미한다. 다시 말해, 일반적으로 사용할 수 있는 단계가 아닌 아직 미완성(未完成)적 개념인 것이다. 그럼 자바에서 얘기하는 추상(abstract)화 작업을 하기 위해서 먼저 추상 메서드부터 이해해보자.

[표 5-7] 추상 메서드의 구성과 예문

구성	사용 예
[접근제한] abstract void [메서드명]( );	public abstract void absTest( );

위의 내용은 추상 메서드의 구성이다. 구성과 사용 예를 살펴보면 메서드를 정의하면서 중괄호({ })를 생략하여 실상 메서드가 하는 일(body)이 없이 ;으로 문장의 끝을 나타냈다. 그리고 abstract라는 예약어를 통해 현 메서드가 추상 메서드임을 명시했다.

이러한 추상 메서드를 하나라도 가지게 되는 클래스가 바로 추상 클래스다. 그리고 이런 추상 클래스 또한 다음과 같이 추상 클래스임을 명시해야 한다.

[표 5-8] 추상 클래스의 구성과 예문

구성	사용 예
[접근제한] abstract class [클래스명]{ }	public abstract class AbsEx{ }

예제 **5-10**　AbsEx1

```
01  abstract class AbsEx1{
02      int a = 100; // 변수
```

```
03        final String str = "abstract test"; // 상수
04        public String getStr(){ // 일반 메서드
05            return str;
06        }
07
08        // 추상 메서드는 몸체(body)가 없다.
09        public abstract int getA();
10    }
```

이렇게 추상 클래스는 일반 변수, 메서드, 상수 모두 가질 수 있으며 메서드 중 추상 메서드를 하나 이상 가진다. 그럼 계속해서 이런 추상 클래스간의 상속관계를 알아보자.

❷ 추상 클래스의 상속관계

추상 클래스간에도 상속이 가능한데, 일반 클래스간의 상속과 유사하지만 추상 클래스간의 상속에서는 상속받은 추상 메서드들을 꼭 재정의할 필요는 없다. 그냥 상속만 받아두고 있다가 언젠가 일반 클래스와 상속관계가 이루어 질 때가 있는데, 이때 재정의하지 못했던 상속받은 추상 메서드들을 모두 일반 클래스 내에서 재정의해도 되기 때문이다.

그럼 앞서 작성한 [예제 5-10] AbsEx1을 상속받는 추상 클래스로 작성해보자.

예제 5-11	AbsEx2

```
01  abstract class AbsEx2 extends AbsEx1{
02      public int getA(){
03          return a;
04      }
05      public abstract String getStr();
06  }
```

▶ ▶ ▶ 01행: 클래스 정의. AbsEx2라는 클래스를 정의하면서 AbsEx1으로부터 상속받았다.

02~04행: 메서드 오버라이딩. 부모 추상 클래스의 getA( )라는 추상 메서드를 재정의했다. 내용은 변수 a의 값을 반환하도록 했는데, 현재 클래스에는 변수 a가 없다. 하지만 사용할 수 있는 이유는 부모 추상 클래스의 멤버이며 이를 상속받았기 때문이다.

05행: 추상 메서드 정의. String을 반환하는 getStr( )이라는 추상 메서드를 선언한다.

이제 위의 추상 클래스를 상속받아 처리하는 일반 클래스를 만들어 예제를 완성시켜 보자.

예제 5-12   **AbsEx**

```
01  class AbsEx extends AbsEx2{
02
03      public String getStr(){
04          return str;
05      }
06      public static void main(String[] args){
07          AbsEx ae = new AbsEx();
08          System.out.println("ae.getA():"+ae.getA());
09          System.out.println("ae.getStr():"+ae.getStr());
10      }
11  }
```

▶▶▶   01행: 클래스 정의. AbsEx라는 클래스를 정의하면서 AbsEx2로부터 상속받았다.

03행~05행: 메서드 오버라이딩. 부모 추상 클래스의 getStr( )이라는 추상 메서드를 상속관계가 유지되고 있는 AbsEx1이라는 클래스의 멤버 중 변수 str을 반환하는 메서드로 재정의했다.

06행: 프로그램의 시작 부분.

07행: 객체 생성. 추상 클래스로부터 상속받는 현재 클래스인 AbsEx를 생성하여 변수 ae에게 전달했다.

08행: 출력문. 상속 관계를 이루는 클래스 중 AbsEx1이 추상으로 정의한 것은 AbsEx2에서 재정의한 것을 호출하여 화면에 출력하여 확인한다.

09행: 출력문. 상속 관계 중 AbsEx2에서 추상 메서드로 정의한 getStr( )을 현재 클래스의 3행에서 5행까지 재정의했다. 내용은 AbsEx1의 멤버변수인 str을 반환하고 있다.

예를 들어 영화 아이언맨의 아크 원자로를 부모인 하워드 스타크가 먼저 발견했다고 가정해 보자. 발견은 했지만 부모 입장에서는 당장 이런 엄청난 에너지를 필요로 하는 상황이 없다.

내 세대에서는 사용할 일이 없지만 자식에게 물려주어 언젠가 자식이 사용하게 될 거라는 생각으로 물려주었고, 자식인 토니 스타크가 부모에게 받은 원자로를 기반으로 아이언맨을 만들게 되었다고 생각한다면 이해가 되지 않을까?

[그림 5-11] 추상클래스의 상속관계

이렇게 해서 추상 클래스들의 상속 관계까지 알아보았다. 설명에 대한 이해는 하지만 이런 것을 어디에서 사용하는지 궁금한 독자들이 있을 것이다.

그럼 이제 추상화의 활용을 알아보자.

❸ 추상화의 활용

추상화는 특정 클래스에서 일부 기능은 공통된 기능이지만 일부 기능이 상속받는 각 클래스들마다 특징적인 변화가 있을 때 상속에 의해 다른 부분만 오버라이딩하여 사용한다. 다음 그림을 보자.

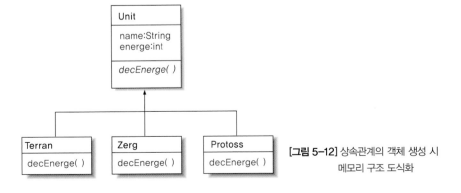

[그림 5-12] 상속관계의 객체 생성 시 메모리 구조 도식화

위 그림을 보면 Unit 클래스가 Terran, Zerg 그리고 Protoss라는 클래스들의 super 클래스임을 알 수 있다. 결론은 Unit 클래스에서 Terran, Zerg, Protoss 클래스들의 공통된 부분들을 제한하고 있는 것이다. 하지만 가끔은 공통된 점들을 제한하고는 있지만 구체적인 구현을 하지 못하는 경우가 있을 것이다. 위 그림을 봤을 때 각 종족마다 타격에 따른 Energy 감소량이 다르므로 Unit 클래스에서는 구현을 못하는 입장이다.

따라서 decEnergy( )라는 추상 메서드를 정의하면서 Unit 클래스로부터 상속받는 Terran, Zerg, Protoss 클래스들은 각 환경에 맞도록 각 클래스 내에서 변수 energy 값을 감소시키는 동작을 구현해야 한다는 규정을 한 것이다. 이렇게 sub 클래스들의 공통된 점을 제한하고 구현에 대한 규정을 제시하는 것이 추상화의 활용이다. 예제를 통해서 알아보자.

예제 5-13　　Unit

```
01  abstract class Unit{
02      protected String name;
03      protected int energy;
04      abstract public void decEnergy();
05      public int getEnergy(){
06          return energy;
07      }
08  }
```

▶▶▶ 01행: 추상 클래스 정의. 현재 클래스 내에 추상 메서드가 하나라도 있다면 abstract 예약어를 사용하여 추상 클래스임을 증명해야 한다.

02행~03행: 멤버 변수 선언. 접근 제한을 protected로 하여 원활한 접근을 제공한다.

04행: 추상 메서드 정의. 공격을 받았을 때 유닛의 energy 변수값을 감소시키기 위한 메서드다. 하지만 각 유닛들마다 감소량이 다르므로 구현을 하지 못하고 각 클래스에서 구현하도록 추상 메서드로 정의했다. 그러므로 상속을 받는 sub 클래스 입장에서는 자신의 환경에 맞도록 재정의하는 것이 된다. 그리고 생략할 수 없는 규정 하나가 제공된 것이다.

05행~07행: 멤버 메서드 정의. energy 값을 반환하는 일반 멤버 메서드다.

이제 위의 Unit이라는 추상 클래스를 상속받는 일반 클래스들을 작성해보자.

```
01  class Terran extends Unit{
02      boolean fly;
03      public Terran(String n, boolean b){
04          name = n;
05          energy = 100;
06          fly = b;
07      }
08      public void decEnergy(){
09          energy -= 3;
10      }
11  }
```

```
01  class Zerg extends Unit{
02      boolean fly;
03      public Zerg(String n, boolean b){
04          name = n;
05          energy = 100;
06          fly = b;
07      }
08      public void decEnergy(){
09          energy -= 6;
10      }
11  }
```

```
01  class Protoss extends Unit{
02      boolean fly;
```

```
03        public Protoss(String n, boolean b){
04            name = n;
05            energy = 100;
06            fly = b;
07        }
08        public void decEnergy(){
09            energy--;
10        }
11  }
```

위 클래스들을 확인해보면 추상 메서드를 각 클래스들 환경에 맞도록 모두 오버라이딩한 것을 볼 수 있을 것이다. 그럼 각 클래스들을 생성하고 재정의한 추상 메서드들을 각각 호출한 후 결과를 확인해보자.

예제 5-17 UnitTest

```
01  class UnitTest{
02      public static void main(String[] args)
03      {
04          Zerg z1 = new Zerg("Hydralisk",false);
05          z1.decEnergy();
06          System.out.println("z1의 Energy : "+z1.getEnergy());
07          Protoss p1 = new Protoss("Corsair",true);
08          p1.decEnergy();
09          System.out.println("p1의 Energy : "+p1.getEnergy());
10          Terran t1 = new Terran("Marine",false);
11          t1.decEnergy();
12          System.out.println("t1의 Energy : "+t1.getEnergy());
13      }
14  }
```

```
z1의 Energy : 94
p1의 Energy : 99
t1의 Energy : 97
```

[그림 5-13] UnitTest 실행결과

▶▶▶ 02행: 프로그램 시작 부분.

04행: 객체 생성. Unit을 상속받은 Zerg라는 객체를 생성한다.

05행: 멤버 메서드 호출. Energy를 감소시키는 일을 규정한 추상 메서드를 오버라이딩한 멤버 메서드 호출한다. 그리고 Zerg 클래스의 decEnergy( ) 메서드를 수행하여 현재 energy 값에서 6을 감소시킨다.

06행: 출력문. 해당 객체의 Energy 값을 출력하여 서로 다른 구현력을 확인한다.

정리해보면 추상 클래스라는 것은 공통된 부분들만 구현하고, 공통되지 않은 부분들은 abstract라는 예약어를 사용한 미완성된 클래스다. 그러므로 클래스의 객체를 자체적으로 생성할 수 없으며 다른 클래스로 상속되어 미완성된 부분들을 반드시 재정의하여 완성시킨 뒤 사용할 수 있는 클래스다.

이런 추상 클래스가 필요한 이유는 여러 개의 클래스들이 상당수의 공통된 점을 가지고 있고 소수의 다른 점들이 있을 때 개별적으로 클래스들을 따로 작성하는 것보다 추상 클래스를 이용하는 것이 효율적이기 때문이다.

다시 생각해보면 공통된 부분들만 구현하고 움직임에 있어 약간의 차이가 있는 부분들은 예약어 중 abstract를 사용하여 추상 메서드로 선언한다. 각 클래스들의 특징에 따라 반드시 재정의하여 사용하게 하는 것이다. 이렇게 되면 상속받는 클래스들은 공통된 부분들에 대한 코드를 구현할 필요는 없으며 움직임에 있어 다소 차이가 있는 추상 메서드만 재정의하면 되는 것이다. 즉, 하나의 추상 메서드를 통해 여러 클래스에서 서로 다른 움직임과 모양을 나타내는 것이 된다.

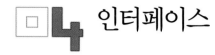 인터페이스

❶ 인터페이스 정의와 선언, 구현법

인터페이스는 앞서 배운 추상 클래스와 다소 비슷한 것 같지만 약간의 차이가 있는데, 인터페이스는 서비스 요청에 따른 중계자 역할을 하는 것과 같다. 즉, 우리가 음식점에 갔을 때 보게 되는 메뉴판과 같은 역할이라 하겠다. 다시 말해서 메뉴판을 보고 고객이 원하는 음식을 요청하게 되는데, 메뉴판 자체가 음식을 주지는 않는다. 실제 음식은 주방이라는 곳에서 나오므로 메뉴판은 고객이 호출할 수 있는 서비스의 목록이라 할 수 있다. 그리고 해당 음식점에서는 메뉴판(서비스의 목록)에 있는 음식들을 하나도 빠짐 없이 반드시 제공할 수 있어야 한다.

[그림 5-14] 인터페이스의 도식화

```
[접근제한] interface 인터페이스명{
    상수;
    추상메서드;
}
```

위의 인터페이스를 사용하려면 일반 클래스에서 구현력(implements)을 가져야 한다. 다시 말해, 일반 클래스에서 'implements'라는 예약어로 특정 인터페이스를 구현하겠다고 명시하는 것이다. 그렇게 되면 명시한 인터페이스가 가지는 추상 메서드들은 구현받은 클래스에서 하나도 빠짐없이 오버라이딩해야 한다. 다음 예제는 인터페이스의 기본 구성과 구현을 다룬 예제다.

예제 **5-18**　InterTestEx

```
01  interface InterTest {
02      static final int A = 100;
03      abstract int getA(); // abstract 예약어는 생략할 수 있다.
04  }
05
06  class InterTestEx implements InterTest
07  {
08      public int getA(){
09          return A;
10      }
11
12      public static void main(String[] args)
13      {
14          InterTestEx it1 = new InterTestEx();
15          System.out.println("getA():"+it1.getA());
16      }
17  }
```

```
getA():100
```

[**그림 5-15**] InterTestEx 실행결과

▶▶▶ 01행: 인터페이스 정의.

02행: 상수 선언. 인터페이스는 일반 멤버 변수를 가지지 못한다.

03행: 추상 메서드 정의. 인터페이스는 일반 멤버 메서드를 가지지 못한다. 그래서 변수를 정의해도

상수로 자동 설정되며, 일반 메서드를 정의해도 자동적으로 추상 메서드로 정의된다.

06행: 클래스 정의. 일반 클래스를 정의하면서 implements라는 예약어로 앞에서 정의된 인터페이스인 InterTest를 구현하겠다고 명시한다.

08행~10행: 메서드 오버라이딩. 인터페이스에 있던 추상 메서드를 여기서 오버라이딩하여 완전하게 만들어 둔다.

12행: 프로그램 시작 부분.

14행: 객체 생성. main( ) 메서드를 포함하고 있는 주 클래스를 생성하여 it1에 대입한다.

15행: 메서드 호출과 출력문. 위에서 생성한 객체의 참조변수를 통해 getA( )라는 멤버함수를 호출해 본다. 결과는 인터페이스가 가지고 있던 상수값이 출력된다.

❷ 인터페이스간의 상속

위에서 공부한 것처럼 인터페이스 내에는 상수 또는 동작부분을 구현하지 않은 추상 메서드들이 정의된다. 그러므로 인터페이스를 구현하겠다고 명시한 일반 클래스에서 원하는 형태로 실제 구현력을 가지게 된다. 그러므로 실제 구현력이 없는 인터페이스간의 상속에서는 다중 상속이 제공된다.

인터페이스는 메뉴판과 같이 음식점에서 어떤 음식을 만들 수 있는지를 알려주는 중계자 역할만 할 뿐이다. 음식을 만들어 가져오는 것은 그 메뉴판을 포함(구현)하고 있는 음식점이 반드시 제공해야 할 의무가 있는 것이다.

```
[접근제한] interface 인터페이스명 extends 부모_인터페이스명1, 부모_인터페이스명2… {
    상수;
    추상메서드;
}
```

인터페이스가 다른 인터페이스로부터 상속을 받았다고 하지만 오버라이딩을 할 수는 없다. 왜냐하면 앞서 공부했듯이 인터페이스는 몸체(body)를 가지는 일반 메서드를 포함할 수 없기 때문이다. 그러므로 상속을 받은 자식 인터페이스를 구현하는 일반 클래스에서 부모 인터페이스와 자식 인터페이스의 추상 메서드들을 모두 오버라이딩해야 한다.

```
01  interface Inter1{
02      public int getA();
03  }
04  //////////////////////////////////////////////
05  interface Inter2{
06      public int getA();
07  }
08  //////////////////////////////////////////////
09  interface Inter3 extends Inter1,Inter2{
10      public int getData();
11  }
12  //////////////////////////////////////////////
13  class InterEx2 implements Inter3{
14      int a = 100;
15      public int getA(){
16          return a;
17      }
18      public int getData(){
19          return a+10;
20      }
21      public static void main(String[] args){
22          InterEx2 it = new InterEx2();
23          Inter1 it1 = it;
24          Inter2 it2 = it;
25          Inter3 it3 = it;
26          System.out.println(it1.getA());
27          System.out.println(it2.getA());
28          System.out.println(it3.getData());
29          System.out.println(it.toString());
30      }
31  }
```

```
100
100
110
InterEx2@659e0bfd
```

[그림 5-16] InterEx2 실행결과

▶▶▶ 01행~07행: 인터페이스 정의. getA( )라는 추상 메서드를 가지는 2개의 인터페이스를 각각 작성한다.

08행~11행: 인터페이스 정의. Inter1과 Inter2라는 인터페이스 모두에게 상속받는 Inter3라는 인터페이스를 정의한다.

13행: 클래스 정의. InterTest 클래스는 2개의 인터페이스로부터 상속받은 Inter3이라는 인터페이스로 구현할 것을 정의했다.

14행: 멤버 변수 정의. int형 변수 a에게 100으로 초기화하고 멤버 변수로 자리잡게 한다.

15행~20행: 멤버 메서드 오버라이딩. 인터페이스 Inter3가 상속받은 getA( )라는 메서드와 Inter3이 가지고 있던 getData( )라는 추상 메서드를 각각 재정의했다.

21행: 프로그램 시작 부분.

22행: 객체 생성. 현재 main( ) 메서드를 가지는 주 클래스이며 인터페이스 Inter3을 구현하고 있는 클래스인 InterTest를 명시적 객체 생성을 하여 참조변수를 변수 it에게 전달한다.

23행~25행: 참조변수 변환. InterTest 객체의 참조변수인 it를 Inter1이라는 인터페이스에 대입을 하게 되면 오류가 날 것 같지만 그렇지 않다. it 객체가 구현하고 있는 Inter3이라는 인터페이스가 Inter1이라는 인터페이스와 Inter2라는 인터페이스로부터 상속받은 것이므로 이를 대입하면 참조변수 변환에는 문제가 없다. 즉, 인터페이스간의 다중 상속으로 여러 가지 객체로의 참조변수 변환이 간편하게 이루어지는 유연함을 보여주는 좋은 예다. 하지만 사용범위가 변환된 각 인터페이스 내에 정의된 메서드들로 국한됨을 기억하자.

26행~28행: 메서드 호출과 출력문. 변환된 인터페이스 객체가 호출할 수 있는 메서드를 호출하여 확인한다.

이렇게 인터페이스는 다른 여러 객체들의 공통된 점들을 제안하고 이를 공유하여 인터페이스에 정의된 추상 메서드를 각 객체에 맞도록 재정의하여 사용하는 것이다. 그리고 인터페이스간의 상속은 다중 상속이 허용되어 위의 예제에서 알 수 있듯이 여러 개의 인터페이스를 구현하는 클래스에서는 다형성을 함께 제공하며 객체 자체가 유익함을 더하게 된다.

❸ instanceof 예약어

instanceof라는 예약어는 예약어를 중심으로 해서 왼쪽의 객체가 오른쪽에 명시한 클래스로 부터 생성이 되었는지에 대한 형식을 비교하는 미리 정의된 연산자다.

> 비교_객체 instanceof 비교_클래스명

위의 구성을 확인하기 바라며 결과는 boolean이 되겠다. 하지만 instance가 맞지 않는 클래스로 비교할 때는 "비교(교환)할 수 없는 Type이다"는 오류가 발생한다. 위의 InterEx2예 제의 29행에서 다음과 같이 추가해서 내용을 확인해보자.

```
29              String res = null;
30              if(it1 instanceof Inter2)
31                      res = "맞다";
32              else
33                      res = "아니다";
34              System.out.println("it1 instanceof Inter2 : " + res);
```

▶▶▶ 29행: 변수 선언. 문자열을 담을 String형 변수 res를 선언한다. 그리고 이 변수는 지역변수이므로 null로 초기화했다.

30행~33행: 비교문. it1이라는 객체가 Inter2의 인스턴스인지 비교한다. 만약, 조건을 만족한다면 res라는 변수에 "맞다"라는 문자열을 대입하고, 조건을 만족하지 못한다면 res라는 변수에 "아니다"라는 문자열을 대입한다.

34행: 출력문. 위의 비교문으로 초기화가 된 res값을 출력하여 확인한다.

❹ Object 클래스

Object 클래스는 클래스들의 계층구조에서 root다. 즉, 모든 클래스들의 super 클래스인 것이다. 배열을 포함한 모든 객체는 이 Object의 메서드를 상속받는다.

생성자는 default 생성자 밖에 없으며 다음은 Object 클래스의 주요 메서드다.

[표 5-9] Object 클래스의 주요 메서드

반환형	메서드명	설명
boolean	equals(Object obj)	현 객체와 인자로 전달된 obj 객체가 같은지 검사하여 같으면 true를 반환한다.
Class⟨? extends Object⟩	getClass( )	현 객체를 실행할 때 클래스를 반환한다.
int	hashCode( )	현 객체의 해시코드를 반환한다.
String	toString( )	현 객체의 파생 클래스명과 at_sign(@)에 이어 해시코드의 16진수로 표현하는 캐릭터행을 출력한다.

다음은 위의 메서드를 이용하여 사용자가 직접 정의한 객체를 비교할 수 있는 예제다.

```
예제 5-20    Product

01  class Product{
02      private String name; // 멤버변수 선언
03      private int price;
04
05      public Product(String name, int price){ // 생성자
06          this.name = name;
07          this.price = price;
08      }
09      public boolean equals(Object obj){ // equals 메서드 재정의
10          boolean result = false;
11          if( (obj != null) && (obj instanceof Product)){
12              Product p = (Product) obj;
13              if((name.equals(p.name)) && (price == p.price)){
14                  result = true;
15              }
```

```
16           }
17           return result;
18       }
19   public int hashCode(){ // 해시코드 메서드 재정의
20       return ( (name.hashCode())
21                            ^ (new Integer(price).hashCode()));
22       }
23   public String toString(){ // toString 메서드 재정의
24       return name;
25       }
26 }
```

main( ) 메서드가 없기 때문에 아직은 실행할 수 없지만 우선 코드의 진행 순서를 살펴보자.

▶ ▶ ▶ 02행~03행: 멤버 변수 선언. String형 변수 name과 int형 변수 price를 선언하고 접근 제한을 private로 선언하여 외부에서의 접근을 차단했다.

05행~08행: 생성자 정의. 현 Product 클래스를 생성할 수 있는 생성자를 정의했다. 인자로 받은 name과 price를 멤버 변수에 대입한다.

09행~18행: 메서드 재정의. 모든 객체의 super 클래스인 Object 클래스의 equals( ) 메서드를 재정의했다.

10행: 변수 선언. equals 메서드의 반환형을 의식하여 boolean형 변수 result를 선언하고 false로 초기화했다.

11행: 비교문. equals( ) 메서드가 호출될 때 인자로 전달되는 객체가 우선 null과 같은지를 비교한 후 그렇지 않다면 전달된 객체가 Product라는 클래스로부터 생성되었는지를 비교한다.

12행: 형 변환. 위 11행의 비교문에서 "true이다"면 인자로 전달된 객체를 Product라는 객체로 형 변환하는 부분이다.

13행~15행: 비교문. 현재 객체가 가지는 멤버변수들의 값과 인자로 전달된 객체가 가지는 멤버들의 값을 비교하여 모두 일치할 경우에만 result라는 boolean형 변수에 true를 대입한다.

17행: 값 반환. result값을 equals( ) 메서드를 호출한 곳으로 반환한다.

19행~22행: 해시코드값 반환. 현재 객체의 멤버변수들의 값을 모두 해시코드로 전환하여 배타적 OR(XOR) 값으로 반환하고 있다.

23행~25행: 메서드 재정의. 현재 객체가 기억하고 있는 name이라는 변수값으로 현 객체의 대표적 문장인 캐릭터행의 메시지가 되어 toString( ) 메서드로 제공된다.

> 📄 배타적 OR(XOR)는 2장의 연산자 부분에서 비트 연산자 소개로 알아보았다. 간단히 설명하자면 비트 단위의 연산에서 서로 다른 값을 가질 때만 1, 서로 같은 값 을 가질 때는 0을 발생한다고 했다. 기억이 나지 않으면 2장의 비트 연산자를 참조하기 바란다.

이렇게 해서 위와 같이 사용자가 임의적으로 클래스를 정의하고 super 클래스인 Object 클래스가 가지는 몇 개의 메서드들을 재정의해봤다. 이제 이것을 생성하여 확인할 수 있는 클래스를 작성해보자.

| 예제 **5-21** | ProductEx1 |

```
01  class ProductEx1{
02      public static void main(String[] args) {
03          Product p1 = new Product("En,Ca",7078);
04          Product p2 = new Product("En,Ca",7078);
05          System.out.println(p1 == p2);
06          System.out.println(p1.equals(p2));
07          System.out.println("p1 hashCode : "+p1.hashCode()+
08                  " , p1 : "+p1);
09          System.out.println("p2 hashCode : "+p2.hashCode()+
10                  " , p2 : "+p2);
11      }
12  }
```

```
false
true
p1 hashCode : 67051495 , p1 : En,Ca
p2 hashCode : 67051495 , p2 : En,Ca
```

[그림 5-17] ProductEx1 실행결과

▶ ▶ ▶ 02행: 프로그램 시작 부분.

273

03행~04행: 객체 생성. 똑같은 객체가 서로 다른 위치에 생성되었다.

05행: 출력문. 객체의 참조변수를 비교하기 위해 출력했다. 이때 결과는 생성된 위치가 다르므로 false다.

06행: 출력문. 객체의 내용을 비교하여 출력했다.

07행~10행: 출력문. 생성된 객체들의 참조변수를 통해 객체가 기억하고 있는 값을 출력하여 확인한다. 여기서 p1 또는 p2라고 출력해도 자동적으로 toString( ) 메서드가 호출되어 name이라는 멤버값이 출력됨을 기억하자.

이렇게 해서 Object 클래스에 대해 개략적으로 알아보았고 Object에서 제공하는 몇 개의 중요한 메서드를 예제로 익혀 보았다.

Section
 열거형

❶ 열거형의 정의와 구성

이는 C 언어에서 정수를 자동적으로 증가하여 상수들로 만들어 쓰이는 열거체(enum)와 비슷하다. 하지만 이전 자바에서 쓰이는 열거형(Enumerated Types)과는 다소 다르다.

열거형은 상수를 가지고 생성되는 객체들을 한곳에 모아둔 하나의 묶음인 것이다. 이전 버전까지는 상수들을 정의하려면 코드의 불편함과 실행할 때 오류 발생을 프로그래머가 신경을 많이 써야만 했다. 예를 들어, 버튼들을 구별하는 상수들을 정의하고 사용한다면 'static final int ADD_BUTTON = 1;', 즉 상수들을 필요한 만큼 모두 정의하는 것도 여간 귀찮은 일이 아닐 수 없다. 그리고 앞서 얘기한 ADD_BUTTON이라는 상수는 어차피 정수값을 상수로 만들어 쓰는 것이므로 상수 초기화 작업 당시에 프로그래머가 필요하지 않는 정수로 초기화가 될 경우에도 오류가 아니다. 따라서 이렇게 되면 프로그램을 실행할 때 큰 손실이 올 수도 있다.

다시 말해, 정해진 상수에 비교되는 값 이외에 다른 값이 들어갈 수도 있다는 것이다. 이런 상수들에 대한 처리를 열거형 기능으로 상수 하나 하나를 객체화했다. 그리고 그 외의 값은 허용하지 않도록 사용범위를 제한하고 나열화하여 좀더 정형화되고 체계적인 처리를 할 수 있게 하고 있다. 그럼 구성부터 알아보고 예제로 익혀보자.

```
[접근제한] enum [열거형_이름]
{
        상수1, 상수2, …, 상수n
}
```

자바의 열거형은 특정 상수들을 미리 정해서 나열해두었다가 그 나열된 값들만 정의할 수 있는 하나의 '참조 자료형'과 같은 것이다. 그럼 간단한 예제를 보자.

```java
01  public class EnumEx1 {
02      public enum Lesson {
03          JAVA, XML, EJB
04      }
05
06      public static void main(String[ ] args) {
07          Lesson le = Lesson.JAVA;
08
09          System.out.println("le : " + le);
10          System.out.println("XML : " + Lesson.XML);
11      }
12  }
```

```
le : JAVA
XML : XML
```

[그림 5-18] EnumEx1 실행결과

▶▶▶ 01행: 클래스 정의.

02행: 열거형 객체 선언. enum이라는 예약어 뒤로 명시한 이름으로 열거형을 정의한다. 그리고 JAVA, XML, EJB라는 순으로 상수들을 포함시켰다.

06행: 프로그램 시작 부분.

07행: 열거형 객체 선언. 열거형은 하나의 '참조 자료형'이라 했다. 그래서 Lesson이라는 열거형 타입으로 변수 le를 선언한 후 열거형 Lesson의 값 중 JAVA를 대입시켰다.

09행~10행: 출력문. le의 값과 Lesson.XML을 출력하여 확인한다.

📖 Lesson형의 변수 le에는 특정 정수값도 다른 상수값도 들어가지 않으며 오로지 Lesson이라는 열거형에 정의된 JAVA, XML, EJB 중에 하나만 대입될 수 있다.

이렇게 해서 열거형의 구성을 알아보고 사용법을 가볍게 알아보았다. 위의 내용을 컴파일한 후 탐색기로 확인해 보면 'EnumEx1$Lesson.class'라는 파일명을 확인할 수 있다. 이는 바로 다음 절에서 배우게 되는 '내부 클래스(Inner Class)'를 의미하는 것이다. 내부 클래스에 대해서는 다음 절에서 자세히 얘기하도록 하고 여기서는 열거형이 하나의 클래스를 의미한다는 것을 알아두기 바란다. 위의 예제처럼 특정 클래스 내에서 열거형을 정의하면 '내부 클래스(Inner Class)'가 되는 것이다. 만약, 열거형을 독립적인 Java 파일로 따로 저장하게 되면 독립된 클래스로 인식된다.

❷ 열거형의 실체

열거형은 내부에서 순차적으로 정의되는 값들을 JAVA, XML, EJB라는 이름으로 그냥 일반적인 상수라는 개념만으로 저장되는 것이 아니다. 정확히 얘기하자면 java.lang이라는 패키지에 Enum이라는 추상 클래스를 상속받는 내부 클래스가 정의되는 것이다. 그럼 앞의 예제에서 Lesson이라는 열거형을 통해 예를 들어보면 다음과 같다.

```
public static final class EnumEx1$Lesson extends Enum
```

그리고 열거형 내부에 정의된 JAVA, XML, EJB라는 것에는 그 어떠한 값도 대입하지 않았다. 그러나 앞의 예제 7행을 살펴보면 다음과 같다.

```
07          Lesson le = Lesson.JAVA;
```

JAVA, XML, EJB라는 이 모두가 각각 하나의 객체로 인식되고 있다는 것이다. 이것에 대한 궁금증을 풀어보면 다음과 같다.

```
...
public static final EnumEx1$Lesson JAVA;
public static final EnumEx1$Lesson XML;
public static final EnumEx1$Lesson EJB;
...
static {
        JAVA = new EnumEx1$Lesson("JAVA", 0);
        XML = new EnumEx1$Lesson("XML", 1);
        EJB = new EnumEx1$Lesson("EJB", 2);
        ...
}
```

프로그래머가 정의한 이름으로 상수가 선언되는데, 여기서 중요한 것은 자료형이다. 일반 정수형이 아니라 바로 열거형으로 선언되고 있다는 점이다. 우리가 4장에서 배운 static 초기화 같은 영역에서 정수를 0부터 1씩 증가하면서 각각의 열거형 객체를 생성하여 객체의 값으로 대입하게 되는 것이다. 그리고 이를 내부에서는 사용의 편리성을 높이기 위해 다시 배열로 관리되고 제공해준다는 것을 알아두자.

❸ 열거형의 활용

이제 간단히 말해서 열거형이 상수를 가지고 java.lang 패키지의 Enum 객체를 생성하여 모아둔 것이라는 것을 알았다. 그럼 그것을 확인하면서 활용하는 예제로 마무리하자.

예제 5-23   EnumEx2

```
01 class EnumEx2 {
02     public enum Item{
03     Add, Del, Search, Cancel
04     }
05
06 public static void main(String[] args) {
07     Item a1 = Item.Search;
08     if (a1 instanceof Object){ // 열거형이 객체인지 아닌지 비교
09         System.out.println(a1.toString()+"^^");
10         System.out.println("OK! instanceof Object");
11         System.out.println("저장된 실제 정수값 : "+a1.ordinal());
12     }
13
14     Item[] items = Item.values();
15         System.out.println("items.length : "+items.length);
16
17         for(Item n : Item.values())
18             System.out.println(n+":"+n.ordinal());
```

```
19
20        }
21  }
```

```
OK! instanceof Object
저장된 실제 정수값 : 2
items.length : 4
Add:0
Del:1
Search:2
Cancel:3
```

[그림 5-19] EnumEx2 실행결과

▶▶▶ 01행: 클래스 정의.

02행: 열거형 객체 선언. enum이라는 예약어 뒤로 명시한 이름으로 열거형을 정의한다. 그리고 Add, Del, Search, Cancel라는 순으로 상수들을 포함시켰다.

06행: 프로그램 시작 부분.

07행: 열거형 객체 선언. Item이라는 열거형 타입으로 변수 a1을 선언한 후 열거형 Item의 값 중 Search라는 열거형 객체를 대입시켰다. 이는 열거형에 정의된 Add, Del, Search, Cancel이라는 것들이 모두 자신의 열거형 타입으로 각각의 객체임을 증명해준다.

08행~12행: 비교문. 객체형 변수 a1이 Object를 참조 할 수 있는지 알아보는 비교문이다. 이는 곧 열거형이 객체인지를 알아보는 것이며 객체가 맞다면 toString( ) 메서드와 ordinal( ) 메서드를 통해 객체가 어떤 값을 어떤 명칭으로 가지고 있는지 알 수 있다.

14행: 열거형의 상수들을 받아내기. 열거형 내부에서 기억되는 모든 상수들, 즉 열거형 객체들이 배열로 관리되는데, 그것을 values( )라는 메서드를 통해 확인할 수 있다.

17행~18행: 반복문. Item.values( )를 통해 얻어지는 배열의 요소들을 순차적으로 Item n에 하나씩 대입하면서 기억되고 있는 명칭과 실제값을 출력하여 알아보기 위해 개선된 루프를 사용했다.

이렇게 해서 열거형 내에 정의한 Add, Del, Search, Cancel들이 열거형 자신의 형태로 객체가 생성되어 배열로 관리됨을 알 수 있다. 그리고 그 객체 하나 하나가 기억하고 있는 실제 상수값은 ordinal( ) 메서드를 통해 확인할 수 있다. 그럼 이렇게 ordinal( ) 메서드로 확인할 수 있는 실제 상수값을 프로그래머가 원하는 값으로 설정되게 하는 예제를 작성해보자.

예제 5-24 EnumEx3

```
01 class EnumEx3 {
02         public enum Item {
03                 Add(5), Del(11), Search(2), Cancel(22);
04                 private final int var;
05 
06                 Item(int v) { // 생성자
07                         var = v;
08                 }
09 
10                 public int getVar() {
11                         return var;
12                 }
13         }
14 
15                 public static void main(String[] args) {
16                 for (Item n: Item.values()) {
17                         System.out.println(n + " : " + n.getVar());
18                 }
19         }
20 }
```

```
Add : 5
Del : 11
Search : 2
Cancel : 22
```

[그림 5-20] EnumEx3 실행결과

▶▶▶ 01행: 클래스 정의.

02행~03행: 열거형 객체 선언. enum이라는 예약어 뒤로 명시한 이름으로 열거형을 정의한다. 그리고 Add, Del, Search, Cancel라는 순으로 상수들을 포함시킬 때 소괄호를 이용하여 원하는 값을 넣어준다. 잊지 말아야 할 것은 3행의 마지막에 있는 ;이다. 이는 열거형 객체를 만들기 위해 java.lang 패키지의 Enum 클래스로부터 상속받는 클래스가 정의된다는 것을 앞서 배웠다. 이때

프로그래머가 클래스 내부의 내용을 몇 가지 수정하거나 오버라이딩하고자 할 때 사용한다.

04행: 상수 선언. 외부의 접근을 제한하는 int형 상수를 선언하면서 이름을 var이라 했다. 이것이 실제 상수값을 저장하는 메모리 공간이다.

06행~08행: 생성자 정의. Item이라는 열거형 객체를 생성할 수 있는 생성자를 정의했다. 인자로 int형 변수 하나를 받아 위에서 정의한 var이라는 상수에 초기화한다.

10행~12행: 멤버 메서드 정의. var이라는 상수를 반환하는 일을 하는 메서드를 프로그래머 임의로 정의했다.

15행: 프로그램 시작 부분. 열거형 내부에서 기억되는 모든 상수들, 즉 열거형 객체들이 배열로 관리되는데, 그것을 values( )라는 메서드를 통해 확인할 수 있다.

16행~18행: 반복문. 개선된 루프를 사용하여 Item.values( )를 통해 얻어지는 열거형 배열의 요소들을 순차적으로 Item n에 하나씩 대입하면서 기억되고 있는 명칭과 실제 값을 출력하여 확인한다.

열거형을 간단히 정리하면 순차적인 값을 만들어 쓰는 데 있어 기존의 불편함과 오류 발생 가능성 등을 없애주면서 좀더 안전하고 효율성 있게 사용할 수 있다.

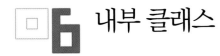
06 내부 클래스

❶ 내부 클래스의 이해와 특징

내부 클래스란 특정 클래스 안에 또 다른 클래스가 정의되는 것을 의미한다. 이런 내부 클래스가 필요한 이유는 지금까지 작업해 왔던 클래스들과는 다르게 독립적이지는 않지만 하나의 멤버처럼 사용할 수 있는 특징이 있기 때문이다. 이는 특정한 클래스의 내부에서 하나의 멤버와 같이 정의되어 독립적인 클래스들이 하지 못하는 private로 선언된 멤버들을 접근하는 일과 같은 것을 수행하기 위해서다.

다음은 내부 클래스를 정의하는 데는 잊어서는 안 되는 몇 가지의 주의 사항이자 장점이다.

- 내부 클래스는 외부 클래스의 모든 멤버들을 마치 자신의 멤버처럼 사용할 수 있다.
- static 내부 클래스를 제외하고는 다른 내부 클래스는 항상 외부 클래스를 통해야 생성할 수 있다.

컴파일한 후 탐색기로 확인해보면 확인이 가능하겠지만 내부 클래스들의 이름이 모두 특이한 것을 알 수 있다. 간단히 말해서 class 파일들 이름 중간에 ($)가 있는 것은 모두 내부 클래스의 바이트코드다.

❷ 내부 클래스의 종류와 사용 방법

[표 5-10] 내부 클래스의 종류

종류	설명
Member	멤버 변수나 멤버 메서드들과 같이 클래스가 정의된 경우에 사용한다.
Local	특정한 메서드 내에 클래스가 정의된 경우에 사용한다.
Static	static 변수(클래스 변수)와 같이 클래스가 static으로 선언된 경우에 사용한다.
Anonymous	참조할 수 있는 이름이 없는 경우에 사용한다.

Member 내부 클래스

말 그대로 객체를 생성해야만 사용할 수 있는 멤버들과 같은 위치에 정의되는 클래스를 말한다. 즉, 내부 클래스를 생성하려면 외부 클래스의 객체를 생성한 후에 생성할 수 있다.

```
class Outer {
    ...
    class Inner {
    }
    ...
}
```

다음 예제를 통해 Member 내부 클래스의 활용을 알아보자.

예제 5-25 MemberInner

```
01  class MemberInner{
02
03      int a = 10;
04      private int b = 100;
05      static int c = 200;
06
07      class Inner { // 내부 클래스 정의
08          public void printData(){
09              System.out.println("int a : "+a);
10              System.out.println("private int b : "+b); // 주시하자!
11              System.out.println("static int c : "+c);
12          }
13      }
14      public static void main(String[] args){
15
16      //   MemberInner outer = new MemberInner();
17      //   MemberInner.Inner inner = outer.new Inner();
```

```
18              MemberInner.Inner inner = new MemberInner().new Inner();
19              inner.printData();
20      }
21  }
```

```
int a : 10
private int b : 100
static int c : 200
```

[그림 5-21] MemberInner 실행결과

▶▶▶ 14행: 프로그램 시작 부분.

18행: 객체(내부 클래스) 생성. MemberInner 내부에 있는 Inner 객체형으로 변수 inner를 선언하고 MemberInner를 먼저 생성한 후 생성된 객체를 이용해서 바로 내부에 있는 Inner 객체를 생성하여 생성된 참조변수를 inner에게 전달한다.

19행: 메서드 호출. 내부 클래스에 있는 printData( )라는 메서드를 호출한다.

08행~12행: 메서드 수행. 외부 클래스의 멤버 변수들을 참조하여 그 결과를 화면에 출력한다. 이때 private로 접근 제한을 두고 있는 외부 클래스의 멤버를 주시해보면 내부 클래스에 대한 접근을 아무 거부반응 없이 허용함을 알 수 있다.

Local 내부 클래스

Local 내부 클래스는 특정 메서드 안에서 정의되는 클래스를 말한다. 다시 말해, 특정 메서드 안에서 선언되는 지역 변수와 같은 것이다. 메서드가 호출될 때 생성할 수 있으며 메서드의 수행력이 끝나면 지역변수와 같이 자동 소멸된다. 다음은 Local 내부 클래스의 구성이다.

```
class Outer {
    ...
    public void methodA( ) { // 멤버 메서드
        class Inner {
        }
    }
    ...
}
```

예제 5-26   LocalInner

```
01  public class LocalInner {
02      int a = 100; // 멤버변수
03      public void innerTest(int k){
04          int b = 200; // 지역변수
05          final int c = k; // 상수
06          //static int d = 300; // static변수는 사용 불가
07
08          class Inner{
09              public void getData(){
10                  System.out.println("int a : "+a);
11
12                  // Local 내부 클래스는 지역변수와 상수 모두 사용 가능
13                  System.out.println("int b : "+b);
14                  System.out.println("final int c : "+c); // 상수 사용
15              }
16          } // 내부 클래스의 끝
17          Inner i = new Inner(); // 메서드 내에서 Local 내부 클래스 생성
18          i.getData(); // 생성된 참조변수를 통해 메서드 호출
19      } // 메서드의 끝
20      public static void main(String[] args) {
21          LocalInner outer = new LocalInner();
22          outer.innerTest(1000);
23      }
24  }
```

```
int a : 100
int b : 200
final int c : 1000
```

[그림 5-22] LocalInner 실행결과

▶▶▶ 20행: 프로그램 시작 부분.

21행: 객체 생성. 현재 main( ) 메서드를 가지는 주 클래스를 생성한다.

22행: 멤버 메서드 호출. 1000을 인자로 하여 외부 클래스의 멤버 메서드를 호출한다.

03행: 메서드를 수행. 전달된 인자 1000을 지역변수 k에 복사해 넣는다.

04행: 지역변수 선언. 지역변수 b를 선언하여 200을 대입시킨다. 이는 현재 메서드 안에서만 사용할 수 있는 지역변수이며 현재 메서드 영역을 벗어날 때 사라진다.

05행: 상수 선언. 상수 변수 c를 선언하면서 인자값으로 전달받은 1000을 대입시킨다. 이 또한 지역적 상수이므로 현재 메서드를 벗어나면 사라진다.

06행: static변수 선언. 그러나 Local 내부 클래스에서는 static변수를 참조할 수 없으므로 주석으로 처리했다.

08행~16행: Local 내부 클래스 정의. 내부 클래스가 선언되면서 getData라는 내부 클래스의 메서드가 정의되었다. 이 메서드는 외부 클래스의 멤버변수들을 참조하여 출력하는 일을 한다.

17행~18행: 객체 생성. Local 내부 클래스를 생성하여 얻어지는 참조변수를 통해서 메서드를 호출한다. 이런 Local 내부 클래스를 생성하는 문장은 내부 클래스 정의 전에 올 수 없다.

static 내부 클래스

static 내부 클래스로 어쩔 수 없이 정의하는 경우가 있는데, 그것은 바로 내부 클래스 안에 static 변수를 가지고 있다면 어쩔 수 없이 해당 내부 클래스는 static으로 선언해야 한다. 4장 1절의 마지막 부분에서 공부한 static이 기억날 것이다. 다시 한번 얘기하자면 static으로 선언된 것들은 static 영역에 할당되면서 프로그램이 종료될 때까지 오로지 하나씩만 생성된다. 즉 static이 아닌 변수나 메서드들은 필요에 의해서 생성되었다가 소멸되고 또 필요하면 생성되는 동적인 것이다. 하지만 static은 반대로 정적이다.

다음은 static 내부 클래스의 구성이다.

```
class Outer {
    ...
    static class Inner {
    }
...
}
```

static 내부 클래스는 사실 더 이상의 내부 클래스가 아니라 할 수 있으며 외부 클래스를 거치지 않고도 접근할 수 있다. 따라서 'top level class'라고 하여 최상위 클래스라 한다. 그럼 예제를 살펴보자.

예제 5-27	StaticInner

```
01   class StaticInner {
02
03       int a = 10;
04       private int b = 100;
05       static int c = 200;
06
07       static class Inner{
08           // 어쩔 수 없이 내부 클래스를 static으로 선언해야 할 경우가 있다.
09           // 그건 바로 내부 클래스의 멤버들 중 하나라도 static 멤버가 있을 때다.
10
11           static int d = 1000;
12           public void printData(){
13   //          System.out.println("int a : "+a); // 오류
14   //          System.out.println("private int b : "+b); // 오류
15               System.out.println("static int c : "+c);
16               System.out.println("static int d : "+d);
17           }
18       }
19       public static void main(String[] args) {
20           // 또 다른 독립된 객체에서 static 내부 클래스 생성할 때
21           StaticInner.Inner inner = new StaticInner.Inner();
22           inner.printData();
23
24           // StaticInner라는 외부 클래스 내에서 생성할 때
25           // Inner inner = new Inner();
26           // inner.printData();
```

```
27        }
28  }
```

```
static int c : 200
static int d : 1000
```

[그림 5-23] StaticInner 실행결과

▶▶▶ 19행: 프로그램 시작 부분.

21행: 객체 생성. StaticInner 객체 내부에 있는 Inner 내부 객체를 현 객체의 내부 클래스에서 생성하는 것이 아니라 또 다른 독립된 객체 내에서 객체를 생성할 때 코드 내용과 같이 외부 객체를 생성하지 않고도 new [외부_클래스명].[내부_클래스_생성자( )];형태로 생성할 수 있다.

22행: 메서드 호출. 앞서 4장의 static 부분에서 static 메서드를 공부할 때 static은 정적인 메모리 공간에 저장되므로 같은 static 영역에 있는 멤버들만 바로 참조할 수 있으며 나머지 멤버 변수 등과 같은 것은 객체의 참조변수를 통해서 참조를 해야 한다고 했다. 마찬가지로 static 내부 클래스 또한 정적인 메모리 공간에 존재하므로 instance 변수(멤버변수)인 a와 b를 참조할 수 없다.

static 변수나 메서드들은 객체를 생성하지 않고도 접근할 수 있다고 했다. 즉, static 내부 클래스는 외부 클래스를 생성하지 않고도 [외부_클래스명.내부_클래스_생성자( )]로 생성할 수 있음을 잊지말자.

Anonymous(익명) 내부 클래스

익명이란 이름이 없는 것을 의미한다. 이것을 자바의 프로그램적으로 해석하면 정의된 클래스의 이름이 없다는 것이 된다. 이는 한 번만 사용하고 버려지는 객체를 사용할 때 유용한 내부 클래스다. 예를 들어, 프로그램을 종료할 때 꼭 수행해야 할 객체가 있다면 한 번 수행 후 프로그램이 종료되므로 클래스가 더 이상 필요 없게 된다. 이렇게 단 한번만 사용되는 객체들은 익명(Anonymous) 내부 클래스를 사용하면 매우 유용하다.

이런 익명 내부 클래스는 두 가지 정도의 유형이 있다. 우선 내부 클래스의 이름과 참조할 수 있는 참조 변수가 없는 유형부터 살펴보자.

```
class Outer {
    ...
    public void methodA( ) { // 멤버 메서드
        new Inner( ) {
        };
    }
    ...
}
```

참조할 수 있는 참조변수가 없으므로 객체가 생성되고 두 번 다시 객체에 접근할 수 있는 방법은 없다. 그러므로 특정한 메서드가 호출될 때 수행을 자동적으로 할 수 있도록 하는 경우가 많다. 나중에 배우게 되는 이벤트의 Listener들과 같이 내부 클래스 객체가 생성되면서 자동적으로 사용할 메서드가 호출되지 않는다면 14행과 같은 구문의 끝을 나타내는 ;을 만나기 전에 사용하고자 하는 메서드를 호출해야 한다.

예제 5-28 AnonyInner

```
01  interface TestInter{
02      int data = 10000;
03      public void printData();
04  }
05  class AnonyInner{
06
07      public void test(){
08
09      new TestInter(){
10          public void printData(){ // 미완성된 것을 완성한다.
11
12          System.out.println("data : "+data);
13          }
14      }.printData();
15
```

```
16          }
17          public static void main(String[] args){
18          AnonyInner ai = new AnonyInner();
19          ai.test();
20          // new AnonInner().test(); // 익명으로 객체를 생성한다.
21          }
22    }
```

```
data : 10000
```

[그림 5-24] AnonyInner 실행결과

▶▶▶ 17행: 프로그램 시작 부분.

18행~19행: 객체 생성. main( ) 메서드를 가지는 현재 객체를 생성하여 변수 ai에게 전달한다. 그리고 그것을 통해 메서드를 호출한다.

09행~14행: 메서드 수행. 인터페이스 TestInter를 생성한다. 하지만 인터페이스는 instance를 가지지 못한다. 이유는 인터페이스 안에는 완성되지 않은 추상 메서드들로 인해 자생력이 없다. 그런데 코드 내용을 살펴보면 마치 인터페이스를 명시적으로 생성을 하는 것 같은 생각이 든다. 하지만 사실 그런 것은 아니다. 이는 TestIner라는 인터페이스를 구현하는 내부 클래스가 자동으로 정의되는 것이다. 그리고 내부에서는 인터페이스에 정의된 추상 메서드들의 재정의를 통해서 객체를 완성할 수 있도록 해야 한다. 이렇게 생성된 내부 클래스의 객체를 참조할 수 있는 참조변수가 없으므로 해서 익명 내부 클래스라 하는 것이다.

다음은 내부 클래스의 이름은 존재하지 않지만 참조할 수 있는 참조 변수의 이름이 있는 경우다. 유형부터 살펴보자.

```
class Outer {

    ...
    Inner inn = new Inner( ) {
    };
    ...
}
```

위와 같은 유형은 참조할 수 있는 참조변수가 있으므로 정의된 영역 안에서는 얼마든지 참조
변수를 통해 참조할 수 있다. 다음 예제를 확인해보자.

예제 5-29　AnonyInner1

```java
01  abstract class TestAbst{
02      int data = 10000;
03      public abstract void printData();
04  }
05  class AnonyInner1{
06
07      TestAbst inn = new TestAbst (){
08          public void printData(){ // 미완성된 것을 완성한다.
09
10              System.out.println("data : "+data);
11          }
12      };
13
14      public static void main(String[] args){
15          AnonyInner1 ai = new AnonyInner1();
16          ai.inn.printData();
17      }
18  }
```

```
data : 10000
```

[그림 5-25] AnonyInner1 실행결과

▶▶▶ 14행: 프로그램 시작 부분.

　　15행: 객체 생성. main( ) 메서드를 가지는 현재 객체를 생성하여 변수 ai에게 전달한다. 이때 멤
　　　　버로 자리를 잡고 있는 익명 내부 클래스인 TestAbst라는 추상 클래스를 생성한다. 하지만 추
　　　　상 클래스 또한 인터페이스와 마찬가지로 instance를 가지지 못하지만 여기서는 추상 클래스인
　　　　TestAbst를 상속받는 이름 없는 클래스가 정의되어 생성되는 것이다.

16행: 익명 클래스 활용. 위에서 생성된 참조 변수 ai를 통해 내부에 존재하는 익명 클래스의 참조 변수인 inn으로 익명 클래스의 메서드를 호출한다.

위의 예제는 앞의 AnonyInner 예제와는 다르게 참조변수를 가지므로 AnonyInner1이라는 클래스 내에서는 얼마든지 사용할 수 있다. 그리고 두 예제가 동일한 부분은 클래스명이 없다는 것이다.

그러면 'AnonyInner1$1.class'라는 파일이 존재 할 것이다. 이런 파일들이 바로 익명 내부 클래스들이 컴파일되어 생성된 바이트코드인 것이다. 이름이 정의되지 않아 컴파일러가 임의로 숫자를 붙여 클래스 이름을 정한 것이다.

AnonyInner 예제와 AnonyInner1 예제가 가지는 익명 내부 클래스들이 컴파일되어 생성되는 바이트코드를 우리가 알기 쉽게 풀어서 정리하면 다음과 같다.

【AnonyInner 예제의 익명 내부 클래스(AnonyInner$1.class)】

```
class AnonyInner$1 implements TestInter{
    ...
}
```

【AnonyInner1 예제의 익명 내부 클래스(AnonyInner1$1.class)】

```
class AnonyInner1$1 extends TestAbst{
    ...
}
```

1 자바의 클래스 관계에는 특정 객체 내에서 다른 독립된 객체를 가지는 'has a' 관계와 특정 객체가 자신의 능력을 새롭게 생성되는 객체에게 포함시켜주는 상속 관계인 'is a' 관계, 두 가지가 있다.

2 오버라이딩은 서로 상속 관계로 이루어진 클래스간에 super 클래스가 가지는 메서드를 sub 클래스가 똑같이 재정의한 것을 말한다. 이는 더 나아가서 '상속에 의한 은폐'라고도 한다.

[표 5-11] 오버라이딩과 오버로딩의 차이

오버라이딩(재정의)	구분	오버로딩(다중정의)
상속관계	적용	특정 클래스
super 클래스의 메서드보다 sub 클래스의 메서드 접근제한이 동일하거나 더 넓어야 한다. 예를 들어, protected라면 protected/public이다.	접근제한	상관없다.
같아야 한다.	리턴형	상관없다.
super 클래스의 메서드명과 sub 클래스의 메서드명이 같아야 한다.	메서드명	반드시 같아야 한다.
반드시 같아야 한다.	인자(타입, 개수)	반드시 달라야 한다.

3 super는 현 객체의 super 클래스(부모 클래스)를 의미하며, super( )는 현 객체의 super 클래스(부모 클래스)의 생성자를 의미한다. 그리고 this는 현 객체에서 자기 자신을 참조할 수 있는 유일한 참조 변수다. 그리고 this( )는 현 객체의 생성자를 의미함을 기억하자.

4 final 예약어는 종단을 의미하며 적용하는 곳은 클래스, 메서드, 변수다.

[표 5-12] final 적용 부분

적용	구성	설명
클래스	[접근제한] final class [클래스명]{ }	상속 불가능
메서드	[접근제한] final [반환형] [메서드명]( ){ }	상속 시 오버라이딩 불가능
변수	final [자료형] [변수명];	상수

5 추상화란 일반적으로 사용할 수 있는 단계가 아닌 아직 미완성적 개념을 말하는 것이다.

6 인터페이스란 음식점에서의 메뉴판과 같은 것이며 사람에게는 자격증과 같은 것이다. 사람을 겉으로만 봐서는 그 사람이 운전을 할 수 있는지 아니면 바다 속의 아름다움을 사랑하는 사람인지 알 수가 없다. 하지만 운전면허증이나 스쿠버 자격증(Open Water)을 소지하고 있다는 것만으로 운전을 하는 사람이구나 또는 바다를 사랑하는 사람이구나를 알 수가 있지 않겠는가? 인터페이스가 바로 이런 중계자 역할까지 해주는 객체다. 그리고 인터페이스간의 다중 상속을 통해 객체의 다형성을 목적으로 하는 객체이기도 하다.

7 열거형은 상수를 가지고 java.lang 패키지의 Enum 객체를 생성하여 나열화한 것이며 이렇게 나열화한 객체 외에는 절대 담을 수 없는 또 하나의 참조 자료형이라 할 수 있다.

8 내부 클래스(Inner Class)란 특정 클래스 안에 또 다른 클래스가 정의되는 것을 의미하며 이것의 특징은 외부의 모든 멤버들을 마치 자신의 멤버처럼 사용할 수 있다는 것이다.

[표 5-13] 내부 클래스의 종류

종류	설명	
Member	멤버 변수나 멤버 메서드들과 같이 클래스가 정의된 경우에 사용한다.	
Local	특정한 메서드 내에 클래스가 정의된 경우에 사용한다.	
Static static	변수(클래스 변수)와 같이 클래스가 static으로 선언된 경우에 사용한다.	
Anonymous	참조할 수 있는 이름이 없는 경우에 사용한다.	

✭ 연습문제

1 기본적으로 나이와 이름, 그리고 성별을 저장할 수 있는 멤버 변수들을 가지는 Animal이라는 클래스를 정의하고 이를 상속받는 수영을 잘 하는 Dolphin과 하늘을 나는 Swan 클래스를 정의하고 이름과 같은 속성들을 출력하라.

2 각 가전 제품들의 전기 소모량은 모두 다르다. 그러므로 특정 클래스에서 소모량을 정하고 상속을 줄 수도 없다. 이럴 때 필요한 것이 추상 클래스인데, 가전 제품들에 적용될 다음의 [조건]을 보고 추상 클래스를 정의해보자.

【조건】
- 에너지 소모량을 저장하는 int형의 energe라는 변수
- 제품의 이름을 저장할 수 있는 productName이라는 변수
- energe값을 반환하는 메서드
- 제품의 이름을 반환하는 메서드
- 제품의 이름을 설정(변경)하는 메서드
- 에너지 소모량을 증가하는 electricMeter() 추상 메서드

3 인터페이스에 대해서 아는 데로 기술해보자.

4 열거형(enumerated types)의 구성을 기술해보자.

5 열거형은 사실 어떤 객체로부터 상속받는 객체인가?

6 내부 클래스(Inner Class)의 종류와 구성을 기술해보자.

[MEMO]

패키지와 예외

패키지

이제 패키지라는 것을 알아보자. 자바에서 이야기하는 패키지는 서로 관련 있는 클래스와 인터페이스를 하나의 단위로 묶는 것을 의미하는데, 일종의 자료실이라고 할 수 있다.

PC의 폴더 하나에 축구 동영상과 야구 동영상을 구별없이 넣어놨다고 생각해보자. 이중에서 원하는 영상을 찾으려면 고생을 하게 될 수 밖에 없겠지만, 축구 동영상만 담을 폴더와 야구 동영상만 담을 폴더를 각각 구별해서 영상을 저장 해 둔다면 필요한 것을 찾는 것을 수월하게 할 수 있을 것이다.

패키지는 이렇게 서로 관련된 클래스들을 한 곳에 잘 모아두고 관리 또는 접근을 쉽게 해주는 상자들과 같다. 그리고 공교롭게 이름만 같은 클래스들이 더러 있으므로 이런 패키지를 사용하여 저장하게 되면 서로 관리되는 곳이 다르므로 클래스간의 충돌 예방 차원에서도 유익하다.

❶ 패키지 선언

패키지 선언 방법

패키지 선언은 주석문을 제외하고 반드시 소스파일의 첫 줄에 와야 한다. 다음은 패키지 선언 방법이며 이를 이용해 예제를 만들어보자. 그리고 이렇게 해서 만든 패키지 내의 클래스를 앞서 배운 접근자를 통해 접근해보자.

```
package 패키지경로명;
```

[그림 6-1] 이클립스에서 패키지 생성 방법

myPack.p1 패키지를 생성하여 아래 클래스들을 작성해보자.

```
예제 6-1    MyPackOne

01  package myPack.p1;
02  public class MyPackOne{
03
04      public void one(){
05          System.out.println("MyPackOne클래스의 one메서드");
06      }
07  }
```

```
예제 6-2    MyPackTwo

01  package myPack.p1;
02  public class MyPackTwo{
03
04      public void two(){
05          System.out.println("MyPackTwo클래스의 two메서드");
06      }
07  }
```

그럼 이제 패키지 사용 방법을 알아보자.

❷ 패키지 사용 방법

패키지에 있는 특정한 클래스를 사용하려면 'import문'을 사용해야 한다. import는 사전적으로 '수입'이란 의미가 되므로 현재 객체에서 원하는 다른 객체를 가져다 사용할 때 사용한다. 패키지문 아래에 오는 것이 기본 방법이며 구성은 다음과 같다.

```
import [패키지경로.클래스명];
또는
import [패키지경로.*];
```

다음 예제를 작성하여 MyPackOne.java와 MyPackTwo.java가 저장된 곳에 저장하자.

예제 **6-3**　　MyPackTest

```
01  import myPack.p1.MyPackOne;
02  import myPack.p1.MyPackTwo;
03  class MyPackTest {
04
05      public static void main(String[] args) {
06          MyPackOne myOne = new MyPackOne();
07          myOne.one();
08          MyPackTwo myTwo = new MyPackTwo();
09          myTwo.two();
10      }
11  }
```

```
MyPackOne클래스의 one메서드
MyPackTwo클래스의 two메서드
```

[그림 6-2] MyPackTest 실행결과

▶▶▶ 01행~02행: import문. myPack 속에 p1이라는 패키지 내에 있는 MyPackOne 클래스와
　　　　MyPackTwo 클래스를 가져다 사용했다.

　　　05행: 프로그램의 시작 부분.

　　　06행~09행: 객체 생성과 메서드 호출.

❸ static imports문

static import를 사용하여 좀더 쉽고 빠르게 static 상수 또는 메서드 등을 호출할 수 있다.
하지만 이로 인해 작성된 소스분석이 조금 어려워졌다는 단점도 있다. 다음은 static import
문의 구성이다.

> import static [패키지경로.클래스명.*];
> import static [패키지경로.클래스명.상수필드명];

다음은 위의 구성을 가지고 간단하게 Math 클래스의 random( )을 사용하여 난수를 받아 출력하는 예제다. 여기서 사용된 Math 클래스의 static 메서드(클래스 메서드)인 random( ) 메서드는 0.0에서 1.0보다 작은 값 중 난수를 발생하는 메서드다. 그럼 예제를 살펴보자.

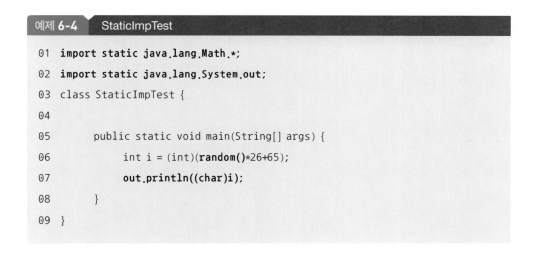

```
01  import static java.lang.Math.*;
02  import static java.lang.System.out;
03  class StaticImpTest {
04
05      public static void main(String[] args) {
06          int i = (int)(random()*26+65);
07          out.println((char)i);
08      }
09  }
```

📄 import [패키지경로.*]를 쓸 수도 있다. asterisk(*)라는 것은 명시된 패키지 경로에 있는 모든 것을 현재 클래스에서 포함하게 되는 것이다. 하지만 이는 자바에서 기본적으로 제공해주는 기본 패키지들에게만 적용이 된다.

```
I
```

[그림 6-3] StaticImpTest 실행결과

▶▶▶ 01행: import static문. java.lang.Math 클래스의 모든 static 필드와 메서드들을 import한다.

02행: import static문. java.lang.System 클래스의 out이라는 static 필드를 명시하면서 import한다.

05행: 프로그램의 시작 부분.

06행: 수행문. 기존 버전이었다면 항상 [Math.random( )]이라 해야 하는데, Math 클래스의 모든

static 멤버들을 import한 관계로 그냥 random( ) 메서드를 자신의 멤버처럼 사용할 수 있는 것이다. 65부터 26자 중 난수를 발생하여 숫자 하나만 변수 i에게 전달한다.

07행: 출력문. java.lang.System.out을 import하므로 이젠 System.out.println( )이 아니라 바로 out.println( )으로 사용할 수 있게 된다. 변수 i의 값을 문자형으로 변환하여 출력한다.

static imports가 적절하게 사용되었을 때 소스 코드자체가 심플하면서도 가벼워질 것이며 정적 변수, 메서드 등의 효율성이 향상될 것이다. 하지만 너무 자주 사용하게 되면 쓸데없이 static 영역이 남용될 것이므로 자제(自制)가 필요하다.

Section

02 예외

우리가 살다보면 예상하지 못한 일들을 만나게 된다. 예를 들자면 지하철을 탈 때까지만 해도 날씨가 좋았는데, 도착하여 지하철역에서 나오려니 비가 내리고 있다던지 또는 책을 보다가 종이에 손을 베었다던지 하는 뜻하지 않은 일들을 당하게 된다. 그래서 갑자기 비가 올 때를 대비해서 작은 우산 하나쯤을 가지고 다니는 사람도 있을 것이다. 그리고 지하철에서 책을 보다가 손을 베어 흐르는 피를 어쩌지 못해 입으로 빨고 있을 때 느껴야 했던 주위의 암울한 시선들... 이런 아픔을 아는 사람들은 밴드를 항상 준비하고 다닌다.

이렇게 예상하지 못한 일들을 '예외'라 하고 이를 대비하고 준비하는 것이 바로 예외처리다.

❶ 예외처리에 대한 필요성과 이해

자바에서 프로그램이 실행하는 도중에 예외가 발생하면 발생된 그 시점에서 프로그램이 바로 종료된다. 때에 따라서는 예외가 발생했을 때 프로그램을 종료시키는 것이 바른 판단일 수도 있다. 하지만 가벼운 예외이거나 예상을 하고 있었던 예외라면 프로그램을 종료시키는 것이 조금은 가혹하다고 느껴진다. 그래서 예외처리라는 수단(mechanism)이 제안되었고 예외처리를 통해 우선 프로그램의 비정상적인 종료를 막고 정상적인 프로그램을 계속 진행할 수 있게 되었다.

❷ 예외의 종류

자바에서 발생하는 모든 예외는 다음과 같은 구조를 이루면서 각각 객체로 인식되고 있다.

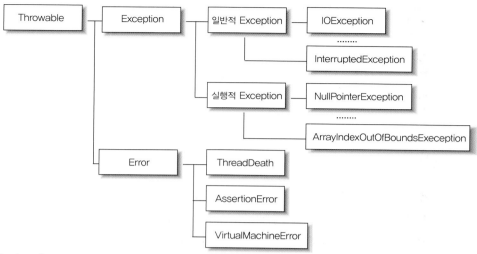

[그림 6-4] 예외의 종류와 구조

위의 그림에서 알 수 있듯이 Throwable 클래스가 모든 예외(Exception)와 Error의 parent 클래스다. 그 아래에는 치명적인 오류(Error)와 가벼운 오류(Exception)가 존재한다.

[표 6-1] 오류의 구분

오류구분	설명
예외(Exception)	가벼운 오류이며 프로그램적으로 처리한다.
오류(Error)	치명적인 오류이며 JVM에 의존하여 처리한다.

여기서 얘기하는 치명적인 오류(Error)는 프로그래머가 해결할 수 없는 오류를 얘기하는 것이다. 그리고 가벼운 오류(Exception)는 프로그래머가 해결할 수 있는 오류를 말하는 것이며 우리가 지금 공부하고자 하는 부분이기도 하다.

[표 6-2] 예외의 구분

예외구분	설명
일반적 예외	컴파일할 때 발생하는 오류이며 입출력에 관련해서 파일에 출력을 해야 하는데, 쓰고자 하는 파일이 존재하지 않는다는 예외(FileNotFoundException)와 시간제 프로그래밍을 하면서 순간 시스템으로 하여금 타이밍을 놓쳐 중단되는 예외(InterruptedException) 등이 있다. 이는 컴파일할 때에 확인되므로 반드시 예외처리를 해야만 컴파일된다.

실행 시 예외	실행하는 프로그램이 실행되다가 배열의 범위를 넘었을 때 발생하는 예외(ArrayIndexOutOfBounds Exception), 특정 수를 0으로 나누기했을 때 발생하는 예외(ArithmeticException) 등이 있다. 한 마디로 프로그래머의 실수로 인한 예외라 할 수 있다. 실행할 때 발생하는 예외이므로 예외처리를 하지 않아도 컴파일에는 무리가 없다.

이처럼 예외를 구분한 이유를 살펴보자. 만약, 특정한 변수에 값이 들어 올 때가 있고 때에 따라서는 값이 들어오지 못할 때도 있다. 이때 값이 들어 올 때는 모르지만 값이 들어오지 못할 때를 생각해서 예외처리를 해야 한다면 배열을 포함해서 모든 변수들 또는 모든 코드들에게 예외처리를 해야 한다. 그렇게 되면 과부하가 크게 걸릴 것이다. 따라서 실행 시 발생 가능한 예외에 대해서는 try~catch문으로 인한 예외처리보다는 프로그래머들의 주의를 요구하여 컴파일 시에 확인하지 않으므로 '확인되지 않은 예외(Unchecked Exception)'로 구분하게 된 것이다.

그렇지만 예외를 어떻게 기억하고 구별할 수 있는지가 궁금할 수도 있다. 하지만 특별히 외우거나 구별을 하려고 노력을 할 필요는 없다. 왜냐하면 일반적 예외들은 컴파일 시에 어떤 예외가 발생할 수 있으므로 예외에 대한 처리를 하라는 메시지가 나타난다. 그리고 11장에 배울 스레드나 12장에서 다루는 입출력에 관련된 메서드를 사용할 때에는 API 문서를 참조하면 사용하려는 메서드가 어떤 예외가 발생시킬 수 있는지 알 수 있다.

그리고 '실행 시 예외' 또한 마찬가지로 실행할 때 발생한 예외에 대한 메시지가 나타나는데, 예외에 대한 처리를 생각한다면 예외처리를 해주면 된다. 그렇지 않고 프로그램 종료로 두는 것이 좋겠다는 생각이라면 그냥 두어 JVM에 의해 종료가 되도록 하는 것이 보통이다.

그럼 이제 다음으로 넘어가서 예외처리를 어떻게 하는지 알아보자.

❸ 예외 처리 방법

우선 다음의 예제를 따라해보자.

예제 6-5	ExceptionEx1

```
01  import static java.lang.System.out;
02  class ExceptionEx1 {
```

```
03
04        public static void main(String[] args) {
05             int[] var = {10,200,30};
06             for(int i=0 ; i <= 3 ; i++)
07                      out.println("var["+i+"] : "+var[i]);
08
09             out.println("프로그램 끝!");
10        }
11 }
```

```
var[0] : 10
var[1] : 200
var[2] : 30
Exception in thread "main" java.lang.ArrayIndexOutOfBoundsException: 3
        at ExceptionEx1.main(ExceptionEx1.java:7)
```

[그림 6-5] ExceptionEx1 실행결과

▶▶▶ 01행: import static문. java.lang.System 클래스의 out이라는 static 필드를 명시하면서 import
한다.

01행: 프로그램의 시작 부분.

05행: 배열 생성. 10, 200, 30을 가지는 int형 3개짜리 배열을 선언하고 생성한다. 그리고 초기화까
지 했다.

06행: 반복문. 조건식에 보면 [i <= 3]이라 했다. 이것은 프로그래머의 작은 실수라 생각하고 컴파
일을 해보면 아무 이상은 없지만 실행 시에 반복문을 4번 수행하며 배열의 var[3]이라는 index
번지는 없으므로 ArrayIndexOutOfBoundsException이라는 실행 예외가 발생하여 9행의 출
력문은 수행하지 못하고 프로그램이 그 자리에서 종료된다.

09행: 출력문.

> 조건식의 오류가 고의적인 실수라고는 하지만 충분히 공감이 가는 실수라고 할 수 있다. 이런 프로그래머의 실수를 줄이기 위해 앞
서 배운 '개선된 루프'의 유익함을 다시 한번 느낀다.

다시 한 번 강조하지만 예외처리를 하는 가장 큰 이유는 예외가 발생하여 프로그램의 비정상
적인 종료를 막고 정상적인 수행을 할 수 있도록 하기 위해서다. 예외에 대한 처리는 크게 두

가지가 있다. 예외가 발생하는 시점에서 바로 try~catch문으로 처리를 하는 방법과 현재 영역(메서드)을 호출한 다른 영역(메서드)으로 발생한 예외 객체를 throws문으로 던져 양도하는 방법이 있다. 그럼 먼저 try~catch문으로 바로 처리하는 방법부터 알아보자.

try~catch문으로 처리하는 예외

예상했던 예외가 발생하면 해당 예외 객체를 잡아(catch)내어 원하는 동작을 수행하고 프로그램이 종료되지 않고 계속 진행 할 수 있도록 하는 것을 목적으로 한다. 다음은 try~catch문의 구성이다.

```
try{
        // 예외가 발생 가능한 문장들;
}catch(예상되는_예외객체 변수명){
        // 해당 예외가 발생했을 때 수행할 문장들;
}
```

위의 구성과 같이 try의 중괄호 부분에 정의되는 문장은 예외가 발생 가능한 문장들을 기재하는 곳이니 주의하기 바란다. 그리고 현 try의 중괄호는 반드시 하나 이상의 catch 중괄호나 finally 중괄호가 같이 따라줘야 한다. 그럼 앞의 [예제 6-5] ExceptionEx1을 수정하여 다시 작성해보자.

| 예제 6-6 | ExceptionEx2 |

```
01  import static java.lang.System.out;
02  class ExceptionEx2 {
03
04      public static void main(String[] args) {
05          int[] var = {10,200,30};
06          for(int i=0 ; i <= 3 ; i++){
07              try{
08                  out.println("var["+i+"] : "+var[i]);
09              }catch(ArrayIndexOutOfBoundsException ae){
10                  out.println("배열을 넘었습니다.");
```

```
11                    }
12          } // for의 끝
13
14          out.println("프로그램 끝!");
15      }
16 }
```

```
var[0] : 10
var[1] : 200
var[2] : 30
배열을 넘었습니다.
프로그램 끝!
```

[그림 6-6] ExceptionEx2 실행결과

▶▶▶ 01행: import static문. java.lang.System 클래스의 out이라는 static 필드를 명시하면서 import
한다.

01행: 프로그램의 시작.

05행: 배열 생성. 10, 200, 30을 가지는 int형 3개짜리 배열을 선언하고 생성한다. 그리고 초기화까
지 했다.

06행~12행: 반복문. 반복문의 조건식에서 작은 실수가 있지만 반복문 내에서 예외가 발생할 수 있
는 8행을 try문으로 지정했다. 그리고 여기에 대한 예상 예외 객체를 catch문에서 정의하여 예외
가 발생하더라도 프로그램이 종료되는 것을 막았다.

14행: 출력문.

결과를 확인해보면 알수 있겠지만 앞 ExceptionEx1이라는 예제는 예외가 발생하자마자
프로그램의 종료로 "프로그램 끝!"이라는 문장을 출력하지 못했다. 하지만 예외처리로 인한
ExceptionEx2의 결과는 프로그램이 종료되지 않았음을 알 수 있다.

■ try~catch문에서 주의 사항

그럼 여기서 우리가 또 한번 중요하게 생각하고 넘어가야 할 것이 있다. 위의 예제에서 다
음과 같이 수정해보자.

```
07                  try{
08                          out.println((i+1)+"번째");
09                          out.println("var["+i+"] : "+var[i]);
10                          out.println("~~~~~~~~~~~"); // 수행을 못할 수도 있다.
11                  }catch(ArrayIndexOutOfBoundsException ae){
12                          out.println("배열을 넘었습니다.");
13                  }
```

위의 8행과 10행의 문장을 추가한 후 프로그램을 다시 컴파일하고 실행해보자. 반복문이 총 4번 반복하게 되는데, 8행의 출력으로 4번째 반복 수행을 알 수 있지만 예외가 발생하는 9행을 만나면서 10행을 수행하지 못하고 바로 catch 영역을 수행하는 것을 알 수 있다.

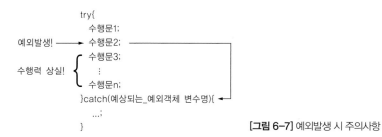

[그림 6-7] 예외발생 시 주의사항

다시 말해서 같은 try 범위 내에 많은 수행문 중에서 예외가 발생한다면 발생 시점부터 같은 try 범위 내의 마지막 수행문까지 하나도 수행하지 못하고 catch문으로 넘어가게 된다.

다중 catch문

다중 catch문은 하나의 try문 내에 여러 개의 예외가 발생할 수 있을 때 사용한다. 다중 catch문의 구성은 다음과 같다.

```
try{
        // 예외가 발생할 수 있는 문장들;
} catch(예상되는_예외객체1 변수명){
        // 해당 예외가 발생했을 시 수행할 문장들;
} catch(예상되는_예외객체2 변수명){
        // 해당 예외가 발생했을 시 수행할 문장들;
} catch(예상되는_예외객체3 변수명){
        // 해당 예외가 발생했을 시 수행할 문장들;
}
```

그럼 위의 구성을 기반으로 다중 catch문의 예제를 익혀보자.

예제 6-7   ExceptionEx3

```
01  import static java.lang.System.out;
02  class ExceptionEx3 {
03
04      public static void main(String[] args) {
05          int var = 50;
06          try{
07
08              System.out.print("정수 입력 : ");
09              int data = new Scanner(System.in).nextInt();
10
11              out.println(var/data);
12          }catch(InputMismatchException ie){
13              out.println("숫자가 아닙니다.");
14          }catch(ArithmeticException ae){
15              out.println("0으로 나눌순 없죠?");
16          }
17          out.println("프로그램 종료!");
18      }
19  }
```

```
정수 입력 :  a
숫자가 아닙니다.
프로그램 종료!
```

[그림 6-8] ExceptionEx3 실행결과

📋 data에 숫자가 아닌 문자가 대입 되었을 때의 결과값이다.

▶▶▶ 01행: import static문. java.lang.System 클래스의 out이라는 static 필드를 명시하면서 import
한다.

04행: 프로그램의 시작 부분.

05행: 변수 선언. int형 변수 var에 50을 대입했다.

06행~12행: try문. 예외가 발생할 수 있는 문장들을 입력한다.

09행: 변수 선언. int형 변수 data에 키보드에서 입력받은 값을 대입한다. 이때 정수로 변경할 수 없는 자료가 전달되면 InputMismatchException이 발생한다.

11행: 출력문. 변수 var을 data라는 변수로 나눈 다음 몫을 출력한다. 만약 data라는 변수에 0이 들어온다면 ArithmeticException이 발생한다.

위 예제에서는 하나의 try문에 두 개의 예외가 발생할 수 있다. 그러므로 catch문을 다중적으로 정의하여 발생하는 예외 객체에 맞는 catch문을 수행하도록 해주는 것이다.

■ **다중 catch문에서 주의 사항**

하나의 try문 내에서 여러 개의 예외가 발생할 수 있으므로 이에 따라 여러 개의 catch문을 정의할 수 있도록 다중 catch문이 제공되는 것이다. 하지만 여기서 반드시 지켜야 하는 것이 있는데, 그것은 바로 catch문에 정의될 예외 객체들의 배치부분이다. 우선 제일 먼저 비교되는 부분이 try 범위 다음에 첫 번째 오는 catch문이며 하나씩 밑으로 내려가면서 비교하고 수행할 예외 객체를 찾아가게 되는 순서다.

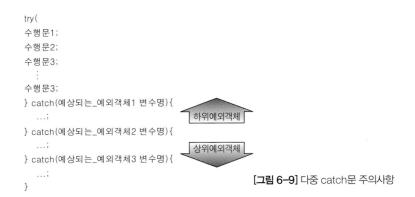

```
try(
수행문1;
수행문2;
수행문3;
    :
수행문3;
} catch(예상되는_예외객체1 변수명){
    ...;
} catch(예상되는_예외객체2 변수명){
    ...;
} catch(예상되는_예외객체3 변수명){
    ...;
}
```

하위예외객체

상위예외객체

[그림 6-9] 다중 catch문 주의사항

일반적 예외에서 가장 상위인 클래스가 Exception이다. 그러므로 가장 아래쪽에 정의해야 한다. 이렇게 하는 이유는 예외는 상위 클래스가 모든 예외를 가지고 있으므로 가장 위에 정의를 하게 되면 모든 예외를 처리하게 되므로 두 번째 catch문부터는 절대 비교 수행할 수 없게 된다. 그럼 위의 ExceptionEx3 예제를 다음과 같이 추가하여 컴파일해보자.

```
04        public static void main(String[] args) {
05            int var = 50;
06            try{
07
08                System.out.print("정수 입력 : ");
09                int data = new Scanner(System.in).nextInt();
10
11                out.println(var/data);
12            }catch(Exception e){
13                out.println("Exeception~!");
14            }catch(InputMismatchException ne){
15                out.println("숫자가 아닙니다.");
16            }catch(ArithmeticException ae){
17                out.println("0으로 나눌순 없죠?");
18            }
19            out.println("프로그램 종료!");
20        }
21  }
```

```
Exception in thread "main" java.lang.Error: Unresolved compilation problems:
    Unreachable catch block for InputMismatchException. It is already handled by the catch block for Exception
    Unreachable catch block for ArithmeticException. It is already handled by the catch block for Exception

    at ExceptionEx3.main(ExceptionEx3.java:18)
```

[그림 6-10] ExceptionEx3 추가 실행결과

예외가 이미 잡혀 있다는 오류가 나타난다. 즉, Exception이라는 예외 클래스가 하위 예외 클래스들을 모두 가지고 있기 때문에 먼저 정의해서는 안 된다.

throws 예약어

throws는 예외를 처리하기보다는 발생한 예외 객체를 양도하는 것이다. 즉, 현재 메서드에서 예외처리를 하기가 조금 어려운 상태일 때 현재 영역을 호출해준 곳으로 발생한 예외 객체를 대신 처리해 달라며 양도하는 것이다. 사용법은 다음의 구성과 같이 throws라는 예약어를 통해 메서드를 선언하는 것이다. throws 사용법은 다음과 같다.

[접근제한] [반환형] [메서드명](인자1, …인자n)throws 예외클래스1,…예외클래스n{ }

그럼 예제를 살펴보자.

예제 6-8 ThrowsEx1

```
01  import static java.lang.System.out;
02  import java.util.Scanner;
03  class ThrowsEx1 {
04      public void setData(String n) throws NumberFormatException{
05          if(n.length() >= 1){
06              String str = n.substring(0,1);
07              printData(str);
08          }
09      }
10      private void printData(String n) throws NumberFormatException{
11          int dan = Integer.parseInt(n);
12          out.println(dan+"단");
13          out.println("----------");
14          for(int i=0 ; i<9 ; i++)
15              out.println(dan+"*"+(i+1)+"="+(dan*(i+1)));
16      }
17      public static void main(String[] args){
18          ThrowsEx1 t1 = new ThrowsEx1();
19          System.out.println("입력할 단 : ");
20          try{
21              t1.setData(new Scanner(System.in).next());
22          }catch(Exception e){
23              out.println("첫문자가 숫자가 아닙니다.");
24          }
25      }
26  }
```

```
입력할 단 :
5a
5단
----------
5*1=5
5*2=10
5*3=15
5*4=20
5*5=25
5*6=30
5*7=35
5*8=40
5*9=45
```

[그림 6-11] ThrowsEx1 실행결과

📄 실행 시 변수 dan에 '5a'가 대입되었을 때의 결과다.

▶▶▶ 01행: import static문. java.lang.System 클래스의 out이라는 static 필드를 명시하면서 import 한다.

02행: import문. java.util 패키지의 Scanner클래스를 import하여 키보드에서 값을 받을 준비를 한다.

17행: 프로그램의 시작 부분.

18행: 객체 생성. 현재 객체를 명시적 객체 생성하여 t1에 대입했다.

21행: 메서드 호출. 키보드에서 받은 값을 인자로 하여 t1의 setData( ) 메서드를 호출한다.

04행: 메서드 정의. String형의 인자를 받는 setData라는 메서드를 정의하면서 내부에서 NumberFormatException라는 예외가 발생하면 자신을 불러준 main( ) 메서드로 양도하겠다는 정의다. 내부에서 하는 일은 인자로 넘어온 n의 길이가 1자 이상이면 1자를 잘라내어 printData( )라는 메서드에게 인자로 전달하면서 호출한다. 현재 메서드 setData( )라는 메서드에서는 예외가 발생할 만한 것이 없다.

10행: 메서드 정의. String형의 인자를 받는 printData라는 메서드를 정의하면서 내부에서 NumberFormatException이라는 예외가 발생하면 자신을 불러준 setData( ) 메서드로 양도하겠다는 정의다. 내부에서 하는 일은 인자로 넘어온 값을 무조건 int형으로 변환한다. 만약, 정수형 문자열이 아닌 'a'와 같은 정수로 변환할 수 없는 인자가 넘어오게 되면 여기서 NumberFormatException이 발생하게 된다. 이럴 때 throws로 인해 자신을 불러준 setData( ) 메서드로 예외 객체를 양도하게 된다. 그리고 마찬가지로 setData( ) 메서드도 main( ) 메서드로 예외를 양도하게 되어 있다. 결국 예외처리는 main( ) 메서드의 try~catch문에서 하게 되어 있는 것이다.

이렇게 'throws'를 사용하여 발생한 예외객체의 양도는 어디까지나 양도이지, 예외에 대한 처리는 아니다. 양도를 받은 곳에서도 다시 양도할 수 있겠지만 언젠가는 try~catch문으로 해결해야 프로그램의 진행을 계속 유지 할 수 있음을 잊지 말자.

❹ finally의 필요성

예외가 발생하든 발행하지 않든 무조건 수행하는 부분이 바로 finally 영역이다. 이는 자료베이스를 처리하거나 파일을 처리한다면 꼭 필요한 부분이다. 이유는 자료베이스를 열었다거나 또는 파일을 열었다면 꼭 닫아주고 프로그램이 종료되어야 한다. 자료베이스나 파일을 그냥 열어 둔 채로 프로그램을 종료하는 형태는 수돗물을 열어둔 채 외출하는 것과 같다. 이런 부분에서 안전하게 처리하는 문장을 구현해 주는 데 있어 finally는 꼭 필요하다. 구성은 다음과 같다.

```
try{
        // 예외가 발생 가능한 문장들;
} catch(예상되는_예외객체1 변수명){
        // 해당 예외가 발생했을 시 수행할 문장들;
} finally{
        // 예외발생 여부와 상관없이 수행할 문장들;
}
```

앞서 작업한 예제 중 [예제 6-6] ExceptionEx2를 조금 수정하여 finally의 움직임을 파악해보자.

예제 6-9	FinallyEx1

```
01  import static java.lang.System.out;
02  class FinallyEx1 {
03
04      public static void main(String[] args) {
05          int[] var = {10,200,30};
06          for(int i=0 ; i <= 3 ; i++) {
07              try{
```

```
08                      out.println((i+1)+"번째");
09                      out.println("var["+i+"] : "+var[i]);
10                      out.println("~~~~~~~~~~~");
11              }catch(ArrayIndexOutOfBoundsException ae){
12                      out.println("배열을 넘었습니다.");
13                      return;
14              }finally{
15                      out.println("::::::: Finally ::::::");
16              }
17          } // for의 끝
18
19          out.println("프로그램 끝!");
20      }
21 }
```

```
1번째
var[0] : 10
~~~~~~~~~~~
::::::: Finally ::::::
2번째
var[1] : 200
~~~~~~~~~~~
::::::: Finally ::::::
3번째
var[2] : 30
~~~~~~~~~~~
::::::: Finally ::::::
4번째
배열을 넘었습니다.
::::::: Finally ::::::
```

[그림 6-12] FinallyEx1 실행결과

▶▶▶ 01행: import static문. java.lang.System 클래스의 out이라는 static 필드를 명시하면서 import
한다.

04행: 프로그램의 시작 부분.

05행: 배열 생성. 10, 200, 30을 가지는 int형 3개짜리 배열을 선언과 생성 그리고 초기화까지 했다.

06행~17행: 반복문. 반복문의 조건식에서 작은 실수가 있지만 반복문 내에서 예외가 발생할 수 있
는 9행을 try문으로 지정했다. 그리고 여기에 대한 예상 예외 객체를 catch문에서 정의하여 예외

316

가 발생하더라도 프로그램이 종료됨을 막았다. 10행은 9행에서 예외가 발생하면 수행하지 못하는 부분이다.

11행~13행: catch문. ArrayIndexOutOfBoundsException이 발생한다면 수행되는 부분이며 더 이상의 수행력을 포기하는 차원에서 return문으로 호출한 곳으로 반환된다. 하지만 finally 영역이 있다면 finally 영역을 수행한 후에 반환된다.

14행~16행: finally문. 예외가 발생하지 않아도 또는 예외가 발생을 해도 무조건 수행하게 되어 있다. 앞의 catch 영역에서 return문이 있어 제어가 반환된다 해도 finally 영역만큼은 수행한 후 반환된다. 말 그대로 무조건 수행하는 것이다. 꼭 처리해야 하는 문장이 있다면 finally에 적용하기 바란다.

이렇게 해서 finally의 사용 예를 알아보았다. 예외처리에 대해 간단히 정리하자면 예외처리는 두 가지 방법으로 나누어 보았지만 사실 try~catch문 밖에 없다고 말할 수 있다. throws문은 예외처리라기보다는 메서드 자신을 불러준 곳으로 양도할 뿐이지 처리하는 것이 아니기 때문이다. 예외를 양도받는 쪽에는 또 다시 양도하든지 아니면 try~catch문으로 완벽하게 처리해 주어야 한다.

그럼 이런 throws가 왜 있을까? 사실 try~catch문의 예외 처리는 예상 외로 내부에서 하는 일이 많다. 따라서 이런 예외처리를 많이 하게 되면 과부하가 발생하는데, throws문으로 양도하여 한 곳에서 처리하도록 하여 시스템의 부담을 줄이기 위해서다.

❺ 예외 강제 발생

지금까지의 예외 발생은 실행 시 또는 컴파일 시에 JVM에 의해서 발생하는 유형을 봐왔다. 하지만 때에 따라서는 프로그래머에 의해서 인위적으로 예외 발생이 가능해야 하는데, 이때 사용하는 것이 바로 throw문으로 예외를 강제적으로 발생시키는 방법이다. 다음은 throw의 구성이다.

```
throw new [발생시킬_예외객체_생성자]; 또는 throw [예외_객체];
```

그럼 위의 내용을 보고 인위적인 예외 발생이 어떤 것이고 throw가 어떻게 쓰이는지 확인해 보자.

```
01   import static java.lang.System.out;

02

03   class ThrowEx1 {

04

05       public void methodA(String[] n)throws Exception{

06           if(n.length > 0){

07                   for(String s : n)

08                           out.println(s);

09           }else

10               throw new Exception("배열에 요소가 없습니다.");

11       }

12

13       public static void main(String[] args) {

14           ThrowEx1 te = new ThrowEx1();

15           String[] arg1 = {"1,2,3"};

16           String[] arg2 = {};

17           try{

18                   te.methodA(arg2);

19           }catch(Exception e){

20           // out.println(e.getMessage());

21                   e.printStackTrace();

22           }

23       }

24   }
```

```
java.lang.Exception: 배열에 요소가 없습니다.
        at ThrowEx1.methodA(ThrowEx1.java:9)
        at ThrowEx1.main(ThrowEx1.java:14)
```

[그림 6-13] ThrowEx1 실행결과

📋 18행의 te.methodA(arg2)의 인자값으로 arg2가 아닌 arg1을 넣은 상태에서도 프로그램을 실행시켜보자.

▶▶▶ 01행: import static문. java.lang.System 클래스의 out이라는 static 필드를 명시하면서 import 한다.

13행: 프로그램의 시작 부분.

14행: 객체 생성. 현재 main( ) 메서드를 가지는 주클래스를 명시적으로 생성한다.

18행: 메서드 호출. 생성된 객체의 참조변수를 통해 16행에서 준비한 String[ ] arg2를 인자로 하여 멤버 메서드를 호출한다.

05행: 메서드 선언. String형 배열을 인자로 전달받으며 만약, Exception이라는 예외가 발생한다면 현재 메서드를 호출한 곳으로 예외 객체를 양도하도록 정의되어 있다.

06행~10행: 비교문. 인자로 전달된 String형 배열의 길이가 0보다 크다면 개선된 루프를 사용하여 배열의 요소들을 모두 출력한다. 하지만 그렇지 않다면 9행을 수행하는데, 이는 throw 다음으로 Exception 객체를 생성하여 던져진다. 그러므로 강제 예외가 발생되어 methodA( )를 호출한 곳 으로 Exception 객체를 양도하게 된다.

❻ 사용자 정의 예외

지금까지는 표준 예외들의 동작과 사용법을 알아보았다. 이제는 프로그래머가 직접 예외 클래스를 만들어 사용하는 방법을 공부할 것인데, 이런 것을 '사용자 정의 예외'라 한다. 이런 사용자 정의 예외가 필요한 이유는 표준 예외가 발생할 때 예외에 대한 정보를 변경하거나 정보를 수정하고자 한다면 사용자가 직접 작성하여 보안된 예외를 발생시켜 원하는 결과를 얻는 데 있다.

사용자 정의 예외를 작성하기 위해서는 Throwable을 받지 않고 그 하위에 있으면서 좀더 많은 기능들로 확장되어 있는 예외로부터 상속을 받는 것이 유용하다. 물론, 입출력에 관련된 예외를 작성하기 위해 IOException으로부터 상속을 받는 것도 무관하다. 즉, 사용자가 하고자 하는 일에 맞는 적당한 예외 객체를 상속받으면 되는 것이다. 그럼 한번 예제를 살펴보자.

예제 6-11	UserException

```
01   public class UserException extends Exception{
02
```

```
03        private int port = 772;
04        public UserException(String msg){
05            super(msg);
06        }
07        public UserException(String msg, int port){
08            super(msg);
09            this.port = port;
10        }
11        public int getPort(){
12            return port;
13        }
14  }
```

▶▶▶ 01행: 클래스 선언. java.lang 패키지 내에 있는 Exception으로부터 상속을 받았다.

　　　03행: 변수 선언. int형 변수 port를 선언하면서 접근제한을 private로 잡고 초기값을 772번을 주었다.

　　　04행~06행: 생성자 정의. 인자를 하나받아 Exception 객체에게 전달한다.

　　　07행~10행: 생성자 정의. 인자들 중 String형 인자 하나는 Exception 객체에게 전달하고, int형 변수 port는 멤버변수인 port에 전달한다.

　　　11행~13행: 메서드 선언. 현재 객체가 기억하는 port를 반환하는 메서드를 선언한다.

위 예제를 기반으로 또 다른 간단한 예제를 만들어 확인해보자.

| 예제 6-12 | UserExceptionTest |

```
01  class UserExceptionTest {
02
03      public void test1(String n) throws UserException{
04          System.out.println("Test1");
05          if(n.length() < 1)
```

```
06                    throw new UserException("아무것도 없다네");
07            else
08                    throw new UserException("최종 예선",703);
09        }
10    public static void main(String[] args) {
11            UserExceptionTest ut = new UserExceptionTest();
12            try{
13                    ut.test1("Test");
14            }catch(UserException ue){
15            //      System.out.println(ue.getMessage());
16                    ue.printStackTrace();
17            }
18
19        }
20 }
```

▶▶▶ 03행: 메서드 정의. String형 배열을 인자로 받고 UserException에 대해 양도하고 있는 메서드를
    정의한다.

   05행~08행: 비교문. 인자인 n의 길이가 1미만일 경우 "아무것도 없다네"라는 정보로 앞서 만든 예
    외객체를 생성하고 그것을 발생한다. 그렇지 않을 경우엔 "최종 예선"이라는 정보와 703이라는
    포트번호로 예외 객체가 발생하게 된다.

   10행: 프로그램의 시작 부분.

   11행: 객체 생성. main( ) 메서드를 가지는 주 객체를 생성한다.

   13행: 메서드 호출. "Test"를 인자로 전달하면서 test1( ) 메서드를 호출한다.

이렇게 해서 사용자가 직접 정의한 예외 클래스와 그것을 생성하여 예외를 강제 발생시켜 보
는 부분을 작성해 보았다. 이렇게 강제적인 예외 발생은 과부하가 크기 때문에 자주 사용되
는 것은 결코 좋은 것이 아니라는 것을 알아두자.

다음은 예외처리에 사용되었던 getMessage( )와 printStackTrace( )의 차이점이며 결과창

은 앞서 작성해봤던 UserExceptionTest 예제를 다룬 것이다.

getMessage( )와 printStackTrace( )의 차이점

■ getMessage( )

발생한 예외 객체가 기억하고 있는 간략한 메시지만을 반환한다.

[그림 6-14] getMessage( )를 사용할 때의 실행결과

■ printStackTrace( )

출력의 첫 번째 줄은 발생한 예외 객체를 위한 정보인 toString( )의 결과를 포함한다. 이후로는 이전에 fillInStackTrace( )에 의해 기록된 정보나 순차적으로 메서드들의 호출된 기록 등이 출력되어 예외의 발생 원인과 경로를 쉽게 파악할 수 있다.

```
Test1
UserException: 최종 예선
        at UserExceptionTest.test1(UserExceptionTest.java:8)
        at UserExceptionTest.main(UserExceptionTest.java:13)
```

[그림 6-15] printStackTrace( )를 사용할 때의 실행결과

Section

단언

'단언(Assertion)'이라는 것은 프로그래머 자신이 전개하고 있는 코드 내용에서 프로그래머 자신이 생각하고 있는 움직임 그리고 특정 지점에서 프로그램의 설정값들이 일치하고 있는 지를 검사할 수 있게 하는 것이다. 예를 들자면 어느 특정 메서드의 인자값은 10 이상이어야 한다는 프로그래머의 확고함이 있다고 하자.

이럴 때 단언을 사용하여 프로그래머가 주장하는 확고함을 조건으로 명시하고 그 조건을 만족할 때만 코드가 실행할 수 있도록 하는 것이다. 이것으로 프로그램의 수행력에 대한 신뢰와 안전성은 더욱 높아질 것이고 디버깅에 대한 번거로움은 그만큼 축소될 것이다.

그럼 단언과 예외의 차이점은 무엇일까? 예외는 특정한 코드에서 예외가 발생하므로 일어나는 비정상적인 프로그램 종료와 같은 1차적인 손실을 막고 예외에 대한 처리로 인해 프로그램의 신뢰성을 높이는 것이다. 하지만 단언은 어떤 결과를 위해 특정 코드나 변수의 값을 단언하는 것에 차이가 있다.

❶ 단언의 문법

단언의 문법은 다음과 같이 두 가지 형태로 나눌 수 있다.

■ **assert [boolean식];**

[boolean식]은 항상 true아니면 false인 boolean형의 결과를 가지는 표현식이 되어야 한다. 만약, boolean식의 결과가 false일 경우에는 AssertionError가 발생하여 수행이 정상적으로 진행되지 않는다.

■ **assert [boolean식] : [표현식];**

[boolean식]의 결과값이 false일 경우에 [표현식]을 수행한다. 여기에는 일반 값일수도

있고 특정 메서드를 호출하여 받은 반환 값일 수도 있다. [표현식]에는 문자열로 변환이 가능한 값이 무조건 와야 한다.

이렇게 두 가지 문법을 알아보았다. 그리고 아무래도 위의 문법들의 [boolean식]에서 결과가 false를 가지게 되면 프로그램의 수행력은 그 자리에서 상실한다는 것을 기억하고 있어야 하겠다. 그럼 여기서 간단한 예제를 통해 살펴보자.

```
assert var>10;
assert var<10 : "10보다 작은값이어야 함!";
assert str.equals(" ");
assert !str.equals(" ");
assert str != null : "str에 null값이 들어오면 안됨!";
```

이제 컴파일하고 실행하는 방법을 알아봐야 한다. 기본적으로 컴파일러는 단언 기능을 수행하지 않으면서 컴파일을 하게 되어 있다. 그러므로 컴파일러에 단언 기능을 부여하면서 컴파일을 수행하도록 하기 위해서는 다음과 같은 옵션을 주어야 한다.

> 단언을 사용할 클래스에서 마우스 우측클릭 → Properties → Run/Debug Settings → 클래스 선택 → Edit → 상단의 (x)=Arguments 탭 → VM arguments에 –ea 속성 추가

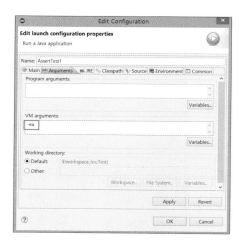

[그림 6-16] VM arguments항목에 –ea속성 추가

여기서 얘기하는 –ea 옵션은 EnableAssertions라고 해서 단언 기능을 사용하게 하는 옵션이다. 그럼 반대로 단언 기능을 불가능하게 하는 옵션이 있는데, 그것은 –da(Disable

Assertions)다. 그럼 간단한 예제를 작성하여 단언의 컴파일과 실행에 대해서 전반적으로 알아보자.

예제 6-13 AssertTest1

```
01  public class AssertTest1 {
02
03      public static void main(String[] args) {
04          String str = "";
05          assert str.length()>0 : "시작시 인자값이 없습니다.";
06          System.out.println(str);
07      }
08  }
```

▶▶▶ 03행: 프로그램의 시작 부분.

05행: 단언문 설정. 문자열 str의 길이가 0보다 크다는 것을 단정하고 만약 그렇지 않을 경우에는 AssertionError가 발생하면서 "시작시 인자값이 없습니다."라는 정보를 보내면서 프로그램이 중단된다.

06행: 출력문. 위의 단언문의 검사가 끝나고 이상이 없을 때 출력문을 수행한다.

그럼 여기서 우리가 할 수 있는 범위 내에서 구구단의 2단에서 9단까지 중 하나를 출력하는 예제를 작성하는데, 2단에서 9단까지 중 하나라는 범위를 설정하는 부분에 단언 기능을 부여할 것이다.

예제 6-14 AssertTest2

```
01  import static java.lang.System.out;
02  class AssertTest2 {
03      public void gugu(int dan){
04          assert dan > 1 && dan < 10 : "2~9단중 하나를 입력하세요";
05          out.println(dan+"단");
```

```
06              out.println("-------------");
07              StringBuffer sb = new StringBuffer();
08              for(int i=0;i<9;i++){
09                      sb.delete(0,sb.length());
10                      sb.append(dan);
11                      sb.append("*");
12                      sb.append(i+1);
13                      sb.append("=");
14                      sb.append(dan*(i+1));
15                      out.println(sb.toString());
16              }
17          }
18      public static void main(String[] args){
19
20              AssertTest2 at = new AssertTest2();
21              try{
22
23                      at.gugu(10);
24              }catch(Exception e){
25                      e.printStackTrace();
26              }
27          }
28  }
```

```
Exception in thread "main" java.lang.AssertionError: 2~9단중 하나를 입력하세요
        at AssertTest2.gugu(AssertTest2.java:4)
        at AssertTest2.main(AssertTest2.java:23)
```

[그림 6-17] AssertTest2 실행결과

📋 23행 at.gugu( ) 메서드의 인자값으로 2 ~ 9 사이의 값을 정상적으로 입력한 상태에서도 프로그램을 실행시켜보자.

▶ ▶ ▶ 01행: import static문. java.lang.System 클래스의 out이라는 static 필드를 명시하면서 import
한다.

18행: 프로그램의 시작 부분.

20행: 객체 생성. 현재 main( ) 메서드를 가지는 주 클래스를 명시적으로 생성한다.

21행~26행: 예외 처리. 인자로 넘어온 자원을 정수로 변환한다. 이때 인자가 전달되지 않았다던가
아니면 넘어온 값이 정수로 변환하지 못하는 값일 경우엔 예외가 발생한다. 만약, 예외가 발생하
지 않을 경우엔 gugu( )라는 메서드에 정수로 변환된 값을 인자로 전달하며 호출한다.

04행: 단언문 설정. 메서드에 전달된 인자의 값이 1보다 크고 10보다 작은 값이라고 단정하고 만약
그렇지 않을 경우엔 "2~9단중 하나를 입력하세요"라는 문자열과 함께 AssertionError가 발생
하여 프로그램이 중단된다.

05행~06행: 비교문.

07행: 객체 생성. 내용 불변의 특징으로 불필요한 String 객체들로 인해 메모리의 낭비를 막기 위해
서 String 객체보다 StringBuffer 객체를 생성했다.

08행: 반복문 시작.

09행: StringBuffer 객체 청소. StringBuffer 객체 내부에 기억되고 있는 모든 값을 삭제하여 깨끗
하게 비워둔다.

10행~14행: StringBuffer 객체에 자원을 추가한다.

15행: 출력문. StringBuffer 객체가 기억하고 있는 모든 값을 문자열로 반환하여 출력한다.

지금까지 단언에 대한 공부를 해 보았다. 이는 예외적인 것들을 하나씩 객체화하여 그것을
처리하게 하는 예외처리와는 다소 차이가 있음을 알았다. 정리를 해보면 단언은 프로그래머
의 확고함을 검증하고 그 사실을 인정하여 프로그램의 신뢰성을 높이는 데 적지 않은 일을
하고 있다는 것이다.

☆ 요약

1 패키지(Package)는 서로 관련된 클래스들과 인터페이스들을 한 곳에 두고 관리 또는 접근을 용이하게 하기 위해 준비하는 상자들과 같은 것이다

2 try 괄호(범위) 뒤에는 반드시 catch 괄호 또는 finally 괄호가 따라가 주어야 한다.

3 하나의 try 괄호 뒤에 catch 괄호가 여러 개 붙어도 상관은 없으나 가장 하위의 예외 객체부터 정의되는 것이 catch에 유익하다.

4 throws는 예외 객체를 양도하는 것이지 예외 처리가 아니므로 이를 받는 곳에서는 언젠가 try∼catch문를 사용하여 처리에 대한 마무리를 가져와야 한다.

5 throws는 한 번에 여러 개의 예외 객체를 던질 수 있다.

6 finally 영역은 예외 발생 유무에 상관없이 무조건 처리되는 영역이다.

7 단언은 프로그래머가 주장하는 확고함을 조건으로 명시하고 그 조건을 만족할 때만 코드가 실행할 수 있도록 하는 하나의 검증제도다.

8 단언에 대한 두 가지 문법은 다음과 같다.

- **assert [boolean식];**

[boolean식]은 항상 true아니면 false인 boolean형의 결과를 가지는 표현식이 되어야 한다. 만약, boolean식의 결과가 false일 경우에는 AssertionError가 발생하여 수행이 정상적으로 진행되지 않는다.

- **assert [boolean식] : [표현식];**

[boolean식]의 결과값이 false일 경우에 [표현식]을 수행한다. 여기에는 일반값일수도 있고 특정 메서드를 호출하여 받은 반환값일 수도 있다. [표현식]에는 문자열로 변환할 수 있는 값이 무조건 와야 한다.

1 다음 그림과 조건을 보고 패키지 작업을 완성해보자(바깥쪽 상자가 패키지 기호 상자다).

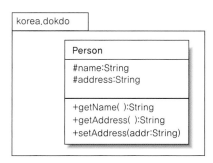

[그림 6-18] 패키지 조건

【조건】
- name과 address라는 String형 멤버변수가 있다.
- 반환형이 String인 getName( )
- 반환형이 String인 getAddress( )
- 반환형이 없고 String형 인자를 받아 멤버변수 address를 초기화하는 setAddress( )

2 Static import에 대해 아는 데로 기술해보자.

3 main( ) 메서드의 인자인 배열 args의 길이가 2미만일 경우에는 사용자 정의 예외를 발생시키고 그렇지 않으면 첫 번째 요소와 두 번째 요소를 더하여 출력하는 예제를 작성해보자.

4 단언 문법의 종류를 종류별로 설명해보자.

[MEMO]

제네릭과 컬렉션

✳ **학습 목표**

- 제네릭에 대해 알아본다.
- 제네릭에 따른 이전 버전과의 차이와 장점에 대해 알아본다.
- 자바 컬렉션 프레임워크에 대해 전반적으로 알아본다.
- 자바 컬렉션 프레임워크에 어떤 클래스가 있는지 알아본다.

01 제네릭

제네릭은 컬렉션(자료구조), 즉 쉽게 말해서 객체들을 저장(수집)하는 구조적인 성격을 보강하기 위해 제공되는 것이다.

우선 쉬어 간다는 생각으로 엉뚱한 예를 들어보려 한다. 식탁 위에 아주 투명한 컵이 하나 준비되어 있다. 어느 날 저자는 늘 그랬던 것처럼 그 컵으로 물을 마신 뒤 식탁 위에 올려 두었다. 그리고 얼마 후 다시 물을 마시기 위해 그 컵을 잡게 되었고 그 컵에는 아직 물이 있는 것을 확인했다. 누군가가 물을 마시다가 조금은 흘린 듯한 물... 컵 주위와 식탁은 물기가 적지 않게 있었지만 대수롭지 않게 생각하고 그 물을 마셨다. 하지만 순간 입을 다물 수가 없음을 느꼈지만 이미 때는 늦었다. 후에 알게 되었지만 그건 3살배기 저자의 딸이 아빠를 위해 만든 알 수 없는 칵테일(?)이라 한다(진짜 아빠를 위한 것이었을까?).

이때 "컵에 신기한 센서가 있어서 물이 아니면 절대 담을 수 없는 컵이 있다면 얼마나 좋을까?" 하고 엉뚱한 생각을 했던 기억이 난다. 이 컵은 물만 담을 수 있는 물컵, 이 컵은 주스만 담을 수 있는 주스컵 등... 바로 제네릭을 이러한 컵에 비유할 수 있다.

❶ 제네릭의 필요성

자바에서는 객체들을 담아 편하게 관리하기 위해 컬렉션(자료구조)을 제공한다. 이런 컬렉션의 대부분이 어떤 객체를 담을지 모르기 때문에 모든 자바 객체들의 base 객체(최상위 객체)인 Object로 저장되어 관리되도록 설계되어 있다. 이런 이유로 자바의 모든 객체는 컬렉션에 저장할 수 있게 되는데, 문제는 이런 컬렉션이 바로 하나의 컵에 물을 담을 수도 있고 물과 사이다를 섞어서 담을 수도 있으며 거기다 식초도 담을 수 있는 컵과 같은 형태가 된다. 이런 것들을 확인할 수 있는 길은 눈으로는 확인이 되지 않으며 직접 마셔보는, 즉 실행을 해보는 방법 밖에 없다.

그래서 제네릭을 통해 이제 프로그래머가 특정 컬렉션에 원하는 객체 자료형을 명시하여 실행하기 전에 컴파일 단계에서 특정 컬렉션에 대입되는 객체가 명시된 객체가 아니면 절대 저장이 불가능하게 할 수 있다.

[그림 7-1] Generics의 필요성

❷ 제네릭 타입

제네릭 타입은 〈 〉 사이에 컴파일할 당시 사용될 객체자료형을 선언만 해주면 객체를 저장할 때 선언된 제네릭 타입으로만 저장된다. 프로그램의 안전성을 컴파일 단계에서부터 제시하여 〈 〉 사이에 선언된 객체 자료형이 아닌 다른 객체형이 저장되는 것을 절대로 허용하지 않으므로 Object로부터 상속받은 객체는 모두 저장이 가능했던 이전의 버전들과는 달리 보다 체계(體系)적이라 할 수 있다. 그러므로 실행 시 자원 검출을 하게 되면 별도의 형 변환(Casting)이 필요 없이 〈 〉 사이에 선언했던 객체자료형으로 검출이 되는 데에는 큰 무리가 없다. 그럼 여기서 제네릭 타입의 간단한 유형부터 살펴보자.

〈한글자로 된 영문대문자〉

API에서는 전달되는 객체가 현 객체 내에서 하나의 자료형(Type)으로 쓰일 때 〈T〉로 유도하고 있으며 만약, 전달되는 객체가 현 객체 내에서 하나의 요소(Element)로 자리를 잡을 때는 〈E〉로, 그리고 전달되는 객체가 현 객체 내에서 Key 값으로 사용될 때는 〈K〉로, 만약 전달되는 객체가 현 객체 내에서 Value 값으로 사용될 때 〈V〉로 표현하고 있다.

이렇게 유형들마다 조금씩 의미의 차이는 있지만 모든 유형들이 전달되는 객체를 코드 내에서 하나의 자료형으로 사용되어 무분별했던 지난 과거의 버전들과는 달리 체계적이고 정형화되었다는 것에 큰 의미가 있다. 다음 예문처럼 하나의 유형이 마치 자료형처럼 사용되는 경우가 있는데, 이는 전달된 객체자료형으로 대체(代替)되고 인식된다. 그러므로 이러한 유형들을 상징적인 의미로 제네릭 타입 또는 파라미터 타입(Parameterized Type)이라고도 불려진다. 다음은 제네릭 타입의 활용 예다.

```
T s;
T[] arr;
```

객체가 생성될 때 전달된 상징적 자료형(Generic Type)이 String형이었다면 왼쪽의 코드는 다음과 같이 대체된다.

```
String s;
String[] arr;
```

위와 같은 움직임을 확인하려면 우선 클래스를 정의하는 방법부터 알아야 한다. 그리고 그렇게 만든 클래스 내에서 앞서 얘기한 제네릭 타입의 활용을 적용하여 대체되고 인식되는 것을 확인해보자.

❸ 사용자 정의 제네릭 클래스

그럼 앞서 공부한 제네릭 타입의 유형을 이용하여 우리가 직접 클래스를 정의해보자. 먼저 제네릭 클래스의 간단한 구성부터 살펴본다.

> [접근제한] class 클래스명〈유형1,유형2,…유형n〉

예제 7-1   GenericEx1

```
01  import static java.lang.System.out;
02  class GenericEx1〈T〉 {
03
04      T[] v;
05
06      public void set(T[] n){
07          v = n;
08      }
```

```
09      public void print(){
10          for(T s : v)
11              out.println(s);
12      }
13  }
```

▶▶▶ 01행: import static문. java.lang.System 클래스의 out이라는 static 필드를 명시하면서 import 한다.

02행: 클래스 선언. 제네릭 타입을 적용한 클래스 선언이다. 상징적으로 T라는 문자를 사용했는데, 이는 그렇게 큰 의미가 없다.

04행: 배열 선언. T[ ] v;는 제네릭 타입 배열을 선언한다. T라는 상징적인 명칭은 2행에서 선언된 제네릭 타입과 일치해야 한다. 이것은 외부로부터 현재 클래스가 생성될 때 정의되는 제네릭 타입으로 자료형이 명확하게 대체된다.

06행~08행: 메서드 정의. 제네릭 타입의 인자로 하는 메서드다. 이때도 마찬가지로 2행에서 선언된 제네릭 타입과 일치해야 하며 이 제네릭 타입의 명확한 자료형은 현재 클래스가 생성될 때 정의되는 제네릭 타입으로 자료형이 대체된다.

09행~12행: 메서드 정의. 개선된 루프를 사용하여 제네릭 타입 배열을 참조하는 멤버변수 v의 요소들을 하나씩 검출하여 s라는 변수에 대입하고 그것을 출력하여 확인한다.

> 상징적 자료형으로 T라는 대문자를 사용했지만 말 그대로 상징적인 것이므로 다른 문자를 사용해도 무관하다.

❹ 제네릭 타입 사용하기

앞서 간단한 제네릭 클래스를 우리가 직접 정의해봤다. 이제 이것을 사용하려면 제네릭 클래스의 변수 선언과 생성법을 익히면 된다. 다음의 구성을 보자.

Generic_class명〈적용할_제네릭 타입〉 변수명; // 선언
변수명 = new Generic_class생성자명〈적용할_제네릭 타입〉( ); // 생성

위의 선언과 생성법을 참고하여 앞서 정의한 GenericEx1이라는 클래스를 생성해보자. 사실 생성할 때 제네릭 타입을 정의하지 않아도 현재 버전에서는 큰 무리가 없다. 하지만 생성되는 객체와 내부에서 사용되는 자료형의 명확성을 높이기 위해 반드시 정의하는 것이 바람직하다. 그럼 String 객체를 제네릭 타입으로 정의하면서 객체를 생성한다면 다음과 같이 될 것이다.

```
GenericEx1<String> t = new GenericEx1<String>();
```

이것을 이용해 간단한 예제로 접근해보자.

예제 **7-2**   GenericEx1Main

```
01  public class GenericEx1Main{
02      public static void main(String[] args){
03          GenericEx1<String> t = new GenericEx1<String>();
04
05          String[] ss = {"애","아","서"};
06          t.set(ss);
07          t.print();
08          /* 좋은 방법이 아님
09          GenericEx1 t1 = new GenericEx1();
10          Integer[] s = {1,2,3};
11          t1.set(s);
12          t1.print(); */
13      }
14  }
```

[그림 7-2] MyPackTest 실행결과

▶ ▶ ▶ 02행: 프로그램의 시작 부분.

03행: 객체 생성. GenericEx1 객체를 생성하면서 클래스 정의할 때 사용되었던 제네릭 타입인 〈T〉
　　　에는 String 객체로 대체된다. 이것으로 GenericEx1 클래스의 4행과 6행, 그리고

10행의 T들이 모두 String으로 대체된다.

05행: String형 배열 생성.

06행: 메서드 호출. 생성된 String 배열을 인자로 하여 set(T[ ] n)이라는 메서드를 호출한다. 이때
　　　set(T[ ] n) 메서드 내에서는 멤버 변수인 v에 인자로 전달받은 String형 배열을 대입한다.

09행: 메서드 호출.

위 예제의 6행에서 메서드를 호출할 때 사용되는 인자가 String형의 배열이 아닌 다음과 같
이 다른 객체로 전달이 된다면 어떻게 될까?

```
05 Integer[] ss = {1,2,3};
06 t.set(ss);
07 t.print();
```

이를 컴파일하면 다음과 같이 6행에서 오류가 발생한다.

```
Exception in thread "main" java.lang.Error: Unresolved compilation problem:
        The method set(String[]) in the type GenericEx1<String> is not applicable for the arguments (Integer[])

        at GenericEx1Main.main(GenericEx1Main.java:6)
```

[그림 7-3] GenericEx1Main의 오류내용

이런 제네릭이 제공되는 것은 위의 예제에서 사용된 클래스, 즉 GenericEx1이라는 객체에
서 사용되는 멤버가 String형 배열로 고정되지 않고 때에 따라서는 Integer형 배열로도 정의

저자 한마디

제네릭 타입의
메서드 지원 여부

[예제 7-2] GenericEx1Main의 3행에서 코드를 다음과 같이 작성해보자.

```
03 GenericEx1 t = new GenericEx1();
```

그러면 노란색 경고라인이 생기는 것을 볼 수 있는데, 이는 제네릭 타입을 설정하고 사용하지 않아서 지
원하지 않는 동작을 사용하였다는 내용이다. 크게 잘못된 것은 없으며, 지금은 지원되지만 앞으로 더 이
상 확장을 하지 않는 메서드 등을 사용했을 때 이런 경고가 나타난다.

이런 메서드들은 앞으로 지원되지 않을 수도 있으며 API 문서를 참조해 보면 Deprecated:라고 하여
지금은 지원하고 있지만 더 이상의 확장과 개선은 하지 않음을 뜻한다.

되었다가 또는 사용자가 직접 만든 임의의 객체형 배열로도 정의되며 GenericEx1 객체가 생성될 수 있기를 바라는 것이다. 이전 버전까지는 이를 우려하여 객체 내부에서 사용되는 인자와 멤버자료형을 Object형으로 했다. 그러다 보니 String 객체를 전달하여 저장시키려 했지만 실수로 Integer 객체를 저장하게 되더라도 컴파일할 때에는 아무런 문제점을 발견하지 못했던 것이다.

지금까지는 문제점을 발견하려면 무조건 실행을 시켜봐야 잘못된 점을 알 수 있었다. 이런 점들이 많은 프로그래머들로 하여금 불편함을 호소하게 하였고 이를 'Java Community Process(JCP)'를 통해 제시하게 되었다. 이로 인해 지금의 JDK 5.0 버전에 와서 하나의 클래스를 생성할 때 원하는 자료형으로 내부에 있는 멤버들의 자료형을 지정할 수 있는 제네릭이 제공되었다. 이것으로 앞서 확인한 오류 메시지와 같이 생성할 때 지정한 객체가 아닌 다른 객체로 대입되는 문제점은 실행할 때가 아닌 컴파일할 때에 알 수 있게 되었다.

📄 JCP (Java Community Process) : 자바 발전을 위한 일반 자바 개발자들뿐만 아니라 오픈소스 단체, 그리고 기업 등 모두가 참여할 수 있는 커뮤니티이며 최고의 자바 기술을 위한 국제 포럼이다.

❺ 와일드카드

지금까지의 내용을 보면 컬렉션에 저장되는 요소들이 특정 객체로 정해진 상태여서 절대 다른 객체형은 저장할 수 없는 상태였다. 하지만 때로는 기존과 같이 모든 객체들을 저장하고 싶을 때도 있을 것이다. 그리고 특정 객체로부터 상속받는 객체들만 저장하고 싶을 때도 있을 것이다. 이때 사용하는 것이 바로 ⟨?⟩이며 이것을 우린 '와일드카드 타입'이라고 부른다.

[표 7-1] 와일드카드의 구성

와일드카드 타입	설명	
⟨?⟩	모든 객체자료형에 대한 배치를 의미한다.	
⟨? super 객체자료형⟩	명시된 객체자료형 또는 객체자료형의 상위 객체들의 배치를 의미한다.	
⟨? extends 객체자료형⟩	명시된 객체자료형 또는 객체자료형으로부터 상속받는 하위 객체들의 배치를 의미한다.	

이런 와일드카드를 사용하여 객체를 인식시킬 때에는 주의 사항이 있는데, 그것은 특정 객체 내에서 사용되는 자료형이 명확하지 않기 때문이다. 따라서 다음과 같은 주의를 요한다.

- ?에 배치시킬 객체는 생성자를 이용해야 한다.
- 와일드카드로 배치된 제네릭 타입은 객체 내부에서 최상위 객체로 인식된다.
  - 〈?〉: 객체 내부의 모든 제네릭 타입은 Obejct로 인식한다.
  - 〈? super 객체자료형〉: 객체 내부의 모든 제네릭 타입은 Obejct로 인식한다.
  - 〈? extends 객체자료형〉: 객체 내부의 모든 제네릭 타입은 extends 다음에 명시된 객체자료형으로 인식한다.

와일드카드 타입에 배치시킬 객체는 생성자를 이용해야 한다. 그리고 와일드카드 타입으로 적용된 내부의 제네릭 타입은 Object 객체로 대체한다. 예를 들어, 반환형이 T와 같이 제네릭 타입을 반환하는 메서드에서는 인식된 객체가 아닌 Object로 반환된다는 것을 기억하자.

〈?〉

〈?〉는 모든 객체를 의미하며 결국 모든 객체를 받아들이는 대신 내부에서는 object로 인식하게 된다. 와일드카드 타입을 적용하여 객체를 생성해 보자.

예제 7-3   GenericEx2

```
01  import static java.lang.System.out;
02  public class GenericEx2<T>{
03
04      T v;
05      public GenericEx2(T n){
06          v = n;
07      }
08      public void set(T n){
09          v = n;
10      }
11      public T get(){
12          return v;
13      }
14      public static void main(String[] args){
15          GenericEx2<?> g2 = new GenericEx2<String>("String객체");
```

```
16            String s = (String)g2.get();
17            out.println("g2의 결과 : "+s);
18            GenericEx2<?> g3 = new GenericEx2<Integer>(10000);
19            out.println("g3의 결과 : "+g3.get().toString());
20        }
21   }
```

```
g2의 결과 : String객체
g3의 결과 : 10000
```

[그림 7-4] GenericEx2의 실행결과

▶▶▶ 02행: 클래스 정의. 자료형을 받기 위해 T라는 문자를 사용하여 제네릭 클래스를 정의했다.

04행: 멤버변수 선언. 제네릭 타입으로 변수명 v를 선언했다. 이는 객체가 생성될 때 2행의 제네릭 타입(⟨T⟩)으로 전달되는 객체로 대체된다.

14행: 프로그램 시작 부분.

15행: 객체 생성. main( ) 메서드를 가지는 현재 객체를 ⟨?⟩로 하여 모든 객체가 저장할 수 있도록 선언하고 String 객체를 제네릭 타입으로 하여 String 객체를 인자로 하는 생성자를 호출하여 생성한다. 하지만 String 객체를 인자로 하는 생성자는 없으며 이는 제네릭 타입으로 인자가 정의된 5행의 생성자가 호출되면서 T n이라는 인자가 String n으로 대체되면서 가능한 일이다.

16행~17행: 메서드 호출. 앞서 생성된 객체의 참조변수를 통해 get( ) 메서드를 호출한다. 이때 중요한 것은 객체가 선언될 때의 제네릭 타입이 모든 객체를 의미하는 ⟨?⟩로 정의되었다는 것이다. 때문에 모든 객체를 포용할 수 있는 것은 base 객체(최상위 객체)인 Object 뿐이다. 실제 저장된 객체는 String 객체까지 참조할 수 있는 형태지만 이것을 반환하는 get( ) 메서드의 반환형이 제네릭 타입이다. 그러므로 모든 객체를 포용할 수 있는 Object형까지만 참조할 수 있는 형태로 반환하게 된다. 이 이유로 강제 현변환(Casting)하여 값을 받아 출력하여 확인했다.

18행~19행: 객체 생성. 메서드 호출과 출력. 15행에서 17행까지의 내용을 똑같이 하면서 객체 생성을 String이 아닌 Interger 객체로 했다.

위 예제에 default 생성자를 작성하고 main( ) 메서드를 다음과 같이 수정하여 컴파일해보자.

예제 7-4   GenericEx3

```
01  import static java.lang.System.out;
02  public class GenericEx3<T>{
03
04      T v;
05      public GenericEx3(){}
06      public GenericEx3(T n){
07          v = n;
08      }
09      public void set(T n){
10          v = n;
11      }
12      public T get(){
13          return v;
14      }
15      public static void main(String[] args){
16          GenericEx3<?> g3 = new GenericEx3<String>();
17          g3.set("String객체");
18          String s = (String)g3.get();
19          out.println("g2의 결과 : "+s);
20      }
21  }
```

위 내용은 컴파일할 때 다음과 같은 오류를 발생시킨다. 이는 와일드카드 타입이 객체를 생성할 때 생성자로 객체가 전달되지 않으면 내부의 제네릭 타입이 인식해야 할 객체를 유실하기 때문에 발생하는 오류다.

```
Exception in thread "main" java.lang.Error: Unresolved compilation problem:
    The method set(capture#1-of ?) in the type GenericEx3<capture#1-of ?> is not app

    at GenericEx3.main(GenericEx3.java:17)
```

[그림 7-5] GenericEx3의 오류내용

그러므로 와일드카드 타입 유형으로 객체를 선언하고 생성할 때에는 반드시 생성자를 통해서 객체를 전달해야 한다.

〈? super 객체자료형〉

다음은 super를 이용하여 특정 객체의 상위 객체들만 인식하게 하는 와일드카드다. 예제를 살펴보기위해 먼저 다음과 같은 상속 구조의 클래스들을 정의해두자.

예제 **7-5**　GenEx1

```
01  public class GenEx1{
02      String msg = "GenEx1";
03      public String getMsg(){
04          return msg;
05      }
06  }
```

예제 **7-6**　GenEx2

```
01  public class GenEx2 extends GenEx1{
02      String msg = "GenEx2";
03      public String getMsg(){
04          return msg;
05      }
06  }
```

예제 **7-7**　GenEx3

```
01  public class GenEx3 extends GenEx2{
02      String msg = "GenEx3";
03      public String getMsg(){
04          return msg;
05      }
06  }
```

예제 **7-8**	GenericEx4

```
01  import static java.lang.System.out;
02  public class GenericEx4<T>{
03
04      T v;
05      public GenericEx4(T n){
06          v = n;
07      }
08      public void set(T n){
09          v = n;
10      }
11      public T get(){
12          return v;
13      }
14      public static void main(String[] args){
15          GenEx3 g3 = new GenEx3();
16          GenericEx4<? super GenEx2> g4 =
17                      new GenericEx4<GenEx1>(g3);
18          GenEx3 test = (GenEx3)g4.get();
19  //      GenEx3 test = g4.get(); // 오류
19          out.println("g4의 결과 : "+ test.msg+","+test.getMsg());
20      }
21  }
```

```
g4의 결과 :  GenEx3,GenEx3
```

[그림 7-6] GenericEx4의 실행결과

▶▶▶ 02행: 클래스 정의. 자료형을 받기 위해 T라는 문자를 사용하여 제네릭 클래스를 정의했다.

04행: 멤버변수 선언. 제네릭 타입으로 변수명 v를 선언했다. 이는 객체가 생성될 때 2행의 제네릭
타입(<T>)으로 전달되는 객체로 대체된다.

14행: 프로그램 시작 부분.

15행: 객체 생성. GenEx2로부터 상속받는 GenEx3이라는 객체를 생성하여 g3에 대입한다.

16행~17행: 객체 생성. main( ) 메서드를 가지는 현재 객체를 〈? super GenEx2〉로 하여 GenEx2를 포함해서 그의 상위 객체들만 저장 가능하도록 선언하고 GenEx2 객체의 하위 객체인 GenEx3을 제네릭 타입으로 설정했다. 이는 무언가가 잘 맞지 않는듯 하지만 그렇지 않다. 왜냐하면 GenEx3이 저장된다고 해도 내부에서는 GenEx3을 모두 참조하지 못한다. 즉 그의 상위 객체인 GenEx2까지만 참조할 수 있는 제네릭 타입으로 하여 멤버변수인 v에 전달되면서 객체의 생성자를 호출하여 생성한다. 하지만 만약 GenEx3의 상위 객체가 GenEx2가 아니라면 이는 분명 오류일 것이다.

18행: 메서드 호출. 앞서 생성된 객체의 참조변수를 통해 get( ) 메서드를 호출한다. 여기서 또한 객체가 선언될 때의 제네릭 타입이 GenEx2의 상위 객체들을 의미하는 〈? super GenEx2〉로 정의되었다. 이것으로 모든 상위 객체들을 포함할 수 있는 것은 base 객체(최상위 객체)인 Object 뿐이다. 실제 저장된 객체는 GenEx3 객체까지 참조할 수 있는 객체가 전달되었지만 객체 정의 시 선언된 제네릭 타입을 기준으로 하여 참조 범위가 Object 객체까지로 바뀌게 된다. get( ) 메서드의 반환형이 제네릭 타입이므로 반환은 Object가 된다. 따라서 메서드 호출 시 저장될 때 당시의 GenEx3으로 다시 강제 형 변환(Casting)하여 출력으로 확인했다.

19행의 내용이 오류인 이유는 아무리 제네릭 타입을 GenEx1로 했다 하더라도 객체 내부에서의 인식은 GenEx2 객체의 상위 객체들만 적용하도록 되어 있는데, 이런 상위 객체들을 통합적으로 인식할 수 있는 자료형은 오로지 Object 객체 밖에 없다. 그러므로 get( ) 메서드에서 반환하는 자료형이 Object이며 이를 받는 변수 test는 객체로 저장할 당시의 GenEx3으로 선언되었으므로 자료형이 맞지 않다는 오류가 발생한다. 그리고 다음과 같이 수정한다면 이것 또한 오류다.

```
16  GenericEx4<? super GenEx2> g4 =
17       new GenericEx4<GenEx3>(g3);
```

이유는 〈? super GenEx2〉에 있다. GenEx2의 상위 객체들은 모두 저장할 수 있는 유형이다. 하지만 17행의 〈GenEx3〉은 GenEx2의 상위 객체가 아닌 하위 객체이므로 이 또한 자료형이 맞지 않다는 오류가 발생한다.

〈? extends 객체자료형〉

다음은 extends를 이용하여 특정 객체의 하위 객체들만 인식하게 하는 와일드카드 타입이다.

예제 **7-9**	GenericEx5

```
01  import static java.lang.System.out;
02  public class GenericEx5<T>{
03
04      T v;
05      public GenericEx5(T n){
06          v = n;
07      }
08      public void set(T n){
09          v = n;
10      }
11      public T get(){
12          return v;
13      }
14      public static void main(String[] args){
15          GenEx3 g3 = new GenEx3();
16          GenericEx5<? extends GenEx2> g5 =
17                      new GenericEx5<GenEx3>(g3);
18          GenEx2 test = g5.get();
19  //      GenEx3 test = g5.get();//오류
20          out.println("g5의 결과 : "+ test.msg+","+test.getMsg());
21      }
22  }
```

```
g5의 결과 : GenEx2,GenEx3
```

[그림 7-7] ExceptionEx2 실행결과

▶▶▶ 02행: 클래스 정의. 자료형을 받기 위해 T라는 문자를 사용하여 제네릭 클래스를 정의했다.

　　04행: 멤버변수 선언. 제네릭 타입으로 변수명 v를 선언했다. 이는 객체가 생성될 때 2행의 제네릭
　　　　타입(〈T〉)으로 전달되는 객체로 대체된다.

14행: 프로그램 시작 부분.

15행: 객체 생성. GenEx2로부터 상속받는 GenEx3이라는 객체를 생성하여 g3에 대입한다.

16행~17행: 객체 생성. main( ) 메서드를 가지는 현재 객체를 〈? extends GenEx2〉로 하여 GenEx2를 포함해서 그의 하위 객체들만 저장할 수 있도록 선언하고 GenEx2 객체의 하위 객체인 GenEx3을 제네릭 타입으로 설정했다. 그리고 저장될 실제 자료 또한 위에서 생성된 GenEx3의 g3을 넣어 멤버변수 v에 초기화를 완료하게 된다.

18행: 메서드 호출. 앞서 생성된 객체의 참조변수를 통해 get( ) 메서드를 호출한다. 여기서 또한 객체가 선언될 때의 제네릭 타입이 GenEx2의 하위 객체들을 의미하는 〈? extends GenEx2〉로 정의되었다. 이것으로 모든 하위 객체들을 포함할 수 있는 것은 오직 GenEx2 밖에 없다. 실제 저장된 객체는 GenEx3 객체까지 참조할 수 있는 객체가 전달되었지만 객체 정의 시 선언된 제네릭 타입을 기준으로 하여 참조 범위가 GenEx2 객체까지로 변경되게 된다. get( ) 메서드의 반환형이 제네릭 타입이므로 반환은 GenEx2로 하게 된다. 따라서 멤버필드의 값은 GenEx2의 값을 출력하게 된 것이다. 하지만 메서드는 하위 객체가 오버라이딩하고 있는 것을 호출하게 된다. 이것은 처음 객체가 생성될 때에 전달된 인자가 GenEx3이었으며 제네릭 타입에 의해 참조 영역이 축소된 형태이므로 이것이 완전히 GenEx3이 GenEx2로 바뀐 것은 아니다. 우리가 5장의 클래스 상속 부분에서 공부한 것과 같이 이는 상위 객체형으로 선언하고 하위 객체형으로 생성하여 부모 정보를 은닉화한 것과 같다.

여기서도 마찬가지로 19행의 내용이 오류다. 이유는 아무리 제네릭 타입을 GenEx3으로 하고 GenEx3 객체를 생성하여 인자로 주었다고 하더라도 객체 내부에서의 인식은 GenEx2 객체로부터 상속받는 모든 객체이므로 이들을 통합할 수 있는 객체는 오로지 GenEx2 객체 밖에 없다. 그러므로 get( ) 메서드에서 반환하는 자료형이 GenEx2이며 이를 받는 변수 test는 GenEx3으로 선언되었으므로 자료형이 맞지 않다는 오류가 발생한다.

```
16        GenericEx5<? extends GenEx2> g5 =
17                new GenericEx5<GenEx1>(g3);
```

위와 같이 수정한 후 컴파일을 해보면 오류가 발생한다. 이유는 〈? extends GenEx2〉라는 것은 GenEx2를 포함해서 하위 객체들만 저장할 수 있는 유형이다. 하지만 17행에서 사용된 〈GenEx1〉은 GenEx2의 하위 객체가 아닌 상위 객체이므로 정의한 제네릭 타입과 맞 지 않기 때문이다.

자바 컬렉션 프레임워크

자바에서 얘기하는 자바 컬렉션 프레임워크(Java Collections Framework)는 객체들을 한 곳에 모아 관리하고 또 그것을 편하게 사용하기 위해 제공되는 환경이다. 자바 컬렉션 프레임워크를 이루는 기본 구조는 다음과 같다.

[표 7-2] 자바 켈렉션 프레임워크 구조

오류구분	설명
Interfaces(인터페이스)	컬렉션들이 가져야 하는 조작에 대한 설명과 함께 기능들을 추상적으로 표현한 것들이다. 예를 들자면 객체에 대한 검색과 삭제에 관련된 기능들의 목록이다. 그리고 이것은 계층적인 구조를 이루게 한다.
Implementations(구현 객체)	위의 Interface들을 구체적으로 구현한 클래스들을 의미한다. 그러므로 재사용을 할 수 있도록 하는 자료의 구조인 것이다.
Algorithms(메서드)	Interface를 구현한 객체들의 검색 그리고 정렬과 같은 유용한 동작들, 즉 메서드들을 의미한다.

❶ 컬렉션의 정의

컬렉션이라는 것은 간단히 말해서 객체들의 집합이며 다른 말로 '자료구조'라고도 한다. 다시 말해, 객체들을 한 곳에 모아 저장하고 관리를 편하게 하기 위해 제공되는 일종의 객체들이다. 다음 그림은 자바에서 제공하는 컬렉션을 아주 간단하게 정리한 인터페이스간의 상속 구조다.

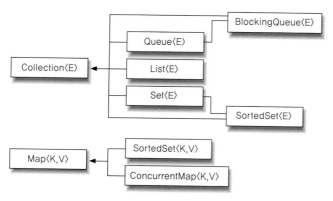

[그림 7-8] 자바 컬렉션 인터페이스의 구조

위 그림에서 확인한 바와 같이 Collection은 자료구조, 즉 객체들의 집합을 이루는 것들의 최상위 인터페이스다. 그 밑으로는 Set과 List 그리고 JDK 5.0에서 새롭게 추가된 Queue가 존재한다. 이 외에도 많은 인터페이스들이 제공되고 있으며 자바 프로그래머로서 반드시 알아야 하는 구조만 그림으로 나타냈다. 그리고 Key와 객체를 연결하여 저장되고 관리되는 구조인 Map도 함께 공부하게 될 것이다. 그리고 이런 객체들의 집합 내에서 존재하는 요소들을 접근하여 변경하고 삭제하는 데 필요한 Iterator, Enumeration 등도 다룬다.

Collection의 주요 메서드

객체들의 집합을 이루는 컬렉션의 최상위 인터페이스로서 갖추어야 할 메서드들이 있다.

[표 7-3] Collection의 주요 메서드

반환형	메서드명	설명
boolean	add(E o)	제네릭 타입으로 넘어온 객체를 Collection에 추가한다. 이때 추가에 성공하면 true를 반환한다.
	addAll(Collection⟨? extends E⟩ c)	특정 Collection의 제네릭 타입의 요소들을 모두 추가한다.
void	clear( )	Collection에 있는 모든 요소들을 삭제한다.
boolean	contains(Object o)	인자로 전달된 객체를 현 Collection에서 요소로 가지고 있으면 true를 반환한다.
	isEmpty( )	현 Collection에 저장된 요소가 없다면 true를 반환한다.
Iterator⟨E⟩	iterator( )	현 Collection의 요소들을 순서대로 처리하기 위해 Iterator 객체로 반환한다.

boolean	remove(Object o)	현 Collection에서 인자로 전달된 객체를 삭제한다. 이때 삭제에 성공하면 true를 반환한다.
int	size( )	현 Collection에 저장된 요소의 수를 반환한다.
⟨T⟩	T[ ]	toArray(T[ ] a) 현 Collection에 저장된 요소들 모두를 지정된 제네릭 타입의 배열로 변환하여 반환한다.

❷ Set 인터페이스

Set 내에 저장되는 객체들은 특별한 기준에 맞춰서 정렬되지 않지만 저장되는 객체들간의 중복된 요소가 발생하지 못하도록 내부적으로 관리되고 있다. 다음은 Set 인터페이스를 구현하고 있는 클래스다. 더 자세한 것은 API 문서를 참조하길 바라며 다음 그림은 기본적으로 알려진 구현 클래스들이므로 참조하기 바란다.

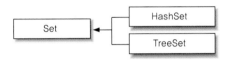

[그림 7-9] Set의 구조

[표 7-4] Set의 구현 클래스

구현 클래스	설명
HashSet Set	인터페이스를 구현하고 있으며 내부적으로 HashMap을 사용하고 있다. 얻어지는 Iterator의 정렬 상태를 보장하지 못하므로 특정한 기준으로 정렬을 이루고 있지 않으며 저장 및 검출과 같은 동작에는 일정한 시간을 필요로 한다.
TreeSet	내부적으로 Set 인터페이스를 구현하고 있으며 TreeMap에 의해 후원을 받는다. 그리고 기본적으로 얻어지는 Iterator의 요소들은 오름차순 정렬 상태를 유지하고 있다.

위의 구현 클래스들의 설명과 Set의 특징을 정리해 보면 기본적인 특별한 정렬기준이 없으므로 큰 주머니 속에 객체들이 저장되는 느낌이라 할 수 있다.

[그림 7-10] Set의 도식화

HashSet

기본적인 Set 인터페이스를 구현하고 있으며 정렬순서나 반복처리를 할 때 처리순서에 대한 기준은 없다. 그리고 반복 처리에 대해서는 저장된 요소의 수와는 별도로 용량에 비례하는 시간이 필요하므로 반복 처리하는 성능이 중요한 응용프로그램에서는 초기용량을 너무 높게 설정하지 않는 것이 중요하다.

다음은 HashSet( ) 생성자에 대한 설명이다.

[표 7-5] HashSet 생성자 요약

생성자명	설명	
HashSet( )	새로운 HashSet 객체를 생성하고 초기화한다.	

이 외에도 여러 가지 생성자가 있으므로 API 문서를 참조하기 바란다. 다음은 Set 구조를 이루고 있는 컬렉션 중 HashSet이 가지는 주요 메서드들이다.

[표 7-6] HashSet 메서드 요약

반환형	메서드명	설명	
boolean	add(E o)	제네릭 타입으로 넘어온 객체가 Set 구조에 없다면 추가하고 true를 반환한다.	
void	clear( )	Set 구조에 있는 모든 요소들을 삭제한다.	
boolean	contains(Object o)	인자로 전달된 객체를 현 Collection에서 요소로 가지고 있으면 true를 반환한다.	
	isEmpty( )	현 Collection에 저장된 요소가 없다면 true를 반환한다.	
Iterator⟨E⟩	iterator( )	현 Set 구조의 요소들을 순서대로 처리하기 위해 Iterator 객체로 반환한다.	

boolean	remove(Object o)	현 Set 구조에서 인자로 전달된 객체를 삭제한다. 이때 삭제에 성공하면 true를 반환한다.
int	size( )	현 Set 구조에 저장된 요소의 수를 반환한다.

확인하면 알겠지만 Collection 인터페이스의 메서드들과 거의 일치하고 있다. 그럼 여기서 간단한 예제로 접근해보자.

예제 7-10 　 HashSetEx1

```java
01  import java.util.*;
02  import static java.lang.System.out;
03  public class HashSetEx1 {
04  public static void main(String args[]) {
05      String[] str = {"Java","Beans","Java","XML"};
06
07      HashSet<String> hs1 = new HashSet<String>();
08      HashSet<String> hs2 = new HashSet<String>();
09      for (String n : str){
10          if (!hs1.add(n))
11              hs2.add(n);
12      }
13      out.println("hs1 : " + hs1);
14      hs1.removeAll(hs2);
15      out.println("hs1 : " + hs1);
16      out.println("hs2 : " + hs2);
17  }
18 }
```

```
hs1 : [Java, Beans, XML]
hs1 : [Beans, XML]
hs2 : [Java]
```

[그림 7-11] HashSetEx1 실행결과

▶▶▶ 03행: 클래스 정의.

04행: 프로그램 시작 부분.

05행: 배열 생성. String형 배열을 선언과 생성 그리고 초기화 작업까지 완료한 참조변수를 str이 가진다.

07행~08행: 컬렉션 생성. String만 저장하는 HashSet이라는 컬렉션을 각각 생성하여 hs1과 hs2에게 전달한다.

09행: 개선된 루프 시작 부분. 배열 str의 요소들을 하나씩 검출하여 변수 n에게 대입한다.

10행~11행: 비교문. hs1이라는 HashSet에 요소를 추가한다. 만약, 추가한 값이 이미 Set 구조에 저장되어 있다면 false를 보내게 된다. 이때 !(NOT) 연산자를 사용하여 결과를 반전시켜 if문을 수행하도록 했다. 즉, 이미 저장된 요소가 있을 때는 hs2로 가는 HashSet에 저장하도록 제어했다. 물론, hs2에 저장되는 요소들도 hs2에 이미 존재한다면 저장되지 않는다.

13행: 출력문. 현재 hs1에 기억되고 있는 객체의 값을 출력한다. 이는 객체를 출력할 때 자동적으로 toString( )이라는 메서드가 호출되어 나오는 결과다. "Java"라는 문자열이 중복되지 않았음을 확인할 수 있다.

14행: 메서드 호출. removeAll( ) 메서드는 AbstractSet으로부터 상속받은 것이며 이는 hs1에서 hs2에 포함된 모든 요소들을 비교하여 같은 것이 있다면 모두 지운다.

15행: 출력문. hs1이 기억되고 있는 객체의 값을 출력한다. h2가 가지는 "Java"라는 문자열이 삭제되었다.

16행: 출력문. hs2가 기억하고 있는 객체의 값을 출력한다. 10행~11행에서 "Java"라는 문자열이 두 번 add( )되었지만 중복을 허용하지 않으므로 하나만 저장되어 있음을 확인할 수 있다.

❸ List 인터페이스

List 구조는 시퀀스(Sequence)라고도 하며 시작과 끝이 선정되어 저장되는 요소들을 일괄적인 정렬상태를 유지하면서 요소들의 저장이 이루어진다. 이런 점 때문에 List 구조라고 하며 배열을 영상하게 되는게 무리는 아니다. 어떻게 보면 배열과 컬렉션의 List 구조는 같다고 볼 수 있으며 다르다면 배열은 크기가 고정되어 있는 것이고 컬렉션의 List 구조는 가변적 길이를 가진다는 것이다. 다음은 List 구조에서 알려진 구현 클래스들이다.

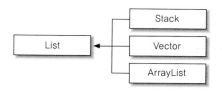

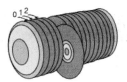

[그림 7-12] List의 구조   [그림 7-13] List의 도식화

[표 7-7] List의 구현 클래스

구현 클래스	설명
Stack	Stack 클래스는 객체들의 last-in-first-out(LIFO) 스택을 표현한다. 그리고 Vector 클래스로부터 파생된 클래스다. 요소를 저장할 때의 push( ) 메서드와 요소를 빼낼 때의 pop( ) 메서드 등 총 5개의 메서드를 제공한다.
Vector	배열과 같이 정수 인덱스로 접근할 수 있는 접근 소자를 가지고 있다. 하지만 배열과는 달리 Vector의 크기는 Vector가 생성된 후에 요소를 추가하는 경우에 따라 증대되고 또는 제거할 때에 따라 감소할 수 있다. 그리고 요소들의 작업을 위해 Iterator로 작업할 수 있으며 나중에 배우는 스레드 동기화가 지원되는 List 구조다.
ArrayList	List 인터페이스를 구현하고 있는 것뿐 아니라 ArrayList는 배열의 크기를 조작하기 위하여 메서드들이 제공된다. 공백을 포함한 모든 요소들을 저장할 수 있으며 Vector와 유사하지만 ArrayList는 스레드의 동기화는 지원하지 않는다.

Stack

Stack은 후입선출(後入先出), Last-In-First-Out(LIFO)이며 객체를 저장할 때 사용하는 push( ) 메서드와 검출할 때 사용하는 pop( ), Stack의 가장 위쪽 객체를 의미하는 peek( ) 메서드 그리고 Stack이 비어있는지 판별해주는 empty( )와 객체를 검색해주는 search( ) 메서드들이며 다음에 나오는 Vector라는 클래스를 확장했다.

Stack의 생성자는 다음과 같다.

[표 7-8] Stack 생성자에 대한 요약

생성자명	설명
Stack()	새로운 Stack 객체를 생성하고 초기화한다.

다음은 List 구조의 컬렉션 중 Stack의 주요 메서드다.

반환형	메서드명	설명
boolean	empty( )	Stack이 비었는지 비교하여 비어 있으면 true를 반환한다.
E	peek( )	Stack의 가장 위쪽에 있는 객체를 반환한다.
	pop( )	Stack의 가장 위쪽에 있는 객체를 삭제하고 그 객체를 반환한다.
	push(E item)	Stack의 가장 위쪽에서 객체를 추가한다.
int	search(Object o)	현재 Stack의 구조에서 인자로 전달받은 객체의 인덱스값을 반환한다(참고로 인덱스값은 1부터 시작한다).

쉽게 생각해서 Stack은 List 구조이지만 가방과 같은 구조라고 생각하면 된다. 입구가 하나라서 제일 먼저 넣은 물건(객체)이 가장 아래에 위치하므로 꺼낼 때는 가장 나중에 나온다.

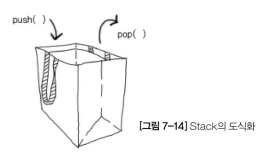

[그림 7-14] Stack의 도식화

예제 7-11 StackEx1

```java
01  import java.util.Stack;
02  import static java.lang.System.out;
03  public class StackEx1{
04
05      public static void main(String[] args) {
06          String[] groupA = {"홍길동","김길동","이길동","독고길동"};
07
08          Stack<String> stack = new Stack<String>();
09          for(String n : groupA)
10              stack.push(n);
```

```
11
12              while(!stack.isEmpty())
13                      out.println(stack.pop());
14      }
15 }
```

```
독고길동
이길동
김길동
홍길동
<
```

[그림 7-15] StackEx1 실행결과

▶▶▶ 01행: import문. util 패키지의 Stack만 import했다.

02행: static import문. java.lang.System.out을 static import했다.

03행: 클래스 정의.

05행: 프로그램의 시작 부분.

06행: 배열 생성. String형 배열을 선언과 생성 그리고 초기화 작업까지 완료한 참조변수를 groupA 가 가진다.

08행: Stack 객체 생성. String만 저장하는 Stack이라는 Set을 생성하여 변수 stack에게 전달한다.

09행~10행: 개선된 루프 시작부분. 배열 groupA의 요소들을 하나씩 검출하여 변수 n에게 대입한 다. 그리고 stack에 push( )하여 저장한다.

12행~13행: 반복문. Stack이 비어있지 않으면 검출하여 출력한다. 이때 배열의 역순으로 출력됨 을 확인할 수 있다.

Vector

Vector는 객체를 저장하는 배열과 같은 동작을 하지만 고정된 길이의 배열과 달리 필요할 때 용량이 자동으로 증가하는 가변적 길이의 특징을 가졌다. 이런 특징으로 Vector는 용량 (initialCapacity)과 증가량(capacityIncrement)으로 기억 관리를 최적화하려고 한다. 이것 이 유용한 이유는 많은 요소들을 필요로 하는 응용프로그램에서 필요한 용량과 증가량을 명 시하게 되면 메모리를 재분배하려는 횟수를 그만큼 줄일 수 있기 때문이다.

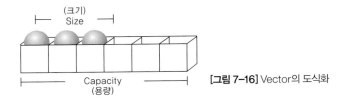

[그림 7-16] Vector의 도식화

Vector의 생성자는 다음과 같다.

[표 7-10] Vector 생성자에 대한 요약

생성자명	설명
Vector( )	새로운 Vector 객체를 생성하고 초기화한다. 내부적인 실제 적재의 초기용량은 10으로 설정된다. 초기용량이 모두 소진되어 용량이 필요할 때는 1씩 증가한다.
Vector(int initialCapacity, int capacityIncrement)	initialCapacity가 초기용량으로 설정되고 나중 초기 용량을 모두 소진하여 증가가 이루어질 때 capacityIncrement값만큼씩 용량의 증가가 일어난다.

저장되는 요소가 많이 필요로 하는 응용프로그램에서 위의 생성자중 Vector( )라는 기본 생성자를 사용한다면 그만큼 메모리 분배에 대한 작업의 횟수가 많아지므로 피하는 것이 좋다. 다음은 Vector의 주요 메서드다.

[표 7-11] Vector의 주요 메서드

반환형	메서드명	설명
boolean	add(E o)	Vector의 마지막에 인자로 전달된 요소를 저장한다.
void	add(int index, E element)	인자로 전달된 index를 Vector에 index 변수로 사용하고 지정하여 그 위치에 인자로 넘어온 요소를 삽입한다.
	addElement(E obj)	Vector의 마지막에 인자로 전달된 요소를 저장하고 Vector의 크기를 1만큼 증가시킨다.
int	capacity ( )	Vector의 용량을 반환한다.
void	clear( )	Vector에 있는 모든 요소들을 삭제한다.
boolean	contains(Object elem)	인자로 전달된 요소가 Vector의 요소인지 아닌지를 판별해준다.
void	copyInto (Object [ ] anArray)	Vector의 모든 요소들을 인자로 전달된 배열로 복사한다.

E	elementAt (int index)	인자로 전달된 index의 요소를 반환한다.
Enumeration〈E〉	elements( )	Vector의 모든 요소들을 열거형으로 반환한다.
E	get(int index)	Vector 내에서 인자로 전달된 위치의 요소를 반환한다.
int	indexOf (Object elem)	equals( ) 메서드로 같은 요소를 검색하기 위해 전달된 인자와 같은 요소를 Vector의 처음 부분부터 검색한다. 그리고 같은 요소를 찾았을 경우 해당 요소의 index값을 반환한다. 반대로 같은 요소가 없을 경우엔 −1을 반환한다.
boolean	remove(Object o)	Vector에서 인자로 전달된 객체를 검색하여 처음 검색된 객체를 삭제한다.
void	removeElementAt (int index)	Vector에서 인자로 넘어온 index에 위치한 객체를 삭제한다.
E	set(int index, E element)	Vector에서 지정된 index에 위치한 객체를 인자로 넘어온 요소로 대체한다.
int	size( )	Vector의 요소수를 반환한다.
void	trimToSize( )	Vecot의 용량을 현재의 용량만큼 줄여준다.

이 외에도 여러 가지 메서드들이 제공되지만 이런 메서드들로만 봐서도 Vector의 기능은 매우 다양하다고 할 수 있겠다. 요소의 저장, 검색, 삭제 그리고 열거형에 동기화까지 지원하니 역시 매력있는 컬렉션이라 할 수 있다.

■ Vector에 객체(요소) 추가

Vector에 요소를 추가하는 것은 add( ) 또는 addElement( )라는 메서드들을 사용하며 이들의 특별한 차이는 없다. 다음 예제를 살펴보자.

예제 **7-12**　VectorEx1

```
01  import java.util.Vector;
02  import static java.lang.System.out;
03  public class VectorEx1{
04
05      public static void main(String[] args) {
```

```
06          Vector<String> v = new Vector<String>(2,5);
07          out.println(":::::::::::::Vector생성시:::::::::::::");
08          out.println("capacity : "+v.capacity());
09          out.println("size : "+v.size());
10
11          // 자원추가
12          v.add("박지성");
13          v.add("박주영");
14          v.addElement("유상철");
15
16          out.println(":::::::::::::요소 추가후:::::::::::::");
17          out.println("capacity : "+v.capacity());
18          out.println("size : "+v.size());
19      }
20 }
```

```
:::::::::::::Vector생성시:::::::::::::
capacity : 2
size : 0
:::::::::::::요소 추가후:::::::::::::
capacity : 7
size : 3

<
```

[그림 7-17] VectorEx1 실행결과

▶▶▶ 01행: import문. util 패키지의 Vector만 import했다.

02행: static import문. java.lang.System.out을 static import했다.

03행: 클래스 정의.

05행: 프로그램의 시작 부분.

06행: Vector 객체 생성. 제네릭 타입을 String으로 하여 String 객체만 저장할 수 있는 Vector라는 객체를 생성한다. 이때 초기용량을 2로 하고 만약, 이것을 초과할 경우에 초기용량을 5씩 증가하도록 증가량을 주어 변수 v에게 전달한다.

07행~09행: 출력문. Vector의 초기용량과 크기를 출력한다. 물론, 비어 있으므로 초기용량은 2, 크기는 0이 된다.

12행~14행: 요소 추가. add( ) 메서드와 addElement( ) 메서드를 사용하여 "박지성", "박주영", "유상철" 순으로 요소들을 추가했다.

17행~18행: 출력문. Vector의 초기용량과 크기를 출력한다. 요소가 초기용량을 넘어서 추가되었으므로 초기용량이 증가량만큼 증가하여 7, 크기는 3이 된다.

■ Vector에 객체(요소) 검색과 삭제

앞서 공부한 요소 추가법을 복습하면서 Double(실수) 객체를 저장하는 Vector를 생성해보자. 그리고 원하는 요소를 검색하는 방법을 알아보며 참고로 Vector의 첫 번째 요소의 index(위치)값은 배열과 마찬가지로 0부터 시작한다는 것을 알아두자. 그리고 특정한 요소를 삭제하게 되면 다음 그림과 같이 삭제된 요소의 뒤에 있던 요소들이 한 칸씩 이동하여 빈자리를 채우게 되지만 용량은 변하지 않는다.

[그림 7-18] Vector의 요소 삭제

예제 7-13   VectorEx2

```
01  import java.util.Vector;
02  import static java.lang.System.out;
03  public class VectorEx2{
04
05      public static void main(String[] args) {
06          Vector<Double> v = new Vector<Double>(2,5);
07
08          // 자원추가
09          v.add(100.3);
10          v.add(3.14);
11          v.addElement(1000.);
12          for(Double n : v)
```

```java
13              out.println(n); // 추가된 요소들 출력
14
15          // 자원검색
16          double search = 1000.0; // 검색할 요소
17          int index = v.indexOf(search); // 검색
18          if(index != -1)
19                  out.println("검색요소 "+search+"의 위치 :"+index);
20          else
21                  out.println("검색요소 "+search+"가 없습니다.");
22
23          out.println(":::::::삭제 전 용량/크기 확인:::::::");
24          out.println("capacity : "+v.capacity ());
25          out.println("size : "+v.size ());
26
27          // 자원삭제
28          double del = 3.14; // 삭제할 요소
29          if(v.contains(del)){ // 삭제할 요소가 Vector의 요소인지 검사
30                  v.remove(del); // 삭제
31                  out.println(del+"삭제 완료!");
32          }
33
34          out.println(":::::::삭제 후 용량/크기 확인:::::::");
35          out.println("capacity : "+v.capacity ());
36          out.println("size : "+v.size ());
37
38          v.trimToSize (); // 용량을 현재 요소의 수 크기로 설정
39          out.println(":::::용량조절 후 용량/크기 확인:::::");
40          out.println("capacity : "+v.capacity ());
41          out.println("size : "+v.size ());
42      }
43 }
```

```
100.3
3.14
1000.0
검색요소 1000.0의 위치 :2
::::::삭제 전 용량/크기 확인::::::
capacity : 7
size : 3
3.14삭제 완료!
::::::삭제 후 용량/크기 확인::::::
capacity : 7
size : 2
:::::용량조절 후 용량/크기 확인:::::
capacity : 7
size : 2
```

[그림 7-19] VectorEx2 실행결과

▶ ▶ ▶ 01행: import문. util 패키지의 Vector만 import했다.

02행: static import문. java.lang.System.out을 static import했다.

03행: 클래스 정의.

05행: 프로그램의 시작 부분.

06행: Vector 객체 생성. 제네릭 타입을 Double로 하여 Double 객체만 저장할 수 있는 Vector라는 객체를 생성한다. 이때 초기용량을 2로 하고 만약, 이것을 초과할 경우에 초기용량을 5씩 증가하도록 증가량을 주어 변수 v에게 전달한다.

09행~11행: 요소 저장. 기본 자료형인 double형 자료들이 Double이라는 객체로 오토박싱되어 Vector에 저장된다.

12행~13행: 반복문. 추가된 요소들 모두 출력하여 확인한다.

17행: 요소 검색. double형 변수 search가 오토박싱되어 Vector에서 요소 검색한 후 해당 요소의 index(위치)값을 int형 변수 index에 전달한다. 만약, 검색 요소가 없을 때에는 −1이 전달된다.

18행~21행: 비교문. int형 변수 index의 값으로 Vector에서 검색 요소의 존재여부를 확인한다.

23행~25행: 출력문. Vector의 초기용량과 크기를 출력한다. 요소가 초기용량을 넘어서 추가되었으므로 초기용량이 증가량만큼 증가하여 7, 크기는 3이 된다.

29행~32행: 비교문. contains( ) 메서드에 적용된 double형 변수 del이 오토박싱되어 Double 객체가 된다. 그리고 contains( )의 기능인 del의 값으로 Vector에 존재 여부를 확인하게 된다. 만약, 존재한다면 true를 반환하여 30행과 31행을 차례로 수행하여 요소가 삭제되고 출력문으로 알려준다.

34행~36행: 출력문. 앞서 삭제된 후의 Vector 용량과 크기를 출력하여 알아본다. 삭제가 되었다 해도 용량의 차이는 없으며 크기만 줄어들게 됨을 알 수 있다.

38행: 용량 조절. 현재 용량은 70이며 실제 사용하는 크기는 2다. trimToSize( )를 사용하여 무의미한 용량을 삭제하여 현재 용량을 Vector에 저장된 요소의 수와 같게 한다.

39행~41행: 출력문. 용량 조정 후 용량과 크기를 출력하여 확인한다.

■ Vector의 객체(요소)들을 배열로 얻기

때에 따라서는 Vector에 저장된 내용들을 특정 배열화시킬 때가 더러 있다. 왜냐하면 Vector는 앞에서도 설명한 것과 같이 내부적으로 동기화가 지원되므로 소량의 자원을 처리할 때는 차이가 없겠지만 많은 양의 자원을 처리할 때는 동기화로 인한 과부하가 무시못할 정도가 된다. 그러므로 동기화를 지원하지 않는 배열이나 ArrayList를 사용하는 것이 보통이다. 하지만 부득이하게 Vector를 사용했을 경우에는 Vector의 내용을 전달하기 위해 인자로 Vector 자체를 전달하는 것은 좋은 방법이 아니다. 그러므로 Vector 내부의 요소들을 배열화하여 전달하는 것이 좀더 효율적이고 정보에 대한 안전성을 고려한 작업이라 할 수 있다. 그럼 Vector의 내용을 배열화하는 간단한 예제를 살펴보자.

예제 **7-14**　　VectorEx3

```
01  import java.util.Vector;
02  import static java.lang.System.out;
03  public class VectorEx3{
04
05      public static void main(String[] args) {
06          Vector<Double> v = new Vector<Double>(2,5);
07
08          // 자원추가
09          v.add(100.3);
10          v.add(3.14);
11          v.addElement(1000.);
12
13          int size = v.size(); // 요소의 수
14          Double[] data = new Double[size];
15          v.copyInto(data);
16
```

```
17          for(double n : data)
18                  out.println(n);
19      }
20 }
```

```
100.3
3.14
1000.0
```

[그림 7-20] VectorEx3 실행결과

▶▶▶ 01행: import문. util 패키지의 Vector만 import했다.

02행: static import문. java.lang.System.out을 static import했다.

03행: 클래스 정의.

05행: 프로그램의 시작 부분.

06행: Vector 객체 생성. 제네릭 타입을 Double로 하여 Double 객체만 저장할 수 있는 Vector라는 객체를 생성한다. 이때 초기용량을 2로 하고 만약, 이것을 초과할 경우에 초기용량을 5씩 증가하도록 증가량을 주어 변수 v에게 전달한다.

09행~11행: 요소 저장. 기본 자료형인 double형 자료들이 Double이라는 객체로 오토박싱되어 Vector에 저장된다.

13행: 메서드 호출. Vector에 저장된 요소의 수를 얻어내어 int형 변수 size에 대입한다.

14행: 배열 생성. Double 객체형의 배열을 13행에서 얻어낸 size만큼의 크기로 생성한다.

15행: 배열화. Vector의 요소들을 data라는 Double형 배열에 복사한다.

17행~18행: 출력문. Vector의 요소들을 복사받은 data라는 Double형 배열의 내용을 개선된 루프를 사용하여 받은 변수 n의 값을 출력한다. 이때 Double 객체가 double형 변수 n으로 자동 언박싱이 이루어진다.

ArrayList

여기서는 ArrayList에 대해 설명만 하겠다. 이유는 이후에 배우게 되는 스레드 동기화 기능을 제공하지 않는다는 것 외에는 모든 것이 Vector와 같은 클래스이기 때문이다.

ArrayList 객체에도 Vector와 같이 크기(size)가 있다. 그것은 List 구조의 요소를 저장하기 위해서 사용하는 배열의 크기를 의미하며 저장된 요소의 수보다 항상 여유있는 크기가 된다. ArrayList에 요소를 추가하면 그 사이즈는 자동적으로 증가하며 이 모든 기능이 Vector와 같다(단, 초기용량만 지정이 가능하고 증가량은 지정할 수 없다). 하지만 동기화는 지원하지 않는다. 그러므로 동기화라는 무거움이 없으므로 동작에 있어서는 Vector에 비해 속도가 빠른 것이 사실이다. 이러한 이유로 많은 양의 자원을 다루거나 동기화의 필요성을 배제한 자원들은 Vector보다는 ArrayList를 사용하는 것이 더 효과적이라 할 수 있다.

Iterator와 Enumeration

Iterator와 Enumeration은 컬렉션(자료구조)이 가지는 요소들에게 순차적으로 접근하여 처리하는 데 사용되는 객체다. Iterator는 다른 말로 '반복자'라고도 하며 Enumeration은 '열거형(나열)'이라고도 한다. 간단히 말해서 이들은 같은 것이지만 둘 중 어느 것이 더 효율성이 뛰어나냐고 묻는다면 Iterator라고 할 수 있다. Enumeration이 JDK 1.0 버전 때부터 제공이 되어 오다가 JDK 1.2(자바2)에 와서 Enumeration을 대신하기 위해 Iterator라는 인터페이스가 제공되었다.

Enumeration의 사용 범위는 Vector와 Hashtable로 정해져 있는 반면에 Iterator는 Collection으로부터 상속받거나 구현하고 있는 모든 객체들에게 사용 범위를 두고 있다. 그리고 Iterator에는 remove( ) 메서드가 확장되어 명확한 의미에 근거하여 원본 컬렉션에서 삭제 기능까지 수행하도록 제공되고 있다. 다음은 Iterator에서 제공하는 메서드들이다.

[표 7-12] Iterator의 주요 메서드

반환형	메서드명	설명	
boolean	hasNext( )	반복처리에 있어 다음 요소가 있다면 true를 반환한다.	
E	next( )	반복처리에 있어 다음 요소를 반환하고 현재 위치를 반환된 요소의 자리로 이동한다.	
void	remove( )	원본 컬렉션의 마지막 요소를 삭제한다. 예를 들어, Vector에서 Iterator를 얻어내어 반복을 구현하다가 현재 메서드를 호출하면 Vector에서 실제 요소가 삭제된다.	

그럼 Vector에서 Iterator를 얻어내어 위의 메서드들로 간단한 예제를 작성해보자.

예제 **7-15** IteratorEx1

```
01  import java.util.Vector;
```

```
02  import static java.lang.System.out;
03  public class IteratorEx1{
04
05      public static void main(String[] args) {
06          Vector<String> v = new Vector<String>(2,5);
07
08          v.add("구자철");
09          v.add("손흥민");
10          v.add("기성용");
11          out.println("벡터크기:"+v.size());
12
13          Iterator<String> it = v.iterator(); // Iterator 얻기
14          while(it.hasNext()){
15              out.println(it.next());
16              it.remove(); // 원본 컬렉션에서 요소 삭제
17          }
18 //           it.remove();
19
20          out.println("벡터크기:"+v.size());
21      }
22  }
```

```
벡터크기:3
구자철
손흥민
기성용
벡터크기:0
```

[그림 7-21] IteratorEx1의 실행결과

▶▶▶ 01행: import문. util 패키지의 Vector만 import했다.

02행: static import문. java.lang.System.out을 static import했다.

03행: 클래스 정의.

05행: 프로그램의 시작 부분.

06행: Vector객체 생성. 제네릭 타입을 String으로 하여 String 객체만 저장할 수 있는 Vector라는 객체를 생성한다. 이때 초기용량을 2로 하고, 만약 이것을 초과할 경우에 초기용량을 5씩 증가하도록 증가량을 주어 변수 v에게 전달한다.

09행~11행: 요소 저장. "구자철", "손흥민", "기성용" 순으로 요소들을 추가했다.

11행: 출력문. Vector에 저장된 전체 요소의 수를 출력한다.

13행: Iterator 얻기. 사실 Vector에는 iterator( ) 메서드가 없다. 하지만 Vector가 java.util.List라는 인터페이스를 구현하였으므로 java.util.List의 iterator( ) 메서드를 사용하여 Iterator를 얻어낸 것이다.

14행: 반복문. 현재 iterator가 위치한 곳에서 다음에 요소가 있으면 반복문을 수행한다.

15행: 출력문. 현재 Iterator가 위치한 곳에서 next( ) 메서드에 의해 다음 요소를 반환하여 출력하고 Iterator의 위치는 다음 요소의 위치로 이동한다. 즉, Iterator의 현재 위치가 변경되는 것이다.

16행: 요소 삭제. Iterator가 위치한 현재 위치에서 요소를 삭제한다. 이때 Vector의 실제 요소가 삭제됨을 잊지 말자(결국 반복문 내에서 모든 요소가 삭제되는 것이다).

20행: 출력문. Vector에 저장된 전체 요소의 수를 출력한다. 반복문에서 모두 삭제하였으므로 0이 출력된다.

이제 위의 예제로 정리를 하자면 Enumeration의 동작에서 nextElement( ) 메서드를 만나면 비로소 컬렉션에서 하나의 객체를 가져와 하나의 열거형 요소로 생성을 한다. 반복문 내에서 이렇게 연속적인 nextElement( ) 메서드를 호출하게 되면 한 회에 한 개씩 컬렉션의 요소들을 얻어내어 열거형의 요소로 생성이 된다는 것이다. 그러므로 좀더 많은 양의 요소들을 다룬다면 문제가 상당히 심각해진다. 이러한 문제점으로 인해 Iterator(반복자)라는 것이 제공되었다. Iterator는 원본 컬렉션인 Vector에서 요소를 얻어내어 다시 객체로 만들어 또 다른 List를 만드는 것이 아니라 말 그대로 원본 컬렉션에서 움직이는 커서(Cursor)와 같은 존재다. 작업의 위치를 알리는 눈금과 같은 것이므로 삭제를 하게 되면 결국 Iterator가 가리키는 원본 컬렉션의 요소가 삭제되는 것이다.

따라서 앞으로는 Enumeration의 무거운 움직임을 Iterator로 대신하게 될 것이다.

❹ Queue 인터페이스

Queue의 구조는 도로의 일정구간인 일방통행(一方通行)과 같다. 요소가 들어가는 입구와 요소가 나오는 출구가 따로 준비되어 있어 가장 먼저 들어간 요소가 가장 먼저 나오는 선입선출(先入先出), First-In-First-Out(FIFO) 방식이다.

[그림 7-22] Queue의 도식화

API 문서를 참조해 보면 Queue를 구현하는 클래스는 여러 가지가 있는 것을 알 수 있으며 여기서는 그 중에서 LinkedList에 대해서 알아보겠다.

LinkedList

LinkedList는 add( ) 메서드와 poll( ) 메서드 등에 의해 선입선출(先入先出)법을 제공하는 Queue 인터페이스를 구현하며 스레드 동기화는 제공되지 않는다.

LinkedList의 생성자는 다음과 같다.

[표 7-13] LinkedList 생성자에 대한 요약

생성자명	설명
LinkedList( )	새로운 LinkedList 객체가 생성된다.
LinkedList(Collection 〈? extends E 〉 c)	전달된 컬렉션을 포함하는 LinkedList 객체가 생성된다.

다음은 LinkedList에서 제공되는 메서드들이다. 비슷한 메서드인 것 같지만 약간의 차이가 있으므로 확인하기 바란다.

[표 7-14] LinkedList의 주요 메서드

반환형	메서드명	설명	
void	add(E o)	마지막으로 전달된 요소를 추가한다.	
	addFirst(E o)	첫 번째로 전달된 요소를 추가한다.	
E	element( )	가장 첫 번째 요소를 반환한다. 단 삭제하지는 않는다.	
boolean	offer(E o)	전달된 요소를 마지막 요소로 추가한다.	
E	peek( )	가장 첫 번째 요소를 반환한다. 삭제는 하지 않는다.	
	poll( )	가장 첫 번째 요소를 반환한 후 삭제한다.	
boolean	remove(Object o)	인자로 전달된 객체를 현재 Queue에서 최초로 검출된 요소를 삭제한다.	
E	removeFirst( )	첫 번째 요소를 반환한 후 삭제한다.	

위 메서드를 이용하여 간단한 예제를 작성해보자.

예제 7-16 QueueEx1

```
01  import java.util.Vector;
02  import static java.lang.System.out;
03  public class QueueEx1{
04
05      public static void main(String[] args) {
06          String[] item = {"소나타","렉스톤","제규어"};
07          LinkedList<String> q = new LinkedList<String>();
08
09          for(String n : item)
10              q.offer(n); // 요소 추가
11          out.println("q의 크기:"+q.size());
12
13          String data="";
14          while((data = q.poll()) != null)
15              out.println(data+"삭제!");
16
```

```
17                     out.println("q의 크기:"+q.size());
18        }
19 }
```

```
q의 크기:3
소나타삭제!
렉스톤삭제!
제규어삭제!
q의 크기:0
```

[그림 7-23] QueueEx1의 실행결과

▷▶▶ 01행: import문. util 패키지의 Vector만 import했다.

02행: static import문. java.lang.System.out을 static import했다.

03행: 클래스 정의.

05행: 프로그램의 시작부분.

06행: 배열 생성. "소나타", "렉스톤", "제규어" 순으로 배열을 선언, 생성, 초기화 작업을 완료했다.

07행: 객체 생성. 제네릭 타입을 String으로 선언하여 String만 저장할 수 있는 LinkedList 객체를 생성했다.

09행: 반복문. 개선된 루프를 사용하여 String형 배열의 요소 수만큼 반복하면서 배열의 요소를 변수 n에 하나씩 대입한다.

10행: LinkedList에 추가. offer( ) 메서드를 사용하여 위의 반복문 내에서 전달되는 변수 n의 값을 LinkedList에 추가한다.

11행: 출력문. LinkedList에 저장된 요소의 수가 얼마인지를 알리는 출력문이다.

13행: 변수 선언. LinkedList 객체에서 요소를 받아 담을 Strin형 변수를 선언한다.

14행~15행: 반복문과 출력문. LinkedList에서 poll( )이라는 메서드를 통해 첫 번째 요소, 즉 선두에 있는 요소를 변수 data에게 전달하고 LinkedList에서는 삭제한다. 그리고 변수 data의 값이 null이 아니라면 15행에서 출력으로 확인한다.

17행: 출력문. q라는 LinkedList의 크기를 알아보는 출력문이다. 앞의 14행에서 poll 메서드를 사용하여 반복문에서 모두 지웠으므로 출력은 0값을 나타낸다.

❺ Map 인터페이스

Key와 Value를 매핑하는 객체다. 여기에 사용되는 Key는 절대 중복될 수 없으며 각 Key는 1개의 Value만 매핑할 수 있다. 정렬의 기준이 없으며 이는 마치 각 Value에 열쇠 고리를 달아서 큰 주머니에 넣어두고 오로지 Key로 각 Value를 참조 할 수 있도록 해둔 구조라 할 수 있다.

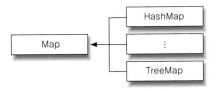

[그림 7-24] Map의 구조

사용자가 원하는 Value의 Key를 알고 있다면 Key를 당겨(get) 해당 Key와 매핑되어 있는 Value를 얻을 수 있는 구조다. 즉, 검색을 Key로 해야 하므로 Key를 모르면 원하는 Value를 얻어내지는 못하게 된다.

[표 7-15] Map의 구현 클래스

구현 클래스	설명
Hashtable	정렬의 기능을 가지지 않는 Map 인터페이스를 구현하고 있다. 이는 Key가 null을 가질 수 없으며, Value 또한 null을 허용하지 않는다. 중복 또한 불가능하며 스레드 동기화를 지원하는 특징을 가지고 있다.
HashMap	앞의 Hashtable과 거의 동일한 객체로 다른 점이 있다면 Key와 Value에 있어 null을 허용한다는 점과 스레드 동기화를 지원하지 않는다는 것이다.

이외에도 Map을 구현하고 있는 클래스들은 많은데, 이 책에서는 대표적으로 HashMap에 대해서만 알아본다.

HashMap

Key와 Value를 하나의 쌍으로 저장되는 구조이며 저장되는 Value와 Key가 null을 허용한다. 하지만 중복은 허용하지 않으므로 null을 가지는 Key가 두 개일 수 없다. 그리고 동기화가 포함되지 않았으므로 나중에 배우는 멀티스레드 환경에서의 구현이 아니라면 Hashtable에 비해서 처리 속도가 빠른 장점이 있다.

[표 7-16] Map의 구현 클래스

생성자명	설명
HashMap( )	초기용량을 16으로 하고 적재율은 0.75로 하여 새로운 HashMap 객체가 생성된다.
HashMap (int initialCapacity)	전달된 인자를 통해 객체를 저장할 수 있는 초기용량으로 설정되고 기본 적재율인 0.75로 HashMap 객체가 생성된다.
HashMap(int initialCapacity, float loadFactor)	전달된 인자인 용량과 적재율로 새로운 HashMap 객체가 생성된다.

다음은 HashMap을 활용하기 위해 저장하거나 또는 저장된 정보를 읽어온다거나 하는 여러 가지 메서드들이다.

[표 7-17] HashMap의 주요 메서드

생성자명		설명
void	clear( )	모든 매핑을 맵으로부터 삭제한다.
V	get(Object key)	인자로 전달된 key 객체와 매핑되고 있는 Value를 반환한다.
boolean	isEmpty( )	현재 맵이 비어있다면 true를 반환한다.
Set ⟨K⟩	keySet( )	맵에 저장되고 있는 Key들을 Set 인터페이스로 반환한다.
V	put(K key, V value)	인자로 전달된 Key와 Value를 현재 맵에 저장한다.
	remove(Object key)	인자로 전달된 Key에 대한 것이 있다면 현재 맵에서 삭제하고 매핑된 Value를 반환한다. 전달된 Key에 대한 정보가 없다면 null을 반환한다.
int	size( )	맵에 저장된 Key와 Value로 매핑된 수를 반환한다.
Collection ⟨V⟩	values( )	현재 맵에 저장된 Value들만 Collection 인터페이스로 반환한다.

그럼 HashMap 객체를 하나 만들어 위의 메서드 중 몇 개를 활용해 보는 간단한 예제를 구현해보자.

예제 7-17 MapEx1

```
01  import java.util.*;
02  import static java.lang.System.out;
```

```
03   public class MapEx1{

04

05       public static void main(String[] args) {

06           String[] msg = {"Berlin","Dortmund","Frankfurt",

07                   "Gelsenkirchen","Hamburg"};

08

09           HashMap<Integer,String> map =

10                   new HashMap<Integer,String>(); // HashMap 생성

11

12           for(int i=0 ; i<msg.length ; i++)

13                   map.put(i,msg[i]); // 맵에 저장

14

15           Set<Integer> keys = map.keySet();

16           for(Integer n : keys)

17                   out.println(map.get(n)); // 맵에서 읽어오기

18       }

19   }
```

```
Berlin
Dortmund
Frankfurt
Gelsenkirchen
Hamburg
```

[그림 7-25] MapEx1의 실행결과

▶▶▶ 01행: import문. util 패키지의 모든 것을 import했다.

02행: static import문. java.lang.System.out을 static import했다.

03행: 클래스 정의.

05행: 프로그램의 시작 부분.

06행~07행: 배열 생성. "Berlin", "Dortmund", "Frankfurt", "Gelsenkirchen", "Hamburg" 순으로 배열을 선언, 생성, 초기화 작업을 완료했다.

08행~09행: 객체 생성. 제네릭 타입을 Key에 해당되는 Integer와 Value에 해당되는 String으로

선언하여 서로가 매핑되어 저장되는 HashMap 객체를 생성했다.

12행: 반복문. String형 배열 msg의 요소 수만큼 반복하는 for문의 시작문이다.

13행: 맵에 추가. 12행에서 시작한 반복문의 수행문이다. put( ) 메서드를 사용하여 위의 반복문 내에서 전달되는 변수 i의 값이 오토박싱되어 Key로 설정된다. 그리고 변수 i에 해당되는 String형 배열의 각 요소들이 하나씩 Value에 적용되어 Key와 Value가 하나의 쌍을 이루어 HashMap에 추가된다.

15행: Key들 반환. HashMap에 저장된 Key들을 모아 하나의 Set 객체로 반환한다. 이때 사용된 keys라는 Set 객체의 제네릭 타입을 HashMap에서 사용된 Key 객체의 Type과 같이하여 강제 형 변환에 대한 번거로움을 없앴다.

16행: 반복문. keys라는 Set 객체에 저장되어 있는 HashMap의 Key 객체 요소들을 처리하는 개선된 루프를 사용했다.

17행: 출력문. 16행에서 시작한 반복문의 처리문이다. 반복문이 실행할 때마다 keys라는 Set 객체가 가지는 HashMap의 Key 객체 요소들을 변수 n이 하나씩 받게 되고 이것을 get( ) 메서드를 사용하여 HashMap에 저장된 Value 객체를 얻어내어 출력한다.

이렇게 해서 간단하게 HashMap을 이용하여 도시 몇 곳을 출력해봤다. Hashtable 또한 작업에 다를 것이 없으며 조금 다른 것이 있다면 스레드 동기화로 인해 많은 양의 자원들을 다룰 때는 처리 속도 저하에 따른 문제점이다. 이처럼 Key와 Value를 하나의 쌍으로 저장하여 색인을 Key로 하고 해당 Key를 가지고 Value를 얻어내는 구조가 바로 Map 구조다.

요약

1 제네릭은 객체들을 저장(수집)하는 구조적인 성격을 보강하기 위해 제공되는 것이다.

2 제네릭으로 한 번 설정되면 설정된 객체 타입으로 컬렉션의 구조가 결정되므로 절대 자료형이 다른 객체로는 저장을 할 수가 없게 된다. 이는 나중에 강제 형 변환의 번거로움을 없애므로 코드의 명확성을 높여준다.

3 제네릭으로 하나의 객체 자료형으로 설정되면, 가끔은 작업의 폭이 좁혀질 때가 있다. 따라서 제공되는 것이 바로 와일드카드 타입이다.

[표 7-18] 와일드카드 타입의 구성

와일드카드 타입	설명
〈?〉	모든 객체자료형에 대한 배치를 의미한다.
〈? super 객체자료형〉	명시된 객체자료형 또는 객체자료형의 상위 객체들의 배치를 의미한다.
〈? extends 객체자료형〉	명시된 객체자료형 또는 객체자료형으로부터 상속받는 하위 객체들의 배치를 의미한다.

4 컬렉션이라는 것은 객체들을 한 곳에 모아 저장하고 관리를 편하게 하기 위해 제공되는 일종의 객체들이며 자료구조라고도 한다. 자바에서는 이를 하나의 환경으로 제공하는데, 이를 자바 컬렉션 프레임워크라고 한다.

5 컬렉션에는 객체들의 집합을 이루는 것들의 최상위 인터페이스를 Collection으로 하고 있다. 그 밑으로는 Set과 List 그리고 JDK 5.0에서 새롭게 추가된 Queue가 존재한다.

6 Vector란 배열과 같이 정수 인덱스로 접근할 수 있는 접근 소자를 가지고 있으며 배열과는 달리 고정적 크기가 아닌 가변적 특징을 가진 크기를 가지고 있다. 나중에 배우는 스레드 동기화가 지원되는 List 구조다. 이런 스레드 동기화로 인해 처리속도가 현저히 떨어지는 경우가 발생할 수도 있는데, 특별히 동기화 작업이 필요하지 않다면 ArrayList를 사용하는 것이 좀더 효율적이다.

7 Queue의 구조는 도로의 일방통행(一方通行)과 같다. 요소가 들어가는 입구와 요소가 나오는 출구가 따로 준비되어 있어 가장 먼저 들어간 요소가 가장 먼저 나오는 선입선출(先入先出) 방식의 구조다.

8 Map이란 Key와 Value를 매핑하는 객체다. Key와 Value가 하나의 쌍으로 이루어 저장되는 것이 Map 구조다.

☆ 연습문제

1 GenTest라는 클래스를 작성해보자. 이는 때에 따라서는 Integer형 배열이 저장되고 또는 String형 배열을 저장할 수 있어야 한다.

2 매번 실행할 때마다 main( ) 메서드로 전달되는 String형 배열 args의 값을 다음의 조건에 맞도록 Vector를 생성하고 저장하여 개선된 루프를 사용하여 확인하는 응용프로그램을 작성해보자. 그리고 마지막에 Vector의 용량과 크기 또한 같이 출력해보자.

【조건】
- Vector를 생성할 때 용량이 3, 증가량은 4로 설정한다.
- 입력되는 자료는 5개 이상이어야 한다.
- 입력된 요소 중 3번째 요소를 삭제해보자.

3 Iterator와 Enumeration의 차이점을 아는 데로 기술해보자.

4 대한민국, 캐나다, 영국, 스위스의 수도가 각각 HashMap에 저장되도록 하고 원하는 나라가 Key값이 되어 해당 나라의 수도가 화면에 출력되는 응용프로그램을 작성해보자.

[MEMO]

Util 패키지의
실무적 클래스들

✳ **학습 목표**

- 날짜와 시각에 대해 Calendar 클래스를 이용하는 방법을 익힌다.
- 난수를 얻어낼 수 있는 난수 발생기를 생성하고 사용법을 익힌다.
- 배열 작업에 있어 정렬과 검색 등의 여러 가지 유익한
기능을 가지고 있는 Arrays를 공부하고 익힌다.
- 속성들을 저장 관리하는 Properties 클래스를
생성하고 활용하는 법을 익힌다.

Calendar 클래스

Calendar 클래스는 1970년 1월 1일부터 특정 값으로 진보해 오면서 날짜와 시각에 대한 조작을 수행할 수 있도록 제공되는 추상 클래스다. 이 Calendar 클래스가 추상 클래스인 이유는 날짜와 시각의 값을 현재 구동되고 있는 컴퓨터에서 받아와야 하므로 getInstance( )라는 메서드로 객체가 생성되도록 하고 이때 JVM을 통해 여러 가지 도움을 받아 생성된 객체에 현재 날짜와 시각으로 초기화되어지기 때문이다. 그럼 객체 생성법부터 살펴보자.

> Calendar now = Calendar.getInstance( );

위 코드를 사용하여 얻어진 Calendar 객체에는 현재 컴퓨터가 인식하고 있는 날짜와 시각이 초기화되었다고 했다. 그럼 이를 얻어내고 또는 설정하고 하는 작업은 어떻게 해야 하는지 Calendar 객체의 주요한 메서드들을 살펴보자.

[표 8-1] Calendar 객체의 주요 메서드

반환형	메서드명	설명
boolean	after(Object when)	현재 Calendar 객체가 인자로 전달된 when 객체의 날짜보다 후의 시각이라면 true, 그렇지 않으면 false를 반환한다.
	before(Object when)	현재 Calendar 객체가 인자로 전달된 when 객체의 날짜보다 전의 시각이다면 true, 그렇지 않으면 false를 반환한다.
int	get(int field)	인자로 전달된 field(년, 월, 일, 시, 분, 초)의 값을 반환한다.
static Calendar	getInstance( )	default TimeZone과 Locale을 사용해 Calendar 객체를 반환한다.
void	set(int year, int month, int date)	현 Calendar 객체의 필드 중 년도와 월, 그리고 일(DAY_OF_MONTH)을 인자로 전달된 값을 설정한다.
	setTimeInMillis (long millis)	Calendar의 현재 시각을 인자로 전달된 long형의 값으로 설정한다.

위의 주요한 메서드 중에서 get( ) 메서드를 통해 현재 Calendar 객체가 기억하고 있는 필드 (년, 월, 일, 시, 분, 초)의 값을 얻어낼 수 있음을 알 수 있다. 하지만 얻고자 하는 필드의 상수를 정확하게 알고 있어야 하는데, 이는 API 문서의 Field Summary에서 확인할 수 있다. 다음은 주요 필드다.

[표 8-2] Calendar 객체 주요 상수들

상수	설명
AM_PM	HOUR가 정오보다 전인지 후인지를 나타내주는 상수이며, 만약 정오 전일 경우 (AM)에는 0을 반환하고 정오 이후일 경우 (PM)는 1을 반환한다.
DAY_OF_MONTH	한 달 중의 날짜 수를 의미하는 상수(1~31)
DAY_OF_WEEK	SUNDAY에서 SATURDAY까지의 요일을 나타내는 상수(1~7)
DAY_OF_YEAR	한 해 중 몇 일째인지를 나타내는 상수
DAY_OF_WEEK_IN_MONTH	한 달 중 해당 요일이 몇 번째인지 나타내는 상수
HOUR	오전 또는 오후의 의미가 없이 몇 시인지를 나타내는 상수(0~11)
HOUR_OF_DAY	하루 중 시각을 나타내는 상수(0~23)
MONTH	달을 나타내는 상수이며 1월이 0(0~11)
WEEK_OF_MONTH	현재 달에서 몇 주째인지를 나타내는 상수
WEEK_OF_YEAR	현재 해에서 몇 주째인지를 나타내는 상수

API 문서를 참조해보면 위의 상수보다 더 많은 것을 확인할 것이다. 자주 쓰이면서 독자가 알아볼 수 있다고 판단한 것들은 설명에서 제외시켰다. 그리고 위의 설명 중 ( )와 숫자로 설명한 것들은 상수값을 직접 표현한 것이다. 예를 들어, DAY_OF_WEEK의 설명에서 마지막에 (1~7)이라 한 것은 1을 의미하는 SUNDAY에서 7을 의미하는 SATURDAY까지라는 의미다(API 문서에 보면 각 요일마다의 상수가 정의되어 있음을 확인할 수 있다). 그럼 예제를 살펴보자.

예제 **8-1**	CalendarEx1

```
01  import java.util.Calendar;
02  import static java.lang.System.out;
```

```
03  public class CalendarEx1{

04

05      public static void main(String[] args) {

06          StringBuffer sb = new StringBuffer("년중 ");

07          Calendar now = Calendar.getInstance();

08

09          int week_yy = now.get(now.WEEK_OF_YEAR);

10          int yy = now.get(now.YEAR);

11          int mm = now.get(now.MONTH)+1;//1월이 0을 기억한다.

12          int dd = now.get(now.DAY_OF_MONTH);

13

14          sb.append(week_yy);

15          sb.append("주째인 ");

16          sb.append(yy);

17          sb.append("년 ");

18          sb.append(mm);

19          sb.append("월 ");

20          sb.append(dd);

21          sb.append("일");

22

23          out.println(sb.toString());

24      }

25  }
```

년중 24주째인 2015년 6월 7일

[그림 8-1] CalendarEx1 실행결과

▶▶▶ 03행: 클래스 정의.

05행: 프로그램의 시작 부분.

06행: 객체 생성. "년중"이라는 문자열을 가지고 StringBuffer 객체가 생성되었다.

07행: 객체 생성. static으로 선언되어 있는 클래스 메서드인 getInstance( )를 이용하여 Calendar 객체를 생성하여 변수 now에 대입했다.

09행: 해의 몇 주째인지 구하기. 현재 날이 년 중 몇 주째인지를 구하여 변수 week_yy에 대입했다.

10행: 년도 구하기. 현재 날의 년도를 구하여 변수 yy에 대입했다.

11행: 월 구하기. 현재 날의 월을 구하여 변수 mm에 대입했다. 이때 1월을 0으로 기억하고 있으므로 1을 더한 값을 대입한다.

12행: 일 구하기. 현재 날의 일을 한 달 내에서 인식되는 일을 구하여 dd에 대입했다.

14행~21행: StringBuffer 객체에 추가. 반복문이 아니므로 바로 출력해도 상관없겠지만 복습하는 차원에서 메모리 공간 낭비에 대한 고려로 StringBuffer 객체에 변수 week_yy값과 yy, mm, dd 값 중 몇 개의 문자열들을 중간에 넣어 추가했다.

16행: 출력문. StringBuffer 객체가 기억하고 있는 값을 toString( ) 메서드로 문자열화하여 출력한 후 확인했다.

Random 클래스

Random 객체는 일련의 난수를 생성한다. 이렇게 생성된 Random 객체는 int형, float형 등 난수가 발생할 수 있으며 정수형 난수 발생은 특정 범위가 없다. 하지만 부동소수점을 가지는 실수형들의 난수는 0.0에서 1.0 사이의 값을 받도록 되어 있다. 다음은 Random 객체를 생성할 수 있는 생성자다.

[표 8-3] Random 객체의 생성자

생성자	설명	
Random( )	새로운 Random 객체를 생성하고 초기화한다.	

다음은 Random 객체에 자주 쓰이는 메서드들만 정리해보았다.

[표 8-4] Random 객체에 자주 쓰이는 메서드

반환형	메서드명	설명	
double	nextDouble( )	double형 자료에 따른 자료를 반환하게 되며 0.0~1.0 사이의 값이 반환된다.	
float	nextFloat( )	float형 자료에 따른 자료를 반환하게 되며 0.0~1.0 사이의 값이 반환된다.	
double	nextGaussian( )	평균 0.0, 표준 편차 1.0의 Gauss 분포의 double형의 난수를 반환한다.	
int	nextInt ( )	int형의 범위 전체에서 난수를 발생하여 반환한다.	
	nextInt(int n)	0부터 인자로 전달된 값의 전까지를 범위로 하여 난수를 발생하여 반환한다.	
long	nextLong( )	long형의 범위 전체에서 난수를 발생하여 반환한다.	
void	setSeed(long seed)	인자로 전달된 long형인 seed를 난수 발생기의 시작 seed로 재설정한다.	

위의 생성자와 메서드들을 이용하여 간단한 예제를 작성해보자. 다음 예제는 배열을 미리 준비해 두고 요소를 접근할 수 있는 난수를 발생하여 index값을 얻어낸다. 그렇게 되면 배열의

요소 중 어떤 것이 선택될 지는 예측할 수 없으며 매번 실행할 때마다 선택되는 배열의 요소가 달라질 가능성이 매우 크다.

예제 8-2   RandomEx1

```java
01  import java.util.Random;
02  import static java.lang.System.out;
03  public class RandomEx1 {
04
05      public static void main(String[] args) {
06          String[] lesson = {"Java Beg","JSP","XML&Java","EJB",};
07          Random r1 = new Random();
08
09          int index = r1.nextInt(4);
10          out.println("선택과목 :"+lesson[index]);
11      }
12  }
```

선택과목 :XML&Java

[그림 8-2] RandomEx1 실행결과

▶▶▶ 03행: 클래스 정의.

05행: 프로그램의 시작 부분.

06행: 배열 생성. "Java Beg", "JSP", "XML&Java", "EJB" 순으로 배열을 선언하고 생성하여 초기화를 이루었다.

07행: 객체 생성. Random 객체를 생성하여 r1에 전달했다.

09행: 난수 발생. nextInt(4)로 인해 0부터 3까지의 정수 중 난수를 발생하여 index에 넣어둔다.

10행: 출력문. 위에서 얻은 난수를 가지고 lesson이라는 배열의 index값으로 사용하여 해당 배열의 값을 출력했다.

Arrays 클래스

java.util 패키지에 있는 Arrays 클래스는 배열을 조작하기 위해 여러 가지 클래스 메서드(static 메서드)가 제공되는 도구형 클래스다. 예를 들어, 배열간의 내용을 비교하고 싶을 때, 그리고 배열값을 정렬시키고 싶을 때, 또는 배열에 특정한 값으로 채우고자 할 때 등이 그 예라 할 수 있겠다. Arrays 클래스는 생성자가 없으며 제공되는 클래스 메서드(static 메서드)를 통해 배열에 대한 조작을 수행해야 한다. API 문서를 참조해보면 다양한 메서드들이 오버라이딩되어 있음을 알 수 있다. 다음은 Arrays 클래스에서 제공하는 메서드를 간단하게 설명한 것이다.

[표 8-5] Arrays 클래스에서 제공하는 메서드

반환형	메서드명	설명
static 〈T〉 List 〈T〉	asList(T… a)	지정된 배열을 기본으로 하는 고정 길이의 배열을 반환한다.
static int	binarySearch (Object [ ] a, Object key)	이진 검색 방법을 사용하여 전달받은 인자 중 배열에서 두 번째 인자인 key 객체를 검색한다. 그리고 검색된 객체의 index를 반환한다.
static boolean	equals(Object [ ] a, Object [ ] a2)	인자로 전달된 2개의 객체형 배열이 서로 같을 경우에 true를 반환한다.
static void	fill(Object [ ] a, Object val)	전달된 인자 중 객체형 배열의 각 요소를 전달된 인자 중 val이라는 객체로 모두 대입한다.
	fill(Object [ ] a, int fromIndex, int toIndex, Object val)	전달받은 인자 중 객체형 배열의 fromIndex에서 toIndex까지 지정된 범위에 있는 각 요소를 4번째 인자인 val이라는 객체로 모두 대입한다.
static int	hashCode(Object [ ] a)	전달된 배열 인자의 내용에 근거하는 해시코드를 반환한다.
static void	sort(Object [ ] a)	요소의 자연적(기본적) 순서에 따라, 전달된 인자의 배열을 오름차순으로 정렬한다.
	sort(T[ ] a, Comparator 〈? super T〉 c)	전달된 Comparator가 가리키는 순서에 따라 전달된 T a 객체 배열을 정렬한다.
static String	toString(Object [ ] a)	전달된 배열 내용들의 캐릭터 행 표현을 반환한다.

❶ 배열 채우기

이제 위의 클래스 메서드(static 메서드)들을 가지고 Arrays의 능력을 살펴보자. 우선 배열 채우기(Arrays Fill)를 알아보자. 자료형만 일치한다면 배열의 일부분 또는 전체를 원하는 값 또는 객체로 채울 수 있다. 예제를 살펴보자.

예제 8-3	ArraysEx1

```
01  import java.util.Arrays;
02  import static java.lang.System.out;
03  public class ArraysEx1 {
04
05      public static void main(String[] args) {
06          String[] ar = {"fill()","in","the","Arrays"};
07
08          Arrays.fill(ar, "Hana"); // 배열의 요소들을 "Hana"로 채운다.
09          for(String n : ar)
10              out.print(n+",");
11
12          out.println("\n-----------------------");
13          Arrays.fill(ar, 1, 3, "♥");
14          for(String n : ar)
15              out.print(n+",");
16      }
17  }
```

```
Hana,Hana,Hana,Hana,
-----------------------
Hana,♥,♥,Hana,
```

[그림 8-3] ArraysEx1 실행결과

▶▶▶ 03행: 클래스 정의.

05행: 프로그램의 시작 부분.

06행: 배열 생성. "fill( )", "in", "the", "Arrays" 순으로 배열을 선언하고 생성하여 초기화를 이루었다.

08행: 배열 채우기. Arrays 클래스의 fill이라는 클래스 메서드(static 메서드)를 통해 배열 ar의 모든 요소들을 문자열 "Hana"로 채운다.

09행~10행: 반복문. 개선된 루프를 사용하여 배열 ar의 요소들을 하나씩 String형 변수 n을 통해 화면에 출력한다.

13행: 배열 채우기. Arrays 클래스의 fill이라는 클래스 메서드(static 메서드)를 통해 배열 ar의 1번 지째 요소에서 3번지째 요소를 만나기 전까지를 문자열 "♥"로 채운다. 결국 1번지와 2번지째 요소의 값이 변경된다.

❷ 배열간의 비교

배열과 배열간의 내용을 비교한다는 것은 두 배열이 가지는 요소들이 서로 일치하는지의 문제다. Arrays 클래스의 equals( ) 메서드는 두 배열의 길이와 각각의 요소들이 일치하는지를 검증하여 모두 일치할 경우에만 true를 반환해 주는 메서드다. 그럼 예제를 살펴보자.

예제 8-4　　ArraysEx2

```
01  import java.util.Arrays;
02  import static java.lang.System.out;
03  public class ArraysEx2 {
04
05      public static void main(String[] args) {
06          String[] ar1 = {"fill()","in","the","Arrays"};
07          String[] ar2 = {"fill()","in"," ","Arrays"};
08
09          if(!Arrays.equals(ar1, ar2))
10              out.println("두 배열이 다릅니다.");
11          out.println("----------------------------");
12
13          Arrays.fill(ar2, 2, 3, "the");
14          if(!Arrays.equals(ar1, ar2))
```

```
15                  out.println("두 배열이 다릅니다.");
16          else
17                  out.println("두 배열이 같습니다.");
18      }
19  }
```

```
두 배열이 다릅니다.
- - - - - - - - - - - - - - - - - - - - - - - - - - - - -
두 배열이 같습니다.
```

[그림 8-4] ArraysEx2 실행결과

▶▶▶ 03행: 클래스 정의.

05행: 프로그램의 시작 부분.

06행~07행: 배열 생성. 서로 다른 String형 배열을 선언하고 생성하여 초기화한 후 각각 다른 변수 ar1과 ar2에 대입했다.

09행~10행: 비교문. Arrays 클래스의 equals( )라는 클래스 메서드(static 메서드)를 통해 배열 ar1과 ar2의 내용들이 모두 같지 않은지를 비교하고 같지 않을 경우에만 화면에 출력한다.

13행: 배열 채우기. Arrays 클래스의 fill이라는 클래스 메서드(static 메서드)를 통해 배열 ar2의 2 번지째 요소에서 3번지째 요소를 만나기 전까지를 문자열 "the"로 채운다. 결국 2번지째 요소의 값이 변경된다.

14행~17행: 비교문. Arrays 클래스의 equals( ) 메서드를 이용하여 두 배열의 내용을 비교하여 출력한다.

Arrays 클래스의 equals( ) 메서드는 두 배열의 내용이 일치하는지를 알아내는 메서드다. 이는 두 배열의 요소들의 수가 같은지를 먼저 파악하고 두 배열이 같은 순서로 같은 요소들을 포함하고 있는 경우에 true를 반환하는 메서드다. 또는 두 배열이 서로 null값을 참조하고 있다면 equals( ) 메서드는 true를 반환한다.

❸ 배열의 정렬

배열의 정렬이라는 것은 배열 내의 요소들이 서로 크고 작은 것임을 비교하여 작은 것에서부터 큰 것까지 나열되는 것을 말한다. 그럼 간단한 예제부터 살펴보자.

예제 8-5 　　ArraysEx3

```
01  import java.util.Arrays;
02  import static java.lang.System.out;
03  public class ArraysEx3 {
04
05      public static void main(String[] args) {
06          int[] ar1 = {20,4,12,1,5};
07
08          Arrays.sort(ar1);
09          for(int n : ar1)
10                  out.print(n+",");
11      }
12  }
```

```
1,4,5,12,20,
```

[그림 8-5] ArraysEx3 실행결과

▶▶▶　03행: 클래스 정의.

05행: 프로그램의 시작 부분.

06행: 배열 생성. int형 배열을 선언하고 생성하여 20, 4, 12, 1, 5순으로 초기화한다. 그리고 이 배열의 참조변수를 ar1이 가지게 된다.

08행: 배열 정렬. Arrays 클래스의 sort( )라는 클래스 메서드(static 메서드)를 통해 int형 배열 ar1이 가지는 요소들을 오름차순으로 정렬한다.

09행~10행: 반복문과 출력문. 개선된 루프를 사용하여 배열 ar1의 요소들을 하나씩 int형 변수 n

을 통해 출력하여 확인한다.

위 예제와 같이 Arrays 클래스의 sort( )라는 메서드를 통해 배열의 요소가 int형일 경우에는 정렬 작업이 상당히 간단하다. 이유는 정수형들은 서로의 비교가 가능하기 때문이다. 그리고 String형 배열 또한 오름차순의 정렬은 자동적으로 첫 문자들을 기준으로 해서 쉽게 정렬을 이룰 수 있다. 하지만 기본 자료형이 아닌 객체들에 대한 정렬에는 뚜렷한 정렬 기준이 없기 때문에 정렬하는 데 있어 다소 어려움이 있다. 다음 예제는 그런 어려운 면을 보여주는 간단한 예제이며 Able이라는 클래스는 각 사원들이 개발할 수 있는 능력을 의미하는 클래스다.

예제 8-6	Able

```
01  class Able{
02      String empno;
03      int net,ejb,xml,total;
04      public Able(int total){
05          this.total = total;
06      }
07      public Able(String no,int n,int e,int x){
08          empno = no;
09          net = n;
10          ejb = e;
11          xml = x;
12          total = n+e+x;
13      }
14      public int getTotal(){
15          return total;
16      }
17  }
```

01행: 클래스 정의.

02행: 멤버변수 선언. String형의 사번은 저장하는 empno라는 변수를 선언한다.

03행: 멤버변수 선언. int형의 능력치를 저장할 수 있는 각 변수들과 총 합계를 저장하는 total 이라는 변수를 선언한다.

04행~06행: 생성자 정의. 총 합계를 의미하는 변수 total만 받아서 객체가 생성되는 생성자를 정의했다. 이는 총 합계를 가지고 검색하고자 할 때 유용하게 쓰인다.

07행~13행: 생성자 정의. 4개의 인자를 전달받아 멤버변수들에게 초기화 작업을 수행한 후 현재 클래스를 생성할 수 있는 생성자를 정의했다.

14행~16행: 멤버 메서드 정의. 각 항목의 능력치를 모두 더한 총 합계를 반환하는 메서드다.

이제 위의 Able 클래스를 생성하여 관리하기 위해 Vector에 저장한 후 저장된 요소들의 능력치 합에 따라 정렬을 시키려고 한다. Vector에 Able 객체를 저장하는 것까지는 하겠지만 그 다음의 프로그램 진행 방향을 잡을 수가 없다. Vector에 저장되는 것은 생성된 Able 객체의 참조변수지만 그렇다고 이것을 가지고 정렬의 기준으로 정할 수는 없다. 그러므로 프로그래머가 정렬에 대한 기준을 제시하고 그것을 구현해야 하는데, 이때 사용되는 것이 바로 java.util 패키지의 Comparator 인터페이스이며 또는 java.lang 패키지의 Comparable 인터페이스다. 먼저 Comparable 인터페이스부터 알아보자.

[표 8-6] java.lang.Comparable 인터페이스

인터페이스	설명
public interface Comparable⟨T⟩	이 인터페이스를 구현하는 각 클래스의 객체에 정렬 기준을 의미한다. 이는 클래스의 자연적 정렬 기준이라고 불리며 compareTo( ) 메서드는 자연적 비교 메서드라고도 불린다. 이 인터페이스를 구현하는 객체는 Arrays.sort( )나 Collections.sort( ) 등에 의해 자동적으로 정렬을 이룰 수 있다.

[표 8-7] Comparable 인터페이스의 메서드

반환형	메서드명	설명
int	compareTo(T o)	인터페이스를 구현한 현재 객체와 인자로 전달된 객체가 정렬을 위한 비교를 한다.

compareTo( ) 메서드에서 Comparable 인터페이스를 구현한 현재의 객체와 인자로 전달된 또 다른 객체 o와 정렬 순서를 정하기 위한 비교를 하게 된다. 이때 현재 객체가 크다면 양수(1), 그렇지 않고 작다면 음수(-1)를 그것도 아니고 서로가 같다면 0을 반환하는 규칙으로 재정의해야 한다. 다음은 Comparator 인터페이스에 대한 설명과 메서드다. 확인해보자.

[표 8-8] java.util.Comparator 인터페이스

인터페이스	설명
public interface Comparator⟨T⟩	Comparator를 정렬 메서드인 Arrays.sort( )나 Collections.sort( ) 등에 건네주면 정렬순서를 정확하게 제어할 수 있다. 또 Comparator를 사용하면 TreeSet 또는 TreeMap이라고 하는 자료구조의 순서를 제어할 수도 있다.

[표 8-9] Comparator 인터페이스의 메서드

반환형	메서드명	설명
int	compare(T o1, T o2)	정렬을 위해 인자로 전달된 두 개의 객체를 비교한다.
boolean	equals(Object obj)	인자로 전달된 obj 객체가 현재의 Comparator와 동일한지를 비교한다.

Comparator 인터페이스 설명 부분에서 얘기한 것과 같이 Comparator는 외부의 Arrays. sort( )와 같은 메서드에서 객체를 비교하여 정렬의 순서가 정해지므로 객체의 정렬 기준을 compare( ) 메서드를 재정의하여 정해주어야 한다. 하지만 compare( ) 메서드를 재정의하는 데도 규칙이 있다. 예를 들어, 인자로 전달된 o1 객체가 더 크다면 양수(1)를 반환하고 반대로 o1 객체가 o2 객체보다 더 작다면 음수(-1)를 반환해야 한다. 그리고 두 객체가 같다면 0을 반환하는 규칙으로 재정의를 해야 하는 것이다.

그럼 두 개의 인터페이스 중 java.util 패키지에 있는 Comparator 인터페이스를 가지고 앞서 정의한 Able 객체를 정렬하는 예제를 살펴보자. 우선 정렬의 기준이 되는 Comparator 클래스다.

예제 8-7   AbleComp

```
01  import java.util.Comparator;
02      class AbleComp implements Comparator<Able>{
03
04      public int compare(Able obj1, Able obj2){
05          int var = 0;
06
07          if(obj1.getTotal() > obj2.getTotal())
08                  var = 1;
```

```
09              else if(obj1.getTotal() < obj2.getTotal())
10                  var = -1;
11          return var;
12      }
13  }
```

▶▶▶ 01행: Comparator를 구현하기 위한 import문.

02행: 클래스 정의. implements문으로 Comparator 인터페이스를 구현함을 명시하고 있으며 제네릭 타입을 Able 객체로 정의하여 Able 객체만 인식하는 Comparator 클래스로 정의했다.

05행~12행: 멤버 메서드 정의.

07행: 비교문. 인자로 전달받은 Able 객체들의 getTotal( ) 메서드를 호출하여 얻어지는 능력치를 가지고 비교한다. 이때 obj1 객체가 더 크다면 5행에서 선언된 int형 변수 var에 1이라는 양수인 1을 대입한다. 그리고 그것이 아닐 경우 9행에서 다시 비교하여 obj1 객체의 능력치가 더 작다면 변수 var에 -1을 대입한다. 만약, 이것도 아니라면 서로의 능력치가 같다는 의미이므로 초기값인 0을 계속 유지하게 되므로 결국 반환되는 변수 var에 초기화가 되지 않는 경우는 없다.

11행: 반환. 변수 var이 기억하고 있는 값을 반환한다.

위의 compare( ) 메서드 같은 경우는 외부의 Arrays.sort( ) 메서드나 Collections.sort( ) 등에 의해 자동 호출되어 각 객체들간의 정렬 순서가 정해지게 되는 것이다. 그럼 이렇게 정의된 Able 클래스와 AbleComp 클래스를 이용한 정렬 예제를 활용해보자.

예제 8-8   AbleEx1

```
01  import java.util.Arrays;
02  import java.util.Vector;
03  import static java.lang.System.out;
04  class AbleEx1{
05      public static void main(String[] args) {
06          Vector<Able> v = new Vector<Able>(2,5);
07
```

```
08                // Able 객체 생성 및 Vector에 추가
09                Able a1 = new Able("B123",90,75,70);
10                Able a2 = new Able("T723",60,90,80);
11                Able a3 = new Able("A427",85,80,80);
12                Able a4 = new Able("G533",90,90,60);
13                v.addElement(a1);
14                v.addElement(a2);
15                v.addElement(a3);
16                v.addElement(a4);
17
18                out.println("------ Sort 전 ------");
19                for(Able n : v)
20                        out.println(n.empno+","+n.getTotal());
21
22                Able[] a = new Able[v.size()];
23                v.copyInto(a);
24                AbleComp comp = new AbleComp();
25                Arrays.sort(a, comp);
26                out.println("------ Sort 후 ------");
27                // v = new Vector<Able>(Arrays.asList(a));
28                for(Able n : a)
29                        out.println(n.empno+","+n.getTotal());
30        }
31 }
```

```
------ Sort 전 ------
B123,235
T723,230
A427,245
G533,240
------ Sort 후 ------
T723,230
B123,235
G533,240
A427,245
```

[그림 8-6] AbleEx1의 실행결과

393

▶▶▶ 01행~03행: import문. 자료구조화하고 정렬을 구현하기 위한 import문이다.

04행: 클래스 정의.

05행: 프로그램의 시작 부분.

06행: 객체 생성. Able 객체들을 생성하여 자료구조화할 Vector 객체를 생성한다.

09행~12행: 객체 생성. 각 사원들의 능력치를 저장한 Able 객체들을 생성했다.

13행~16행: 자료 구조화 작업. 앞서 생성한 4개의 Able 객체들을 Vector에 저장한다.

19행~20행: 반복문. 개선된 루프를 사용하여 현재 Vector에 저장된 요소들의 순서를 확인하기 위해 출력하여 확인한다.

22행: 배열 생성. Vector에 저장된 요소들을 받기 위하여 저장된 요소들의 길이와 형식이 같은 Able 배열을 선언하고 생성했다. 물론, 생성된 배열엔 저장된 요소가 없는 비어 있는 배열이다.

23행: Vector의 배열화 작업. Vector의 copyInto( ) 메서드를 사용하여 Vector에 저장된 요소들의 Type과 같은 배열 a에게 Vector의 요소들을 모두 복사한다.

24행: 객체 생성. 정렬의 기준이 되는 Comparator 객체를 생성한다.

25행: 정렬 작업. Arrays.sort( ) 메서드를 이용하여 배열 a의 요소들을 AbleComp 객체(Comparator)가 가리키는 순서에 따라, 즉 compare( ) 메서드에 의한 정렬을 수행하게 된다.

27행: Vector 객체 재생성. 우선 주석문이며 이것을 주석 해제하면 정렬을 이룬 배열을 가지고 다시 Vector 객체를 생성하여 기존의 비정렬 상태가 아닌 정렬 상태의 자료구조를 이룰 때 사용한다.

28행~29행: 반복문. 개선된 루프를 사용하여 정렬된 배열 객체 요소들의 순서를 확인하기 위해 출력하여 확인한다.

❹ 배열의 검색

여기 Arrays에서 얘기하는 배열의 검색은 binarySearch(이진검색)다. 이진검색은 검색을 하기 전에 이미 배열의 요소들이 정렬되어 있어야 한다. 그리고 앞이나 뒤에서부터 순차적으로 비교하며 검색하는 것이 아니라 검색할 범위에서 이분배한 위치에 있는 정보와 우선 비교한다. 만약, 비교한 결과가 이분배한 위치의 값이 더 작고 검색할 값이 더 크다면 비교되었던 위치에서 더 큰 자원들이 있는 쪽을 이분배하여 다시 검색 비교를 시도한다. 이런 검색 시도가 반복되어 원하는 요소를 찾아내는 것이 바로 이진 검색이다.

다음은 앞서 작업했던 AbleEx1 예제의 main( ) 메서드에 다음과 같이 배열 검색의 간단한 예문을 추가해보았다. 다시 한 번 강조하지만 binarySearch(이진검색)는 반드시 정렬이 이루어진 상태이어야 함을 잊지 말자.

```
22              Able[] a = new Able[v.size()];
23              v.copyInto(a);
24              AbleComp comp = new AbleComp();
25              Arrays.sort(a, comp);
...
31              int index = Arrays.binarySearch(a, new Able(240), comp);
32              out.println("240이 검색된 index : "+ index);
33          } // 메인의 끝
```

31행과 32행이 추가되었으며 Arrays.binarySearch( ) 메서드를 사용하여 찾고자 하는 값이 배열의 어느 위치에 있는지 알아낸다. 사용된 binarySearch( )는 인자가 3개짜리이며 각 인자의 역할을 알아보면 다음과 같다.

```
binarySearch(T[] a, T key, Comparator<? super T> c)
```

- 첫 번째 인자: 검색할 배열
- 두 번째 인자: 찾을 값
- 세 번째 인자: 검색 키가 주어진 Comparator로 배열의 요소들을 비교한다.

이렇게 Arrays에 대해 간단히 알아보았다. 이는 배열과 또는 Vector와 같은 List 구조들의 정렬과 검색에 많이 쓰이는 유용한 Utility 클래스다. 물론 Vector 클래스와 같은 List 구조들에게는 따로 검색할 수 있는 능력이 있다. 하지만 어디까지나 List 구조이므로 가장 앞이나 뒤에서부터 검색하는 순차적 검색법일 수 밖에 없다. 이진 검색은 이런 순차적 검색보다 빠른 검색 속도를 자랑하므로 검색에 대해 민감한 개발 작업에는 상당히 유익한 부분이다.

04 Properties 클래스

이제 Properties라는 클래스를 알아보려 한다. 지금까지 어느 하나 쉬운 것이 없었으므로 조금은 힘겨울 것이다. 하지만 알아두면 고수(?)의 길이 가까워지므로 조금만 참고 힘을 내도록 하자.

Properties 클래스는 말 그대로 속성들을 모아서 하나의 객체로 만들기 위해 제공되는 클래스다. 이런 클래스가 필요한 이유는 일반적으로 사용하는 각자의 컴퓨터도 마찬가지이며 그 안에서 구동되는 모든 프로그램들도 각각의 속성들을 가지고 있다. 컴퓨터가 켜질 때 또는 프로그램이 시작되기 전에 여러 개의 속성들 중 원하는 속성들을 미리 인식되게 하여 전반적인 실행 환경을 조율하고 좀더 신속한 처리 속도를 가져오는 데 목적을 두고 있다.

이런 속성들을 전달하여 인식하게 하는 방법이 자바에서는 여러 가지가 있는데, 그중 보편적으로 많이 쓰이는 방법이 java.util.Properties 클래스를 이용하는 방법과 java.util.prefs.Preferences라는 추상 클래스를 사용하는 방법이라 할 수 있다.

이 둘의 차이점은 속성 자료들의 백업을 위해 다른 컴퓨터로 전달하거나 파일로 저장하는 Properties에 반해 Preferences는 [시작]-[실행]에서 'regedit'라는 외부 명령어로 확인을 할 수 있는 운영체제 고유의 레지스트리에 저장되거나 SQL 자료베이스 등에 저장할 수 있는 것이다. 이 책에서는 Properties 클래스를 이용하여 속성들을 다룰 것이다. 먼저 생성자부터 알아보자.

[표 8-10] Properties 클래스 생성자

생성자명	설명
Properties( )	기본값도 없는 새로운 Properties 객체를 생성한다.

다음은 Properties 객체에서 속성들을 저장하고 관리하는 데 필요한 주요 메서드들이다.

[표 8-11] Properties 클래스의 주요 메서드

반환형	메서드명	설명
String	getProperty (String key)	인자로 전달된 key를 가지는 속성값을 찾아 반환한다.
void	list(PrintWriter out)	인자로 전달된 출력 스트림을 통해 속성 목록들을 출력한다.
	load (InputStream inStream)	인자로 전달된 입력 스트림으로부터 키와 요소가 한 쌍으로 구성된 속성 목록들을 읽어들여 현 Properties 객체에 저장한다.
Enumeration⟨?⟩	propertyNames( )	속성 목록에 있는 모든 속성의 key값들을 열거형 객체로 반환한다.
Object	setProperty(String key, String value)	현 Properties 객체의 속성 목록에 인자로 전달된 key와 value를 한 쌍으로 구성되어 저장한다. 내부적으로는 Hashtable의 put( ) 메서드가 호출된다.
void	store(OutputStream out, String comments)	모든 속성들을 load( ) 메서드를 사용해 Properties 테이블에 로드하고 적절한 포맷과 인자로 전달된 출력 스트림을 통해 출력한다.

위의 메서드뿐만 아니라 XML(eXtensible Markup Language)문서로 나타내는 모든 속성들을 읽어 오거나 Properties 객체 내에 저장되어 있는 모든 속성들을 XML 문서 형식으로 만들어내는 기능을 가진 메서드도 있으므로 API 문서를 통해 참고하기 바란다. 그럼 간단한 예제를 살펴보자.

예제 8-9 | PropertiesEx1

```java
01  import java.util.Properties;
02  import java.util.Enumeration;
03  import static java.lang.System.out;
04  public class PropertiesEx1{
05      public static void main(String[] args) {
06          Properties prop = new Properties();
07
08          prop.put("UserName","John"); // 속성 저장하기
09          prop.setProperty("lovely","Hana");
10          prop.setProperty("dbDRV","oracle.jdbc.driver.OracleDriver");
11
```

```
12          String user = prop.getProperty("UserName"); // 속성 가져오기
13          String love = prop.getProperty("lovely");
14          String db_drv = prop.getProperty("dbDRV");
15          out.println(user);
16          out.println(love);
17          out.println(db_drv);
18
19          out.println("----------- keys ------------");
20          // 키 값들만 얻어내기
21          Enumeration keys = prop.propertyNames();
22          while(keys.hasMoreElements())
23                  out.println(keys.nextElement());
24
25          prop.list(System.out); // 속성 목록 출력하기
26      }
27 }
```

```
John
Hana
oracle.jdbc.driver.OracleDriver
----------- keys -----------
dbDRV
lovely
UserName
-- listing properties --
dbDRV=oracle.jdbc.driver.OracleDriver
lovely=Hana
UserName=John
```

[그림 8-7] PropertiesEx1 실행결과

▶▶▶ 04행: 클래스 정의.

05행: 프로그램의 시작 부분.

06행: 객체 생성. 속성이 하나도 없는, 즉 비어있는 Properties 객체를 생성한다.

08행: 속성 저장. "UserName"이라는 key값에 "John"이라는 value가 한 쌍으로 구성되어 속성으로 현재 prop라는 Properties 객체에 저장한다. put이라는 메서드는 Hashtable 객체의 메서드

다. Properties라는 클래스가 Hashtable로부터 상속을 받았으므로 사용이 가능한 것이다. 하지만 권장하는 메서드는 아니다.

09행~10행: 속성 저장. setProperty( )라는 메서드를 통해서 "lovely"라는 key는 "Hana"라는 value, 그리고 "dbDRV"라는 key는 "oracle.jdbc.driver.OracleDriver"라는 value로 한 쌍을 이루면서 Properties 객체에 속성으로 저장된다.

12행~14행: 속성 가져오기. getProperty( )라는 메서드를 통해서 8행부터 10행까지 저장한 속성들을 하나씩 가져온 후 user, love, db_drv라는 각각의 변수로 저장한다.

15행~17행: 출력문. 12행에서 14행까지 수행하면서 받은 속성들을 출력하며 확인한다.

21행: key값들만 얻기. Properties 객체에 저장되어 있는 key값들을 모두 java.util.Enumeration이라는 인터페이스형 객체로 propertyNames( ) 메서드를 통해 전달받아 변수 keys에 저장한다.

22행: 반복문 시작. key값들이 저장되어 있는 keys라는 Enumeration 객체에서 hasMoreElements( )라는 메서드로 요소를 가지고 있는지를 검증한다. 요소가 있을 경우에는 true, 요소가 없을 경우에는 false를 반환하여 while문의 수행 여부를 결정하게 된다.

23행: 출력문. Enumeration 객체에서 참조하고 있는 index의 위치에서 다음의 위치에 있는 요소를 반환하여 출력하고 현재 index의 위치를 반환된 요소의 위치로 이동한다.

25행: 속성목록 출력. System.out이라는 것은 PrintStream을 의미하며 이는 표준 출력 스트림, 즉 디스플레이 출력을 의미한다. 그러므로 현재 컴퓨터의 화면에 속성의 목록 모두를 출력하는 것이다.

25행에서 Stream이라는 개념이 나왔는데, 이는 후에 자바 입출력에서 자세하게 다룬다. 여기서 간단히 설명하자면 Stream이라는 것은 자료를 전달하고 또는 받기 위해 사용되는 자료의 흐름, 즉 "수도관과 같은 것"이라는 것만 기억하자.

저자 한마디

XML (eXtensible Markup Language)

XML 문서는 자료베이스의 테이블과 같이 정보를 저장하고 있는 일반적인 텍스트 문서다. 이는 자료베이스처럼 쓰이면서 또는 정보 파일처럼 쓰이고 나아가서는 프로토콜(통신규약)로도 쓰이면서도 상당히 심플한 텍스트 문서다. 정말 매력있는 문서이자 기술이라 할 수 있다. Properties에는 이런 XML 문서의 구조를 정의할 때도 유익하게 쓰이며 멀리 뒤에서는 EJB나 J2EE 환경에서도 쓰이는 정말 활용하면서 중요함을 더 느끼게 하는 언어라 할 수 있다.

이렇게 해서 Properties라는 객체 또한 살펴보았다. 아직 스트림 또는 JDBC를 배우지 않아 간략하게 사용법만 알아보았다. 하지만 실무에서는 자료베이스에 관련된 정보들, 예를 들어, 자료베이스의 드라이버라든지 또는 자료베이스의 URL 등의 정보들을 Properties 객체에 저장하고 파일로 남겨서 사용하는 경우가 많다.

Properties를 사용하는 작은 예로는 바로 파일의 경로를 정의할 때 윈도우 환경에서는 경로의 구분자를 역슬래시(₩)로 사용하지만 유닉스나 리눅스 환경에서는 슬래시(/)로 사용한다. 이런 속성 하나로 인해 윈도우 환경에서는 잘 구동되던 프로그램이 리눅스로 환경이 변경된 후 갑자기 오류가 발생하는 원인이 된다. 이럴 때 사용할 수 있는 것이 바로 현재 컴퓨터의 속성에서 경로의 구분자를 어떻게 사용하는지를 알아내는 System.getProperty("file.separator")라는 코드로 해결할 수 있다.

Properties는 JDBC를 할 때 다시 다루게 될 것이며 여기서는 사용법을 익혀 두는 것이 중요하다.

Section

 Base64 클래스

Base64라는 것은 64진수를 통한 암호화/복호화를 위한 클래스이다. 컴퓨터는 2진수를 사용하므로 64진수로 표시하기 위해서는 $2^6=64$, 즉 6비트 2진수 열이 필요하다. 이러한 2진수 데이터를 64진수로 변환하여 64개의 아스키 문자열로 변환하여 데이터를 전송하게 되는데, 이 방식은 암호화에서만 이득을 보는 것이 아니라 한국어와 같은 2바이트 문자열을 전송할 때 문자열의 깨짐을 방지하는 등의 원하지 않는 데이터 전송을 방지할 수 있다는 장점이 있다.

Base64 클래스는 자바 8.0 이하의 버전에서는 기본적으로 제공하는 API가 없어 apache. commons.codec 라이브러리를 사용하여 구현할 수밖에 없었다. 즉, 다음의 예제는 라이브러리가 없으면 클래스를 로드할 수 없어 실행이 불가능하다는 것이다. 독자분들 또한 라이브러리가 없으므로 해당 예제를 실행해 볼 수 없다. 우선 기존의 인코딩/디코딩 방식을 살펴보자.

예제 **8-10** Base64Test

```
01   import org.apache.commons.codec.binary.Base64;
02       public class Base64Test {
03       public static void main(String args[]) {
04           String text = "some string테스트";
05
06           /* base64 encoding */
07           byte[] encoded = Base64.encodeBase64(text.getBytes());
08
09           /* base64 decoding */
10           byte[] decoded = Base64.decodeBase64(encoded);
11           System.out.println("인코딩 전 : " + text);
```

```
12              System.out.println("인코딩 text : " + new String(encoded));
13              System.out.println("디코딩 text : " + new String(decoded));
14       }
15  }
```

▶▶▶ 01행: Base64 사용을 위한 라이브러리 임포트

02행: 인코딩을 위한 문자열 준비

07행: text 문자열을 Base64를 사용하여 인코딩한다.

10행~13행: 인코딩된 값(c29tZSBzdHJpbmfthYzsiqTtirg=)을 처음 값인 "some string테스트"
로 디코딩한다.

기존의 방법은 라이브러리가 없으면 실행이 불가능하므로, 자바 8 버전의 표준 API에 추가
된 Base64 클래스를 사용하여 결과를 확인해보자.

예제 8-11   Encoding_Decoding_Test

```
01  import java.io.UnsupportedEncodingException;
02  import java.util.Base64;
03  public class Encoding_Decoding_Test {
04      public static void main(String[] args) throws
05                              UnsupportedEncodingException {
06
07          String text = "some string테스트";
08
09          // Encode
10          String asB64 = Base64.getEncoder().encodeToString(text.
11                              getBytes("utf-8"));
12          System.out.println(asB64);
13
14          // Decode
```

```
15          byte[] asBytes = Base64.getDecoder().decode(asB64);
16          System.out.println(new String(asBytes, "utf-8"));
17     }
18 }
```

▶▶▶ 02행: 표준 API에 추가된 Base64 클래스 임포트

10행~11행: 문자열 text에 저장된 값을 Base64를 사용하여 인코딩한다.

12행: 인코딩 결과 출력(결과: c29tZSBzdHJpbmfthYzsiqTtirg=)

16행: c29tZSBzdHJpbmfthYzsiqTtirg=를 문자열로 변환하여 디코딩한다(결과: "some string 테스트").

위 예제와 같이 자바 8 이상의 버전에서는 별도의 라이브러리 없이 Base64를 통한 인/디코딩이 가능하게 되어 사용상의 편의성이 대폭 증가되었다.

1 Calendar 클래스는 날짜와 시각의 값을 현재 컴퓨터에서 받기 위해 getInstance()라는 메서드를 통해 생성되며 1970년 1월 1일 0시 0분 0초에서부터 1/1,000초 단위로 진보해왔다.

2 Radom 클래스는 난수 발생기라고도 불린다. 그리고 난수를 발생시킬수 있는 자료형은 정수형(int, long)과 실수형(float, double)이 있다. 그리고 표현할 수 있는 각 범위는 int와 long형은 각 자료형이 표현할 수 있는 범위 내에서 난수가 발생하지만 실수형인 float과 double에서는 평균 0.0에서 1.0 이전의 값 중 난수를 발생하게 되어 있다.

3 java.util 패키지의 Arrays 클래스는 배열과 배열간의 요소를 비교할 때 또는 배열 요소의 정렬 필요성을 느낄 때 그리고 배열의 일부 또는 모든 요소들을 특정 값으로 채우고자 할 때 사용하는 도구적 클래스다.

4 Arrays 클래스에서 객체들이 저장된 배열의 정렬 방법은 기본적인 정렬 기준이 없으므로 프로그래머가 정렬에 대한 기준을 제시하고 그것을 구현해야 한다. 그 방법에는 다음과 같이 두 가지가 있다.

■ **java.lang.Comparable 인터페이스 구현법**
구현하는 것만으로 정렬의 기준이 되는 것이며 정렬 기준을 정의하기 위해 compareTo( ) 메서드를 재정의해야 한다. String 클래스를 비롯해서 Wrapper 클래스들과 같은 기본 클래스들은 기본적으로 현재의 인터페이스를 구현하고 있다.

■ **java.util.Comparator 인터페이스 구현법**
위의 Comparable과 같이 정렬의 대상이 되는 객체들에게 직접 구현하도록 하는 것이 아니라 정렬의 기준이 되는 객체를 따로 만들어 배열과 같은 List 구조들이 제시되는 정렬 기준 객체에 맞도록 정렬하게 하는 구현법이다.

5 Properties 클래스는 컴퓨터의 속성이나 프로그램의 속성들을 관리하도록 제공되는 클래스다. 이를 프로그램이나 컴퓨터가 구동될 때에 미리 인식하게 하여 좀더 빠른 수행력을 가져오게 하거나 코드의 편의성을 높여주는 장점을 가지고 있다.

6 Base64라는 것은 64진수를 통한 암호화/복호화를 위한 클래스이다. 자바 8.0 이상을 사용하는 개발자라면 표준 API에 추가된 Base64 클래스를 사용하여 인/디코딩이 가능하기 때문에 사용상의 편의성이 대폭 증가되었다.

☆ 연습문제

1 Calendar 클래스를 이용하여 [보기]와 같이 현재 시각을 출력해보자.

【보기】
오전 2:40:38

2 Random 클래스를 이용하여 알파벳 대문자 중 무작위로 추출하여 다음 [보기]와 같은 형식으로 출력해 보자. 단, 반복문은 한번만 사용해야 한다.

【보기】
G K O P W
R V T S K
B Z Q U Y

    📋 대문자 A의 ASCII 코드 값은 65이며 알파벳은 총 26자다.

3 Random을 이용하여 숫자 1에서 45까지의 수 중 절대 중복되지 않는 숫자 6개를 출력해보자.

4 다음과 같은 배열이 있다.

```
String[] sr = { " 윤아 " , " 애 " , " Michael " , " 오윤서 " };
```

java.util.Comparator 인터페이스를 이용하여 정렬의 기준이 되는 객체를 작성하고 그것을 Arrays.sort( ) 메서드를 이용하여 위 배열의 요소들을 문자열 길이가 가장 긴 요소부터 정렬하여 출력해보자.

[MEMO]

AWT

✳ 학습 목표

- 자바에서의 GUI 프로그래밍 기법을 익히고 제작해본다.
- AWT의 기본 개념과 구조를 알아본다.
- 자바에서 제공하는 컴포넌트와 배치 관리자에 대해 알아본다.

GUI 프로그래밍 개요

이번 절에서는 GUI(Graphic User Interface)에 대해서 알아보려 한다. GUI는 과거 사용하였던 DOS(CUI, Character User Interface)와 같은 방식의 텍스트 기반 운영체제가 아닌 그래픽을 이용하여 사용자와 프로그램간의 상호작용을 할 수 있게 해주는 인터페이스를 말한다. 자바에서 이러한 그래픽 프로그래밍을 지원하기 위해 나온 것이 바로 AWT인 것이다.

❶ AWT의 기본 개념

AWT(Abstract Window Toolkit)는 GUI 프로그래밍을 제작하기 위해 자바에서 제공하는 라이브러리를 모아놓은 것이다. AWT는 모든 GUI 프로그램에 사용되는 컴포넌트와 툴킷을 제공하고 있으며 JFC와 같은 스윙(Swing) 및 Java2D의 모태가 되는 개념이다.

자바의 큰 특징이 "한번 작성된 프로그램은 어떤 플랫폼에서도 사용할 수 있다"라는 것처럼 AWT는 운영체제에 구애받지 않고 쓸 수 있도록 공통적이고 기본적인 컴포넌트들을 추상화시켜 제공한다. 하지만 운영체제의 리소스를 사용하기 때문에 AWT를 사용한 자바 GUI 프로그램은 실행되는 운영체제에 따라 다르게 보이거나 동작 방식에 차이가 있을 수 있다.

그래서 이러한 단점을 극복하기 위해 차후에 나온 것이 JFC(Java Foundation Classes)이고 현재는 AWT보다는 스윙(Swing)을 일반적으로 사용하고 있다.

❷ java.awt 패키지

아래 그림은 java.awt라는 패키지의 개략적인 그림이다. 우리가 자바라는 언어로 GUI와 같은 윈도우 프로그래밍을 하려면 java.awt라는 패키지를 소스코드 내에서 반드시 import문을 이용해서 선언을 해야 한다.

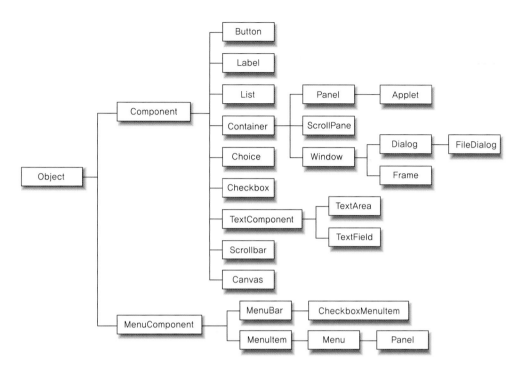

[그림 9–1] java.awt 패키지 구조도

□리 컨테이너

❶ 컨테이너와 컴포넌트

컨테이너는 자신의 영역에 컴포넌트를 포함시키고 관리하는 역할을 하며 컨테이너가 다른
컨테이너를 포함할 수도 있다. 컨테이너는 주로 다른 컴포넌트를 포함시켜 사용하는 경우에
의미가 있다. 달리 표현하면 컨테이너에 컴포넌트를 부착시키지 않으면 독자적으로 화면에
출력할 수가 없고 반드시 컨테이너에 컴포넌트를 부착시켜야만 화면에 출력할 수 있다. 컨테
이너의 종류에는 Frame, Window, Panel, Applet, Dialog, FileDialog, ScrollPane이
있고, 이러한 컨테이너에 컴포넌트를 부착시키기 위해 add( ) 메서드를 사용한다. 다음 그림
은 컨테이너에 컴포넌트를 부착시키는 모습을 나타낸 예다.

📋 컴포넌트 : 특정한 기능, 또는 관련된 기능들을 제공하는 하나의 객체다.

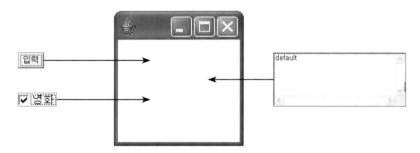

[그림 9-2] 컨테이너와 컴포넌트 관계

❷ 컨테이너의 상속 관계

컨테이너 종류 및 상속 관계는 다음 그림과 같고 일반적으로 여러 컨테이너 중에서 주로 사
용되는 컨테이너는 Frame, Panel, Applet, Dialog 등이다.

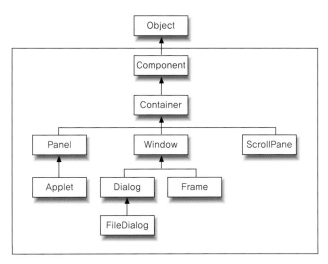

[그림 9-3] 컨테이너 종류와 상속 관계

❸ Frame 클래스

Frame 클래스는 Window 클래스의 하위 클래스로 일반적인 응용프로그램에서 윈도우를 생성하기 위해 사용되는 클래스다. Frame 클래스의 상위 클래스인 Window 클래스는 타이틀, 메뉴 등이 지원되지 않기 때문에 일반적으로 사용하지 않고 Frame 클래스를 사용한다. Frame 클래스는 기본적으로 경계선(Border), 타이틀, 메뉴, 시스템 상자(최소화, 최대화, 종료 버튼) 등의 기능을 제공한다. 또한 Frame은 다른 윈도우에 속해 있지 않은 윈도우로 최상위 레벨 윈도우라 한다.

Frame 클래스는 기본 사이즈가 정해져 있지 않기 때문에 setSize( ), setBounds( ) 메서드 등을 이용해서 윈도우의 크기를 설정한 후 setVisible( ), show( ) 메서드를 통해서 화면에 출력시킬 수 있다. Frame 클래스의 주요 생성자와 메서드는 다음과 같다.

[표 9-1] Frame 클래스의 주요 생성자

생성자	설명	
Frame( )	가장 일반적인 생성자로 타이틀이 빈 상태로 생성한다.	
Frame(GraphicsConfiguration gc)	화면 장치의 GraphicsConfiguration을 이용하여 프레임을 생성한다.	
Frame(String title)	Title(윈도우의 타이틀 바에 나타낼 문자열)을 지정하여 프레임을 생성한다.	
Frame(String title, GraphicsConfiguration gc)	Title(윈도우의 타이틀 바에 나타낼 문자열)과 GraphicsConfiguration을 이용하여 프레임을 생성한다.	

[표 9-2] Frame 클래스의 주요 메서드

반환형	메서드	설명	
int	getExtendedState( )	프레임의 상태를 얻어온다.	
static Frame[ ]	getFrames( )	애플리케이션에서 생성한 모든 프레임을 리턴한다.	
MenuBar	getMenuBar( )	프레임의 메뉴바를 얻어온다.	
int	getState( )	프레임의 상태를 얻어온다.	
String	getTitle( )	프레임의 타이틀을 얻어온다.	
void	remove(MenuComponent m)	프레임에서 지정한 메뉴바를 제거한다.	
	setIconImage(Image image)	프레임이 최소화될 때 출력되는 이미지를 지정한다.	
	setMenuBar(MenuBar mb)	프레임의 메뉴바를 지정한다.	
	setResizable(boolean resizable)	프레임의 크기를 사용자가 변경할 수 있게 할 것인지를 지정한다.	
	setState(int state)	프레임의 상태를 지정한다.	
	setTitle(String title)	프레임의 타이틀을 지정한다.	

Frame 클래스를 이용한 간단한 예제를 구현해보자. 이 예제는 Frame 클래스를 상속받지 않고 프레임을 생성하여 화면에 출력할 수 있는 예제다.

예제 9-1	CalendarEx1

```
01  import java.awt.*;
02
03  public class FrameEx1{
04      public static void main(String args[]){
05          Frame f = new Frame();
06
07          f.setTitle("Frame Test");
08
09          f.setSize(300,300);
10          f.setVisible(true);
11      }
12  }
```

[그림 9-4] FrameEx1 실행결과

▶▶▶ 01행: import문. Frame 클래스를 사용하기 위해서 Frame 클래스가 있는 java.awt라는 패키지의 모든 클래스를 현 소스코드에서 사용함을 import문으로 명시한다.

05행: 객체 생성. Frame이라는 객체의 default 생성자를 통해 Frame 객체를 생성한다.

07행: 메서드 호출. Frame 객체가 가지는 메서드 중 setTitle( )을 통해 타이틀을 설정한다.

09행~10행: 메서드 호출. Frame의 크기와 화면 출력여부를 결정한다.

이제는 위의 예제 FrameEx1과 비슷하지만 5장에서 공부한 클래스 상속 개념을 바탕으로 Frame 클래스를 상속받아 프레임을 화면에 나타내는 예제를 작성해보자.

```
01  import java.awt.*;

02

03  public class FrameEx2 extends Frame{

04      public FrameEx2(){

05          super("프레임 테스트");

06

07          setSize(300,300);

08          setVisible(true);

09      }

10      public static void main(String args[]){

11          FrameEx2 fe=new FrameEx2();

12      }

13  }
```

[그림 9-5] FrameEx2 실행결과

▶▶▶ 01행: import문. Frame 클래스를 사용하기 위해서 Frame 클래스가 있는 java.awt라는 패키지의
모든 클래스를 현 소스코드에서 사용함을 import문으로 명시한다.

03행: 클래스 정의. 현 클래스가 Frame 클래스로부터 상속받는다.

10행~11행: 프로그램 시작부분. 자신의 클래스로 객체를 생성함과 동시에 생성자를 호출한다.

05행: super 클래스의 생성자 호출. super 클래스(Frame)의 생성자 중 String 객체를 인자로 받아
타이틀로 설정한다.

07행~08행: 메서드 호출. 현재 클래스 내에는 setSize( )라는 메서드와 setVisible( ) 메서드는 정
의되어 있지 않다. 하지만 이는 super 클래스(Frame)의 멤버 메서드이므로 현재 클래스에서는

상속개념으로 사용할 수 있는 것이다. setSize(300,300)은 너비가 300, 높이도 300인 크기로 창의 크기가 정해지고 setVisible(true)로 화면 출력여부를 결정한 것이다.

❹ Panel 클래스

Panel 클래스는 컴포넌트들을 그룹별로 묶어서 처리할 때 주로 사용한다. 일반적으로 Frame에 컴포넌트를 직접 붙이지 않고 Panel에 그룹별로 붙이고, 다시 Panel을 Frame에 붙이는 경우가 많다. 또한 Panel은 다른 Panel을 생성하여 자신에게 붙일 수도 있어 윈도우 프로그램을 만들 때는 여러 개의 Panel을 사용하는 경우가 많다. Panel 클래스의 주요 생성자와 메서드는 다음과 같다.

[표 9-3] Panel 클래스의 주요 생성자

생성자	설명
Panel( )	디폴트의 레이아웃 매니저를 사용해 새로운 패널을 작성한다.
Panel(LayoutManager layout)	지정된 레이아웃 매니저를 가지는 새로운 패널을 작성한다.

[표 9-4] Panel 클래스의 주요 메서드

반환형	메서드	설명
void	addNotify( )	패널의 피어를 작성한다.
AccessibleContext	getAccessibleContext( )	Panel에 관련한 AccessibleContext를 얻어온다.

Panel 클래스를 이용한 간단한 예제를 구현해보자. 이 예제는 프레임을 생성한 후 Panel를 Frame에 붙여 Panel의 색상을 적색으로 바꾸어 화면에 출력할 수 있는 예제다.

예제 9-3	PanelEx

```
01   import java.awt.*;
02
03   public class PanelEx{
04
```

```
05        public PanelEx(){
06            Frame f = new Frame("Panel Test");
07            Panel p = new Panel();
08
09            p.setBackground(Color.red);
10            f.add(p);
11
12            f.setSize(200, 200);
13            f.setVisible(true);
14        }
15    public static void main(String[] args){
16    new PanelEx();
17        }
18 }
```

[그림 9-6] PanelEx 실행결과

▶▶▶ 01행: import문. Frame과 Panel 클래스를 사용하기 위해서 import문으로 java.awt라는 패키지의 모든 클래스를 현 소스코드에서 사용함을 명시한다.

15행: 프로그램의 시작부분.

16행: 객체 생성. 익명으로 현재 클래스의 default 생성자로 객체를 생성하였다.

06행: 객체 생성. Frame 객체를 생성하여 f라는 변수에 대입한다.

07행: 객체 생성. Panel 객체를 생성하여 p라는 변수에 대입한다.

09행: 메서드 호출. Panel 객체를 가리키고 있는 참조변수인 p를 통해 Panel 객체의 멤버 메서드인 setBackground( ) 메서드를 호출한다. 이는 변수 p가 가리키는 Panel 객체의 배경 색상을 적색으로 설정한다.

10행: 메서드 호출. 6행에서 생성된 Frame 객체를 참조하고 있는 f라는 변수를 통해 Frame 객체에 7행에서 생성된 Panel 객체를 추가하여 붙인다.

❺ Dialog 클래스

Dialog 클래스는 메인 윈도우 외에 메시지를 출력하거나 사용자로부터 자료를 입력받을 때 주로 사용하는 컨테이너다. 보통은 Dialog 클래스로부터 상속받아 새로운 기능을 가진 대화상자를 만드는 데 사용된다. Dialog 클래스의 주요 생성자와 메서드는 다음과 같다.

[표 9-5] Dialog 클래스의 주요 생성자

생성자	설명
Dialog(Dialog owner)	생성되는 Dialog 객체를 소유하는 객체가 owner인 Frame을 생성한다
Dialog(Dialog owner, String title)	생성되는 Dialog 객체의 소유자를 owner라는 객체로 설정하고 타이틀을 설정한다.
Dialog(Dialog owner, String title, boolean modal)	소유자로 owner 객체를 설정하고 타이틀을 가지며, 모델일지 모델이 아닌지를 설정하여 Dialog 객체를 생성한다.
Dialog(Frame owner)	생성되는 Dialog 객체를 소유하는 객체가 owner라는 Frame 객체를 생성한다.

[표 9-6] Dialog 클래스의 주요 메서드

반환형	메서드	설명
void	addNotify( )	패널의 피어를 작성한다.
AccessibleContext	getAccessibleContext( )	Panel에 관련한 AccessibleContext를 얻어온다.

Dialog 클래스를 이용한 간단한 예제를 구현해보자. 이 예제는 프레임을 생성하여 출력함과 동시에 다이얼로그를 화면에 출력하는 예제다.

417

```
01  import java.awt.*;
02
03  public class DialogEx extends Frame{
04
05      public DialogEx(){
06          super("Dialog Test");
07
08          Dialog d = new Dialog(this, "사용자 다이얼로그");
09
10          setSize(200, 200);
11          setVisible(true);
12
13          d.setSize(200,100);
14          d.setVisible(true);
15      }
16      public static void main(String[] args){
17          new DialogEx();
18      }
19  }
```

[그림 9-7] DialogEx 실행결과

▶▶▶ 03행: 클래스 정의. Frame 클래스로부터 상속받는다.

16행: 프로그램의 시작 부분

17행: 객체 생성. 5행에 정의된 생성자를 통해 main( ) 메서드를 가지는 자신의 객체를 익명으로 생성한다.

08행: 객체 생성. 다이얼로그 객체를 생성하는데, 소유권을 현재 프레임으로 지정하고 다이얼로그의 타이틀을 "사용자 다이얼로그"로 한다.

10행~11행: 메서드 호출. 프레임의 크기를 지정한 후 출력한다.

13행~14행: 메서드 호출. 다이얼로그의 크기를 지정한 후 출력한다.

□**크** 컴포넌트

컴포넌트는 타 컴포넌트에 독립적으로 설계되고 구현된 추상화와 캡슐화 단위로서, 다른 컴포넌트와 쉽게 결합되어 좀더 큰 단위의 컴포넌트를 생성할 수 있으며, 응용프로그램에서 다른 컴포넌트에 영향을 주지 않고 하나의 컴포넌트를 쉽게 교체할 수 있다. 즉, 개별적인 단위로 매매와 유통할 수 있으며 그 자체로서 재사용이 가능한 소프트웨어 단위다.

java.awt.Component는 모든 컴포넌트들의 super 클래스로서 GUI 프로그램을 구성하는 구성단위로 각 컴포넌트들에서 공통으로 사용되어지는 메서드를 가지고 있다.

먼저 Component 클래스의 주요 메서드부터 살펴보자.

컴포넌트의 크기 및 위치와 관련있는 메서드

[표 9-7] Component 클래스의 크기 및 위치와 관련있는 주요 메서드

반환형	메서드	설명	
int	getX( )	컴포넌트의 현재의 X 좌표를 얻어온다.	
	getY( )	컴포넌트의 현재의 Y 좌표를 얻어온다.	
	getWidth( )	컴포넌트의 현재의 폭을 얻어온다.	
	getHeight( )	컴포넌트의 현재의 높이를 얻어온다.	
Dimension	getSize( )	컴포넌트의 크기를 크기 객체(Dimensioned Object)로 얻어온다.	
	getMaximumSize( )	컴포넌트의 최대 크기를 크기 객체로 얻어온다.	
	getMinimumSize( )	컴포넌트의 최소 크기를 크기 객체로 얻어온다.	
Rectangle	getBounds( )	컴포넌트의 경계를 직사각형 객체(Rectangle Object)로 얻어온다.	
void	setSize(int width, int height)	컴포넌트의 폭, 높이를 지정한다.	
	setLocation(int x, int y)	컴포넌트의 새로운 위치를 지정하여 이동시킨다.	

	setBounds(int x, int y, int width, int height)	컴포넌트의 위치와 크기를 지정한다.
	setBounds(Rectangle r)	새로운 경계 Rectangle r에 적합하도록 컴포넌트의 위치와 크기를 지정한다.

컴포넌트의 색상, 폰트와 관련있는 메서드

[표 9-8] Component 클래스의 색상, 폰트와 관련있는 주요 메서드

반환형	메서드	설명
Color	getBackground( )	컴포넌트의 배경색을 색상 객체(Color Object)로 얻어온다.
	getForeground( )	컴포넌트의 전경색을 색상 객체로 얻어온다.
void	setBackground(Color c)	컴포넌트의 배경색을 Color c로 지정한다.
	setForeground(Color c)	컴포넌트의 전경색을 Color c로 지정한다.
Font	getFont( )	컴포넌트의 글꼴을 글꼴 객체(Font Object)로 얻어온다.
void	setFont(Font f)	컴포넌트의 글꼴을 Font f로 지정한다.

컴포넌트의 설정과 관련있는 메서드

[표 9-9] Component 클래스의 설정과 관련있는 주요메서드

반환형	메서드	설명
void	setEnabled(Boolean b)	파라미터 b값에 의해 컴포넌트의 활성화와 비활성화를 지정한다.
	setVisible(Boolean b)	파라미터 b값에 의해 컴포넌트를 출력하거나 숨기는 것을 지정한다.
String	getName( )	컴포넌트의 이름을 얻어온다.
Container	getParent( )	컴포넌트를 소유하고 있는 컨테이너를 얻어온다.
void	requestFocus( )	현 컴포넌트에 포커스를 요청한다.

❶ 기본 컴포넌트 종류

기본 컴포넌트의 종류와 기능은 다음과 같다.

[표 9-10] 기본 컴포넌트 종류와 기능

종류	설명	
Button	버튼을 만들 때 사용한다.	
Canvas	비어 있는 공간으로 그래픽을 처리할 때 사용한다.	
Checkbox	체크 박스나 라디오 버튼을 만들 때 사용한다.	
Choice	드롭-다운 리스트를 만들 때 사용한다.	
Label	고정 문자열을 표시할 때 사용한다.	
List	리스트를 만들 때 사용한다.	
Scrollbar	스크롤바를 만들 때 사용한다.	

Button 클래스

Button 클래스는 버튼을 사용자가 눌렀을 때 특정한 액션을 실행할 수 있도록 만든 컴포넌트다. Button 클래스의 주요 생성자와 메서드는 다음과 같다.

[표 9-11] Button 클래스의 주요 생성자

생성자	설명	
Button( )	비어 있는 버튼 객체를 생성한다.	
Button(String label)	label을 지정하여 버튼 객체를 생성한다.	

[표 9-12] Button 클래스의 주요 메서드

반환형	메서드	설명	
void	addActionListener(ActionListener I)	버튼으로부터 액션 이벤트를 받기 위해 지정된 액션 리스너를 추가한다.	
String	getActionCommand( )	버튼에서 발생되는 액션 이벤트의 커맨드명을 얻어온다.	
	getLabel( )	버튼의 레이블을 얻어온다.	
void	setLabel(String label)	버튼의 레이블을 지정한 label로 설정한다.	

Button 클래스를 이용한 간단한 예제를 구현해보자. 이 예제는 패널을 생성하여 패널에 버튼을 붙이고 다시 패널을 프레임에 붙여 화면에 출력하는 예제다.

예제 9-5	ButtonEx

```java
01  import java.awt.*;
02
03  public class ButtonEx{
04      public static void main(String[] args){
05          Frame f=new Frame("버튼 테스트");
06
07          Panel p=new Panel();
08
09          Button b1=new Button();
10          Button b2=new Button("출력");
11          Button b3=new Button("정렬");
12          Button b4=new Button("순위");
13
14          b1.setLabel("입력");
15
16          p.add(b1);
17          p.add(b2);
18          p.add(b3);
19          p.add(b4);
20
21          f.add(p);
22
23          f.setLocation(300,300);
24          f.setSize(300,100);
25          f.setVisible(true);
26      }
27  }
```

[그림 9-8] ButtonEx 실행결과

▶▶▶ 01행: import문.

03행: 프로그램의 시작 부분.

05행: 객체 생성. "버튼 테스트"라는 타이틀을 가지고 프레임 객체를 생성한다.

07행: 객체 생성. 패널 객체를 생성한다.

09행~12행: 객체 생성. label이 없는 b1과 함께 label이 있는 b2, b3, b4 즉, 버튼 객체 4개를 생성한다.

14행: 메서드 호출. b1이라는 버튼 객체의 참조변수를 통해 setLabel( ) 메서드를 호출하여 레이블을 지정한다.

16행~19행: 메서드 호출. Panel 객체의 참조변수인 p를 통해 버튼을 패널에 붙인다.

21행: 메서드 호출. f라는 Frame 객체의 참조변수를 통해 패널을 프레임에 붙인다.

23행: 메서드 호출. setLocation(int x, int y) 메서드는 사실 Component 객체가 가지는 표현될 위치(x 좌표, y 좌표)를 지정하는 메서드다. 하지만 f라는 Frame 객체의 참조변수가 사용 가능한 것은 Frame이 Component로부터 상속받았기 때문이다. 이렇게 해서 프레임을 화면에 출력될 위치에 지정한다.

Checkbox 클래스

Checkbox 클래스는 사용자가 여러 종류의 옵션을 선택할 것인지의 여부를 지정할 때 사용한다. 또한 여러 개의 체크박스를 묶어 하나의 그룹으로 만들어 그룹 내에서는 값 하나만을 유지할 수 있는 라디오 버튼 형태로도 사용할 수 있는 컴포넌트다(그룹으로 묶을 때는 CheckboxGroup 클래스를 사용한다). Checkbox 클래스의 주요 생성자와 메서드는 다음과 같다.

[표 9-13] Checkbox 클래스의 주요 생성자

생성자	설명
Checkbox( )	label이 없는 체크박스 객체를 생성한다.
Checkbox(String label)	지정된 label을 가지는 체크박스 객체를 생성한다.

Checkbox(String label, Boolean state)	지정된 label과 지정된 state를 넣어서 체크박스 객체를 생성한다.
Checkbox(String label, Boolean state, CheckboxGroup group)	지정된 label, 지정된 state를 넣어, 지정된 group에 속하는 체크박스 객체를 생성한다.

[표 9-14] Checkbox 클래스의 주요 메서드

반환형	메서드	설명
void	addItemListener(ItemListener l)	체크박스로부터 아이템 이벤트를 받기 위해 지정된 아이템 리스너를 추가한다.
	setLabel(String label)	체크박스의 레이블을 지정한다.
String	getLabel( )	체크박스의 레이블을 얻어온다.
void	setState(boolean state)	체크박스 상태를 지정된 상태로 설정한다.
boolean	getState( )	체크박스가 'On' 또는 'Off' 상태인지를 얻어온다.
void	setCheckboxGroup(CheckboxGroup g)	체크박스 그룹을 지정한다.

Checkbox 클래스를 이용한 간단한 예제를 구현해보자. 이 예제는 패널을 생성하여 패널에 체크박스를 붙이고 다시 패널을 프레임에 붙여 화면에 출력하는 예제다.

예제 **9-6**　　CheckboxEx

```
01  import java.awt.*;
02
03  public class CheckBoxEx{
04      public static void main(String[] args){
05          Frame f=new Frame("체크박스 테스트");
06          Panel p=new Panel();
07
08          Checkbox ck1=new Checkbox("영화",true);
09          Checkbox ck2=new Checkbox("스포츠");
10          Checkbox ck3=new Checkbox("여행");
11
12          p.add(ck1);
```

```
13          p.add(ck2);
14          p.add(ck3);
15
16          f.add(p);
17
18          f.setSize(300,100);
19          f.setVisible(true);
20      }
21 }
```

[그림 9-9] CheckboxEx 실행결과

▶▶▶ 01행: import문.

04행: 프로그램의 시작 부분.

05행: 객체 생성. 프레임 객체를 생성한다.

06행: 객체 생성. 패널 객체를 생성한다.

08행~11행: 객체 생성. '영화'라는 label과 '스포츠', '여행'이라는 label을 각각 가지는 체크

박스 객체 3개를 생성한다. 그리고 '영화'라는 label을 가지는 ck1은 다른 체크박

스와는 달리 선택된 상태(state)로 생성됨을 주시하자.

12행~14행: 메서드 호출. 체크박스를 패널에 붙인다.

16행: 메서드 호출. 패널을 프레임에 붙인다.

이번 예제는 체크박스를 그룹으로 묶어 그룹 내에서는 하나의 항목만 선택될 수 있는 라디오
형 체크박스를 출력하는 예제다.

예제 9-7 RadioCheckboxEx

```
01  import java.awt.*;
02
03  public class RadioCheckboxEx{
04      public static void main(String[] args){
05          Frame f=new Frame("라디오형 체크박스 테스트");
06          Panel p=new Panel();
07
08          CheckboxGroup group = new CheckboxGroup();
09
10          Checkbox radio1 = new Checkbox("중졸",group,false);
11          Checkbox radio2 = new Checkbox("전문대졸",group,false);
12          Checkbox radio3 = new Checkbox("대졸",group,true);
13
14          p.add(radio1);
15          p.add(radio2);
16          p.add(radio3);
17
18          f.add(p);
19
20          f.setSize(300,100);
21          f.setVisible(true);
22      }
23  }
```

[그림 9-10] RadioCheckboxEx 실행결과

▶▶▶ 01행: import문.

04행: 프로그램의 시작 부분.

05행: 객체 생성. 프레임 객체를 생성한다.

06행: 객체 생성. 패널 객체를 생성한다.

08행: 객체 생성. 체크박스 그룹 객체를 생성한다. 여기에는 defualt 생성자만 있으며 체크박스 그룹은 여러 개의 체크박스 객체들을 하나로 묶어서 사용할 때 사용된다.

10행~12행: 객체 생성. '중졸', '전문대졸', '대졸' 순으로 각각 label을 가지는 체크박스 객체 3개를 생성한다. 이때 각각의 생성자에서는 8행에서 생성된 체크박스 그룹 객체를 동일하게 이용하였으므로 체크박스 객체 3개가 하나의 그룹에 묶여서 라디오 버튼형 체크박스 객체가 된다.

12행~14행: 메서드 호출. 라디오버튼형 체크박스를 패널에 붙인다.

16행: 메서드 호출. 패널을 프레임에 붙인다.

Choice 클래스

Choice 클래스는 List 클래스와 거의 유사한 기능을 가지고 있는 컴포넌트로 사용자가 드롭-다운 버튼을 사용하여 여러 아이템 중에 하나를 선택할 수 있는 기능을 제공한다. 컴포넌트를 생성한 후 드롭-다운 리스트 항목에 추가시켜 사용한다. Choice 클래스의 주요 생성자와 메서드는 다음과 같다.

[표 9-15] Choice 클래스의 주요 생성자

생성자	설명
Choice( )	새로운 선택 메뉴 객체를 생성한다.

[표 9-16] Choice 클래스의 주요 메서드

반환형	메서드	설명
void	add(String item)	Choice 메뉴에 항목을 추가한다.
	addItemListener(ItemListener l)	Choice 메뉴로부터 아이템 이벤트를 받기 위해 지정된 아이템 리스너를 추가한다.
	insert(String item, int index)	Choice에 지정된 위치에 항목을 삽입한다.
	remove(int position)	Choice 메뉴에 지정한 위치에 있는 항목을 제거한다.

	remove(String item)	Choice 메뉴로부터 item이 첫 번째로 발견된 항목을 제거한다.
	removeAll( )	Choice 메뉴로부터 모든 item을 제거한다.
String	getItem(int index)	Choice 메뉴에서 지정한 위치의 항목의 문자열을 얻어온다.
int	getItemCount( )	Choice 메뉴에서 항목의 개수를 얻어온다.
	getSelectedIndex( )	현재 선택된 항목의 위치를 얻어온다.
String	getSelectedItem( )	현재 선택된 항목의 문자열을 얻어온다.
void	select(int index)	지정한 위치의 항목을 선택한다.
	select(String str)	지정한 이름의 항목을 선택한다.

Choice 클래스를 이용한 간단한 예제를 구현해보자. 이 예제는 Choice를 생성한 후 Choice에 항목 4개를 추가한 후 화면에 출력시키는 예제다.

예제 9-8 ChoiceEx

```java
01  import java.awt.*;
02
03  public class ChoiceEx{
04      public static void main(String[] args){
05
06          Frame f=new Frame("Choice 테스트");
07          Panel p=new Panel();
08
09          Choice ch= new Choice();
10
11          ch.addItem("사과");
12          ch.addItem("딸기");
13          ch.addItem("배");
14          ch.addItem("바나나");
15
16          p.add(ch);
17
```

```
18          f.add(p);
19
20          f.setSize(300,100);
21          f.setVisible(true);
22      }
23  }
```

[그림 9–11] ChoiceEx 실행결과

▶▶▶ 09행: 객체 생성. Choice 객체를 생성한다.

11행~14행: 메서드 호출. Choice 객체에 '사과', '딸기', '배', '바나나' 순으로 항목 4개를 추가한다.

16행: 메서드 호출. 패널에 Choice 객체를 붙인다.

Label 클래스

Label 클래스는 사각형의 영역에 문자열을 표시할 때 사용하는 컴포넌트다. 레이블은 경계선이 없고 특별한 상태를 가지지도 않는다. 그러므로 레이블을 컨테이너에 포함시키게 되면 레이블의 문자만 화면에 표시된다. 그리고 레이블의 문자열은 좌, 우, 중앙으로 정렬시킬 수 있다. Label 클래스의 주요 멤버 필드와 생성자, 메서드는 다음과 같다.

[표 9–17] Label 클래스의 주요 멤버 필드

반환형	메서드명	설명	
static int	CENTER	레이블의 문자를 중앙에 정렬시킨다.	
	LEFT	레이블의 문자를 왼쪽에 정렬시킨다.	
	RIGHT	레이블의 문자를 오른쪽에 정렬시킨다.	

[표 9–18] Label 클래스의 주요 생성자

생성자	설명
Label( )	빈 레이블을 생성한다.
Label(String text)	레이블에 지정한 text를 가지고 왼쪽 정렬이 된 상태로 생성한다.
Label(String text, int alignment)	레이블에 지정한 text를 가지고, 지정한 정렬이 된 상태로 생성한다.

[표 9–19] Label 클래스의 주요 메서드

반환형	메서드	설명
String	getText( )	레이블의 텍스트를 얻어온다.
void	setText(String text)	레이블에 지정한 text로 설정한다.
	setAlignment(int align)	레이블의 텍스트를 지정한 정렬로 정렬시킨다.

Label 클래스를 이용한 간단한 예제를 구현해 보자. 이 예제는 레이블 3개를 각각 정렬방식을 달리하여 생성한 후 화면에 출력할 수 있는 예제다.

예제 **9-9**　　LabelEx

```
01  import java.awt.*;
02
03  public class LabelEx{
04      public static void main(String[] args){
05
06          Frame f=new Frame("레이블 테스트");
07          Panel p=new Panel();
08
09          Label label1=new Label("연습레이블1");
10          Label label2=new Label("연습레이블2", Label.CENTER);
11          Label label3=new Label("연습레이블3", Label.LEFT);
12          Label label4=new Label("연습레이블4", Label.RIGHT);
```

```
13
14          label1.setBackground(Color.red);
15          label2.setBackground(Color.red);
16          label3.setBackground(Color.red);
17          label4.setBackground(Color.red);
18
19          p.add(label1);
20          p.add(label2);
21          p.add(label3);
22          p.add(label4);
23
24          f.add(p);
25
26          f.setSize(300,100);
27          f.setVisible(true);
28      }
29 }
```

[그림 9-12] LabelEx 실행결과

▶▶▶ 09행: 객체 생성. "연습레이블1"이라는 문자열을 가지고 Label 객체를 생성하여 변수 label1에 대
입한다.

10행: 객체 생성. "연습레이블2"라는 문자열을 가지고 Label 객체를 생성하여 변수 label2에 대입
한다. 이때 문자열의 정렬방식을 가운데 맞춤으로 지정한다.

11행: 객체 생성. "연습레이블3"이라는 문자열을 가지고 Label 객체를 생성하여 변수 label3에 대
입한다. 이때 문자열의 정렬방식을 왼쪽 맞춤으로 지정한다.

12행: 객체 생성. "연습레이블4"라는 문자열을 가지고 Label 객체를 생성하여 변수 label4에 대입
한다. 이때 문자열의 정렬방식을 오른쪽 맞춤으로 지정한다. 그리고 정렬방식을 달리해서 Label

객체 4개를 생성한다.

14행~17행: 메서드 호출. Label 객체의 배경색을 적색으로 바꾼다.

19행~22행: 메서드 호출. 생성된 Label 객체들을 패널에 붙인다.

List 클래스

List 클래스는 Choice 클래스와 기능이 유사하지만 여러 개의 항목을 보여주고 사용자가 하나 또는 여러 개의 항목을 선택할 수 있도록 지원하는 컴포넌트다. 즉, 기본적으로는 하나의 항목만을 선택할 수 있지만 MultipleMode를 설정하면 한 번에 여러 개의 항목을 선택할 수 있다. List 클래스의 주요 생성자와 메서드는 다음과 같다.

[표 9-20] List 클래스의 주요 생성자

생성자	설명
List( )	새로운 리스트 객체를 생성한다.
List(int rows)	지정한 숫자만큼의 항목을 보여주는 새로운 리스트 객체를 생성한다.
List(int rows, Boolean multipleMode)	지정한 숫자만큼의 항목을 보여주는 새로운 리스트 객체를 생성하며, 단일 선택 모드나 다중 선택 모드를 지정할 수 있다.

[표 9-21] Random 객체에 자주 쓰이는 메서드

반환형	메서드	설명
void	add(String item)	지정한 항목을 List의 끝에 추가한다.
	add(String item, int index)	List의 지정된 위치에 항목을 삽입한다.
	addItemListener(ItemListener l)	List로부터 아이템 이벤트를 받기 위해 지정된 아이템 리스너를 추가한다.
	remove(int position)	List에 지정한 위치에 있는 항목을 제거한다.
	remove(String item)	List로부터 item이 첫 번째로 발견된 항목을 제거한다.
	removeAll( )	List에 있는 모든 item을 제거한다.
String	getItem(int index)	List에서 지정한 위치의 항목의 문자열을 얻어온다.
String[ ]	getItems( )	List의 항목들을 문자열 배열로 얻어온다.

int	getItemCount( )	List에서 항목의 개수를 얻어온다.
	getSelectedIndex( )	현재 선택된 항목의 위치를 얻어온다.
	getSelectedIndexes( )	다중 선택 모드일 때, 현재 선택된 항목의 위치 값들을 배열로 얻어온다.
String	getSelectedItem( )	현재 선택된 항목의 문자열을 얻어온다.
String[ ]	getSelectedItems( )	다중 선택 모드일 때, 현재 선택된 항목들을 문자열 배열로 얻어온다.
void	select(int index)	지정한 위치의 항목을 선택한다.
	replaceItem(String newValue, int index)	지정한 위치의 항목을 newValue값을 바꾼다.

List 클래스를 이용한 간단한 예제를 구현해보자. 이 예제는 List를 다중 모드로 화면에 3개의 목록을 출력할 수 있도록 지정하여 생성한 후 4개의 항목을 추가하여 화면에 출력할 수 있는 예제다.

예제 **9-10**   ListEx

```
01  import java.awt.*;
02
03  public class ListEx{
04      public static void main(String[] arsg){
05
06          Frame f=new Frame("리스트 테스트");
07          Panel p=new Panel();
08
09          List list1=new List(3,true);
10
11          list1.add("서울");
12          list1.add("대구");
13          list1.add("대전");
14          list1.add("부산");
15
16          p.add(list1);
```

```
17
18          f.add(p);
19
20          f.setSize(300,100);
21          f.setVisible(true);
22     }
23  }
```

[그림 9-13] ListEx 실행결과

▶▶▶ 09행: 객체 생성. List 객체의 생성자를 통해 화면에 표시되는 수를 3으로 지정하고 다중 모드 부분
에서 true로 선택하여 리스트 객체를 생성한다.

11행~14행: 메서드 호출. "서울", "대구", "대전", "부산" 순으로 List 객체에 항목을 추가한다.

Canvas 클래스

Canvas 클래스는 특정한 모양을 갖고 있지 않고 단지 사각형의 영역만을 갖고 있는 컴포넌
트다. 이 컴포넌트는 그림을 그릴 수 있는 도화지의 역할을 하는 컴포넌트로 컨테이너에 포
함되어 그래픽을 처리할 수 있다. Canvas 클래스의 주요 생성자와 메서드는 다음과 같다.

[표 9-22] Canvas 클래스의 주요 생성자

생성자	프로그래밍 언어
Canvas( )	새로운 캔버스 객체를 생성한다.
Canvas(GraphicsConfiguration gc)	화면 장치의 GraphicsConfiguration을 이용하여 캔버스 객체를 생성한다.

[표 9-23] Canvas 클래스의 주요 메서드

반환형	메서드명	설명	
void	paint(Graphics g)	캔버스에 그림을 그릴 때 사용된다.	
	update(Graphics g)	캔버스를 업데이트할 때 사용된다.	

Canvas 클래스는 이처럼 그래픽이나 이미지를 표현하는 데 쓰이는 객체다. 하지만 그래픽에 관련된 paint( ) 메서드와 같은 것들이 모두 비어있는 빈 메서드(Empty Method)이므로 원활한 그래픽 작업을 위해서는 Canvas 클래스를 상속받는 임의적인 클래스를 따로 작성하는 것이 보통이다. 다음 예제를 살펴보자.

예제 **9-11**   CanvasEx

```
01  import java.awt.*;
02
03  public class CanvasEx{
04
05      public static void main(String[] args){
06          Frame f=new Frame("Canvas 테스트");
07
08          MyCanvas canvas=new MyCanvas();
09
10          canvas.setBackground(Color.yellow);
11
12          f.add(canvas);
13
14          f.setLocation(300,300);
15          f.setSize(200,200);
16          f.setVisible(true);
17      }
18  }
19
```

```
20  class MyCanvas extends Canvas
21  {
22      public void paint(Graphics g){
23          g.setColor(Color.red);
24          g.drawRect(20,20,100,100);
25      }
26  }
```

[그림 9-14] CanvasEx 실행결과

▶▶▶ 20행~26행: 클래스 정의. Canvas 클래스를 상속받는 MyCanvas라는 클래스를 정의했다. 여기
에는 22행부터 25행까지 정의된 paint( ) 메서드가 정의되었는데, 이는 Canvas 객체가 가지는
paint( ) 메서드를 사용자의 필요성에 맞도록 재정의(오버라이딩)한 것이다.

23행: 메서드 호출. 그래픽 처리에 있어 그리기 Tool(붓)과 같은 객체가 바로 Graphics라는 객체다.
현재 행에서는 그 붓과 같은 Graphics에 적색으로 설정하였다. 이는 이후의 모든 Graphics 객
체로 선을 그린다든가, 아님 원을 그린다든가 하는 작업들은 적색으로 그래픽 처리가 된다.

24행: 메서드 호출. Graphics 객체의 참조변수인 g를 통해 Canvas의 위치에서 x좌표 20, y좌표
20, 그리고 너비와 높이가 각각 100인 정사각형을 그린다.

05행: 프로그램의 시작 부분.

06행: 객체 생성. Frame 객체를 생성하여 변수 f에게 전달한다.

08행: 객체 생성. 20행부터 정의된 MyCanvas 객체를 생성하여 변수 canvas에게 전달한다.

10행: 메서드 호출. canvas라는 변수를 통해 Canvas 객체의 배경색을 노란색으로 지정한다.

12행: 메서드 호출. Frame 객체에 Canvas 객체를 추가한다.

14행: 메서드 호출. Frame 객체가 화면 내에서 표현된 위치값을 설정한다.

15행: 메서드 호출. Frame 객체, 즉 창의 크기를 설정한다. 이때 Frame 객체에 추가된 Canvas 객체의 paint( ) 메서드가 JVM에 의해 자동으로 호출된다.

16행: 메서드 호출. 위치와 크기가 설정되었으니 화면에 보여지도록 한다.

❷ 텍스트 컴포넌트

java.awt.TextComponent 클래스는 텍스트를 다루는 클래스의 super 클래스로 텍스트를 처리하는 각종 메서드를 가지고 있다. 그렇지만 독립적으로는 생성되지 못한다.

TextComponent 클래스의 주요 메서드를 살펴보자.

텍스트 편집과 관련있는 메서드

[표 9-24] Arrays 클래스에서 제공하는 메서드

반환형	메서드	설명
int	getCaretPosition( )	텍스트 컴포넌트의 텍스트가 삽입될 캐럿의 현재의 위치를 얻어온다.
void	setCaretPosition(int Position)	텍스트 컴포넌트의 텍스트가 삽입될 캐럿의 위치를 지정한다.
String	getText( )	텍스트 컴포넌트가 가지고 있는 텍스트를 얻어온다.
void	setText(String t)	텍스트 컴포넌트에 표시될 텍스트를 설정한다.
	setEditable(boolean b)	텍스트 컴포넌트의 편집 가능 여부를 결정한다.

텍스트 선택과 관련있는 메서드

[표 9-25] 텍스트 선택과 관련있는 메서드

반환형	메서드	설명
String	getSelectedText( )	텍스트 컴포넌트에서 선택되어진 텍스트를 얻어온다.
int	getSelectionEnd( )	텍스트 컴포넌트에서 선택되어진 영역의 끝 위치를 얻어온다.
	getSelectionStart( )	텍스트 컴포넌트에서 선택되어진 영역의 시작 위치를 얻어온다.
void	setSelectionEnd(int selectionEnd)	텍스트 컴포넌트에서 선택할 영역의 끝 위치를 지정한다.
	setSelectionStart(int selectionStart)	텍스트 컴포넌트에서 선택할 영역의 시작 위치를 지정한다.

select (int selectionStart, int selectionEnd)	지정된 시작과 끝 위치의 텍스트를 선택 상태로 만들어준다.
selectAll()	텍스트 컴포넌트에 있는 모든 텍스트를 선택 상태로 만들어준다.

TextComponent 클래스의 하위 클래스

[표 9-26] TextComponent 클래스의 하위 클래스

종류	기능
TextField	문자 한 줄만 입력받을 때 사용한다.
TextArea	여러 줄의 문자를 입력받을 때 사용한다.

TextField 클래스

TextField 클래스는 한 줄 내의 텍스트를 입력받거나 편집할 수 있는 컴포넌트다. 한 줄에 표시할 수 있는 컬럼수를 지정할 수 있고 반향 문자(Echo Character)를 지정하면 입력되는 문자 대신 반향 문자로 지정한 문자로 출력된다. TextField 클래스의 생성자와 메서드는 다음과 같다.

[표 9-27] TextField 클래스의 주요 생성자

생성자	설명
TextField( )	비어있는 텍스트 필드 객체를 생성한다.
TextField(int columns)	지정한 컬럼수만큼 문자를 보여줄 수 있는 크기로 텍스트 필드 객체를 생성한다.
TextField(String text)	지정한 텍스트로 초기화하여 텍스트 필드 객체를 생성한다.
TextField(String text, int columns)	지정한 텍스트로 초기화하여 출력하고, 지정한 컬럼 수만큼 문자를 보여줄 수 있는 크기로 텍스트 필드 객체를 생성한다.

[표 9-28] TextField 클래스의 주요 메서드

반환형	메서드	설명
int	getColumns( )	텍스트 필드의 컬럼 수를 얻어온다.

void	setColumns(int columns)	텍스트 필드의 컬럼 수를 지정한다.
	getEchoChar( )	현재 설정되어 있는 반향 문자를 얻어온다.
	setEchoChar(char c)	텍스트 필드의 반향 문자를 지정한다.

TextField 클래스를 이용한 간단한 예제를 구현해 보자. 이 예제는 TextField를 2개 생성하여 하나는 보여주는 문자수를 제한하여 만들고 또 하나는 반향 문자를 지정하여 입력되는 글자 대신 반향 문자가 출력될 수 있는 예제다.

예제 9-12   TextFieldEx

```
01  import java.awt.*;
02
03  public class TextFieldEx{
04      public static void main(String[] args){
05
06          Frame f=new Frame("텍스트필드 테스트");
07          Panel p=new Panel();
08
09          TextField tf1=new TextField("아이디 입력",12);
10          TextField tf2=new TextField("암호 입력", 10);
11
12          tf1.selectAll();
13          tf2.selectAll();
14
15          tf2.setEchoChar( '*' );
16
17          p.add(tf1);
18          p.add(tf2);
19
20          f.add(p);
21
```

```
22          f.setSize(300,100);
23          f.setVisible(true);
24     }
25 }
```

[그림 9-15] TextFieldEx 실행결과

▶▶▶ 09행~10행: 객체 생성. TextField 객체 2개를 각각 생성한다. 이때 tf1은 12자 정도가 입력되는 크기이며 tf2는 10자 정도가 입력될 수 있는 크기다. 이는 12자 또는 10자까지만 입력할 수 있는 것이 아니라 보여지는 크기를 설정한 것이다.

12행~13행: 메서드 호출. TextField 객체에 입력된 문자열 전체를 선택 상태로 만들어 준다.

15행: 메서드 호출. tf2로 생성된 TextField 객체에 반향 문자를 *로 지정한다.

TextArea 클래스

TextArea 클래스는 여러 줄의 텍스트를 사용자로부터 입력받거나 편집할 수 있는 컴포넌트다. 화면에 출력되는 영역이 벗어나면 스크롤바 표시 방식에 따라 자동으로 스크롤바가 생성된다. 사용자가 필요에 따라 일부 스크롤바만 나타나게 할 수도 있다. TextArea 클래스의 주요 멤버 필드와 생성자, 메서드는 다음과 같다.

[표 9-29] TextArea 클래스의 주요 멤버 필드

반환형	필드명	설명
static int	SCROLLBARS_BOTH	수평/수직 스크롤바를 모두 표시한다.
	SCROLLBARS_HORIZONTAL_ONLY	수평 스크롤바만 표시한다.
	SCROLLBARS_VERTICAL_ONLY	수직 스크롤바만 표시한다.
	SCROLLBARS_NONE	스크롤바를 표시하지 않는다.

[표 9-30] TextArea 클래스의 주요 생성자

반환형	설명	
TextArea( )	비어있는 텍스트 영역 객체를 생성한다.	
TextArea(int rows, int columns)	지정된 행수와 컬럼수만큼 표현할 수 있는 텍스트 영역 객체를 생성한다.	
TextArea(String text)	지정된 문자를 가지고 텍스트 영역 객체를 생성한다.	
TextArea(String text, int rows, int columns)	지정된 문자를 가지고 초기화하여 지정된 행수와 컬럼수만큼 표현할 수 있는 텍스트 영역 객체를 생성한다.	
TextArea(String text, int rows, int columns, int scrollbars)	지정된 문자를 가지고 초기화하여 지정된 행수와 컬럼수만큼 표현할 수 있는 텍스트 영역 객체를 생성한다. 그리고 스크롤바의 모습이 어떻게 나타낼 것인지를 지정한다.	

[표 9-31] TextArea 클래스의 주요 메서드

반환형	메서드	설명
void	append(String str)	지정된 문자열을 기존 내용의 끝에 추가한다.
	insert(String str, int pos)	지정된 문자열을 지정된 위치에 삽입한다.
	replaceRange(String str, int start, int end)	지정된 시작과 끝 위치의 문자열을 지정된 문자열로 바꾼다.
int	getColumns( )	텍스트 영역의 컬럼수를 얻어온다.
	getRows( )	텍스트 영역의 행수를 얻어온다.

TextArea 클래스를 이용한 간단한 예제를 구현해보자. 이 예제는 TextArea를 2개 생성한다. 하나는 디폴트로 생성하고 다른 하나는 수직 스크롤바를 붙여서 생성하는 예제다.

예제 **9-13** TextAreaEx

```
01  import java.awt.*;
02
03  public class TextAreaEx{
04      public static void main(String[] args){
05
06          Frame f=new Frame("TextArea Test");
```

```
07                    Panel p=new Panel();

08

09                    TextArea ta1=new TextArea("default",5,30);

10                    TextArea ta2=new TextArea
                      ("Vertical Scroll",10,25, TextArea.SCROLLBARS_VERTICAL_ONLY);

11

12                    p.add(ta1);

13                    p.add(ta2);

14

15                    f.add(p);

16

17                    f.setSize(300,300);

18                    f.setVisible(true);

19            }

20 }
```

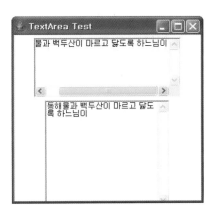

[그림 9-16] TextAreaEx 실행결과

▶▶▶ 09행: 객체 생성. 스크롤바 정책을 지정하지 않고 "default" 문자열을 가지는 5행 30열짜리 TextArea 객체를 생성한다.

10행: 객체 생성. 스크롤바 정책을 수직으로만 지정하고 "Vertical Scroll" 문자열을 가지는 10행 25열짜리 TextArea 객체를 생성한다.

실행시킨 후 첫 번째 TextArea는 문자를 입력하여 영역이 벗어나면 수평 스크롤바가 자동으로
생기는데, 두 번째 TextArea는 영역에 꽉 차게 되면 스크롤바가 생기지 않고 다음 행으로 자동으
로 이동된다.

❸ 메뉴 컴포넌트

메뉴는 보통 최상위 레벨의 윈도우 타이틀바 아래에 존재하는 것으로 사용자가 프로그램의
기능을 선택할 수 있도록 해주는 기능을 가지고 있는 컴포넌트로 메뉴의 구성은 MeunBar,
Menu, MenuItem으로 구성된다.

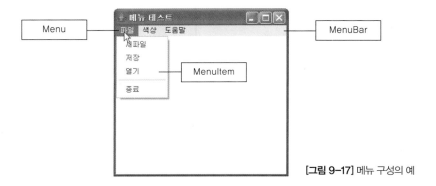

[그림 9-17] 메뉴 구성의 예

MenuComponent 클래스의 하위 클래스

[표 9-32] MenuComponent 클래스의 하위 클래스

종류	기능
MenuBar	메뉴를 올려 놓을 수 있는 메뉴바를 만들 때 사용한다.
Meun	메뉴 바에 올려 놓을 수 있는 메뉴를 만들 때 사용한다.
MenuItem	메뉴의 하위 메뉴를 만들 때 사용한다.
CheckboxMenuItem	체크박스가 들어 있는 메뉴아이템을 만들 때 사용한다.
PopupMenu	동적으로 표현할 수 있는 메뉴를 만들 때 사용한다.

메뉴 사용법

윈도우에 메뉴를 생성하는 방법은 다음과 같다.

1. 메뉴바 객체를 생성한다.

```
MenuBar mb = new MenuBar();
```

2. 메뉴바에 삽입할 메뉴를 생성한 후 메뉴를 메뉴바에 붙인다.

```
Menu menu_file = new Menu("파일");
mb.add(menu_file);
```

3. 메뉴에 붙일 메뉴아이템을 생성한 후 해당 메뉴에 붙인다.

```
MenuItem menu_file_new = new MenuItem("새문서");
Menu_file.add(menu_file_new);
```

4. 메뉴바를 윈도우에 붙인다.

```
setMenuBar(mb);
```

예제 **9-14**   MenuEx

```
01  import java.awt.*;
02
03  public class MenuEx extends Frame{
04      public MenuEx(){
05          super("메뉴 테스트");
06
07          MenuBar mb=new MenuBar();
08
09          Menu mnufile=new Menu("파일");
10          Menu mnucolor=new Menu("색상");
11          Menu mnuhelp=new Menu("도움말");
12
13          MenuItem mnunew=new MenuItem("새파일");
14          MenuItem mnusave=new MenuItem("저장");
```

```java
15          MenuItem mnuopen=new MenuItem("열기");
16          MenuItem mnuexit=new MenuItem("종료");
17
18          mnufile.add(mnunew);
19          mnufile.add(mnusave);
20          mnufile.add(mnuopen);
21          mnufile.addSeparator();
22          mnufile.add(mnuexit);
23
24          Menu mnuforecolor=new Menu("글자색");
25          mnucolor.add(mnuforecolor);
26
27          CheckboxMenuItem mnublack=
            new CheckboxMenuItem("검정색",true);
28          CheckboxMenuItem mnured=
            new CheckboxMenuItem("빨간색");
29          CheckboxMenuItem mnublue=
            new CheckboxMenuItem("파란색");
30
31          mnuforecolor.add(mnublack);
32          mnuforecolor.add(mnured);
33          mnuforecolor.add(mnublue);
34
35          mb.add(mnufile);
36          mb.add(mnucolor);
37          mb.add(mnuhelp);
38
39          setMenuBar(mb);
40
41          setSize(300,300);
42          setVisible(true);
```

```
43        }
44      public static void main(String[] args){
45            new MenuEx();
46        }
47  }
```

[그림 9-18] MenuEx 실행결과

▶▶▶ 08행: 객체 생성. MenuBar 객체를 생성한다.

09행~11행: 객체 생성. "파일", "색상", "도움말"이라는 Menu 객체들을 순서대로 생성한다.

13행~16행: 객체 생성. "새파일", "열기", "저장", "종료"순으로 MenuItem 객체들을 생성한다.

18행~22행: 메서드 호출. MenuItem 객체들을 원하는 Menu 객체에 붙인다. 22행에 있는 mnufile.addSeparator( );의 역할은 추가된 MenuItem 사이에 구분선을 삽입하는 기능이다.

24행: 객체 생성. "글자색"이라는 Menu 객체를 생성하여 mnuforecolor 변수에 전달한다.

25행: 메서드 호출. mnucolor 즉, "색상" 메뉴에 24행에서 생성된 mnuforecolor라는 Menu 객체를 추가한다. 다시 말해, 메뉴에 또 다른 메뉴를 추가한 경우다. 이것이 바로 Sub Menu법이다. "색상" 메뉴에 "글자색"이라는 하위 메뉴가 있게 되는 것이다.

27행~29행: 객체 생성. CheckboxMenuItem 객체 3개를 각각 생성하고 첫 번째 아이템에게만 체크를 표시한다.

32행~34행: 메서드 호출. CheckboxMenuItem 객체들을 "색상" 메뉴에 붙인다.

40행: 메뉴바를 프레임에 붙인다.

배치관리자

앞서 배운 것처럼 프레임, 패널, 다이얼로그 등과 같은 컨테이너는 다수의 컴포넌트를 포함할 수 있다. 여태까지는 그냥 컴포넌트를 생성해서 컨테이너에 붙여 컨테이너를 화면에 출력하는 작업을 하였다. 하지만 실제적으로 컨테이너는 자기 자신에 컴포넌트를 붙일 때 어디에, 어떤 방식으로 배치하여 붙일 것인가를 이미 결정하고 있다. 즉, 미리 정해진 레이아웃에 따라 컴포넌트들을 자동으로 배치하는 기능을 가지고 있는 객체를 가지고 있는데, 이를 '배치관리자(Layout Mananger)'라 한다.

자바에서 사용하는 배치관리자에는 FlowLayout, BorderLayout, GridLayout, GridBagLayout, CardLayout, 이처럼 5가지가 있다. 이러한 배치관리자는 각자 다른 방식으로 배치기능을 가지고 있으며 컨테이너는 기본적으로 하나의 배치관리자를 가지고 있다. 물론, setLayout( ) 메서드를 이용하여 사용자가 임의로 배치관리자를 다시 설정(setLayout(new BorderLayout( )) 할 수 있으며, 배치관리자를 제거(setLayout(null))하고 수동으로 좌표를 이용(setBounds(10, 10, 30, 30))해서 배치할 수도 있다.

다음은 컨테이너가 기본적으로 가지고 있는 배치관리자다.

[표 9-33] 컨테이너의 기본 배치관리자

컨테이너	기본 배치관리자
Frame	BorderLayout
Panel	FlowLayout
Dialog	BorderLayout
Applet	FlowLayout

❶ FlowLayout

FlowLayout은 컴포넌트들을 수평으로 순서대로 늘어놓는 배치 기능을 가지고 있다. 처음에 배치를 하게 되면 상단, 중앙부터 배치되는데, 배치를 하다가 더 이상 배치할 공간이 없으면 자동으로 다음 줄로 이동하여 배치하게 된다. 컴포넌트를 배치할 때 컴포넌트의 간격을 갭(gap)이라고 하는데, 컴포넌트들 사이의 수평, 수직간의 간격을 설정할 수 있다.

[그림 9-19] FlowLayout에 배치

FlowLayout 배치관리자를 이용한 간단한 예제를 구현해 보자. 이 예제는 FlowLayout 배치관리자를 기본적으로 가지고 있는 패널을 생성하여 패널에 버튼을 붙이고 다시 패널을 프레임에 붙여 화면에 출력하는 예제다.

예제 **9-15**　FlowLayoutEx

```
01  import java.awt.*;
02
03  public class FlowLayoutEx{
04
05      public static void main(String[] args){
06          Frame f=new Frame("FlowLayout 테스트");
07          Panel p=new Panel();
08
09          Button b1=new Button("버튼1");
10          Button b2=new Button("버튼2");
11          Button b3=new Button("버튼3");
12          Button b4=new Button("버튼4");
13          Button b5=new Button("버튼5");
14
```

```
15          p.add(b1);
16          p.add(b2);
17          p.add(b3);
18          p.add(b4);
19          p.add(b5);
20
21          f.add(p);
22
23          f.setLocation(300,300);
24          f.setSize(200,100);
25          f.setVisible(true);
26      }
27 }
```

[그림 9-20] FlowLayout의 실행결과

▶▶▶ 07행: 객체 생성. Panel 객체를 생성하여 변수 p에 대입한다. 이때 배치관리자를 사용할 수 있는데, 여기서는 사용하지 않았다. 이유는 Panel 객체의 기본 Layout이 바로 Flow Layout이다.

09행~13행: 객체 생성. Button 객체 5개를 각각 생성한다.

15행~19행: 메서드 호출. Button 객체들을 Panel 객체에 붙인다. Panel 객체는 기본적으로 FlowLayout 배치관리자를 가지고 있으므로 수평으로 버튼이 붙여진다. 만약, 패널에 붙이지 않고 Frame 객체에 직접 붙이려면 f라는 참조변수를 사용하면 되는데, 기본적으로 BorderLayout을 가지고 있으므로 Frame 객체의 배치관리자를 변경해야 된다(f.setLayout(new FlowLayout( );).

❷ BorderLayout

BorderLayout은 다음 그림과 같이 컨테이너의 영역을 5개의 영역으로 분할하여 컴포넌트를 배치하는 관리자다.

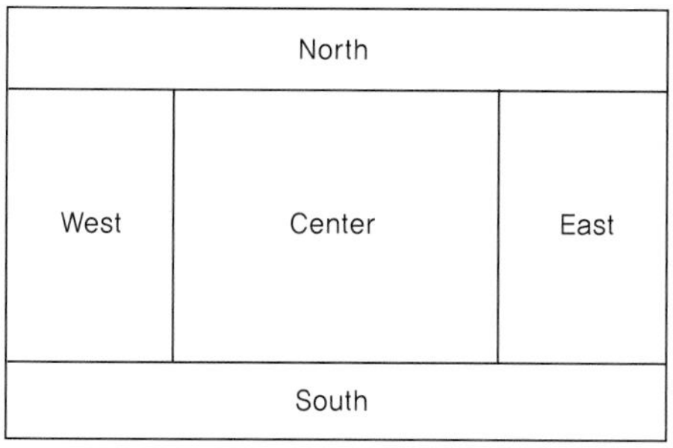

[그림 9-21] BorderLayout 경계

기본적으로 컴포넌트를 BorderLayout에 붙일 때 아무런 영역을 지정하지 않은 경우에는 기본적으로 CENTER 영역에 붙이게 된다. 다시 말해 CENTER 영역은 다른 영역에 아무것도 존재하지 않으면 그 영역까지 포함해서 영역이 잡히게 된다. 또한 SOUTH, NORTH 영역은 컴포넌트의 높이는 제대로 나타나지만 폭의 길이는 인정되지 않는다. WEST, EAST 영역은 컴포넌트 폭의 길이는 제대로 나타나지만 높이는 제대로 인정되지 않고 항상 그 영역의 길이만큼 잡히게 된다.

BorderLayout 배치관리자를 이용한 간단한 예제를 구현해보자. 이 예제는 BorderLayout 배치관리자를 기본적으로 가지고 있는 프레임 객체를 생성하여 버튼을 각 영역에 붙여 화면에 출력하는 예제다.

예제 9-16 BorderLayoutEx

```
01  import java.awt.*;
02
03  public class BorderLayoutEx{
04
05      public static void main(String[] args){
06          Frame f=new Frame("BorderLayout 테스트");
07
08          Button east=new Button("EAST");
09          Button west=new Button("WEST");
10          Button center=new Button("CENTER");
11          Button south=new Button("SOUTH");
```

```
12          Button north=new Button("NORTH");

13

14          f.add(east, BorderLayout.EAST);

15          f.add(west, BorderLayout.WEST);

16          f.add(center, BorderLayout.CENTER);

17          f.add("South", south);

18          f.add("North", north);

19

20          f.setLocation(300,300);

21          f.setSize(200,200);

22          f.setVisible(true);

23      }

24  }
```

[그림 9-22] BorderLayoutEx 실행결과

▶▶▶ 08행~12행: 객체 생성. Button 객체 5개를 각각 생성한다.

14행~18행: 메서드 호출. 버튼을 프레임에 붙인다. 프레임은 기본적으로 BorderLayout 배치관리
자를 가지고 있으므로 add 메서드를 이용하여 붙일 때에는 붙이고자 하는 영역을 지정해야 한다.
영역을 지정하는 방법에는 두 가지 방법이 있는데, 첫 번째는 14행~16행에 있는 것처럼 두 번째
인자값에 'BorderLayout.영역이름'으로 붙이는 방법이고, 두 번째는 17행~18행에 있는 것처럼
첫 번째 인자값에 문자열 형태로 영역을 지정하는 방법인데, 여기서 조심해야 할 것은 첫 글자는
반드시 대문자이고 나머지 부분은 소문자라는 것이다.

❸ GridLayout

GridLayout은 격자모양(모눈종이와 같은 모양)과 같이 가로와 세로가 같은 크기의 비율로 나누어 각 공간(셀)에 컴포넌트를 배치할 수 있는 관리자다. GridLayout 배치 관리자를 만들 때 행과 열의 수를 지정하는데, 값은 0이상의 값으로 지정하며 만약 0으로 지정하게 되면 무한대로 컴포넌트를 추가하여 붙일 수 있다. 또한 행과 열의 수하고 붙이는 컴포넌트의 수가 더 많은 경우는 행의 수를 우선으로 맞춘다. 만약, 2행 3열짜리의 GridLayout을 만들었는데, 컴포넌트 8개를 붙였다면 실제로 GridLayout의 크기는 2행 4열의 배열이 된다.

GridLayout 배치관리자를 이용한 간단한 예제를 구현해 보자. 이 예제는 Frame 객체를 생성하고 Frame의 배치관리자를 GridLayout으로 설정하여 컴포넌트를 붙여 화면에 출력하는 예제다.

예제 9-17 GridLayoutEx

```java
01  import java.awt.*;
02
03  public class GridLayoutEx{
04
05      public static void main(String[] args){
06          Frame f=new Frame("GridLayout 테스트");
07
08          f.setLayout(new GridLayout(2,3));
09
10          Button b1=new Button("1,1");
11          Button b2=new Button("1,2");
12          Button b3=new Button("1,3");
13          Button b4=new Button("1,4");
14          Button b5=new Button("2,1");
15          Button b6=new Button("2,2");
16          Button b7=new Button("2,3");
17          Button b8=new Button("2,4");
```

```
18
19              f.add(b1);
20              f.add(b2);
21              f.add(b3);
22              f.add(b4);
23              f.add(b5);
24              f.add(b6);
25              f.add(b7);
26              f.add(b8);
27
28              f.setLocation(300,300);
29              f.setSize(200,200);
30              f.setVisible(true);
31          }
32  }
```

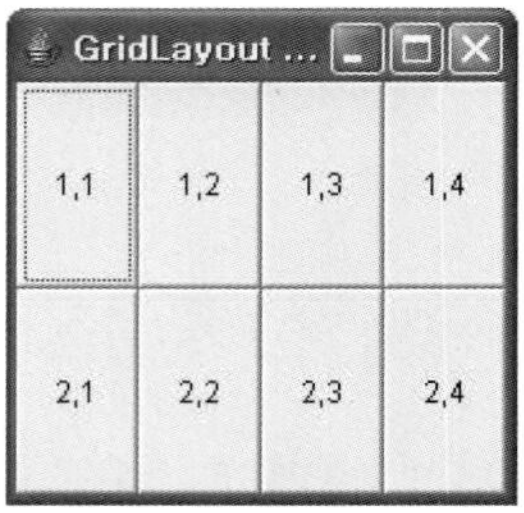

[그림 9-23] GridLayoutEx 실행결과

▶▶▶ 08행: 메서드 호출. Frame 객체의 LayoutManager를 GridLayout으로 설정하는데, 크기는 2행
3열로 한다.

10행~17행: 객체 생성. Button 객체를 8개 생성한다.

19행~26행: 메서드 호출. 버튼을 프레임에 붙인다. 여기서 프레임은 현재 2행 3열로 되어 있는데
붙이는 버튼은 8개다. 그래서 결과를 보면 2행 4열로 만들어져 붙여진 것을 볼 수 있을 것이다.

❹ GridBagLayout

GridBagLayout은 GridLayout과 유사한 기능을 제공하는 배치관리자로 가장 복잡한 구조를 가지고 있다. 즉, GridLayout은 하나의 셀에는 하나의 컴포넌트를 가질 수 있지만 GridBagLayout은 여러 셀에 걸쳐서 서로 다른 크기와 간격으로 하나의 컴포넌트가 배치될 수 있다. 그래서 GridBagLayout을 사용하는 경우는 GridBagConstraints 클래스를 사용하여 배치시킨다. GridBagConstraints 클래스는 GridLayout으로 지정된 컨테이너에 컴포넌트가 얼마만큼의 영역을 차지하여 배치할 것인가에 대한 자세한 영역 구조에 대해 지정한다. 다음 그림은 GridBagLayout의 배치에 대한 예다.

컴포넌트 1	컴포넌트 2
컴포넌트 3	
컴포넌트 4	컴포넌트 5
	컴포넌트 6

[그림 9-24] GridBagLayout 배치 예

GridBagLayout 배치관리자를 이용한 간단한 예제를 구현해보자. 이 예제는 Frame 객체를 생성하고 Frame의 배치관리자를 GridBagLayout으로 설정하여 컴포넌트를 붙여 화면에 출력하는 예제다.

예제 **9-18**　GridBagLayoutEx

```
01  import java.awt.*;
02
03  public class GridBagLayoutEx extends Frame{
04      GridBagLayout gb;
05      GridBagConstraints gbc;
06
07      public GridBagLayoutEx(){
08          super("GridGabLayout 테스트");
09
```

```
10          gb=new GridBagLayout();
11          setLayout(gb);
12
13          gbc=new GridBagConstraints();
14
15          gbc.fill=GridBagConstraints.BOTH;
16
17          addToFrame(new Button("컴포넌트1"), 0,0,2,1, 2.0, 1.0);
18          addToFrame(new Button("컴포넌트2"), 2,0,1,1, 0.5, 1.0);
19          addToFrame(new Button("컴포넌트3"), 0,1,3,1, 3.0, 1.0);
20          addToFrame(new Button("컴포넌트4"), 0,2,1,2, 0.0, 1.0);
21          addToFrame(new Button("컴포넌트5"), 1,2,2,1, 0.0, 1.0);
22          addToFrame(new Button("컴포넌트6"), 1,3,2,1, 0.0, 1.0);
23
24          setBounds(200,200,200,200);
25          setVisible(true);
26      }
27
28  public void addToFrame(Component com, int x, int y, int width,
    int height, double weightx, double weighty){
29          gbc.gridx=x;
30          gbc.gridy=y;
31          gbc.gridwidth=width;
32          gbc.gridheight=height;
33          gbc.weightx=weightx;
34          gbc.weighty=weighty;
35
36          add(com, gbc);
37      }
38
39  public static void main(String[] args){
```

```
40            new GridBagLayoutEx();
41      }
42 }
```

[**그림 9-25**] GridBagLayoutEx 실행결과

▶▶▶ 03행: 클래스의 정의. Frame 클래스로부터 상속받는 GridBagLayoutEx라는 클래스가 정의된다.

04행~05행: 멤버 변수 선언. 클래스 내에서 사용되는 GridBagLayout과 각 그리드의 크기를 지정하여 사용할 수 있도록 GridBagConstraints의 멤버 변수들을 선언했다.

10행: 객체 생성. GridBagLayout 객체를 생성한다.

12행: 메서드 호출. 10행에서 생성된 GridBagLayout 객체로 현재 Frame 객체의 배치관리자로 설정한다.

13행: 객체 생성. GridBagConstraints 객체를 생성한다.

15행: 필드값 설정. 13행에서 생성된 GridBagConstraints 객체의 fill 필드에 GridBag Constraints. BOTH이라는 값을 설정한다. 이는 좌우로 꽉 채우게 컴포넌트를 확장하라는 것이다.

28행: 메서드 정의. 컴포넌트를 프레임에 부착하기 위해서 각각의 컴포넌트의 위치값을 설정할 수 있도록 메서드를 정의한다. 메서드의 인자로 com은 프레임에 붙일 컴포넌트를 받을 목적이고, x와 y는 프레임의 붙일 위치를 의미한다. Width와 height는 해당 열과 행에 부착시킬 수 있는 컴포넌트의 개수를 지정하고 weightx와 weighty는 컴포넌트가 차지할 수 있는 가로와 세로의 영역비율을 의미한다.

17행~22행: 메서드 호출. 28행에서 만든 메서드를 6개의 버튼객체를 생성해서 프레임에 붙이는 작업을 한다.

24행: 메서드 호출. setBounds( )라는 메서드는 setLocation( )이라는 위치값을 설정하는 메서드와 setSize( )라는 크기를 설정하는 메서드를 하나로 통합한 메서드다.

❺ CardLayout

CardLayout은 여러 개의 카드를 쌓아둔 것처럼 컴포넌트를 하나만 보여주는 배치관리자다. 즉, 맨 위의 컴포넌트만 보여주므로 한번에 하나의 컴포넌트만 볼 수 있다. 그러므로 CardLayout에는 맨 위에 위치할 컴포넌트를 지정할 수 있는 메서드가 지원되며, 또한 그 다음에 나올 컴포넌트를 이동시킬 수 있는 메서드를 지원한다.

CardLayout 배치관리자를 이용한 간단한 예제를 구현해보자. 이 예제는 Frame 객체를 생성하고 Frame의 배치관리자를 CardLayout으로 설정하여 컴포넌트를 붙여 화면에 출력하는 예제다.

예제 **9-19**　CardLayoutEx

```java
01  import java.awt.*;
02
03  public class CardLayoutEx extends Frame{
04      CardLayout card;
05      Panel first_panel,second_panel,third_panel;
06
07      public CardLayoutEx(){
08          super("CardLayout 테스트");
09
10          card = new CardLayout();
11
12          setLayout(card);
13
14          first_panel = new Panel();
15          first_panel.add(new Button("1"));
16          first_panel.add(new Button("2"));
17
18          second_panel = new Panel();
19          second_panel.add(new Button("3"));
20          second_panel.add(new Button("4"));
```

```
21
22          third_panel = new Panel();
23          third_panel.add(new Button("5"));
24          third_panel.add(new Button("6"));
25
26          add("1", first_panel);
27          add("2", second_panel);
28          add("3", third_panel);
29      }
30
31      public void rotate(){
32          for(int i=0;i<2;i++){
33              try{
34                  Thread.sleep(3000);
35              }catch(Exception e){
36                  e.printStackTrace();
37              }
38
39              card.next(this);
40          }
41      }
42
43      public static void main(String[] args){
44          CardLayoutEx clt = new CardLayoutEx();
45
46          clt.setBounds(200,200,200,100);
47          clt.setVisible(true);
48
49          clt.rotate();
50      }
51  }
```

[그림 9-26] CardLayoutEx 실행결과

▶▶▶ 03행: 클래스의 정의. Frame 클래스로부터 상속을 받는 CardLayoutEx라는 클래스가 정의된다.

04행~05행: 멤버 변수들 선언. 클래스 내에서 사용되는 CardLayout과 각 카드 역할을 하는 Panel의 멤버 변수들을 선언했다.

10행: 객체 생성. CardLayout 객체를 생성한다.

12행: 메서드 호출. 10행에서 생성된 CardLayout 객체로 현재 Frame 객체의 배치관리자로 설정한다.

14행~16행: 첫 번째 카드 구성. 첫 번째 카드 역할을 하는 Panel 객체를 생성한 후 '1'과 '2'라는 label을 가지는 Button들을 각각 생성하여 붙여 넣어 둔다. 이를 first_panel이라 한다.

18행~20행: 두 번째 카드 구성. 두 번째 카드 역할을 하는 Panel 객체를 생성한 후 '3'과 '4'라는 label을 가지는 Button들을 각각 생성하여 붙여넣어 둔다. 이를 second_panel이라 한다.

22행~24행: 세 번째 카드 구성. 세 번째 카드 역할을 하는 Panel 객체를 생성한 후 '5'와 '6'이라는 label을 가지는 Button들을 각각 생성하여 붙여넣어 둔다. 이를 third_panel이라 한다.

26행~28행: 각 Panel들을 Frame에 추가. '1'이라는 이름으로 first_panel, '2'라는 이름으로 second_panel을 추가하고 마지막으로 '3'이라는 이름으로 third_panel을 Frame에 추가한다. 이 이름들은 현재 예제에서는 필요가 없지만 나중 이벤트를 배우고 이벤트에 의해 특정 카드를 보고자 할 때 원하는 카드의 이름을 card.show( )라는 메서드에 적용하여 확인할 수 있음을 알아두자(기본적으로는 첫 번째 카드가 보인다).

31행~41행: 메서드 정의. Frame에 추가된 3장의 카드를 모두 확인하기 위해 카드들을 한 장씩 넘겨주는 역할을 하는 메서드다. 3장의 모두를 확인하기 위해 두 번 반복하는 for문이 준비되어 있고 그 안에서 사용된 Thread.sleep( )은 후에 나오는 '13장. 스레드' 부분에서 자세하게 다뤄질 것이므로 여기서는 어떤 메서드인지만 개략적으로 소개하겠다. 평균적으로 컴퓨터가 하나의 일을 처리하는 속도가 1000분의 1이라고 한다(milliseconds). 즉, Thread.sleep(3000)은 3초간 아무 일도 하지 말라는 뜻이 되고 컴퓨터는 이 시간동안 아무 일도 하지 않는 대기 상태가 된다. 그리고 sleep( ) 메서드가 InterruptedException을 발생할 가능성이 있으므로 예외 처리는 필수다(6장의 예외 참조).

39행: 메서드 호출. card.next(this)라는 것은 현재 객체에 등록되어 있는 카드("1", "2", "3"들) 중 현재 활성화되어 있는 카드의 다음 카드를 활성화하는 메서드다.

43행: 프로그램의 시작 부분.

44행: 객체 생성. Frame 객체를 상속받는 현재 객체를 생성하여 clt라는 변수에 전달한다.

46행: 메서드 호출. setBounds( )라는 메서드는 setLocation( )이라는 위치값을 설정하는 메서드와 setSize( )라는 크기를 설정하는 메서드를 하나로 통합한 메서드다.

49행: 메서드 호출. 직접 정의한 메서드인 rotate( )라는 메서드를 호출하여 3초마다 한 장씩 카드가 바뀌는 현상이 발생한다.

☆ 요약

1 AWT(Abstract Window Toolkit)는 GUI 프로그래밍을 제작하기 위해 자바에서 제공하는 라이브러리를 모아놓은 것이다.

2 컨테이너는 자신의 영역에 컴포넌트를 포함시키고 관리하는 역할을 하며 컨테이너가 다른 컨테이너를 포함할 수도 있다.

3 Frame 클래스는 Window 클래스의 하위 클래스로 일반적인 응용프로그램에서 윈도우를 생성하기 위해 사용되는 클래스다.

4 Panel 클래스는 컴포넌트들을 그룹별로 묶어서 처리할 때 주로 사용한다.

5 java.awt.Compoent는 모든 컴포넌트들의 super 클래스로서, GUI 프로그램을 구성하는 구성단위로 각 컴포넌트들에서 공통으로 사용되어지는 메서드들을 가지고 있다.

6 다음은 기본 컴포넌트를 정리한 것이다.

[표 9-34] 와일드카드 타입의 구성

종류	기능	
Button	버튼을 만들 때 사용하는 컴포넌트다.	
Canvas	비어 있는 공간으로 그래픽처리를 할 때 사용하는 컴포넌트다.	
Checkbox	체크박스나 라디오 버튼을 만들 때 사용하는 컴포넌트다.	
Choice	드롭-다운 리스트를 만들 때 사용하는 컴포넌트다.	
Label	고정 문자열을 표시할 때 사용하는 컴포넌트다.	
List	리스트를 만들 때 사용하는 컴포넌트다.	
Scrollbar	스크롤바를 만들 때 사용하는 컴포넌트다.	

7 메뉴는 보통 최상위 레벨의 윈도우 타이틀바 아래에 존재하는 것으로 사용자가 프로그램의 기능을 선택할 수 있도록 해주는 기능을 가지고 있는 컴포넌트로 메뉴는 MeunBar, Menu, MenuItem으로 구성된다.

8 미리 정해진 레이아웃에 따라 컴포넌트들을 자동으로 배치하는 기능을 가지고 있는 객체를 컨테이너들은 가지고 있는데 이것을 배치관리자(LayoutMananger)라 하고 종류에는 FlowLayout, BorderLayout, GridLayout, GridBagLayout, CardLayout이 있다.

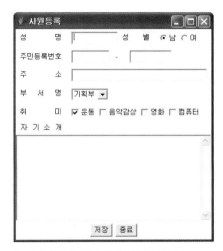

✲ 연습문제

1 AWT를 이용해서 1 다음과 같은 화면을 구성해보자.

[그림 9-27] AWT를 이용한 화면 구성의 예

[MEMO]

AWT 이벤트

✻ **학습 목표**
- AWT 이벤트의 개념에 대해 알아본다.
- 이벤트 클래스 구조에 대해 알아본다.
- 이벤트 처리 방식에 대해 알아본다.

이벤트 정의

이번 절에서는 AWT 이벤트에 대해서 알아본다. 먼저, 이벤트(Event)라는 것은 윈도우 프로그래밍에서 어떤 특정한 행동이 발생한 그 자체를 의미한다. 예를 들어, 메뉴를 선택했다든가, 아니면 마우스를 클릭하거나, 윈도우의 크기를 조절하는 등의 행위를 뜻하는 것이다. 이러한 방식의 프로그래밍을 이벤트 중심의 프로그래밍이라고 하는데, 윈도우 프로그래밍에서 중요한 개념 중 하나다. 다음 [그림 10-1]은 이벤트가 처리되는 과정이다.

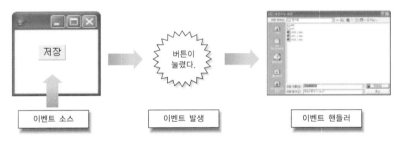

[그림 10-1] 이벤트 처리 구조

그림에서 이벤트 소스(Event Source)는 이벤트가 발생할 수 있는 대상을 의미하고 그 대상으로부터 이벤트가 발생하면 발생된 이벤트를 처리해서 결과를 낼 수 있도록 해주는 것을 이벤트 핸들러(Event Handler)라고 한다.

❶ 자바에서의 이벤트 처리

우리가 10장에서 배운 AWT는 화면에 GUI 방식으로 출력되는 것을 알 수 있었지만 뭔가 허전한 느낌이 들었을 것이다. 즉, 화면만 디자인했을 뿐 아무런 기능을 적용하지 않았기 때문이다. 버튼을 클릭했을 때 해당되는 결과가 나온다든지, 프레임의 〈종료〉 버튼을 클릭하면 윈도우가 닫혀야 되는데, 이러한 기능이 아무 것도 없었다. 자바에서는 이러한 기능을 처리할 목적으로 사용하는 이벤트 클래스가 존재한다. 예를 들어, 사용자의 액션을 처리할 때는 java.awt.event.ActionEvent 클래스로 처리하고, 키보드에서 일어나는 이벤트들을 처리하기 위해서 java.awt.event.KeyEvent 클래스가 사용된다. 그럼 자바에서 이벤트를 어떻게 처리하는지 다음의 [그림 10-2]를 보자.

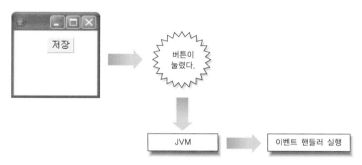

[**그림 10-2**] 자바에서의 이벤트 처리 구조

먼저 프로그램이 실행되면서 운영체제가 해당 프로그램에서 이벤트가 발생되는지를 검사한다. 이때 이벤트가 발생되면 운영체제가 JVM에게 이벤트를 전달하고 JVM은 발생된 이벤트를 처리하기 위하여 이벤트 객체를 생성한다. 그런 후 이벤트를 처리하기 위하여 이벤트 객체를 가지고 핸들러를 호출한다.

■ **이벤트 소스(Event Source)**

이벤트 소스는 이벤트가 발생되는 컴포넌트를 말한다. 즉, 버튼, 체크박스, 리스트, 프레임, 마우스 등과 같은 컴포넌트들이 이벤트 소스다.

■ **이벤트 리스너(Event Listener)**

이벤트 소스에서 이벤트가 발생하는지를 검사하고 있다가 이벤트가 발생되면 실제적으로 이벤트를 처리할 수 있도록 만든 인터페이스다.

■ **이벤트 핸들러(Event Handler)**

이벤트 리스너에 전달된 이벤트를 실제로 처리할 수 있도록 이벤트 리스너에 포함되어 있는 메서드로 발생된 이벤트 객체를 받아와서 실제적으로 처리해주는 기능이 있다.

이벤트 클래스 구조

다음은 이벤트 클래스의 구조를 표현한 그림이다. 모든 이벤트 클래스는 java.util.Event Object 클래스로부터 상속을 받고 있으며 이 클래스에는 이벤트를 발생시킨 객체를 알려주는 getSource() 메서드가 존재한다. 이 메서드는 여러 이벤트가 발생할 때 이벤트를 발생시키는 객체를 구별할 목적으로 사용한다.

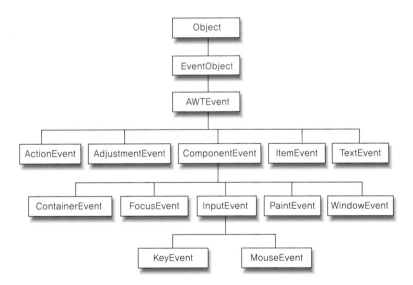

[그림 10-3] 이벤트 클래스 구조

다음은 주요 이벤트 클래스에 대한 간단한 요약이다.

■ ActionEvent

버튼, 리스트, 메뉴 등의 컴포넌트가 눌리거나 선택이 되었을 때 발생하는 이벤트다.

- **AdjustmentEvent**

  스크롤바와 같은 조정 가능한 컴포넌트에서 조정이 일어나면 발생하는 이벤트다.

- **ComponentEvent**

  컴포넌트의 모습이나 이동, 크기가 변화될 때 발생하는 이벤트다.

- **ItemEvent**

  리스트와 같은 선택항목이 있는 컴포넌트에서 선택항목이 선택될 때 발생되는 이벤트다.

- **TextEvent**

  텍스트 컴포넌트에서 값이 입력될 때 발생하는 이벤트다.

- **ContainerEvent**

  컨테이너에 컴포넌트가 추가되거나 제거될 때 발생하는 이벤트다.

- **FocusEvent**

  컴포넌트에 초점(Focus)이 들어 올 때 발생하는 이벤트다.

- **PaintEvent**

  컴포넌트가 그려져야 할 때 발생하는 이벤트다.

- **WindowEvent**

  윈도우가 활성화되거나 비활성화될 때, 최소, 최대, 종료될 때 발생하는 이벤트다.

- **KeyEvent**

  키보드로부터 입력이 될 때 발생하는 이벤트다.

- **MouseEvent**

  마우스가 눌려지거나 움직일 때, 마우스 커서가 컴포넌트 영역에 들어가거나 벗어날 때
  발생하는 이벤트다.

이벤트와 리스너의 종류

이번 절에서는 자바에서 주로 사용하는 이벤트와 리스너에 대해서 알아본다. 여기서는 가장 중요한 내용만 살펴보기 때문에 여기서 다루지 않은 것들은 자바 API를 참고해야 한다.

❶ 이벤트 종류

ActionEvent

ActionEvent는 버튼을 눌렀다는가, 리스트, 메뉴 등의 컴포넌트가 선택되었을 때 발생하는 이벤트다. 또한 텍스트 필드에서 Enter를 쳤을 때도 발생되는 이벤트다. ActionEvent 클래스의 주요 멤버필드는 다음과 같다.

[표 10-1] ActionEvent 클래스의 주요 멤버필드

자료형	필드명	해당 키	
static int	ALT_MASK	Alt	
	CTRL_MASK	Ctrl	
	SHIFT_MASK	Shift	

[표 10-2] ActionEvent 클래스의 주요 메서드

반환형	메서드	설명	
String	getActionCommand ( )	Action을 발생시킨 객체의 명령 문자열을 얻어온다.	
Int	getModifiers( )	이벤트가 발생되었을 때 같이 사용된 modifier 키(Ctrl , Alt , Shift)들을 얻어온다.	

ItemEvent

ItemEvent는 체크박스, 리스트, 선택(Choice) 컴포넌트에서 항목이 선택되거나 선택이 해제되었을 때 발생하는 이벤트다. ItemEvent 클래스의 주요 멤버필드와 메서드는 다음과 같다.

[표 10-3] ItemEvent 클래스의 주요 멤버필드

자료형	필드명	설명
static int	SELECTED	항목이 선택되었다는 것을 의미한다.
	DESELECTED	선택된 항목이 해제되었다는 것을 의미한다.

[표 10-4] ItemEvent 클래스의 주요 메서드

반환형	메서드	설명
Object	getItem ( )	이벤트를 발생시킨 항목을 얻어온다.
Int	getStateChange( )	이벤트의 발생으로 변화된 상태를 얻어온다.

TextEvent

TextEvent는 텍스트 컴포넌트(TextField, TextArea)에서 키가 입력되어 내용이 바뀌었을 때 발생하는 이벤트다. 이 이벤트는 내용이 바뀔 때마다 발생하므로 주의해서 사용해야 된다. 사용자가 입력할 때마다 처리해야 되는 경우가 있을 경우에도 사용하는 이벤트다.

KeyEvent

KeyEvent는 사용자가 키보드와 같은 입력장치를 통해서 키 입력을 했을 때 발생하는 이벤트다. KeyEvent 클래스의 주요 멤버필드와 메서드는 다음과 같다.

[표 10-5] KeyEvent 클래스의 주요 멤버필드

자료형	필드명	해당 키
static int	VK_0~VK_9, VK_A~VK_Z, VK_F1~VK_F24	각각 숫자 0~9, 영문자 A~Z, 기능키 F1~F24를 의미한다.
	VK_NUMPAD0~VK_NUMPAD9	키보드의 키패드에서의 숫자 0~9를 의미한다.
	VK_SHIFT, VK_ALT, VK_CONTROL	Shift , Alt , Ctrl 을 의미한다.

static int	VK_ENTER, VK_SPACE, VK_BACK _SPACE	Enter , Space , Back Space 을 의미한다.
	KEY_PRESSED	키가 눌려진 이벤트를 의미한다.
	KEY_RELEASED	키가 눌렸다 놓아진 이벤트를 의미한다.
	KEY_TYPED	키 입력 이벤트를 의미한다.

[표 10–6] KeyEvent 클래스의 주요 메서드

반환형	메서드	설명
char	getKeyChar( )	이벤트에 의해 입력된 문자를 얻어온다.
Int	getKeyCode( )	이벤트에 의해 입력된 문자에 해당하는 코드를 얻어온다.
Static String	getKeyModifiersText(int modifiers)	Modifier 키들의 상태를 보기 쉬운 텍스트로 얻어온다.
	getKeyText(int keyCode)	키 코드를 알기 쉬운 텍스트로 얻어온다.

MouseEvent

마우스 관련 이벤트는 마우스 이벤트와 마우스 모션 이벤트가 있다. MouseEvent는 마우스를 누를 때, 또는 컴포넌트 영역 내에 들어오거나 벗어날 때 발생하는 이벤트다. Mouse MotionEvent는 컴포넌트의 영역 내에서 마우스를 움직였을 때 발생하는 이벤트이고 자체적으로 처리해주는 클래스는 존재하지 않으며 MouseEvent 클래스를 그대로 사용한다. MouseMotionEvent는 마우스가 자주 이동하기 때문에 필요한 경우에만 이벤트를 처리하는 것이 좋다. MouseEvent 클래스의 주요 멤버필드와 메서드는 다음과 같다.

[표 10–7] MouseEvent 클래스의 주요 멤버필드

자료형	필드명	설명
static int	MOUSE_CLICKED	마우스 버튼이 클릭된 경우 발생되는 이벤트
	MOUSE_ENTERED	마우스 커서가 컴포넌트 영역으로 들어왔을 때 발생되는 이벤트
	MOUSE_EXITED	마우스 커서가 컴포넌트 영역 밖으로 나가면 발생되는 이벤트
	MOUSE_PRESSED	마우스 버튼을 눌렀을 때 발생하는 이벤트
	MOUSE_RELEASED	마우스 버튼을 누르고 띄었을 때 발생하는 이벤트

| static int | MOUSE_DRAGGED | 마우스 버튼이 클릭된 상태에서 이동할 때 발생되는 이벤트 |
| | MOUSE_MOVED | 마우스 커서가 움직일 때 발생되는 이벤트 |

[표 10-8] MouseEvent 클래스의 주요 메서드

반환형	메서드	설명
Int	getKeyChar( )	getClickCount( ) 마우스가 눌러진 횟수를 얻어온다.
point	getPoint( )	마우스 이벤트가 발생한 좌표를 얻어온다.
int	getX( )	마우스 이벤트가 발생한 X 좌표를 얻어온다.
	getY( )	마우스 이벤트가 발생한 Y 좌표를 얻어온다.
void	translatePoint(int x, int y)	이벤트가 발생한 좌표에 주어진 값을 더해서 좌표를 변환한다.
boolean	isPopupTrigger( )	마우스 이벤트가 팝업 메뉴를 부르는 것인지 알려준다.

WindowEvent

WindowEvent는 윈도우와 관련되어 윈도우가 활성화, 아이콘화, 비활성화 및 창이 닫힐 때 발생하는 이벤트다. AWT에서는 프레임의 〈종료〉 버튼을 눌러도 아무런 변화가 없는 것을 볼 수 있을 것이다. 그것은 바로 〈종료〉 버튼을 눌렀을 때 아무런 이벤트를 처리하지 않았기 때문이다. WindowEvent 클래스의 주요 멤버필드와 메서드는 다음과 같다.

[표 10-9] WindowEvent 클래스의 멤버필드

자료형	필드명	설명
static int	WINDOW_ACTIVATED	윈도우가 활성화될 때 발생되는 이벤트
	WINDOW_DEACTIVATED	윈도우가 비활성화될 때 발생되는 이벤트
	WINDOW_CLOSED	윈도우가 닫힐 때 발생되는 이벤트
	WINDOW_CLOSING	윈도우가 사용자의 요청으로 닫힐 때 발생되는 이벤트
	WINDOW_ICONIFIED	윈도우가 아이콘화될 때 발생되는 이벤트
	WINDOW_OPENED	윈도우가 생성될 때 발생되는 이벤트

[표 10-10] WindowEvent 클래스의 주요 메서드

반환형	메서드	설명	
Window	getWindow( )	이벤트를 발생시킨 윈도우를 얻어온다.	

❷ 리스너 종류

자바에서 이벤트를 처리하기 위해서 다양한 방법을 사용할 수 있다. 여기서는 이벤트 리스너 인터페이스에 대해서 알아보겠다.

ActionListener

ActionEvent를 처리하는 이벤트 리스너가 ActionListener다. ActionListener 인터페이스의 주요 메서드를 살펴보자.

[표 10-11] ActionListener 인터페이스의 주요 메서드

반환형	메서드	설명	
void	actionPerformed(ActionEvent e)	컴포넌트에서 액션 이벤트가 발생했을 때 리스너에 의해 호출된다.	

ItemListener

ItemEvent를 처리하는 이벤트 리스너가 ItemListener다. ItemListener 인터페이스의 주요 메서드를 살펴보자.

[표 10-12] ItemListener 인터페이스의 주요 메서드

반환형	메서드	설명	
void	itemStateChanged(ItemEvent e)	컴포넌트에서 아이템의 선택 상태가 바뀌면 호출된다.	

TextListener

TextEvent를 처리하는 이벤트 리스너가 TextListener다. TextListener 인터페이스의 주요 메서드를 살펴보자.

[표 10-13] TextListener 인터페이스의 주요 메서드

반환형	메서드	설명
void	textValueChanged(TextEvent e)	텍스트 컴포넌트의 내용이 바뀌면 호출된다.

KeyListener

KeyEvent를 처리하는 이벤트 리스너가 KeyListener다. KeyListener 인터페이스의 주요 메서드를 살펴보자.

[표 10-14] KeyListener 인터페이스의 주요 메서드

반환형	메서드	설명
void	keyPressed(KeyEvent e)	컴포넌트에 키가 눌려졌을 때 호출된다.
	keyReleased(KeyEvent e)	컴포넌트에 키가 눌려졌다가 띄어졌을 때 호출된다.
	keyTyped(KeyEvent e)	컴포넌트에 키보드를 통해 문자가 입력되었을 때 호출된다.

MouseListener

마우스와 관련 있는 이벤트 중 MouseEvent를 처리하는 이벤트 리스너가 MouseListener다. MouseListener 인터페이스의 주요 메서드를 살펴보자.

[표 10-15] KeyListener 인터페이스의 주요 메서드

반환형	메서드	설명
void	mouseClicked(MouseEvent e)	마우스로 컴포넌트를 클릭했을 때 호출된다.
	mouseEntered(MouseEvent e)	마우스 커서가 컴포넌트 영역에 들어 오면 호출된다.
	mouseExited(MouseEvent e)	마우스 커서가 컴포넌트 영역 밖으로 나가면 호출된다.
	mousePressed(MouseEvent e)	마우스 버튼이 눌려지면 호출된다.
	mouseReleased(MouseEvent e)	마우스 버튼이 눌려졌다 띄어지면 호출된다.

MouseMotionListener

마우스와 관련 있는 이벤트 중 MouseMotionEvent를 처리하는 이벤트 리스너가 Mouse MotionListener다. MouseMotionListener 인터페이스의 주요 메서드를 살펴보자.

[표 10-16] MouseMotionListener 인터페이스의 주요 메서드

반환형	메서드	설명
void	mouseDragged(MouseEvent e)	마우스 버튼이 컴포넌트에서 눌려진 상태로 마우스를 이동하면 호출된다.
	mouseMoved(MouseEvent e)	마우스를 이동하면 호출된다.

WindowListener

WindowEvent를 처리하는 이벤트 리스너가 WindowListener다. WindowListener 인터 페이스의 주요 메서드를 살펴보자.

[표 10-17] WindowsListener 인터페이스의 주요 메서드

반환형	메서드	설명
void	windowActivated(WindowEvent e)	윈도우가 활성화될 때 호출된다.
	windowClosed(WindowEvent e)	윈도우가 닫혀졌을 때 호출된다.
	windowClosing(WindowEvent e)	윈도우가 시스템 메뉴에 의해 닫힐 때 호출된다.
	windowDeactivated(WindowEvent e)	윈도우가 비활성화될 때 호출된다.
	windowDeiconified(WindowEvent e)	윈도우가 최소화 상태에서 원래상태로 되돌아 올 때 호출된다.
	windowIconified(WindowEvent e)	윈도우가 최소화 상태로 될 때 호출된다.
	windowOpened(WindowEvent e)	윈도우가 열릴 때 호출된다.

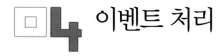

04 이벤트 처리

❶ 컴포넌트별 이벤트 종류

컴포넌트별 이벤트 종류는 다음과 같다.

[표 10-18] MouseMotionListener 인터페이스의 주요 메서드

이벤트 컴포넌트	Action	Com ponent	Con tainer	Focus	Item	Key	Mouse	Mouse motion	Text	Win dow
Button	○	○		○		○	○	○		
Canvas		○		○		○	○	○		
Checkbox		○		○	○	○	○	○		
Choice		○		○	○	○	○	○		
Component		○		○		○	○	○		
Container		○	○	○		○	○	○		
Frame		○	○	○		○	○	○		○
Label		○		○		○	○	○		
List	○	○		○	○					
MenuItem	○					○	○	○		
Scrollbar		○		○		○	○	○		
TextArea		○		○		○	○	○	○	
TextField	○	○		○		○	○	○	○	

❷ 컴포넌트 이벤트 처리 3단계

자바에서 이벤트를 처리해주는 클래스는 앞서 배운 것과 같이 이미 정의되어 있다. 그러므로 프로그래밍을 할 때는 이벤트 소스와 리스너에 중점을 두고 프로그래밍하면 된다. 자바에서 이벤트를 처리할 때는 다음과 같이 3단계 과정을 거쳐서 처리하는 것이 효율적이다.

■ 1단계: 이벤트 소스 결정

하나의 윈도우에는 여러 개의 컴포넌트가 존재할 수 있으므로 실제로 이벤트가 발생되면 처리할 컴포넌트를 결정한다.

■ 2단계: 이벤트 리스너 작성

이벤트를 실제적으로 처리할 수 있도록 해당 이벤트를 처리할 이벤트 리스너 인터페이스를 이용해서 이벤트 리스너 클래스를 작성한다.

■ 3단계: 이벤트 소스와 이벤트 리스너 연결

이벤트 리스너가 작성되면 리스너와 이벤트 소스와 연결하여 이벤트 소스에서 실제적으로 이벤트가 발생되면 처리할 수 있도록 addXXXXListener( ) 함수를 통해 연결을 시켜준다. XXXX 부분은 해당 컴포넌트에 붙일 수 있는 리스너 이름을 의미한다. 예를 들어, 버튼에 ActionEvent을 처리하려면 버튼에다 addActionListener를 붙여야 한다.

❸ 이벤트 예제

이제 AWT 이벤트에 관련된 예제를 알아볼 차례다. 해당 예제를 통해 AWT 이벤트 클래스를 쉽게 이해할 수 있을 것이다.

ActionEvent 예제

예제 **10-1**	ActionEventEx

```
01  import java.awt.*;
02  import java.awt.event.*;
03
```

```
04  public class ActionEventEx extends Frame implements ActionListener{
05      Panel p;
06      Button input, exit;
07      TextArea ta;
08
09      public ActionEventEx(){
10
11          super("ActionEvent Test");
12
13          p=new Panel();
14
15          input=new Button("입력");
16          exit=new Button("종료");
17          ta=new TextArea();
18
19          input.addActionListener(this);
20          exit.addActionListener(this);
21
22          p.add(input);
23          p.add(exit);
24
25          add(p, BorderLayout.NORTH);
26          add(ta, BorderLayout.CENTER);
27
28          setBounds(300,300, 300, 200);
29          setVisible(true);
30      }
31
32      public void actionPerformed(ActionEvent ae){
33          String name;
34          name=ae.getActionCommand();
```

```
35
36            if(name.equals("입력"))
37                    ta.append("버튼이 입력되었습니다.\n");
38            else
39            {
40                    ta.append("프로그램을 종료합니다.\n");
41                    try{
42                            Thread.sleep(2000);
43                    }catch(Exception e){}
44
45                    System.exit(0);
46            }
47        }
48
49        public static void main(String[] args){
50            new ActionEventEx();
51        }
52 }
```

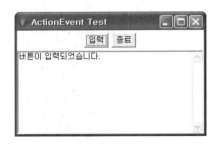

[그림 10-4] ActionEventEx의 실행결과

▶▶▶ 04행: 이벤트를 실제적으로 처리할 수 있도록 해당 이벤트를 처리할 ActionListener 인터페이스를
　　　　이용해서 이벤트 리스너 클래스를 작성한다.

　　　19행: 이벤트 소스인 input에 이벤트 리스너를 연결한다.

　　　20행: 이벤트 소스인 exit에 이벤트 리스너를 연결한다.

32행: input, exit 버튼을 클릭한 경우 actionPerformed(ActionEvent ae) 메서드가 호출된다.

34행: getActionCommand( ) 메서드는 Action을 발생시킨 객체의 명령 문자열을 얻어온다. 이때 Button에서 명령 문자열을 설정하지 않았다면 Button의 label을 반환하게 된다.

37행: TextArea에 문자열 이어쓰기를 한다.

41행~45행: 프로그램을 종료하기 전에 메시지의 출력을 확인하기 위해서 2초간 멈춘 후 프로그램을 종료한다.

ItemEvent 예제

예제 10-2	ItemEventEx

```
01  import java.awt.*;
02  import java.awt.event.*;
03
04  public class ItemEventEx extends Frame implements ItemListener,
    ActionListener{
05
06      Panel p1 = new Panel();
07      Panel p2 = new Panel();
08      TextArea ta = new TextArea(5, 20);
09      Button exit = new Button("종료");
10      Checkbox cb1 = new Checkbox("축구", false);
11      Checkbox cb2 = new Checkbox("야구", false);
12      Checkbox cb3 = new Checkbox("농구", false);
13      Checkbox cb4 = new Checkbox("배구", false);
14
15
16      public ItemEventEx(){
17          super("ItemEvent 테스트");
18
19          p1.add(cb1);
```

```
20          p1.add(cb2);
21          p1.add(cb3);
22          p1.add(cb4);
23
24          p2.add(exit);
25
26          add("North", p1);
27          add("South", p2);
28          add("Center", ta);
29
30          setBounds(300,300,300,300);
31          setVisible(true);
32
33          exit.addActionListener(this);
34
35          cb1.addItemListener(this);
36          cb2.addItemListener(this);
37          cb3.addItemListener(this);
38          cb4.addItemListener(this);
39
40      }
41
42      public static void main(String args[]){
43          new ItemEventEx();
44      }
45
46      public void actionPerformed(ActionEvent e){
47          System.exit(0);
48      }
49
50      public void itemStateChanged(ItemEvent e){
```

```
51              if(e.getStateChange() == ItemEvent.SELECTED)
52                  ta.append(e.getItem() + "을 선택\n\n");
53              else if(e.getStateChange() == ItemEvent.DESELECTED)
54                  ta.append(e.getItem() + "을 취소\n\n");
55          }
56  }
```

[그림 10-5] ItemEventEx의 실행결과

▶▶▶ 04행: 이벤트를 실제적으로 처리할 수 있도록 해당 이벤트를 처리할 ActionListener, Item Listener 인터페이스를 이용해서 이벤트 리스너 클래스를 작성한다. ActionListener 인터페이스는 Button에 사용되고, ItemListener 인터페이스는 Checkbox에 사용된다.

33행: 이벤트 소스인 exit에 이벤트 리스너를 연결(addActionListener(this))한다.

35행~38행: 이벤트 소스인 cb1, cb2, cb3, cb4에 이벤트 리스너를 연결(addItemListener(this))한다.

46행~48행: exit 버튼을 클릭한 경우에 프로그램을 종료한다.

50행: CheckBox의 상태가 변할 때마다 itemStateChanged(ItemEvent e) 메서드가 호출된다.

51행: getStateChange( ) 메서드는 CheckBox의 변화된 상태를 얻어온다. ItemEvent. SELECTED는 CheckBox 항목이 선택되었다는 것을 의미한다. 따라서 getStateChange( ) 메서드에서 CheckBox를 체크하게 되면 ItemEvent.SELECTED를 반환하게 된다.

52행: getItem( ) 메서드는 이벤트를 발생시킨 항목을 얻어온다.

53행: getStateChange( ) 메서드에서 CheckBox를 체크하지 않게 되면 ItemEvent. DESELECTED를 반환하게 된다.

TextEvent 예제

```
01  import java.awt.*;
02  import java.awt.event.*;
03
04  public class TextEventEx extends Frame implements TextListener,
    ActionListener{
05      TextField tf = new TextField(30);
06      Button input = new Button("입력");
07      TextArea ta = new TextArea(100,100);
08      Button exit = new Button("종료");
09
10      public TextEventEx(){
11          super("TextEvent 테스트");
12
13          input.setEnabled(false);
14
15          Panel p = new Panel();
16          p.add(new Label("제목:"));
17          p.add(tf);
18          p.add(input);
19
20          add(BorderLayout.NORTH,p);
21          add(BorderLayout.CENTER,ta);
22          add(BorderLayout.SOUTH,exit);
23
24          setBounds(300,300,400,300);
25          setVisible(true);
26
27          tf.addTextListener(this);
28          input.addActionListener(this);
29          exit.addActionListener(this);
```

```
30          }
31
32      public static void main (String args[]){
33          new TextEventEx();
34      }
35
36      public void actionPerformed (ActionEvent e){
37          String str = e.getActionCommand();
38          if (str.equals("입력")){
39                  ta.append(tf.getText()+"\n");
40                  tf.setText("");
41                  tf.requestFocus();
42          }
43          if (str.equals("종료"))
44                  System.exit(0);
45      }
46
47      public void textValueChanged(TextEvent e){
48          if (tf.getText().equals(""))
49                  input.setEnabled(false);
50          else
51                  input.setEnabled(true);
52      }
53  }
```

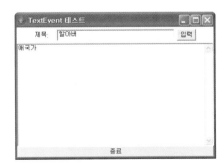

[그림 10-6] TextEventEx의 실행결과

▶▶▶ 04행: 이벤트를 실제적으로 처리할 수 있도록 해당 이벤트를 처리할 ActionListener, TextListener 인터페이스를 이용해서 이벤트 리스너 클래스를 작성한다. ActionListener 인터페이스는 Button에 사용되고, TextListener 인터페이스는 TextField에 사용된다.

14행: 버튼을 비활성화한다. input 버튼을 처음에는 비활성화시킨 후 TextField에 입력값을 넣을 때 활성화를 하기 위해서다.

28행: 이벤트 소스인 tf에 이벤트 리스너를 연결(addTextListener(this))한다.

29행~30행: 이벤트 소스인 input, exit에 이벤트 리스너를 연결(addActionListener(this))한다.

38행: getActionCommand( ) 메서드는 Action을 발생시킨 객체의 명령 문자열을 얻어온다. 이때 Button에서 명령 문자열을 설정하지 않았다면 Button의 label을 반환하게 된다. 따라서 input 버튼을 눌렀다면 "입력", exit 버튼을 눌렀다면 "종료" 문자열을 반환한다.

40행: TextArea에 문자열을 이어쓰기 한다.

41행: TextField에 문자열을 빈 공백으로 설정한다.

42행: TextField에 포커스를 설정한다.

48행: textValueChanaged(TextEvent e) 메서드는 TextField에 입력값이 바뀔 때마다 호출된다.

49행~51행: TextField의 입력 문자열이 빈 공백인 경우에 input 버튼을 비활성화한다.

51행~52행: TextField의 입력 문자열이 빈 공백이 아닌 경우에 input 버튼을 활성화한다.

KeyEvent 예제

예제 **10-4**　KeyEventEx

```
01  import java.awt.*;
02  import java.awt.event.*;
03
04  public class KeyEventEx extends Frame implements KeyListener{
05      TextArea ta=new TextArea();
06
07      public KeyEventEx(){
08          super("KeyEvent 테스트");
09
```

```
10              add(ta);
11
12              setBounds(300,300,300,300);
13              setVisible(true);
14
15              ta.addKeyListener(this);
16          }
17
18      public void keyReleased(KeyEvent e){}
19      public void keyTyped(KeyEvent e){}
20      public void keyPressed(KeyEvent e)
21      {
22              if(e.getKeyCode()==e.VK_DOWN){
23                      ta.append("Down Key\n");
24              }
25
26              if(e.getKeyCode()==e.VK_UP){
27                      ta.append("Up Key\n");
28              }
29              if(e.getKeyCode()==e.VK_LEFT){
30                      ta.append("Left Key\n");
31              }
32              if(e.getKeyCode()==e.VK_RIGHT){
33                      ta.append("Right Key\n");
34              }
35              if(e.getKeyCode()==e.VK_ENTER){
36                      ta.append("Enter Key\n");
37              }
38      }
39
40      public static void main(String[] args){
```

```
41          new KeyEventEx();
42      }
43 }
```

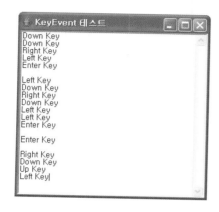

[그림 10-7] KeyEventEx의 실행결과

▶▶▶ 04행: 이벤트를 실제적으로 처리할 수 있도록 해당 이벤트를 처리할 KeyListener 인터페이스를 이용해서 이벤트 리스너 클래스를 작성한다. KeyListener 인터페이스는 TextArea에 사용된다.

16행: 이벤트 소스인 ta에 이벤트 리스너를 연결(addKeyListener(this))한다.

18행~20행: KeyListener 인터페이스에 3개의 추상메서드가 있기 때문에 사용을 하지 않더라도 반드시 재정의해야 한다.

20행: TextArea에서 키를 눌렀을 때 발생하는 메서드다.

22행: getKeyCode( ) 메서드는 이벤트에 의해 입력된 문자에 해당하는 코드를 얻어온다. 이때 키보드에 있는 모든 키에 대응되는 코드값을 KeyEvent의 멤버 필드로 정의해 놓았다. VK_DOWN은 방향키 중의 아래 방향키를 표현하는 코드다.

MouseEvent 예제

예제 **10-5** MouseEventEx

```
01 import java.awt.*;
02 import java.awt.event.*;
```

```
03
04  public class MouseEventEx extends Frame implements ActionListener,
    MouseListener {
05
06      Panel p = new Panel();
07      Button test = new Button("Test");
08      Button exit = new Button("종료");
09      TextArea ta = new TextArea();
10
11      public MouseEventEx() {
12          super("MouseEvent 테스트");
13
14          p.add(test);
15          p.add(exit);
16
17          ta.setEditable(false);
18
19          add("South",p);
20          add("Center",ta);
21
22          setBounds(300,300,300,300);
23          setVisible(true);
24
25          test.addMouseListener(this);
26          exit.addActionListener(this);
27      }
28
29      public static void main(String args[]) {
30          new MouseEventEx();
31      }
32
33      public void actionPerformed(ActionEvent e) {
34          System.exit(0);
```

```
35          }
36
37      public void mouseEntered(MouseEvent e) {
38              ta.append("Mouse Enter Event... \n");
39      }
40
41      public void mousePressed(MouseEvent e) {
42              ta.append("Mouse Press Event...\n");
43      }
44
45      public void mouseReleased(MouseEvent e) {
46              ta.append("Mouse Release Event...\n");
47      }
48
49      public void mouseClicked(MouseEvent e) {
50              ta.append("Mouse Click Event...\n");
51      }
52
53      public void mouseExited(MouseEvent e) {
54              ta.append("Mouse Exit Event...\n");
55      }
56  }
```

[그림 10-8] MouseEventEx의 실행결과

▶▶▶ 04행: 이벤트를 실제적으로 처리할 수 있도록 해당 이벤트를 처리할 ActionListener, MouseListener 인터페이스를 이용해서 이벤트 리스너 클래스를 작성한다. ActionListener 인터페이스는 exit 버튼에 사용되고, MouseListener 인터페이스는 test 버튼에 사용된다.

17행: TextArea를 비활성화한다.

25행: 이벤트 소스인 test에 이벤트 리스너를 연결(addMouseListener(this))한다.

26행: 이벤트 소스인 exit에 이벤트 리스너를 연결(addActionListener(this))한다.

37행~39행: 마우스 커서가 test 버튼에 들어오면 호출된다.

41행~43행: test 버튼에서 마우스 버튼이 눌려지면 호출된다.

45행~47행: test 버튼에서 마우스 버튼이 눌려졌다 떼어지면 호출된다.

49행~51행: 마우스로 test 버튼을 클릭했을 때 호출된다.

MouseMotionEvent 예제

예제 **10-6**　MouseMotionEventEx

```
01  import java.awt.*;
02  import java.awt.event.*;
03
04  public class MouseMotionEventEx extends Frame implements
    ActionListener, MouseMotionListener{
05
06      Label move = new Label("마우스 따라 다니기", Label.CENTER);
07      Button exit = new Button("종료");
08
09      public MouseMotionEventEx(){
10          setTitle("MouseMotionEvent 테스트");
11
12          setLayout(null);
13
14          move.setBounds(100,50,150,20);
```

```
15          exit.setBounds(250,500,50,30);
16
17          move.setBackground(Color.red);
18
19          add(move);
20          add(exit);
21
22          setBounds(300,100,500,600);
23          setVisible(true);
24
25          exit.addActionListener(this);
26          addMouseMotionListener(this);
27      }
28
29      public static void main(String args[]){
30          new MouseMotionEventEx();
31      }
32
33      public void actionPerformed(ActionEvent e){
34          System.exit(0);
35      }
36
37      public void mouseMoved(MouseEvent e){
38          Point p = e.getPoint();
39          move.setLocation(p);
40      }
41
42      public void mouseDragged(MouseEvent e){}
43 }
```

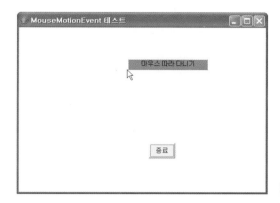

[그림 10-9] MouseMotionEventEx의 실행결과

▶▶▶ 04행: ActionListener 인터페이스는 exit 버튼에 사용되고, MouseMotionListener 인터페이스는 Frame에 사용된다.

12행: Frame의 레이아웃을 널 레이아웃으로 설정하게 되면 모든 컴포넌트의 위치를 일일이 지정해 줘야 한다.

14행: move Label의 시작 x 좌표는 100, y 좌표는 50 , Label의 폭은 150, 높이는 20이다. 이때 단위는 픽셀이다.

15행: exit Button의 시작 x 좌표는 250, y 좌표는 500 , Button의 폭은 50, 높이는 30이다.

17행: Label의 바탕색을 빨간색으로 설정한다.

25행: 이벤트 소스인 exit에 이벤트 리스너를 연결(addActionListener(this))한다.

26행: 이벤트 소스인 Frame에 이벤트 리스너를 연결(addMouseMotionListener(this))한다.

37행: Frame에서 마우스를 이동하면 호출된다.

38행: getPoint( ) 메서드는 현재 좌표를 Point 객체로 반환한다. 즉, Point 클래스는 좌표를 관리하는 클래스이며, 이때 x 좌표를 알 수 있는 getX( ), y 좌표를 알 수 있는 getY( ) 메서드를 제공한다.

39행: move Label의 위치를 Point 객체를 이용하여 다시 설정한다.

WindowEvent 예제

```
01  import java.awt.*;
02  import java.awt.event.*;
03
04  public class WindowEventEx extends Frame implements WindowListener{
05      public WindowEventEx(){
06          super("WindowEvent 테스트");
07
08          Label exit = new Label("프레임의 종료 버튼을 눌러 주세요");
09
10          add(exit);
11
12          setBounds(300,300,200,200);
13          setVisible(true);
14
15          addWindowListener(this);
16      }
17
18      public static void main(String[] args){
19          new WindowEventEx();
20      }
21
22      public void windowClosing(WindowEvent e){
23          System.exit(0);
24      }
25
26      public void windowActivated(WindowEvent e){}
27      public void windowClosed(WindowEvent e){}
28      public void windowDeactivated(WindowEvent e){}
```

```
29      public void windowDeiconified(WindowEvent e){}
30      public void windowIconified(WindowEvent e){}
31      public void windowOpened(WindowEvent e){}
32  }
```

[그림 10-10] WindowEventEx의 실행결과

이벤트 Adapter 클래스

지금까지 우리는 이벤트를 처리하기 위하여 이벤트 리스너를 등록하여 처리했다. 그런데 이벤트 리스너가 인터페이스로 되어 있어 리스너에 선언되어 있는 추상메서드를 모두 오버라이딩을 시켜야 사용할 수 있다는 것을 알았다. 즉, 처리하지 않는 메서드까지도 오버라이딩하여 처리를 해야 하니 굉장히 번거로운 작업이라고 생각할 것이다. 이러한 이유로, 이러한 작업을 좀더 쉽게 처리할 수 있도록 Adapter라는 클래스가 존재한다.

Adapter 클래스는 이벤트 리스너 인터페이스 중에서 추상메서드가 두 개 이상 존재하는 인터페이스를 구현한 추상 클래스이며, 인터페이스에 있는 모든 메서드를 빈(Empty) 메서드로 재정의했기 때문에 인터페이스를 구현하여 불필요한 메서드를 재정의하는 수고를 덜어준다. 즉, Adapter 클래스를 상속받은 클래스에서는 자신이 필요한 메서드만을 재정의하면 된다.

❶ Adapter 클래스의 종류

먼저 Adapter 클래스의 종류부터 살펴보자. 아래 표에 Adapter 클래스의 종류를 정리했다.

[표 10-19] Adapter 클래스의 종류

이벤트	이벤트 리스너	이벤트 어댑터
ComponentEvent	ComponentListener	ComponentAdapter
ContainerEvent	ContainerListener	ContainerAdapter
FocusEvent	FocusListener	FocusAdapter
KeyEvent	KeyListener	KeyAdapter
MouseEvent	MouseListener	MouseAdapter
MouseMotionEvent	MouseMotionListener	MouseMotionAdapter
WindowEvent	WindowListener	WindowAdapter

Adapter 클래스를 이용한 예제

예제 10-8	AdapterEx

```java
01  import java.awt.*;
02  import java.awt.event.*;
03
04  public class AdapterEx extends Frame implements ActionListener{
05
06      Panel p1, p2, p3;
07
08      TextField tf;
09      TextArea ta;
10
11      Button b1, b2;
12
13      public AdapterEx(){
14
15          super("Adapter 테스트");
16
17          p1=new Panel();
18          p2=new Panel();
19          p3=new Panel();
20
21          tf=new TextField(35);
22          ta=new TextArea(10,35);
23
24          b1=new Button("Clear");
25          b2=new Button("Exit");
26
27          p1.add(tf);
28          p2.add(ta);
```

```java
29          p3.add(b1);
30          p3.add(b2);
31
32          add("North",p1);
33          add("Center",p2);
34          add("South",p3);
35
36          setBounds(300,200,300,300);
37          setVisible(true);
38
39          b1.addActionListener(this);
40          b2.addActionListener(this);
41
42          tf.addKeyListener(new KeyEventHandler(tf, ta));
43
44          addWindowListener(new WindowEventHandler());
45      }
46
47      public void actionPerformed(ActionEvent e){
48          String str=e.getActionCommand();
49          if(str.equals("Clear")){
50                  ta.setText("");
51                  tf.setText("");
52                  tf.requestFocus();
53          }
54          else if(str.equals("Exit")){
55                  System.exit(0);
56          }
57      }
58
59      public static void main(String[] args){
```

```
60              new AdapterEx();
61         }
62 }
63
64 class KeyEventHandler extends KeyAdapter{
65      TextField tf;
66      TextArea ta;
67
68      public KeyEventHandler(TextField tf, TextArea ta){
69          this.tf=tf;
70          this.ta=ta;
71      }
72
73      public void keyTyped(KeyEvent e){
74          if(e.getKeyChar() == KeyEvent.VK_ENTER){
75                  ta.append(tf.getText()+"\n");
76                  tf.setText("");
77          }
78      }
79 }
80
81 class WindowEventHandler extends WindowAdapter{
82      public void windowClosing(WindowEvent e){
83          System.exit(0);
84      }
85 }
```

[그림 10-11] AdapterEx의 실행결과

▶▶▶ 42행: 이벤트 소스인 tf에 이벤트 리스너를 연결한다. 이때 KeyEventHandler 클래스는 KeyAdapter를 상속받은 클래스이기 때문에 KeyListener에 있는 모든 메서드를 재정의할 필요 없이 자신이 원하는 메서드만을 재정의하면 된다.

44행: 이벤트 소스인 Frame에 이벤트 리스너를 연결한다. 이때 WindowEventHandler 클래스는 WindowAdapter를 상속받은 클래스이기 때문에 WindowListener에 있는 모든 메서드를 재정의할 필요 없이 자신이 원하는 메서드만을 재정의하면 된다.

64행: KeyEventHandler 클래스는 KeyAdatper 클래스를 상속받기 때문에 KeyAdapter에 재정의된 메서드를 모두 재정의 할 필요 없이 자신이 원하는 메서드만 재정의하면 된다. 이것이 Adapter 클래스를 사용하는 이유다.

73행: tf에 키보드를 통해 문자가 입력되었을 때 호출된다.

74행: getKeyChar( ) 메서드는 키 이벤트에 의해 입력된 문자를 얻어온다.

81행: WindowEventHandler 클래스는 WindowAdatper 클래스를 상속받기 때문에 WindowAdapter에 재정의된 메서드를 모두 재정의할 필요 없이 자신이 원하는 메서드만 재정의하면 된다.

❷ Adapter 클래스의 활용

Adapter 클래스를 사용할 때는 예제에서 봤던 것처럼 Adapter 클래스로부터 상속받는 클래스를 생성하여 처리했다. 이 방법보다 좀더 효율적으로 처리할 수 있도록 Anonymous 클래스를 이용하는 방법과 Inner 클래스를 이용하는 방법이 있다. 여러분은 Anonymous 클래스와 Inner 클래스에 대한 설명은 5장에서 이미 살펴 봤기 때문에 여기서는 예제 중심으로 설명하겠다.

Anonymous 클래스를 이용한 예제

예제 10-9	AnonymousEx

```java
01  import java.awt.*;
02  import java.awt.event.*;
03
04  public class AnonymousEx extends Frame implements ActionListener{
05
06      Panel p1, p2, p3;
07
08      TextField tf;
09      TextArea ta;
10
11      Button b1, b2;
12
13      public AnonymousEx(){
14
15          super("Adapter 테스트");
16
17          p1=new Panel();
18          p2=new Panel();
19          p3=new Panel();
20
21          tf=new TextField(35);
22          ta=new TextArea(10,35);
23
24          b1=new Button("Clear");
25          b2=new Button("Exit");
26
```

```
27              p1.add(tf);
28              p2.add(ta);
29              p3.add(b1);
30              p3.add(b2);
31
32              add("North",p1);
33              add("Center",p2);
34              add("South",p3);
35
36              setBounds(300,200,300,300);
37              setVisible(true);
38
39              b1.addActionListener(this);
40              b2.addActionListener(this);
41
42              tf.addKeyListener(new KeyEventHandler(tf, ta));
43
44              addWindowListener(new WindowAdapter(){
45                      public void windowClosing(WindowEvent e){
46                              System.exit(0);
47                      }
48                      public void windowOpened(WindowEvent e){
49                              tf.requestFocus();
50                      }
51              });
52      }
53
54      public void actionPerformed(ActionEvent e){
55          String str=e.getActionCommand();
56          if(str.equals("Clear")){
57                  ta.setText("");
```

```
58                      tf.setText("");
59                      tf.requestFocus();
60              }
61          else if(str.equals("Exit")){
62                      System.exit(0);
63              }
64      }
65
66      public static void main(String[] args){
67          new AnonymousEx();
68      }
69 }
70
71 class KeyEventHandler extends KeyAdapter{
72      TextField tf;
73      TextArea ta;
74
75      public KeyEventHandler(TextField tf, TextArea ta){
76          this.tf=tf;
77          this.ta=ta;
78      }
79
80      public void keyTyped(KeyEvent e){
81          if(e.getKeyChar() == KeyEvent.VK_ENTER){
82                      ta.append(tf.getText()+"\n");
83                      tf.setText("");
84          }
85      }
86 }
```

▶▶▶ 44행: 이벤트 소스인 Frame에 이벤트 리스너를 연결한다. 이 때 매개변수로 Anonymous 클

래스를 사용하였다. Anonymous 클래스는 클래스 이름이 없으며, 객체가 생성되었기 때문에 addWindowListener( ) 메서드의 매개변수로 지정할 수 있다.

45행~47행: 자신이 원하는 메서드를 재정의한다. windowClosing( ) 메서드에서는 프로그램을 종료한다.

48행~50행: 이 메서드는 Frame이 화면에 보인 후에 호출된다. 이때 TextField에 포커스를 설정했으므로 이제 사용자가 굳이 마우스를 사용할 필요가 없다.

Inner 클래스를 이용한 예제

예제 **10-10**　InnerEx

```
01  import java.awt.*;
02  import java.awt.event.*;
03
04  public class InnerEx extends Frame implements ActionListener{
05
06      Panel p1, p2, p3;
07
08      TextField tf;
09      TextArea ta;
10
11      Button b1, b2;
12
13      public InnerEx(){
14
15          super("Adapter 테스트");
16
17          p1=new Panel();
18          p2=new Panel();
19          p3=new Panel();
20
```

```
21          tf=new TextField(35);
22          ta=new TextArea(10,35);
23
24          b1=new Button("Clear");
25          b2=new Button("Exit");
26
27          p1.add(tf);
28          p2.add(ta);
29          p3.add(b1);
30          p3.add(b2);
31
32          add("North",p1);
33          add("Center",p2);
34          add("South",p3);
35
36          setBounds(300,200,300,300);
37          setVisible(true);
38
39          b1.addActionListener(this);
40          b2.addActionListener(this);
41
42          tf.addKeyListener(new KeyEventHandler());
43
44          addWindowListener(new WindowAdapter(){
45                  public void windowClosing(WindowEvent e){
46                          System.exit(0);
47                  }
48                  public void windowOpened(WindowEvent e){
49                          tf.requestFocus();
50                  }
51          });
```

```
52          }
53
54      class KeyEventHandler extends KeyAdapter{
55
56          public void keyTyped(KeyEvent e){
57                  if(e.getKeyChar() == KeyEvent.VK_ENTER){
58                          ta.append(tf.getText()+"\n");
59                          tf.setText(" ");
60                  }
61          }
62      }
63
64      public void actionPerformed(ActionEvent e){
65          String str=e.getActionCommand();
66          if(str.equals("Clear")){
67                  ta.setText("");
68                  tf.setText("");
69                  tf.requestFocus();
70          }
71          else if(str.equals("Exit")){
72                  System.exit(0);
73          }
74      }
75
76      public static void main(String[] args){
77          new InnerEx();
78      }
79 }
```

▶▶▶ 42행: 이벤트 소스인 TextField에 이벤트 리스너를 연결한다. 이 때 KeyEventHandler 클래스는
KeyAdapter를 상속받은 클래스이기 때문에 KeyListener에 있는 모든 메서드를 재정의할 필

요 없이 자신이 원하는 메서드만을 재정의하면 된다. 한가지 중요한 점은 KeyEventHandler 클래스를 Inner 클래스로 구현할 때는 굳이 ta, tf 참조변수를 넘기지 않는다. 왜냐하면 Inner 클래스에서는 Outter 클래스의 멤버변수를 참조변수 없이 사용할 수 있기 때문이다. [예제 10-8] AdapterEx에서는 tf, ta를 매개변수 객체를 생성했다. 이유는 서로 다른 클래스이기 때문이다. 다시 한번 참조하기 바란다.

☆ 요약

1 이벤트(Event)라는 것은 윈도우 프로그래밍에서 어떤 특정한 행동이 발생한 그 자체를 의미한다.

2 이벤트 소스는 이벤트가 발생되는 컴포넌트를 말한다.

3 이벤트 리스너는 이벤트 소스에서 이벤트가 발생하는지를 검사하고 있다가 이벤트가 발생되면 실제적으로 이벤트를 처리할 수 있도록 만든 인터페이스다.

4 이벤트 핸들러는 이벤트 리스너에 전달된 이벤트를 실제로 처리할 수 있도록 이벤트 리스너에 포함되어 있는 메서드로 발생된 이벤트 객체를 받아와서 실제적으로 처리해주는 기능이 있다.

5 다음은 주요 이벤트 클래스를 정리한 것이다.

[표 10-20] 와일드카드 타입의 구성

이벤트	개요	
ActionEvent	버튼, 리스트, 메뉴 등의 컴포넌트가 눌리거나 선택이 되었을 때 발생하는 이벤트다.	
AdjustmentEvent	스크롤 바와 같은 조정 가능한 컴포넌트에서 조정이 일어나면 발생하는 이벤트다.	
ComponentEvent	컴포넌트의 모습이나 이동, 크기가 변화될 때 발생하는 이벤트다.	
ItemEvent	리스트와 같은 선택항목이 있는 컴포넌트에서 선택항목이 선택될 때 발생되는 이벤트다.	
TextEvent	텍스트 컴포넌트에서 값이 입력될 때 발생하는 이벤트다.	
ContainerEvent	컨테이너에 컴포넌트가 추가되거나 제거될 때 발생하는 이벤트다.	
FocusEvent	컴포넌트에 초점(Focus)이 들어 올 때 발생하는 이벤트다.	
PaintEvent	컴포넌트가 그려져야할 때 발생하는 이벤트다.	
WindowEvent	윈도우가 활성화되거나 비활성화 될 때, 최소, 최대, 종료될 때 발생하는 이벤트다.	
KeyEvent	키보드로부터 입력이 될 때 발생하는 이벤트다.	
MouseEvent	마우스가 눌려지거나 움직일 때, 마우스 커서가 컴포넌트 영역에 들어가거나 벗어날 때 발생하는 이벤트다.	

6 컴포넌트 이벤트 처리 3단계는 다음과 같다.
• 이벤트 소스 결정 → 이벤트 리스너 작성 → 이벤트 소스와 이벤트 리스너 연결

7 Adapter 클래스는 이벤트 리스너 인터페이스 중에서 추상메서드가 두 개 이상 존재하는 인터페이스를 구현한 추상 클래스다.

⭐ 연습문제

1 AWT와 이벤트를 이용해서 다음 조건에 맞는 간단한 메모장을 만들어 보자.

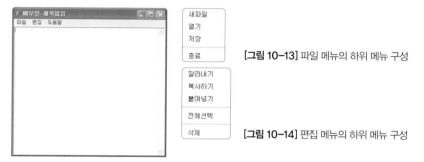

[그림 10-13] 파일 메뉴의 하위 메뉴 구성

[그림 10-14] 편집 메뉴의 하위 메뉴 구성

[그림 10-12] AWT와 이벤트를 이용해서 만든 메모장

【조건】

- 현재 작업 중인 상태에서 새파일이 눌려 지면 '저장하시겠습니까?'라는 다이얼로그 박스를 출력시킨 후 〈예〉 버튼을 누르게 되면 '저장' 다이얼로그 박스를 출력시키고 난 후 화면을 지우고, 〈아니오〉 버튼을 누르면 화면을 지운다.
- '열기' 메뉴를 누르면 '열기' 다이얼로그 박스를, '저장' 메뉴를 누르면 '저장' 다이얼로그 박스를 출력시킨다.
- '종료' 메뉴를 누르면 현재 작업 중인 상태이면 '저장하시겠습니까?'라는 다이얼로그 박스를 출력시킨 후 〈예〉 버튼을 누르게 되면 '저장' 다이얼로그 박스를 출력시키고 난 후 프로그램을 종료시키고, 〈아니오〉 버튼을 누르면 바로 프로그램을 종료시킨다.
- '잘라내기' 메뉴를 누르면 블록으로 설정된 부분을 잘라내기 시키고, '복사하기' 메뉴를 누르면 블록으로 설정된 부분을 복사시킨다. 그 이후 '붙여넣기' 메뉴를 눌렀을 때 출력시킨다.
- '전체선택' 메뉴를 누르면 현재 작성 중인 내용 전체를 블록화시킨다.
- '삭제' 메뉴를 누르면 블록으로 설정된 부분을 지운다.
- '도움말' 메뉴는 현재 메모장에 대한 정보를 다이얼로그 박스로 출력시킨다.

[MEMO]

그래픽과 애플릿

✳ **학습 목표**
- 자바에서의 그래픽 구조에 대해 알아본다.
- 그래픽 컨텍스트에 대해 알아본다.
- 애플릿에 대해 알아본다.
- 이미지 처리 방식에 대해 알아본다.

그래픽 구조

일반적으로 그래픽을 처리하기 위해서는 그림을 그릴 주체가 있고 그 주체가 그림을 그릴 때 사용할 수 있는 펜이나 붓 등의 도구가 있어야 한다. 또한 그 도구를 가지고 그림을 그릴 수 있는 장소, 즉 도화지 등과 같은 대상이 있어야 한다. 다음 그림은 이러한 그래픽 처리 구조를 그림으로 표현한 것이다.

[그림 11-1] 그래픽 처리 구조

❶ 그래픽 주체

자바에서의 그래픽 주체는 그림을 직접 그리도록 명령을 내리는 사람, 즉 프로그래머 자체가 주체가 될 수 있으며, 자바 자체적으로 자동으로 그림을 그릴 수 있도록 만들어 놓은 JVM이 될 수도 있다. 따라서 실제로 그림을 그리는 작업이 일어나도록 하는 주체를 의미한다.

예를 들어, AWT에서 프레임을 화면에 출력시킨 후 프레임을 아이콘화시켰다가 다시 복구시키는 경우는 JVM이 자동으로 프레임을 그리도록 하는 것이며, 프로그램이 실행하는 도중에 일정한 시간이 지나면 화면이 자동으로 다시 그려질 수 있도록 프로그래밍을 할 수도 있는 것이다.

❷ 그래픽 도구

자바에서의 그래픽 도구는 주체가 그림을 그릴 수 있도록 펜, 붓, 폰트, 팔레트 등과 같은 것을 의미한다. 이러한 도구들을 만든 후 여러 번 사용할 수 있도록 정보를 저장하는데, 이를 그래픽 컨텍스트(Graphic Context)라 한다.

이번 장에서 가장 중요하게 보게 될 내용으로 그래픽 컨텍스트를 추상화시킨 클래스가 java. awt.Graphics 클래스다.

❸ 그래픽 대상

자바에서의 그래픽 대상은 그림을 그릴 수 있는 곳을 의미하는데, AWT의 모든 컴포넌트나 이미지, 프린터 등이 될 수 있다. 자바에서 제공하는 모든 컴포넌트는 paint( ) 메서드가 포함되어 있어 자신이 그려져야 할 때 자동으로 호출되어 지정된 곳에 그릴 수 있도록 하고 있다. 그렇기 때문에 프로그래머가 일일이 paint( ) 메서드를 만들어주지 않아도 화면에 출력시킬 수 있는 것이다.

그래픽 컨텍스트

그래픽 컨텍스트는 앞서도 잠깐 언급했듯이 그림을 그리기 위해 사용하는 도구들을 추상화시킨 것으로 두 가지 기능이 있다. 첫 번째는 실제로 그림을 그리는 작업을 할 수 있도록 그래픽 메서드를 포함하고 있으며, 두 번째는 그래픽 메서드를 이용해서 그림을 그릴 때 사용하는 각종 도구들, 즉 그래픽 정보를 설정할 수 있다. 예를 들어, 원, 사각형을 그릴 수 있도록 하는 메서드와 그러한 그림을 그릴 때 사용하는 색상, 굵기 등을 설정할 수가 있는데, 이러한 기능들을 담당하는 것이 그래픽 컨텍스트다.

❶ Graphics 클래스

Graphics 클래스는 그래픽 작업을 할 수 있도록 기능들을 추상화시킨 클래스로 그림을 그릴 수 있는 각종 메서드를 지원하고 있다. 다음 표는 Graphics 클래스의 중요 메서드를 정리한 것이다. 참고로 API 메서드 중에 fill이 붙어 있는 것들은 채우기 기능이 있는 메서드다.

[표 11-1] Graphics 클래스 메서드

반환형	메서드	설명
abstract void	drawString(String str, int x, int y)	그래픽 컨텍스트의 글꼴과 색상을 이용하여 지정한 문자를 지정한 위치에 그려준다.
	drawLine (int x1, int y1, int x2, int y2)	그래픽 컨텍스트 좌표 내에서 x1, y1과 x2, y2 사이에 현재 색상을 이용하여 선을 그려준다.
	drawRect(int x, int y, int width, int height)	지정한 위치에 폭과 높이가 있는 사각형을 그려준다.
	drawRoundRect(int x, int y, int width, int height, int arcWidth, int arcHeight)	지정한 위치에 폭과 높이, 각도가 있는 모서리가 둥근 사각형을 그려준다.

abstract void	drawArc(int x, int y, int width, int height, int startAngle, int arcAngle)	지정한 위치에 폭과 높이, 각도가 있는 원호를 그려준다.
	drawPolygon(int[ ] xPoints, int[ ] yPoints, int nPoints)	지정한 x 좌표와 y 좌표의 배열을 가지는 닫힌 다각형을 그려준다.
abstract boolean	drawImage(Image img, int x, int y, ImageObserver observer)	현재 이용할 수 있는 이미지를, x와 y를 시작 좌표로 기준하여 그려준다.
	drawImage(Image img, int x, int y, int width, int height, ImageObserver observer)	현재 이용할 수 있는 이미지를, x와 y를 시작 좌표로 기준하여 폭(width)과 높이(height)만큼 그려준다.
	drawImage(Image img, int dx1, int dy1, int dx2, int dy2, int sx1, int sy1, int sx2, int sy2, ImageObserver observer)	로딩된 이미지를 sx1, sy1을 시작 좌표로 하고 폭(sx2), 높이(sy2)만큼을 잘라서 출력시킬 화면의 dx1, dy1을 시작 좌표로 하여 폭(dx2)과 높이(dy2) 만큼의 공간에 그려준다.
void	setColor(Color c)	그래픽 컨텍스트의 현재 색상을 지정한 색상으로 설정한다.
	setFont(Font font)	그래픽 컨텍스트의 현재 글꼴을 지정한 글꼴로 설정한다.
FontMetrics	getFontMetrics( )	그래픽 컨텍스트의 현재 글꼴에 대한 FontMetrics 객체를 얻어온다.
	getFontMetrics(Font f)	지정한 글꼴에 대한 FontMetrics 객체를 얻어온다.

❷ Color 클래스

Color 클래스는 그래픽 컨텍스트에 색상을 설정하기 위해 사용하는 클래스다. Color 클래스 객체를 생성할 때 사용할 색상을 지정하여 그래픽 컨텍스트에 설정하면 그 이후의 모든 색상에 적용하여 사용할 수 있다. 또한 자주 사용하는 13가지 색상은 상수로 멤버필드에 만들어져 있어 곧바로 사용할 수 있다. Color 클래스의 주요 멤버필드와 생성자는 다음과 같다.

[표 11-2] Color 클래스의 주요 멤버필드

자료형	필드형	설명
static Color	black, BLACK	검정색
	Blue, BLUE	파란색
	Cyan, CYAN	하늘색

static Color	darkGray, DARK_GRAY	어두운 회색
	Gray, GRAY	회색
	green, GREEN	녹색
	lightGray, LIGHT_GRAY	밝은 회색
	magenta, MAGENTA	진홍색
	orange, ORANGE	주황색
	pink, PINK	분홍색
	red, RED	빨간색
	white, WHITE	흰색
	yellow, YELLOW	노란색

[표 11-3] Color 클래스의 주요 생성자

생성자	설명	
Color(float r, float g, float b)	범위(0.0~1.0)의 지정된 red, green, blue값을 사용하여 색상 객체를 생성한다.	
Color (int r, int g, int b)	범위(0~255)의 지정된 red, green, blue값을 사용하여 색상 객체를 생성한다.	

❸ Font 클래스

Font 클래스는 그래픽 컨텍스트에 글꼴을 설정하기 위해 사용하는 클래스다. Font 클래스 객체를 생성할 때 사용할 글꼴의 속성을 지정하여 그래픽 컨텍스트에 설정하면 그 이후의 모든 글자에 적용하여 사용할 수 있다. Font 클래스의 주요 멤버필드와 생성자는 다음과 같다.

[표 11-4] Font 클래스의 주요 멤버필드

자료형	필드명	설명	
static int	BOLD	굵은 스타일 상수	
	ITALIC	이탤릭 스타일 상수	
	PLAIN	일반 스타일 상수	

[표 11-5] Font 클래스의 생성자

속성생성자	설명
Font(Map⟨? extends AttributedCharacterIterator.Attribute,?⟩ attributes)	지정된 속성으로 새로운 폰트 객체를 생성한다.
Font(String name, int style, int size)	지정한 폰트 이름, 스타일, 크기를 통해 새로운 폰트 객체를 생성한다.

그럼 여기서 Graphics 클래스를 이용한 간단한 예제를 구현해 보자. 이 예제는 간단한 그림판 형태의 도형을 그릴 수 있는 예제다.

예제 11-1 GraphicsEx

```
001  import java.awt.*;
002  import java.awt.event.*;
003
004  public class GraphicsEx extends Frame implements ActionListener{
005
006      Point first_point, last_point, old_point;
007      MenuItem menu_tool_pen, menu_tool_line,
               menu_tool_circle, menu_tool_rect;
008      String str="펜";
009
010      public GraphicsEx() {
011
012          super("Graphics 테스트");
013
014          MenuBar mb = new MenuBar();
015
016          Menu menu_tool = new Menu("도구");
017
018          menu_tool_pen = new MenuItem("펜");
019          menu_tool_line = new MenuItem("선");
020          menu_tool_circle = new MenuItem("원");
021          menu_tool_rect = new MenuItem("사각형");;
```

```
022
023                 menu_tool.add(menu_tool_pen);
024                 menu_tool.add(menu_tool_line);
025                 menu_tool.add(menu_tool_circle);
026                 menu_tool.add(menu_tool_rect);
027
028                 mb.add(menu_tool);
029                 setMenuBar(mb);
030
031                 add(new GrimPanCanvas(), BorderLayout.CENTER);
032
033                 setBounds(200,200,400,400);
034                 setVisible(true);
035
036                 menu_tool_pen.addActionListener(this);
037                 menu_tool_line.addActionListener(this);
038                 menu_tool_circle.addActionListener(this);
039                 menu_tool_rect.addActionListener(this);
040
041         }
042
043     public void actionPerformed(ActionEvent ae){
044                 MenuItem selected_menu = (MenuItem)ae.getSource();
045
046                 if(selected_menu.equals(menu_tool_pen)){
047                     str = menu_tool_pen.getLabel();
048                 }else if(selected_menu.equals(menu_tool_line)){
049                     str = menu_tool_line.getLabel();
050                 }else if(selected_menu.equals(menu_tool_circle)){
051                     str = menu_tool_circle.getLabel();
052                 }else if(selected_menu.equals(menu_tool_rect)){
053                     str = menu_tool_rect.getLabel();
054                 }
```

```
055                }
056
057        public static void main(String[] args) {
058                new GraphicsEx();
059        }
060
061        class GrimPanCanvas extends Canvas implements
           MouseMotionListener, MouseListener{
062
063                public GrimPanCanvas() {
064                        addMouseListener(this);
065                        addMouseMotionListener(this);
066                }
067                public void mouseClicked(MouseEvent me){}
068                public void mouseEntered(MouseEvent me){}
069                public void mouseExited(MouseEvent me){}
070
071                public void mousePressed(MouseEvent me){
072                        first_point = me.getPoint();
073                        old_point=me.getPoint();
074                }
075
076                public void mouseReleased(MouseEvent me){
077                        last_point = me.getPoint();
078                        repaint();
079                }
080                public void mouseDragged(MouseEvent me){
081                        last_point = me.getPoint();
082                        repaint();
083                }
084
085                public void mouseMoved(MouseEvent me){}
086
```

```
087            public void update(Graphics g){
088                    paint(g);
089            }
090
091            public void paint(Graphics g) {
092            if(first_point != null && last_point != null) {
093                    if(str.equals("펜")) {
094                            g.drawLine(first_point.x, first_point.y,
095                                    last_point.x, last_point.y);
096                            first_point=last_point;
097
098                            return;
099                    }
100                    if(str.equals("선")) {
101                            g.setColor(Color.WHITE);
102                            g.drawLine(first_point.x, first_point.y,
103                                    old_point.x, old_point.y);
104
105                            g.setColor(Color.BLACK);
106                            g.drawLine(first_point.x, first_point.y,
107                                    last_point.x, last_point.y);
108                    }else if(str.equals("원")) {
109                            g.setColor(new Color(255,255,255));
110                            g.fillOval(first_point.x, first_point.y,
111                                    old_point.x-first_point.x,
112                                    old_point.y-first_point.y);
113
114                            g.setColor(new Color(0,0,255));
115                            g.fillOval(first_point.x, first_point.y,
116                                    last_point.x-first_point.x,
117                                    last_point.y-first_point.y);
118                    }else if(str.equals("사각형")) {
```

```
119                     g.setColor(new Color(255,255,255));
120                     g.fillRect(first_point.x, first_point.y,
121                         old_point.x-first_point.x,
122                         old_point.y-first_point.y);
123
124                     g.setColor(new Color(255,0,0));
125                     g.fillRect(first_point.x, first_point.y,
126                         last_point.x-first_point.x,
127                         last_point.y-first_point.y);
128                 }
129                 old_point=last_point;
130             }
131         }
132     }
133 }
```

[그림 11-2] GraphicsEx의 실행결과

▶▶▶ 04행: 클래스 정의. Frame 클래스로부터 상속을 받은 GraphicsEx라는 클래스를 정의하는데, 액션 이벤트를 처리하기 위해 ActionListener를 implements받았다.

06행~08행: 멤버 변수 선언. 클래스 내에서 사용되는 각 멤버변수들을 선언한다. first_point는 마우스로 클릭했을때의 좌표를, old_point는 마우스로 클릭한 후 이동했을 때 이전의 좌표를 기억할 목적으로 사용하는 변수다.

10행~41행: 생성자를 정의한다.

14행: 메뉴바를 생성한다.

16행: 메뉴바에 붙일 "도구" 메뉴를 생성한다.

18행~21행: "도구" 메뉴에 붙일 "펜", "선", "원", "사각형" 메뉴 아이템을 생성한다.

23행~26행: 생성된 메뉴 아이템을 메뉴에 붙인다.

28행: 메뉴를 메뉴바에 붙인다.

29행: 메뉴바를 프레임에 붙인다.

31행: GrimPanCanvas 클래스로 만든 객체를 프레임 중앙에 붙인다.

36행~39행: 메뉴 아이템에 이벤트를 처리하기 위해 리스너를 등록시킨다.

43행~55행: ActionEvent를 처리한다.

44행: ActionEvnet가 발생한 메뉴 아이템 객체를 얻어온다.

46행~54행: 이벤트가 발생한 메뉴 아이템의 문자열을 얻어온다.

61행: 내부 클래스 정의. Canvas로부터 상속받아 그림을 그릴 수 있는 도화지의 역할을 할 수 있는 클래스를 만든다. 마우스 이벤트를 처리하기 위해 리스너를 등록한다.

64행~65행: 이벤트 처리. 캔버스에 마우스가 움직였을 때 이벤트를 감지하여 처리할 수 있도록 리스너를 등록시킨다.

67행~74행: MouseListener의 추상 메서드를 오버라이드한다. 추상 메서드를 오버라이드시켜 추상 클래스가 되지 않게 만든다(71행은 마우스를 클릭했을 때의 좌표를 얻어온다).

76행~85행: MouseMotionListener의 추상 메서드를 오버라이드한다. 추상 메서드를 오버라이드시켜 추상 클래스가 되지 않게 한다. 76행은 마우스 버튼을 눌렀다가 떨어졌을 때의 좌표를 얻어 화면을 다시 갱신시켰고, 80행은 마우스가 클릭한 상태에서 움직였을 때 이동되는 마우스의 좌표를 얻어 화면을 갱신시킨다.

87행~89행: update( ) 메서드 오버라이드. update( ) 메서드를 오버라이드시킴으로써 이 함수가 호출될 때 화면을 다시 지우고 그리지 않고 현재 화면에 계속 출력될 수 있도록 paint( ) 메서드를 호출한다.

91행~131행: paint( ) 메서드 오버라이드. 이벤트가 발생한 메뉴 아이템의 문자열에 따라 도형을 화면에 출력시킬 수 있도록 하기 위해 먼저 그래픽 컨텍스트의 색상을 흰색으로 바꿔서 이미 그려진 도형은 지우고 다시 색상을 바꿔 이동된 좌표를 가지고 화면에 도형을 출력시킨다.

03 애플릿

애플릿(Applet)은 AWT에서 컨테이너의 역할을 하는 것으로 웹브라우저에 다운되어 실행될 수 있는 프로그램을 의미한다. 과거의 웹 브라우저는 단순히 문자, 그림만을 화면에 출력시키는 일을 하였는데, 애플릿이 나오면서 동적으로 물체가 움직이고, 게임을 하는 등 특별히 소프트웨어를 다운받아 설치하지 않고 그냥 웹브라우저 내에서 프로그램이 실행될 수 있도록 해준 것이다. 참고로 자바가 많은 사람들에게 알려지게 된 계기가 바로 이 애플릿을 통해서다.

애플릿은 브라우저에 내장되어 있는 JVM에 의해 동작된다. 즉, 사용자는 별도의 JVM을 설치하지 않아도 애플릿이 실행될 수 있는데, 브라우저의 버전이나 개발사에 따라 지원하는 버전이 다를 수 있기 때문에 작성된 애플릿 프로그램이 원래 의도대로 동작하지 않을 수도 있다. 이 문제는 자바가 지향하는 플랫폼에 관계없이 실행된다는 특징에 위배된다. 그래서 이러한 문제를 해결하기 위해서 썬에서 해결책으로 나온 것이 바로 자바 플러그인(Java Plug-In)이라는 것이다.

우리가 브라우저에서 플래시를 보기 위해 별도로 추가 프로그램을 동적으로 설치해야 하는 것처럼 자바코드를 브라우저에서 정상적으로 실행할 수 있도록 해주는 별도의 프로그램이 자바 플러그인이다. 자바 플러그인은 JDK 1.3 이상의 버전을 설치하였다면 별도로 설치할 필요가 없이 자동으로 설치된다. 단, JVM을 먼저 설치하고 브라우저를 설치하였다면 별도로 썬 홈페이지에서 내려받아서 설치하면 된다.

❶ 애플릿의 실행

애플릿은 애플리케이션 프로그램과 달리 main( ) 함수가 존재하지 않기 때문에 독자적으로는 실행할 수 없고, 웹브라우저나 JDK가 설치되어 있는 bin 폴더에서 제공하는 애플릿 뷰어(appletviewer)와 같은 프로그램 내에서만 실행할 수 있다.

웹 브라우저는 기본적으로 읽을 수 있는 문서 형태가 HTML 형태이므로, 애플릿 코드를 직접 브라우저에 삽입하여 작성하는 것이 아니다. 즉, 애플릿 코드는 우리가 지금까지 작성했던 방식으로 자바 형태로 작성해서 컴파일시킨 후 HTML 코드에서 컴파일된 CLASS 파일을 불러 실행될 수 있도록 하는 방법을 사용하여 애플릿이 포함된 페이지로 이동할 때 호출한다. 브라우저에서 CLASS 파일을 불러 올때는 〈applet〉 태그를 사용하면 된다.

❷ 애플릿 관련 태그와 메서드

애플릿 관련 태그

웹브라우저에서 애플릿 코드를 실행시키기 위해 HTML에서 제공하는 태그가 바로 〈applet〉이다. 즉, 이 태그를 이용하면 HTML에서 애플릿 코드를 지정해서 쉽게 애플릿 코드를 사용할 수 있으며 웹브라우저에서 애플릿을 실행하기 위해서는 HTML 파일과 자바 애플릿 파일을 만들면 된다.

〈applet〉 태그의 형식은 다음과 같다.

```
〈applet code="애플릿 클래스 이름"
      width="웹브라워저 내의 애플릿의 폭"
      height="웹브라워저 내의 애플릿의 높이"
      codebase="애플릿 코드가 있는 위치"
〉
〈param name="파라미터 이름"
      value="파라미터가 가지는 값"
〉
〈/applet〉
```

그럼 이제 〈applet〉 태그의 속성에 대해 자세히 알아보자.

• code: HTML에서 애플릿으로 작성하여 컴파일된 CLASS 파일을 불러와서 실행할 수 있도록 지정하는 속성으로 CLASS 파일의 확장자는 생략할 수 있으며 패키지 자체를 지정해도 된다.

- width, height: 웹브라우저에서 애플릿이 보여줄 수 있는 영역을 지정하는 속성이다. 웹브라우저의 크기 변경에 따라 가변적으로 변경될 수 있다.
- codebase: 애플릿 파일이 있는 위치를 지정하는 속성으로 일반적으로 HTML 파일과 같은 위치에 있다면 생략할 수 있고 다른 위치에 있으면 반드시 경로를 설정해줘야 된다.
- 〈param〉태그: 이 태그는 애플릿이 실행될 때 HTML에서 애플릿으로 초기값을 넘겨줄 수 있도록 해주는 기능으로 name은 애플릿에서 값을 얻어갈 수 있도록 해주는 파라미터 이름이고 value는 name에 의해서 실제적으로 넘어오는 파라미터값을 지정하는 속성이다.

[표 11-6] Applet 클래스의 주요 메서드

반환형	메서드	설명
void	init( )	웹브라우저에서 처음으로 애플릿이 로드될 때 실행되는 메서드로 애플릿을 초기화한다.
	start( )	init( ) 메서드 다음에 호출되거나 다른 페이지를 보고 있다가 다시 애플릿이 포함된 페이지로 되돌아 올 때 호출되는 메서드로 애플릿을 시작시킨다.
	stop( )	애플릿이 중지되거나 애플릿이 포함되지 않은 페이지로 이동될 때 호출되는 메서드로 애플릿을 중지시킨다.
	destroy( )	애플릿이 종료될 때 호출되는 메서드로, 주로 웹브라우저가 완전히 종료될 때 호출되는 메서드다.
	paint(Graphics g)	애플릿을 화면에 다시 출력시켜야 하는 경우에 호출되는 메서드다.
URL	getCodeBase( )	애플릿 코드가 있는 URL을 얻어온다.
	getDocumentBase( )	HTML 문서가 있는 URL을 얻어온다.
String	getParameter(String name)	HTML 문서에서 〈param〉 태그에 있는 name에 해당하는 값을 얻어온다.
Image	getImage(URL url)	url에 지정된 위치의 이미지를 얻어온다.
	getImage (URL url, String imgName)	url에 지정된 위치에 imgName을 가지는 이미지를 얻어온다.

❸ 애플릿 생명주기와 보안

애플릿 생명주기

아래는 애플릿의 생명주기를 나타낸 그림인데, 각 메서드에 대한 설명은 그림에 나와 있으므로 생략한다.

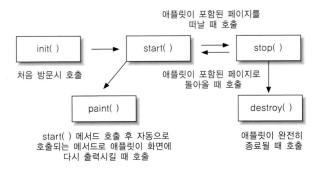

[그림 11-3] 애플릿이 실행되는 동작의 도식화

그럼 이제 Applet 클래스를 이용한 간단한 예제를 구현해보자. 이 예제는 애플릿 클래스로부터 상속받아 애플릿에 컴포넌트를 부착해서 웹브라우저에 출력할 수 있는 예제다.

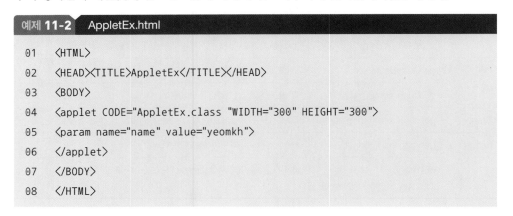

```
예제 11-2    AppletEx.html
01   <HTML>
02   <HEAD><TITLE>AppletEx</TITLE></HEAD>
03   <BODY>
04   <applet CODE="AppletEx.class "WIDTH="300" HEIGHT="300">
05   <param name="name" value="yeomkh">
06   </applet>
07   </BODY>
08   </HTML>
```

▶▶▶ 04행: ⟨appplet⟩ 태그. HTML 파일에서 애플릿을 불러오고 애플릿의 크기를 폭 300, 높이 300으로 설정한다.

05행: ⟨param⟩ 태그. 애플릿을 불러올 때 "name"이라는 이름의 애플릿으로 "yeomkh"라는 값을 넘겨준다.

예제 11-3 AppletEx

```java
01    import java.applet.Applet;
02    import java.awt.*;
03    import java.awt.event.*;
04
05    public class AppletEx extends Applet implements ActionListener{
06         TextField t;
07         Button b;
08         List list;
09
10    public void init(){
11
12              setLayout(new BorderLayout());
13
14              String name=getParameter("name");
15
16              Panel p=new Panel();
17              list=new List(10);
18
19              Label l = new Label("받을 사람: ");
20              t = new TextField(name, 20);
21              b = new Button("보내기");
22
23              p.add(l);
24              p.add(t);
25              p.add(b);
26
27              add(p, BorderLayout.NORTH);
28              add(list, BorderLayout.CENTER);
29
30              t.addActionListener(this);
31              b.addActionListener(this);
32
33              list.add("init()호출");
34         }
```

```
35          public void start(){
36                  list.add("start()호출");
37          }
38
39          public void stop(){
40                  list.add("stop()호출");
41          }
42
43          public void paint(Graphics g){
44                  list.add("paint()호출");
45          }
46
47          public void actionPerformed(ActionEvent e){
48                  list.add(t.getText());
49                  t.setText("");
50          }
51  }
```

[그림 11-4] AppletEx의 실행결과

▶▶▶ 01행: import문. Applet 클래스를 사용하기 위해 java.applet 패키지에서 Applet 클래스를 import한다.

05행: 클래스 정의. Applet 클래스로부터 상속받은 AppletEx라는 클래스를 정의하는데, 액션 이벤트를 처리하기 위해 ActionListener를 implements 받았다.

06행~08행: 멤버변수들 선언. 클래스 내에서 사용되는 각 멤버변수들을 선언한다. t는 사용자로부터 자료를 입력받을 수 있게 하는 변수이고, b는 자료를 입력받은 것을 리스트에 넘겨주는 역할을 하는 변수다. list는 입력받은 자료를 출력시켜 주는 역할을 하는 변수다.

10행~34행: init( ) 메서드 오버라이드.

12행: Applet의 배치관리자를 BorderLayout으로 설정한다.

14행: HTML파일에서 〈param〉 태그에 의해 넘겨지는 값을 getParameter( ) 메서드를 통해 받아 온다.

16행~21행: 패널, 리스트, 레이블, 버튼, 텍스트 필드 객체를 생성한다.

23행~25행: 레이블, 텍스트 필드, 버튼을 패널에 붙인다.

27행~28행: 애플릿의 North 영역에 패널을 붙이고, Center 영역에 리스트를 붙인다.

30행~31행: 버튼과 텍스트 필드에서 ActionEvent가 발생할 때 처리하기 위해 리스너를 연결 시킨다.

33행: init( ) 메서드가 호출되면 메서드가 종료되기 전에 리스트에 "init( )호출" 문자열을 추가시 킨다.

35행~37행: start( ) 메서드 오버라이드. start( ) 메서드가 호출되면 메서드가 종료되기 전에 리스 트에 "start( )호출" 문자열을 추가시킨다.

39행~41행: stop() 메서드 오버라이드. stop( ) 메서드가 호출되면 메서드가 종료되기 전에 리스트 에 "stop( )호출" 문자열을 추가시킨다.

43행~45행: paint() 메서드 오버라이드. paint ( ) 메서드가 호출되면 메서드가 종료되기 전에 리스 트에 "paint( ) 호출" 문자열을 추가시킨다.

47행~50행: actionPerformed( ) 메서드 오버라이드. 텍스트 필드나 버튼에서 actionevent가 발 생하면 텍스트 필드에 입력된 자료를 리스트에 추가시킨 후 텍스트 필드의 내용을 지운다.

애플릿 보안

자바 애플릿은 서버로부터 다운로드되어 웹브라우저를 통하여 실행되는 프로그램으로 다운 로드된 애플릿 프로그램이 시스템에 접근하여 시스템의 정보를 읽거나 파일을 가지고 갈 수 도 있다면 문제가 아주 심각할 것이다. 애플릿은 이러한 행위를 하지 못하게 보안이 되어 있 고 이런 보안문제가 발생하면 예외를 던지고 실행을 멈추게 한다. 애플릿의 보안 정책은 다 음과 같다.

1. 애플릿이 다운로드된 시스템의 파일을 읽거나 쓸 수 없다.
2. 애플릿이 다운로드된 시스템의 프로그램을 실행하거나 공유 라이브러리를 호출할 수 없다.

3. 애플릿이 다운로드된 시스템의 정보를 알아낼 수 없다.

4. 바이너리 코드를 불러내서 사용할 수 없다.

5. 애플릿을 제공한 서버 이외의 다른 시스템과 통신할 수 없다.

❹ FontMetrics 클래스

우리가 앞서 배운 문자를 변형시켜 화면에 출력시키는 작업은 쉬운 일이다. 하지만 폰트의 다양한 특성 때문에 정확한 위치에 출력시키는 것은 그리 쉽지 않은 작업이다. 각 폰트마다 글자의 폭과 높이 등이 달라지기 때문이다. 따라서 사용자가 정확한 위치에 문자를 출력시킬 수 있도록 FontMetrics 클래스를 제공하고 있다. 다음 그림을 통해 FontMetrics의 문자열에 대한 정보를 알아보자.

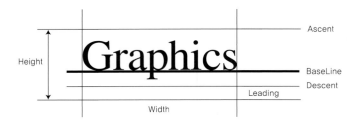

[그림 11-5] 애플릿 생명주기

- Width: 문자열의 폭
- BaseLine: 폰트의 기준선(이 기준선에 의해 글자가 출력된다)
- Descent: 기준선보다 아래에 있는 공간
- Ascent: 기준선보다 위에 있는 공간
- Leading: 현문자의 decent와 다음 문자행의 Ascent 사이의 공간으로 아래 글자와의 경계에 사용되는 빈 공간
- Height: Ascent + Descent + Leading

이제 FontMetrics 클래스를 이용한 간단한 예제를 구현해 보자. 이 예제는 애플릿의 영역을 정확히 구하여 중앙에 글자를 출력시킬 수 있는 예제다.

▶▶▶ 06행~7행: RandomAccessFile 객체를 읽기와 쓰기를 모두할 수 있는 객체로 생성한다.

530

| 예제 **11-4** | FontMetricsEx |

```
01    import java.applet.Applet;
02    import java.awt.*;
03
04    public class FontMetricsEx extends Applet{
05
06        Font f;
07        FontMetrics fm;
08        int x,y;
09        String msg;
10        Dimension size;
11
12        public void init(){
13            msg = "FontMetrics";
14
15            f = new Font("impact", Font.BOLD, 30);
16
17            fm = getFontMetrics(f);
18
19            size = getSize();
20            x = (size.width/2)-(fm.stringWidth(msg)/2);
21            y = (size.height/2)+(fm.getDescent()/2);
22        }
23
24        public void paint(Graphics g){
25            g.setFont(f);
26            g.drawString(msg,x,y);
27        }
28    }
```

▶▶▶ 01행: import문. Applet 클래스를 사용하기 위해서 Applet 클래스가 있는 java.applet이라는 패키지의 Applet 클래스를 현 소스코드에서 사용한다는 것을 import문으로 명시한다.

04행: 클래스 정의. Applet 클래스로부터 상속받는다.

06행~10행: 멤버 변수들 선언. 클래스 내에서 사용되는 각 멤버변수들을 선언한다.

12행~22행: 메서드 정의. 애플릿이 처음 호출되었을 때 호출되는 init( ) 메서드를 재정의하여 객체를 생성시키는 초기화 작업을 한다. 화면에 출력시킬 문자열을 msg에 "FontMetrics"으로 설정하고 f에는 폰트 객체를 생성한다. fm에는 f에 생성된 폰트 객체의 FontMetrics를 얻어온다. size에는 애플릿의 크기를 얻어오고 x와 y 좌표는 애플릿의 중앙 위치에서 FontMetrics에 문자열폭의 1/2인 점을 빼고 폰트의 기준점보다 아래영역부분의 1/2만큼 더해줘서 중앙 위치를 구한다.

24행~27행: 메서드 정의. 애플릿이 화면에 출력시킬 때 사용자가 지정한 내용을 출력시킬 수 있도록 paint( ) 메서드를 재정의한다. 현재 그래픽 컨텍스트 폰트를 생성된 폰트 객체로 설정하고 msg에 있는 문자열을 x, y 좌표에 출력시킨다.

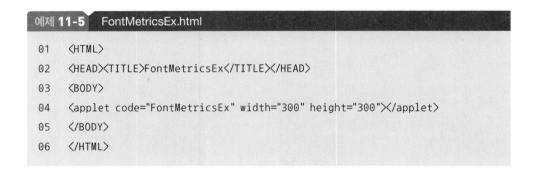

예제 **11-5** FontMetricsEx.html

```
01    <HTML>
02    <HEAD><TITLE>FontMetricsEx</TITLE></HEAD>
03    <BODY>
04    <applet code="FontMetricsEx" width="300" height="300"></applet>
05    </BODY>
06    </HTML>
```

[그림 11-6] FontMetrics의 실행결과

▶▶▶ 04행: 〈applet〉 태그. HTML이 실행될 때 애플릿이 실행될 수 있도록 class 파일을 지정하고 애플릿의 크기를 폭은 600, 높이는 300으로 지정한다.

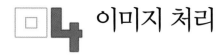

04 이미지 처리

이 절에서는 프레임 또는 애플릿에서 이미지를 화면에 출력할 수 있는 방법에 대해 알아본다. 자바에서는 디스크에 저장되어 있는 이미지 파일을 불러와 화면에 출력시킬 수 있는 기능을 제공한다. 이러한 이미지를 불러 올 수 있는 메서드로 getImage( ) 메서드를 이용하는데, 이 메서드는 Toolkit 클래스와 Applet 클래스의 메서드다.

Toolkit 클래스의 getImage( ) 메서드는 일반적인 응용프로그램에서 사용하는 메서드이고, Applet 클래스의 getImage( ) 메서드는 애플릿 프로그램에서 사용하는 메서드다. 그리고 getImage( ) 메서드는 이미지를 불러오면서 이미지 객체를 생성해주는 메서드다. 이러한 이미지 객체를 관리하기 위해서 자바에서는 java.awt 패키지의 Image 클래스를 제공한다.

❶ Applet 클래스를 이용한 이미지 출력

Applet 클래스를 이용한 이미지 처리에 대한 예제를 구현해보자. 이 예제는 애플릿 클래스로부터 상속받아 이미지를 웹브라우저에 출력할 수 있는 예제다.

예제 **11-6**　AppletImageEx.html

```
01    <HTML>
02    <HEAD><TITLE>AppletImageEx</TITLE></HEAD>
03    <BODY>
04    <applet CODE="AppletImageEx.class" WIDTH="300" HEIGHT="300">
05    </applet>
06    </BODY>
07    </HTML>
```

▶▶▶ 04행: 〈applet〉 태그. HTML이 실행할 때 애플릿이 실행될 수 있도록 class 파일을 지정하고 애플릿의 크기를 폭은 300, 높이는 300으로 지정한다.

예제 11-7	AppletImageEx

```
01    import java.awt.*;
02    import java.applet.Applet;
03
04    public class AppletImageEx extends Applet{
05
06        Image image;
07
08        public void init(){
09            image = getImage(getDocumentBase(), "pooh.jpg");
10        }
11
12        public void paint(Graphics g){
13            g.drawImage(image, 0, 0, this);
14        }
15    }
```

[그림 11-7] AppletImageEx의 실행결과

▶▶▶ 01행: import문. Applet 클래스를 사용하기 위해서 Applet 클래스가 있는 java.applet이라는 패키지의 Applet 클래스를 현 소스코드에서 사용한다는 것을 import문으로 명시한다.

04행: 클래스 정의. Applet 클래스로부터 상속받는다.

06행: 멤버변수 선언. 클래스 내에서 이미지 객체를 보관 목적으로 사용되는 image 멤버변수를 선언한다.

08행~10행: init( ) 메서드 오버라이드.

09행: getImage( ) 메서드를 통해서 현재 html 파일이 존재하는 디렉토리 내에서 pooh.jpg 이미지 파일을 Image 객체로 변환하여 image 멤버변수에 저장한다.

12행~14행: paint( ) 메서드 오버라이드.

13행: drawImage( ) 메서드를 통해서 이미지를 애플릿 화면의 (0, 0) 위치에 출력시킨다.

❷ Toolkit 클래스를 이용한 이미지 출력

Toolkit 클래스를 이용한 이미지 처리에 대한 예제를 구현해보자. 이 예제는 캔버스를 프레임에 붙이고 Toolkit 클래스로 이미지를 얻어와 이미지를 캔버스에 출력시킨다. 또한 방향키를 누르면 그 방향에 맞는 이미지를 각각 출력시켜 움직일 수 있게 하는 예제다.

예제 11-8   FrameImageEx

```
01    import java.awt.*;
02    import java.awt.event.*;
03
04    public class FrameImageEx extends Frame implements KeyListener,
      Runnable{
05
06        Image image;
07        int x, y, mx, my, sel;
08
09        public FrameImageEx(){
10            super("프레임이미지 테스트");
11
12            image = Toolkit.getDefaultToolkit()
              .getImage("../../images/packman.jpg");
13
14            x=225;
```

```
15              y=225;
16              mx=0;
17              my=0;
18              sel=0;
19
20              Thread t = new Thread(this);
21
22              t.start();
23
24              addKeyListener(this);
25
26              setBounds(200,200,500,500);
27              setVisible(true);
28          }
29
30      public void paint(Graphics g){
31              g.drawImage(image, x, y, x+50, y+50, sel*50,
                0, sel*50+50, 50, this);
32  }
33
34      public void keyReleased(KeyEvent e){}
35      public void keyTyped(KeyEvent e){}
36
37      public void keyPressed(KeyEvent e){
38
39              if(e.getKeyCode()==e.VK_LEFT){
40                  mx=-10;
41                  my=0;
42                  sel=0;
43              }else if(e.getKeyCode()==e.VK_RIGHT){
44                  mx=10;
45                  my=0;
46                  sel=2;
47              }else if(e.getKeyCode()==e.VK_UP){
48                  mx=0;
```

```
49                          my=-10;
50                          sel=4;
51                  }else if(e.getKeyCode()==e.VK_DOWN){
52                          mx=0;
53                          my=10;
54                          sel=6;
55                  }else if(e.getKeyCode()==e.VK_ESCAPE){
56                          System.exit(0);
57                  }
58          }
59
60      public void run(){
61
62          while(true){
63                  x+=mx;
64                  y+=my;
65
66                  if(sel%2==0)sel++;
67                  else sel--;
68
69                  if(x<=-50)
70                          x=500;
71                  else if(x>=500)
72                          x=0;
73                  else if(y<=-50)
74                          y=500;
75                  else if(y>=500)
76                          y=0;
77
78                  try{
79                          Thread.sleep(100);
80                          repaint();
81                  }catch(Exception e){}
82          }
83      }
```

```
84
85          public static void main(String[] args){
86              new FrameImageEx();
87          }
88  }
```

[그림 11-8] FrameImageEx의 실행결과

▶▶▶ 01행~02행: import문. Frame 클래스를 사용하기 위해서 Frame 클래스가 있는 java.awt라는 패키지와 이벤트 처리를 하기 위해 java.awt.event라는 패키지를 사용함을 import문으로 명시한다.

04행: 클래스 정의. Frame 클래스로부터 상속받고 키 이벤트와 스레드를 사용하기 위해서 implements 받는다.

06행~07행: 멤버변수 선언. 클래스 내에서 이미지 객체를 보관 목적으로 사용되는 image 멤버 변수를 선언한다. x 변수와 y 변수는 이미지를 그려줄 위치를 기억할 목적으로, mx 변수와 my 변수는 이미지가 움직일 때의 이동 좌표를 기억시킬 목적이다. sel 변수는 전체 이미지에서 방향키를 눌렀을 때 얻어올 이미지를 나타내는 변수다.

12행: 이미지 객체 얻기. Toolkit.getDefaultToolkit( ).getImage( ) 메서드를 이용해서 pooh.jpg 이미지 파일을 Image 객체로 변환하여 image 멤버변수에 저장한다.

14행~18행: 멤버 변수들 초기값 설정. x 변수와 y 변수에는 화면의 중앙에 위치할 수 있도록 각각 225값을 설정하고 mx 변수와 my 변수에는 처음에 이미지를 이동시키지 않도록 각각 0값으로 설정한다. sel 변수에는 처음에 프로그램이 실행되었을 때 왼쪽으로 움직일 수 있도록 이미지 중 0좌표부터 50좌표까지 얻을 수 있도록 0값으로 설정한다.

20행: 스레드 객체 생성. 프로그램을 실행시킨 후 계속 이미지를 움직일 수 있도록 하기 위해서 스레드 객체를 자기 자신으로 생성한다.

538

22행: 스레드 실행. 생성된 스레드가 실행될 수 있도록 start( ) 메서드를 호출한다.

24행: 키 리스너 연결. 프로그램이 실행되는 중에 키보드 이벤트가 발생되면 이벤트를 받아 처리할 수 있도록 KeyListener를 연결시킨다.

30행~32행: paint( ) 메서드 오버라이드. drawImage( ) 메서드를 통해서 불러온 전체 이미지 중 (sel*50, 0) 위치에서부터 (sel*50+50, 50) 크기만큼의 이미지를, 화면의 (x, y)위치에서 (x+50, y+50)의 크기만큼 화면에 출력시킨다. 이렇게 되면 화면 중앙에 이미지가 출력되면서 왼쪽으로 입이 벌렸다 닫혔다하는 이미지가 계속 출력될 것이다.

34행~35행: keyReleased( ), keyTyped( ) 메서드 오버라이드. KeyListener 인터페이스에 있는 추상 메서드를 오버라이드시킨다.

37행~58행: keyPressed( ) 메서드 오버라이드. KeyListener 인터페이스에 있는 추상 메서드 중 키보드에 의해 눌려진 키의 정보를 얻어오기 위해 메서드를 구현한다. 각 방향키에 의해 이동할 거리를 mx 변수와 my 변수에 설정하고 그 방향키에 의해 화면에 출력시킬 이미지를 설정하기 위해 sel 변수에 값을 설정한다. 55행~57행에 의해 Esc키를 누르면 프로그램이 강제 종료된다.

60행~83행: run( ) 메서드 오버라이드. Runnable 인터페이스에 있는 추상 메서드인 run( ) 메서드를 오버라이드시켜 22행에서 스레드를 실행함으로써 현재 좌표에서 방향키로 눌렀을 때의 방향과 이동거리만큼 계산하여 이미지를 계속 출력시킬 수 있도록 한다. 66행~67행은 현재 출력시킬 이미지를 설정할 수 있도록 하기 위해 2로 나누었을 때 나머지가 떨어지면 입이 닫힌 이미지를, 나누어 떨어지지 않으면 입이 열린 이미지를 선택할 수 있도록 하기 위함이다. sel이라는 변수에 의해 paint( ) 메서드 내에서 계산하여 출력시킨다. 78행~81행은 while문에 의해 실행되는 시간을 0.1초로 설정한 후 0.1초마다 repaint( ) 메서드를 호출한 후paint( ) 메서드를 호출하여 이미지를 계속 출력시킬 수 있도록 한다.

참고로 여기에서는 update( ) 메서드를 오버라이드시켜 아무런 작업을 하지 않았기 때문에 paint( ) 메서드가 호출될 때 프레임의 전체 화면을 지우고 다시 이미지를 그리게 된다. 그렇기 때문에 화면에 이미지가 그려질 때 깜빡거리는 느낌이 들것이다. 만약, 배경 이미지가 있는 상태라면 더욱더 깜박거림이 심하게 느껴질 것이다. 그래서 이러한 문제를 해결하기 위해 update( ) 메서드를 오버라이드시켜 사용한다. 즉, 화면을 지우지 않고 위에 그냥 덮어서 그리는 작업을 하게 된다. 하지만 이러한 방법도 깜박거림을 조금은 줄일 수는 있지만 해결이 됐다고는 말할 수 없다.

```
01 public void update(Graphics g){
02 paint(g);
03 }
```

❸ 더블 버퍼링을 이용한 이미지 출력

앞 예제와 같이 이미지를 출력시키는 경우 화면을 지웠다가 다시 그리게 되면 깜박거림을 피할 수가 없다. 그래서 이러한 문제점을 해결하기 위해서 많이 사용하는 방법이 더블 버퍼링 기법이다.

더블 버퍼링 기법이란 화면에 이미지를 직접 그리지 않고, 메모리 내에 미리 그려 놓았다가, 필요할 때 한번만 화면에 출력시키는 방법이다. 즉, 매번 화면을 지웠다 그렸다하는 것이 아니라 보이지 않는 메모리에서 지웠다 그렸다하고 화면에는 최종적으로 보여줄 때 한 번만 출력시켜 깜박거림을 최소화시켜주는 기법인 것이다. 다음은 더블 버퍼링 기법을 그림으로 표현한 것이다.

디스크의 이미지를 불러 메모리 내의 이미지 공간에 이미지를 그린다.

디스크 내의 이미지　　　　메모리 내의 버퍼 이미지

메모리 내의 이미지를 최종적으로 화면에 출력시킬 때 꺼내서 그려준다.

화면에 출력된 이미지

[그림 11-9] 더블 버퍼링 기법의 표현

사용하는 방법은 먼저 메모리 내에 이미지를 그릴 수 있는 공간을 만들기 위해서 Component 클래스의 createImage(int width, int height) 메서드를 이용해서 실제 화면의 크기만큼 빈 이미지 객체를 담을 수 있는 메모리의 공간을 잡는다. 그리고 그 공간에 이미지를 실제로 그릴 수 있도록 그래픽 컨텍스트(그래픽 객체)를 설정해 주는데, 이는 Image 클래스의 getGraphics( ) 메서드를 통해서 얻어온다.

다음은 앞서 배운 예제를 더블 버퍼링 기법을 삽입하여 이미지를 출력시키는 예제다.

예제 11-9   DoubleBufferringEx

```
04    import java.awt.*;
05    import java.awt.event.*;
06
07    public class DoubleBufferringEx extends Frame implements
      KeyListener, Runnable{
08        Image image;
09        int x, y, mx, my, sel;
10        Graphics bufferGraphics;
11        Image bufferImage;
12
13        public DoubleBufferringEx(){
14            super("더블버퍼링 테스트");
15
16            image = Toolkit.getDefaultToolkit().
                  getImage("../../images/packman.jpg");
17
18            x=225;
19            y=225;
20            mx=0;
21            my=0;
22            sel=0;
23
24            Thread t = new Thread(this);
25
26            t.start();
27
28            addKeyListener(this);
29
30            setBounds(200,200,500,500);
31            setVisible(true);
32        }
33
34        public void paint(Graphics g){
35            if(bufferImage != null)
36                    g.drawImage(bufferImage, 0,0,this);
```

```
37          }

38

39     public void update(Graphics g){
40          Dimension d = getSize();
41          if(bufferGraphics == null){
42              bufferImage =
                createImage(d.width,d.height);
43              bufferGraphics =
                bufferImage.getGraphics();
44          }

45

46          bufferGraphics.setColor(getBackground());
47          bufferGraphics.fillRect(0,0,500,500);
48          bufferGraphics.drawImage(image, x, y, x+50, y+50,
            sel*50, 0, sel*50+50, 50, this);
49          paint(g);
50     }

51

52     public void keyReleased(KeyEvent e){}
53     public void keyTyped(KeyEvent e){}

54

55     public void keyPressed(KeyEvent e){
56          if(e.getKeyCode()==e.VK_LEFT){
57              mx=-10;
58              my=0;
59              sel=0;
60          }else if(e.getKeyCode()==e.VK_RIGHT){
61              mx=10;
62              my=0;
63              sel=2;
64          }else if(e.getKeyCode()==e.VK_UP){
65              mx=0;
66              my=-10;
67              sel=4;
68          }else if(e.getKeyCode()==e.VK_DOWN){
69              mx=0;
```

```
70                    my=10;
71                    sel=6;
72            }else if(e.getKeyCode()==e.VK_ESCAPE){
73                    System.exit(0);
74            }
75        }
76
77        public void run(){
78            while(true){
79
80                    x+=mx;
81                    y+=my;
82
83                    if(sel%2==0)sel++;
84                    else sel--;
85
86                    if(x<=-50)
87                        x=500;
88                    else if(x>=500)
89                        x=0;
90                    else if(y<=-50)
91                        y=500;
92                    else if(y>=500)
93                        y=0;
94
95                    try{
96                        repaint();
97                        Thread.sleep(100);
98                    }catch(Exception e){}
99            }
100       }
101
102       public static void main(String[] args){
103           new DoubleBufferringEx();
104       }
105  }
```

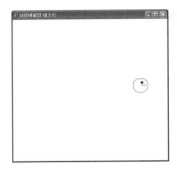

[그림 11-10] DobbleBufferringEx 실행결과

▶▶▶ 10행~11행: 멤버변수 선언. 더블 버퍼링 기법을 사용하기 위해 만든 Image 변수와 Graphics 변수다.

34행~37행: paint( ) 메서드 오버라이드. 버퍼 이미지 객체가 존재하면 버퍼 이미지를 화면에 출력시킨다.

39행~50행: update( ) 메서드 오버라이드.

40행: 프레임의 크기를 얻어온다.

41행~44행: 그래픽 객체가 없으면 createImage를 이용하여 실제화면의 크기만큼 빈 이미지 객체를 담을 수 있는 메모리의 공간을 잡는다. 그리고 그 공간에 이미지를 실제로 그릴 수 있도록 getGraphics( ) 메서드를 통해서 그래픽 컨텍스트(그래픽 객체)를 설정해준다.

48행: 버퍼 이미지에 버퍼 그래픽을 이용해서 이미지를 불러 출력시킨다(이 부분이 앞 예제와 가장 크게 다른 점이다. 즉, 화면에 직접 출력시키지 않고 메모리에 먼저 출력시킨다).

49행: paint( ) 메서드를 호출한다.

요약

1 그래픽 주체는 그림을 직접 그리도록 명령을 내리는 사람, 즉 프로그래머 그 자체가 주체가 될 수 있으며, 자바 자체적으로 자동으로 그림을 그릴 수 있도록 만들어놓은 자바가상머신이 될 수 있다.

2 주체가 그림을 그릴 수 있도록 펜, 붓, 폰트, 팔레트 등과 같은 것을 의미한다. 이러한 도구들을 만든 후 여러 번 사용할 수 있도록 정보를 저장하는데, 이를 그래픽 컨텍스트(Graphic Context)라 한다.

3 그림을 그릴 수 있는 곳을 의미하는데, 우리가 앞에서 배운 AWT의 모든 컴포넌트나 이미지, 프린터 등이 될 수 있다.

4 Graphics 클래스는 그래픽 작업을 할 수 있도록 기능들을 추상화시킨 클래스로 그림을 그릴 수 있는 각종 메서드를 지원하고 있다.

5 Color 클래스는 그래픽 컨텍스트에 색상을 설정하기 위해 사용하는 클래스다.

6 Font 클래스는 그래픽 컨텍스트에 글꼴을 설정하기 위해 사용하는 클래스다.

7 Applet은 우리가 앞에서 보았던AWT에서 컨테이너의 역할을 하는 것으로 웹브라우저에 다운되어 실행될 수 있는 프로그램을 의미한다.

8 애플릿은 어플리케이션 프로그램과 달리 main( )함수가 존재하지 않기 때문에 독자적으로는 실행이 불가능하고 웹브라우저나 JDK가 설치되어 있는 bin 폴더에서 제공하는 애플릿 뷰어(appletviewer)와 같은 프로그램 내에서만 실행할 수 있다.

9 애플릿 생명주기는 다음과 같다.

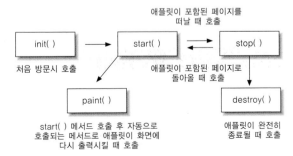

[그림 11-11] 애플릿이 실행되는 동작의 도식화

1 그래픽과 애플릿을 이용해서 다음과 같은 조건으로 프로그램을 작성해보자.

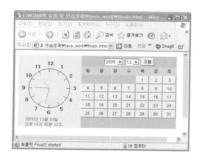

[그림 11-12] 완성된 프로그램의 모양

【조건】

• 애플릿을 두화면으로 구분하여 왼쪽 부분에는 시계가 출력될 수 있도록하고 오른쪽 부분에는 현 시스템의 날짜에 맞는 달력이 출력될 수 있도록 한다.

• 시계를 출력시킬때에는 윗부분은 아날로그 형태로 하단에는 날짜와 디지털 시계를 출력시킨다.

• 달력을 출력시킬때에는 처음에는 현재 시스템의 날짜를 이용하고 연도와 월을 가지고 있는 Choice 객체를 만들어 필요한 연도와 월을 선택할 수 있도록 한다. 단, 〈오늘〉이라는 버튼을 만들어 이 버튼을 누르면 다시 현 시스템 날짜로 돌아온다(연도는 1990년~2010년까지만 입력한다).

• 연도와 월을 변경하게 되면 그 날짜에 맞는 달력이 화면에 출력될 수 있도록 한다. 또한 그 월에 맞는 달력은 버튼을 이용해서 화면에 출력시키고 버튼을 클릭하게되면 우리가 10장에 만들어 본 메모장을 화면에 출력시킬 수 있도록 한다.

스윙

✳ **학습 목표**
- 스윙의 특징과 AWT와의 차이점에 대해 알아본다.
- 스윙의 MVC 구조를 알아본다.
- 스윙에서 제공하는 컴포넌트에 대해 알아본다.

스윙의 특징

자바에서의 JFC(Java Foundation Class)는 GUI 프로그래밍에 필요한 각종 툴킷을 모아놓은 것으로 현재는 GUI의 기능들을 구현할 수 있는 스윙, 2D, Drag&Drop 등을 지원한다.

스윙을 사용하는 방법은 AWT와 거의 유사하나 AWT보다는 많은 컴포넌트와 기능을 지원하고 있다. 또한 스윙은 AWT와 달리 자바 프로그래밍으로 자체 제작된 컴포넌트이므로 플랫폼에 관계없이 모양을 동일하게 사용할 수 있다.

먼저, 스윙의 실제 모습을 살펴보고 얼마나 디자인이 화려하고, 다양한 컴포넌트가 지원되는지 확인해보자. JDK 1.5가 설치된 폴더에서 demo\jfc\SwingSet2\SwingSet2.html 파일을 실행시켜보자. 그럼 다음 [그림 12-1]과 같은 화면이 출력될 것이다.

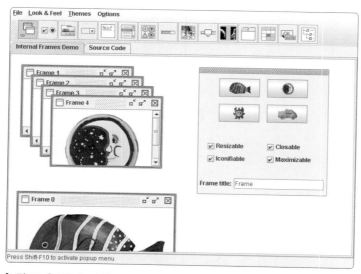

[그림 12-1] 스윙 데모 실행 모습

❶ 룩앤필(Look & Feel)

스윙에서 가장 획기적으로 바뀐 것 중 하나가 컴포넌트의 미려함이다. 즉, AWT에서 사용했던 모양과는 상당부분 차이가 있는 것을 볼 수 있을 것이다. 이러한 외관(Look & Feel)을 통해 프로그램을 실행하는 도중에 여러 가지 형태로 바꾸어 사용할 수 있다. 즉, 스윙은 순수한 자바로만 만들어졌기 때문에 어떤 플랫폼에서라도 동일한 룩앤필(Look & Feel)을 유지할 수 있다. 현재 자바에서 제공하는 기본 룩앤필은 Java, Windows, Motif다.

다음 그림은 스윙에서 제공하는 룩앤필의 모습이다.

>> Java Look & Feel

>> Windows Look & Feel

>> Motif Look & Feel

[그림 12-2] 룩앤필 모습

❷ 경량의 컴포넌트

AWT에서 제공하는 컴포넌트들은 JVM이 설치되어 있는 네이티브 플랫폼에 의존하여 그 컴포넌트들을 그대로 가져다 사용하는 중량의 컴포넌트들이다. 그렇기 때문에 AWT 컴포넌트들은 플랫폼마다 모양이 다를 수 있다. 하지만 스윙은 순수 자바로 구현되어 있는 컴포넌트들이기 때문에 어떤 플랫폼을 사용하더라도 거기에 의존하지 않고 독립적으로 사용할 수 있는 경량의 컴포넌트다.

❸ 풍선도움말 지원

스윙에서 제공하는 컴포넌트들은 풍선 도움말을 지원한다. javax.swing.JComponent 클래스의 메서드 내의 setToolTipText(String text) 메서드를 이용해서 마우스를 컴포넌트 위에 위치하게 되면 풍선도움말을 지원할 수 있다.

다음 그림은 컴포넌트에 풍선도움말을 붙인 모습이다.

 [그림 12-3] 풍선도움말 모습

❹ 더블 버퍼링지원

더블버퍼링(DubleBuffering) 기능은 그래픽의 성능을 향상시키기 위해 도입된 방식으로 AWT에서는 사용자에 의해 직접 구현해야 되지만 스윙에서는 자체적으로 더블버퍼링 기능을 제공한다. 그렇기 때문에 그래픽을 처리할 때 좀더 매끄럽게 처리할 수 있다.

❺ 델리게이트 모델(MVC, Model-View-Controller)

MVC 모델은 GUI 설계 패턴 중 하나다. 먼저 MVC 모델에 대해 알아보자. MVC 모델은 세 가지로 구성되어 있는데, 컴포넌트가 표현해야 하는 자료 구조를 추상화하고 뷰에게 필요한 자료를 제공하는 모델(Model), 모델로부터 전달받은 자료를 화면에 표시하는 뷰(View), 모델과 뷰를 제어하면서 이벤트를 처리해주는 컨트롤러(Controller)로 구성된다. 다음 그림은 MVC의 구조를 나타낸 것이다.

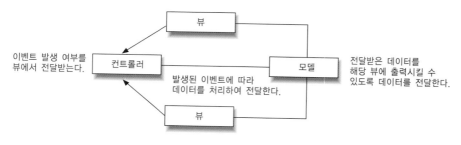

[그림 12-4] MVC 모델 구조

스윙에서는 MVC 모델에서 VC를 통합시켜 델리게이트(Delegate)라고 불리는 컴포넌트로 묶어 사용하는 델리게이트 모델을 사용한다. 그래서 복잡한 구조를 단순화 시켜 프로그래밍을 좀더 쉽게 할 수 있도록 했다. 다음은 스윙에서 사용하는 모델을 나타낸 것이다.

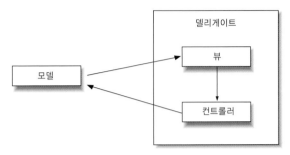

[**그림 12-5**] 델리게이트 모델 구조

델리게이트는 컴포넌트의 뷰와 컨트롤러의 기능을 담당하므로 그 자체가 컴포넌트라고 할수 있는데, 이를 UI Delegate 객체라고도 한다. 그럼 실제적으로 스윙에 MVC 모델을 적용했을 때의 구조를 살펴보자.

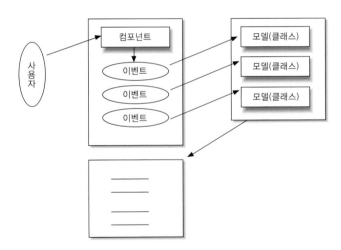

[**그림 12-6**] MVC 모델의 적용 구조

위 그림은 사용자가 컴포넌트에서 이벤트를 발생(Controller)시키게 되면 이벤트의 종류에 따라서 모델 클래스(Model)를 선정하게 된다. 선택된 모델 클래스는 자료를 처리하고 그 자료를 다시 클라이언트에게 전송하여 출력(View)시킨다.

➏ 이미지 아이콘 지원

AWT에서는 버튼이나 레이블 등의 컴포넌트에서 단순히 텍스트만을 화면에 보여줄 수 있었는데, 스윙에서는 텍스트뿐만 아니라 이미지를 화면에 출력시켜주는 기능이 있다. 즉, 자바 플랫폼에서 지원하는 모든 그래픽을 사용하여 보여줄 수 있는데, 현재 사용할 수 있는 이미지 자료 포맷은 JPEG와 GIF다.

다음 그림은 컴포넌트에 이미지를 붙여 출력시킨 모습이다.

[그림 12-7] 이미지를 컴포넌트에 붙인 모습

➐ 보더 지원

보더(Border)란 컴포넌트의 경계선을 의미한다. 일반적으로 컴포넌트들은 경계선(Border)이 존재하지 않지만 스윙부터는 이 경계선을 어떻게 보여줄지를 결정할 수 있다. 현재 스윙에서 제공하는 보더는 8가지가 있는데 서로 조합이 가능하기 때문에 상당히 많은 형태가 존재한다고 할 수 있다. 보더를 지원해주는 패키지는 javax.swing.border 패키지에 포함되어 있다.

다음 표는 스윙에서 제공하는 보더와 모양을 정리한 것이다.

[표 12-1] 스윙에서 제공하는 보더와 모양

보더 종류	모양	
EmptyBorder	아무런 선이나 그림이 없는 빈 공간만 차지하는 경계선이다. 빈 공간의 값은 객체를 생성할 때 Inset의 값으로 각 방향의 공간을 결정하면 된다.	
EtchedBorder	평면을 마치 날카로운 끌로 판듯이 선을 보여주는 경계선이다. 경계선이 들어간 모양과 나온 모양으로 보여지게 할 수 있고 그림자나 선의 색상도 지정할 수 있다.	
LineBorder	단색으로 경계선을 보여주는 경계선이다. 선의 색과 두께를 지정할 수도 있고 모서리를 둥글게 지정할 수도 있다.	
BevelBorder	약간 경사지게 3차원적인 효과를 낼 수 있는 경계선이다.	
SoftBevelBorder	BevelBorder와 유사하며 모서리를 부드럽게 처리한 경계선이다	

MatteBorder	이미지나 여러 가지 색상으로 매트 효과를 경계선에 보여줄 수 있는 경계선이다.
TitledBorder	경계선에 문자열을 추가하여 타이틀 형태로 보여줄 수 있는 경계선으로 문자열의 위치나 폰트를 지정할 수 있다.
CompoundBorder	두 개의 경계선을 조합해서 보여주는 경계선이다. 바깥쪽의 경계선과 안쪽의 경계선을 만든 후 CompoundBorder를 이용해서 합성하면 된다.

다음은 그림 각 보더별 모습을 나타낸 것이다.

[그림 12-8] 보더별 종류와 모양

Section

□근 스윙의 기본 구조

스윙 컴포넌트는 javax.swing.JComponent 클래스로부터 상속받은 Sub 클래스들이다.
JComponent 클래스는 java.awt.Container 클래스의 Sub 클래스로 스윙 컴포넌트들의
공통적인 기능이 정의되어 있는 클래스다.

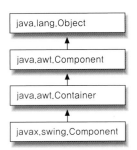

[그림 12-9] 스윙의 기본구조

❶ 컨테이너 구조

기본적인 컨테이너의 구조를 표현하면 다음과 같다.

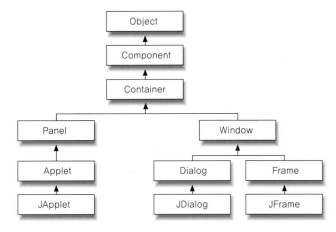

[그림 12-10] 스윙 컨테이너 구조

❷ 컴포넌트 구조

기본적인 컴포넌트의 구조를 표현하면 다음과 같다.

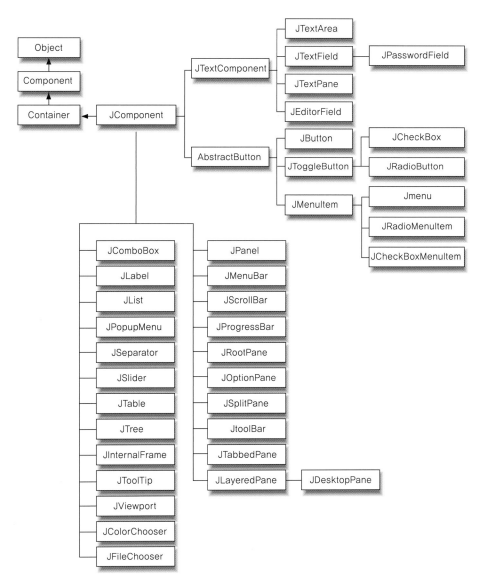

[그림 12-11] InputStream의 상속 구조

스윙 컨테이너

이번 절에서는 스윙에서 사용하는 컨테이너 중 프레임에 대해 살펴보겠다. AWT에서 사용했던 방법과 거의 유사하므로 클래스에 대한 설명보다는 AWT에 없는 추가된 함수와 특징에 대해 알아보고 예제를 보자.

❶ JFrame 클래스

스윙의 JFrame 클래스는 AWT의 Frame과 달리 좀 복잡한 구조로 되어 있다. 단순히 프레임 자체로 구성되어 있는 것이 아니라 그 안에 네 개의 페인(pane)이 층으로 구성되어 있다. 다음 그림은 JFrame의 내부 구조다.

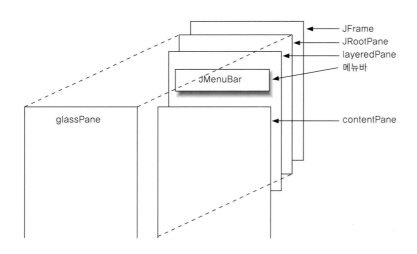

[그림 12-12] JFrame의 내부구조

위 구조에서 스윙 컴포넌트들을 담아두는 데 사용되는 contentPane을 뺀 나머지는 많이 사용하지는 않으므로 여기서는 각 페인별 역할만 익혀두도록 하자.

- **JRootPane**: 실질적인 윈도우 기능을 수행하는 경량의 컨테이너다. 이러한 구조를 사용하는 것은 모든 윈도우들의 동작이나 사용 방법 등이 같아지고 다른 컴포넌트들과 잘 조화가 될 수 있도록 도와주기 때문이다. JRootPane은 GlassPane과 layeredPane으로 구성되어 있고, layeredPane은 JMenuBar와 contentPane을 포함한다.
- **layeredPane**: 루트 페인에 대해 레이어를 할 수 있도록 여러 층의 패널을 포함할 수 있는 패널로 여러 컴포넌트들을 서로 오버랩(컴포넌트 위에 다른 컴포넌트를 붙이는 작업)할 수 있게 한다. 윗 부분은 JMenuBar, 아랫 부분은 contentPane으로 이루어져 있다.
- **contentPane**: 일반적인 컴포넌트들을 가질 수 있는 패널이다. 프레임 객체의 getContentPane( ) 메서드를 이용해서 얻을 수 있다.
- **glassPane**: 기본적으로 숨겨진 상태로 되어 있으며, 다른 패널 위에 존재하는 패널이다. 주로 마우스 이벤트를 처리하기 위해 가장 먼저 루트 페인에 추가된다.
- **JMenuBar**: 윈도우의 메뉴를 제공하는 역할로 생략이 가능한 선택항목이다. JMenu, JmenuItem 등을 이용해서 메뉴를 구성하고 setJMenuBar( ) 메서드를 이용해서 등록할 수 있다.

이제 JFrame 클래스의 주요 메서드를 살펴보자.

[표 12-2] JFrame 클래스의 주요 메서드

반환형	메서드	설명
Container	getContentPane( )	프레임의 contentPane 객체를 얻어온다.
void	setDefaultCloseOperation(int operation)	프레임의 닫기 버튼을 눌렀을 때의 기본 동작을 정한다.
	setJMenuBar(JMenuBar menubar)	프레임의 메뉴바를 주어진 메뉴바로 지정한다.

AWT의 Frame에서는 〈종료〉 버튼을 클릭하더라도 아무런 처리가 되지 않고 사용자가 직접 이벤트를 처리하게 만들어져 있다는 것을 다 알고 있을 것이다. 하지만 스윙의 JFrame은 사용자가 직접 이벤트를 처리하지 않아도 〈종료〉 버튼을 클릭하면 프레임이 없어진다. 이는 기본적으로 setDefaultCloseOperation(HIDE_ON_CLOSE)라는 메서드가 실행되었기 때문이다. 하지만 단지 프레임을 숨기는 것으로 실제적으로 프레임의 자원을 해제하지는 않는다.

따라서 명시적으로 종료하기 위해서는 setDefaultClose Operation(EXIT_ON_CLOSE)를 이용해서 프레임의 자원을 완전히 해제하면서 종료시키는 것이 좋다. 또한 사용자가 종료하기 전에 어떤 작업을 하기 위해서는 AWT에서와 마찬가지로 리스너를 등록시켜 처리하면 된다.

setDefaultCloseOperation(int operation) 메서드의 매개변수값은 WindowConstants 인터페이스에 4가지 상수로 표현할 수 있다. WindowConstants 인터페이스의 4가지 상수는 아래와 같다.

[표 12-3] WindowConstants 인터페이스에는 사용되는 4가지 상수

상수	설명
DISPOSE_ON_CLOSE	윈도우를 종료할 때 모든 자원을 반납한다.
DO_NOTHING_ON_CLOSE	윈도우를 종료할 때 아무 일도 하지 않는다.
EXIT_ON_CLOSE	윈도우를 종료할 때 강제로 종료한다.
HIDE_ON_CLOSE	윈도우를 종료할 때 윈도우를 숨긴다.

JFrame 클래스를 이용한 간단한 예제를 구현해 보자. 이 예제는 프레임을 생성하여 화면에 출력할 수 있는 예제다.

예제 **12-1**　　JFrameEx

```
01   import java.awt.*;
02   import java.awt.event.*;
03   import javax.swing.*;
04
05   public class JFrameEx extends JFrame{
06
07       public JFrameEx(){
08           super("JFrame 테스트");
09
10           JButton bt1=new JButton("Hello Swing North");
11           JButton bt2=new JButton("Hello Swing Center");
12
```

```
13              Container cp=getContentPane();

14

15              cp.add("North",bt1);//cp.add(BorderLayout.NORTH,bt1);

16              add(bt2);

17

18              setSize(200,200);

19              setVisible(true);

20

21              setDefaultCloseOperation(JFrame.EXIT_ON_CLOSE);

22          }

23

24      public static void main(String[] args){

25              new JFrameEx();

26          }

27  }
```

[그림 12-13] JFrameEx의 실행결과

▶▶▶ 01행~03행: 스윙은 AWT로부터 나온 것으로 먼저 awt 패키지와 swing 패키지를 함께 import
한다.

13행: 프레임에서 getContentPane( ) 메서드를 통해서 contentPane 객체를 얻어 온다.

15행~16행: 앞서 설명한 것처럼 JDK 1.4에서는 15행에 있는 것처럼 conntentPane을 얻어
add를 해야 사용할 수 있었지만 JDK 5.0부터는 16행에 있는 것처럼 프레임에게 곧바로 add를
할 수 있다.

21행: 프레임이 종료될 때 명시적으로 자원을 해제시키면서 종료할 수 있도록 지정한다

❷ JEditorPane 클래스

JEditorPane 클래스는 여러 가지 형태의 문서 포맷을 처리할 수 있도록 설계된 컴포넌트다. 현재 사용할 수 있는 텍스트 포맷은 일반 TEXT, HTML, RTF다. JEditorPane 클래스의 주요 생성자와 메서드를 살펴보자.

[표 12-4] JEditorPane 클래스의 생성자

생성자	설명
JEditorPane( )	새로운 JEditorPane 객체를 생성한다.
JEditorPane(String url)	지정한 url의 내용을 보여주는 JEditorPane 객체를 생성한다.
JEditorPane(String type, String text)	지정한 type과 text의 내용을 보여주는 JEditorPane 객체를 생성한다.
JEditorPane(URL initialPage)	지정한 url을 보여주는 JEditorPane 객체를 생성한다.

[표 12-5] JEditorPane 클래스의 주요 메서드

반환형	메서드	설명
void	addHyperlinkListener (HyperlinkListener listener)	JEditorPane에서 HTML 문서 중 하이퍼링크를 클릭할 때 발생하는 이벤트를 받기 위해 지정된 HyperlinkListener를 추가한다.
URL	getPage( )	현재 보여주고 있는 페이지의 URL을 얻어온다.
String	getText( )	현재 보여주고 있는 페이지의 내용을 얻어온다.
void	setPage(String url)	지정한 url을 보여줄 수 있도록 현재 페이지로 지정한다.
	setPage(URL page)	지정한 url을 보여줄 수 있도록 현재 페이지로 지정한다.
	replaceSelection(String content)	현재 선택한 영역을 지정한 content 내용으로 바꾼다.
	setEditorKit(EditorKit kit)	지정한 에디터 킷으로 사용한다.

예제 **12-2**　JEditorPaneEx

```
01    import javax.swing.*;
02    import java.awt.*;
03    import java.io.*;
04
```

```
05    public class JEditorPaneEx extends JFrame{
06        public JEditorPaneEx()throws IOException{
07            super("JEditorPane 테스트");
08            JEditorPane editorPane = new JEditorPane();
09        editorPane.setEditable(false);
10            editorPane.setPage("http://www.hanbitbook.co.kr/");
11        JScrollPane sp = new JScrollPane(editorPane);
12        sp.setVerticalScrollBarPolicy(
13                JScrollPane.VERTICAL_SCROLLBAR_ALWAYS);
14        sp.setPreferredSize(new Dimension(800, 600));
15        add(sp);
16            pack();
17            setLocation(300,200);
18            setVisible(true);
19            setDefaultCloseOperation(JFrame.EXIT_ON_CLOSE);
20        }
21
22        public static void main(String[] args)throws IOException{
23            new JEditorPaneEx();
24        }
25    }
```

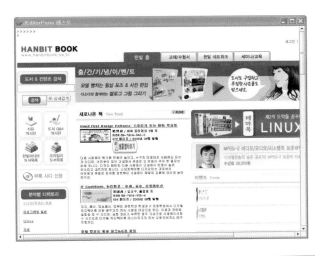

[그림 12-14] JEditorPaneEx의 실행결과

▶▶▶ 07행: JFrame의 타이틀을 정한다. 여기서 super("JeditorPane 테스트")의 의미는 super 클래스의 생성자를 호출하는 것이기 때문에 JFrame(String title)을 의미한다. 따라서 JFrame의 타이틀을 정할 때 사용한다.

08행: JeditorPane 객체를 생성한다.

09행: JeditroPane을 편집(쓰기)하지 못하도록 한다.

10행: JeditorPane의 page를 정한다. 이때 URL은 String 문자열로 지정하거나 URL 객체를 이용할 수 있다.

11행: JscrollPane에 JEditorPane을 붙인다.

12행: JscrollPane의 수직바를 항상 나오도록 정한다.

14행: JscrollPane의 사이즈를 가로 800픽셀과 세로 600픽셀로 정한다.

15행: JscrollPane을 JFrame에 붙인다.

❸ JTextPane 클래스

JTextPane 클래스는 스타일이 가미된 텍스트를 보여주거나 편집할 수 있도록 제공하여 워드프로세서의 형태의 프로그램을 제작 가능한 컴포넌트다. 여기에는 다양한 폰트, 색상, 크기, 기울임, 정렬 등과 같은 서식을 사용할 수 있다. JTextPane 클래스의 주요 생성자와 메서드를 살펴보자.

[표 12-6] JTextPane 클래스의 생성자

생성자	설명
JTextPane( )	비어있는 새로운 JTextPane 객체를 생성한다.
JTextPane(StyledDocument doc)	지정한 스타일 문서 모델을 사용하는 JTextPane 객체를 생성한다.

[표 12-7] JTextPane 클래스의 주요 메서드

반환형	메서드	설명
void	addStyle(String nm, Style parent)	새로운 스타일을 논리적 스타일 계층구조에 더한다.
	getLogicalStyle( )	현재 캐럿 위치에서 사용하는 스타일을 얻어온다.
	getStyle(String nm)	지정한 이름을 가진 스타일 이전에 추가한 스타일을 얻어온다.

void	removeStyle(String url)	지정한 이름을 가진 스타일을 제거한다.
	setLogicalStyle(Style s)	현재 캐럿이 속한 문단이 사용할 스타일을 지정한다.
StyledDocument	getStyledDocument( )	현재 사용하는 스타일 문서 모델을 얻어온다.
void	insertComponent(Component c)	문서에서 현재 선택된 내용 대신에 컴포넌트를 삽입한다.
	insertIcon(Icon g)	문서에서 현재 선택된 내용 대신에 아이콘을 삽입한다.
	replaceSelection(String content)	현재 선택된 내용을 지정한 content 내용으로 바꾼다.
	setStyledDocument (StyledDocument doc)	지정한 doc 스타일 문서로 모델로 지정한다.
AttributeSet	getCharacterAttributes( )	현재 캐럿이 위치한 글자의 특성을 얻어온다.
	getParagraphAttributes( )	현재 캐럿이 속한 문단의 문단 특성을 얻어온다.
void	setCharacterAttributes (AttributeSet attr, boolean replace)	문자 특성을 지정한다. replace가 true이면 기존의 같은 문자 특성이 있는 경우, 새로운 특성으로 바꾼다.
	setParagraphAttributes (AttributeSet attr, boolean replace)	문단 특성을 지정한다. replace가 true이면 기존의 같은 문단 특성이 있는 경우, 새로운 특성으로 바꾼다. (내용겹침)

예제 12-3 JTextPaneEx

```
01    import javax.swing.*;
02    import java.awt.*;
03    import java.awt.event.*;
04    import java.io.*;
05    import javax.swing.text.*;
06    public class JTextPaneEx extends JFrame{
07        public JTextPaneEx(){
08            JTextPane textPane = createTextPane();
09        JScrollPane sp = new JScrollPane(textPane);
10        sp.setPreferredSize(new Dimension(250, 250));
11        add(sp);
12            pack();
13            setLocation(300,200);
14            setVisible(true);
15            setDefaultCloseOperation(JFrame.EXIT_ON_CLOSE);
```

```
16          }
17      private JTextPane createTextPane() {
18          String newline="\n";
19      String[] initString =
20          { "이것은 일반체 입니다. "+newline,
21          "이것은 이탤릭체 입니다."+newline,
22          "이것은 볼드체 입니다."+newline,
23          " " + newline ,
24                          " " + newline
25          };
26
27      String[] initStyles =
28          { "regular", "italic", "bold",
29                          "button","icon"
30                          };
31
32      JTextPane textPane = new JTextPane();
33      StyledDocument sdoc = textPane.getStyledDocument();
34      addStylesToDocument(sdoc);
35
36      try {
37          for (int i=0; i < initString.length; i++) {
38              sdoc.insertString(sdoc.getLength(), initString[i],
39                      sdoc.getStyle(initStyles[i]));
40          }
41      } catch (Exception ble) {
42          ble.printStackTrace();
43      }
44
45      return textPane;
46  }
47      protected void addStylesToDocument(StyledDocument sdoc) {
48      //Initialize some styles.
49      Style style = StyleContext.getDefaultStyleContext().
```

```
50                    getStyle(StyleContext.DEFAULT_STYLE);
51
52        Style regular = sdoc.addStyle("regular", style);
53        StyleConstants.setFontFamily(style, "SansSerif");
54
55        Style s = sdoc.addStyle("italic", regular);
56        StyleConstants.setItalic(s, true);
57
58        s = sdoc.addStyle("bold", regular);
59        StyleConstants.setBold(s, true);
60
61             s = sdoc.addStyle("icon", regular);
62        StyleConstants.setAlignment(s, StyleConstants.ALIGN_CENTER);
63        ImageIcon pigIcon = new ImageIcon("images/Pig.gif");
64        if (pigIcon != null) {
65            StyleConstants.setIcon(s, pigIcon);
66        }
67             s = sdoc.addStyle("button", regular);
68        StyleConstants.setAlignment(s, StyleConstants.ALIGN_CENTER);
69        ImageIcon soundIcon = new ImageIcon("images/sound.gif");
70        JButton button = new JButton();
71        if (soundIcon != null) {
72            button.setIcon(soundIcon);
73        } else {
74            button.setText("BEEP");
75        }
76             button.addActionListener(new ActionListener(){
77                 public void actionPerformed(ActionEvent ae){
78                     Toolkit.getDefaultToolkit().beep();
79                 }
80             });
81             StyleConstants.setComponent(s, button);
82
83    }
```

```
84        public static void main(String[] args) {
85            new JTextPaneEx();
86        }
87    }
```

[그림 12-15] JTextPaneEx의 실행결과

▶▶▶ 08행: JTextPane 객체를 생성한다.

09행: JScrollPane에 JTextPane을 붙인다.

19행: JTextPane에 들어갈 문자를 배열로 선언한다.

27행: JTextPane에 들어갈 스타일을 배열로 선언한다.

32행: JTextPane 객체를 생성한다.

33행: 32행에서 생성된 JTextPane 객체에서 스타일 문서 모델 객체인 StyleDocument 객체를 getStyleDocument( ) 메서드로 얻어온다.

34행: addStylesToDocument(sdoc) 메서드는 JTextEditor의 문서에 스타일을 적용하기 위한 사용자 정의 메서드다.

36행~40행: StyleDocument에 문자와 스타일을 삽입한다.

49행~50행: sdoc의 디폴트 Style 객체를 얻어 온다.

52행: style에 "regular" 스타일을 추가한다.

53행: style에 "SansSerif" 폰트체를 적용한다.

55행: regular에 "italic" 스타일을 추가한다.

56행: s에 "italic" 스타일을 적용한다.

58행: regular에 "bold" 스타일을 추가한다.

59행: s에 "bold" 스타일을 적용한다.

61행: regular에 "icon" 스타일을 추가한다.

62행: "icon" 스타일의 정렬 방식을 중앙으로 설정한다.

64행~66행: s에 아이콘을 설정한다.

67행: regular에 "button" 스타일을 추가한다.

68행: "button" 스타일의 정렬 방식을 중앙으로 설정한다.

71행~75행: soundIcon이 null이 아닌 경우는 button을 아이콘으로 설정하고, null인 경우는 button의 문자를 "BEEP"로 설정한다.

76행~80행: button에 이벤트를 등록한다. 78행은 버튼이 눌렸을 경우에 경고음을 내도록 한다.

81행: s에 button 컴포넌트를 등록한다.

❹ JScrollPane 클래스

JScrollPane 클래스는 스크롤을 이용해서 컴포넌트들을 보여주는 컴포넌트다. 즉, 스크롤을 이용해서 보여주는 화면을 상하좌우로 이동하여 포함된 컴포넌트의 원래 크기를 유지시킬 수 있다. 스크롤이 필요한 컴포넌트(JList, JTextArea, JTextPane 등)는 Scrollable 인터페이스가 구현된 컴포넌트이기 때문에 이 스크롤 패널에 포함시켜서 사용한다.

JScrollPane의 중앙을 '뷰포트'라고 하는데, 포함된 객체를 보여주기 위한 영역을 의미한다. 포함된 컴포넌트의 크기가 뷰포트 영역보다 큰 경우, 자동으로 스크롤바가 생성되어 보여지게 되는데, 이러한 정책을 가지고 있는 인터페이스는 ScrollPaneConstants 인터페이스에 정의되어 있다. ScrollPaneConstants 인터페이스의 주요 필드와 생성자를 살펴보자.

[표 12-8] ScrollPaneConstants 클래스의 주요 필드

반환형	메서드	설명
static int	HORIZONTAL_SCROLLBAR_ALWAYS	수평 스크롤바를 항상 보여주는 정책이다.
	VERTICAL_SCROLLBAR_ALWAYS	수직 스크롤바를 항상 보여주는 정책이다.

static int	HORIZONTAL_SCROLLBAR_AS_NEEDED	수평 스크롤바를 필요할 때에만 보여주는 정책이다.
	VERTICAL _SCROLLBAR_AS_NEEDED	수직 스크롤바를 필요할 때에만 보여주는 정책이다.
	HORIZONTAL_SCROLLBAR_NEVER	수평 스크롤바를 사용하지 않는 정책이다.
	VERTICAL _SCROLLBAR_NEVER	수직 스크롤바를 사용하지 않는 정책이다.

[표 12–9] JScrollPane 클래스의 주요 생성자

생성자	설명	
JScrollPane( )	비어있는 새로운 JScrollPane 객체를 생성한다. 기본적으로 필요할 때 수평, 수직 스크롤바가 나타난다.	
JScrollPane(Compoent view)	지정한 뷰 객체를 보여주는 JScrollPane 객체를 생성한다. 뷰보다 컴포넌트의 내용이 크면 수평, 수직 스크롤바가 나타난다.	
JScrollPane(Compoent view, int vsbPolicy, int hsbPolicy)	지정한 뷰 객체를 보여주는 JScrollPane 객체를 생성한다. 지정한 수직, 수평 스크롤바 표시 정색(책)에 따라 스크롤바가 보여진다.	
JScrollPane(int vsbPolicy, int hsbPolicy)	지정한 수직, 수평 스크롤바 표시 정책에 따라 JScrollPane 객체를 생성한다.	

❺ JTabbedPane 클래스

JTabbedPane 클래스는 여러 패널을 담을 때 사용하는 컴포넌트다. 일반적으로 기능별로
분류된 옵션들을 동시에 보여 줄 필요가 없고, 필요할 때 하나의 패널만 보여주기 위해서 사
용하는 컴포넌트다. 사용 방법은 타이틀이나 아이콘을 가지는 탭을 클릭함으로써 여러 개의
패널 중에 선택된 탭으로 교체되면서 화면에 보여주는 컴포넌트다. 탭의 위치는 상하좌우에
위치할 수 있는데, 기본적으로는 패널의 왼쪽 위(Top)에 있다. JTabbedPane 클래스의 주
요 생성자와 메서드를 살펴보자.

[표 12–10] JTabbedPane 클래스의 주요 생성자

생성자	설명	
JTabbedPane( )	비어있는 새로운 탭 패널 객체를 생성한다. 기본적인 탭의 위치는 Top이다.	
JTabbedPane(int tabPlacement)	지정된 탭의 위치를 가지는 새로운 탭 패널 객체를 생성한다. 탭의 위치는 LEFT, RIGHT, TOP, BOTTOM값을 가질 수 있다.	

[표 12-11] JTabbedPane 클래스의 주요 메서드

반환형	메서드	설명
Component	add(Component component)	컴포넌트의 이름으로 탭 타이틀을 정하여 component를 붙인다.
	add(Component component, int index)	컴포넌트의 이름으로 탭 타이틀을 정하고 index로 탭의 위치를 정한 후에 component를 붙인다.
void	add(Component component, constraints)	component를 탭에 붙인다. 만약, Object constraints가 문자열이거나 Icon인 경우에는 이것을 이용하여 탭 타이틀로 정한다.
	add(Component component, Object constraints, int index)	index로 탭의 위치를 정하고 component를 탭에 붙인다. 만약, constraints가 문자열이거나 Icon인 경우에는 이것을 이용하여 탭 타이틀로 정한다.
	addTab(String title, Component component)	맨 마지막 탭 위치에 지정한 타이틀을 가지고 컴포넌트를 추가한다.
	addChangeListener(ChangeListener l)	탭 패널에서 선택된 탭의 인덱스가 바뀌었을 때 발생하는 이벤트를 받기 위해 지정된 ChangeListener를 추가한다.
	addTab(String title, Icon icon, Component component)	맨 마지막 탭 위치에 지정한 타이틀과 아이콘을 가지고 컴포넌트를 추가한다.
	insertTab(String title, Icon icon,Component component, String tip, int index)	index 위치에 컴포넌트를 추가한다. 지정한 타이틀과 아이콘을 탭에 보여준다.
	remove(Component component)	지정한 컴포넌트를 탭 패널에서 제거한다.
	removeTabAt(int index)	지정한 인텍스의 탭을 탭 패널에서 제거한다.
	setComponentAt(int index, Component component)	지정한 위치의 탭이 보여줄 컴포넌트를 지정한다.

이제 JTabbedPane 생성자와 메서드를 이용하여 간단한 예제를 만들어 보자.

예제 **12-4**　JTabbedPaneEx

```
01    import java.awt.*;
02    import java.awt.event.*;
03    import javax.swing.*;
04
```

```java
05    public class JTabbedPaneEx extends JFrame{
06
07        ImageIcon icon1, icon2, tabicon;
08        JButton b1, b2;
09        JTabbedPane jp;
10
11        public JTabbedPaneEx(){
12
13            super("JTabbedPane 테스트");
14
15            icon1=new ImageIcon("../../images/image3.gif");
16            icon2=new ImageIcon("../../images/image2.gif");
17
18            tabicon=new ImageIcon("../../images/image1.gif");
19
20            b1=new JButton("사진1",icon1);
21            b2=new JButton("사진2",icon2);
22
23            jp=new JTabbedPane();
24
25            jp.addTab("탭1",new ImageIcon(" "),b1);
26            jp.addTab("탭2",new JPanel().add(new JTextArea(7,20)));
27            jp.addTab("탭3",tabicon, b2,"탭사진도 추가 했습니다");
28
29            add(jp);
30
31            setBounds(300,300,300,300);
32            setVisible(true);
33        }
34
35        public static void main(String[] args){
36            new JTabbedPaneEx();
37        }
38    }
```

[그림 12-16] JTabbedPaneEx의 실행결과

▶▶▶ 15행~16행: JButton에 필요한 ImageIcon 객체를 생성한다.

18행: JTabbedPane에 필요한 ImageIcon 객체를 생성한다.

20행: "탭1"과 icon1 객체로 JButton 객체를 생성한다. 이렇게 생성된 JButton에는 아이콘과 문자열이 같이 보이게 된다.

23행: JTabbedPane 객체를 생성한다.

25행: JTabbedPane에 탭을 추가한다. 첫 번째 매개변수는 탭 타이틀을 정한다. 두 번째 매개변수는 탭에 붙일 Component를 정한다.

26행: JTabbedPane에 탭을 추가한다. 첫 번째 매개변수는 탭 타이틀을 정한다. 두 번째 매개변수는 탭 타이틀을 아이콘으로 정한다. 세 번째 매개변수는 탭에 붙일 Component를 정한다.

27행: JTabbedPane에 탭을 추가한다. 첫 번째 매개변수는 탭 타이틀을 정한다. 두 번째 매개변수는 탭 타이틀을 아이콘으로 정한다. 세 번째 매개변수는 탭에 붙일 Component를 정한다. 네 번째 매개변수는 탭의 팁을 정한다.

29행: JFrame에 JTabbedPane을 붙인다.

❻ 바이트 출력 스트림

JSplitPane 클래스는 윈도우의 내부를 두 개의 패널로 상하 또는 좌우로 나뉘어 사용할 수 있도록 보여주는 컴포넌트다. 두 패널 사이에는 분리자라고 불리는 가느다란 선이 있는데, 이것을 움직이게 되면 패널의 크기를 조절할 수 있다. 또한 JSplitPane을 중첩해서 사용하면 여러 개의 사각형으로 분할하여 사용할 수 있다.

JSplitPane 클래스는 분할자에 한 번의 클릭으로 각 패널을 전체 크기로 만들 수 있도록 하는 원터치 확장(OneTouchExpandable) 옵션이 있고, 분할자의 위치를 조절할 때 연속적으로 각 패널을 다시 그리는 연속 레이아웃(ContinuousLayout) 옵션이 있다. 기본 설정은 분할자를 원하는 위치로 이동시킨 후 마우스를 놓으면 그 때 두 패널이 다시 그려진다.

JSplitPane 클래스의 주요 필드와 생성자, 메서드를 살펴보자.

[표 12-12] JSplitPane 클래스의 주요 필드

자료형	필드명	설명	
static int	HORIZONTAL_SPLIT	분할 패널을 수평으로 나뉘어 보여주는 정책이다.	
	VERTICAL_ SPLIT	분할 패널을 수직으로 나뉘어 보여주는 정책이다.	

[표 12-13] JSplitPane 클래스의 주요 생성자

생성자		설명	
JSplitPane( )		기본 설정으로 수평 분할. ContinuousLayout 옵션은 사용하지 않는 JSplitPane 객체를 생성한다.	
JSplitPane (int newOrientation)		지정한 방향으로 나뉘어지고 ContinuousLayout 옵션은 사용하지 않는 JSplitPane 객체를 생성한다.	
JSplitPane (int newOrientation, boolean newContinuousLayout)		지정한 방향으로 나뉘어지고 ContinuousLayout 옵션을 사용하는 JSplitPane 객체를 생성한다.	
JSplitPane (int newOrientation, boolean newContinuousLayout, Component newLeftComponent, Component newRightComponent)		지정한 방향으로 나뉘어지고 ContinuousLayout 옵션을 사용하는 JSplitPane 객체를 생성한다. newLeft Component는 왼쪽 패널에, newRightComponent는 오른쪽 패널에 보여진다.	
JSplitePane (int newOrientation, Component newLeftComponent, Component newRightComponent)		지정한 방향으로 나뉘어지는 JSplitPane 객체를 생성한다. newLeft Component는 왼쪽 패널에, newRightComponent는 오른쪽 패널에 보여진다.	

[표 12-14] JSplitPane 클래스의 주요 메서드

반환형	메서드	설명	
void	setContinuousLayout(boolean newContinuousLayout)	ContinuousLayout 옵션을 사용할 것인가를 지정한다.	
	setOrientation(int orientation)	분할시킬 방향을 지정한다.	
Int	getDividerLocation( )	분할자의 현재 위치를 얻어온다.	
void	resetToPreferredSizes( )	분할 패널의 자식 컴포넌트들의 크기를 각각의 패널 크기에 근거하여 조절한다.	

void	setDividerLocation(int location)	분할자의 위치를 지정한다.
	remove(Component component)	지정한 컴포넌트를 제거한다.
	setLeftComponent(Component comp)	왼쪽 패널에 컴포넌트를 붙이도록 지정한다.
	setRightComponent(Component comp)	오른쪽 패널에 컴포넌트를 붙이도록 지정한다.
	setTopComponent(Component comp)	위 패널에 컴포넌트를 붙이도록 지정한다.
	setBottomComponent(Component comp)	아래 패널에 컴포넌트를 붙이도록 지정한다.

예제 12-5 JSplitPaneEx

```
01   import java.awt.*;
02   import java.awt.event.*;
03   import javax.swing.*;
04
05   public class JSplitPaneEx extends JFrame{
06
07       JSplitPane splitPane,splitPane1;
08
09       public JSplitPaneEx() {
10
11           super("SplitPaneEx 테스트");
12
13           JTextArea jta1 = new JTextArea(20,10);
14           JScrollPane jta1ScrollPane = new JScrollPane(jta1);
15
16           JTextArea jta2 = new JTextArea(20,10);
17           JScrollPane jta2ScrollPane = new JScrollPane(jta2);
18           splitPane = new JSplitPane(JSplitPane.VERTICAL_SPLIT,
19           jta1ScrollPane, jta2ScrollPane);
20
21           JTextArea jta3 = new JTextArea(20,10);
22           JScrollPane jta3ScrollPane = new JScrollPane(jta3);
23           splitPane1 = new JSplitPane(JSplitPane.HORIZONTAL_SPLIT,
24           splitPane, jta3ScrollPane);
```

```
25
26              splitPane.setOneTouchExpandable(true);
27              splitPane.setDividerLocation(100);
28              splitPane.setPreferredSize(new Dimension(200, 200));
29              splitPane1.setPreferredSize(new Dimension(400, 200));
30
31              add(splitPane1);
32              pack();
33              setVisible(true);
34              setDefaultCloseOperation(JFrame.EXIT_ON_CLOSE);
35          }
36
37      public static void main(String s[]) {
38              new JSplitPaneEx();
39          }
40  }
```

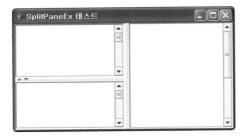

[그림 12-17] JSplitPaneEx의 실행결과

▶▶▶ 11행: JFrame의 타이틀을 정한다.

13행~17행: 두 개의 JScrollPane(jta1ScrollPane, jta2ScrollPane)을 생성하여 각각 JTextArea를 붙인다.

18행~19행: 수직 분할로 JSplitPane 객체를 생성한다. 수직으로 분할하게 되면 상하로 나눠지게 되는데, 위에 jta1ScrollPane을, 아래에 jta2ScrollPane을 붙인다.

22행: 세 번째 JScrollPane(jta3ScrollPane)을 생성한다.

23행~24행: 수평 분할로 JSplitPane 객체를 생성한다. 수평으로 분할하게 되면 좌우로 나눠지게 되는데, 왼쪽에는 splitPane을, 오른쪽에는 jta3ScrollPane을 붙인다.

26행: splitPane을 한번에 확장/접음 기능을 할 수 있다. 즉, setOneTouchExpandable (true)로 설정하게 되면 splitPane이 상하로 나눠지는 곳(분할자)에 확장/접음 기능을 할 수 있는 삼각형 모양이 생긴다. 이것을 원터치 확장이라고 한다.

27행: splitPane의 분할자의 위치를 지정한다.

28행: splitPane의 사이즈를 정한다.

29행: splitPane1의 사이즈를 정한다.

❼ JDesktopPane 클래스

JDesktopPane 클래스는 JInternalFrame을 담기 위해 만들어진 가상 데스크탑을 생성하는 컨테이너로 JInternalFrame 객체를 생성하여 JDesktopPane에 추가한다. 다중 레이어를 지원하며 내부에는 DesktopManager가 있어 JInternalFrame을 관리할 수 있다.

JDesktopPane 클래스는 내부 프레임을 관리하는 주요 기능인 최대화, 원래크기로, 아이콘화, 이동, 크기조절, 닫기와 같은 기능 등이 있다. JDesktopPane 클래스의 주요 필드와 메서드를 살펴보자.

[표 12-15] JDesktopPane 클래스의 주요 필드

자료형	필드명	설명
static int	LIVE_DRAG_MODE	프레임을 드래그할 때 내용을 매번 그리도록 하는 모드다.
	OUTLINE_DRAG_MODE	프레임을 드래그할 때 내용을 매번 보여주지 않고 경계선만 그리도록 하는 모드다.

[표 12-16] JDesktopPane 클래스의 주요 메서드

반환형	메서드	설명
JInternalFrame[ ]	getAllFrames( )	데스크탑에 포함된 모든 프레임을 배열 형태로 얻어 온다.
JInternalFrame	getSelectedFrame( )	현재 선택된 프레임을 얻어온다. 만약, 선택된 프레임이 없으면 null을 얻어온다.
void	setDragMode(int dragMode)	지정한 모드로 드래그 모드를 지정한다.
	setSelectedFrame(JInternalFrame f)	지정한 프레임을 선택한 상태로 지정한다.

그리고 DefaultDesktopManager 클래스의 주요 메서드를 살펴보자.

[표 12-17] JDesktopPane 클래스의 주요 메서드

반환형	메서드	설명
void	activateFrame(JInternalFrame f)	지정한 프레임을 활성화시키고 맨 앞으로 이동시킨다.
	closeFrame(JInternalFrame f)	지정한 프레임을 닫고 데스크탑에서 제거한다.
	deiconifyFrame(JInternalFrame f)	지정한 프레임을 아이콘화 상태에서 원래 상태로 복구시킨다.
	iconifyFrame(JInternalFrame f)	지정한 프레임을 아이콘화 상태로 만든다.
	maximizeFrame(JInternalFrame f)	지정한 프레임을 최대화 상태로 만든다.
	minimizeFrame(JInternalFrame f)	지정한 프레임을 원래 상태로 되돌린다.
	resizeFrame(JComponent f, int newX, int newY, int newWidth, int newHeight)	지정한 프레임의 크기를 지정한다.
	setBoundsForFrame(JComponent f, int newX, int newY, int newWidth, in newHeight)	지정한 프레임의 크기를 지정한다.

❽ JInternalFrame 클래스

JInternalFrame 클래스는 윈도우의 MDI(Multiple Document Interface) 기능을 제공하는 프레임이다. 일반 프레임과 마찬가지로 타이틀바와 윈도우 제어 버튼(최대화, 원래크기로, 닫기)이 있으며 크기 변경, 이동, 도구 모음 등의 기능을 지원하고 있다. 특별한 경우를 제외하고는 JDesktopPane과 함께 사용하며 외부에서 보기에는 JFrame과 유사한데, 룩앤필에 의해서 그 모양이 바뀔 수 있다.

JInternalFrame 클래스는 WindowEvent 대신 InternalFrameEvent를 발생하며 종료와 같은 이벤트는 InternalFrameEvent를 통해 처리하면 된다.

JInternalFrame 클래스의 주요 생성자와 메서드를 살펴보자.

[표 12-18] JInternalFrame 클래스의 주요 생성자

생성자	설명
JInternalFrame( )	타이틀이 없고 크기조절, 닫기, 최대화, 아이콘화가 되지 않는 JInternalFrame 객체를 생성한다.
JInternalFrame(String title)	지정된 타이틀을 통해 크기조절, 닫기, 최대화, 아이콘화가 되지 않는 JInternalFrame 객체를 생성한다.
JInternalFrame(String title, boolean resizable)	지정된 타이틀을 통해 크기조절 속성이 설정된 JInternalFrame 객체를 생성한다.
JInternalFrame(String title, boolean resizable, boolean closable)	지정된 타이틀을 통해 크기조절, 닫기 속성이 설정된 JInternalFrame 객체를 생성한다.
JInternalFrame(String title, boolean resizable, boolean closable, boolean maximizable)	지정된 타이틀을 통해 크기조절, 닫기, 최대화 속성이 설정된 JInternalFrame 객체를 생성한다.
JInternalFrame(String title, boolean resizable, boolean closable, boolean maximizable, boolean iconifable)	지정된 타이틀을 통해 크기조절, 닫기, 최대화 아이콘화 속성이 설정된 JInternalFrame 객체를 생성한다.

[표 12-19] JInternalFrame 클래스의 주요 메서드

반환형	메서드	설명
void	addInternalFrameListener (InternalFrameListener l)	JInternalFrame에서 윈도우에서 발생하는 이벤트를 받기 위해 지정된 InternalFrameListener를 추가한다.
	setDesktopIcon(JInternalFrame. JDesktop에서 JDesktopIcon d)	JInternalFrame에 사용할 아이콘을 지정한다.
	setOrientation(int orientation)	지정한 아이콘을 프레임의 타이틀바에 보여줄 아이콘으로 지정한다.
	setTitle(String title)	지정한 타이틀을 프레임의 타이틀로 지정한다.
	setDefaultCloseOperation(int operation)	프레임의 닫기 버튼을 클릭했을 때의 기본 동작을 지정한다.
	dispose( )	프레임을 닫고 자원을 돌려준다.
boolean	isClosed( )	프레임이 닫힌 상태인지를 얻어온다.
	isIcon( )	프레임이 아이콘화된 상태인지를 얻어온다.
	isMaximum( )	프레임이 최대화 상태인지를 얻어온다.
	isSelected( )	프레임이 현재 선택 상태인지를 얻어온다.
void	setClosed(boolean b)	프레임을 닫거나 복구시키는 것을 지정한다.
	setIcon(boolean b)	프레임을 아이콘화 시키거나 복구시키는 것을 지정한다.

void	setSelected(boolean selected)	프레임을 선택하거나 선택되지 않은 상태로 지정한다.
	reshape(int x, int y, int width, int height)	프레임의 크기와 위치를 지정한다.
	mvoeToBack( )	프레임이 속한 JDesktopPane의 다른 프레임보다 뒤로 이동시킨다.
	mvoeToFront( )	프레임이 속한 JDesktopPane의 다른 프레임보다 앞으로 이동시킨다.

예제 12-6   FileReaderEx

```
01    import javax.swing.*;
02    import java.awt.*;
03    import java.awt.event.*;
04
05    public class JInternalFrameEx extends JFrame implements
      ActionListener {
06
07        JDesktopPane desktop;
08
09        JMenuItem openItem;
10        JMenuItem closeItem;
11        JMenuItem exitItem;
12
13        int cnt=1;
14
15        public JInternalFrameEx() {
16
17            super("JInternalFrame 테스트");
18
19            desktop = new JDesktopPane();
20            openItem = new JMenuItem("New");
21            closeItem = new JMenuItem("Close");
22            exitItem = new JMenuItem("Exit");
23            buildGUI();
24
```

```
25              setBounds(300,200,500,400);
26              setVisible(true);
27          }
28
29      void buildGUI() {
30
31              add(desktop, BorderLayout.CENTER);
32
33              JMenuBar menubar = new JMenuBar();
34              setJMenuBar(menubar);
35
36              JMenu fileMenu = new JMenu("File");
37              menubar.add(fileMenu);
38
39              fileMenu.add(openItem);
40              fileMenu.add(closeItem);
41              fileMenu.addSeparator();
42              fileMenu.add(exitItem);
43
44              openItem.addActionListener(this);
45              closeItem.addActionListener(this);
46              exitItem.addActionListener(this);
47          }
48
49      public void openFrame() {
50              JInternalFrame frame =
51              new JInternalFrame("새문서"+cnt, true, true, true, true );
52
53              JLabel imageLabel = new JLabel("새문서");
54              frame.getContentPane().setBackground(Color.white);
55              frame.getContentPane().add(imageLabel);
56              if(cnt==1)
57                      frame.setSize(200,200);
58              else
59                      frame.setBounds((cnt-1)*20, (cnt-1)*20, 200, 200);
```

```
60
61              cnt++;
62
63              desktop.add(frame);
64              frame.setVisible(true);
65          }
66
67      public void closeFrame() {
68              JInternalFrame frame = desktop.getSelectedFrame();
69              if(frame == null) { return; }
70              frame.setVisible(false);
71              frame.dispose();
72          }
73
74      public void actionPerformed(ActionEvent e) {
75
76              Object obj = e.getSource();
77
78              if(obj == openItem) {
79                  openFrame();
80              }
81              else if(obj == closeItem) {
82                  closeFrame();
83              }
84              else if(obj == exitItem) {
85                  setVisible(false);
86                  dispose();
87                  System.exit(0);
88              }
89          }
90
91      public static void main(String[] args){
92              new JInternalFrameEx();
93          }
94  }
```

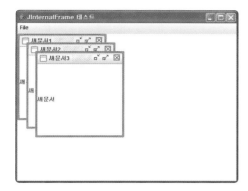

[그림 12-18] JInternalFrameEx의 실행결과

▶▶▶ 19행: JInternalFrame을 붙일 JDesktopPane 객체를 생성한다.

31행: JFrame에 JDesktopPane을 중앙에 붙인다.

34행: JFrame에 JMenuBar를 붙일 때는 add( ) 메서드를 사용하지 않고 setJMenuBar( ) 메서드를 사용해야 한다.

37행: JMenuBar에 JMenu(fileMenu)를 붙인다. 일반적으로 JMenuBar를 생성할 때는 JMenuBar에 JMenu를 JMenu에 JMenuItem을 붙인다.

41행: JMenu에 JMenuItem을 붙일 때 JMenuItem 사이에는 구분이 되어 있지 않다. JMenuItem을 구분하기 위해 addSeparator( ) 메서드를 이용한다.

44행~46행: JMenuItem에 이벤트를 등록한다.

50행~51행: JInternalFrame 객체를 생성한다. 첫 번째는 타이틀을 의미하고, 두 번째는 크기 조절, 세 번째는 닫기, 네 번째는 최대화, 다섯 번째는 아이콘화를 의미한다.

54행~55행: JInternalFrame에 배경색를 바꾸고 JLabel을 붙인다.

56행~61행: openFrame( ) 메서드는 JInternalFrame을 생성하는 메서드다. JMenu에서 "New"를 선택할 때마다 openFrame( ) 메서드를 호출하여 JInternalFrame를 생성한다. 이때 JInternalFrame를 생성할 때마다 겹치지 않게 하기 위해서 cnt값을 증가하여 위치를 변경하는 것이다. cnt가 1일 때는 setSize(200, 200)을 호출하여 JInternalFrame의 사이즈만을 설정하고 위치는 (0, 0)이 된다. 그리고 cnt값은 61행처럼 값이 증가된다. 다음에 다시 openFrame( ) 메서드를 호출하게 되면 cnt값은 2가 되기 때문에 else문이 수행되어 사이즈는 동일하지만 위치는 (20, 20)이 된다.

63행: JDesktopPane에 InternalFrame를 붙인다.

68행: JDesktopPane에 선택된 JInternalFrame 객체를 얻어온다.

69행~71행: 선택된 JInternalFrame이 없는 경우에는 아무일도 하지 않고, 선택된 JInternal

Frame이 있는 경우에는 모든 자원을 반납한다.

78행~80행: 이벤트가 발생한 JMenuItem(obj)이 openItem인 경우에는 openFrame( ) 메서드
를 호출한다.

81행~83행: 이벤트가 발생한 JMenuItem(obj)이 closeItem인 경우에는 closeFrame( ) 메서드
를 호출한다.

84행~88행: 이벤트가 발생한 JMenuItem(obj)이 exitItem인 경우에는 JFrame를 닫고 모든 자
원을 반납한다

⑨ JOptionPane 클래스

JOptionPane 클래스는 프로그램을 실행하는 도중에 사용자로부터 자료를 입력받거
나 특정한 메시지를 출력시켜 확인시키는 작업을 할 수 있도록 지원하는 컴포넌트다.
JOptionPane 클래스는 자체적인 기능이 있는 것은 아니기 때문에 객체를 생성한 후 반드시
showXXXDialog( ) 메서드를 이용해서 어떤 다이얼로그 박스를 출력시킬 것인지를 정해야
된다.

다음 표는 JOptionPane 클래스를 이용해서 만들 수 있는 다이얼로그 박스의 종류이며 그림
은 다이얼로그 박스의 기본적으로 보여주는 외관을 정리한 것이다.

[표 12-20] JOptionPane 클래스의 다이얼로그 박스 종류

종류	기능	호출 함수
MessageDialog	사용자에게 메시지를 보여주는 다이얼로그 박스	showMessageDialog( )
ConfirmDialog	Yes, No, Cancel과 같은 버튼으로 확인하는 다이얼로그 박스	showConfirmDialog( )
InputDialog	사용자로부터 자료를 입력받기 위한 다이얼로그 박스	showInputDialog( )
OptionDialog	위 세 가지를 포함하여 맞춘 다이얼로그 박스	showOptionDialog( )

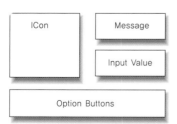

[그림 12-19] 다이얼로그 박스의 기본적인 외관

JOptionPane 클래스의 메서드에서 사용하는 인자들은 일관성 있는 패턴을 통해서 사용한다. 그럼 공통적인 인자값에 대해 먼저 설명하겠다.

- ComponentparentComponent: 다이얼로그 박스를 소유하고 있는 부모가 컴포넌트다.
- Objectmessge: 다이얼로그 박스에서 보여줄 메시지다.
- Stringtitle: 다이얼로그 박스에서 타이틀 부분에 보여줄 타이틀이다.
- intoptionType: 다이얼로그 박스 하단에 표시되는 옵션 버튼이다.
- Iconicon: 다이얼로그 박스 좌측에 보여주는 아이콘이다.

JOptionPane 클래스의 주요 필드와 메서드

JOptionPane 클래스의 주요 필드와 메서드를 살펴보자.

■ 메시지와 관련있는 필드

[표 12-21] JOptionPane 클래스의 메시지 관련 필드

자료형	필드명	설명
static int	ERROR_MESSAGE	오류 메시지를 이용한다.
	INFORMATION_MESSAGE	정보 메시지를 이용한다.
	PLAIN_MESSAGE	아이콘이 없는 메시지를 이용한다.
	QUESTION_MESSAGE	질문 메시지를 이용한다.
	WARNING_MESSAGE	경고 메시지를 이용한다.

■ 옵션과 관련있는 필드

[표 12-22] JOptionPane 클래스의 메시지 관련 필드

자료형	필드명	설명
static int	DEFAULT_OPTION	오류 메시지를 이용한다.
	OK_CANCEL_OPTION	정보 메시지를 이용한다.
	YES_NO_CANCEL_OPTION	아이콘이 없는 메시지를 이용한다.
	YES_NO_OPTION	질문 메시지를 이용한다.

■ JOptionPane에서 반환값과 관련있는 필드

[표 12-23] JOptionPane 클래스의 반환값과 관련있는 필드

자료형	필드명	설명
static int	YES_OPTION	경고 메시지를 이용한다.
	NO_OPTION	경고 메시지를 이용한다.
	CANCEL_OPTION	경고 메시지를 이용한다.

■ MessageDialog와 관련있는 메서드

[표 12-24] JOptionPane 클래스의 메시지 다이얼로그 박스와 관련있는 메서드

반환형	메서드	설명
static void	showMessageDialog(Component parentComponent, Object messge)	지정한 메시지를 다이얼로그 박스에 보여주는 메시지 대화창을 만든다.
	showMessageDialog(Component parentComponent, Object messge, String title, int messageType)	지정한 메시지, 타이틀, 메시지 타입을 다이얼로그 박스에 보여주는 메시지 대화창을 만든다.
	showMessageDialog(Component parentComponent, Object messge, String title, int messageType, Icon icon)	지정한 메시지, 타이틀, 메시지 타입, 아이콘을 다이얼로그 박스에 보여주는 메시지 대화창을 만든다.

■ ConfirmDialog와 관련있는 메서드

[표 12-25] JOptionPane 클래스의 확인 다이얼로그 박스와 관련있는 메서드

반환형	메서드	설명
static int	showConfirmDialog(Component parentComponent, Object messge)	지정한 메시지를 다이얼로그 박스에 보여주는 확인 대화창을 만든다.
	showConfirmDialog(Component parentComponent, Object messge, String title, int optionType)	지정한 메시지, 타이틀, 옵션 타입을 다이얼로그 박스에 보여주는 확인대화창을 만든다.
	showConfirmDialog(Component parentComponent, Object messge, String title, int optionType, int messageType)	지정한 메시지, 타이틀, 옵션 타입, 메시지 타입을 다이얼로그 박스에 보여주는 확인 대화창을 만든다.

■ InputDialog와 관련있는 메서드

[표 12-26] JOptionPane 클래스의 입력 다이얼로그 박스와 관련있는 메서드

반환형	메서드	설명
static String	showInputDialog(Component parentComponent, Object messge)	지정한 메시지를 다이얼로그 박스에 보여주는 입력 대화창을 만든다.
	showInputDialog(Component parentComponent, Object messge, String title, int messageType)	지정한 메시지, 타이틀, 메시지 타입을 다이얼로그 박스에 보여주는 입력 대화창을 만든다.

예제 12-7   JOptionPaneEx

```
01    import java.awt.*;
02    import java.awt.event.*;
03    import javax.swing.*;
04
05    public class JOptionPaneEx extends JFrame implements ActionListener{
06
07        JButton b1, b2, b3, b4;
08        String[] str={"로그인", "회원가입"};
09
10        public JOptionPaneEx(){
11
12            super("JOptionPane 테스트");
13            setLayout(new FlowLayout());
14
15            b1=new JButton("MessageDialog");
16            b2=new JButton("ConfirmDialog");
17            b3=new JButton("InputDialog");
18            b4=new JButton("OptionDialog");
19
20            add(b1);
21            add(b2);
22            add(b3);
23            add(b4);
24
```

```
25              pack();
26              setLocation(300,300);
27              setVisible(true);
28
29              b1.addActionListener(this);
30              b2.addActionListener(this);
31              b3.addActionListener(this);
32              b4.addActionListener(this);
33          }
34
35      public void actionPerformed(ActionEvent e){
36          if (e.getSource()==b1){
37              JOptionPane.showMessageDialog(this,"메세지다이얼로그박스",
                    "메세지",JOptionPane.INFORMATION_MESSAGE);
38          }
39          else if(e.getSource()==b2){
40              JOptionPane.showConfirmDialog(this,"확인다이얼로그박스",
                    "확인",JOptionPane.YES_NO_CANCEL_OPTION);
41          }
42          else if(e.getSource()==b3){
43              JOptionPane.showInputDialog(this,"입력다이얼로그박스",
                    "입력",JOptionPane.YES_NO_OPTION);
44          }
45          else if(e.getSource()==b4){
46              JOptionPane.showOptionDialog(this,"옵션다이얼로그박스",
                    "옵션",JOptionPane.YES_NO_CANCEL_OPTION,
                    JOptionPane.INFORMATION_MESSAGE, null, str, str[0] );
47          }
48      }
49
50      public static void main(String[] args){
51          new JOptionPaneEx();
52      }
53  }
```

》》 프로그램 실행 화면

》》 MessageDialog 화면

》》 ConfirmDialog 화면

》》 InputDialog 화면

》》 OptionDialog 화면

[그림 12-20] JOptionPaneEx의 실행결과

▶▶▶ 12행: JFrame의 타이틀을 지정한다.

13행: JFrame의 레이아웃을 FlowLayout으로 변경한다. JFrame의 기본 레이아웃은 BorderLayout이다.

25행: pack( ) 메서드는 JFrame의 다른 컴포넌트를 추가한 크기로 사이즈를 정한다.

26행: JFrame의 위치를 지정한다.

36행~38행: 이벤트가 발생한 컴포넌트가 b1인 경우에는 MessageDialog를 보여준다. 첫 번째 매개변수는 MessageDialog를 소유하고 있는 부모 컴포넌트이고, 두 번째 매개변

수는 메시지, 세 번째 매개변수는 타이틀, 네 번째 매개변수는 메시지 타입이다.

39행~41행: 이벤트가 발생한 컴포넌트가 b2인 경우에는 ConfirmDialog를 보여준다. 첫 번째 매개변수는 ConfirmDialog를 소유하고 있는 부모 컴포넌트이고, 두 번째 매개변수는 메시지, 세 번째 매개변수는 타이틀, 네 번째 매개변수는 옵션 타입이다.

42행~44행: 이벤트가 발생한 컴포넌트가 b3인 경우에는 InputDialog를 보여준다. 첫 번째 매개변수는 ConfirmDialog를 소유하고 있는 부모 컴포넌트이고, 두 번째 매개변수는 메시지, 세 번째 매개변수는 타이틀, 네 번째 매개변수는 메시지 타입이다.

45행~47행: 이벤트가 발생한 컴포넌트가 b4인 경우에는 OptionDialog를 보여준다. 첫 번째 매개변수는 OptionDialog를 소유하고 있는 부모 컴포넌트이고, 두 번째 매개변수는 메시지, 세 번째 매개변수는 타이틀, 네 번째 매개변수는 옵션타입, 다섯 번째 매개변수는 메시지 타입, 여섯 번째

매개변수는 아이콘, 일곱 번째 매개변수는 사용자가 선택할 수 있는 객체들의 배열이다. 만약, 이 값이 null일 경우에는 옵션 타입으로 설정된다. 여덟 번째 매개변수는 OptionDialog에서 기본으로 선택할 객체다. 만약, 일곱 번째 매개변수가 str로 설정되어 있다면 "로그인", "회원가입"을 선택할 수 있는데, 여덟 번째 매개변수를 "회원가입"으로 설정했다면 OptionDialog의 기본선택은 "회원가입"으로 설정된다. 따라서 여덟 번째 매개변수는 일곱 번째 매개변수가 있을때만 의미가 있다.

❿ JFileChooser 클래스

JFileChooser 클래스는 프로그램을 실행하는 도중에 자료를 파일로부터 불러오거나 파일에 저장할 수 있도록 파일 선택 다이얼로그 박스를 사용할 수 있도록 만든 컴포넌트다.

파일 선택창은 FileSystemView, FileView, FileFilter 등과 같은 컨트롤러가 조합되어 만들어진다. FileSystemView는 파일 시스템과 디렉토리 정보를 제공하고, FileView는 디렉토리 내부에 있는 파일들에 대한 정보를 제공하며 FileFilter는 파일을 원하는 종류만 보여줄 수 있도록 걸러주는 역할을 한다. 이러한 컨트롤러는 사용자에 의해 새롭게 재구성할 수도 있다. JFileChooser 클래스의 주요 필드와 생성자, 메서드를 살펴보자.

[표 12-27] JFileChooser 클래스의 주요 필드

자료형	필드명	설명
static int	APPROVE_OPTION	응답 버튼(yes, ok)이 선택되었을 때 반환되는 값이다.
	CANCEL_OPTION	Cancel이 선택되었을 때 반환되는 값이다.

[표 12-28] JFileChooser 클래스의 생성자

생성자	설명	
JFileChooser( )	사용자의 기본 디렉토리를 가리키는 JFileChooser 객체를 생성한다.	
JFileChooser(File currentDirectory)	지정된 디렉토리를 가리키는 JFileChooser 객체를 생성한다.	
JFileChooser(FileSystemView fsv)	지정된 FileSystemView를 사용하여 JFileChooser 객체를 생성한다.	
JFileChooser(String currentDirectoryPath)	지정한 경로를 가리키는 JFileChooser 객체를 생성한다.	

[표 12-29] JFileChooser 클래스의 주요 메서드

반환형	메서드	설명
void	addActionListener (ActionListener l)	JFileChooser에서 파일이 선택되었을 때 발생하는 이벤트를 받기 위해 지정된 ActionListener를 추가한다.
	addChoosableFileFilter (FileFilter filter)	사용자가 선택 가능한 파일 필터의 리스트에 필터를 추가한다.
	setAccessory(Jcomponent newAccessory)	액세서리 컴포넌트를 지정한다.
	setFileFilter(FileFilter filter)	파일 필터를 지정한다.
	setCurrentDirectory(File dir)	현재 디렉토리를 지정한다.
	setDialogTitle(String dialogTitle)	다이얼로그의 타이틀을 지정한다.
Int	setOpenDialog(Component parent)	열기용 JFileChooser 다이얼로그 박스를 만든다.
	setSaveDialog(Component parent)	저장용 JFileChooser 다이얼로그 박스를 만든다.
void	setFileSelectionMode(int mode)	사용자가 선택할 수 있는 것을 파일만, 디렉토리만, 또는 파일과 디렉토리의 양쪽 모두를 선택할 수 있게 할 수 있도록 JFileChooser를 설정한다.
	setMultiSelectionEnabled(booelan b)	다중 파일 선택 모드를 지정한다.
	setSelectedFile(File file)	지정한 파일을 선택 상태로 만든다.
	setSelectedFiles(File[ ] selectedFiles)	지정한 파일들을 선택 상태로 만든다.
File	getSelectedFile( )	선택한 파일을 얻어온다.
File[ ]	getSelectedFiles( )	다중 선택 모드일 때 선택한 파일들을 얻어온다.

예제 12-8 JFileChooserEx

```
01    import java.awt.*;
02    import java.awt.event.*;
03    import java.io.*;
04    import javax.swing.*;
05
06    public class JFileChooserEx extends JPanel implements ActionListener {
07
08        JButton openButton, saveButton;
09        JTextArea jta;
10        JFileChooser fc;
11
```

```java
12        public JFileChooserEx(){
13
14            JFrame.setDefaultLookAndFeelDecorated(true);
15            JDialog.setDefaultLookAndFeelDecorated(true);
16            JFrame frame = new JFrame("FileChooser 테스트");
17
18            frame.setDefaultCloseOperation(JFrame.EXIT_ON_CLOSE);
19
20            setLayout(new BorderLayout());
21
22            jta = new JTextArea(5,20);
23            jta.setMargin(new Insets(5,5,5,5));
24
25            JScrollPane jtaScrollPane = new JScrollPane(jta);
26
27            fc = new JFileChooser();
28            openButton = new JButton("Open");
29            saveButton = new JButton("Save");
30
31            JPanel buttonPanel = new JPanel();
32            buttonPanel.add(openButton);
33            buttonPanel.add(saveButton);
34
35            add(buttonPanel, BorderLayout.NORTH);
36            add(jtaScrollPane, BorderLayout.CENTER);
37
38            frame.add(this);
39            frame.pack();
40            frame.setLocation(300,300);
41            frame.setVisible(true);
42
43            openButton.addActionListener(this);
44            saveButton.addActionListener(this);
45        }
46
```

```
47          public void actionPerformed(ActionEvent e){
48              if (e.getSource() == openButton) {
49                  int returnVal = fc.showOpenDialog(this);
50
51                  if (returnVal == JFileChooser.APPROVE_OPTION){
52                      File file=fc.getSelectedFile();
53                          jta.setText(file.getName()+"\n");
54                  }
55
56              }else if (e.getSource() == saveButton){
57                  int returnVal = fc.showSaveDialog(this);
58                  if (returnVal == JFileChooser.APPROVE_OPTION){
59                      File file=fc.getSelectedFile();
60                      jta.setText(file.getName()+"\n");
61                  }
62              }
63          }
64
65      public static void main(String[] args) {
66          new JFileChooserEx();
67      }
68  }
```

》 프로그램 실행 화면 (1)

》 Open 버튼이 눌렸을 때 JfileChooser 실행 화면

》 프로그램 실행 화면 (2)

[그림 12-21] JFileChooserEx의 실행결과

14행: JFrame의 룩앤필을 설정한다.

15행: JDialog의 룩앤필을 설정한다. JFrame이나 JDialog의 룩앤필을 설정할 때는 JFrame, JDialog의 객체를 생성하기 전에 해야 한다.

23행: JTextArea의 setMargin( ) 메서드는 JTextArea의 편집할 수 있는 창의 가장자리를 어느 정도 비워둘 것인지를 결정하는 메서드다. Insets 클래스의 생성자의 첫 번째는 top, 두 번째는 left, 세 번째는 bottom, 네 번째는 right를 의미한다.

25행: JScrollPane에 JTextArea를 붙인다.

27행: JFileChooser 객체를 생성한다.

49행: showOpenDialog(this) 메서드는 열기 파일 다이얼로그 박스를 띄운다. this의 의미는 다이얼로그 박스의 부모 컴포넌트를 의미한다. 이 메서드의 리턴값은 열기 파일 다이얼로그 박스를 닫을 때 다이얼로그 박스의 상태를 반환한다.

- JFileChooser.CANCEL_OPTION: 취소 버튼을 눌렀을 때 반환한다.
- JFileChooser.APPROVE_OPTION: 열기 버튼을 눌렀을 때 반환한다.
- JFileChooser.ERROR_OPTION: 오류가 발생하거나 다이얼로그 박스가 없어질 때 반환한다.

51행: 파일 다이얼로그 박스의 열기 버튼을 클릭한 경우다.

52행: 파일 다이얼로그 박스에서 선택한 파일을 File 객체로 반환한다.

53행: JTextArea에 File 클래스의 getName( ) 메서드를 이용해서 파일의 경로와 파일명을 출력한다.

57행: showSaveDialog(this) 메서드는 저장 파일 다이얼로그 박스를 띄운다. this의 의미는 다이얼로그 박스의 부모 컴포넌트를 의미한다. 이 메서드의 리턴값은 저장 파일 다이얼로그 박스를 닫을 때 다이얼로그 박스의 상태를 반환한다.

⑪ JColorChooser 클래스

JColorChooser 클래스는 사용자가 색상을 선택할 수 있도록 기능을 제공하는 컴포넌트다. 일반적으로는 showDialog( ) 메서드를 이용해서 화면에 출력을 시키는데, 이런 방법 외에 createDialog( ) 메서드를 이용할 수도 있고, 다른 윈도우나 컨테이너에 포함시켜 사용할 수도 있다. JColorChooser 클래스의 주요 생성자와 메서드를 살펴보자.

[표 12–30] JColorChooser 클래스의 생성자

생성자	설명
JColorChooser( )	초기 색을 하얀색으로 가지는 JColorChooser 객체를 생성한다.
JColorChooser(Color initialColor)	초기 색을 지정한 색으로 가지는 JColorChooser 객체를 생성한다.
JColorChooser(ColorSelectionModel model)	지정된 ColorSelectionModel로 JColorChooser 객체를 생성한다.

[표 12–31] JColorChooser 클래스의 주요 메서드

반환형	메서드	설명
static JDialog	createDialog (Component c, String title, boolean modal, JColorChooser JColorChooser chooserPane, ActionListener okListener, ActionListener cancelListener)	"OK", "Cancel" 및 "Reset" 버튼과 함께 지정된 객체를 생성하여 그 객체를 얻어온다.
static Color	showDialog(Component component, String title, Color initialColor)	모달 모드의 JColorChooser 객체를 생성하여 보여주고 다이얼로그 박스가 숨겨질 때까지 블록 상태가 된다.
Color	getColor( )	현재 선택된 색을 얻어온다.
void	setColor(Color color)	지정한 색을 선택 상태로 만든다.

예제 12-9 JColorChooserEx

```java
01    import java.awt.*;
02    import java.awt.event.*;
03    import java.io.*;
04    import javax.swing.*;
05
06    public class JColorChooserEx extends JFrame implements
      ActionListener{
07
08        JMenuBar mb;
09        JMenu mnuselect;
10        JMenuItem mnucolor;
11        JLabel l;
12        JTextArea ta;
13
```

```java
14          public JColorChooserEx(){
15
16              super("JColorChooser 테스트");
17              mb = new JMenuBar();
18              mnuselect = new JMenu("선택");
19              mnucolor = new JMenuItem("색상");
20              l = new JLabel("출력창");
21              ta = new JTextArea();
22              mnuselect.add(mnucolor);
23
24              mb.add(mnuselect);
25
26              setJMenuBar(mb);
27
28              add("North",l);
29              add("Center",ta);
30
31              setBounds(300, 300, 300, 200);
32              setVisible(true);
33
34              mnucolor.addActionListener(this);
35          }
36
37      public void actionPerformed(ActionEvent e){
38          if(e.getSource()== mnucolor){
39              JColorChooser chooser = new JColorChooser();
40              Color col=chooser.showDialog(this,"색상을 고르세요",
                Color.blue);
41              l.setText("선택한 색상은"+col);
42              ta.setBackground(col);
43          }
44      }
45
46      public static void main(String[] args){
47          new JColorChooserEx();
```

```
48        }
49   }
```

》 프로그램 실행 화면 (1)

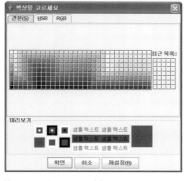

》 프로그램 실행 화면 (2)

》 선택 버튼을 눌렀을 때의 JColorChooserEx의 실행결과

[그림 12-22] JColorChooserEx 실행결과

▶▶▶ 17행: JMenuBar 객체를 생성한다.

22행: JMenu에 JMenuItem을 붙인다.

24행: JMenuBar에 JMenu(mnuselect)를 붙인다. 일반적으로 JMenuBar를 붙일 때는 JMenuBar에 JMenu를 JMenu에 JMenuItem을 붙인다.

26행: JFrame에 JMenuBar를 붙일 때는 add( ) 메서드를 사용하지 않고 setJMenuBar( ) 메서드를 사용해야 한다.

34행: JMenuItem에 이벤트를 등록한다.

38행: JMenuItem을 선택한 경우다.

39행: JColorChooser 객체를 생성한다.

40행: JColorChooser 클래tm의 showDialog( ) 메서드를 이용해서 JColorChooser 다이얼로그 박스를 띄운다. 만약, 사용자가 확인 버튼을 누른 경우에는 이 메서드는 다이얼로그 박스를 닫고 선택한 컬러를 Color 객체로 반환한다. 만약, 사용자가 취소 버튼을 누르거나 OK 버튼을 누르지 않고 다이얼로그 박스를 닫은 경우에는 이 메서드는 다이얼로그 박스를 닫고 null을 반환한다.

42행: 선택한 Color 객체를 이용해서 JTextArea의 배경색을 바꾼다.

□4 스윙 컴포넌트

이번 절에서는 스윙에서 사용하는 컴포넌트에 대해 살펴보겠다. AWT에서 사용했던 방법과 거의 유사하므로 클래스에 대한 설명보다는 AWT에 없는 추가된 컴포넌트와 추가된 기능, 특징에 대해 알아보고 예제를 살펴보자.

❶ AbstractButton 클래스

JButton, JToggleButton, JRadioButton 등의 모든 버튼의 종류를 추상화한 클래스로 대부분의 버튼이 이 클래스로부터 상속받는다. 즉, 버튼들의 모양이나 기능은 다르지만 기본적인 기능들은 이 클래스로 구현되어 있다.

그럼 AbstractButton 클래스의 주요 메서드를 살펴보자.

[표 12-32] AbstractButton 클래스의 주요 메서드

반환형	메서드	설명
void	setModal(ButtonModel newModel)	버튼의 모델을 정한다.
	setMargin(Insets m)	버튼의 경계선과 텍스트와의 경계를 정한다.
	setRolloverEnabled(boolean b)	롤오버 효과의 활성화 상태를 정한다.
	setIcon(Icon defaultIcon)	버튼의 기본 아이콘을 정한다.
	setSelectedIcon(Icon selectedIcon)	버튼이 선택된 상태의 아이콘을 정한다.
	setDisableIcon(Icon disabledIcon)	버튼이 비활성화된 상태의 아이콘을 정한다.
	setDisableSelectedIcon(Icon disabledSelectedIcon)	버튼이 비활성화되고 선택된 상태의 아이콘을 정한다.
	setPressedIcon(Icon pressedIcon)	버튼이 눌려진 상태의 아이콘을 정한다.
	setRolloverIcon(Icon rolloverIcon)	마우스가 버튼 위에 놓여진 상태의 아이콘을 정한다.

void	setHorizontalTextPosition(int textPostion)	버튼의 수평 텍스트의 위치를 지정한다.
	setVerticalTextPosition(int textPostion)	버튼의 수직 텍스트의 위치를 지정한다.

❷ JButton 클래스

JButton 클래스는 AWT의 버튼과 거의 유사하며 버튼에 텍스트와 이미지를 모두 넣을 수 있고 다양한 상태에서 보여줄 버튼의 이미지를 각각 지정하여 롤오버(Roll-Over) 버튼을 만들 수도 있다. JButton 클래스의 주요 생성자를 살펴보자.

[표 12-33] JButton 클래스의 생성자

생성자	설명
JButton(Icon icon)	지정한 아이콘을 보여주는 버튼 객체를 생성한다.
JButton(String text, Icon icon)	지정한 텍스트와 아이콘을 보여주는 버튼 객체를 생성한다.

❸ JToggleButton 클래스

JToggleButton 클래스는 기본과 선택된 상태, 두 가지를 가지는 버튼으로 선택된 상태를 계속 유지하고 있다. 즉, 기본 상태에서 한 번 클릭하면 선택 상태로 계속 유지하고 있다가 다시 선택하면 기본 상태를 계속 유지할 수 있는 버튼이다. 일반적으로 기본 상태와 선택된 상태를 구분하기 위해서 서로 다른 아이콘을 지정하여 사용한다. JToggleButton 클래스의 주요 생성자를 살펴보자.

[표 12-34] JToggleButton 클래스의 생성자

생성자	설명
JToggleButton(Icon icon)	지정한 아이콘을 보여주는 토글 버튼 객체를 생성한다.
JToggleButton(Icon icon, boolean selected)	지정한 아이콘을 보여주며 버튼의 선택 여부를 지정하여 토글 버튼 객체를 생성한다.
JToggleButton(String text)	지정한 텍스트를 보여주는 토글 버튼 객체를 생성한다.
JToggleButton(String text, boolean selected)	지정한 텍스트를 보여주며 버튼의 선택 여부를 지정하여 토글 버튼 객체를 생성한다.

❹ JRadioButton 클래스

JRadioButton 클래스는 AWT의 Checkbox 클래스를 이용한 라디오형 체크 박스와 유사한 형태의 컴포넌트다. 즉, 여러 항목 중에서 하나의 항목만 선택할 수 있도록 만든 컴포넌트로 여러 개의 항목을 그룹으로 묶어주기 위하여 ButtonGroup 클래스를 이용해서 그룹으로 묶어준다. JRadioButton 클래스의 주요 생성자를 살펴보자.

[표 12-35] JToggleButton 클래스의 생성자

생성자	설명
JToggleButton(Icon icon)	지정한 아이콘을 보여주는 토글 버튼 객체를 생성한다.
JToggleButton(Icon icon, boolean selected)	지정한 아이콘을 보여주며 버튼의 선택 여부를 지정하여 토글 버튼 객체를 생성한다.
JToggleButton(String text)	지정한 텍스트를 보여주는 토글 버튼 객체를 생성한다.
JToggleButton(String text, boolean selected)	지정한 텍스트를 보여주며 버튼의 선택 여부를 지정하여 토글 버튼 객체를 생성한다.

❺ JCheckBox 클래스

JCheckBox 클래스는 AWT의 Checkbox 클래스의 기능과 유사하고, 컴포넌트에 텍스트와 이미지를 모두 넣을 수 있다. JCheckBox 클래스의 주요 생성자를 살펴보자.

[표 12-36] JCheckBox 클래스의 생성자

생성자	설명
JCheckBox(Icon icon)	지정한 아이콘을 보여주는 체크박스 객체를 생성한다.
JCheckBox(Icon icon, boolean selected)	지정한 아이콘을 보여주며 버튼의 선택 여부를 지정하여 체크박스 객체를 생성한다.
JCheckBox(String text)	지정한 텍스트를 보여주는 체크박스 객체를 생성한다.
JCheckBox(String text, boolean selected)	지정한 텍스트를 보여주며 버튼의 선택 여부를 지정하여 체크박스 객체를 생성한다.

❻ JLabel 클래스

JLabel 클래스는 AWT의 Label 클래스의 기능과 유사하고, 컴포넌트에 텍스트와 이미지를 모두 넣을 수 있다. 단, 텍스트와 이미지를 붙일 때 정렬하는 방식이 좀 복잡하다. 여기서 말하는 정렬이라 함은 자체 정렬 방식과 텍스트와 이미지 사이의 정렬 상태를 의미한다. 예를 들어, 텍스트가 이미지의 왼쪽으로 정렬시킬 것인가 아니면 오른쪽에 정렬시킬 것인가를 결정하는 것이다. JLabel 클래스의 주요 생성자와 메서드를 살펴보자.

[표 12-37] JLabel 클래스의 생성자

생성자	설명
JLabel(Icon image)	지정한 아이콘을 보여주는 레이블 객체를 생성한다.
JLabel(Icon image, int horizontalAlignment)	지정한 아이콘을 지정한 수평정렬 방식에 따라 보여주는 레이블 객체를 생성한다.
JLabel(String text, int horizontalAlignment)	지정한 문자열을 지정한 수평정렬 방식에 따라 보여주는 레이블 객체를 생성한다.
JLabel(String text, Icon icon, int horizontalAlignment)	지정한 텍스트와 지정한 아이콘을 지정한 수평정렬 방식에 따라 보여주는 레이블 객체를 생성한다.

[표 12-38] JLabel 클래스의 주요 메서드

반환형	메서드	설명
void	setHorizontalAlignment(int alignment)	수평 정렬 상태를 정한다.
	setVerticalAlignment(int alignment)	수직 정렬 상태를 정한다.
	setHorizontalTextPostion(int textPosition)	아이콘에 대한 텍스트의 수평 위치를 정한다.
	setVerticalTextPostion(int textPosition)	아이콘에 대한 텍스트의 수직 위치를 정한다.
	setIconTextGap(int iconTextGap)	아이콘과 텍스트 사이의 간격을 지정한다.

```
01    import java.awt.*;
02    import java.awt.event.*;
03    import javax.swing.*;
04    import javax.swing.border.*;
05
06    public class JButtonEx extends JFrame {
07
08        public JButtonEx() {
09
10            super("스윙 버튼 테스트");
11
12            setLayout(new GridLayout(0,1));
13
14            JPanel buttonPanel = new JPanel();
15
16            JButton b1 = new JButton("Button");
17            JButton b2 = new JButton("Action");
18            b2.setMnemonic('a');
19
20            ImageIcon icon1 =
                new ImageIcon("../../images/image1.gif");
21            ImageIcon icon2 =
                new ImageIcon("../../images/image2.gif");
22
23            JButton b3 = new JButton(icon1);
24            b3.setPressedIcon(icon2);
25            b3.setMnemonic('b');
26
27            buttonPanel.add(b1);
28            buttonPanel.add(b2);
29            buttonPanel.add(b3);
30
31            JPanel togglePanel = new JPanel();
32            togglePanel.setBorder(new TitledBorder
```

```
                    (new EtchedBorder(EtchedBorder.RAISED), "Toggle
                    Group"));
33
34                  JToggleButton tbutton1 = new JToggleButton("ONE");
35                  JToggleButton tbutton2 = new JToggleButton("TWO");
36                  JToggleButton tbutton3 = new JToggleButton("THREE");
37
38                  ButtonGroup group = new ButtonGroup();
39                  group.add(tbutton1);
40                  group.add(tbutton2);
41                  group.add(tbutton3);
42
43                  tbutton1.setSelected(true);
44
45                  togglePanel.add(tbutton1);
46                  togglePanel.add(tbutton2);
47                  togglePanel.add(tbutton3);
48
49                  JPanel selectPanel = new JPanel();
50                  JCheckBox check = new JCheckBox("checkbox");
51                  JRadioButton rb = new JRadioButton("radio");
52
53                  selectPanel.add(check);
54                  selectPanel.add(rb);
55
56                  ButtonGroup radioGroup = new ButtonGroup();
57                  JRadioButton rb1 = new JRadioButton("ONE");
58                  JRadioButton rb2 = new JRadioButton("TWO");
59                  JRadioButton rb3 = new JRadioButton("THREE");
60
61                  radioGroup.add(rb1);
62                  radioGroup.add(rb2);
63                  radioGroup.add(rb3);
64
65                  JPanel radioPanel = new JPanel();
```

```
66              radioPanel.setBorder(new TitledBorder
                (new LineBorder(Color.black, 3), "Radio Group"));
67              radioPanel.add(rb1);
68              radioPanel.add(rb2);
69              radioPanel.add(rb3);
70              rb1.setSelected(true);
71
72              add(buttonPanel);
73              add(togglePanel);
74              add(selectPanel);
75              add(radioPanel);
76
77              pack();
78              setLocation(300,200);
79              setVisible(true);
80          }
81
82      public static void main(String[] args){
83              JButtonEx demo = new JButtonEx();
84          }
85  }
```

[그림 12-23] JButtonEx의 실행결과

▶▶▶ 16행~17행: JButton(String text)는 text 문자열로 버튼 객체를 생성한다.

18행: b2의 mnemonic을 설정한다. 버튼을 누르지 않고, 키보드에서 + 를 누르면 버튼을 누르는 것과 똑같은 기능을 할 수 있다.

23행: ImageIcon 객체를 이용해서 JButton 객체를 생성한다. 이렇게 생성된 버튼은 버튼 위에 이미지가 출력된다.

24행: b3을 눌렀을 때 버튼의 이미지를 바꾼다.

32행: togglePanel의 보더를 설정한다.

34행~36행: JToggleButton 객체를 생성한다.

38행: JToggleButton를 그룹화 시키기 위해 ButtonGroup 객체를 생성한다.

39행~41행: ButtonGroup의 add( ) 메서드를 이용해서 JToggleButton을 그룹화시킨다. 이렇게 그룹화된 JToggleButton에서는 JToggleButton 사이에서 활성화와 비활성화가 이루어진다. 즉, 어느 한 개의 JToggleButton을 클릭하게 되면 나머지 버튼은 선택되지 않는다.

43행: tbutton1을 선택한 상태로 설정한다.

45행~47행: togglePanel에 세 개의 JToggleButton을 붙인다.

50행~51행: JCheckBox, JRadioButton 객체를 생성한다.

53행~54행: selectPanel에 JCheckBox, JRadioButton을 붙인다.

56행: JRadioButton를 그룹화 시키기 위해 ButtonGroup 객체를 생성한다.

61행~63행: JRadioButton를 그룹화시킨다. JRadioButton은 다중선택이 아니라 단일선택이기 때문에 일반적으로 그룹화시켜 처리한다. 하지만 JCheckBox는 다중선택이기 때문에 그룹화시키지 않는다.

❼ JList 클래스

JList 클래스는 AWT의 List 클래스의 기능과 유사하지만 스크롤바가 자동으로 생성되지 않는다는 차이점이 있다. 그래서 JList를 JScrollPane에 포함시켜 자동으로 스크롤할 수 있도록 지원한다.

JList 클래스의 특징은 컨트롤러를 자체적으로 가지고 있는 컴포넌트로 아이템을 직접 컴포넌트에 추가할 수 있는 모델 접근 메서드를 지원하지 않는다는 것이다. 즉, 아이템를 추가하기 위해서는 아이템을 저장할 수 있는 모델이 있어야 하는데, 주로 배열이나 Vector를 이용한다. 만약, 모델이나 컨트롤러를 지정하지 않으면 Default가 붙는 기본 모델과 컨트롤러가 만들어진다.

JList 클래스의 주요 생성자와 메서드를 살펴보자.

[표 12-39] JList 클래스의 생성자

생성자	설명
JList(ListModel dataModel)	지정한 리스트 모델을 사용하는 리스트 객체를 생성한다.
JList(Object[ ] listData)	지정한 배열의 자료를 보여주는 리스트 객체를 생성한다.
JList(Vector listData)	지정한 벡터의 자료를 보여주는 리스트 객체를 생성한다.

[표 12-40] JList 클래스의 주요 메서드

반환형	메서드	설명
void	addListSelectionListener (ListSelectionListener listener)	리스트에서 선택하는 항목이 바뀌었을 때 발생하는 이벤트를 받기 위해 지정된 ListSelectionListener를 추가한다.
	ensureIndexIsVisible(int index)	지정한 인덱스의 아이템이 보여줄 수 있도록 리스트를 스크롤시킨다.
	setSelectionBackground(Color selectionBackground)	선택된 아이템의 배경색을 지정한다.
	setSelectionForeground(Color selectionForeground)	선택된 아이템의 전경색을 지정한다.
	setSelectionModel(ListSelection Model selectionModel)	지정된 ListSelectionModel로 지정한다.
	setSelectionMode(int selectionMode)	아이템의 선택모드를 selectionMode로 지정한다. • SINGLE_SELCTION: 한번에 하나의 아이템만 선택 • SINGLE_INTERVAL_SELECTION: 연속된 아이템 선택 • MULTIPLE_INTERVAL_SELECTION: 불연속된 아이템 선택
boolean	isSelectionEmpty( )	선택된 아이템이 있는지 검사하여 있으면 true, 없으면 false으로 얻어온다.
int	getSelectedIndex( )	선택된 첫 번째 아이템의 인덱스를 얻어온다.
Int[ ]	getSelectedIndices( )	선택된 모든 아이템의 인덱스를 배열로 얻어온다.
Object	getSelectedValue( )	선택된 아이템을 얻어온다.
Object[ ]	getSelectedValues( )	선택된 모든 아이템을 배열로 얻어온다.
void	setSelectedIndex(int index)	지정된 인텍스의 아이템을 선택된 상태로 만든다.

void	setSelectedValue(Object anObject, boolean shouldScroll)	지정된 객체를 가진 아이템을 선택된 상태로 만들고 shouldScroll 이 true면 그 아이템이 보이도록 스크롤한다.
	setModel(ListModel model)	지정된 모델로 리스트의 모델을 지정한다.
	setListData(Object[ ] listData)	지정된 배열 자료를 사용하는 모델을 만들고 지정한다.
	setListData(Vector listData)	지정된 벡터 자료를 사용하는 모델을 만들고 지정한다.

예제 12-11　JListEx

```
01    import java.awt.*;
02    import java.awt.event.*;
03    import java.util.*;
04    import javax.swing.*;
05
06    public class JListEx extends JFrame {
07
08    public JListEx() {
09
10        super("JListEx 테스트");
11
12        setLayout(new FlowLayout());
13
14        String[] listData = {"one", "two", "three", "four", "five"};
15        JList list1 = new JList(listData);
16        list1.setSelectedIndex(1);
17
18        JList list2 = new JList(new DefaultListModel());
19        DefaultListModel model = (DefaultListModel)list2.getModel();
20        model.addElement("사과");
21        model.addElement("딸기");
22        model.addElement("바나나");
23        model.addElement("수박");
24        list2.setSelectedIndex(1);
25
26        Vector vListData = new Vector();
```

```java
27          JList list3 = new JList(vListData);
28          JScrollPane scroll = new JScrollPane(list3);
29          vListData.add("축구");
30          vListData.add("야구");
31          vListData.add("농구");
32          vListData.add("배구");
33          vListData.add("테니스");
34          vListData.add("수영");
35          vListData.add("족구");
36          vListData.add("베드맨트");
37          vListData.add("육상");
38          vListData.add("태권도");
39          vListData.add("유도");
40
41       class Student {
42              String id;
43              String name;
44              String department;
45
46              public Student(String id, String name, String department) {
47                  this.id = id;
48                  this.name = name;
49                  this.department = department;
50              }
51              public String toString() { return name; }
52       }
53
54                  JList list4 = new JList(new DefaultListModel());
55
56       list4.setSelectionMode(ListSelectionModel.SINGLE_SELECTION);
57       model = (DefaultListModel)list4.getModel();
58       model.addElement(new Student("100", "홍길동", "전산과"));
59       model.addElement(new Student("200", "김삿갓", "국문과"));
60       model.addElement(new Student("300", "성춘향", "국악과"));
61     list4.setSelectedIndex(1);
```

```
62
63          add(list1);
64          add(list2);
65          add(scroll);
66          add(list4);
67
68          setBounds(300,200,300,220);
69          setVisible(true);
70      }
71
72      public static void main(String[] args) {
73          new JListEx();
74      }
75  }
```

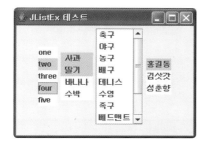

[그림 12-24] JListEx의 실행결과

▶▶▶ 15행: String 배열로 JList 객체를 생성한다.

16행: setSelectedIndex(int index) 메서드는 JList의 index 리스트를 선택하도록 설정하는 메서드다. index의 시작은 0부터 시작한다.

18행: DefaultListModel로 JList 객체를 생성한다.

19행: getModel( ) 메서드로 DefaultListModel 객체를 반환받는다.

20행~23행: 19행에서 생성된 DefaultListModel 객체의 addElement( ) 메서드로 자료를 추가한다.

27행: Vector로 JList 객체를 생성한다.

29행~39행: Vector에 자료를 추가한다. Vector에 자료를 추가하면 자동으로 JList의 리스트로 추가된다.

41행~52행: JList에 추가할 Student 클래스를 Inner 클래스로 생성한다.

54행: DefaultListModel로 JList 객체를 생성한다.

56행: 단일선택만 가능하도록 설정한다.

57행: getModel( ) 메서드로 DefaultListModel 객체를 반환받는다.

58행~60행: 57행에서 생성된 DefaultListModel 객체의 addElement( ) 메서드로 자료를 추가한다. Student 객체를 매개변수로 하면 Object의 toString( ) 메서드가 출력된다. 51행에서 toString( ) 메서드를 재정의하였기 때문에 Student 클래스의 name 변수만 출력된다.

❽ JComboBox 클래스

JComboBox 클래스는 AWT의 Choice 클래스의 기능과 유사하고, 컴포넌트에 텍스트와 이미지를 모두 넣을 수 있다. 주의할 점은 사용자가 아이템을 선택했을 때 ItemEvent가 발생되고, 사용자가 선택한 아이템을 바꾸면 ActionEvent가 발생된다. 즉, AWT에서는 ItemEvent가 발생하였지만 스윙에서는 발생되지 않는다.

JComboBox 클래스의 주요 생성자와 메서드를 살펴보자.

[표 12-41] JComboBox 클래스의 생성자

생성자		설명
JComboBox(ComboBoxModel aModel)		지정한 콤보박스 모델을 사용하는 콤보박스 객체를 생성한다.
JComboBox(Object[ ] items)		지정한 배열의 자료를 보여주는 콤보박스 객체를 생성한다.
JComboBox(Vector items)		지정한 벡터의 자료를 보여주는 콤보박스 객체를 생성한다.

[표 12-42] JComboBox 클래스의 주요 메서드

반환형	메서드	설명
void	addActionListener(ActionListener l)	콤보박스에서 아이템을 선택하였을 때 발생하는 이벤트를 받기 위해 지정된 ActionListener를 추가한다.
	addItemListener(ItemListener aListener)	콤보박스에서 아이템의 선택이 바뀠을 때 발생하는 이벤트를 받기 위해 지정된 ItemListener를 추가한다.
	showPopup( )	팝업 윈도우를 보이게 한다.

void	hidePopup( )	팝업 윈도우를 숨긴다.
Object	getItemAt(int index)	지정한 인텍스의 아이템을 얻어온다.
void	addItem(Object anObject)	지정한 아이템을 목록에 추가한다.
	insertItemAt(Object anObject, int index)	지정한 아이템을 지정한 인덱스 위치에 추가한다.
	removeAllItems( )	모든 아이템을 제거한다.
	removeItem(Object anObject)	지정된 아이템을 목록에서 제거한다.
	removeItemAt(int anIndex)	지정된 인덱스의 아이템을 목록에서 제거한다.
	setEditable(Boolean aFlag)	콤보박스의 편집 가능 상태를 지정한다.

예제 12-12   JComboBoxEx

```
01    import java.awt.*;
02    import java.awt.event.*;
03    import java.util.*;
04    import javax.swing.*;
05
06    public class JComboBoxEx extends JFrame {
07
08        public JComboBoxEx() {
09
10            super("JComboBox 테스트");
11
12            setLayout(new FlowLayout());
13
14            String[] citems = { "One", "Two", "Three", "Four",
                  "Five" };
15            JComboBox combo = new JComboBox(citems);
16            add(combo);
17
18
19            DefaultComboBoxModel cmodel = new DefaultComboBoxModel();
20            cmodel.addElement("Chicken");
21            cmodel.addElement("Potato");
22
```

```
23              combo = new JComboBox();
24              combo.setModel(cmodel);
25
26              DefaultComboBoxModel cxmodel
                = (DefaultComboBoxModel)combo.getModel();
27              cxmodel.addElement("Coke");
28              cxmodel.addElement("Coffee");
29              cxmodel.addElement("juice");
30
31              add(combo);
32
33              setBounds(300,200,300,100);
34              setVisible(true);
35      }
36
37      public static void main(String[] args) {
38              new JComboBoxEx();
39      }
40  }
```

[그림 12-25] JComboBoxEx의 실행결과

▶▶▶ 15행: String 배열로 JComboBox 객체를 생성한다.

19행: DefaultComboBoxModel 객체를 생성한다.

20행~21행: 19행에서 생성된 DefaultComboBoxModel 객체의 addElement( ) 메서드로 자료
를 추가한다.

23행: JComboBox 객체를 생성한다.

24행: JComboBox에 모델을 설정한다. 이 설정을 하면 JComboBox에 두 개의 자료가 추가된다.

26행: getModel( ) 메서드로 DefaultComboBoxModel 객체를 반환받는다.

27행~29행: 26행에서 반환 받은 DefaultComboBoxModel 객체의 addElement( ) 메서드로
자료를 추가한다. 총 다섯 개의 자료가 추가된다.

❾ JTextComponent 클래스

JTextComponent 클래스는 모든 스윙 텍스트 컴포넌트의 Super 클래스로 텍스트 편집에 대한 기능(Copy, Cut, Paste 등)을 제공한다. JTextComponent 클래스의 주요 메서드를 살펴보자.

[표 12-43] JTextComponent 클래스의 주요 메서드

반환형	메서드	설명
String	getText(int offs, int len)	지정한 offs의 위치부터 지정한 len 영역까지의 텍스트를 얻어온다.
void	copy( )	선택된 텍스트를 시스템 클립보드에 복사한다.
	cut( )	선택된 텍스트를 시스템 클립보드에 이동시킨다.
	paste( )	시스템 클립보드에의 내용을 현재 캐럿의 위치에 붙여 넣는다.
	replaceSelection(String content)	선택된 텍스트를 지정한 content로 바꾼다.
	setSelectedTextColor(Color c)	선택된 텍스트의 색상을 지정한다.
	setSelectionColor(Color c)	선택된 영역의 색상을 지정한다.

❿ JTextField 클래스와 JPasswordField 클래스

JTextField 클래스는 AWT의 TextField 클래스와 거의 기능이 유사하며 그 중 반향 문자를 설정해서 암호를 입력했던 것을 스윙에서는 JPasswordField 클래스가 암호를 입력할 때 다른 문자로 바꾸어 보여주는 기능을 가지는 컴포넌트다. JPasswordField 클래스의 주요 메서드를 살펴보자.

[표 12-44] JPasswordField 클래스의 주요 메서드

반환형	메서드	설명
char[ ]	getPassword( )	현재 입력된 암호를 얻어온다.
char	getEchoChar( )	사용자가 입력한 문자를 반향 문자로 화면에 나타낸다.
void	setEchoChar(char c)	지정한 문자를 반향 문자로 지정한다.

⑪ JTextArea 클래스

JTextArea 클래스는 AWT의 TextArea 클래스와 거의 기능이 유사하며 자체적으로 스크롤을 처리하지 않으므로 JScrollPane에 포함시켜 스크롤을 지원한다. 또한 한 줄의 폭이 텍스트 영역의 폭보다 클 때 자동으로 줄바꿈을 해주지 않으므로 옵션을 통하여 설정을 해야 한다. 줄 바꿈을 할 때는 보통 문자 단위로 하지만 setWrapStyleWord( ) 메서드를 이용하면 단어 단위로 줄 바꿈을 할 수도 있다. JTextArea 클래스의 주요 메서드를 살펴보자.

[표 12-45] JTextArea 클래스의 주요 메서드

반환형	메서드	설명
void	setLineWrap(boolean wrap)	줄바꿈 정책을 사용할지를 지정한다.
	setWrapStyleWord(Boolean word)	단어 단위로 줄바꿈 정책을 사용할지를 지정한다.
	setTabSize(int size)	탭의 크기를 지정한다.

예제 **12-13** JTextComponentEx

```
01    import java.awt.*;
02    import java.awt.event.*;
03    import java.util.*;
04    import javax.swing.*;
05    import javax.swing.text.*;
06
07    public class JTextComponentEx extends JFrame {
08
09        public JTextComponentEx() {
10
11            super("JTextComponent 테스트");
12
13            JPanel panel1 = new JPanel();
14            JTextField field = new JTextField(5);
15
16            class NumberDocument extends PlainDocument {
17
18                public void insertString(
                        int offset, String value, AttributeSet a)
```

```
                   throws BadLocationException {
19                     char[] valueArr = value.toCharArray();
20                     for(int i=0; i < valueArr.length; i++) {
21                         if(!Character.isDigit(valueArr[i])) {
22                             getToolkit().beep();
23                             return;
24                         }
25                     }
26
27                     super.insertString(offset, value, a);
28                 }
29             }
30
31         JTextField numberField = new JTextField(2);
32         numberField.setDocument(new NumberDocument());
33
34         JPasswordField passField= new JPasswordField(5);
35
36         panel1.add(new JLabel("Name : "));
37         panel1.add(field);
38         panel1.add(new JLabel("Age : "));
39         panel1.add(numberField);
40         panel1.add(new JLabel("Password : "));
41         panel1.add(passField);
42
43
44         JPanel panel2 = new JPanel(new BorderLayout());
45         JTextArea textArea = new JTextArea(5, 10);
46         textArea.setLineWrap(true);
47         JScrollPane tscroll = new JScrollPane(textArea,
48             ScrollPaneConstants.VERTICAL_SCROLLBAR_ALWAYS,
49             ScrollPaneConstants.HORIZONTAL_SCROLLBAR_NEVER);
50
51         panel2.add("North", new JLabel("자기소개"));
52         panel2.add("Center", tscroll);
```

```
53
54              add("North", panel1);
55              add("Center", panel2);
56
57              pack();
58              setLocation(300,200);
59              setVisible(true);
60          }
61
62      public static void main(String[] args) {
63              new JTextComponentEx();
64          }
65  }
```

[그림 12-26] JTextComponentEx의 실행결과

▶▶▶ 18행: insertString(int offset , String value, AttributeSet a) 메서드는 JTextField에 내용을 추가할 때마다 발생한다. 첫 번째 매개변수는 시작위치, 두 번째 매개변수는 추가할 문자, 세 번째 매개변수는 추가된 문자열의 속성을 의미한다.

19행: 추가할 문자열을 char 배열로 반환한다.

21행~24행: char 배열의 문자열을 하나씩 꺼내어 isDigit( ) 메서드로 숫자인지를 구분하여 숫자가 아닌 경우(21행)에는 소리를 내고 문자열을 추가하지 않고 그대로 반환(23행)한다.

27행: super.insertString( ) 메서드를 호출하여 문자열을 추가한다.

32행: numberField 객체의 Document를 설정한다. 이를 설정하는 이유는 JTextField에 숫자가 아닌 값을 추가하지 않기 위해서다.

34행: JPasswordField는 기본적으로 문자열을 추가할 경우 '*' 표시가 되어있기 때문에 비밀번호를 입력하는 곳에서 주로 사용된다.

46행: setLineWrap(true) 메서드는 JTextArea에서 자동내려쓰기를 하기 위한 설정이다.

⓬ JSlider 클래스

JSlider 클래스는 사용자가 최대값과 최소값으로 정해진 범위 내에서 값을 지정하여 사용하는 컴포넌트다. 수직, 수평으로 모양을 지정할 수 있으며, 필요 시 눈금과 값을 표시할 수 있다. 눈금(Tick)은 주눈금과 보조눈금으로 나누어 사용할 수 있다. JSlider 클래스의 주요 생성자와 메서드를 살펴보자.

[표 12-46] JSlider 클래스의 생성자

생성자	설명
JSlider( )	범위가 0~100, 초기값이 50으로 설정된 수평 슬라이드 객체를 생성한다.
JSlider(int orientation)	지정한 방향을 가진 슬라이드를 범위가 0~100, 초기값이 50으로 설정된 객체를 생성한다.
JSlider(int min, int max)	지정한 최소값과 최대값의 범위를 가지고 초기값이 50으로 설정된 슬라이드 객체를 생성한다.
JSlider(int min, int max, int value)	지정한 최소값과 최대값의 범위를 가지고 지정한 초기값으로 설정된 슬라이드 객체를 생성한다.
JSlider(int orientation, int min, int max, int value)	지정한 방향과 지정한 최소값과 최대값의 범위를 가지고 지정한 초기값으로 설정된 슬라이드 객체를 생성한다.

[표 12-47] JSlider 클래스의 주요 메서드

반환형	메서드	설명
void	addChangeListener (ChangeListener l)	슬라이드에서 값이 변할 때 발생하는 이벤트를 받기위해 지정된 ChangeListener를 추가한다.
Int	getValue( )	슬라이드 값을 얻어온다.
	getMaximum( )	슬라이드에서 제공되는 최대값을 얻어온다.
	getMinimum( )	슬라이드에서 제공되는 최소값을 얻어온다.
void	setMaximum(int maximum)	모델의 최대 속성을 지정한다.
	setMinimum(int minimum)	모델의 최소 속성을 지정한다.
	setOrientation(int orientation)	슬라이드의 수평, 수직 방향을 지정한다.
	setMajorTickSpacing(int n)	슬라이드의 주 눈금 간격을 지정한다.
	setMinorTickSpacing(int n)	슬라이드의 보조 눈금 간격을 지정한다.

```
01    import java.awt.*;
02    import java.awt.event.*;
03    import javax.swing.*;
04    import javax.swing.event.*;
05
06    public class JSliderEx extends JFrame{
07
08        JSlider red = new JSlider(JSlider.HORIZONTAL,0,255,0);
09        JSlider green = new JSlider(JSlider.HORIZONTAL,0,255,0);
10        JSlider blue = new JSlider(JSlider.HORIZONTAL,0,255,0);
11        JLabel rgb = new JLabel("RGB(0,0,0)",JLabel.CENTER);
12
13        JPanel p1 = new JPanel(new BorderLayout());
14        JPanel west = new JPanel(new GridLayout(0,1));
15        JPanel cen = new JPanel(new GridLayout(0,1));
16        JPanel p2 = new JPanel();
17
18        int r,g,b;
19
20        public JSliderEx(){
21
22            super("JSlider 테스트");
23
24            red.setMajorTickSpacing(50);
25            red.setMinorTickSpacing(5);
26            red.setPaintTicks(true);
27            red.setPaintLabels(true);
28
29            green.setMajorTickSpacing(50);
30            green.setMinorTickSpacing(5);
31            green.setPaintTicks(true);
32            green.setPaintLabels(true);
33
34            blue.setMajorTickSpacing(50);
```

```
35          blue.setMinorTickSpacing(5);
36          blue.setPaintTicks(true);
37          blue.setPaintLabels(true);
38
39          JLabel rlabel=new JLabel("RED");
40          JLabel glabel=new JLabel("GREEN");
41          JLabel blabel=new JLabel("BLUE");
42
43          rlabel.setForeground(Color.red);
44          glabel.setForeground(Color.green);
45          blabel.setForeground(Color.blue);
46
47          rgb.setFont(new Font("돋움체",Font.BOLD,24));
48
49          west.add(rlabel);
50          west.add(glabel);
51          west.add(blabel);
52          cen.add(red);
53          cen.add(green);
54          cen.add(blue);
55
56          p1.add("West",west);
57          p1.add("Center",cen);
58
59          add("North",rgb);
60          add("South",p1);
61          add("Center",p2);
62
63          setBounds(300,200,400,300);
64          setVisible(true);
65
66          red.addChangeListener(new Sevent());
67          green.addChangeListener(new Sevent());
68          blue.addChangeListener(new Sevent());
69      }
```

```
70
71          class Sevent implements ChangeListener{
72              public void stateChanged(ChangeEvent e) {
73                  JSlider source=(JSlider)e.getSource();
74
75                  if(e.getSource()==red){
76                  r=source.getValue();
77                  }
78                  if(e.getSource()==green){
79                  g=source.getValue();
80                  }
81                  if(e.getSource()==blue){
82                  b=source.getValue();
83                  }
84                  p2.setBackground(new Color(r,g,b));
85                  rgb.setText("RGB("+r+","+g+","+b+")");
86              }
87          }
88
89          public static void main(String[] str){
90              new JSliderEx();
91          }
92      }
```

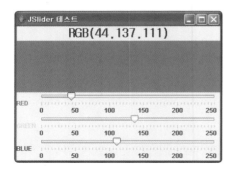

[그림 12-27] JSliderEx의 실행결과

▶▶▶ 08행: 첫 번째 매개변수는 JSlider의 방향을 의미하고, 두 번째 매개변수는 최소값, 세 번째 매개변수는 최대값, 네 번째 매개변수는 눈금의 초기값을 의미한다.

24행: setMajorTickSpacing(50) 메서드는 JSlider를 50단위로 주눈금 표시를 표현하겠다는 의미다. 따라서 최대값이 250이기 때문에 주눈금 표시는 5등분으로 나눠 표시된다.

25행: setMinorTickSpacing(5) 메서드는 JSlider를 주눈금 표시의 간격을 5단위로 나눠 보조눈금 표시를 표현하겠다는 의미다. 따라서 준눈금 사이의 간격을 5등분되어 표시된다.

26행: 주눈금과 보조 눈금을 표시할 것인지를 결정한다.

27행: 주눈금에 표시된 Label을 사용할 것인지를 결정한다.

66행~68행: JSlider의 이벤트를 등록한다.

71행~72행: ChangeListener는 JSlider의 눈금이 바뀔 때마다 발생하는 인터페이스이며, 이때 stateChanged( ) 메서드가 호출된다.

75행~77행: 발생한 이벤트가 red이면 JSlider에 표시된 현재값을 반환하여 변수 r에 저장한다.

78행~80행: 발생한 이벤트가 green이면 JSlider에 표시된 현재값을 반환하여 변수 g에 저장한다.

81행~83행: 발생한 이벤트가 blue이면 JSlider에 표시된 현재값을 반환하여 b 변수에 저장한다.

84행: p2의 배경색을 r, g, b로 Color 객체를 생성하여 바꾼다.

85행: rgb의 문자열을 다시 설정한다.

⑬ JProgressBar 클래스

JProgressBar 클래스는 우리가 보통 프로그램을 설치할 때나 인터넷 익스플로러에서 페이지가 열릴 때 오랜 시간이 걸릴 때 작업의 진행 상태를 나타낼 수 있는 컴포넌트다. 슬라이드와는 달리 사용자가 직접 값을 변경시킬 수는 없고 보여주는 기능만 있다. JProgressBar 클래스의 주요 생성자와 메서드를 살펴보자.

[표 12-48] JProgressBar 클래스의 생성자

생성자	설명
JProgressBar( )	보더를 보여주지만 진행 문자열이 없는 수평 진행바 객체를 생성한다.
JProgressBar(int orient)	지정된 방향을 가지는 진행바 객체를 생성한다.
JProgressBar(int min, int max)	지정된 최소값과 최대값을 가지는 수평 진행바 객체를 생성한다.
JProgressBar(int orient, int min, int max)	지정한 방향과 지정한 최소값과 최대값이 있는 진행바 객체를 생성한다.

[표 12-49] JProgressBar 클래스의 주요 메서드

반환형	메서드	설명
void	addChangeListener(ChangeListener l)	진행바에서 값이 변할 때 발생하는 이벤트를 받기 위해 지정된 ChangeListener를 추가한다.
double	getPercentComplete( )	현재 진행바로부터 백분율값으로 얻어온다.
Int	getValue( )	진행바의 값을 얻어온다.
	getMaximum( )	진행바의 최대값을 얻어온다.
	getMinimum( )	진행바의 최소값을 얻어온다.
void	setMaximum(int n)	진행바의 최대값을 지정한다.
	setMinimum(int n)	진행바의 최소값을 지정한다.
	setOrientation(int newOrientation)	진행바의 수평, 수직 방향을 지정한다.
	setString(String s)	진행바와 같이 보여줄 문자열을 지정한다.
	setValue(int n)	진행바의 현재 값을 지정한다.

예제 **12-15**　　JProgressBarEx

```
01    import java.awt.event.*;
02    import javax.swing.*;
03
04    public class JProgressBarEx extends JFrame implements ActionListener{
05
06        private JProgressBar progressBar1;
07        private JButton startButton;
08        private int currentValue;
09        public JProgressBarEx() {
10
11            super("JProgressBar 테스트");
12
13            startButton = new JButton("Start");
14            progressBar1 = new JProgressBar(0, 1000);
15
16            progressBar1.setValue(0);
17            progressBar1.setStringPainted(true);
18
```

```
19              JPanel panel = new JPanel();
20              panel.add(startButton);
21              panel.add(progressBar1);
22
23              add(panel);
24
25              setDefaultCloseOperation(JFrame.EXIT_ON_CLOSE);
26              pack();
27              setVisible(true);
28
29              startButton.addActionListener(this);
30         }
31
32      public void actionPerformed(ActionEvent evt) {
33              currentValue +=100;
34              progressBar1.setValue(currentValue);
35              if(currentValue == 1000) currentValue=0;
36         }
37
38      public static void main(String[] args) {
39              new JProgressBarEx();
40         }
41  }
```

[그림 12-28] JProgressBarEx의 실행결과

▶▶▶ 08행: currentValue값은 버튼을 누를 때마다 값을 100씩 증가시켜 JProgressBar의 값을 변경시
킬 변수다.

14행: 지정된 최소값(0)과 최대값(1000)을 가지는 수평 JProgressBar 객체를 생성한다.

16행: JProgressBar의 초기값을 설정한다.

17행: setStringPainted(true) 메서드는 JProgressBar 내의 진행률을 표시할 것인지를 결정한다.

33행: currentValue값이 100만큼 증가한다.

34행: JProgressBar값을 변경한다.

35행: currentValue값이 1000이 되면 이를 0으로 설정하여 JProgressBar의 진행을 다시 하기 위한 코드다.

⑭ JToolBar 클래스

JToolBar 클래스는 자주 사용하는 메뉴를 버튼 형태의 모양으로 보여주는 컴포넌트다. JToolBar는 부모 컴포넌트로 분리되거나 도킹될 수 있는데, 이 기능을 사용하기 위해서는 부모 컴포넌트는 반드시 BorderLayout이어야 한다. JToolBar 클래스의 주요 생성자와 메서드를 살펴보자.

[표 12-50] JToolBar 클래스의 생성자

생성자	설명
JToolBar( )	새로운 툴바 객체를 생성한다. 수평 방향으로 만들어지는 것이 기본이다.
JToolBar(String name)	지정된 이름을 가지는 새로운 툴바 객체를 생성한다.
JToolBar(int orientation)	지정된 방향을 가지고 새로운 툴바 객체를 생성한다.
JToolBar(String name, int orientation)	지정된 이름과 방향을 가지고 새로운 툴바 객체를 생성한다.

[표 12-51] JToolBar 클래스의 주요 메서드

반환형	메서드	설명
void	addSeparator( )	구분자를 기본 사이즈로 툴바 끝에 추가한다.
	addSeparator(Dimension size)	지정한 크기로 구분자를 툴바 끝에 추가한다.
	setFloatable(boolean b)	툴바를 이동시킬 수 있게 만들 것인지를 지정한다.
	setMargin(Insets n)	툴바와 붙이는 컴포넌트 사이의 경계선의 간격을 지정한다.
	setOrientation(int o)	툴바의 수평, 수직 방향을 지정한다.

예제 **12-16**　JToolBarEx

```java
01    import java.awt.*;
02    import java.awt.event.*;
03    import javax.swing.*;
04
05    public class JToolBarEx extends JFrame{
06
07        public JToolBarEx(){
08            super("툴바 테스트");
09
10            JToolBar tbar = new JToolBar("연습");
11            tbar.setMargin(new Insets(5,5,5,5));
12
13            JPanel p=new JPanel(new GridLayout(1,0));
14
15            JButton bt1 = new JButton("Java");
16            JButton bt2 = new JButton("Windows");
17            JButton bt3 = new JButton("Motif");
18
19            p.add(bt1);
20            p.add(bt2);
21            p.add(bt3);
22
23            tbar.add(p);
24
25            add("North",tbar);
26
27            setBounds(300,300,300,200);
28            setVisible(true);
29        }
30
31        public static void main(String [] args){
32            new JToolBarEx();
33        }
34    }
```

[그림 12-29] JToolBarEx의 실행결과

📖 Insets라는 객체 : 모든 컴포넌트(Panel, Button...)들의 가장자리 여백을 표현하는 역할을 해주는 객체다.

▶▶▶ 11행: JToolBar의 setMargin( ) 메서드는 JToolBar 가장자리의 여백을 설정하는 메서드다.
Insets 클래스의 생성자의 첫 번째는 top, 두 번째는 left, 세 번째는 bottom, 네 번째는 right를
의미한다.

13행: JPanel 객체를 생성한다.

15행~17행: 세 개의 JButton 객체를 생성한다.

19행~21행: 13행에서 생성된 JPanel에 3개의 버튼을 붙인다.

23행: JToolBar에 JPanel를 붙인다.

⓯ JTree 클래스

JTree 클래스는 자료를 계층적인 노드 형식으로 보여주는 컴포넌트다. 일반적으로 윈도우에서 탐색기를 실행시켰을 때 볼 수 있는 것처럼 하나의 부모노드에 여러 개의 자식노드가 계층적으로 연결된 상태로 보여주는 것이다. 바로 자바에서 이러한 구조로 화면에 보여줄 수 있도록 해주는 클래스가 JTree다.

트리 구조에서 자료를 표현하는 하나의 객체를 노드라고 하고 가장 최상위에 있는 노드를 루트노드라 한다. 루트노드 밑에 있는 것을 자식노드라 하는데, 자식노드는 가질 수도 있지만 없을 수도 있다. 또한 자식노드는 또 다른 자식노드를 가질 수도 있지만 없을 수도 있다. 일반적으로 자식노드가 존재하지 않는 노드를 리프(leaf)라 부른다.

JTree에서 노드들은 TreeModel에 의해 다루어진다. TreeModel은 랜더러와 에이터 등 각종 컨트롤러들이 관련되어 있다. 이 모델은 트리에서 노드를 나타내기 위해 어떤 타입의 객체든지 사용할 수 있도록 지원하고 있다. 또한 TreeCellRenderer라고 하는 특별한 객체가 있는데, 이것은 시각적으로 표현하는 객체로 변환하도록 지원해준다. 기본적으로 설정되어 있는 경우는 DefaultTreeCellRenderer가 되고 이는 JLabel을 확장해서 구현한 것이다.

노드가 선택된 상태를 기록, 제어하는 데 사용되는 모델은 TreeSelectionModel이다.

기본적인 트리 구조를 만드는 방법은 TreeNode를 이용하는데, 이 경우 계층적인 구조를 가지는 트리 모델을 잘 표현해 낼 수가 있다. 물론, 사용자가 직접 트리 모델을 구현해서 트리를 생성할 수도 있다. TreeNode나 모델을 만들지 않고 좀더 쉬운 방법을 이용해서 트리를 만드는 방법에는 배열이나 벡터, 해시 테이블을 이용하는 방법 등이 있다.

좀더 강력한 트리구조를 만들고 싶다면 DefaultMutableTreeNode를 이용하는데, 이 클래스는 TreeNode 인터페이스를 구현한 클래스로 트리 구조를 만들기 위해 사용할 수 있는 유용한 메서드를 지원한다. JTree 클래스의 주요 생성자와 메서드를 살펴보자.

[표 12-52] JTree 클래스의 생성자

생성자	설명
JTree( )	샘플 모델을 가지는 새 트리 객체를 생성한다.
JTree(Hashtable〈?,?〉 value)	해시 테이블로부터 생성된 트리 객체를 생성하고 루트노드는 보여주지 않는다.
JTree(Object[ ] value)	지정한 배열의 자료를 보여주는 트리 객체를 생성하고 루트노드는 보여주지 않는다.
JTree(TreeModel newModel)	지정된 트리 모델을 보여주는 트리 객체를 생성한다.
JTree(TreeNode root)	지정한 노드를 루트노드로 보여주는 트리 객체를 생성한다.
JTree(Vector〈?〉 value)	벡터로부터 생성된 트리 객체를 생성하고 루트노드는 보여주지 않는다.

■ 모델, 컨트롤러와 관련있는 메서드

[표 12-53] JTree 클래스의 모델, 컨트롤러와 관련있는 메서드

반환형	메서드	설명
void	setModel(TreeModel newModel)	트리 모델을 지정한다.
	setCellEditor(TreeCellEditor cellEditor)	노드를 편집할 때 사용할 셀 에디터를 지정한다.
	setCellRenderer(TreeCellRenderer x)	노드를 보여줄 때 사용할 셀 랜더러를 지정한다.
	setSelectionModel (TreeSelectionModel selectionModel)	트리의 선택 모델을 지정한다.
TreeSelectionModel	getSelectionModel( )	트리로부터 선택한 모델을 얻어온다.

■ 화면 출력과 관련있는 메서드

[표 12-54] JTree 클래스의 화면 출력과 관련있는 메서드

반환형	메서드	설명
boolean	isVisible(TreePath path)	지정된 경로가 현재 보여주고 있는지를 알려준다. 경로가 노드의 루트이거나 부모가 확장된 상태이면 true를 얻어온다.
void	makeVisible(TreePath path)	지정한 경로의 노드가 표시되도록 만든다.
	scrollPathToVisible(TreePath path)	지정한 경로의 모든 컴포넌트들을 확장시키고(마지막에 경로에 있는 컴포넌트는 제외), 경로에 지정된 노드를 보여지도록 그 위치로 스크롤시킨다.
	scrollRowToVisible(int row)	지정된 행의 아이템이 보여질 때까지 스크롤한다.
	setRootToVisible(Boolean rootVisible)	루트 노드가 가시 상태인지 아닌지를 정한다.

■ 경로와 관련있는 메서드

[표 12-55] JTree 클래스의 경로와 관련있는 메서드

반환형	메서드	설명
Int	getRowCount( )	현재 보여주고 있는 트리의 행수를 얻어온다.
TreePath	getPathForRow(int row)	지정된 행의 경로를 얻어온다.
Int	getRowForPath(TreePath path)	지정된 경로에 의해 식별되는 노드를 보여주는 행을 얻어온다.
	getRowForLocation (int x, int y)	지정된 경로의 행을 얻어온다.
TreePath	getPathForLocation(int x, int y)	지정된 위치의 경로를 얻어온다.

■ 노드 확장, 축소와 관련있는 메서드

[표 12-56] JTree 클래스의 노드 확장, 축소와 관련있는 메서드

반환형	메서드	설명
void	collapsePath(TreePath path)	지정된 경로를 축소시킨다.
	collapseRow(int row)	지정된 행을 축소시킨다.
	expandPath(TreePath path)	지정된 경로를 확장시킨다.
	expandRow(int row)	지정된 행을 확장시킨다.

| void | setToggleClickCount(int clickCount) | 노드를 확장하거나 축소시킬 때 필요한 마우스 클릭수를 지정한 다. 기본설정은 더블클릭이다. |

■ 노드 선택과 관련있는 메서드

[표 12-57] JTree 클래스의 노드 선택과 관련있는 메서드

반환형	메서드	설명
Int	getSelectionCount( )	선택된 노드의 수를 얻어온다.
TreePath	getSelectionPath( )	선택된 첫 번째 노드의 경로를 얻어온다.
TreePath[]	getSelectionPaths( )	선택된 모든 노드의 경로를 배열로 얻어온다.
Int[]	getSelectionRows( )	guswo 선택된 행을 얻어온다.

■ 이벤트와 관련있는 메서드

[표 12-58] JTree 클래스의 이벤트와 관련있는 메서드

반환형	메서드	설명
Int	addTreeExpansionListener (TreeExpansionListener tel)	트리가 확장되거나 축소될 때 발생하는 이벤트를 받기 위해 지정된 TreeExpansionListener를 추가한다.
	addTreeSelectionListener (TreeSelectionListener tsl)	트리에서 선택된 노드가 바뀔 때 발생하는 이벤트를 받기 위해 지정된 TreeSelectionListener를 추가한다. 단, 노드를 클릭하는 것 자체로는 이벤트가 발생하지 않는다.
	addTreeWillExpandListener (TreeWillExpandListener tel)	트리에서 확장되거나 축소되기 직전에 발생하는 이벤트를 받기 위해 지정된 TreeWillExpandListener를 추가한다.

DefaultMutableTreeNode 클래스의 주요 생성자

[표 12-59] DefaultMutableTreeNode 클래스의 생성자

생성자	설명
DefaultMutableTreeNode( )	사용자 객체가 아닌 트리노드를 생성한다.
DefaultMutableTreeNode(Object userObject)	지정된 사용자 객체를 가지는 트리노드를 생성한다.
DefaultMutableTreeNode(Object userObject, Boolean allowsChildren)	지정된 사용자 객체를 가지는 트리노드를 생성하되, 자식 노드를 허용할 것인지를 지정한다.

DefaultMutableTreeNode 클래스의 주요 메서드

[표 12-60] DefaultMutableTreeNode 클래스의 주요 메서드

반환형	메서드	설명
void	remove(int childIndex)	지정된 위치의 자식 노드를 제거한다.
	remove(MutableTreeNode aChild)	지정된 자식 노드를 제거한다.
	removeAllChildren( )	지정된 경로를 확장시킨다.
	removeFromParent( )	모든 자식 노드를 제거한다.
	setParent(MutableTreeNode newParent)	현재 노드를 newParent 노드의 자식 노드로 만든다.
	getChildrenCount( )	자식 노드의 개수를 얻어온다.
Enumeration	children( )	자식 노드를 모두 얻어온다.
TreeNode	getChildAt(int index)	지정한 위치의 자식 노드를 얻어온다.
	getParent( )	현재 노드를 가지고 있는 부모 노드를 얻어온다.
	getRoot( )	현재 노드를 가지고 있는 루트 노드를 얻어온다.

DefaultTreeModel 클래스의 주요 생성자

[표 12-61] DefaultTreeModel 클래스의 생성자

생성자	설명
DefaultTreeModel(TreeMode root)	어느 노드든 자식 노드를 가질 수 트리 모델 객체를 생성한다.
DefaultTreeModel(TreeMode root, boolean asksAllowsChildren)	어느 노드든 자식 노드를 가질 수 있게 하든지, 특정 노드만 자식 노드를 가질 수 있게 하는 것인지를 지정하여 트리 모델 객체를 생성한다.

DefaultTreeModel 클래스의 주요 메서드

[표 12-62] DefaultTreeModel 클래스의 주요 메서드

반환형	메서드	설명
void	addTreeModelListener (TreeModelListener l)	트리의 모델이 변화되었을 때 발생하는 이벤트를 받기위해 지정된 TreeModelListener를 추가한다.
Object	getChild(Object parent, int index)	지정된 부모 노드에서 index 위치에 있는 자식 노드를 얻어온다.

Int	getChildCount(Object parent)	지정된 부모 노드에서 자식 노드의 수를 얻어온다.
	getIndexOfChild(Object parent, Object child)	지정된 부모 노드에서 자식 노드의 위치를 얻어온다.
Object	getRoot()	트리의 루트 노드를 얻어온다.
boolean	isLeaf(Object node)	지정된 노드가 자식 노드가 아니라 리프 노드일 때 true값을 얻어온다.
void	valueForPathChanged(TreePath path, Object newValue)	지정된 노드가 자식 노드가 아니라 리프 노드일 때 true값을 얻어온다.
	reload()	트리 구조나 노드에 변화가 있을 때 트리 모델을 갱신한다.
	reload(TreeNode node)	지정된 노드 이하의 트리에서 변화가 있을 때 트리 모델을 갱신한다.

TreeSelectionModel 인터페이스의 주요 필드

[표 12–63] TreeSelectionModel 인터페이스의 주요 필드

자료형	필드명	설명
static int	CONTINUOUS_TREE_SELECTION	연속적으로 되어 있는 노드들을 여러 개 선택할 수 있다.
	DISCONTINUOUS_TREE_SELECTION	선택하는 노드 수에 제한이 없고 연속적일 필요도 없다.
	SINGLE_TREE_SELECTION	한 번에 하나의 노드만 선택한다.

TreeSelectionModel 인터페이스의 주요 메서드

[표 12–64] TreeSelectionModel 인터페이스의 주요 메서드

반환형	메서드	설명
void	clearSelection()	현재 선택 영역을 비운다.
	setSelectionMode(int mode)	지정된 모드로 선택 모델을 설정한다.

이제 JTree에 관련된 간단한 예제를 작성해보자. 하지만 이런 트리 구조를 정확한 실용성과 함께 공부하기 위해서는 윈도우 탐색기와 같은 것을 만들어 본다든지 아니면 어떤 구성원들을 파일과 같은 곳에 저장해 두고 그 파일의 내용을 읽어서 JTree 구조로 구현해야 하는데, 우린 아직 Java IO 부분을 공부하지 못한 관계로 그냥 개략적으로 JTree를 이루는 작업만을 살펴보도록 하겠다.

```
01    import javax.swing.*;
02    import java.util.Vector;
03
04    public class JTreeEx extends JFrame {
05        Object[] gen = {"프로그램", "System", "Design"};
06
07        Vector<Vector> node1 = new Vector<Vector>() {
08            public String toString(){
09                return "Lesson";
10            }
11        };
12        Vector<String> node2 = new Vector<String>(){
13            public String toString(){
14                return "Java";
15            }
16        };
17        Vector<String> node3 = new Vector<String>(){
18            public String toString(){
19                return "XML";
20            }
21        };
22
23        public JTreeEx(){
24
25            node1.addElement(node2);
26            node1.addElement(node3);
27
28            node2.addElement("Beg");
29            node2.addElement("Adv");
30            node2.addElement("JSP");
31
32            node3.addElement("XSLT");
33            node3.addElement("DOM");
34
```

```
35          gen[0]=node1;

36

37          JTree tree = new JTree(gen);
38          tree.setRootVisible(true);

39

40          JScrollPane js=new JScrollPane(tree);
41          add(js);
42          setBounds(300,150,400,300);
43          setVisible(true);

44

45          setDefaultCloseOperation(JFrame.EXIT_ON_CLOSE);
46      }

47

48      public static void main(String[] args) {
49          new JTreeEx();
50      }
51  }
```

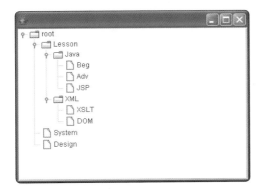

[그림 12-30] JTreeEx의 실행결과

▶▶▶ 01행~02행: import문. JTree와 Vector를 사용하기 위한 import문이다.

05행: 배열 객체 생성. JTree에 들어갈 요소들을 가지고 있는 배열 객체를 생성한다.

07행~21행: Vector 객체 생성. 앞서 생성된 gen이라는 배열의 요소 또는 하위 요소로 들어갈 멤버 Vector 객체들을 생성한다. 그리고 각 Vector 객체들이 기억하는 문자열은 Lesson, Java, XML이다.

25행~26행: Vector에 객체 추가. node1이라는 Vector 객체에 또 다른 Vector 객체인 node2와 node3을 추가한다. 이들은 후에 node1의 하위 요소들로 자리 잡아 JTree 구조를 이루게 된다.

28행~30행: Vector에 객체 추가. node2라는 Vector 객체에 하위 요소에 쓰일 문자열 객체들을 추가한다.

32행~33행: Vector에 객체 추가. node3이라는 Vector객체에 하위 요소에 쓰일 문자열 객체들을 추가한다.

35행: 자원 바꾸기. gen 배열의 0번지에 존재하는 "프로그램"이라는 String 객체가 node1이라는 Vector 객체로 대체되는 순간이다.

37행: JTree 객체 생성. gen이라는 배열을 가지고 JTree 객체가 생성되었다.

38행: JTree의 멤버 메서드 호출. JTree의 루트 노드(요소)가 보이도록 설정한다.

40행: JScrollPane 객체 생성. 앞서 생성된 JTree 객체를 가지고 JScrollPane을 생성한다.

41행: JFrame에 추가. 현재 JFrame의 Container에 JTree를 가지고 생성된 JScrollPane을 추가한다.

48행: 프로그램의 시작 부분.

이렇게 해서 간단하게 JTree 작업에 대해서 알아보았다. 예제의 시작에서 말했듯이 JTree의 실용적 면에 있어서는 Java IO 부분을 공부한 후에 다시 예제로 다루어 볼 것을 약속하고 여기서는 JTree가 어떻게 만들어지는지를 숙지하는 것이 중요하다.

⑯ JTable 클래스

JTable 클래스는 자료를 행과 열로 구성되어 있는 테이블 형식으로 보여주는 컴포넌트다. JTable 역시 Scrollable 인터페이스가 구현되어 있어 JScrollPane에 붙여 스크롤을 할 수 있으며 모델로는 TableModel을 사용한다. 테이블 내의 각각의 행과 열이 만나는 공간을 셀(Cell)이라고 하는데, 하나의 값만이 기억된다.

JTable은 스윙의 특징에서 언급했듯이 MVC 모델을 가장 잘 보여주고 있는 컴포넌트다. 즉, JTable을 사용하기 위해서는 먼저 자료를 저장할 모델을 만들고, 뷰인 JTable에 연결해 주어서 화면에 출력시켜야 한다.

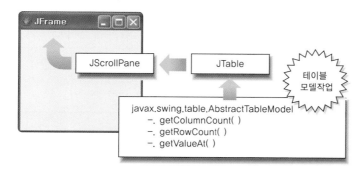

[그림 12-31] JTable 모델 작업의 도식화

JTable은 TableModel로부터 행과 열의 개수, 자료 타입정보, 열의 header(타이틀), Cell 자료 편집 등을 설정하는 메서드를 지원한다. 일반적으로 사용자가 모델을 따로 설정하여 고유 테이블 모델을 만들어 사용하는데, 만드는 방법은 TableModel 인터페이스를 구현하거나 AbstractTableModel과 DefaultTableModel을 상속하는 방법이 있다. DefaultTableModel은 유용한 메서드들을 지원하고 있지만 불필요한 기능이 너무 많아 일반적으로는 AbstractTableModel을 많이 사용한다.

JTable에서 모델과 컨트롤러를 설정할 때는 각 클래스마다 기본 Editor와 Renderer를 각각 설정할 수 있다. 즉, Cell의 자료 타입에 따라 Editor를 두어 색상, 폰트 등과 같은 다양한 형태로 보여줄 수 있다. 물론, 기본적으로는 DefaultTableCellRenderer와 DefaultCellEditor가 설정되어 사용된다.

J2SE 5.0에는 API에 print( ) 메서드가 추가되어 테이블 출력, 결과물에 머리글/바닥글 삽입, 출력 페이지에 테이블 크기 맞추기 등을 설정할 수 있다. JTable 클래스의 주요 필드와 생성자, 메서드를 살펴보자.

[표 12-65] JTable 클래스의 주요 필드

자료형	필드명	설명
static int	AUTO_RESIZE_ALL_COLUMNS	모든 열의 사이즈를 조절할 때에 모든 열의 크기를 균등하게 조절한다.
	AUTO_RESIZE_LAST_COLUMN	모든 열의 사이즈를 조절할 때에 맨 마지막 열의 크기만 조절한다.
	AUTO_RESIZE_NEXT_COLUMN	모든 열의 사이즈를 조절할 때에 조절하는 열의 다음 열의 크기만 조절한다.

static int	AUTO_RESIZE_OFF	열의 크기 자동 조절은 사용하지 못하고 스크롤바를 이용한다.
	AUTO_RESIZE_SUBSEQUENT_COLUMNS	UI를 조절할 때에 모든 열의 크기를 균등하게 조절한다.

[표 12-66] JTable 클래스의 생성자

생성자	설명
JTable( )	기본 자료 모델, 기본 컬럼 모델, 기본 선택 모델로 초기화된 기본 테이블 객체를 생성한다.
JTable(int numRows, int numColumns)	DefaultTableModel을 이용해 빈 셀을 numRows의 행과 numColumns의 열의 수만큼 테이블 객체를 생성한다.
JTable(Object[ ][ ] rowData, Object[ ] columnNames)	2차원 배열에 값들을 보여주는 테이블 객체를 생성한다. 주어진 테이블 테이터와 컬럼 이름을 가진다.
JTable(TableModel dm)	주어진 dm을 가지는 자료 모델, 기본 컬럼 모델, 기본 선택 모델로 초기화된 테이블 객체를 생성한다.
JTable(TableModel dm, TableColumnModel cm)	주어진 dm을 가지는 자료 모델, cm을 가지는 컬럼 모델, 기본 선택 모델로 초기화된 테이블 객체를 생성한다.
JTable(TableModel dm, TableColumnModel cm, ListSelectionModel sm)	주어진 dm을 가지는 자료 모델, cm을 가지는 컬럼 모델, sm을 가지는 선택 모델로 초기화된 테이블 객체를 생성한다.
JTable(Vector rowData, Vector columnNames)	주어진 Vectors의 Vector의 값들을 보여주는 테이블 객체를 생성한다. 주어진 테이블 자료와 컬럼 이름을 가진다.

■ 모델과 컨트롤러와 관련있는 메서드

[표 12-67] JTable 클래스의 모델과 컨트롤러와 관련있는 메서드

반환형	메서드	설명
void	setModel(TableModel dataModel)	주어진 자료 모델을 테이블의 자료 모델로 지정한다.
	setColumnModel (TableColumnModel columnModel)	주어진 컬럼 모델을 테이블의 컬럼 모델로 지정한다.
	setCellEditor(TableCellEditor anEditor)	주어진 셀 자료를 테이블의 셀 에디터로 지정한다.

■ 자료와 관련있는 메서드

[표 12-68] JTable 클래스의 자료와 관련있는 메서드

반환형	메서드	설명
void	setValueAt(Object aValue, row, column int row, int column)	데이블 모델의 셀에 주어진 위치에 자료를 설정한다.
Object	getValueAt(int row, int column)	주어진 row, column 위치에 있는 셀값을 얻어온다.

■ 색, 모양과 관련있는 메서드

[표 12-69] JTable 클래스의 색, 모양과 관련있는 메서드

반환형	메서드	설명
void	setAutoResizeMode(int mode)	컬럼의 자동 크기 조절 모드를 설정한다.
	setIntercellSpacing (Dimension intercellSpacing)	셀 사이의 간격을 설정한다.
	setSelectionBackground (Color selectionBackground)	선택된 셀의 배경색을 설정한다.
	setSelectionForeground (Color selectionForeground)	선택된 셀의 전경색을 설정한다.
	setShowHorizontalLines (boolean showHorizontalLines)	셀 사이의 수평 구분선을 그릴지를 설정한다.
	setShowVerticalLines(boolean showVerticalLines)	셀 사이의 수직 구분선을 그릴지를 설정한다.

■ 선택과 관련있는 메서드

[표 12-70] JTable 클래스의 선택과 관련있는 메서드

반환형	메서드	설명
void	clearSelction( )	선택된 행과 열, 셀을 지운다.
	selectAll( )	전체 테이블의 셀, 행과 열을 선택한다.
	setCellSelectionEnabled (boolean cellSelectionEnabled)	행과 열을 동시에 선택할 수 있도록 하는 선택모드를 사용할지를 설정한다.
	setColumnSelectionAllowed (boolean columnSelectionAllowed)	테이블의 열을 동시에 선택할 수 있도록 하는 선택모드를 사용할지를 설정한다.

void	setRowSelectionAllowed (boolean rowSelectionAllowed)	테이블의 행을 동시에 선택할 수 있도록 하는 선택모드를 사용할지를 설정한다.
	setSelectionMode(int selectionMode)	테이블의 선택 모드를 단일 선택하거나, 연속적 단일 선택, 복수 선모드로 설정한다.
int	getSelectedColumn( ) 선	택된 열의 첫번째 위치를 얻어온다. 선택된 열이 없으면 −1을 얻어온다.
Int[ ]	getSelectedColumns( )	선택된 열들을 배열 형태로 얻어온다.
int	getSelectedRow( )	선택된 행의 첫번째 위치를 얻어온다. 선택된 열이 없으면 −1을 얻어온다.
Int[ ]	getSelectedRows( )	선택된 행들을 배열 형태로 얻어온다.
boolean	isCellSelected(int row, int column)	주어진 위치의 셀이 선택 상태인지를 얻어온다.

TableModel 클래스의 주요 메서드

[표 12-71] TableModel 클래스의 주요 메서드

반환형	메서드	설명
int	getColumnCount( )	열 수를 얻어온다.
	getRowCount( )	행 수를 얻어온다.
Object	getValueAt(int rowIndex, int columnIndex)	주어진 위치의 셀값을 얻어온다.
void	setValueAt(Object aValue, introwIndex, int columnIndex)	주어진 위치의 셀값을 설정한다.

AbstractTableModel 클래스의 주요 메서드

[표 12-72] AbstractTableModel 클래스의 주요 메서드

반환형	메서드	설명
void	addTableModelListener (TableModelListener l)	테이블의 모델이 변화되었을 때 발생하는 이벤트를 받기위해 지정된 TableModelListen er를 추가한다.
int	findColumn(String columnName)	주어진 열의 이름을 가지고 테이블에서 찾아 위치를 얻어온다.
Class⟨?⟩	getColumnClass(int columnIndex)	주어진 열의 클래스를 얻어온다.
String	getColumnName(int columnIndex)	지정된 열 위치에 해당하는 이름을 얻어온다.

DefaultCellEditor 클래스의 생성자

[표 12-73] DefaultCellEditor 클래스의 주요 생성자

생성자	설명
DefaultCellEditor(JCheckBox checkBox)	주어진 체크박스를 편집기로 사용하는 셀 편집기 객체를 생성한다.
DefaultCellEditor(JComboBox comboBox)	주어진 콤보박스를 편집기로 사용하는 셀 편집기 객체를 생성한다.
DefaultCellEditor(JTextField textField)	주어진 텍스트필드를 편집기로 사용하는 셀 편집기 객체를 생성한다.

예제 **12-18** JTableEx

```java
01  import javax.swing.*;
02  import java.awt.*;
03  import java.awt.event.*;
04  import javax.swing.table.*;
05
06  public class JTableEx extends JFrame{
07
08      JTable table;
09      JTableModel model; // 사용자 모델정의 클래스
10
11      public JTableEx(){
12
13          model = new JTableModel();
14          table = new JTable(model);
15          add(new JScrollPane(table));
16
17          setDefaultCloseOperation(JFrame.EXIT_ON_CLOSE);
18
19          setBounds(200,200,300,300);
20          setVisible(true);
21      }
22
23      public static void main(String[] args){
24          new JTableEx();
```

```java
25         }
26    } // JTableEx클래스의 끝
27
28    //////////////////////////////////////////////////////////////
29    class JTableModel extends AbstractTableModel{
30
31         Object[][] data={{"Nari","마루치",new Integer(1234), "옆집친구"},
32              {"One","오윤아",new Integer(1111), "예쁜이"},
33              {"two","오윤서",new Integer(2222), "귀염둥이"},
34              {"three","아라치",new Integer(3333), "동아리친구"}};
35
36         String[] name ={"아이디","이름","비밀번호","구분"}; // Column명들
37
38         public int getColumnCount(){ // [필수]
39              return name.length;
40         }
41
42         public int getRowCount(){ // [필수]
43              return data.length;
44         }
45
46         public Object getValueAt(int r, int c){ // [필수]
47              return data[r][c];
48         }
49
50         public boolean isCellEditable(int r, int c){ // 편집을 가능하게 한다.
51              return (c != 0 ) ? true:false ;
52         }
53
54         public String getColumnName(int c){ // Column명 부여
55              return name[c];
56         }
57
58         public void setValueAt(Object obj, int r, int c){
59    // 셀에 값 입력으로 값의 수정이 일어남
```

```
60                  data[r][c]=obj;
61          }
62   }
```

[그림 12-32] JTableEx 실행결과

▶▶▶ 04행: import문. JTable 모델을 작업하기 위해 AbstractTableModel이라는 추상 클래스를 사용하기 위한 import문이다.

08행~09행: 멤버객체 선언. JTable과 JTable의 모델로 사용하기 위하여 AbstractTable Model을 상속받는 JTableModel이라는 클래스를 선언하였다.

13행: 모델 객체 생성. JTable의 모델로 사용할 객체를 생성한다.

14행: JTable 객체 생성. 13행에서 생성된 모델 객체를 가지고 JTable 객체를 생성한다.

23행: 프로그램의 시작 부분.

29행: 모델 객체 정의. AbstractTableModel로부터 상속받아 JTable의 모델 객체가 새롭게 정의되고 있다.

31행~34행: 배열 생성. JTable에 사용될 자료들을 Object형 배열로 선언과 생성, 그리고 초기화 작업까지 한 번에 이루어지고 있다. 사실은 이런 자료들이 파일이나 Database에서 가져온 후 이렇게 Object형 배열로 이룰 수 있도록 작업을 해야 하지만 아직 Java IO나 JDBC를 공부하지 않았으므로 JTable에 대해서만 이해를 돕기 위해 예제 코드를 간편화하였다.

38행~40행: 메서드 정의. JTable을 이루는 열의 수를 반환하는 메서드인 getColumnCount 메서드다. 이는 반드시 재정의해야 하는 필수 메서드이며 JTable의 Column명들을 기억하고 있는 String형 배열인 name의 길이를 반환하고 있다.

42행~44행: 메서드 정의. JTable을 이루는 행의 수를 반환하는 메서드이며 이 또한 반드시 재정의해야 하는 필수 메서드다. 여기에서는 JTable을 이루는 실제 자료를 가지고 있는 data라는 다차원 배열이 기억하고 있는 행의 길이를 반환하고 있다(코드 내용이 조금이라도 이해가 안되면 4장의 배열 부분을 지금 참조하기 바란다).

46행~48행: 메서드 정의. 앞서 전달된 getColumnCount라는 메서드와 getRowCount라는 메서드를 통해 얻어진 값들을 JTable로 곱하기하여 발생한 수만큼 getValueAt 메서드를 호출하게 되어 있다. 그러므로 그 안에서는 실제 자료가 저장되어 있는 data라는 배열의 각 요소들을 하나씩 전달하도록 문자을 만들어준 것이다.

50행~52행: 메서드 정의. JTable에서 선택된 Cell의 위치를 int r과 int c라는 인자로 전달되고 메서드 내에서는 삼항 연산자를 사용하여 첫 번째 열인 ID 부분을 제외하고 모두는 true를 반환하도록 하여 수정이 가능하도록 정의했다. 이 메서드는 필수가 아니므로 필요에 따라 정의해도 되고 안 해도 상관없다.

54행~56행: 메서드 정의. getColumnName이라는 메서드는 인자를 int c로 하여 getColumnCount 메서드에서 전달된 수만큼 JTable이 0값부터 인자인 c로 전달하며 호출하게 된다. 그렇게 전달되는 인자값을 Column명이 기억되어 있는 name이라는 String형 배열에서 순차적으로 하나씩 반환하고 있다.

58행~61행: 메서드 정의. 여기서는 JTable에서 수정이 가능한 Cell에서 값을 변경하고 [Enter]를 치게 되면 Cell의 위치값을 int r과 int c로 전달되고 Cell에 입력된 값은 Object형의 obj라는 변수에 전달하여 r과 c를 다차원 배열의 index값으로 사용한 후 접근하여 obj로 대입하여 JTable에 표현되는 자료를 수정할 수 있도록 한다.

요약

1 자바에의 JFC(Java Foundation Class)는 GUI 프로그래밍에 필요한 각종 툴킷을 모아놓은 것으로 현재는 GUI의 기능들을 구현할 수 있는 스윙, 2D, Drag&Drop 등을 지원한다.

2 스윙은 AWT와 달리 자바 프로그래밍으로 자체적인 제작된 컴포넌트이므로 플랫폼에 관계없이 모양이 동일하게 사용할 수 있다.

3 스윙의 특징은 룩앤필(Look & Feel), 경량의 컴포넌트, ToolTip(풍선도움말)지원, DubleBuffering지원, 5 Delegate 모델(MVC: Model-View-Controller), 이미지 아이콘(ImageIcon) 지원, 보더(Border) 지원 등이 있다.

4 스윙 컴포넌트는 javax.swing.JComponent 클래스로부터 상속받은 Sub 클래스들이다. JComponent 클래스는 java.awt.Container 클래스의 Sub 클래스로 스윙 컴포넌트들의 공통적인 기능이 정의되어 있는 클래스다.

5 스윙의 JFrame은 AWT의 Frame과 달리 좀 복잡한 구조로 되어있다. 단순히 프레임자체로 구성되어 있는 것이 아니라 그 안에 4개의 페인((JRootPane, layeredPane, contentPane, glassPane)층으로 구성되어 있다.

연습문제

1 스윙 컴포넌트를 이용해서 다음과 같은 조건으로 퍼즐 게임을 작성해보자.

새게임
게임시작
게임종료

[그림 12-34] 게임 메뉴의 하위메뉴

점수목록
전체그림보기

[그림 12-36] 옵션 메뉴의 하위 메뉴

3 X 3
4 X 4
5 X 5
6 X 6
7 X 7
8 X 8
9 X 9

[그림 12-33] 퍼즐게임의 배경

[그림 12-35] 난이도 메뉴의 하위 메뉴

☆ 연습문제

[그림 12-37] 3×3 형태로 조각 낸 형태

[그림 12-38] 게임 종료 화면

[그림 12-39] 순위 등록 화면

[그림 12-40] 난이도 조절 화면

【조건】

- 프로그램 실행 시 프레임창에 이미지 전체를 출력시켜준다.

- 게임 메뉴에서 게임시작 메뉴를 클릭하면 그림이 기본으로 3×3 형태로 조각을 내서 게임을 시작한다. 조각 이미지의 맨 마지막 이미지를 빈 상태로 두어 마우스로 조각 이미지를 클릭하면 빈공간과 위치가 바뀌면서 게임을 진행시킨다. 물론, 그림을 조각나게할 때는 난수를 이용한다.

- 게임 메뉴의 '새게임' 메뉴를 클릭하면 현재 진행 중인 게임을 초기화시켜 준다.

- 난이도 메뉴에서는 이미지의 조각 개수를 지정한다. 처음에는 3×3으로 설정한다.

- 게임을 진행하는 중 퍼즐이 완성이 되면 메시지 창을 띄우고 〈확인〉버튼을 클릭하면 현재 순위를 10등까지만 구해서 10등 안에 들면 이름을 입력받는다(이동횟수와 점수는 임의적으로 정한다).

- 옵션 메뉴에서 '점수목록' 메뉴를 클릭하면 현재 난이도별로 진행된 게임에서 10등까지 기억을 시켜두었다가 출력시켜 준다(JComboBox와 JTable을 이용).

- 옵션 메뉴에서 '전체그림보기' 메뉴를 클릭하면 현재 조각되어진 그림의 전체 그림을 보여주고 메뉴는 '조각그림보기' 메뉴로 변경시켜준다. 반대로 '조각그림보기'를 클릭하면 다시 게임을 진행시킬 수 있게 하고 메뉴는 '전체그림보기' 메뉴로 변경시킨다.

스레드

※ 학습 목표

- 프로세스와 스레드의 개념을 익힌다.
- 스레드의 우선순위와 생명주기를 익힌다.
- 스레드의 두 가지 생성 방법을 익힌다.
- 스레드 스케줄러의 동작 방식을 알아본다.
- 스레드의 동기화 조건 및 주의 사항을 알아본다.
- 스레드의 교착상태를 알아본다.
- wait( ), notify( ), notifyAll( ) 메서드를 익힌다.
- 생산자/소비자 프로그램을 익힌다.

스레드 소개

여러분들은 앞장에서 스윙을 배웠다. JFrame에 이미지 하나를 움직일 때는 굳이 스레드를 이용하지 않고 스윙을 통해서 충분히 작성할 수 있지만 만약, 두 개 이상의 이미지를 동시에 이동시키는 프로그램을 만들어야 한다면 기존의 프로그램 방식으로 구현하기는 상당히 힘들 것이다.

예를 들어, P2P 프로그램을 구현하다 보면 분명히 스레드를 사용할 기회가 온다. 검색을 해서 여러 개의 파일을 내려받으려고 할 때, 스레드를 사용하지 않는다면 P2P를 사용하는 클라이언트들은 하나의 파일을 내려받은 후, 또 다른 파일을 받아야 할 것이다. 이때 스레드를 적절하게 사용한다면 동시에 여러 개의 파일을 받을 수 있는 프로그램을 작성할 수 있게 된다.

❶ 멀티태스킹과 멀티스레드

그럼 스레드를 소개하기 전에 이해를 돕기 위해 일단 프로세스의 개념부터 알아보자.

프로세스(process)란 운영체제에서 실행중인 하나의 프로그램을 말한다. 즉, 메모장을 클릭한다면 여러분은 하나의 프로세스를 실행한 것이다. 만약, 메모장을 클릭한 후 윈도우 미디어 플레이어를 실행했다면 이는 두 개의 프로세스가 실행되고 있는 것이고 이처럼 두 개 이상의 프로세스가 실행되는 것을 '멀티프로세스(Multi-Process)'라 한다. 그리고 멀티프로세스를 실행하여 일을 처리하는 것을 '멀티태스킹(Multi-Tasking)'이라 한다. 여러분의 컴퓨터에서 두 개의 프로그램을 실행한다면, 즉 음악을 들으면서 메모장을 사용한다면 이를 멀티태스킹이라고 할 수 있을 것이다.

그럼 스레드란 무엇일까? 스레드란 프로세스 내에서 실행되는 세부 작업 단위로서, 여러 개의 스레드가 모여서 하나의 프로세스를 이룬다. 그리고 프로세스에서도 멀티프로세스가 있듯이 스레드 또한 멀티스레드가 있다. 멀티스레드란 하나의 프로세스에서 여러 개의 스레드가 병행적으로 처리되는 것을 말하는데, 실제로 스레드를 동시에 수행하는 것은 불가능하고 단지 운영체제가 여러 개의 흐름이 돌아가는 것처럼 보일 수 있도록 CPU에서 스레드를 아주 빠르게 번갈아가면서 실행하는 것이다. 물론, 요즘 대부분의 운영체제는 멀티스레드와 멀티 태스킹을 지원하고 있다. 아래의 그림은 프로세스와 스레드의 관계를 그림으로 그려 놓은 것이다. 참고적으로 자바에서 스레드 프로그램을 작성하려면 java.lang.Thread 클래스를 이용해야 한다.

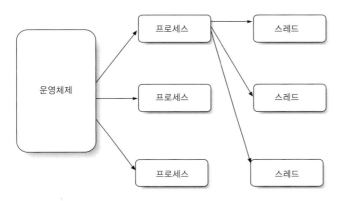

[그림 13-1] 프로세스와 스레드의 관계

저자 한마디

스레드에 대한 자신감을 갖자

일반적으로 초급 프로그래머들은 스레드 프로그램을 왜 해야 하는지 잘 모른다. 그리고 이 장을 모두 마치고 스레드 프로그램을 작성하라고 하면 대부분의 독자들은 막막하기만 할 것이다.

실제로 스레드 프로그램 문법 자체는 상당히 간결하다. 그럼에도 불구하고 스레드에 대한 두려움을 갖는 이유 중 하나는 스레드에 대한 지식이 있기는 하지만 이를 어떻게 적용시킬지 모르기 때문이다. 이 문제 역시 스레드에 대한 정확한 지식을 가지고 있지 못하기 때문이다.

여러분이 만약 스타 크래프트 게임 프로그램을 만든다고 상상해 보자. 물론 자바로 만드는 것은 별로 의미는 없지만 말이다. 자신의 종족과 상대 종족의 모든 일꾼들이 광물을 캐내는 프로그램을 작성하려면 기존의 프로그램 방식으로 가능하지 않다. 이 때 스레드를 이용하여 각각의 일꾼을 스레드로 처리한다면 상당히 쉽게 만들 수 있을 것이다. 우리도 이 장에서 스타크래프트 게임을 만들 수 있다는 자신감을 얻을 수 있도록 노력하자. 그리고 스레드에 대한 정확한 개념을 이해하기 바란다.

02 스레드 상태

스레드는 Thread 객체가 생성되면서 생명주기를 갖게 되는데, 다음과 같이 크게 세 가지로 분류한다.

- New: 스레드가 만들어진 상태(Thread t = new Thread( ))
- Runnable: 실행 가능한 상태(t.start( ) 메서드를 호출한 상태)
- Running: 실행 상태(run( ) 메서드를 실행한 상태)

❶ 스레드 생명주기

스레드의 생명주기는 Thread 객체가 생성되면서 시작한다. 즉, 스레드가 생성(new)되고, 스레드가 실행 가능한 상태(runnable)로 이동되며 다시 스케줄러에 의해 실행(running) 상태로 이동되는 것이다.

그리고 스레드 스케줄러는 어떤 스레드를 실행 가능한 상태(Runnable)에서 실행 상태(Running)로 이동할 것인지, 또한 실행 상태(Running)에서 실행 가능한 상태(Runnable)로 이동할 것인지를 결정하는 역할을 한다.

다음 그림은 스레드의 생명주기를 표현한 그림이다. 스레드의 생명주기에 대한 설명을 먼저 읽고 그림을 본다면 이해가 더 빠를 것이다.

■ New

스레드 객체가 만들어지면 스레드의 생명주기를 시작한다.

■ Runnable

스레드 객체가 생성된 후 start( ) 메서드를 호출하면 Runnable 상태로 이동하게 된다.

■ Running

Runnable 상태의 스레드를 스레드 스케줄러에 의해 Running 상태로 이동하여 실제로 스레드가 동작하는 상태다. 다시 말해 run( ) 메서드가 수행되고 있는 상태다.

■ Blocked

스레드가 다른 특정한 이유로 Running 상태에서 Blocked 상태로 이동하게 된다. 예를 들어, I/O request, synchronized 블록을 수행하고 있을 때는 Blocked 상태로 이동하게 되는데, 이런 Blocking 요청이 종료될 때까지는 계속 Blocked 상태로 있게 된다.

■ Dead

스레드가 종료되면 그 스레드는 다시 시작할 수 없는 상태다. 스레드 종료란 run( ) 메서드가 수행을 끝낸 상태를 의미한다.

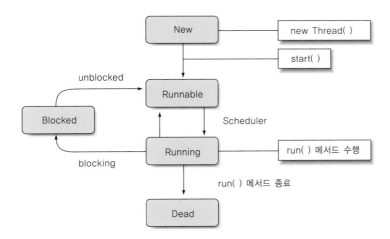

[그림 13-2] 스레드 생명 주기

Section

03 스레드의 생성과 실행

스레드의 생성 방법은 java.lang.Thread 클래스를 상속(extends) 받는 경우와 java.lang. Runnable 인터페이스를 구현(implements)하는 방법, 두 가지로 구분된다.

스레드를 생성하는 방법을 두 가지로 제공하는 이유는 (자바에서는) 부모의 클래스는 오직 하나 밖에 가질 수 없는 단일 상속이라는 특징이 있기 때문이다. 다시 말해, 여러분이 작성한 클래스가 기존의 다른 부모 클래스를 가지고 있다면 여러분들은 Thread 클래스를 사용할 수 없고, Runnable 인터페이스를 이용해서 스레드를 생성할 수 있다. 그리고 기존의 다른 부모 클래스가 없다면 Runnable 인터페이스나 Thread 클래스 중 어느 것을 사용해도 무관하다는 의미다. 예를 들어, 스윙에서 JFrame으로부터 이미 상속받은 응용프로그램이 있다면 더 이상 상속을 받지 못하기 때문에 이때는 Runnable 인터페이스를 이용해야 한다.

이제 이러한 Thread 프로그램을 배울텐데, 본격적인 시작에 앞서 Thread 클래스의 생성자와 주요 메서드에 알아보자.

❶ Thread 클래스와 주요 메서드

Thread 클래스에서 자주 사용되는 생성자는 크게 네 가지인데, 각각의 생성자 의미를 정확하게 파악해야 한다. Thread 클래스의 주요 생성자를 살펴보자.

[표 13-1] Thread 클래스의 주요 생성자

생성자	설명
Thread( )	가장 일반적인 형태의 생성자다. 이 생성자를 이용해서 Thread 객체를 생성하게 되면 Thread의 이름은 'Thread-' +n의 형태가 된다.
Thread(Runnable target)	Runnable 객체를 이용해서 Thread 객체를 생성할 수 있는 생성자다.
Thread(Runnable target, Runnable String name)	객체를 이용해서 Thread 객체를 생성할 수 있는 생성자며, 스레드의 이름을 지정할 수 있는 생성자다.

Thread(String name)	스레드의 이름을 지정하면서 Thread 객체를 생성할 수 있는 생성자다.

다음은 Thread 클래스에서 사용할 수 있는 주요 메서드다. Thread 클래스의 주요 메서드를 살펴보자.

[표 13-2] Thread 클래스의 주요 메서드

반환형	메서드	설명
static void	sleep(long millis)	millis에 지정된 시간만큼 대기한다.
String	getName( )	스레드의 이름을 반환한다.
void	setName(String name)	스레드의 이름을 지정한다.
	start( )	스레드를 시작시킨다.
int	getPriority( )	스레드의 우선순위를 반환한다.
void	setPriority(int newPriority)	스레드의 우선순위를 지정한다.
	join( )	현재 스레드는 join( ) 메서드를 호출한 스레드가 종료할 때까지 기다리게 된다.
static void	yield( )	수행중인 스레드 중 우선순위가 같은 다른 스레드에게 제어권을 넘긴다.
static Thread	currentThread( )	현재 수행되는 스레드 객체를 리턴한다.

❷ Thread 클래스를 이용한 스레드 생성

앞서 Thread의 생성자와 주요 메서드를 알아보았다. 이제 Thread 생성자와 메서드를 가지고 스레드를 만들어봐야 하는데, 먼저 Thread 클래스를 상속받아 스레드를 생성하는 방법부터 알아보자. Thread 클래스를 이용해서 스레드를 생성하는 방법은 아래와 같다.

```
01  public class CreateThread extends Thread{
02      public void run(){
03      }
04      public static void main(String[] args){
05          CreateThread ct = new CreateThread();
06          // Thread ct = new CreateThread();
07          ct.start();
08      }
09  }
```

이 방법은 main( ) 메서드 안에서 Thread 객체를 생성(New)해서 start( ) 메서드 (Runnable)를 호출한다. 그러면 start( ) 메서드를 호출하게 되면 새로운 스레드가 생성되고 해당 스레드가 Runnable 상태에서 Running 상태로 이동되면서 run( ) 메서드(Running) 가 호출된다. 만약, start( ) 메서드를 호출하지 않고 run( ) 메서드를 바로 호출하면 어떻게 될까? 이런 경우에는 새로운 스레드가 생성되는 것이 아니라 메인 스레드가 계속 작동하게 된다. 즉, 메인에서 생성된 객체로 메서드를 호출하는 것이다. 결론적으로 start( ) 메서드를 호출하면 새로운 스레드가 생성되는 것이고, run( ) 메서드를 호출하면 기존 스레드가 작동 하는 것이다.

아래 예제는 Thread를 상속받아 한 개의 스레드를 실행시킨 예제다. 생성자에서는 스레드의 이름을 설정하고, int[ ]의 생성과 초기화 작업을 하고 있다. run( ) 메서드에서는 1초에 한 번 씩 현재 스레드의 이름과 생성된 배열의 요소들을 출력한다.

예제 13-1   SingleThreadEx

```
01  public class SingleThreadEx extends Thread {
02    private int[] temp;
03    public SingleThreadEx(String threadname){
04        super(threadname);
05        temp = new int[10];
06        for(int start=0;start<temp.length;start++){
07            temp[start] = start;
08        }
09    }
10  public void run(){
11        for(int start : temp){
12            try{
13                sleep(1000);
14            }catch(InterruptedException ie){
15                ie.printStackTrace();
16            }
17            System.out.printf("스레드 이름 : %s ,",
18                    currentThread().getName());
```

```
19                System.out.printf("temp value : %d %n",start);
20        }
21    }
22    public static void main(String[] args) {
23         SingleThreadEx st = new SingleThreadEx("첫번째");
24         st.start();
25    }
26 }
```

```
Problems  Javadoc  Declaration  □ Console ☒                                 □ □ □ □ □ □ □
<terminated> SingleThreadEx [Java Application] C:\jdk5\bin\javaw.exe (2005. 7. 16 오후 3:51:09)
스레드 이름  : 첫번째 ,temp value  : 0
스레드 이름  : 첫번째 ,temp value  : 1
스레드 이름  : 첫번째 ,temp value  : 2
스레드 이름  : 첫번째 ,temp value  : 3
스레드 이름  : 첫번째 ,temp value  : 4
스레드 이름  : 첫번째 ,temp value  : 5
스레드 이름  : 첫번째 ,temp value  : 6
스레드 이름  : 첫번째 ,temp value  : 7
스레드 이름  : 첫번째 ,temp value  : 8
스레드 이름  : 첫번째 ,temp value  : 9
```

[그림 13-3] SingleThreadEx의 실행결과

▶▶▶ 04행: super(threadName)을 호출하면 Thread 클래스의 Thread(String name)을 호출하기 때문에 Thread의 이름을 정할 때 사용한다. Thread 클래스의 setName(String name)을 이용해도 된다.

13행: sleep(1000) 메서드는 스레드를 일시적으로 sleep하는 메서드다. 이 메서드는 Thread 클래스에서 제공하는 메서드이며, InterruptedException으로 예외 처리된 메서드이기 때문에 반드시 try-catch하거나 메서드에서 throws해야 한다.

18행: 현재 수행중인 스레드 객체를 알려면 Thread 클래스의 currentThread( ) 메서드를 사용하면 된다.

❸ Runnable을 이용한 스레드 생성

Runnable 인터페이스를 사용해서 스레드를 생성하는 방법은 아래와 같다.

```
01   public class CreateRunnable implements Runnable{
02        public void run(){
03        }
```

```
04        public static void main(String arg[]){
05            CreateRunnable ct = new CreateRunnable ();
06            Thread t = new Thread(ct);
07                t.start();
08        }
09 }
```

이 방법은 main( ) 메서드 안에서 Runnable 객체를 생성하여 [표 13-1]의 두 번째 생성자인 Thread(Runnable r)을 사용해서 스레드를 생성시킨 예제다. 만약, 스레드 이름까지 설정하고 싶다면 Thread(Runnable r, String name)을 사용하면 된다.

Thread 객체를 생성(New)해서 start( ) 메서드(Runnable)를 호출하게 되는데, start( ) 메서드를 호출하게 되면 해당 스레드가 Runnable 상태에서 Running 상태로 이동되면서 run( ) 메서드(Running)가 호출된다.

Runnable 인터페이스에는 run( ) 메서드가 선언되어 있기 때문에 반드시 오버라이딩(overriding)해야 한다. 만약, 오버라이딩을 하지 않으면 클래스 선언 부분에서 추상 메서드를 재정의하지 않았다는 컴파일 오류가 발생하게 된다.

예제 13-2 SingleRunnableEx

```
01 public class SingleRunnableEx implements Runnable {
02   private int temp[];
03   public SingleRunnableEx(){
04       temp = new int[10];
05       for(int start=0;start<10;start++){
06           temp[start] = start;
07       }
08   }
09 public void run(){
10       for(int start : temp){
11           try{
12               Thread.sleep(1000);
13           }catch(InterruptedException ie){
14               ie.printStackTrace();
15           }
16           System.out.printf("스레드 이름 : %s ,",
```

```
17                        Thread.currentThread().getName());
18                System.out.printf("temp value : %d %n",start);
19          }
20      }
21      public static void main(String[] args){
22          SingleRunnableEx srt = new SingleRunnableEx();
23      Thread t = new Thread(srt,"첫번째");
24          t.start();
25      }
26  }
```

```
Problems  Javadoc  Declaration  🖳 Console 🔀
<terminated> SingleRunnableEx [Java Application] C:\jdk5\bin\javaw.exe (2005. 7.
스레드 이름 : 첫번째 ,temp value  : 0
스레드 이름 : 첫번째 ,temp value  : 1
스레드 이름 : 첫번째 ,temp value  : 2
스레드 이름 : 첫번째 ,temp value  : 3
스레드 이름 : 첫번째 ,temp value  : 4
스레드 이름 : 첫번째 ,temp value  : 5
스레드 이름 : 첫번째 ,temp value  : 6
스레드 이름 : 첫번째 ,temp value  : 7
스레드 이름 : 첫번째 ,temp value  : 8
스레드 이름 : 첫번째 ,temp value  : 9
```

[그림 13-4] SingleRunnableEx의 실행결과

▶▶▶ 17행: 현재 수행중인 스레드 객체를 얻어 오기 위해 Thread.currentThread( ) 메서드를 사용했다.
이 메서드는 static 메서드이기 때문에 클래스 이름을 이용해서 호출한다.

22행~24행: Runnable 인터페이스를 사용한 경우, Thread(Runnable r, String name) 생성자
를 이용해야 한다. 위 예제에서 24행을 t.run( )으로 호출하면 스레드 이름이 main으로 출력된다.
즉 새로운 스레드가 생성된 것이 아니라 메인 스레드가 작동되는 것이다.

JDK의 버전이 올라가면서 함수형 인터페이스의 사용이 단순화되었는데, 이를 이용하여 스
레드의 처리 로직 또한 단순화가 가능하게 되었다. 함수형 인터페이스란 Runnable과 같이
추상 메서드를 한 개만 가지고 있는 인터페이스를 뜻한다.

```
01  public static void main(String[] args){
02      // 람다식을 통해 별도의 클래스 정의 없이 객체를 생성한다.
03      new Thread(() -> {
04          System.out.println("Hello World");
05      }).start();
06  }
```

위의 코드처럼 람다식을 사용하여 스레드의 호출을 축약할 수 있다. 람다식은 익명의 메서드를 의미한다. 위와 같은 함수형 인터페이스에서 주로 사용되는 형태로써 코드 흐름의 중복을 개선하고 다양한 축약형 코드의 작성을 가능하게 한다는 장점이 있다.

❹ join( ) 메서드 사용법

join( ) 메서드를 사용하면 join( ) 메서드를 호출한 스레드가 종료할 때까지 현재의 스레드를 기다리게 된다. 이 메서드를 살펴보기 전에 다음의 예제를 살펴보자. 그러면 join( ) 메서드의 필요성을 더욱 절실하게 느낄 것이다.

아래 예제는 main( ) 메서드에서 새로운 스레드를 생성하여 호출한 간단한 예제지만 여기서 주의 깊게 살펴봐야 할 부분이 있다. 바로 main( ) 메서드 호출은 JVM에 의해 호출된다는 것이다. 이를 좀더 정확히 얘기한다면 JVM은 main 스레드를 생성하여 main( ) 메서드를 호출한 것이다. 따라서 프로그램을 실행할 때 main( ) 메서드가 실행되었다는 것은 main 스레드가 수행되는 것이다. 그리고 main( ) 메서드 안에서 사용자가 만든 새로운 스레드를 실행시켰다면 두 개의 스레드(main 스레드와 사용자 스레드)가 작동하고 있다는 것을 의미한다.

예제 **13-3**　UncertainThreadEx

```
01  class MyRunnableOne implements Runnable{
02    public void run(){
03        System.out.println("run");
04        first();
05    }
06    public void first(){
07        System.out.println("first");
08        second();
09    }
10    public void second(){
11        System.out.println("second");
12    }
13  }
```

```
14  public class UncertainThreadEx {
15    public static void main(String[] args){
16        System.out.println("main start");
17        Runnable r = new MyRunnableOne();
18        Thread myThread = new Thread(r);
19        myThread.start();
20        System.out.println("main end");
21    }
22  }
```

🔊)) **결과**

예측불허(실행할 때마다 다름)

Thread의 결과 화면이 항상 동일하게 나오는 것처럼 보이지만 실제로는 결과 화면을 예측할
수 없다. 아래의 그림을 참조로 실행 순서번호대로 실행 순서를 따라가보자.

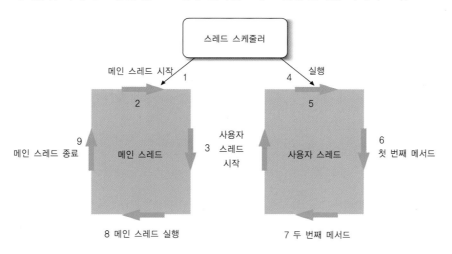

[그림 13-5] 불확실한 스레드 스케줄러 시나리오 (1)

위 그림에서 보면 스레드 스케줄러에 의해 메인 스레드가 먼저 실행(1 → 2)되고 사용자 스레
드가 생성(3)된다. 그리고 사용자 스레드가 실행되면 스레드 스케줄러에 의해 메인 스레드는
실행 가능한 상태로 이동하고 사용자 스레드가 실행(4)된다.

사용자 스레드가 모두 실행(5 → 6 → 7)된 후 실행 가능한 상태에 있는 메인 스레드가 실행(8)되고 메인 스레드가 끝나면(9) 모든 스레드가 끝나는(Dead) 것을 알 수 있다.

이렇게 작동되었다면 결과는 다음과 같을 것이다.

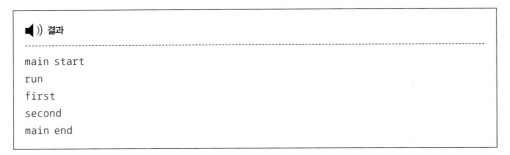

```
main start
run
first
second
main end
```

그렇다면 스레드 스케줄러는 우리가 생각한대로 동작할까? 대답은 'No'다.

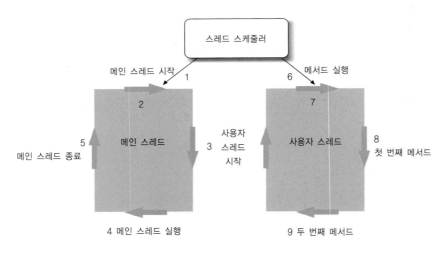

[그림 13-6] 불확실한 스레드 스케줄러 시나리오 (2)

다른 각도에서 분석해 보면 위의 그림처럼 메인 스레드가 실행(1 → 2)된 후 사용자 스레드가 시작(3)되더라도 스레드 스케줄러가 사용자 스레드에게 권한을 넘겨주지 않는다면 사용자 스레드는 계속 실행 가능한 상태에 있게 되고, 메인 스레드의 실행이 끝난 후(4 → 5) 스레드 스케줄러에 의해 사용자 스레드가 시작되고(6) 끝날(7 → 8 → 9) 것이다.

따라서 이 예제의 결과는 거의 대부분 아래와 같이 나오지만 첫 번째 시나리오의 결과처럼 나올 수 있는 가능성을 잊지 말아야 한다. 이와 같은 경우의 결과 화면은 다음과 같을 것이다.

◀)) 결과

```
main start
main end
run
first
second
```

위 예제를 항상 첫번째 시나리오처럼 실행되게 하려면 join( ) 메서드를 사용해야 한다. 즉, join( ) 메서드는 join( ) 메서드를 호출한 스레드가 종료할 때까지 현재의 스레드를 기다리게 된다. 여기에서 현재 스레드는 main 스레드이고 join( ) 메서드를 호출한 스레드는 사용자가 정의한 스레드가 된다.

아래는 UncertainThreadEx의 예제에서 join( ) 메서드를 추가한 예제로 수정한 예제다.

예제 13-4   JoinEx

```java
01  class MyRunnableTwo implements Runnable{
02     public void run(){
03         System.out.println("run");
04         first();
05     }
06     public void first(){
07         System.out.println("first");
08         second();
09     }
10     public void second(){
11         System.out.println("second");
12     }
13  }
14  public class JoinEx {
15     public static void main(String[] args){
```

```
16              System.out.println(
17              Thread.currentThread().getName()+"start");
18          Runnable r = new MyRunnableTwo();
19          Thread myThread = new Thread(r);
20          myThread.start();
21          try{
22              myThread.join();
23          }catch(InterruptedException ie){
24              ie.printStackTrace();
25          }
26          System.out.println(
27                  Thread.currentThread().getName()+"end");
28      }
29  }
```

[그림 13-7] JoinEx의 실행결과

▶▶▶ 17행: Thread.currentThread().getName()은 현재 스레드의 이름을 반환시키는데, 그 결과로
        main이 나온다. 이는 JVM이 main 스레드를 생성하여 main() 메서드를 호출했기 때문이다.

    21행~25행: join() 메서드는 InterruptedException 예외를 발생하기 때문에 반드시 예외처리를
        해야 한다. 그리고 join() 메서드는 이 메서드를 호출한 스레드가 종료할 때까지 현재 스레드를 기
        다리게 한다.되기 때문에 put() 했던 데이터 그대로를 새로운 범위로 지정하는 효과를 얻을 수 있
        기 때문이다.

스레드의 스케줄링과 우선순위

모든 운영체제에 설치된 JVM에는 스레드 스케줄러가 있어 어떤 스레드를 먼저 실행할지를 결정하게 된다. 이런 스레드 스케줄링은 선점형(preemptive) 방식과 협력형(cooperative) 방식으로 나뉘게 된다. 선점형 스레드 스케줄러는 스레드의 우선권을 가지고 우선순위가 높은 스레드를 먼저 수행시키는 방식이다. 협력형 스레드 스케줄러는 실행중인 스레드가 CPU 사용권을 다른 스레드에게 넘길 때까지 기다린다.

모든 운영체제에 설치된 자바 JVM은 우선순위에 따른 선점형 스레드 스케줄러를 사용하도록 되어 있다. 즉, 우선순위가 낮은 스레드가 실행중인데, 우선순위가 높은 스레드가 실행될 준비가 끝났다면 스케줄러에 의해 우선순위가 낮은 스레드를 정지하고 우선순위가 높은 스레드를 실행하게 된다.

❶ 스레드의 스케줄링

스레드 스케줄러

두 개의 스레드(멀티스레드)가 수행될 때 어떤 스레드가 먼저 수행될지는 우선순위에 따라 달라질 수 있다. 자바에서는 각각의 스레드에 우선순위를 부여하여 우선순위가 높은 스레드에게 실행할 수 있는 우선권을 부여한다. 즉, 현재 실행중인 스레드보다 우선순위가 더 높은 스레드가 실행 가능한 상태에 있다면 스레드 스케줄러는 우선순위가 더 높은 스레드에게 제어권을 넘겨주게 된다.

이러한 스케줄링 방식을 선점형 스케줄링(Preemptive Scheduling) 방식이라고 한다. JVM은 현재 스레드를 수행한 다음에 실행 가능한 상태의 스레드 중에서 하나를 선택하여 실행하게 되는데, 우선순위가 같을 때에는 스레드 스케줄러의 기준에 의하여 실행될 스레드가 결정된다. 그러므로 여러 개의 스레드가 start( ) 메서드에 의해 시작되더라도 어떤 스레드가 우선적으로 수행될지는 알지 못한다.

그럼 스레드의 우선순위를 알아보기 전에 응용프로그램에서 두 개의 스레드를 생성시키는 예제부터 살펴보자. 다음 예제는 두 개의 스레드(하나의 프로그램에서 두 개 이상의 스레드가 동작하는 것을 멀티스레드라고 했다)를 생성시킨 예제다. 결론부터 살짝 엿보자면 이 예제의 결과는 예측할 수 없다. 왜냐하면 두 스레드의 우선순위가 같기 때문에 스레드 스케줄러가 어떤 스레드에게 제어권을 넘길지 알 수 없기 때문이다.

예제 13-5 MultiThreadEx

```
01  public class MultiThreadEx implements Runnable {
02    public void run() {
03        int first = 0;
04        int second = 0;
05        for (int i = 0; i < 20; i++) {
06            first++;
07            second++;
08            System.out.printf("first : %d , " , first);
09            System.out.printf("second : %d , " , second);
10            System.out.printf("스레드 이름 : %s %n",
11                    Thread.currentThread().getName());
12        }
13    }
14    public static void main(String[] args) {
15        MultiThreadEx srt1 = new MultiThreadEx();
16        Thread firstThread = new Thread(srt1, "첫번째 스레드");
17        firstThread.start();
18        MultiThreadEx srt2 = new MultiThreadEx();
19        Thread secondThread = new Thread(srt2, "두번째 스레드");
20        secondThread.start();
21    }
22  }
```

[그림 13-8] MultiThreadEx의 실행결과 (1)

[그림 13-9] MultiThreadEx의 실행결과 (2)

▶▶▶ 17행: 두 번째 스레드를 실행시킨다.

20행: 첫 번째 스레드를 실행시킨다.

02행~11행: 스레드가 실제로 작동하는 메서드다.

이와 같이 스레드 스케줄러는 사용자 마음대로 제어할 수는 없고, 예측을 불허한다. 이런 이유 때문에 스레드 부분을 상당히 어려워하는 것 같다. 그렇지만 반드시 기억해야 할 것은 여러분이 스레드 스케줄러가 되어 특별한 행동을 예측하는 프로그램을 만들어서는 절대로 안된다는 것이다. 스레드 스케줄러는 JVM에 따라 다르게 구현되어 있고, 동일한 운영체제에서 동일한 프로그램을 실행해도 결과가 항상 같지 않다는 것을 명심해야 한다.

❷ 스레드 우선순위

Thread 클래스에서는 스레드의 우선순위를 부여하는 setPriority(int newPriority)를 제공하며, 우선순위값을 가져올 수 있는 getPriority( )도 제공한다.

Thread 클래스의 우선순위를 지정하기 위한 상수를 살펴보자.

[표 13-3] Thread 클래스의 우선순위를 정하는 멤버변수

반환형	메서드		설명
static int	MAX_PRIORITY	스레드가 가질 수 있는 최대 우선순위값(10)	setPriority(Thread.MAX_PRIORITY)
	NORM_PRIORITY	스레드가 가질 수 있는 기본 우선순위값(5)	setPriority(Thread.NORM_PRIORITY)
	MIN_PRIORITY	스레드가 가질 수 있는 최소 우선순위값(1)	setPriority(Thread.MIN_PRIORITY)

스레드를 생성하면 기본적으로 우선순위값으로 NORM_PRIORITY가 부여된다. 따라서 두 개 이상의 스레드를 생성하여 동작했을 경우 특별히 우선순위를 지정하지 않으면 어떤 스레드가 실행될 지는 알 수 없다.

다음 예제는 우선순위를 바꿔 두 번째 스레드가 먼저 수행되게 만드는 예제다.

예제 **13-6**　PriorityChangeEx

```
01  class SuperThreadPriority extends Thread{
02     public SuperThreadPriority(String threadName){
03         super(threadName);
04     }
05     public void run(){
06         System.out.printf("스레드 이름 : %s %n",
07             Thread.currentThread().getName());
08     }
09  }
10  public class PriorityChangeEx extends SuperThreadPriority{
11     public PriorityChangeEx(String threadName){
```

```
12          super(threadName);
13      }
14  public static void main(String arg[]){
15          Thread t1 = new SuperThreadPriority("첫번째 스레드");
16          t1.setPriority(Thread.MIN_PRIORITY);
17          t1.start();
18          Thread t2 = new SuperThreadPriority("두번째 스레드");
19          t2.start();
20      }
21  }
```

🔊)) 결과

스레드 이름 : 두번째 스레드
스레드 이름 : 첫번째 스레드

▶▶▶ 15행: 위 코드에서 스레드의 생성이 다소 생소할 듯 하다. SuperThreadPriority 클래스는 super 클래스가 Thread이기 때문에 Thread t1 = new SuperThreadPriority(첫 번째 스레드)가 가능한 것이다. 즉, super 클래스를 자료형으로 잡고 sub 클래스로 생성한 객체의 사용 접근력은 사실 sub 클래스의 기능을 사용할 수 없지만 오버라이딩 메서드 영역은 가능하다.

16행: 스레드의 우선순위를 가장 낮은 MIN_PRIORITY로 설정한다.

18행: 두 번째 스레드는 우선순위를 정하지 않았기 때문에 NORM_PRIORITY값을 가지게 된다. 그러므로 첫 번째 스레드보다 우선순위가 높다.

멀티스레드 프로그램에서 여러 개의 스레드가 하나의 자원을 공유할 경우, 동기화 문제가 발생한다. 이런 동기화 문제는 synchronized 예약어를 통해서 해결할 수 있다. 이 절에서는 이처럼 동기화 문제와 관련있는 synchronized 예약어의 사용 방법에 대해 알아본다.

❶ 임계영역과 동기화

임계영역이란 서로 다른 스레드에 의해 공유자원(인스턴스 변수나 static 변수 등)이 참조될 수 있는 코드의 범위를 말하는데, 기존의 멀티스레드 프로그래밍 환경에서 하나의 객체를 공유한 경우, 임계영역(Critical Section)을 처리할 때 많은 어려움이 있었다.

임계영역 코드 예

```
public class CriticalSectionTest implements Runnable{
        private long depositeMoney = 10000;
        public void withDraw(long howMuch){          ┐
                depositeMoney -= howMuch;            ├─ 임계영역
        }                                            ┘
}
```

위 코드처럼 임계영역 때문에 멀티스레드에서는 동기화 문제가 발생하게 된다. 즉, 서로 다른 스레드에서 공유 자원을 변경할 경우에는 예상치 못한 결과가 나올 수 있기 때문이다.

이러한 문제를 해결하기 위해 모든 객체에 '락(lock)'을 포함시켰다. 락이란 공유 객체에 여러 스레드가 동시에 접근하지 못하도록 하기 위한 것으로 모든 객체가 힙 영역에 생성될 때 자동으로 생성된다. 이렇게 생성된 락은 보통의 경우에는 사용되지 않지만 임계영역에서 한 번에 하나의 스레드를 처리하고자 할 때 synchronized 블록으로 되어 있다면 락의 진가를 발휘하게 된다.

아래 그림은 두 개의 스레드가 A 객체를 공유할 경우 synchronized 블록을 처리할 내부적인 흐름을 그린 것이다.

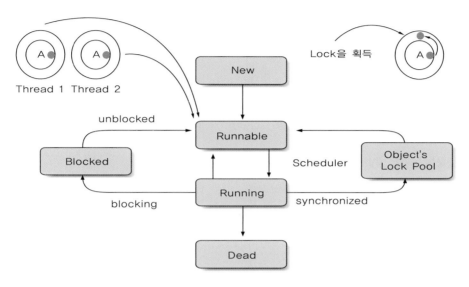

[그림 13-10] synchronized 흐름도

Thread1, Thread2가 거의 동시에 실행되었을 경우 Thread1, Thread2는 Runnable 상태에 있게 된다. 만약, Thread1이 스레드 스케줄러에 의해 먼저 수행되었을 경우 synchronized 블록을 만나게 되면 Object's Lock Pool로 이동된다. 그런 후 Thread2가 수행되어 synchronized 블록을 만나게 되면 이 또한 Object's Lock Pool로 이동한 다. 이 중 한 개의 스레드가 락을 획득하게 되면 Runnable로 이동한 후 Running 상태로 이동되면서 synchronized 블록을 수행하게 된다.

그리고 synchronized 블록이 끝나게 되면 해당 스레드는 자동으로 락을 해제하게 되고, Object's Lock Pool에 대기중인 또 다른 스레드가 락을 획득하여 Runnable 상태에서 Running 상태로 이동하게 되어 synchronized 블록을 수행하게 된다.

이와 같이 'synchronized'라는 예약어로 정의된 블록이나 메서드는 오직 하나의 스레드만이 접근할 수 있도록 제한함으로서, 임계영역의 문제를 쉽게 해결할 수 있다.

그럼 동기화를 사용하는 두 가지 방법을 알아보자.

```
public synchronized void synchronizedMethod(){
        // 임계영역 코딩
    }
```

이 경우는 메서드에 동기화가 이루어지는 경우다. 기존의 스레드가 synchronizedMethod( ) 메서드를 사용하고 있다면 다른 스레드는 절대로 synchronizedMethod( ) 메서드에 진입할 수 없다. 따라서 synchronizedMethod( ) 메서드에 진입한 스레드는 공유객체의 락을 획득하게 되고, 메서드 블록을 벗어난 스레드는 공유 객체의 락을 해제하게 된다.

■ 특정 블록의 동기화 방법

```
public void normalMethod(){
        synchronized(동기화할 객체 또는 동기화할 클래스명){
            // 임계영역 코딩
        }
    }
```

이 경우는 특정영역(임계영역)에 대해서만 동기화한 것으로 다른 여러 개의 스레드가 normalMethod( ) 메서드를 진입할 수 있지만 동기화된 블록에서는 하나의 스레드만 진입할 수 있다. 특정영역에 동기화를 하는 이유는 전체 메서드를 동기화하는 것보다 필요한 부분만을 동기화하여 시간을 최대한 절약하고자 하는 것이다.

블록으로 설정할 때 매개변수로 동기화 할 객체 또는 동기화 할 클래스명을 사용하는데, 동기화 할 클래스가 자기 자신인 경우에는 this를 주로 사용한다. 그렇지만 static 메서드에서는 this를 사용할 수 없기 때문에 static 메서드 안에서 동기화를 해야 할 경우에는 클래스명을 사용해야 한다.

이제 멀티스레드에 의한 동기화의 예제를 살펴보자. 이 예제 목적은 어머니(스레드)와 아들(스레드)이 동시에 현금 인출기에서 잔고를 인출하는 예제다. 만약, 둘 중 어느 한 명이 현금 인출기에서 돈을 먼저 인출하기 시작했다면 나머지 한 명은 인출할 수 없다.

예제 **13-7** SynchronizedEx

```
01  class ATM implements Runnable {
02      private long depositeMoney = 10000;
03      public void run() {
04          synchronized (this) {
05              for (int i = 0; i < 10; i++) {
06                  try {
07                      Thread.sleep(1000);
08                  } catch (InterruptedException e) {
09                      e.printStackTrace();
10                  }
11                  if (getDepositeMoney() <= 0)
12                      break;
13                  withDraw(1000);
14              }
15          }
16      }
17      public void withDraw(long howMuch) {
18          if (getDepositeMoney() > 0) {
19              depositeMoney -= howMuch;
20              System.out.print(Thread.currentThread().getName()
21                      + " , ");
22              System.out.printf("잔액 : %,d 원 %n",
23                      getDepositeMoney());
24          } else {
25              System.out.print(Thread.currentThread().getName()
26                      + " , ");
27              System.out.println("잔액이 부족합니다.");
28          }
29      }
30      public long getDepositeMoney() {
31          return depositeMoney;
32      }
33  }
```

```
34
35   public class SynchronizedEx {
36     public static void main(String[] args) {
37         ATM atm = new ATM();
38         Thread mother = new Thread(atm, "mother");
39         Thread son = new Thread(atm, "son");
40         mother.start();
41         son.start();
42     }
43   }
```

Problems | Javadoc | Declaration | ☐ Console ✕
<terminated> SynchronizedEx [Java Application] C:\jdk5\bin\javaw.exe (2005. 7. 16 오후 5:57:31)
```
mother , 잔액 : 9,000 원
mother , 잔액 : 8,000 원
mother , 잔액 : 7,000 원
mother , 잔액 : 6,000 원
mother , 잔액 : 5,000 원
mother , 잔액 : 4,000 원
mother , 잔액 : 3,000 원
mother , 잔액 : 2,000 원
mother , 잔액 : 1,000 원
mother , 잔액 : 0 원
```

[그림 13–11] SynchronizedEx의 실행결과

▶▶▶ 07행: sleep(1000) 메서드를 사용하더라도 synchronized 블록을 수행하는 스레드는 다른 스레드
에게 제어권을 넘기지 않는다.

04행~15행: synchronized 블록이며 동기화 조건을 갖춘 스레드가 동시에 수행되었다면 한 스레
드가 수행된 후 다른 스레드는 첫 번째 스레드가 끝나기 전까지 수행할 수 없다.

38행~39행: mother 스레드와 son 스레드가 atm 객체를 공유하기 때문에 동기화를 하기 위한 조
건은 갖춰졌다. 그러므로 한 스레드가 synchronized 블록을 시작하게 되면 다른 스레드는 첫 번
째 스레드가 끝나기 전까지는 수행할 수 없다.

40행~41행: 어떤 스레드가 먼저 수행될 지는 알 수 없다.

❷ 공정, 기아, 교착 상태

여러 개의 스레드가 하나의 객체를 공유하는 멀티스레드 프로그램을 작성하여 동기화를 하
였을 경우 주의해야 할 점이 몇 가지가 있다.

■ 공정(fairness)

여러 개의 스레드가 하나의 컴퓨팅 자원을 사용하기 위해 동시에 접근하는 프로그램을 작성할 경우 모든 스레드가 공정하게 그 자원을 사용할 수 있도록 해 주어야 한다. 이러한 시스템을 '공정(fairness)'하다고 말할 수 있고, 그렇지 못할 경우에는 '기아(starvation)' 또는 '교착상태(deadlock)'를 유발할 수 있다.

■ 기아(starvation)

하나 또는 그 이상의 스레드가 자원을 얻기 위해 Blocked 상태에 있고, 그 자원을 얻을 수 없게 되면 다른 작업을 못하는 상태를 말한다. 다시 말해 하나의 시스템 자원을 얻지 못하고 계속 Blocked되어 있는 상태를 말한다.

■ 교착상태(deadlock)

이는 두 개 이상의 스레드가 만족하지 못하는 상태로 계속 기다릴 때 발생한다. 다시 말해, 두 개 이상의 스레드가 서로에게 어떤 일을 해 주기를 기다리는 상태를 말하는데, 서로가 서로에게 어떤 일을 하기를 기다리기 때문에 한 스레드가 먼저 포기하지 않는 이상 영원히 기다릴 수 밖에 없는 것이다.

동기화된 생산자와 소비자

동기화만으로 멀티스레드가 안정적으로 실행된다면 얼마나 좋을까? 그리고 synchronized 블록에서 스레드를 공정하게 사용하고자 할 때는 어떻게 해야 할까? 예를 들어보자. 동기화 예제인 SynchronizedEx 프로그램에서 어머니와 아들이 공정하게 2,000원씩 인출하는 프로그램을 만들고 싶다면 어떻게 해야 할까?

이에 대한 해결책은 Object 클래스에 있는 wait( ), notify( ) 메서드를 사용하는 것이다. 따라서 이 절에서는 Object 클래스의 wait( ), notify( ), notifyAll( ) 메서드의 사용 방법에 대해서 알아볼 것이다. 그리고 이를 이용한 생산자/소비자 프로그램을 작성하여 한 층 더 업그레이드된 스레드 프로그램을 만들어 보자.

❶ Object 클래스의 wait( ), notify( ), notifyAll( )

생산자/소비자 관계를 이해하기 위해서 우선 Object 클래스에 있는 wait( ), notify( ), notifyAll( ) 메서드를 이해해야 한다. 주의해야 할 점으로 이 세 가지 메서드는 synchronized 블록에서만 의미가 있다는 점이다. 만약, 이 메서드를 synchronized 블록이 아닌 경우에 사용할 경우 java.lang.IllegalMonitorStateException이 발생한다.

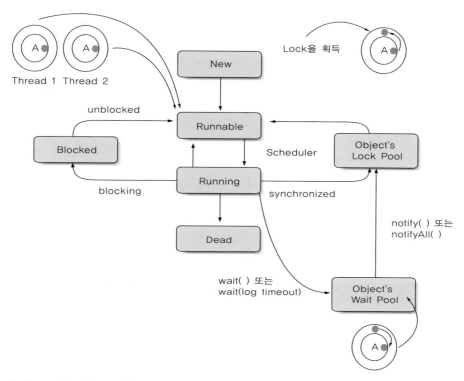

[그림 13-12] wait( ), notify( ), notifyAll( ) 메서드를 호출할 때의 흐름도

Object 클래스의 wait( ) 메서드는 모든 객체가 호출할 수 있는 메서드다. wait( ) 메서드를 호출하는 객체는 현재 수행하고 있는 스레드를 멈추게 된다. 하지만 아무 스레드나 실행을 멈추게 하는 것이 아니라 공유객체의 락을 가지고 있는 스레드에서만 가능하다. 따라서 wait( ) 메서드의 역할은 현재 스레드를 정지시켜 Wait Pool로 이동하고 현재 스레드의 락을 해제하게 된다.

wait( ) 메서드에 의해 정지된 스레드를 다시 깨어나게 하기 위해서는 해당 객체의 notify( ), notifyAll( ) 메서드를 호출하거나 wait(long timeout), wait(long timeout, int nanos) 메서드를 이용해서 일정시간이 지나면 깨어나게 할 수 있다.

Object 클래스의 notify( ) 메서드는 Wait Pool이 있는 스레드 중 하나의 스레드만이 Lock Pool로 이동하고 Lock Pool에서 락을 얻은 후에 Runnable 상태로 갈 수 있다. Wait Pool에 락을 공유하는 스레드 모두를 Lock Pool로 이동하려면 notifyAll( ) 메서드를 호출하면 된다.

Object의 wait( ), notify( ), notifyAll( ) 메서드를 설명하는 이유는 자료의 일관성을 유지하기 위해 동기화를 하지만 동기화 상태에서 상황에 따라 락을 획득한 스레드가 일시 중지하고 다른 스레드에게 제어를 넘겨야 할 상황이 있기 때문에 wait( ), notify( ), notifyAll( )를 적절히 사용해야 한다.

다시 한번 강조하지만 wait( ), notify( ), notifyAll( ) 메서드를 사용하는 경우 교착 상태에 빠지는 경우가 종종 있다. 왜냐하면 현재 수행중인 모든 스레드가 Wait Pool에 있다면 프로그램은 진행중이지만 어떤 동작도 되지 않는 상황이 발생하기 때문이다.

다음 예제는 [예제 13-8] SynchronizedEx 프로그램을 변형한 예제다. 이 예제는 어머니 스레드가 2,000원을 인출하면 다시 아들 스레드에게 제어권을 넘겨 아들 스레드가 2,000원을 인출하고 다시 어머니 스레드에게 제어권을 넘기는 방식으로 두 개의 스레드를 공정 (fairness)하게 처리한 예제다.

예제 13-8 WaitNotifyEx

```
01  class ATMTwo implements Runnable{
02      private long depositeMoney = 10000;
03      public void run(){
04          synchronized(this){
05              for(int i=0;i<10;i++){
06                  if(getDepositeMoney()<=0) break;
07                      withDraw(1000);
08                  if(getDepositeMoney()==2000 ||
09                      getDepositeMoney()==4000 ||
10                      getDepositeMoney()==6000 ||
11                      getDepositeMoney()==8000 ){
12                          try {
13                              this.wait();
14                          } catch (InterruptedException e) {
15                              e.printStackTrace();
16                          }
17                  }else{
18                      this.notify();
19                  }
```

```
20                    }
21          }
22  }
23  public void withDraw(long howMuch){
24     if(getDepositeMoney() >0){
25          depositeMoney -= howMuch;
26          System.out.print(Thread.currentThread().getName()+" , ");
27          System.out.printf("잔액 : %,d 원 %n",getDepositeMoney());
28     }else{
29          System.out.print(Thread.currentThread().getName()+" , ");
30          System.out.println("잔액이 부족합니다.");
31          }
32     }
33     public long getDepositeMoney(){
34          return depositeMoney;
35     }
36  }
37  public class WaitNotifyEx{
38     public static void main(String[] args){
39          ATMTwo atm = new ATMTwo();
40          Thread mother = new Thread(atm,"mother");
41          Thread son = new Thread(atm,"son");
42          mother.start();
43          son.start();
44     }
45  }
```

Problems | Javadoc | Declaration | 🖳 Console ⊠
<terminated> WaitNotifyEx [Java Application] C:\jdk5\bin\javaw.exe (2005. 7. 16 오후 6:02:09)
```
mother , 잔액 : 9,000 원
mother , 잔액 : 8,000 원
son , 잔액 : 7,000 원
son , 잔액 : 6,000 원
mother , 잔액 : 5,000 원
mother , 잔액 : 4,000 원
son , 잔액 : 3,000 원
son , 잔액 : 2,000 원
mother , 잔액 : 1,000 원
mother , 잔액 : 0 원
```

[그림 13-13] WaitNotifyEx의 실행결과

▶▶▶ 13행: 현재 스레드가 2000,4000,6000,8000이면 공유객체(ATMTwo)의 wait( ) 메서드를 호출하여 현재 스레드의 락을 해제한 후 Object's Wait Pool로 이동되고 Lock Pool에 있는 다른 스레드가 락을 얻은 후 수행된다.

18행: notify( ) 메서드는 Object's Wait Pool에 있는 스레드를 Object's Lock Pool로 이동하게 되고, 이 스레드는 다시 락을 얻기 위해 시도하게 된다. 만약, 다른 스레드가 수행하고 있다면 계속 Object's Lock Pool에 대기하게 되고 수행중인 스레드가 공유 객체로 wait( ) 메서드를 호출하면 Object's Lock Pool에 대기중인 스레드는 락을 얻게 되는 것이다.

42행~43행: 두 개의 스레드 중 어떤 스레드가 먼저 수행될 지는 알 수 없다.

❷ 동기화를 이용한 생산자와 소비자

Object 클래스의 wait( ), notify( ), notifyAll( )을 이용하여 생산자/소비자를 이용해보자.

다음 예제는 동기화만으로 더 이상 진행되지 않는 프로그램이다. 이 예제는 소비자가 생산된 차를 구매하고, 생산된 차가 있지 않으면 생산자가 차를 생산해야만 소비자가 차를 구매하는 프로그램이다. 여기서 소비자와 생산자를 스레드로 처리하였다. 따라서 소비자가 차를 구매하러 갔을 때 차가 있지 않을 경우 소비자는 잠시 기다려야(wait( )) 하고, 생산자가 적당량(5대)의 차를 생산한 후에야 소비자가 구매 할 수 있다. 이때 생산자가 적당량의 차를 생산한 후 대기 중에 있는 소비자에게 알려야(notify( )) 한다.

예제 **13-9**　Car

```
01  import java.util.*;
02  public class Car{
03      private List<String> carList= null;
04      public Car(){
05          carList = new ArrayList<String>();
06      }
07      public String getCar(){
08          String carName = null;
09          switch ((int)(Math.random() * 3)){
10              case 0 : carName = "SM5"; break;
11              case 1 : carName = "매그너스";break;
12              case 2 : carName = "카렌스"; break;
```

```
13              }
14          return carName;
15      }
16      public synchronized String pop(){
17          String carName=null;
18          if(carList.size() == 0){
19              try{
20                  System.out.println("차가 없어요 생산할때 까지 " +
21                                  "기다리세요");
22                  this.wait();
23              }catch (InterruptedException e){
24                      e.printStackTrace();
25              }
26          }
27          carName = (String)carList.remove(
28                              carList.size() - 1);
29          System.out.println( "손님이 차를 사갔습니다.." +
30                      "손님이 구입한 차이름은=>\" " + carName+"\"");
31          return carName;
32      }
33      public synchronized void push(String car){
34          carList.add(car);
35          System.out.println("차가 만들어 졌습니다. " +
36                      "차이름은 \" " + car+"\"");
37          if(carList.size()==5){
38              this.notify();
39          }
40      }
41  }
```

▶▶▶ 04행: 차를 저장할 수 있는 List를 선언한다.

09행: Math.random( ) 메서드는 0보다 크거나 같고 1보다 작은 임의의 double값을 리턴한다. 이것을 int로 캐스팅하면 0, 1, 2 중 하나의 값이 나오게 된다.

16행: 차를 소비하는 메서드이며 이것을 동기화해야만 소비자의 차가 없는 대기 상태로 이동할 수 있다.

18행~22행: 차가 있지 않게 되면 소비자가 소비할 수 없기 때문에 차가 없을 경우에는 현재 스레드를 대기 상태로 이동(22행)해야 한다. 만약 22행을 주석으로 처리한다면 프로그램 오류가 발생할 가능성이 매우 높다.

27행: List의 인덱스는 0부터 시작하고 List의 size는 1부터 시작하기 때문에 List의 size에서 −1을 해줘야 한다.

34행: 차를 생산하는 메서드이며 이를 동기화해야만 대기 상태에 있는 소비자를 깨울 수 있다.

37행~39행: 차가 5대 있을 경우 대기 상태에 있는 소비자를 깨우는데, 이때 대기 상태에 있는 소비자 없다면 깨우지 않게 되므로 아무런 일을 하지 않게 된다. 만약 38행을 주석으로 처리한다면 교착 상태에 빠질 수 있는 가능성이 매우 높다.

예제 **13-10**　Producer

```java
01  public class Producer implements Runnable{
02      private Car car;
03      public Producer(Car car){
04          this.car = car;
05      }
06      public void run(){
07          String carName=null;
08          for (int i = 0; i < 20; i++){
09              carName = car.getCar();
10              car.push(carName);
11              try{
12                  Thread.sleep((int)(Math.random() * 200));
13              } catch (InterruptedException e) {
14                  e.printStackTrace();
15              }
16          }
17      }
18  }
```

▶▶▶ 02행: 생산자와 소비자 클래스는 공유자원으로 Car 클래스를 공유한다.

09행~10행: 생산할 차를 정하여 차를 생산한다.

12행: 임의의 시간을 정하여 생산자 스레드와 소비자 스레드가 병행적으로 수행될 수 있도록 sleep( ) 메서드를 사용했다.

예제 **13-11**　Customer

```
01  public class Customer implements Runnable {
02    private Car car;
03    public Customer (Car car){
04          this.car = car;
05    }
06    public void run(){
07        String carName = null;
08        for (int i = 0; i <20; i++){
09            carName = car.pop();
10            try{
11                  Thread.sleep((int)(Math.random() * 200));
12            } catch (InterruptedException e) {
13                  e.printStackTrace();
14            }
15        }
16    }
17  }
```

▶▶▶ 02행: 생산자와 소비자 클래스는 공유자원으로 Car 클래스를 공유한다.

09행: 차를 소비한다.

11행: 임의의 시간을 정하여 소비자 스레드와 생산자 스레드가 병행적으로 수행될 수 있도록
sleep( ) 메서드를 사용했다. Math.random( ) 메서드는 0이상 1미만의 임의의 값을 double값
으로 반환한다. 따라서 Math.random( )*200은 0이상 200미만의 임의 double값으로 반환하게
되고, int로 캐스팅하게 되면 0부터 199사이의 임의의 int값을 반환한다.

예제 **13-12**　ProducerCustomerEx

```
01  public class ProducerCustomerTest{
02    public static void main(String[] args){
03        Car c = new Car();
04        Producer producer = new Producer(c);
05        Thread tProducer = new Thread (producer);
06        Customer customer = new Customer(c);
```

```
07        Thread tCustomer = new Thread (customer);
08        tProducer.start();
09        tCustomer.start();
10    }
11 }
```

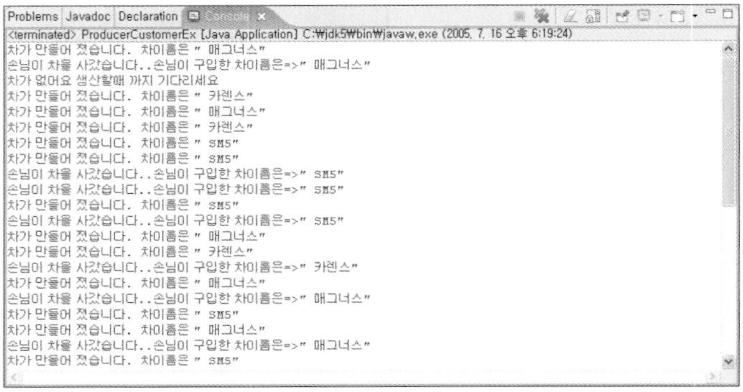

[그림 13-14] ProducerCustomerEx의 실행결과 (1)

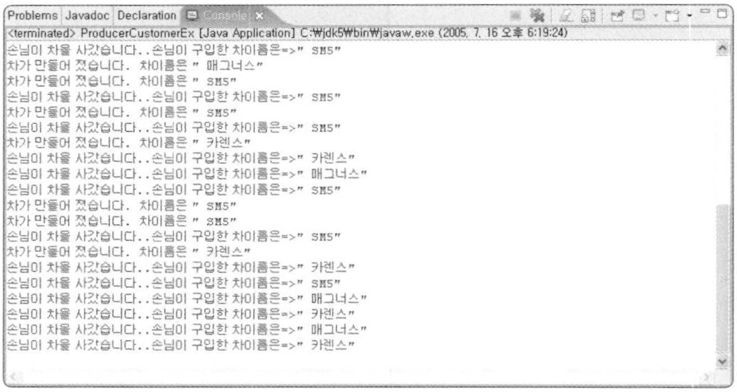

[그림 13-15] ProducerCustomerEx의 실행결과 (2)

▶▶▶ 03행: 생산자 스레드와 소비자 스레드가 공유하는 자원이다.

04행: 생산자 스레드에서 공유자원으로 Car 객체를 사용하고 있다.

06행: 소비자 스레드에서 공유자원으로 Car 객체를 사용하고 있다.

08행~09행: 이제는 생산자 스레드와 소비자 스레드가 멀티스레드로 시작하면 이 두 개의 스레드
는 서로 동기화하여 프로그램 할 수 있으며 적당한 조건으로 교착상태를 방지할 수 있다.

1 프로세스(process)란 운영체제에서 실행 중인 하나의 프로그램을 말한다.

2 스레드(Thread)란 프로세스 내에서 실행되는 각각의 일을 말한다. 즉 프로세스 내에서 실행되는 세부 작업 단위다.

3 스레드의 생명주기
  - New: 스레드의 객체를 생성한 상태다. 스레드의 생명주기 시작을 의미한다.
  - Runnable: 스레드의 객체를 이용해서 start()를 호출한 상태다.
  - Running: Thread 클래스의 run()을 호출한 상태다.
  - Blocked: 스레드가 다른 요청에 의해 종료할 수 없는 상태에 이르게 될 때 Blocked 상태로 이동하게 된다.

4 스레드를 생성하는 방법은 Thread 클래스를 상속하는 방법과 Runnable 인터페이스를 구현하는 방법으로 나눠진다.

5 모든 스레드에는 우선순위가 정해져 있는데, 우선순위가 같을 때는 스레드 스케줄러에 의해 어느 스레드가 먼저 수행될지를 결정하게 된다.

6 스레드 우선순위를 바꾸는 메서드는 setPriority(int Priority)이고, 현재 우선순위를 알기 위해서는 getPriority( )를 이용할 수 있다.

7 임계영역이란 멀티스레드에서 해당 객체의 공유자원(인스턴스 변수나 static 변수 등)을 변경할 수 있는 영역을 말한다.

8 멀티스레드에서는 임계영역 때문에 동기화 문제가 발생하게 되는데, 이를 언어적 차원에서 해결하기 위해 나온 예약어가 바로 synchronized이다.

9 멀티스레드에서 동기화 문제를 해결하고자 synchronized 예약어를 사용하지만 이것만으로는 공정한 프로그램을 만들기가 어렵다. Object 클래스의 wait( ), notify( ), notifyAll( )을 사용하면 공정한 프로그램을 만들 수 있고 이때 교착상태에 빠지지 않게 주의 깊게 작성해야 한다.

1 Thread 클래스를 상속받아 스레드 클래스를 작성하라. run( ) 메서드에서는 현재 스레드 이름을 출력하도록 만들어야 한다.

2 Runnable 인터페이스를 구현한 스레드 클래스를 작성하라. run( ) 메서드에서는 현재 스레드 이름을 출력하도록 만들어야 한다.

3 스레드의 우선순위를 정하는 Thread 클래스의 멤버필드 이름 세 가지를 작성하라.

4 두 개의 스레드를 생성하여 두 번째 스레드를 먼저 수행하도록 스레드 클래스를 작성하라. run( ) 메서드에서는 현재 스레드 이름을 출력하도록 만들어야 한다.

5 두 개의 스레드를 생성하여 첫 번째 스레드의 출력을 1부터 100까지 출력하고, 두 번째 스레드의 출력값은 101부터 200까지 출력하라. 이 문제를 해결하기 위해서는 반드시 synchronized 예약어를 사용해야 한다.

6 5번의 예제를 조금 변형하여 첫 번째 스레드는 1부터 50까지, 두 번째 스레드는 51부터 100까지 다시 첫 번째 스레드가 101부터 150 까지, 두 번째 스레드가 151부터 200까지 출력하되 반드시 wait( ), notify( ) 메서드를 사용해야 한다.

입출력 스트림

✳ **학습 목표**

• 스트림의 정의와 특징을 익힌다.
• File 클래스의 사용 방법과 활용 방법을 익힌다.
• 바이트 스트림의 종류와 사용 방법을 익힌다.
• 문자 스트림의 종류와 사용 방법을 익힌다.
• 바이트 스트림을 문자 스트림으로 사용하는 방법을 익힌다.
• 객체의 직렬화 방법을 익힌다.
• 오브젝트 스트림을 익힌다.
• RandomAccessFile과 StreamTokenizer 클래스의 사용 방법을 익힌다.

스트림 소개

❶ 스트림이란

스트림이란 데이터를 입출력하기 위한 방법인데, 프로그램 언어의 관점에서 보면 프로그램과 로컬 컴퓨터 또는 분산 컴퓨터 자원의 흐름이라고 할 수 있다. 따라서 프로그램에서 스트림을 사용하면 다양한 작업을 할 수 있다. 예를 들어, 프로그램에서 파일을 읽어 온다든지, 콘솔에서 키보드값을 얻어 올 수도 있다. 그리고 이미지를 읽은 후 스윙(Swing)에서 이미지를 처리 할 수 있고, 심지어 객체를 저장하여 프로그램이 종료한 후에 다시 시작할 때 재사용할 수도 있다.

이 장에서는 배우지 않지만 네트워크 스트림도 제공하는데, 이는 서로 다른 컴퓨터간의 네트워크 통신을 하여 데이터를 전송, 수신할 수 있는 스트림이다.

[그림 14-1] 로컬 스트림과 네트워크 스트림

❷ 스트림의 특징

스트림은 다음과 같은 특징이 있다.

■ 스트림은 FIFO 구조다

FIFO 구조란 먼저 들어간 것이 먼저 나오는 형태로서 스트림의 데이터는 순차적으로 흘러

가며 순차적 접근 밖에서는 허용되지 않는다. 즉, 데이터의 순서가 바뀌지 않는다는 특징이 있다.

■ 스트림은 단방향이다

자바에서 스트림은 읽기, 쓰기가 동시에 되지 않는다. 따라서 읽기, 쓰기가 필요하다면 읽는 스트림과 쓰는 스트림을 하나씩 열어서 사용해야 한다.

■ 스트림은 지연될 수 있다

스트림에 넣어진 데이터가 처리되기 전까지는 스트림에 사용되는 스레드는 지연상태에 빠진다. 따라서 네트워크 내에서는 데이터가 모두 전송되기 전까지 네트워크 스레드는 지연상태가 된다.

□2 File 클래스

File 클래스는 로컬에 있는 파일이나 디렉토리 경로를 추상화한 클래스다. 만약, 여러분이 특정 파일의 크기를 알고 싶거나 특정 디렉토리에 어떠한 자식 디렉토리가 있는지 또는 파일이 있는지를 알고 싶다면 File 클래스를 사용하면 된다. File 클래스는 이런 기능 외에 파일의 생성과 삭제, 파일의 마지막 수정 날짜를 기록하는 등 다양한 기능을 제공한다.

이 절에서는 자바 프로그램에서 File 객체를 생성하는 방법과 이를 이용하여 어떠한 기능을 수행할 수 있는지 살펴본다.

❶ File 클래스의 생성자

java.io 패키지에 있는 File 클래스는 파일과 디렉토리 경로를 관리하는 클래스다. File 클래스 생성자의 매개변수가 한 개일 경우는 파일의 경로가 오고, 두 개일 경우는 부모 경로와 자식 경로를 String 문자열로 받는다.

File 클래스의 주요 생성자를 살펴보자.

[표 14-1] File 클래스의 주요 생성자

생성자	설명
File(String pathname)	문자열 pathname을 가지고 경로를 생성하여 File 객체를 생성한다.
File(String parent, String child)	Parent와 child 문자열을 연결한 문자열로 경로를 생성하여 File 객체를 생성한다.
File(File parent, String child)	Parent의 파일 객체와 child 문자열로 경로를 생성하여 File 객체를 생성한다.

❷ File 클래스의 메서드

File 클래스의 대표적인 기능은 파일의 길이, 접근 권한, 삭제, 이름 변경 등과 디렉토리의 생성과 접근 권한 등이며 이러한 기능을 구현할 수 있는 다양한 메서드를 포함한다.

File 클래스의 주요 메서드를 살펴보자.

[표 14-2] File 클래스의 주요 메서드

반환형	메서드	설명
boolean	canRead( )	파일을 읽을 수 있으면 true, 그렇지 않으면 false다.
	canWrite( )	파일을 쓸 수 있으면 true, 그렇지 않으면 false다.
	createNewFile( )	파일을 새로 생성하면 true, 그렇지 않으면 false다.
	delete( )	파일을 지우면 true, 그렇지 않으면 false다.
	exists( )	파일이나 디렉토리가 존재하면 true, 그렇지 않으면 false다.
String	getAbsolutePath( )	파일의 절대 경로를 반환한다.
	getCanonicalPath( )	파일의 정규 경로를 반환한다.
	getName( )	파일명을 반환한다.
boolean	isDirectory( )	디렉토리면 true, 그렇지 않으면 false다.
	isFile( )	파일이면 true, 그렇지 않으면 false다.
long	lastModified( )	1970년 1월 1일부터 현재까지의 시간을 밀리세컨드 초로 반환한다.
	length( )	파일의 크기를 바이트로 반환한다.
String[ ]	list( )	특정 디렉토리의 모든 파일과 자식 디렉토리를 스트링 배열로 반환한다.
boolean	mkdir( )	디렉토리를 생성하면 true, 디렉토리가 있어서 생성하지 못하면 false다.
	renameTo(File dest)	dest 파일 객체로 이름을 바꾸면 true, 그렇지 않으면 false다.

❸ File 클래스의 예

File 클래스를 이용해서 간단한 예제를 만들어 보자. 이 예제는 C 드라이브에 있는 모든 디렉토리와 파일을 표시하고 각각의 파일의 크기를 알아보는 예제다. 이를 좀더 응용하면 윈도우 탐색기를 만들 수 있다.

```
01   import java.io.*;
02   public class FileEx{
03     public static void main(String[] args)
04         throws IOException{
05         String filePath = "c:\\";
06         File f1 = new File(filePath);
07         String list[] = f1.list();
08         for(int i=0;i<list.length;i++){
09             File f2 = new File(filePath , list[i]);
10             if(f2.isDirectory()){
11                 System.out.printf("%s : 디렉토리 %n",list[i]);
12             }else{
13                 System.out.printf("%s : 파일(%,dbyte)%n",
14                         list[i],f2.length());
15             }
16         }
17         File f3 = new File("c:\\test.txt");
18         System.out.println(f3.createNewFile());
19         System.out.println(f3.getAbsolutePath());
20         System.out.println(f3.getCanonicalPath());
21         System.out.println(f3.getPath());
22         System.out.println(f3.getName());
23         System.out.println(f3.getParent());
24         File f4 = new File("c:\\test.txt");
25         File f5 = new File("c:\\test1.txt");
26         System.out.println(f4.renameTo(f5));
27     }
28   }
```

[그림 14-2] FileEx의 실행결과

▶▶▶ 05행: escape 문자를 String으로 사용하려면 '\'를 붙여줘야 한다. 예를 들어, 'c:\\temp'처럼 해야 한다. 하지만 이 방법보다는 System.getProperty("file.separator")를 사용하는 것이 좋다. 왜냐하면 운영체제별로 디렉토리를 구분하는 문자가 다르기 때문이다. 예를 들어, 윈도우에서는 '\'이고 유닉스에서는 '/'이기 때문에 모든 운영체제에서 디렉토리를 구분하는 문자를 가져올 수 있는 System.getProperty("file.separator")를 사용하는 것이다.

07행: list( ) 메서드는 C 드라이브에 있는 모든 파일과 디렉토리를 String 배열로 반환한다.

09행: [표 14-1]의 세 번째 생성자를 이용하여 파일과 디렉토리를 다시 File 객체로 생성한 후 디렉토리인지 파일인지를 구분한다.

13행~14행: "%,d"의 의미는 두 번째 인자를 출력할 때 3자리마다 콤마를 찍는 것이다.

Section

03 바이트 스트림

스트림에는 바이트 스트림과 문자 스트림으로 나뉜다.

■ 바이트 스트림

바이트 스트림은 1byte를 입출력할 수 있는 스트림이고 문자 스트림은 2byte를 입출력할 수 있는 스트림이다. 바이트 스트림은 1byte를 입출력하기 때문에 일반적으로 바이트로 구성된 파일, 즉 동영상 파일, 이미지 파일, 음악 파일 등을 처리한다.

■ 문자 스트림

문자로 구성된 파일들을 처리할 때 유용하다. 따라서 한글로 구성된 텍스트 파일들은 문자 스트림으로 처리하는 것이 좋다.

[그림 14-3] 스트림의 종류

❶ 바이트 스트림의 특징

바이트 스트림은 앞서 언급한 대로 데이터를 전송하거나 수신할 때 1byte로 처리한다. 따라서 바이트로 구성된 파일을 처리할 때 유용하다. 자바에서는 바이트 스트림을 크게 InputStream과 OutputStream, 두 가지로 나눈다.

바이트 입력 스트림은 InputStream의 하위 클래스로 구현되어 있고, 바이트 출력 스트림은 OutputStream의 하위 클래스로 구현되어 있다.

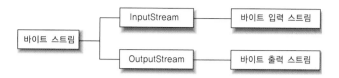

[그림 14-4] 바이트 스트림의 종류

❷ 바이트 스트림의 구조

아래 그림은 java.io 패키지에 있는 바이트 입력 스트림과 바이트 출력 스트림의 상속 구조를 설명하고 있다. 참고적으로 아래 표는 입출력 바이트 스트림 클래스를 모두 설명하지 않고 가장 많이 사용하는 클래스만 표현한 것이다.

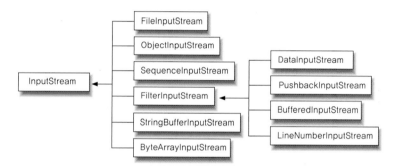

[그림 14-5] InputStream의 상속 구조

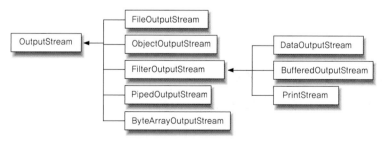

[그림 14-6] OutputStream의 상속 구조

③ 바이트 입력 스트림

바이트 입력 스트림은 상당히 많은 스트림으로 구성되어 있으나 여기에서는 대표적인 클래스인 InputStream, FileInputStream, DataInputStream, BufferedInputStream에 대해서만 살펴보기로 하겠다.

InputStream

InputStream(Object의 하위 클래스)은 바이트 입력을 수행하는 데 필요한 메서드를 정의하는 추상 클래스다. 자바 프로그램은 객체를 생성하고 생성된 객체와 바이트 스트림과 연결함으로써 파일을 연다. 자바는 다른 장치들과도 바이트 스트림을 연결시킬 수 있다. 그렇지만 실제적으로는 프로그램이 시작되면 장치들과 연결될 세 개의 객체(System.in, System.out, System.err)를 생성하는 것에 불과하다.

System.in 객체(표준 입력 스트림 객체)는 키보드로 바이트를 입력할 수 있게 해 준다. 나머지 두 개의 객체는 바이트 출력 스트림을 할 때 언급하도록 하겠다.

이제 InputStream의 주요 메서드를 살펴보자.

[표 14-3] InputStream의 주요 메서드

반환형	메서드	설명
abstract int	read( )	스트림 데이터 1바이트를 읽어온다. 반환값은 0~255의 아스키코드값이기 때문에 문자로 나타내려면 char로 캐스팅해야 한다. 더 이상 읽을 수 없을 때는 -1을 반환한다.
int	read(byte b[ ])	스트림 데이터 1바이트를 읽어 바이트 배열에 저장하고, 읽은 수만큼 반환한다.
	read(byte b[ ], int start, int length)	스트림 데이터를 length만큼 읽어 바이트 배열 b의 start 위치에 저장하고, 읽을 수만큼 반환한다.
	available( )	읽을 수 있는 바이트 수를 반환한다.
long	skip(long n)	읽을 수 있는 바이트에서 n만큼 건너뛴다.
void	close( )	입력 스트림을 닫는다.

표준 입력 장치와 이미 연결되어 있는 InputStream 예제를 간단히 살펴보자. 이 예제는 키보드의 입력값을 받아 화면에 출력하는데, 이를 아스키코드값과 아스키코드를 문자로 변환

한 값을 같이 출력하게 만들었다. 여기서 중요한 것은 키보드의 입력값을 다 작성한 후 [Enter]를 치게 되었을 경우 [Enter] 역시 키보드의 입력값이기 때문에 이를 입력 스트림으로 처리할 때 carriage return(13)과 line feed(10)라는 것이다.

예제 14-2 InputStreamEx

```
01  import java.io.IOException;
02  public class InputStreamEx{
03    public static void main(String args[])throws IOException{
04        System.out.println("입력하세요..");
05        int _byte;
06        while((_byte=System.in.read())!=-1){
07            if(_byte=='\r' || _byte=='\n') continue;
08            if(_byte == 'q'|| _byte=='Q') break;
09            char c = (char) _byte;
10            System.out.printf("%s(%d)",c,_byte);
11        }
12    }
13  }
```

[그림 14-7] InputStreamEx 실행결과 (1)

이클립스의 콘솔창에서 "hello"라고 입력한다.

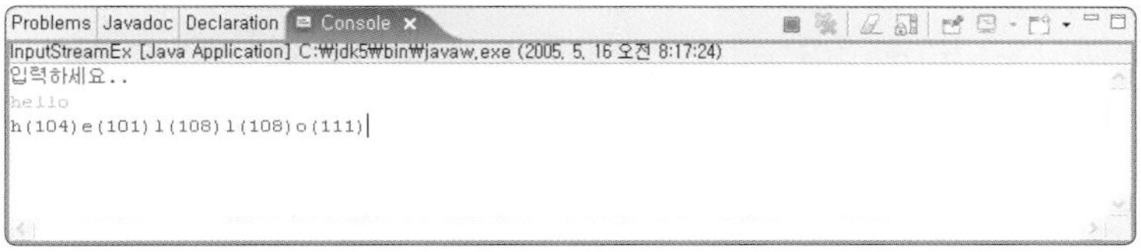

[그림 14-8] InputStreamEx 실행결과 (2)

▶ ▶ ▶ 06행: System.in은 표준 입력 스트림을 의미하는데, 이는 키보드와 이미 연결되어 있는 InputStream 객체다. 따라서 System.in이 의미하는 것이 InputStream이기 때문에 read( ) 메서드를 호출하여 1바이트씩 데이터를 읽는 것이다. read( ) 메서드는 입력 스트림이 오기 전까지 대기하는 블로킹 메서드다.

07행: Enter 가 의미하는 것이 캐리지 리턴(\r)과 라인 피드(\n)이기 때문에 Enter 를 쳤을 경우 다시 while문으로 이동할 수 있도록 continue문을 사용했다.

08행: q(113)나 Q(83)문자가 한 개라도 있으면 프로그램 종료를 할 수 있게 break문을 사용했다.

09행: 읽은 데이터가 아스키코드값이기 때문에 실제로 출력하면 아스키코드값이 나오고 이를 char로 캐스팅하게 되면 문자로 출력된다.

10행: 출력화면에 실제 문자와 아스키코드값을 출력한다.

FileInputStream

FileInputStream은 시스템에 있는 모든 파일을 읽을 수 있는 기능을 제공한다. 파일을 읽을 때는 파일의 경로와 파일 객체를 생성자의 매개변수로 설정할 수 있다. 만약, 파일이 존재하지 않으면 FileNotFoundException을 발생하게 된다.

FileInputStream의 주요 생성자를 살펴보자.

[표 14-4] FileInputStream의 주요 생성자

생성자	설명	
FileInputStream(String name)	name이 의미하는 것은 파일 시스템의 실제 경로를 의미하고, 이것을 매개변수로 FileInputStream 객체를 생성한다.	
FileInputStream(File file)	File 객체를 이용하여 FileInputStream 객체를 생성한다.	

두 가지 생성자는 모두 FileNotFoundException을 발생하기 때문에 반드시 예외 처리를 해야 한다.

FileInputStream에 대한 예제를 살펴보자. 이 예제를 실행시키기 위해서는 파일을 읽어와야 하므로 c:\Test\fileIn.txt 파일을 미리 만들어 놓고 그 파일에 간단한 문장을 작성하도록 한다.

【c:\Test\fileIn.txt】

```
FileInputStreamEx 예제입니다.!!
안녕하세요.
```

예제 14-3   FileInputStreamEx

```
01  import java.io.*;
02  public class FileInputStreamEx{
03     public static void main(String arg[]){
04         FileInputStream fis = null;
05         byte _read[] = new byte[100];
06         byte console[] = new byte[100];
07         try{
08             System.out.print("파일명 : ");
09             System.in.read(console);
10             String file = new String(console).trim();
11             fis = new FileInputStream(file);
12             fis.read(_read,0,_read.length);
13             System.out.println(new String(_read).trim());
14         }catch(FileNotFoundException fnfe){
15             fnfe.printStackTrace();
16         }catch(IOException ie){
17             ie.printStackTrace();
18         }finally{
19             try{
20                 if(fis != null) fis.close();
21             }catch(IOException ioe){
22                 ioe.printStackTrace();
23             }
24         }
25     }
26  }
```

```
파일명 :
```

[그림 14-9] FileInputStreamEx 실행결과 (1)

파일명 뒤에 실제 파일경로와 파일명을 쳐야 한다.

```
파일명 : c:\Test\fileIn.txt
FileInputStreamEx 예제입니다.!!
안녕하세요
```

[그림 14-10] FileInputStreamEx 실행결과 (2)

▶▶▶ 05행: 파일을 읽기 위한 바이트 배열을 선언한다.

06행: 콘솔에서 키보드로 입력한 값을 저장할 바이트 배열을 선언한다.

09행: 키보드로 입력한 값을 console 변수에 저장한다.

10행: 키보드로 읽은 바이트 배열이 100바이트가 아닌 경우는 공백이 생길 수 있으므로 trim( )을
이용해서 공백을 제거해준다.

11행~12행: 키보드로 입력한 값을 file 변수에 저장한다. 여기서 read(byte[ ] b) 메서드를 사용
한 이유는 영문자를 읽기 위해서는 한 바이트씩 읽을 수 있는 read( ) 메서드를 사용할 수 있지만
한글을 읽기 위해서는 키보드로 읽은 바이트들을 배열로 처리해야 한다. 따라서 12행에서 바이
트 배열을 String 생성자의 매개변수로 지정하면 한글이 깨지지 않게 된다. trim( ) 메서드를 사용
한 이유는 키보드로 읽은 바이트 배열이 100바이트가 아닌 경우에 공백이 생길 수 있기 때문에
trim( ) 메서드를 이용해서 공백을 제거해준다.

18행~25행: 스트림을 사용한 후에는 스트림을 닫아야 한다. 이는 일반적으로 finally 블록에서 처
리하는데, 그 이유는 스트림이 생성된 후에 제대로 처리하지 못한 채 예외 상황이 발생할 때 try
블록 마지막 부분에서 스트림을 닫았다면 스트림을 닫을 수가 없기 때문이다. 따라서 finally 블록
에서 null 체크를 한 후 null이 아닌 경우에는 스트림을 닫는 close( ) 메서드를 사용한다. 앞으로
모든 예제에서 스트림을 종료할 때 finally 블록에서 스트림을 닫을 것이며 이에 대한 설명은 더
이상 하지 않기로 하겠다.

DataInputStream

DataInput 인터페이스는 입력 스트림으로부터 기본형 데이터를 읽기 위한 메서드를 정의한다. DataInputStream 클래스와 RandomAccessFile 클래스는 각각 이 인터페이스를 구성하여 바이트 집합을 읽고, 그것을 기본형값으로 판단한다.

DataInput 인터페이스는 readBoolean( ), readByte( ), readChar( ), readDouble( ), readFloat( ), readInt( ), readLong( ), readShort( ) 등과 같은 기본 자료형을 읽을 수 있는 메서드와 readUTF( )와 같은 문자를 읽을 수 있는 메서드를 정의하고 있다. 그리고 DataInputStream 클래스의 생성자는 한 개로 구성되었으며, 어떠한 예외 처리도 되어 있지 않다.

DataInputStream 클래스의 생성자를 살펴보자.

[표 14-5] DataInputStream의 생성자

생성자	설명
DataInputStream(InputStream in)	매개변수인 InputStream 객체로 DataInputStream 객체를 생성한다.

여기서는 별도의 예제를 만들지 않고 DataOutputStream 클래스를 설명하는 뒷 부분에서 DataInputStream 클래스를 함께 사용한 예제를 통해 한꺼번에 알아보겠다.

BufferedInputStream

버퍼링은 입출력 수행을 향상시킨 기술이다. BufferedInputStream을 사용하면, 수많은 '논리적' 데이터 덩어리들이 하나의 큰 물리적 입력 연산으로서 파일로부터 읽혀서 버퍼로 입력된다. 새로운 데이터 덩어리가 요청될 때마다, 버퍼에서 그것을 얻을 수 있다. 그리고 버퍼가 비워지면, 입력 장치에서 다음의 실제 물리적 입력 연산이 수행되어 다음 '논리적' 데이터 덩어리 그룹에서 데이터를 읽는다.

따라서 실제 물리적 입력 연산의 횟수는 프로그램의 읽기 요청 횟수에 비하면 적다고 할 수 있다. 즉, read( ) 메서드가 맨 처음 호출될 때, 클래스는 연결된 스트림으로부터 데이터를 가능한 많이 읽어서 버퍼를 꽉 채우려 하고, 연속된 read( ) 메서드 호출의 경우는 단지 메모리 버퍼로부터 데이터를 읽어 내는 것일 뿐이므로 훨씬 효율적이다. 또한 FilterInput Stream의 mark( )와 reset( ) 메서드를 구현하므로 모든 InputStream의 표시와 리셋 기능을 추가할 수 있다.

BufferedInputStream 클래스의 주요 생성자를 살펴보자.

[표 14-6] BufferedInputStream의 주요 생성자

생성자	설명	
BufferedInputStream (InputStream in)	매개변수인 InputStream 객체로 BufferedInputStream 객체를 생성한다.	
BufferedInputStream (InputStream in, int size)	매개변수인 InputStream 객체로 BufferedInputStream 객체를 생성하고 size는 버퍼의 용량을 정하는 부분인데, 만약 지정하지 않으면 8192byte가 정해져 있다.	

BufferedInputStream에 대한 예제를 살펴보자. 이 예제를 실행시키기 위해서는 파일을 읽어와야 하므로 c:\Test\bufferIn.txt 파일을 미리 만들어 놓고, 그 파일에 간단한 영문을 작성하도록 한다.

【C:\Test\bufferIn.txt】

```
BufferedInputStreamEx
Hello!!
```

예제 14-4   BufferedInputStreamEx

```
01   import java.io.*;
02   public class BufferedInputStreamEx {
03     public static void main(String[] args){
04         FileInputStream fis = null;
05         BufferedInputStream bis = null;
06         try{
07             fis = new FileInputStream("c:\\Test\\bufferIn.txt");
08             bis = new BufferedInputStream(fis);
09             int readbyte=0;
10             while((readbyte = bis.read()) != -1) {
11                 System.out.print((char)readbyte);
12             }
13         }catch(IOException ioe){
14             ioe.printStackTrace();
15         }finally{
```

```
16            try{
17                    if(fis != null) fis.close();
18                    if(bis != null) bis.close();
19            }catch(IOException ioe){
20                    ioe.printStackTrace();
21            }
22        }
23    }
24 }
```

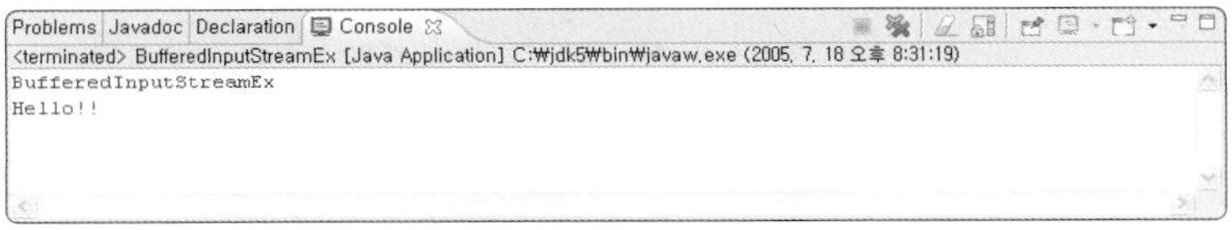

Problems | Javadoc | Declaration | 🖳 Console ✕
<terminated> BufferedInputStreamEx [Java Application] C:₩jdk5₩bin₩javaw.exe (2005. 7. 18 오후 8:31:19)
```
BufferedInputStreamEx
Hello!!
```

[그림 14-11] BufferfdInputStreamEx 실행결과

▶▶▶ 11행: 한 바이트씩 읽어서 저장할 변수다.

12행~14행: bis.read( ) 메서드는 한 바이트씩 읽는 메서드이고, 더 이상 읽을 수 없을 때는 −1을 반환한다. 이 때 한글은 깨짐 현상이 발생하므로 주의하자. 왜냐하면 한글은 2바이트 유니코드로 구성되어 있기 때문이다. 따라서 한글을 읽으려면 read(byte[ ] b) 메서드나 read(byte[ ] b, int off, int len) 메서드를 이용해야 한다.

일반적으로 입력 스트림과 입력 스트림을 연결하고, 출력 스트림과 출력 스트림을 연결하여 쓰는 경우가 많다. 이런 것을 스트림의 연결(channing)이라고 한다. 스트림을 연결하는 이유는 스트림의 기능을 향상시키기 위한 것이다. 아래의 그림을 살펴보자.

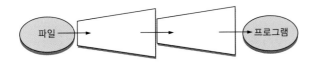

FileInputStream   BufferedInputStream

[그림 14-12] 입력 스트림의 연결(channing)

[그림 14-12]는 FileInputStream을 BufferedInputStream에 연결한 경우다. Buffered InputStream 경우는 단독적으로 파일을 읽을 수 없다. 따라서 파일을 읽기 위해서는

FileInputStream 객체가 필요하다. 물론, 파일을 읽기 위해서는 FileInputStream 객체만으로 충분하지만 파일을 읽을 때 버퍼링을 하기 위해서는 위와 같이 스트림을 연결한다.

[그림 14-12]를 프로그램으로 표현하면 아래와 같다.

```
FileInputStream fis = new FileInputStream("c:\\io.txt");
BufferedInputStream bis = new BufferedInputStream(fis);
```

아래의 그림은 출력 스트림과 출력 스트림의 연결을 도식화한 것이다.

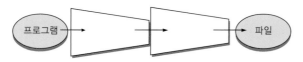

BufferedOutputStream   FileOutputStream

[그림 14-13] 출력 스트림의 연결(channing)

[그림 14-13]도 프로그램에서 FileOutputStream으로 파일에 출력(쓰기)을 할 수 있지만 BufferedOutputStream과 연결하여 출력 향상을 위한 버퍼링을 하면서 출력(쓰기)을 할 수 있는 기능으로 향상된 것이다.

일반적으로 스트림을 단독적으로 사용하지 않고 스트림을 연결함으로써 향상된 스트림을 할 수 있다는 것을 기억하길 바란다.

❹ 바이트 출력 스트림

바이트 출력 스트림은 상당히 많은 스트림으로 구성되어 있으나 여기에서는 대표적인 클래스인 OutputStream, FileOutputStream, DataOutputStream, BufferedOutputStream, PrintStream에 대해서 살펴보기로 하겠다. 바이트 출력 스트림의 대략적인 구조를 확인하고 싶다면 [그림 14-7]을 참조하자.

OutputStream

OutputStream(Object의 하위 클래스들)은 각각 바이트 출력을 수행하는 데 필요한 메서드를 정의하는 추상 클래스다. 자바 프로그램은 객체를 생성하고 그것을 바이트 스트림과 연결함으로써 파일을 연다. 자바는 다른 장치들과도 바이트 스트림을 연결시킬 수 있다. 사실상 자바는 프로그램이 시작되면 장치들과 연결될 세 개의 객체(System.in, System.out,

System.err)를 생성한다.

System.in 객체(표준 입력 스트림 객체)는 키보드로 바이트를 입력할 수 있게 해 주고, System.out 객체(표준 출력 스트림 객체)는 화면에 데이터를 출력하도록 하며, System.err 객체(표준 오류 스트림 객체)는 화면에 오류 메시지를 출력하게 한다. OutputStream의 주요 메서드를 살펴보자.

[표 14-7] OutputStream의 주요 메서드

반환형	메서드	설명
abstract void	write(int b)	출력 스트림으로 b의 값을 바이트로 변환하여 쓰기한다.
void	write(byte[ ] b)	출력 스트림으로 바이트 배열 b를 쓰기한다.
	write(byte[ ] b, int start, int length)	출력 스트림으로 바이트 배열 b를 start부터 length만큼 쓰기한다.
	flush( )	출력 스트림을 통하여 쓰기를 할 때 일반적으로 버퍼에 가득차게 되면 한꺼번에 보내게 되는데, 이 메서드를 사용하게 되면 버퍼에 가득 차 있지 않더라도 버퍼의 내용을 바로 보내게 된다.
	close( )	모든 자원을 반납한다.

표준 출력 장치와 이미 연결되어 있는 OutputStream 예제를 살펴보자. 이 예제는 프로그램이 시작되면 화면에 데이터를 출력 장치들과 연결시킬 System.out 객체를 이용한다.

예제 **14-5** OutputStreamEx

```
01  import java.io.*;
02  public class OutputStreamEx{
03    public static void main(String args[]){
04        PrintStream ps = null;
05        OutputStream out = null;
06        try{
07            ps = System.out;
08            out = (OutputStream)ps;
09            int first='A';
10            int second='B';
11            out.write(first);
12            out.write(second);
```

```
13        }catch(IOException ioe){
14            ioe.printStackTrace();
15        }finally{
16            try{
17                if(ps != null) ps.close();
18                if(out != null) out.close();
19            }catch(IOException ioe){
20                ioe.printStackTrace();
21            }
22        }
23    }
24 }
```

[그림 14-14] OutputStreamEx의 실행결과

▶▶▶ 07행: System.out 객체(표준 출력 스트림 객체)는 화면에 데이터를 출력하도록 한다.

08행: OutputStream 테스트이기 때문에 OutputStream으로 캐스팅했다. PrintStream의 부모 클래스가 OutputStream이기 때문에 가능하다.

09행~10행: 'A', 'B'는 아스키코드값으로 변환되기 때문에 int로 받을 수 있다. 문자 'A'의 아스키코드값은 65이고 'B'의 아스키코드값은 66이다. 따라서 09행을 int first = 65라고 바꿔도 결과는 동일하다.

FileOutputStream

FileOutputStream 클래스는 시스템에 있는 파일에 쓸 수 있는 기능을 제공한다. FileOutputStream 클래스의 생성자는 파일의 경로, File 객체를 이용하여 만들 수 있다. 만약, 경로가 존재하지 않으면 FileNotFoundException을 발생하게 된다. 그리고 FileOutputStream 클래스의 객체가 생성되면 이미 파일이 생성되고, 쓸 수 있는 메서드를 이용하여 파일에 쓰기 작업을 할 수 있다. FileOutputStream의 주요 생성자를 살펴보자.

[표 14-8] FileOutputStream의 주요 생성자

생성자	설명
FileOutputStream (String name)	name이 의미하는 것은 파일 시스템의 실제 경로를 의미하고, 이것을 매개변수로 FileOutputStream 객체를 생성한다.
FileOutputStream (String name, boolean append)	name이 의미하는 것은 파일 시스템의 실제 경로를 의미하고, append가 true 이면 이어쓰기의 기능을 하고, false이면 덮어쓰기를 한다. 이 두 개의 매개변수로 FileOutputStream 객체를 생성한다.
boolean append)	File 객체를 이용하여 FileOutputStream 객체를 생성한다.
FileOutputStream (File file, boolean append)	이 두 개의 매개변수로 FileOutputStream 객체를 생성한다. append의 의미는 두 번째 생성자와 동일하다.

FileInputStream과 FileOutputStream의 생성자는 FileNotFoundException 예외가 발생하는데, 각각의 의미가 다르다.

FileInputStream에서는 경로가 다르거나, 경로는 맞지만 파일이 존재하지 않으면 예외가 발생하고, FileOutputStream에서는 경로가 다르면 예외가 발생한다. 다시 말해서 FileOutputStream에서는 경로가 존재하고 파일이 존재하지 않으면 예외가 발생하지 않고 파일이 생성된다는 것이다. 따라서 FileNotFoundException 클래스를 그대로 믿어서는 안 된다.

FileOutputStream 클래스를 이용한 간단한 예제를 구현해보자. 이 예제는 파일을 생성하여 출력(쓰기)할 수 있는 예제다.

예제 14-6 FileOutputStreamEx

```
01   import java.io.*;
02   public class FileOutputStreamEx{
03     public static void main(String arg[])
04     throws FileNotFoundException,IOException{
05     FileOutputStream fos = null;
06     try{
07         File f = new File("c:\\Test");
08         if(!f.exists())
09         f.mkdirs();
```

```
10          fos = new FileOutputStream("c:\\Test\\fileout.txt");
11    // fos = new FileOutputStream("c:\\Test\\fileout.txt",true);
12          String message = "Hello FileOutputStream!!";
13          fos.write(message.getBytes());
14          }catch(FileNotFoundException fnfe){
15              fnfe.printStackTrace();
16          }catch(IOException ie){
17              ie.printStackTrace();
18          }finally{
19              try{
20                  if(fos != null) fos.close();
21              }catch(IOException ioe){
22                  ioe.printStackTrace();
23              }
24          }
25      }
26  }
```

◀)) 결과

----

c:\Test\fileout.txt 파일이 생겼는지 확인한다.

▶▶▶ 09행: c:\에 Test라는 이름의 폴더가 없을 경우 새로 생성한다.

10행: FileOutputStream 클래스의 객체가 생성되면 파일이 생성된다.

13행: 문자열을 바이트 출력 스트림으로 출력(쓰기)하려면 바이트 배열로 변환해야 하는 String 클래스의 getBytes( ) 메서드가 문자열을 바이트 배열로 변환시켜주는 메서드다.

이 예제는 여러 번 실행하더라도 파일 내용에는 변함이 없다. 하지만 07행을 주석 처리하고 11행의 주석을 해제한 후에 실행해보면 파일의 내용이 반복해서 쓰여지고 있다는 것을 알 수 있다. 11행의 true는 이어쓰기를 하라는 뜻이다.

DataOutputStream

DataOutput 인터페이스는 출력 스트림에 기본형 데이터를 기록하기 위한 메서드를 제공한다. 이 인터페이스는 DataOutputStream과 RandomAccessFile 클래스에서 구현하여 기본형 값을 바이트로 기록한다.

DataOutput 인터페이스는 writeBoolean( ), writeByte( ), writeBytes( ), writeChar( ), writeChars (유니코드 문자열용), writeDouble( ), writeFloat( ), writeInt( ), writeLong( ), writeShort( ) 등과 같은 기본 자료형을 쓸 수 있는 메서드와 writeUTF( )와 같은 문자열을 쓸 수 있는 메서드를 제공한다.

DataOutputStream의 생성자를 살펴보자.

[표 14-9] DataOutputStream의 주요 생성자

생성자	설명
DataOutputStream(OutputStream out)	매개변수인 OutputStream 객체로 DataOutputStream 객체를 생성한다.

예제 **14-7**　DataOutputStreamEx

```
01  import java.io.*;
02  public class DataOutputStreamEx {
03    public static void main(String args[]) throws IOException {
04        FileInputStream fis = null;
05        DataInputStream dis = null;
06        FileOutputStream fos = null;
07        DataOutputStream dos = null;
08        try {
09            fos = new FileOutputStream("c:\\Test\\dataOut.txt");
10            dos = new DataOutputStream(fos);
11            dos.writeBoolean(false);
12            dos.writeInt(20000);
13            dos.writeChar('T');
14            dos.writeDouble(290.45);
15            fis = new FileInputStream("c:\\Test\\dataOut.txt");
16            dis = new DataInputStream(fis);
```

```
17                      System.out.println(dis.readBoolean());
18                      System.out.println(dis.readInt());
19                      System.out.println(dis.readChar());
20                      System.out.println(dis.readDouble());
21
22          } catch (IOException ioe) {
23              ioe.printStackTrace();
24          } finally {
25              try {
26                  if (fis != null) fis.close();
27                  if (dis != null) dis.close();
28                  if (fos != null) fos.close();
29                  if (dos != null) dos.close();
30              } catch (IOException ioe) {
31                  ioe.printStackTrace();
32              }
33          }
34      }
35 }
```

[그림 14-15] DataOutputStreamEx 실행결과

▶▶▶ 11행~14행: DataOutputStream의 기본 자료형을 출력(쓰기)할 수 있는 메서드를 제공한다.

17행~20행: DataInputStream의 기본 자료형을 읽을 수 있는 메서드를 제공한다.

BufferedOutputStream

BufferedOutputStream을 사용하면, 출력문이 있더라도 출력장치로 물리적 데이터 전송이 실제로 일어나지는 않게 된다. 정확히 말하면, 각 출력 연산은 여러 출력 연산의 데이터를 수

용할 만큼 넓은 버퍼라는 기억장치 내의 어느 범위로 보내진다. 그리고 나서 버퍼가 채워질 때마다 한번에 대량으로 출력장치로의 실제 전송이 수행된다.

OutputStream은 출력 속도의 향상을 위해서 버퍼링을 사용한다. 버퍼링이란 출력할 바이트를 버퍼(바이트 배열)에 저장하여 한번에 출력하기 위한 방법이다. 이렇게 함으로써 출력속도를 향상시킬 수 있다. 하지만 버퍼(바이트 배열)에 출력할 바이트가 가득 쌓이지 않게 되면 버퍼를 한 번에 출력할 수 없다. 따라서 버퍼의 내용이 가득 쌓이지 않더라도 강제로 출력할 수 있는 flush( ) 메서드를 반드시 사용해야 한다.

OutputStream 클래스의 flush( ) 메서드를 제공하고 있지만 어떤 구현도 하지 않았다. 이렇게 한 이유는 OutputStream은 버퍼링을 사용하지 않겠다는 의미다. 만약, Output Stream 클래스의 자식 클래스들에서 버퍼링을 사용하고 싶다면 flush( ) 메서드를 정확히 구현해야 한다. 이러한 클래스가 바로 BufferedOutputStream 클래스다.

또한 버퍼에 가득 차 있지 않더라도 자동으로 버퍼를 출력할 수 있는 자동 플러시 기능을 제공하는 PrintStream 클래스가 있다.

BufferedOutputStream의 생성자를 살펴보자.

[표 14-10] BufferedOutputStream의 주요 생성자

생성자	설명
BufferedOutputStream (OutputStream out)	매개변수인 OutputStream 객체로 BufferedOutputStream 객체를 생성한다.
BufferedOutputStream (OutputStream out, int size)	매개변수인 OutputStream 객체로 BufferedOutputStream 객체를 생성하고 size 는 버퍼의 용량을 정하는 부분인데, 만약 지정하지 않으면 8192byte로 정해진다.

BufferedOutputStream 예제를 구현해 보자. 버퍼링을 사용하는 클래스는 반드시 flush( ) 메서드를 호출해야 한다는 것을 잊지 않도록 하자. 만약, 이 메서드를 호출하지 않으면 파일에 데이터가 출력(쓰기) 되지 않는다.

예제 14-8   BufferedOutputStreamEx

```java
01  import java.io.*;
02  public class BufferedOutputStreamEx {
03    public static void main(String[] args){
```

```
04        FileOutputStream fos = null;
05        BufferedOutputStream bos = null;
06        try {
07                fos = new FileOutputStream("c:\\Test\\bufferOut.txt");
08                bos = new BufferedOutputStream(fos);
09                String str = "BufferedOutputStream Test 입니다.";
10                bos.write(str.getBytes());
11                bos.flush();
12        } catch (IOException ie) {
13                ie.printStackTrace();
14        } finally {
15                try {
16                        if (fos != null) fos.close();
17                        if (bos != null) bos.close();
18                } catch (IOException ioe) {
19                        ioe.printStackTrace();
20                }
21        }
22    }
23 }
```

◀)) 결과

---

c:\Test\\bufferOut.txt 파일이 생겼는지 확인한다.

▶▶▶ 07행: 파일에 출력하기 위한 FileOutputStream 객체를 생성한다.

08행: 버퍼를 이용하여 출력할 수 있는 BufferedOutputStream 객체를 생성한다. 만약, 버퍼 크기를 지정하지 않으면 8192byte가 설정되어 있다. 따라서 이 클래스를 이용해서 출력하려면 flush( ) 메서드를 사용해야 한다. 그 이유는 출력할 바이트가 8192byte가 되지 않으면 버퍼에 남아 있어 출력할 수 없기 때문이다.

11행: flush( ) 메서드를 반드시 호출해야만 버퍼에 다 차지 않더라도 출력할 수 있게 된다.

PrintStream

PrintStream은 지정된 스트림에 텍스트 출력을 수행한다. 각종 자료형을 출력할 수 있는 print( ), println( ) 메서드가 기본 자료형, String , Object, 바이트 배열을 출력할 수 있게 오버로딩되어 있다. 사실, 우리는 지금까지 내내 PrintStream 출력을 사용해 왔다. System. out이 바로 PrintStream 객체이고, System.err도 마찬가지다.

```
System.out.println("hello");
```

우리는 화면에 출력문을 작성하기 위해서 위와 같이 사용해 왔다. 이를 좀더 구체적으로 분석해보면 다음과 같다.

[그림 14-16] 출력화면 분석

System.out은 프로그램이 시작되면 화면의 데이터가 출력장치들과 연결되어 있다는 뜻이 된다. 그리고 System.out 객체가 의미하는 클래스가 PrintStream이다. 따라서 PrintStream 의 println(String str) 메서드를 이용해서 출력하게 되면 화면의 데이터를 출력 장치에 쓰게 되는 것이다. 그래서 화면 출력장치인 모니터에 콘솔창을 이용해서 보이게 된다.

PrintStream의 주요 생성자를 살펴보자.

[표 14-11] PrintStream의 주요 생성자

생성자	설명
PrintStream(File file)	매개변수인 File 객체로 PrintStream 객체를 생성한다.
PrintStream(OutputStream out)	매개변수인 OutputStream 객체로 PrintStream 객체를 생성한다.
PrintStream(OutputStream out, boolean autoFlush)	매개변수인 OutputStream 객체로 PrintStream 객체를 생성하고, 자동으로 플러시 할 것인지를 결정한다.
PrintStream(String fileName)	매개변수인 문자열 경로로 PrintStream 객체를 생성한다.

PrintStream 클래스의 생성자 중의 PrintStream(File file)과 PrintStream(String fileName)은 FileNotFoundException 예외를 발생하기 때문에 반드시 예외 처리를 해야 한다.

PrintStream 클래스의 두 가지 중요한 특징이 있다. 첫 번째는 다른 스트림 클래스와는 달리 플러시 기능을 자동으로 처리할 수 있는 생성자를 제공하고 있다는 점이다. 이때 주의할 점은 반드시 BufferedOutputStream 객체를 매개변수로 했을 경우에만 해당된다.

PrintStream 클래스 자체는 버퍼의 기능을 할 수 없고 BufferedOutputStream 객체와 연결했을 경우에만 가능하다.

```
FileOutputStream fos = new
FileOutputStream("c:\\Test\\printStream.txt");
PrintStream ps = new PrintStream(fos,true);
```

위의 경우는 버퍼 기능이 없기 때문에 PrintStream 클래스의 자동 플러시 기능도 의미가 없다.

```
FileOutputStream fos = new
FileOutputStream("c:\\Test\\printStream.txt");
BufferedOutputStream bos = new BufferedOutputStream(fos);
PrintStream ps = new PrintStream(bos,true);
```

위의 경우는 BufferedOutputStream 객체를 매개변수로 PrintStream 객체를 생성했기 때문에 PrintStream 클래스는 버퍼의 기능이 있으며 비로소 자동 플러시 기능을 할 수 있다.

두 번째는 모든 메서드에 예외처리를 하지 않았다는 점이다. 따라서 PrintStream 클래스의 메서드를 사용할 때는 예외 처리를 하지 않아도 된다.

PrintStream 예제를 작성해보자.

예제 **14-9** PrintStreamEx

```
01  import java.io.*;
02  public class PrintStreamEx {
03    public static void main(String[] args) {
04        FileOutputStream fos = null;
05        BufferedOutputStream bos = null;
06        PrintStream ps = null;
07        try{
08        fos = new FileOutputStream("c:\\Test\\printStream.txt");
09        bos = new BufferedOutputStream(fos);
10        ps = new PrintStream(bos,true);
```

```
11        ps.println("성영한");
12        ps.println(1234);
13        ps.println(true);
14        ps.println('a');
15    }catch(IOException ie){
16        ie.printStackTrace();
17    }finally{
18        try{
19            if(fos != null) fos.close();
20            if(bos != null) bos.close();
21            if(ps != null) ps.close();
22        }catch(IOException ioe){
23            ioe.printStackTrace();
24        }
25    }
26    }
27 }
```

▶▶▶ 08행: 파일을 읽을 수 있는 출력 스트림(fos)을 생성한다.

09행: 파일을 읽어서 버퍼의 기능을 할 수 있는 출력 스트림(bos)을 생성한다. 이렇게 스트림을 매개변수로 스트림을 생성하는 것을 스트림의 연결(channing)이라고 한다.

10행: 파일을 읽어서 버퍼의 기능을 하고 자동 플러시(true) 기능을 할 수 있는 출력 스트림(ps)을 생성한다.

11행~14행: PrintStream 클래스에는 print( ) 메서드와 println( ) 메서드가 다양하게 오버로딩 되어 있기 때문에 사용자가 쉽게 쓰기 작업을 할 수 있다.

□4 문자 스트림

바이트 스트림에 추가하여 Reader와 Writer 클래스를 제공하는데, 이것은 유니코드로 2바이트를 입출력할 수 있는 문자 기반 스트림인데, 대부분 바이트 스트림에 대응하는 문자 기반의 Reader와 Writer 클래스를 갖는다. 앞으로 문자 기반 스트림을 문자 스트림이라고 부르겠다.

❶ 문자 스트림의 특징

바이트 스트림은 1바이트를 입출력하기 때문에 일반적으로 영문자로 구성된 파일의 입출력, 동영상 파일의 입출력, 음악 파일의 입출력 등에 적합하다. 하지만 문자 스트림은 일반적으로 2바이트를 입출력하기 때문에 세계 모든 언어로 구성된 파일을 입출력하기에 적합한 스트림이다.

문자 스트림의 구조

자바에서는 문자 스트림을 크게 Reader와 Writer로 나누는데, 문자 입력 스트림은 Reader의 하위 클래스로 구현되어 있고, 문자 출력 스트림은 Writer의 하위 클래스로 구현되어 있다.

아래 그림을 통해 java.io 패키지에 있는 문자 입력 스트림과 문자 출력 스트림의 상속 구조를 이해할 수 있는데, 참고적으로 아래 그림은 문자 입출력 스트림 클래스를 모두 설명한 것이 아니고 가장 많이 사용하는 클래스만 표현한 것이다.

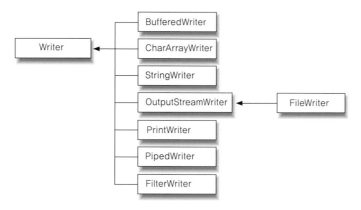

[그림 14-17] Writer 클래스의 상속도

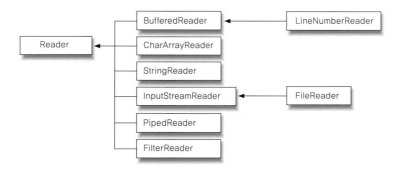

[그림 14-18] Reader 클래스의 상속도

❷ 문자 입력 스트림

문자 입력 스트림은 상당히 많은 스트림으로 구성되어 있으나 여기서는 대표적인 클래스인 Reader, FileReader, BufferedReader에 대해서 살펴보기로 하자.

Reader

Reader 클래스는 문자 입력 스트림의 최상위 추상 클래스이며 InputStream 클래스와 거의 같은 메서드를 제공하고 있다. 차이점은 Reader 클래스는 2바이트를 읽을 수 있는 메서드로 구성되어 있고, InputStream 클래스는 1바이트를 읽을 수 있는 메서드로 구성되어 있다는 점이다.

Reader 클래스의 주요 메서드를 살펴보자.

[표 14-12] Reader의 주요 메서드

반환형	메서드	설명	
int	read( )	문자 입력 스트림에서 한 개의 문자를 읽어온다. 반환값은 0에서 65535 (0x0000~0xffff) 범위의 유니코드값을 숫자로 반환한다. 문자로 나타내기 위해서는 char로 캐스팅해준다. 더 이상 읽을 수 없을 때는 −1을 반환한다.	
	read(char[ ] cbuf)	문자 입력 스트림에서 문자를 하나씩 읽어 char[ ]에 저장하고, 읽은 수만큼 반환한다.	
abstract int	read(char[ ] b, int start, int length)	문자 입력 스트림에서 문자를 length만큼 읽어 char[ ]의 start 위치에 저장하고, 읽을 수만큼 반환한다.	
int	skip(long n)	문자 입력 스트림에서 n만큼의 문자를 건너뛴다.	
abstract void	close( )	문자 입력 스트림을 닫는다.	

FileReader

FileReader 클래스는 시스템에 있는 문자 파일을 읽을 수 있는 기능을 제공한다. 파일을 읽을 때는 파일의 경로, File 객체를 생성자의 인자로 구성한다. 만약, 파일이 존재하지 않으면 FileNotFoundException 예외를 발생하게 된다.

[표 14-13] FileReader의 주요 생성자

생성자	설명
FileReader(String filename)	filename이 의미하는 것은 파일 시스템의 실제 경로를 의미하고, 이것을 매개변수로 FileReader 객체를 생성한다.
FileReader(File file)	File 객체를 이용하여 FileReader 객체를 생성한다.

FileReader 클래스는 메서드가 없기 때문에 부모 클래스에 있는 메서드를 사용해야 한다.

이제 FileReader에 대한 예제를 살펴보자. 이 예제를 실행시키려면 파일을 읽어와야 하므로 c:\Test\fileReader.txt 파일을 미리 만들어 놓자.

【C:\Test\fileReader.txt】

```
FileReaderEx 예제입니다.!!
안녕하세요.
```

예제 14-10　FileReaderEx

```
01  import java.io.*;
02  public class FileReaderEx {
03    public static void main(String[] args) {
04        FileReader fr = null;
05        try {
06            fr = new FileReader("c:\\Test\\fileReader.txt");
07            int readChar;
08            while ((readChar = fr.read()) != -1) {
09                System.out.print((char) readChar);
10            }
11        } catch (IOException ioe) {
12            ioe.printStackTrace();
13        } finally {
14            try {
15                if (fr != null) fr.close();
16            } catch (IOException ioe) {
17                ioe.printStackTrace();
18            }
19        }
20    }
21  }
```

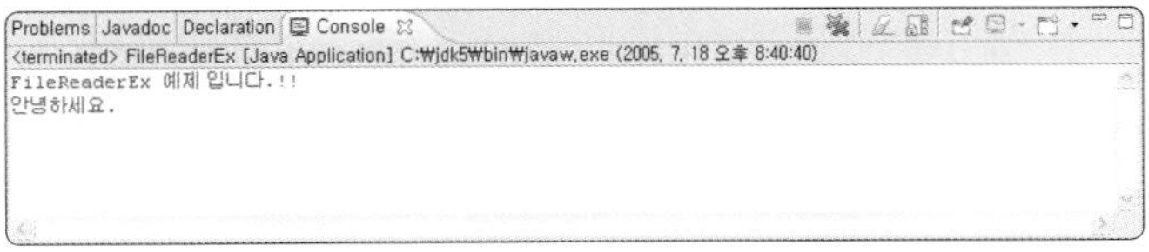

Problems Javadoc Declaration □ Console ⊠
<terminated> FileReaderEx [Java Application] C:\jdk5\bin\javaw.exe (2005. 7. 18 오후 8:40:40)
FileReaderEx 예제 입니다.!!
안녕하세요.

[그림 14-19] FileReaderEx 실행결과

▶▶▶ 08행: FileReader의 read( ) 메서드를 이용해서 한 개의 문자를 읽어 온다. read( ) 메서드는 0에서 65535 (0x0000-0xffff) 범위의 유니코드값을 숫자로 반환한다.

09행: char로 캐스팅해야 문자로 출력된다.

08행~10행은 read( ) 메서드로 구현했다. 만약, 여러분이 read(char[ ] cbuf) 메서드를 사용하려면 아래와 같이 구현할 수 있다.

```
char[] cbuf = new char[100];
fr.read(cbuf);
System.out.println(new String(cbuf).trim());
```

또한 read(char[ ] cbuf, int start, int length) 메서드를 사용하려면 아래와 같이 구현할 수 있다.

```
char[]cbuf = new char[100];
int totalReadCount = fr.read(cbuf,0 ,cbuf.length);
System.out.println(new String(cbuf).trim());
```

BufferedReader

바이트 기반 스트림의 BufferedInputStream과 동일한 기능을 제공하는 Buffered Reader 클래스(추상 클래스 Reader의 하위 클래스)는 문자 입력 스트림의 효율적 버퍼링을 가능하게 한다.

BufferedReader 클래스의 생성자를 알아보자.

[표 14-14] BufferedReader의 생성자

생성자	설명
BufferedReader(Reader in)	매개변수인 Reader 객체로 BufferedReader 객체를 생성한다.
BufferedReader (Reader in, int size)	매개변수인 Reader 객체로 BufferedReader 객체를 생성하고 size는 버퍼의 크기를 정하는 부분인데, 만약 지정하지 않으면 8192문자를 정할 수 있는 버퍼가 생성된다.

BufferedReader 클래스의 객체를 생성할 때 매개변수로 Reader 클래스의 자식 클래스를 지정하는데, 일반적으로 FileReader, InputStreamReader 클래스를 이용하여 생성한다. 예를 들면 아래와 같다.

```
BufferedReader br = new BufferedReader(new FileReader("test.txt"));
```

또한 BufferedReader 클래스의 메서드 중에 readLine( )이라는 메서드가 추가되었는데, 이 메서드는 한줄의 끝을 '\n', '\r' 중의 하나가 올 경우 또는 '\r\n'이 오는 경우를 한 줄의 끝으로 간주한다.

BufferedReader 클래스의 예제를 살펴보자. 이 예제를 실행시키기 위해서는 파일을 읽어
와야 하므로 c:\Test\bufferReader.txt 파일을 미리 만들어 놓자.

【C:\Test\bufferReader.txt】

```
BufferedReader Test.
대한민국 화이팅.
안녕하세요.
자바 사랑
```

예제 14-11 BufferedReaderEx

```
01  import java.io.*;
02  public class BufferedReaderEx {
03    public static void main(String[] args){
04        FileReader fr = null;
05        BufferedReader br = null;
06        try {
07            fr = new FileReader("c:\\Test\\bufferReader.txt");
08            br = new BufferedReader(fr);
09            String msg;
10            while ((msg = br.readLine()) != null) {
11                System.out.println(msg);
12            }
13        } catch (IOException ioe) {
14            ioe.printStackTrace();
15        } finally {
16            try {
17                if (fr != null) fr.close();
18                if (br != null) br.close();
19            } catch (IOException ioe) {
20                ioe.printStackTrace();
21            }
22        }
23    }
24  }
```

[그림 14-20] BufferedReaderEx의 실행결과

▶▶▶ 08행: BufferedReader 객체는 일반적으로 FileReader나 InputStreamReader 클래스를 매개변수로 생성한다.

10행: readLine( ) 메서드는 한 줄을 읽은 문자열을 반환한다.

❸ 문자 출력 스트림

문자 출력 스트림은 상당히 많은 스트림으로 구성되어 있으나 여기에서는 대표적인 클래스인 Writer, FileWriter, BufferedWriter, PrintWriter에 대해서 살펴보기로 하자.

Writer

Writer 클래스는 문자 출력 스트림의 최상위 추상 클래스이며 OutputStream 클래스와 거의 같은 메서드를 제공하고 있다. 차이점은 Writer 클래스는 2바이트를 출력(쓰기)할 수 있는 메서드로 구성되어 있고, OutputStream 클래스는 1바이트를 출력(쓰기)할 수 있는 메서드로 구성되어 있다.

Reader 클래스의 주요 메서드를 살펴보자.

[표 14-15] Writer의 주요 메서드

반환형	메서드	설명
abstract void	write(int c)	문자 출력 스트림으로 c값을 char로 변환하여 쓰기한다.
void	write(char[ ] cbuf)	문자 출력 스트림으로 문자 배열 b를 쓰기한다.
abstract void	write(char[ ] cbuf, int start, int length)	문자 출력 스트림으로 문자 배열 b를 start부터 length만큼 쓰기한다.
void	write(String str)	문자 출력 스트림으로 문자열 str를 쓰기한다.
abstract void	flush( )	버퍼가 가득 차 있지 않더라도 버퍼의 내용을 바로 보내게 된다.
abstract void	close( )	문자 출력 스트림을 닫는다.

Writer 클래스의 쓰기 메서드는 OutputStream 클래스의 쓰기 메서드와 거의 유사하나 한 가지 다른 메서드를 제공하고 있다. 바로 write(String str) 메서드다. 일반적으로 파일에 문자를 출력(쓰기)을 할 때는 Writer 클래스를 사용하게 된다.

FileWriter

FileWriter 클래스는 문자 파일에 출력(쓰기)할 때 사용하는 편리한 클래스다. FileWriter 클래스의 생성자는 파일의 경로, File 객체를 이용하여 만들 수 있다. 만약, 경로가 실제 존재하지 않으면 IOException 예외를 발생하게 된다. FileNotFoundException 예외가 아니라는 것을 기억하자. FileWriter 클래스의 주요 생성자를 살펴보자.

[표 14-16] FileWriter의 주요 생성자

생성자	설명
FileWriter(String name)	name이 의미하는 것은 파일 시스템의 실제 경로를 의미하고, 이것을 매개변수로 FileWriter 객체를 생성한다.
FileWriter(String name, boolean append)	name이 의미하는 것은 파일 시스템의 실제 경로를 의미하고, append가 true이면 이어쓰기를 하고, false이면 덮어쓰기를 한다. 이 두 개의 매개변수로 FileWriter 객체를 생성한다.
FileWriter(File file)	File 객체를 이용하여 FileWriter 객체를 생성한다.
FileWriter(File file, boolean append)	이 두 개의 매개변수로 FileWriter 객체를 생성한다. append의 의미는 두 번째 생성자와 동일하다.

예제 14-12   FileWriterEx

```
01  import java.io.*;
02  public class FileWriterEx {
03     public static void main(String arg[]) {
04        FileWriter fw = null;
05        try {
06           fw = new FileWriter("c:\\Test\\fileWriter.txt");
07        // fw = new FileWriter("c:\\Test\\fileWriter.txt",true);
08           String message = "안녕하세요 FileWriter 테스트";
09           fw.write(message);
10        } catch (IOException ioe) {
11           ioe.printStackTrace();
12        } finally {
```

```
13              try {
14                  if (fw != null) fw.close();
15              } catch (IOException ioe) {
16                  ioe.printStackTrace();
17              }
18          }
19      }
20  }
```

▶▶▶ 06행: FileWriter 클래스의 객체가 생성되면 파일이 생성된다.

07행: 06행을 주석 처리하고 07행의 주석을 제거한 후 실행해보면 이어쓰기 기능을 제공한다.

09행: 문자열을 쓸 수 있는 메서드를 제공한다.

BufferedWriter

바이트 스트림의 BufferedOutputStream과 동일한 기능을 제공하는 BufferedWriter 클래스 (추상 클래스 Writer의 하위 클래스)는 문자 기반 스트림의 효율적 버퍼링을 가능하게 한다. BufferedWriter 클래스의 주요 생성자를 살펴보자.

[표 14-17] BufferedWriter의 주요 생성자

생성자	설명	
BufferedWriter(Writer out)	매개변수인 Reader 객체로 BufferedWriter 객체를 생성한다.	
BufferedWriter (Writer out, int size)	매개변수인 Reader 객체로 BufferedWriter 객체를 생성하고 size는 버퍼의 용량을 정하는 부분인데, 만약 지정하지 않으면 8192문자를 정할 수 있는 버퍼가 생성된다.	

BufferedWriter 클래스의 생성자는 어떤 예외처리를 하지 않아도 된다. BufferedWriter 클래스의 객체를 생성할 때 매개변수로 Reader 클래스의 자식 클래스를 지정하는데, 일반적으로 FileWriter, OutputStreamWriter 클래스를 이용하여 생성한다. 예를 들면 아래와 같다.

```
BufferedWriter bw = new BufferedWriter(new FileWriter("c:\\test.txt"));
```

BufferedWriter 클래스는 newLine( ) 메서드를 제공하는데, 이것은 모든 플랫폼이 행을 종료하기 위한 표시로 '(\n') 표시를 사용하는 것은 아니기 때문에 newLine( ) 메서드를 이용해서 새로운 행 '(\n')을 표시해야 한다. 이 메서드를 사용하지 않을 경우에는 시스템의 속성 중 "line.separator"를 이용하여 행의 끝을 지정해주는 방법도 있다.

```
String str = "안녕하세요!\n";
```

그렇지만 좋은 방법은 아니다. 아래 방법을 보자.

```
String str = "안녕하세요!" + System.getProperty("line.separator");
```

얼마나 아름다운 방법인가! 모든 플랫폼에서 완벽히 인식할 수 있는 방법이다. System.getProperty("line.separator")는 시스템의 행종결 문자를 반환한다. 그리고 close( ) 메서드는 출력 스트림을 플러시하고, 출력 스트림을 닫는 기능이 있다. 따라서 close( ) 메서드를 호출했다면 굳이 flush( ) 메서드를 호출할 필요가 없다.

BufferedWriter의 예제를 살펴보자.

예제 14-13   BufferedWriterEx

```
01  import java.io.*;
02  public class BufferedWriterEx {
03      public static void main(String[] args) {
04          FileWriter fw = null;
05          BufferedWriter bw = null;
06          try {
07              fw = new FileWriter("c:\\Test\\bufferWriter.txt");
08              bw = new BufferedWriter(fw);
09              bw.write("BufferedWriter 테스트입니다.");
10              bw.newLine();
11              bw.write("안녕하세요" +
12                  System.getProperty("line.separator"));
13              bw.flush();
```

```
14              } catch (IOException ioe) {
15                  ioe.printStackTrace();
16              } finally {
17                  try {
18                      if (fw != null) fw.close();
19                      if (bw != null) bw.close();
20                  } catch (IOException ioe) {
21                      ioe.printStackTrace();
22                  }
23              }
24      }
25  }
```

🔊》 **결과**

----

c:\Test\bufferWriter.txt 파일이 생겼는지 확인한다.

▶▶▶ 10행: newLine( ) 메서드는 행을 종료하라는 표시이며, 행종결 문자로 사용한다.

12행: 시스템의 행종결 문자를 반환한다.

13행: flush( ) 메서드는 버퍼에 문자가 다 차지 않더라도 버퍼의 내용을 모두 출력하는 메서드다.

19행: bw.close( ) 메서드는 bw를 플러시하고, bw를 닫는 두 가지 기능을 해준다. 그래서 13행의 flush( )를 주석으로 처리하더라도 문자를 출력(쓰기)하는 데는 문제가 없다.

PrintWriter

PrintWriter 클래스는 다른 스트림과 다르게 바이트 출력 스트림(OutputStream)과 문자 출력(Writer) 스트림을 모두 매개변수로 받을 수 있는 생성자를 제공한다는 점이다. 그리고 자동 플러시 기능이 있다. PrintWriter 클래스의 생성자는 모두 FileNotFoundException 예외를 발생하기 때문에 반드시 예외 처리를 해야 한다.

PrintWriter 클래스의 주요 생성자를 알아보자.

[표 14-18] PrintWriter의 주요 생성자

생성자	설명
PrintWriter(OutputStream out)	자동 플러시 없이 OutputStream 객체로 PrintWriter 객체를 생성한다.
PrintWriter(OutputStream out, boolean autoFlush)	자동 플러시를 할 수 있는 PrintWriter 객체를 생성한다.
PrintWriter(Writer out)	자동 플러시 없이 Writer 객체로 PrintWriter 객체를 생성한다.
PrintWriter(Writer out, boolean autoFlush)	행 플러시를 할 수 있는 PrintWriter 객체를 생성한다.

PrintWriter 클래스는 PrintStream 클래스에서 제공되는 각종 자료형을 출력할 수 있는 print(~), println(~) 메서드를 동일하게 제공하고 있다. 그리고 JDK 5.0에서 추가된 printf(~), format(~) 메서드를 제공하고 있다.

이번 예제는 두 가지 형태로 만들어 보도록 하겠다. 첫 번째는 PrintWriter의 생성자 중 매개변수가 Writer인 경우와 두 번째는 매개 변수가 OutputStream인 경우를 만들어 보도록 하자.

우선 첫 번째 예제를 작성해보자.

예제 **14-14** PrintWriterFirstEx

```
01  import import java.io.*;
02  public class PrintWriterFirstEx {
03    public static void main(String arg[]) {
04        FileWriter fw = null;
05        BufferedWriter bw = null;
06        PrintWriter pw = null;
07        try {
08        fw = new FileWriter("c:\\Test\\printWriterFirst.txt");
09            bw = new BufferedWriter(fw);
10            pw = new PrintWriter(bw,true);
11            pw.println("안녕하세여");
12            pw.println("반갑습니다.");
```

```
13                pw.println(100);
14                pw.println(new Integer("1000"));
15          } catch (IOException ioe) {
16                ioe.printStackTrace();
17          } finally {
18                try {
19                    if (fw != null) fw.close();
20                    if (bw != null) bw.close();
21                    if (pw != null) pw.close();
22                } catch (IOException ioe) {
23                    ioe.printStackTrace();
24                }
25          }
26      }
27  }
```

◀)) 결과

----

c:\\Test\\printWriterFirst.txt 파일이 생겼는지 확인한다.

▶▶▶ 10행: PrintWriter 클래스의 생성자 중에 PrintWriter(Writer out, boolean flush)를 이용했고,
true의 의미는 자동 플러시 기능이다.

11행~14행: println(~) 메서드를 이용하여 한 줄씩 문자를 출력(쓰기) 한다.

두 번째 예제를 살펴보자. 두 번째 예제는 PrintWriter의 생성자 중 매개변수가 OutputStream
인 경우다.

예제 **14-15** PrintWriterSecondEx

```
01  import java.io.*;
02  public class PrintWriterSecondEx {
03    public static void main(String arg[]) {
04        PrintWriter pw = null;
```

```
05          FileOutputStream fos = null;
06          BufferedOutputStream bos = null;
07          try {
08                  fos = new FileOutputStream(
09                      "c:\\Test\\printWriterSecond.txt");
10                  bos = new BufferedOutputStream(fos);
11                  pw = new PrintWriter(bos, true);
12                  pw.println("안녕하세여!!");
13                  pw.println("또 만났네요.");
14                  pw.println(100.0);
15                  pw.println(new Boolean(true));
16          } catch (IOException ioe) {
17                  ioe.printStackTrace();
18          } finally {
19                  try {
20                          if (fos != null) fos.close();
21                          if (bos != null) bos.close();
22                          if (pw != null) pw.close();
23                  } catch (IOException ioe) {
24                          ioe.printStackTrace();
25                  }
26          }
27      }
28 }
```

🔊)) 결과
----
c:\\Test\\printWriterSecond.txt 파일이 생겼는지 확인한다.

▶▶▶ 11행: PrintWriter 클래스의 생성자 중 PrintWriter(OutputStream out, boolean flush)를 사용
했다. true의 의미는 자동 플러시 기능이다.

바이트 스트림과 문자 스트림의 연결

java.io 패키지에서는 바이트 입력 스트림을 문자 입력 스트림으로 바꿔 주고 바이트 출력 스트림을 문자 출력 스트림으로 바꿔주는 클래스를 제공하고 있다. 그것이 바로 InputStreamReader 클래스와 OutputStreamWriter 클래스다.

❶ InputStreamReader와 OutputStreamWriter

InputStreamReader 클래스는 문자 그대로 InputStream을 Reader로 바꿔주는 클래스다. 이 클래스를 사용하는 경우는 어떤 경우일까? 예를 들어, System.in을 생각해보자. System. in은 키보드를 받기 위한 객체다. 따라서 키보드의 값을 받기 위해 System.in.read( ) 메서드를 사용했지만 다소 불편한 점이 있다는 것을 알았을 것이다. 아래의 코드를 살펴보자.

```
System.out.println("입력 : ");
int _byte;
while((_byte=System.in.read())!=-1){
    char c = (char) _byte;
    System.out.print(c+"("+((int)_char)+")");
}
```

이 코드를 보면 사용자가 키보드에 입력한 값을 모두 처리하기 위해서 다소 복잡한 코드를 이용해야 했다. 하지만 위의 코드를 키보드로 입력한 값을 문자열로 저장하기 위해서는 문제가 있기 때문에 아래의 코드를 이용해야 한다.

```
System.out.print("입력 : ");
byte[] inputByte = new byte[100];
System.in.read(inputByte);
String inputString = new String(inputByte).trim();
```

이 코드에서 사용자가 입력한 값이 inputString 변수에 저장된다. 이 코드의 한계는 코드가 복잡하고 키보드로 입력한 값이 얼마인지 알 수 없기 때문에 바이트 배열의 크기를 여유있게 정해야 한다. 이럴 때 InputStreamReader를 이용하면 상당히 편하다는 것을 알 수 있다. 아래의 예를 보자.

```
InputStreamReader isr = new InputStreamReader(System.in);
BufferedReader br = new BufferedReader(isr);
String message = br.readLine();
```

위의 예제를 보면 System.in을 InputStreamReader의 매개변수로 지정하여 이를 다시 BufferedReader 클래스와 연결시켜 결국은 readLine( ) 메서드를 이용하여 사용자가 아무리 많은 문자를 키보드로 입력하더라도 처리할 수 있다. 하지만 요즘 시대에 키보드로 입력한 값을 콘솔에서 받을 경우가 많은지 의문스럽다. 다만 여기서는 공부를 하는 목적으로 이해했으면 좋겠다.

InputStreamReader의 주요 생성자를 살펴보자.

[표 14-19] InputStreamReader의 주요 생성자

생성자	설명
InputStreamReader(InputStream in)	기본 문자셋을 이용하여 InputStreamReader 객체를 생성한다.
InputStreamReader(InputStream in, String charsetName)	charName으로 문자셋을 지정하여 InputStreamReader 객체를 생성한다.

OutputStreamWriter의 주요 생성자를 살펴보자.

[표 14-20] OutputStreamWriter의 주요 생성자

생성자	설명
OutputStreamWriter(OutputStream out)	기본 문자셋을 이용하여 OutputStreamWriter 객체를 생성한다.
OutputStreamWriter(OutputStream out, String charsetName)	charName으로 문자셋을 지정하여 OutputStreamWrite 객체를 생성한다.

InputStreamReader 클래스와 OutputStreamWriter 클래스를 모두 사용한 예제를 살펴보자.

```
01  import java.io.*;
02  public class InOutStreamReaderEx {
03    public static String consoleInput(String input)
04    throws IOException{
05        System.out.print(input+" : ");
06        InputStreamReader isr = new InputStreamReader(
07                    System.in);
08        BufferedReader br = new BufferedReader(isr);
09        String message = br.readLine();
10        return message;
11    }
12    public static void main(String[] args) throws IOException{
13        String id = consoleInput("id");
14        String password = consoleInput("password");
15        OutputStreamWriter out =
16            new OutputStreamWriter(System.out);
17        out.write("id : " + id + ", password : " +password);
18        out.close();
19    }
20  }
```

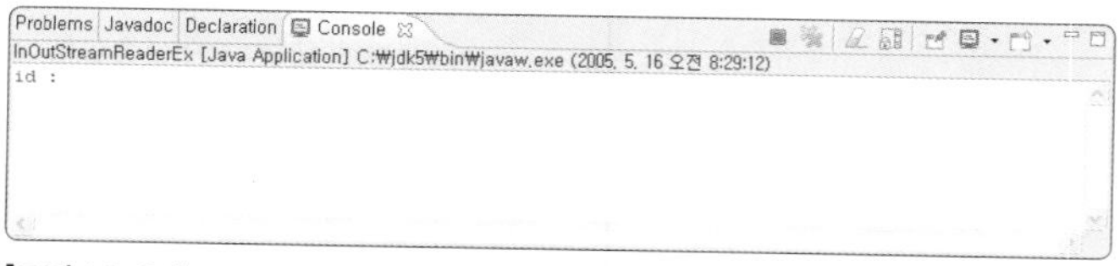

[그림 14-21] InOutStreamReaderEx 실행결과 (1)

id와 password를 콘솔창에 입력한다.

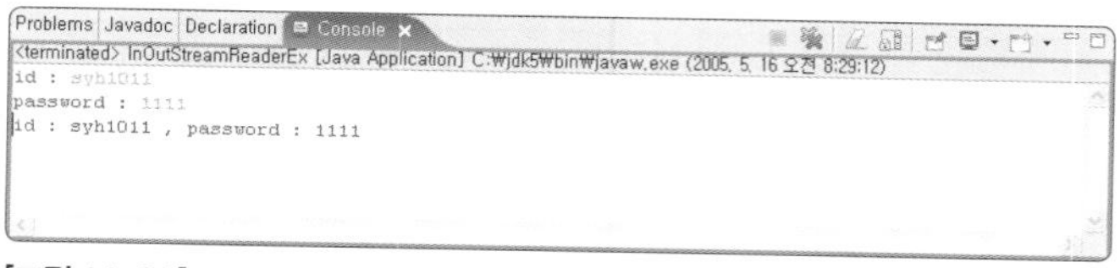

[그림 14-22] InOutStreamReaderEx 실행결과 (2)

▶▶▶ 06행~07행: 바이트 입력 스트림을 InputStreamReader 클래스를 이용하여 문자 입력 스트림인
InputStreamReader 객체를 생성한다.

08행: InputStreamReader 객체를 이용해서 BufferedReader 객체를 생성한다.

09행: 한 줄을 읽을 수 있는 readLine( ) 메서드를 이용한다.

13행~14행: 콘솔창의 입력을 받기 위한 메서드(consoleInput( ))를 호출하여 id, password값을 저
장한다.

15행~16행: System.out 객체를 OutputStreamWriter 클래스의 매개변수로 지정했기 때문에
OutputStreamWriter 객체를 이용하여 화면에 출력할 수 있게 된다.

17행: 콘솔에 출력한다.

Scanner 클래스

Scanner 클래스는 java.util 패키지에 포함되어 제공된다. 이 클래스는 입력값(문자열, 파일, 입력 스트림)을 정규 표현식으로 구분하여 문자열이나 기본 데이터 타입(Primitive Data Type)으로 분석할 수 있는 클래스다. 입력값을 문자열로 구분할 수 있는 것을 구분자라고 하고 정규 표현식으로 구분할 수 있는 것을 구분패턴이라고 하고, 구분자나 구분패턴으로 구분된 단어를 토큰이라고 한다.

정규 표현식이란 언어를 표현할 수 있는 문자식을 의미한다. 정규 표현식을 정확히 알면 Scanner 클래스를 이해하는 데 도움이 되겠지만 이에 대한 자세한 내용을 이 책에서 다루기 힘들기 때문에 다음 사이트를 참고하기 바란다.

    http://docs.oracle.com/javase/8/docs/api/java/util/regex/Pattern.html

다시 한번 정리하면 Scanner 클래스는 입력값(문자열, 파일, 입력 스트림)을 구분자 또는 구분 패턴으로 토큰을 분리할 수 있는 클래스다. 기본적인 구분자는 빈 공백(White Space)이다. 이외에 '\n', '\t', '\r', '\f'도 기본적인 구분자로 사용하고 있다. 이렇게 구분된 토큰은 다양한 nextXXX( ) 메서드를 사용하여 다른 타입의 값으로 바뀌게 된다.

다음의 예는 키보드로 입력한 값을 int로 변환한 예다.

```
Scanner scan = new Scanner(System.in);
int _int = scan.nextInt();
```

다음의 예는 File 클래스를 이용해서 double로 변환한 예다.

```
Scanner scan = new Scanner(new File("c:\\scan.txt"));
while(scan.hasNextDouble()){
   long _long = scan.nextDouble();
}
```

다음 예는 기본적인 구분자를 이용하지 않고, 구분패턴을 이용한 예제다. 이 예제의 구분자는 and다. and 앞뒤에 빈 공백이 있다. 여기서 and 앞뒤 빈 공백을 구분패턴을 이용하여 구분하였다.

```
String str = "1 and 2 and animal and lion and tiger";
Scanner scan = new Scanner(str);
scan.useDelimiter("\\s*and\\s*");
int firstToken = scan.nextInt();
int secondToken = scan.nextInt();
String thirdToken = scan.next();
String fourthToken = scan.next();
String fifthToken = scan.next();
```

정규 표현식에서 빈 공백은 '\s'이고 '*'의 의미는 0개 이상을 의미한다. '\\s*'에서 '\'를 한 개 더 사용한 이유는 '\'는 문자열에서 인식하지 못하는 이스케이트 문자이기 때문에 반드시 이스케이트 문자 앞에 '\'를 사용해야 한다. 따라서 '\\s*'의 의미는 0개 이상의 빈 공백을 의미한다. 결론적으로 '\\s*and\\s*'는 "and 앞뒤로 있는 0개 이상의 빈 공백"을 의미한다.

아래의 예는 URLConnection 클래스를 이용한 것이다. URLConnection과 URL은 java.net 패키지에 있는 클래스이며 URL를 추상화한 클래스다. URL에 있는 자원을 얻어올 수 있는 스트림을 제공한다. 좀더 구체적인 설명은 다음 장을 참고하기 바란다.

```
URLConnection urlCon = new
URL("http://www.oracle.com").openConnection();
Scanner scan = new Scanner(urlCon.getInputStream());
scan.useDelimiter("\\Z");
String text = scan.next();
System.out.println(text);
```

'\\Z'는 문서의 끝을 의미한다.

❶ Scanner 클래스의 생성자

Scanner 클래스의 생성자는 매개변수로 네 가지 타입을 갖는다. 이 네 가지 타입은 바로 File, InputStream, Readable, String이다. 생성자에서 보듯이 Scanner 클래스는 네 가지 매개변수를 구분자나 구분패턴을 사용하여 문자열이나 기본 데이터 타입(Primitive Data Type)으로 분석할 수 있는 클래스다.

Scanner 클래스의 주요 생성자를 살펴보자.

[표 14-21] Scanner의 주요 생성자

생성자	설명	
Scanner(File source) FileNotFoundException	매개변수 File 객체인 source로 Scanner 객체를 생성한다. 이 생성자는 예외를 발생한다.	
Scanner(InputStream source)	매개변수 InputStream 객체인 source로 Scanner 객체를 생성한다.	
Scanner(Readable source)	매개변수 Readable 객체인 source로 Scanner 객체를 생성한다.	
Scanner(String source)	매개변수 String 객체인 source로 Scanner 객체를 생성한다.	

❷ Scanner 클래스의 주요 메서드

Scanner 클래스의 주요 메서드는 hasNextXXX( ) 메서드와 nextXXX( ) 메서드로 이루어졌다. hasNextXXX( ) 메서드는 다음 토큰이 XXX값이 있는지를 판단하는 메서드다. nextXXX( ) 메서드는 토큰이 있을 경우, 토큰을 XXX값으로 반환하는 메서드다. 또한 정규 표현식을 이용한 구분패턴을 정할 수 있는 useDelimiter(String pattern) 메서드를 제공한다.

Scanner 클래스의 주요 메서드를 살펴보자.

[표 14-22] Scanner의 주요 메서드

반환형	메서드	설명	
void	close( )	Scanner 객체를 닫는다.	
boolean	hasNext( )	만약, Scanner 객체에 다음 토큰이 있으면 true를 리턴한다.	
	hasNext(String pattern)	만약, 명시된 문자열로 이루어진 정규 표현식을 구분 패턴으로 다음 토큰이 있으면 true를 리턴한다.	
	hasNextBoolean( )	만약, Scanner 객체에 다음 토큰이 boolean값이 있으면 true를 리턴한다.	
	hasNextByte( )	만약, Scanner 객체에 다음 토큰이 byte값이 있으면 true를 리턴한다.	

boolean	hasNextDouble( )	만약, Scanner 객체에 다음 토큰이 double값이 있으면 true를 리턴한다.
	hasNextInt( )	만약, Scanner 객체에 다음 토큰이 int값이 있으면 true를 리턴한다.
	hasNextLine( )	만약 Scanner 객체에 다음 토큰이 새로운 행이면 true를 리턴한다.
	hasNextLong( )	만약, Scanner 객체에 다음 토큰이 long값이 있으면 true를 리턴한다.
	hasNextShort( )	만약, Scanner 객체에 다음 토큰이 short값이 있으면 true를 리턴한다
String	next( )	Scanner 객체로부터 다음 토큰을 문자열로 반환한다.
	next(String pattern)	Scanner 객체로부터 명시된 문자열로 이루어진 정규 표현식을 구분 패턴으로 다음 토큰을 문자열로 반환한다.
boolean	nextBoolean( )	Scanner 객체로부터 다음 토큰을 boolean값으로 반환한다.
byte	nextByte( )	Scanner 객체로부터 다음 토큰을 byte값으로 반환한다.
double	nextDouble( )	Scanner 객체로부터 다음 토큰을 double값으로 반환한다.
float	nextFloat( )	Scanner 객체로부터 다음 토큰을 float값으로 반환한다.
int	nextInt( )	Scanner 객체로부터 다음 토큰을 int값으로 반환한다.
String	nextLine( )	Scanner 객체로부터 다음 토큰으로 현재 행을 문자열로 반환한다. 현재 행을 반환할 때 다음 행과 구분하는 기호를 제외한 문자열을 의미한다.
long	nextLong( )	Scanner 객체로부터 다음 토큰을 long값으로 반환한다.
short	nextShort( )	Scanner 객체로부터 다음 토큰을 short값으로 반환한다.
Scanner	useDelimiter (String pattern)	매개변수 문자열로 생성된 정규 표현식으로 구분 패턴을 지정한다.

❸ Scanner 클래스 예제

첫 번째 예제는 콘솔에 숫자를 입력받아 Scanner(InputStream source) 생성자를 이용하여 처리한 예제다.

예제 **14-17**　ScannerConsoleEx

```
01  import java.util.*;
02  public class ScannerConsoleEx {
03    public static void main(String[] args){
04        System.out.print("입력 :");
```

```
05      Scanner scan = new Scanner(System.in);
06      int number = scan.nextInt();
07      System.out.printf("스캔 : %d", number);
08      scan.close();
09    }
10  }
```

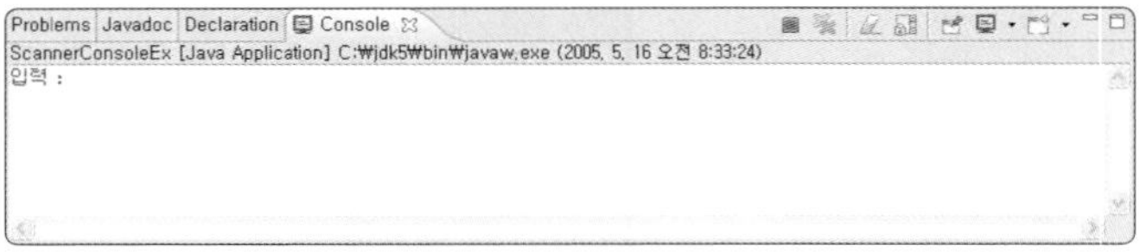

[그림 14-23] ScannerConsoleEx 실행결과 (1)

입력값에 숫자를 입력한다.

[그림 14-24] ScannerConsoleEx 실행결과 (2)

▶▶▶ 05행: Scanner 클래스의 Scanner(InputStream source) 생성자를 이용하여 Scanner 객체를
      생성한다.

06행: nextInt( ) 메서드는 다음 토큰을 숫자로 반환하는 메서드다.

두 번째 예제는 Scanner(File source) 생성자를 이용하여 파일의 내용을 읽어와서 Scanner
객체를 생성하여 double값을 반환하는 예제다. 이 예제를 실행하기 위해서는 c:\Test\
scan.txt 파일을 만들고 아래와 같이 작성한다.

【C:\Test\scan.txt】

```
1000000.0
2000000.10
3000000.20
4000000.30
```

예제 14-18   ScannerFileEx

```java
01  import java.util.*;
02  import java.io.*;
03  public class ScannerFileEx {
04     public static void main(String[] args) {
05        Scanner scan = null;
06        try {
07              scan = new Scanner(new File("c:\\Test\\scan.txt"));
08              while (scan.hasNextDouble()) {
09                    System.out.printf("스캔 double : %,.2f %n",
10                          scan.nextDouble());
11              }
12        } catch (IOException ioe) {
13              ioe.printStackTrace();
14        } finally {
15              if (scan != null) scan.close();
16        }
17     }
18  }
```

```
Problems  Javadoc  Declaration  ▣ Console ⌗
<terminated> ScannerFileEx [Java Application] C:₩jdk5₩bin₩javaw.exe (2005. 7. 18 오후 9:05:05)
스캔 double : 1,000,000.00
스캔 double : 2,000,000.10
스캔 double : 3,000,000.20
스캔 double : 4,000,000.30
```

[그림 14-25] ScannerFileEx 실행결과

▶▶▶ 07행: Scanner 클래스의 Scanner(File source) 생성자를 이용하여 Scanner 객체를 생성한다. 구분자를 지정하지 않으면 기본적으로 ' ', '\n', '\t', '\f', '\r'을 구분자로 지정하게 된다.

08행: Scanner 객체에 다음 토큰이 double값이 있으면 true를, double값이 없으면 false를 리턴한다.

10행: nextDouble( ) 메서드는 다음 토큰을 double값으로 반환하는 메서드다.

세 번째 예제는 두 번째 예제와 비슷하지만 Scanner(Readable source) 생성자를 이용한 예제다. 즉, 문자 입력 스트림을 이용한 예제다.

예제 14-19   ScannerReadableEx

```java
01  import java.io.*;
02  import java.util.*;
03  public class ScannerReadableEx {
04    public static void main(String[] args) {
05        Scanner scan = null;
06        FileReader fr = null;
07        try {
08            fr = new FileReader("c:\\Test\\scan.txt");
09            scan = new Scanner(fr);
10            while (scan.hasNextDouble()) {
11                System.out.printf("스캔 double : %,.2f %n",
12                        scan.nextDouble());
13            }
14        } catch (IOException ioe) {
15            ioe.printStackTrace();
16        } finally {
17            try {
18                if (fr != null) fr.close();
19            } catch (IOException ioe) {
20                ioe.printStackTrace();
21            }
22            if (scan != null) scan.close();
23        }
24    }
25  }
```

```
Problems  Javadoc  Declaration  ▣ Console ⌗
<terminated> ScannerFileEx [Java Application] C:\jdk5\bin\javaw.exe (2005. 7. 18 오후 9:05:05)
스캔 double : 1,000,000.00
스캔 double : 2,000,000.10
스캔 double : 3,000,000.20
스캔 double : 4,000,000.30
```

[그림 14-26] ScannerReadableEx 실행결과

▶▶▶ 09행: Scanner 클래스의 Scanner(Readable source) 생성자를 이용하여 Scanner 객체를 생성
한다.

10행: Scanner 객체에 다음 토큰이 double값이 있으면 true를, double값이 없으면 false를 리턴
한다.

12행: nextDouble( ) 메서드는 다음 토큰을 double값으로 반환하는 메서드다.

네 번째 예제는 URL 클래스를 이용하여 웹에 있는 파일을 읽을 수 있는 예제다. 아직
URLConnection 클래스를 배우지 않았지만 이런 경우에도 Scanner 클래스를 사용한다는
것에 의미를 두고 익혀두자. 좀더 자세한 내용은 URLConnection 클래스를 공부한 후에 다
시 보기 바란다.

예제 **14-20**　ScannerURLConnectionEx

```
01  import java.net.*;
02  import java.io.*;
03  import java.util.*;
04  public class ScannerURLConnectionEx {
05    public static void main(String[] args) {
06        URLConnection urlCon = null;
07        Scanner scan = null;
08        try {
09            urlCon = new URL("http://www.oracle.com")
10                  .openConnection();
11            scan = new Scanner(urlCon.getInputStream());
12            scan.useDelimiter("\\Z");
13            String text = scan.next();
14            System.out.println(text);
15        } catch (IOException e) {
16            e.printStackTrace();
17        } finally{
18            if (scan != null) scan.close();
19        }
20    }
21  }
```

```
<!DOCTYPE html>

<html lang="en-US" class="no-js">
<head><meta http-equiv="Content-Type" content="text/html; charset=utf-8">
      <script type="text/javascript">
var _U = "undefined";
var g_HttpRelativeWebRoot = "/ocom/";
```

[그림 14-27] ScannerURLConnectionEx 실행결과

▶▶▶ 09행~10행: URLConnection 객체를 생성한다.

11행: urlCon.getInputStream( )의 리턴 타입은 InputStream이기 때문에 Scanner
(InputStream source) 생성자를 이용해서 Scanner 객체를 생성한다.

12행: scan.useDelimiter("\\Z") 메서드를 이용해서 구분 패턴을 지정한다. "\\Z"는 문서를
끝까지 읽으라는 정규 표현식이다.

다섯 번째 예제로 기본적인 구분자를 이용하지 않고 구분패턴을 이용한 예제를 살펴보자. 이
예제는 Scanner 객체를 생성할 때 매개변수로 문자열을 받는다. 문자열의 구분자는 and다.
and 앞뒤로 공백이 있기 때문에 구분자를 사용하여 정확히 토큰을 나눠야 한다. 만약 and의
앞뒤의 공백이 한 개가 아니라 여러 개인 경우는 구분자를 and로 하면 토큰을 분리할 수 없
다. 따라서 구분 패턴을 사용하여 and 앞뒤에 아무리 많은 공백이 오더라도 토큰을 구분할
수 있게 해야 한다.

예제 **14-21**   ScannerRegEx

```
01  import java.util.*;
02  public class ScannerRegEx {
03    public static void main(String[] args){
04        String str = "1 and 2 and animal and lion and tiger";
05        Scanner scan = new Scanner(str);
06        scan = scan.useDelimiter("\\s*and\\s*");
07        int firstToken = scan.nextInt();
08        int secondToken = scan.nextInt();
09        String thirdToken = scan.next();
10        String fourthToken = scan.next();
11        String fifthToken = scan.next();
12        System.out.printf("%d,%d,%s,%s,%s",firstToken,
13              secondToken,thirdToken,fourthToken,fifthToken);
```

```
14          scan.close();
15      }
16  }
```

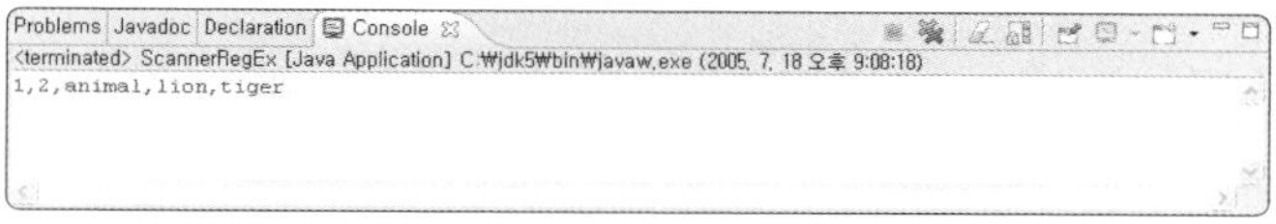

[그림 14-28] ScannerRegEx 실행결과

▶▶▶ 05행: Scanner 클래스의 Scanner(String source) 생성자를 이용하여 Scanner 객체를 생성한다.

06행: scan.useDelimiter("\\s*and\\s*") 메서드를 이용해서 구분 패턴을 지정한다. 정규 표현식 에서 빈 공백은 '\s'이고 '*'의 의미는 0개 이상을 의미한다. '\\s*'에서 '\'를 한 개 더 사용한 이 유는 '\'는 문자열에서 인식하지 못하는 이스케이트 문자이기 때문에 반드시 이스케이트 문자 앞 에 '\'를 사용해야 한다. 따라서 '\\s*'의 의미는 0개 이상의 빈 공백을 의미한다. 결론적으로 '\\ s*and\\s*'는 "and 앞뒤에 있는 0개 이상의 빈 공백"을 의미한다.

07행~08행: nextInt( ) 메서드는 다음 토큰의 int 값을 반환하는 메서드다. 만약, 다음 토큰의 빈 공 백이 있는 경우는 InputMismatchException 예외가 발생한다.

09행~11행: next( ) 메서드는 다음 토큰의 문자열을 반환하는 메서드다.

객체 직렬화

객체의 직렬화는 아주 간단한 일이다. Serializable 인터페이스와 Externalizable 인터페이스 중에 하나의 인터페이스로 구현한 클래스를 작성하면 된다. 물론, 두 개의 인터페이스의 사용법이 다르기 때문에 각각의 인터페이스를 통해 어떤 차이점이 있는지 살펴보자.

❶ Serializable

객체의 직렬화는 아주 간단한 일이다. java.io.Serializable 인터페이스를 구현한 클래스만 작성하면 된다. 그러면 Serializable의 구현 클래스는 직렬화가 가능한 객체가 되는 것이다. 실제로 객체는 스트림을 통해서 전송할 때 객체의 데이터를 직렬화해야 하는데, 객체의 데이터를 '직렬화'한다는 말은 데이터들이 한 줄로 나열될 수 있다는 것을 말하고 이것은 스트림을 통해서 데이터가 전송될 수 있음을 말한다. 예를 들어 설명하면 String 클래스는 기본적으로 Serializable를 구현하고 있기 때문에 String 클래스를 전송할 때는 특별히 객체의 데이터를 직렬화할 필요가 없지만 여러분이 작성한 객체를 전송할 때는 반드시 Serializable 인터페이스를 구현해야 한다. 한가지 주의해야 할 점은 객체의 데이터를 직렬화할 때 멤버변수 중에 transient 예약어를 사용하는 멤버 변수들은 직렬화 대상에 제외가 된다.

```
public transient int age;
```

❷ Externalizable

Extenalizable 인터페이스는 Serializable 인터페이스를 상속하는 인터페이스다.

```
public interface Externalizable extends Serializable
```

이 인터페이스에는 두 개의 추상 메서드를 가지고 있다.

```
public void readExternal(ObjectInput in) throws IOException,
                         ClassNotFoundException;
public void writeExternal(ObjectOutput out) throws IOException;
```

Serializable 인터페이스를 구현한 클래스는 모든 멤버 변수를 직렬화 하지만 Externalizable 인터페이스를 구현한 클래스는 위의 두 가지 메서드를 이용하여 특정 멤버 변수만을 직렬화할 수 있는 기능을 제공한다. 이런 면에서 본다면 Serializable를 이용하여 멤버변수를 transient 예약어를 사용하는 것과 별반 차이가 없을 것처럼 보이지만 그렇지 않다. 특정 클래스를 직렬화 대상에서 제외하기 위해 transient 예약어를 사용하는 것은 클래스를 설계하는 목적에 위배되기 때문이다. 그래서 클래스 구조는 동일하게 하되 특정 멤버변수를 직렬화할 때 Externalizable를 이용하면 클래스 구조는 변하지 않고 직렬화를 할 수 있는 것이다.

예제는 다음 절에서 확인해보자.

오브젝트 스트림

스트림을 이용하여 객체 데이터를 직렬화하여 파일에 저장하고, 저장된 직렬화 데이터를 다시 스트림으로 읽어 직렬화 데이터를 역직렬화하여 다시 원본 객체를 복원하는 스트림을 제공하는 클래스가 ObjectOutputStream과 ObjectInputStream이다.

❶ ObjectInputStream과 ObjectOutputStream

ObjectInputStream과 ObjectOutputStream은 각각 ObjectInput과 ObjectOutput 인터페이스를 구성하는 것으로서, 전체 객체가 파일에서 읽거나 기록되는 것을 가능하게 한다. ObjectOutput 인터페이스는 writeObject(Object obj) 메서드를 포함하는데, writeObject(Object obj) 메서드가 객체의 데이터를 직렬화시켜주는 메서드가 된다. 만약, obj가 Serialzable를 구현하지 않은 경우 NotSerializableException 예외를 발생하게 된다. 이와 유사하게, ObjectInput 인터페이스는 readObject( ) 메서드를 제공한다. 이 메서드는 직렬화되어 있는 데이터를 객체로 바꿔주는, 즉 역직렬화시켜주는 메서드가 된다. 반환형은 Object 형식이며 알맞은 형식으로 지정될 수 있다.

가위바위보 게임을 만들고 로그인을 통해 해당 사용자가 마지막으로 저장했던 값을 로드하는 예제를 작성해보자. 편의상 ScoreWriter와 ScoreLoader 클래스는 생성자에서 작업하였다.

예제 **14-22**	Rspinfo

```
01  import java.io.Serializable;
02
03  public class RspInfo implements Serializable{
04      private int win, lose, draw;
05      private String name; // 유저의 ID를 저장할 변수
```

```
06
07    public void setWin(int win) {this.win = win;}
08    public void setLose(int lose) {this.lose = lose;}
09    public void setDraw(int draw) {this.draw = draw;}
10    public void setName(String name) {this.name = name;}
11
12    public int getWin() {return win;}
13    public int getLose() {return lose;}
14    public int getDraw() {return draw;}
15    public String getName() {return name;}
16 }
```

▶▶▶ 03행: RspInfo 클래스의 직렬화를 위해 Serializable을 implements해 두었다.

예제 14-23　RspMain

```
01 import java.util.Random;
02 import java.util.Scanner;
03
04 public class RspMain {
05    public static void main(String[] args) {
06
07        RspInfo rinfo = new RspInfo();
08
09        String id;
10        int win = 0, lose = 0, draw = 0;
11
12        System.out.print("아이디를 입력하세요 : ");
13        Scanner scan = new Scanner(System.in);
14        id = scan.nextLine();
15        rinfo.setName(id.trim());
16
17        try {
18            ScoreLoader loader = new ScoreLoader(rinfo);
19
```

```java
20          win = loader.getInfo().getWin();
21          lose = loader.getInfo().getLose();
22          draw = loader.getInfo().getDraw();
23
24          rinfo.setWin(win);
25          rinfo.setDraw(draw);
26          rinfo.setLose(lose);
27
28      } catch (Exception e) {
29          // TODO Auto-generated catch block
30          e.printStackTrace();
31      }
32  System.out.println( win + "승, "+ lose + "패, "+ draw + "무");
33
34  while(true){
35          int random = new Random().nextInt(3);
36          //0 : 가위, 1 : 바위, 2 : 보
37          System.out.print("가위(s) ¦ 바위(r) ¦ 보(p) ? : ");
38          String user = scan.next();
39          int usercnt = 0;
40
41          if(user.equalsIgnoreCase("s")){
42              usercnt = 0;
43          }else if(user.equalsIgnoreCase("r")){
44              usercnt = 1;
45          }else if(user.equalsIgnoreCase("p")){
46              usercnt = 2;
47          }
48
49          // 경우의 수 비교
50          if(usercnt - random == -2 ¦¦ usercnt - random == 1){
51              System.out.println("이겼습니다."); // 이긴 경우
52              rinfo.setWin(++win);
53          }else if(usercnt - random == 0){ // 비긴 경우
```

```
54              System.out.println("비겼습니다.");
55              rinfo.setDraw(++draw);
56          }else{ // 진 경우
57              System.out.println("졌습니다.");
58              rinfo.setLose(++lose);
59          }
60
61          System.out.println(rinfo.getWin() + "승, "
62                              + rinfo.getLose() + "패, "
63                              +rinfo.getDraw() + "무");
64          System.out.print("한판 더?? y | n : ");
65          String select = scan.next();
66
67          if(!select.equals("y")){
68              break;
69          }
70      }//while()
71       System.out.println("게임이 종료되었습니다.");
72
73      // 파일쓰기
74      try {
75          ScoreWriter sw = new ScoreWriter(rinfo);
76      } catch (Exception e) {
77          // TODO Auto-generated catch block
78          e.printStackTrace();
79      }
80  }
81 }
```

▶▶▶ 07행: 승점과 아이디를 저장할 RspInfo 객체를 생성한다.

15행: 키보드에서 입력받은 아이디를 rinfo 객체에 저장한다.

17행~32행: 아래쪽에서 제작하게 될 ScoreLoader 클래스를 통해 저장된 파일이 있다면 읽어온다. 저장된 파일이 존재하지 않는다면 "새로운 아이디 생성"이라는 문자열을 출력하게 되고 존재한다면 마지막으로 저장되었던 값을 win, lose, draw 변수에 대입한다.

34행~59행: 컴퓨터가 가위, 바위, 보 중 하나를 임의로 생성하여 유저가 입력받은 값과 경우의 수를 비교한다.

74행~79행: 아래쪽에서 제작하게 될 ScoreWriter 클래스를 통해 게임이 종료된 시점의 rinfo 객체를 ObjectStream을 통해 파일로 저장한다.

예제 14-24 ScoreWriter

```
01  import java.io.File;
02  import java.io.FileOutputStream;
03  import java.io.ObjectOutputStream;
04
05  public class ScoreWriter {
06  public ScoreWriter(RspInfo info){
07
08      String path =
09      "c:/RspScore/" + info.getName().trim() + "/UserInfo.sav";
10
11      File dir = new File("c:/RspScore");
12
13      if(!dir.exists())
14          dir.mkdir();
15
16      File dir2 = new File(dir, info.getName().trim());
17      if(!dir2.exists())
18          dir2.mkdir();// 유저가 입력한 아이디로 폴더를 생성한다.
19
20      try {
21          ObjectOutputStream oos =
22          new ObjectOutputStream(new FileOutputStream(path));
23          oos.writeObject( info );
24
```

```
25              if(oos != null)
26                  oos.close();
27
28          System.out.println("기록저장");
29
30      } catch (Exception e) {
31          e.printStackTrace();
32          System.out.println("기록저장 실패");
33      }
34   }
35 }
```

▶▶▶ 08행~09행: C:의 RspScore 폴더 안에 유저 아이디 폴더 안에 UserInfo.sav 파일 생성을 위한
   경로를 설정한다.

08행~14행: C:에 RspScore 폴더가 없을 경우 RspScore 폴더를 새로 생성한다.

20행~33행: ObjectOutputStream을 가지고 RspMain 클래스에서 인자로 넘겨준 RspInfo 객
   체를 파일에 쓴다. IOException이나 FileNotFoundException이 발생한 경우 catch 구문에서
   오류 메시지를 출력한다.

예제 14-25 ScoreLoader

```
01 import java.io.File;
02 import java.io.FileInputStream;
03 import java.io.ObjectInputStream;
04
05 public class ScoreLoader {
06 private RspInfo info;
07
08    public RspInfo getInfo() {
09        return info;
10    }
11
```

```
12      public ScoreLoader(RspInfo info){

13

14          this.info = info;

15

16          String path = "c:/RspScore/"
17                          + info.getName().trim() + "/UserInfo.sav";
18          File f1 = new File(path);

19

20          if(f1.exists()){ //파일이 실제 존재할 때만 수행!
21              try {
22              ObjectInputStream ois =
23              new ObjectInputStream(new FileInputStream(path));
24                  this.info = (RspInfo)ois.readObject();

25

26                  if(ois != null)
27                      ois.close();

28

29                  System.out.println("로드성공");

30

31          } catch (Exception e) {
32                  e.printStackTrace();
33                  System.out.println("로드실패");
34              }
35          }else{
36              System.out.println("새로운 아이디 생성");
37          }
38      }
49  }
```

▶▶▶ 20행~37행: ObjectOutputStream을 통해 저장해둔 파일을 읽어온다.

저장된 파일이 없을 경우에는 "새로운 아이디 생성"이라는 문자열을 화면에 출력한다.

```
아이디를 입력하세요 : 111
새로운 아이디 생성
0승, 0패, 0무
가위(s) | 바위(r) | 보(p) ? : s
비겼습니다.
0승, 0패, 1무
한판 더?? y | n : n
게임이 종료되었습니다.
기록저장
```

[그림 14-29] RspMain 실행결과 (1)

[그림 14-29]의 실행 결과를 보면 111이라는 아이디로 1무를 기록한 채로 게임을 종료했다. 클래스를 다시 컴파일 한 후, 111이라는 아이디로 다시 로그인 하여 마지막으로 저장했던 값이 잘 로드 되는지 확인해보자.

```
아이디를 입력하세요 : 111
로드성공
0승, 0패, 1무
가위(s) | 바위(r) | 보(p) ? :
```

[그림 14-30] RspMain 실행결과 (2)

09 기타 스트림

지금까지 바이트 스트림, 문자 스트림, 오브젝트 스트림을 살펴봤다. 이제 바이트 입력 스트림이나 문자 입력 스트림을 이용하여 토큰 단위로 관리할 수 있는 StreamTokenizer 클래스와 읽기와 쓰기의 두 가지 기능을 할 수 있고, 파일을 랜덤하게 읽고 쓸 수 있는 RandomAccessFile 클래스를 살펴보겠다.

❶ StreamTokenizer 클래스

StreamTokenizer 클래스는 문자 입력 스트림을 토큰 단위로 나눠서 관리할 수 있는 클래스다. 문자 입력 스트림을 읽을 때 토큰의 유형을 문자와 숫자로 구분할 수 있기 때문에 문자와 숫자를 구분하여 처리할 때 사용하면 상당히 유용하게 쓸 수 있는 클래스다. 물론, 이 클래스를 사용하지 않더라도 스트림으로 읽어온 문자열을 StringTokenizer 클래스를 사용하여 구현한다면 StreamTokenizer 클래스를 사용할 필요는 없지만, 불필요한 작업을 굳이 프로그래머에게 전가하는 것은 바람직하지 않다. 우리는 StreamTokenizer 클래스를 이용하여 불필요한 작업(스트림으로 읽고, 다시 StringTokenizer 클래스를 이용하여 토큰하는 작업)을 덜 수 있다.

StreamTokenizer 클래스의 생성자는 두 개지만 한 개는 여러 이유로 사용되지 않는다.

[표 14-23] StreamTokenizer의 생성자

생성자	설명
StreamTokenizer(InputStream in)	사용되지 않는다.
StreamTokenizer(Reader r)	문자 스트림인 r을 매개변수로 StringTokenizer 객체를 생성한다.

문자 스트림인 r을 매개변수로 StreamTokenizer 클래스의 객체가 생성되면 기본적으로

'\r', '\t', '\n', '\f'를 구분자로 토큰을 나누게 된다.

이제 StreamTokenizer 클래스의 멤버변수를 살펴보자.

[표 14-24] StreamTokenizer의 멤버변수

반환형	메서드	설명
double	nval	만약, 현재 토큰이 숫자이면, 이 필드는 숫자값을 반환한다.
String	sval	만약, 현재 토큰이 문자이면, 이 필드는 문자들을 String으로 반환한다.
static int	TT_EOF	스트림의 끝을 읽었을 때 가리키는 상수값이다.
	TT_EOL	한 행의 끝을 읽었을 때 가리키는 상수값이다.
	TT_NUMBER	숫자 토큰을 읽었을 때 가리키는 상수값이다.
	TT_WORD	단어 토큰을 읽었을 때 가리키는 상수값이다.
int	ttype	nextToken( ) 메서드를 호출한 후 이 필드는 토큰이 읽은 타입을 반환한다. 만약, 토큰이 한 개의 문자(특수문자)인 경우는 문자를 숫자(아스키 코드값)로 바꾼다. 그렇지 않은 경우는 다음 중 한 개의 값을 가진다. • TT_WORD: 토큰이 단어라는 것을 나타낸다. • TT_NUMBER: 토큰이 숫자라는 것을 나타낸다. • TT_EOL: 한 줄의 끝을 읽었다는 것을 나타낸다. • TT_EOF: 입력 스트림의 끝에 왔다는 것을 나타낸다.

StreamTokenizer 클래스의 메서드 중 nextToken( ) 메서드는 토큰을 알아내기 위한 메서드다. nextToken( ) 메서드가 호출된 후 토큰의 타입이 ttype에 저장되는데, 단어인 경우에는 ttype에 TT_WORD값이 저장되며, 토큰은 sval에 저장된다. 숫자인 경우에는 ttype에 TT_NUMBER값이 저장되며, 토큰은 nval에 저장된다. 단어도 아니고 숫자도 아닌 경우(한 개의 문자인 경우)는 ttype에 한 개의 문자를 숫자(아스키 코드값)로 바꿔서 저장된다.

StreamTokenizer 클래스의 예제를 살펴보자. 이 예제는 토큰을 숫자와 문자 그리고 한 개의 문자로 구성한 예제다. 별도로 파일을 작성할 필요 없이 프로그램 내에서 파일을 생성하고 이것을 StreamTokenizer 클래스를 이용하여 토큰을 분리한 예제다.

```
01  import java.io.*;
02  public class StreamTokenizerEx {
03    public static void main(String[] args) {
04    BufferedReader br = null;
05    StreamTokenizer st = null;
06    FileWriter fw = null;
07    BufferedWriter bw = null;
08    PrintWriter pw = null;
09    try {
10        fw = new FileWriter("c:\\Test\\streamToken.txt");
11        bw = new BufferedWriter(fw);
12        pw = new PrintWriter(bw, true);
13        pw.println(10000);
14        pw.println("안녕하세요");
15        pw.println("jyh@korea.com");
16        pw.println("I am a boy");
17        pw.println("~`!@#");
18        br = new BufferedReader(
19    new FileReader("c:\\Test\\streamToken.txt"));
20    st = new StreamTokenizer(br);
21    while (st.nextToken() != StreamTokenizer.TT_EOF) {
22            switch (st.ttype) {
23            case StreamTokenizer.TT_WORD:
24                System.out.println("Word => " + st.sval);
25                break;
26            case StreamTokenizer.TT_NUMBER:
27                System.out.println("Number => " +
28                                    (int) st.nval);
29                break;
30            default:
31                System.out.println("No word, No number =>"
32                                    + (char) st.ttype);
33                break;
34            }
```

```
35                }
36            } catch (IOException ioe) {
37                    ioe.printStackTrace();
38            } finally {
39                try {
40                        if (fw != null) fw.close();
41                        if (bw != null) bw.close();
42                        if (pw != null) pw.close();
43                        if (br != null) br.close();
44                } catch (IOException ioe) {
45                        ioe.printStackTrace();
46                }
47            }
48        }
49 }
```

```
Word => 안녕하세요
Word => jyh
No word, No number =>@
Word => korea.com
Word => I
Word => am
Word => a
Word => boy
No word, No number =>~
No word, No number =>!
No word, No number =>@
No word, No number =>#
```

[그림 14-31] StreamTokenizerEx 실행결과

▶▶▶ 20행: StreamTokenizer 객체를 생성한다.

21행: nextToken( ) 메서드는 토큰이 있는지를 확인하는 메서드인데, 만약 토큰이 없다면 TT_EOF 값을 가지게 된다.

22행: nextToken( ) 메서드를 호출한 후에 토큰이 있는 경우에는 ttype에 토큰 타입이 저장된다.

30행~33행: 단어도 아니고 숫자도 아닌 경우는 한 개의 문자를 읽은 경우인데, 한 개의 문자를 읽을 때는 특수 문자일 경우다. 만약, 한 개의 문자를 읽는 경우에는 토큰 타입은 존재하지 않으며 문자를 숫자(아스키 코드)로 바꿔서 ttype에 저장하게 된다. 그래서 32행에서 아스키코드를 문자로 바꾸기 위해 char로 캐스팅했다.

❷ RandomAccessFile 클래스

RandomAccessFile 클래스는 입력 스트림과 출력 스트림의 두 가지 기능을 가지고 있는 스트림이며, 기존의 입력 스트림과 달리 한번 읽었던 내용을 다시 읽을 수 있는 스트림이다. 클래스명에서 보듯이 RandomAccessFile 클래스는 스트림의 내용을 랜덤하게 읽고, 쓸 수 있는 기능을 제공하고 있다. 이런 스트림을 만들기 위해 기존의 스트림과는 동떨어지게 만든 스트림이 RandomAccessFile이다. 이 클래스는 바이트 스트림의 슈퍼 클래스인 InputStream과 OutputStream과는 전혀 상관이 없고, 다만 DataOutput과 DataInput 인터페이스에 있는 추상 메서드를 구현하였기 때문에 DataInputStream과 DataOutput Stream 클래스의 기능을 추가적으로 가지고 있다.

RandomAccessFile 생성자에 대해 알아보자.

[표 14-25] RandomAccessFile의 생성자

생성자	설명	
RandomAccessFile (File file,String mode)	파일의 경로를 가지고 있는 file과 mode로 RandomAccessFile 클래스의 객체를 생성한다. Mode가 가질 수 있는 값은 아래와 같다. • r: 읽기 전용 • rw: 읽기와 쓰기 전용 • rws: read write synchronized write를 한 것은 즉시 실제 파일에 반영되고 파일의 내용뿐만 아니라 파일의 상태정보를 포함하기 때문이다. • rwd: ead write data write를 한 것은 즉시 실제 파일에 반영되고 파일의 내용만 포함되고, 파일의 상태정보는 변경되지 않기 때문이다.	
RandomAccessFile (String file,String mode)	파일의 경로를 가지고 있는 문자열 file과 mode로 RandomAccessFile 클래스의 객체를 생성한다.	

모든 생성자는 FileNotFoundException 예외를 발생한다. 그리고 파일을 읽거나 쓸 때 시작 포인터를 지정할 수 있는 seek(long pos) 메서드를 제공한다. 이 클래스는 seek( ) 메서드를 이용해서 언제 어디서나 읽고 쓸 수 있는 기능을 할 수 있다. 심지어는 읽었던 내용을 seek( ) 메서드로 다시 읽을 수 있는 아주 막강한 메서드다. seek( ) 메서드의 매개변수가 long인 이유는 int로 지정하게 되면 파일을 약 2Gbyte만 읽고 쓸 수 있기 때문에 그보다 큰 파일에 적용하기 위함이다. 간단한 예제를 살펴보자.

예제 14-27   RandomAccessFileEx

```java
01  import java.io.*;
02  public class RandomAccessFileEx {
03    public static void main(String[] args) {
04        RandomAccessFile ra = null;
05        try {
06            ra = new RandomAccessFile("c:\\Test\\random.txt",
07                                                    "rw");
08            String receive = "hello";
09            ra.seek(ra.length());
10            ra.write(receive.getBytes());
11            byte[] buf = new byte[(int) ra.length()];
12            ra.seek(0);
13            ra.read(buf);
14            System.out.print("처음 읽은 내용 : ");
15            System.out.println(new String(buf));
16            ra.seek(0);
17            ra.read(buf);
18            System.out.print("다시 읽은 내용 : ");
19            System.out.println(new String(buf));
20        } catch (IOException ioe) {
21            ioe.printStackTrace();
22        } finally {
23            try {
24                if (ra != null) ra.close();
25            } catch (IOException ioe) {
26                ioe.printStackTrace();
27            }
28        }
29    }
30  }
```

[그림 14-32] RandomAccessFileEx의 실행결과

▶▶▶ 06행~07행: c:\random.txt 파일이 존재하면 파일을 생성하지 않고, 존재하지 않으면 파일을 생성한다. 만약, 경로명이 다르면 FileNotFoundException 예외를 발생한다.

09행: 쓰기 위한 시작 포인터를 지정한다. length( ) 메서드는 파일의 사이즈를 byte로 리턴한다.

12행: 읽기 위한 시작 포인터를 지정한다.

13행: 읽은 내용을 바이트 배열 buf에 저장한다.

16행: RandomAccessFile 클래스는 다른 입력 스트림 클래스와는 달리 읽은 내용을 다시 읽을 수 있으므로 읽은 내용을 다시 읽기 위해 시작 포인터를 지정할 수 있다.

이 예제는 여러 번 실행했을 경우 계속 파일에 이어서 쓸 수 있다.

1 스트림이란 데이터를 입출력하기 위한 방법이다. 프로그램 언어에서 보면 프로그램과 로컬 컴퓨터 또는 분산 컴퓨터 자원의 흐름이라고 할 수 있다.

2 스트림의 특징 세 가지는 스트림은 FIFO 구조이고, 단방향이며, 스트림은 지연될 수 있다.

3 스트림은 크게 바이트 스트림과 문자 스트림으로 나눈다. 바이트 스트림은 1바이트를 입출력할 수 있는 스트림이며, 문자 스트림은 2바이트를 입출력할 수 있는 스트림이다.

4 바이트 입력 스트림을 문자 입력 스트림으로 바꿀수 있는 InputStreamReader 클래스이며, 바이트 출력 스트림을 문자 출력 스트림으로 바꿀수 있는 OutputStreamWriter 클래스다.

5 직렬화 가능한 객체로 만들기 위해서는 반드시 Serializable이나 Externalizable 인터페이스를 구현해야 한다.

6 객체를 입출력할 수 있는 ObjectInputStream 클래스와 ObjectOutputStream 클래스를 제공한다.

7 Scanner 클래스는 입력값(문자열, 파일, 입력 스트림)을 정규 표현식으로 구분하여 문자열이나 기본 데이터 타입(Primitive Data Type)으로 분석할 수 있는 클래스다.

8 StreamTokenizer는 문자 입력 스트림을 토큰 단위로 나눠서 관리 할 수 있는 클래스다.

9 RandomAccessFile 클래스는 입력 스트림과 출력 스트림, 두 가지 기능을 가지고 있는 스트림이며, 기존의 입력 스트림과 달리 한번 읽었던 내용을 다시 읽을 수 있는 스트림이다.

1 FileInputStream과 FileOutputStream으로 파일을 다른 디렉토리로 복사하는 프로그램을 만들어보자. 예를 들어, C:₩tomcat.gif 파일이 있다면 이 파일을 C:₩test₩tomcat.gif로 복사하는 프로그램을 만들어보자.

2 BufferedWriter 클래스를 이용하여 C:₩test.txt 파일을 만든다. 그리고 test.txt 파일에 임의의 문자를 여러 줄로 쓰기한다. 그리고 BufferedReader 클래스를 이용하여 BufferedWriter 클래스에 의해 생성된 파일을 읽어서 콘솔창에 출력하게 한다. 단, BufferedReader 클래스의 readLine( ) 메서드를 사용해야 한다.

3 키보드로 입력한 값을 콘솔창에 출력하는 프로그램을 작성하라. 단, InputStreamReader 클래스를 사용해야 한다.

4 C:\Test\scanEx.txt 파일의 내용은 아래와 같다.

> 바나나 1 사과 2 배 4 귤 5 수박

scanEx.txt 파일을 FileInputSream 객체로 생성하고, Scanner 클래스를 이용하여 결과화면을 아래와 같이 출력하라.

> 바나나 사과 배 귤 수박

5 ObjectInputStream 클래스와 ObjectOutputStream 클래스를 이용하여 객체를 직렬화하고 이를 다시 역 직렬화하여 복원된 객체를 화면에 출력하라. 단, 직렬화할 클래스명은 ObjectEx라고 정하고, 멤버변수는 String name으로 정해야 한다.

Chapter

15

네트워크

✳ **학습 목표**

• TCP/IP 모델에 대해서 알아본다.
• TCP와 UDP에 대해서 알아본다.
• InetAddress, URL, URLConnection 클래스에 대해 알아본다.
• Socket과 ServerSocket 클래스의 흐름과 코딩 방법에 대해 알아본다.
• 유니캐스팅과 멀티캐스팅의 개념과 각각의 코딩 방법에 대해 알아본다.
• 프로토콜 개념과 설계 방법과 이를 이용한 로그인 인증 프로토콜을 만들어 본다.

네트워크 소개

네트워크란 다른 장치로 데이터를 이동시킬 수 있는 컴퓨터들과 주변 장치들의 집합이다. 일반적으로 주변 장치들은 전선으로 연결되어 있는데, 이를 차츰 발전시켜 전기 신호 대신 빛의 신호를 이용하는 광케이블이 사용되었고 요즘에는 빛의 신호를 대신하는 무선 네트워크까지 이르게 되었다. 네트워크의 연결된 모든 장치들을 '노드'라고 하는데, 이 중에서 다른 노드에게 하나 이상의 서비스를 해주는 노드를 호스트라고 부른다.

그리고 하나의 컴퓨터에서 다른 컴퓨터로 데이터를 이동시킬 때 복잡한 계층을 통해 전송되는데, 이런 복잡한 레이어의 대표적인 모델이 OSI 계층 모델이다. OSI 계층 모델은 모두 7계층으로 이루어졌고, 이를 세분화하여 상위 계층(4계층)과 하위 계층(3계층)으로 나누게 된다. 데이터 통신을 이해하는 데 OSI 계층 모델은 상당한 역할을 하지만, 인터넷 기반의 표준 모델로 사용하는 TCP/IP 계층 모델을 주로 사용하고 있다. 자바에서 이야기하는 네트워크 프로그래밍은 TCP/IP 모델을 사용하고 있다.

TCP/IP 모델		OSI 모델	
애플리케이션 계층	프로토콜	애플리케이션 계층	호스트 계층
		표현 계층	
전송 계층		세션 계층	
네트워크 계층		전송 계층	
데이터 링크 계층	네트워크	네트워크 계층	미디어 계층
물리 계층		데이터 링크 계층	
		물리 계층	

[그림 15-1] TCP/IP 모델과 OSI 계층 모델 비교

❶ 인터넷 주소(IP 주소)

인터넷은 표준 프로토콜의 집합을 사용하여 통신하는 세계 최대 규모의 통신망이다. 인터넷에 연결되어 있는 모든 컴퓨터를 하나의 호스트라 한다. 각각의 호스트는 인터넷 주소(Host 또는 IP 주소)라 불리는 유일한 32비트 숫자로 구성된 주소체계를 이용하여 서로를 구분할 수 있다. IP 주소는 32비트 숫자를 한번에 모두를 표현하는 것이 힘들기 때문에, 8비트씩 끊어서 표현하고, 각 자리는 1바이트로 0에서 255까지의 범위를 갖게 된다. 예를 들면, 211.238.132.50과 같은 형식이며, 이를 많은 사람들이 www.daewoo.info와 같이 나타내게 된다. 이런 32비트의 주소 체계를 IP 버전 4(IPv4) 주소라고 하며, IP 버전 4 주소 체계는 40억 개 이상을 표현할 수 있지만, 오늘날 이 주소 공간은 거의 포화상태이며, 이를 극복하고자 나온 것이 IP 버전 6(IPv6)이다. IP 버전 6은 128비트의 주소 체계를 관리하고 있으며, 16비트씩 8부분으로 나누어 16진수로 표시할 수 있다. 예를 들면, 다음과 같이 표시할 수 있다.

```
FECD:BA98:7654:3210:FECD:BA98:7652:3210
```

각각의 호스트는 호스트가 알아보기 쉬운 주소(도메인 이름)를 컴퓨터가 사용하는 주소(IP 주소)로 바꾸어 주어야 한다. 이렇게 IP 주소를 영문 이름의 주소(도메인 이름)로 바꾸어 주는 시스템을 DNS(Domain Name System)라고 한다.

❷ 포트와 프로토콜

포트

포트(Port)는 크게 두 가지로 구분한다. 즉, 컴퓨터의 주변장치를 접속하기 위한 '물리적인 포트'와 프로그램에서 사용되는 접속 장소인 '논리적인 포트'가 있는데, 앞으로 이 장에서 언급하는 포트는 모두 논리적인 포트로 이야기할 것이다. 포트번호는 인터넷번호 할당 허가위원회(IANA)에 의해 예약된 포트번호를 가지고 있다. 이런 포트번호를 '잘 알려진 포트들'이라고 부른다. 예약된 포트번호의 대표적인 예로는 80(HTTP), 21(FTP), 22(SSH), 23(TELNET), 25(SMTP), 110(POP3), 119(NNTP) 등이 있다. 포트번호는 0부터 65535까지이며, 0부터 1023까지는 시스템에 예약된 포트번호이기 때문에 될 수 있는 한 사용하지 않는 것이 바람직하다.

📋 자바에서는 JDK 1.4부터 IPv6이 추가되었지만, 앞으로의 모든 설명은 IPv4를 기준으로 프로그래밍할 것이다.

프로토콜

프로토콜(protocol)은 클라이언트와 서버간의 통신규약이다. 통신규약이란 상호 간의 접속이나 절단방식, 통신방식, 주고받을 데이터의 형식, 오류검출방식, 코드변환방식, 전송속도 등에 대하여 정하는 것을 말한다. 기종이 다른 컴퓨터는 통신규약도 다르기 때문에 기종이 다른 컴퓨터간에 정보통신을 하려면 표준 프로토콜을 설정한 후 각각 이를 채택하여 통신망을 구축해야 한다. 대표적인 인터넷 표준 프로토콜에는 TCP와 UDP가 있다.

❸ TCP와 UDP

TCP/IP 계층 모델은 4계층의 구조를 가지고 있다. 즉, 애플리케이션 계층, 전송 계층, 네트워크 계층, 데이터 링크 계층으로 구성되는데, 이 중 전송 계층에서 사용하는 프로토콜에는 'TCP(연결지향 프로토콜)'와 'UDP(비연결지향 프로토콜)'가 있다.

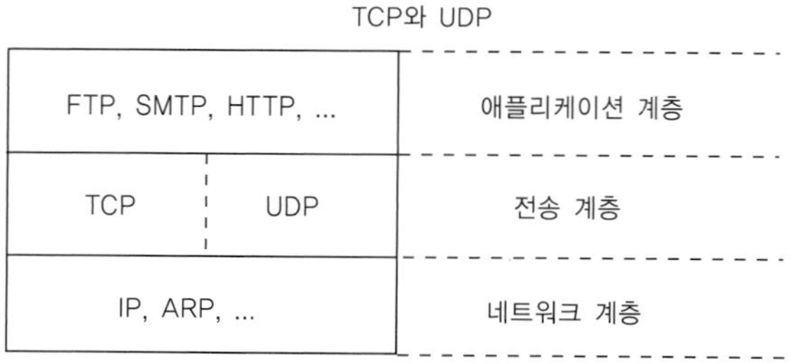

[그림 15-2] TCP/IP 모델의 프로토콜

TCP/IP 모델의 애플리케이션 계층은 FTP, SMTP, HTTP 등과 같은 프로토콜로 구성되어 있으며 전송 계층은 TCP와 UDP 프로토콜, 네트워크 계층은 IP, ARP 등과 같은 프로토콜로 구성되어 있다. 이중에서 우리가 살펴봐야 할 부분은 TCP와 UDP다.

TCP

TCP(Transmission Control Protocol)는 신뢰할 수 있는 프로토콜로서, 데이터를 상대측까지 제대로 전달되었는지 확인 메시지를 주고받음으로써 데이터의 송수신 상태를 점검한다. 따라서 데이터가 없어지거나 부분적으로 손상되는 상황을 걱정할 필요가 없기 때문에 애플리케이션을 코딩하기가 쉬워진다.

UDP

UDP(User Datagram Protocol)는 신뢰할 수 없는 프로토콜로서, 데이터를 보내기만 하고 확인 메시지를 주고받지 않기 때문에 제대로 전달했는지 확인하지 않는다. 대부분의 UDP 기반 애플리케이션은 간단한 요청—응답 메커니즘에 기반하여, 패킷 손실 감지와 재전송은 상대편이 책임지도록 한다.

일반적으로 TCP를 설명할 때 전화하는 상황을 예로 드는데, 전화를 거는 사람과 전화를 받는 사람이 통화를 하는 중에는 계속해서 연결하고 있기 때문이다. 그리고 UDP는 편지로 예를 드는데, 이 경우는 편지를 보내는 사람은 편지를 우체통에 집어넣기만 하고 상대방에 편지가 도착했는지 안 했는지는 확인할 수 없기 때문이다.

일반적으로 TCP를 많이 사용하지만 아래와 같은 상황에서는 TCP를 사용하는 것보다 UDP를 사용하는 것이 훨씬 효율적이다.

- 작은 요청과 응답: 만약, 클라이언트의 요청과 서버의 응답이 508바이트보다 작다면 확실하게 하나의 UDP 데이터그램에서 사용될 수 있다.

- 상태 없는 서버: 프로토콜 서버가 상태를 유지할 필요가 없는 경우에는 UDP를 이용하는 것이 유리하다.

- 실시간 스트리밍: 라이브 컨텐츠를 연출하는 멀티미디어 애플리케이션은 인터넷으로 데이터를 스트리밍해야 할 것이다. 스트리밍의 추상화, 손실을 재전송으로 복구하는 것뿐만 아니라 흐름과 혼잡 제어 등의 기능으로 인해서 TCP 모델이 더 적합하다고 생각할 수 있다. 그러나 TCP가 가지는 문제점은 애플리케이션이 이런 기능을 제어할 수 있는 방법을 제공하지 않는다는 것이다. 예를 들어, 대기 시간이 실행 시간보다 적을 경우에만 패킷을 재전송해야 한다. 그리고 스트림이 제시간에 도착하지 않는다면 읽고 있는 스트림의 일부분을 뛰어 넘기길 원할 수도 있을 것이다.

이런 이유 때문에 많은 실시간 애플리케이션들은 TCP 프로토콜을 사용하지 않는다. 그렇지만 다른 대안이 없었기 때문에 UDP 위에서 개별적인 프로토콜을 만들어 사용해 왔다. 최근에는 RTP(Real Time Protocol)라고 하는 새로운 전송 프로토콜을 적용하고 있다.

02 InetAddress 클래스

InetAddress 클래스는 IP 주소를 표현한 클래스다. 자바에서는 모든 IP 주소를 InetAddress 클래스를 이용하여 사용하고 있는데, 예를 들면 도메인 주소만 알 경우에는 InetAddress 클래스를 이용하여 해당 도메인의 IP 주소를 알아낼 수 있다.

❶ InetAddress 클래스의 생성자

InetAddress 클래스의 생성자는 하나만 존재하지만, 특이하게 기본 생성자의 접근 제한 자가 default이기 때문에 다른 클래스에서는 InetAddress 객체를 생성할 수 없게 되어 있다. API 문서를 확인해보면 생성자가 나와 있지 않다. 따라서 InetAddress 클래스는 객체를 생성해줄 수 있는 5개의 static 메서드를 제공하고 있다. 아래 표는 생성자 표가 아니라 InetAddress 객체를 생성해주는 메서드다.

[표 15-1] InetAddress 객체를 생성하는 메서드

반환형	메서드	설명
static InetAddress[ ]	getAllByName(String host)	매개변수 host에 대응되는 InetAddress 배열을 반환한다.

static InetAddress	getByAddress(byte[ ] addr)	매개변수 addr에 대응되는 InetAddress 객체를 반환한다. 예를 들어, 209.249.116.141을 네 개의 바이트 배열로 만들어 매개변수로 지정하면 된다.
		byte[] addr = new byte[4];
		addr[0] = (byte)209;
		addr[1] = (byte)249;
		addr[2] = (byte)116;
		addr[3] = (byte)141;
		InetAddress iaddr = InetAddress.getByAddress(addr);

	getByAddress(String host, byte[ ] addr)	매개변수 host와 addr로 InetAddress객체를 생성한다.

| static InetAddress | getByName(String host) | 매개변수 host에 대응되는 InetAddress 객체를 반환한다. |
| | getLocalHost( ) | 로컬 호스트의 InetAddress 객체를 반환한다. |

이 메서드는 static으로 되어 있기 때문에 객체 생성 없이 클래스 이름으로 바로 호출할 수 있다. 예를 들면 아래와 같다.

```
InetAddress iaddr = InetAddress.getByName("www.korea.com");
```

또한 5개의 메서드는 모두 UnknowHostException 예외를 발생시키기 때문에 반드시 예외처리를 해야 한다.

❷ InetAddress 클래스의 주요 메서드

InetAddress 클래스는 IP 주소를 객체화했기 때문에 다양한 메서드를 제공하지 않는다. 다만 호스트 이름과 호스트에 대응하는 IP 주소를 알 수 있도록 메서드를 제공하고 있다. InetAddress 클래스의 주요 메서드를 살펴 보자.

[표 15-2] InetAddress 클래스의 주요 메서드

반환형	메서드	설명
byte[ ]	getAddress( )	InetAddress 객체의 실제 IP 주소를 바이트 배열로 리턴한다.
String	getHostAddress( )	IP 주소를 문자열로 반환한다.
	getHostName( )	호스트 이름을 문자열로 반환한다.
	toString( )	IP 주소를 스트링 문자열로 오버라이딩한 메서드다. 스트링 문자열의 형식은 '호스트 이름 /IP 주소'다. 따라서 InetAddress 객체를 화면에 출력하면 'java.sun.com /209. 249. 116.141'과 같이 출력된다.

❸ InetAddress 예제

InetAddress 클래스를 이용한 간단한 예제를 알아보자. 이 예제는 InetAddress 객체를 생성하는 3가지 방법에 대한 부분과 이 클래스를 이용해서 어떤 정보를 얻을 수 있는지를 알 수 있는 예제다.

```java
01  import java.net.*;
02  public class InetAddressEx {
03    public static void main(String[] args)
04    throws UnknownHostException {
05        InetAddress iaddr =
06        InetAddress.getLocalHost();
07        System.out.printf("호스트 이름 : %s %n",
08        iaddr.getHostName());
09        System.out.printf("호스트 IP 주소 : %s %n",
10        iaddr.getHostAddress());
11        iaddr = InetAddress.getByName("www.oracle.com");
12        System.out.printf("호스트 이름 : %s %n",
13        iaddr.getHostName());
14        System.out.printf("호스트 IP 주소 : %s %n",
15        iaddr.getHostAddress());
16        InetAddress sw[] =
17        InetAddress.getAllByName("www.daum.net");
18        for (InetAddress temp_sw : sw) {
19            System.out.printf("호스트 이름 : %s , ",
20            temp_sw.getHostName());
21            System.out.printf("호스트 IP 주소 : %s %n",
22            temp_sw.getHostAddress());
23        }
24    }
25  }
```

```
호스트 이름 : jyh-pc
호스트 IP 주소 : 192.168.10.55
호스트 이름 : www.oracle.com
호스트 IP 주소 : 23.62.234.140
호스트 이름 : www.daum.net , 호스트 IP 주소 : 61.111.62.35
호스트 이름 : www.daum.net , 호스트 IP 주소 : 61.111.62.165
```

[**그림 15-3**] InetAddressEx의 실행결과

▶▶▶ 05행~06행: 로컬 호스트를 이용한 InetAddress 객체를 생성한다.

07행~08행: 호스트 이름을 문자열로 반환한다.

09행~10행: 호스트에 대한 IP 주소를 반환한다.

11행: 호스트를 이용한 InetAddress 객체를 생성한다.

16행~17행: 호스트를 이용해서 InetAddress 배열 객체를 반환한다. 실행결과 www.daum.net 호스트에 대한 IP 주소가 2개가 있다는 뜻이다.

URL 클래스

URL(Uniform Resource Locator)이란 인터넷에서 접근 가능한 자원(resource)의 주소를 표현할 수 있는 형식을 말한다. 여기서 말하는 자원의 형태는 인터넷 응용 프로토콜에 따라 다를 수 있다. 즉, 월드와이드웹(World Wide Web) 프로토콜인 HTTP를 사용하는 경우, 자원이란 HTML 페이지, 이미지 파일, 자바 애플릿 등과 같은 각종 파일과 디렉토리를 의미한다. URL의 구성요소를 보면 아래와 같다.

```
http://www.sist.co.kr:80/member/mem.jsp?name=sung#content

protocol    host    port    path         query      reference

⟨schema⟩ :// ⟨authority⟩            ⟨path⟩ ? ⟨query⟩# ⟨fragment⟩
```

[그림 15-4] URL의 구성요소

[그림 15-4]에서 보듯이 URL은 크게 protocol, host, port, path query reference로 구성되어 있고 이를 다시 분석해 보면 protocol은 schema, host와 port는 authority, path는 path, query는 query, reference는 fragment로 재구성할 수 있음을 알 수 있다.

❶ URL 클래스의 생성자

URL 클래스는 URL을 추상화하여 만든 클래스다. URL 클래스는 final 클래스로 되어 있기 때문에 상속하여 사용할 수 없다. URL 클래스의 주요 생성자를 살펴보자.

[표 15-3] URL 클래스의 주요 생성자

반환형	설명
URL(String spec)	매개변수 spec으로 URL 객체를 생성한다. spec은 URL로 해석할 수 있는 문자열이어야 한다.
URL(String protocol, String host, int port, String file)	protocol과 host, port와 file로 URL 객체를 생성한다. 여기서 file이란 path와 query를 의미한다.
URL(String protocol, String host, String file)	protocol과 host, file로 URL 객체를 생성한다.

모든 생성자는 MalformedURLException 예외를 발생시키기 때문에 반드시 예외처리를 해야 한다. URL 클래스의 객체 생성은 일반 클래스의 객체 생성과 동일하다.

다음은 [표 15-3]의 첫 번째 생성자를 이용한 객체생성 방법이다.

```
URL url = new URL("http://java.sun.com/index.html");
```

다음은 [표 15-3]의 두 번째 생성자를 이용한 객체생성 방법이다.

```
URL url = new URL("http", "java.sun.com", 80 , "index.html");
```

다음은 [표 15-3]의 세 번째 생성자를 이용한 객체생성 방법이다.

```
URL url = new URL("http", "java.sun.com " , "index.html");
```

❷ URL 클래스의 주요 메서드

일단 URL 객체가 생성되면 URL의 정보를 얻어올 수 있는 각종 메서드를 제공한다. 예를 들어, 프로토콜, 호스트(도메인), 포트, 파일경로, 쿼리, ref 등 URL의 구성 요소를 알 수 있다. 또한 URL의 자원을 얻어 올 수 있는데, 이는 웹 브라우저로 사이트를 검색할 때 주소창에 URL을 치게 되면 결과 화면이 나오게 된다. 이때 대부분의 결과화면은 HTML로 보여주게 된다. 우리가 URL의 자원을 얻어 온다는 얘기는 HTML의 결과 소스를 볼 수 있다는 얘기다.

URL 클래스의 주요 메서드를 살펴보자.

[표 15-4] URL 클래스의 주요 메서드

반환형	메서드	설명
String	getAuthority( )	URL의 호스트명과 포트를 결합한 문자열을 반환한다.
int	getPort( )	URL에 명시된 포트를 반환한다. 만약에 없으면 −1을 반환한다. 일반적으로 HTTP 포트는 명시하지 않더라도 80번 포트를 인식하게 된다. 하지만 이 메서드는 URL에 보여진 포트를 리턴하는데, URL에 포트를 명시하지 않았다면 −1을 반환한다.
String	getDefaultPort( )	URL에 상관없이 프로토콜의 default 포트번호를 반환한다. 예 http → 80, ftp → 21
	getFile( )	URL의 path와 query를 결합한 문자열을 반환한다.
	getHost( )	URL의 host를 문자열로 반환한다.
	getPath( )	URL의 query를 문자열로 반환한다.
	getProtocol( )	URL의 protocol을 문자열로 반환한다.
	getQuery( )	URL의 query를 문자열로 반환한다.
	getRef( )	URL의 reference를 문자열로 반환한다.
URLConnection	openConnection( )	URLConnection 객체를 생성해준다. URLConnection 클래스는 추상 클래스이기 때문에 객체를 생성할 수 없고, URL 클래스의 openConnection( ) 메서드를 이용해서 객체를 생성할 수 있다.
InputStream	openStream( )	InputStream의 객체를 생성해준다. 이 메서드로 해당 URL의 자원(Resource)을 가져올 수 있다.
String	toExternalForm( )	URL을 문자열로 반환한다.

❸ URL 예제

URL 클래스를 이용한 간단한 예제를 살펴보자. 이 예제는 URL 객체를 생성한 후 URL 클래스의 메서드를 이용해서 URL의 구성요소를 알 수 있게 만든 예제다. 또한 URL의 자원을 얻어 올 수 있는 openStream( ) 메서드를 사용했다.

예제 15-2 URLEx

```
01    import java.net.*;
02    import java.io.*;
03    public class URLEx {
04        public static void main(String[] args)
05        throws MalformedURLException, IOException {
06            URL url = new URL("http", "java.sun.com", 8800,
07                                "index.jsp?name=syh1011#content");
08            String protocol = url.getProtocol();
09            String host = url.getHost();
10            int port = url.getPort();
11            int defaultPort = url.getDefaultPort();
12
13            String path = url.getPath();
14            String query = url.getQuery();
15            String ref = url.getRef();
16            String _url = url.toExternalForm();
17            String mixUrl = null;
18            if (port == -1) {
19                mixUrl = protocol + "//" + host + path +
20                                "?" + query + "#" + ref;
21            } else {
22                mixUrl = protocol + "//" + host + ":" +
23                port + path + "?"+ query + "#" + ref;
24            }
25            if (port == -1) port = url.getDefaultPort();
26            System.out.printf("프로토콜 : %s %n", protocol);
27            System.out.printf("호스트 : %s %n", host);
28            System.out.printf("포트 : %d %n", port);
29            System.out.printf("패스 : %s %n", path);
30            System.out.printf("쿼리 : %s %n", query);
31            System.out.printf("ref : %s %n", ref);
32            System.out.printf("mixURL : %s %n", mixUrl);
```

```java
            System.out.printf("URL : %s %n", _url);

            url = new URL("http://java.sun.com");
            InputStream input = url.openStream();
            int readByte;
            System.out.println("== 문서의 내용 ==");
            while (((readByte = input.read()) != -1)) {
                System.out.print((char) readByte);
            }
            input.close();
        }
}
```

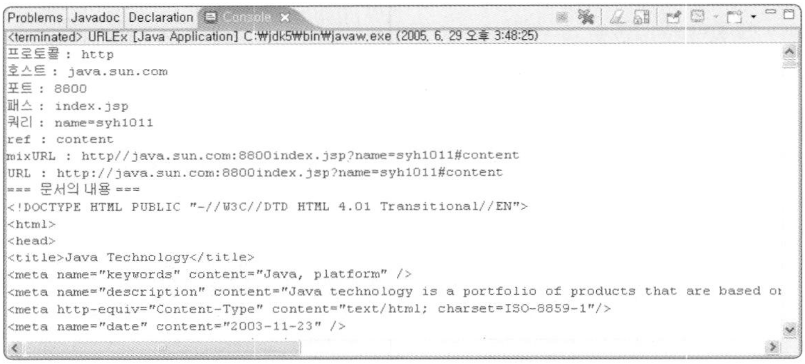

```
Problems Javadoc Declaration Console
<terminated> URLEx [Java Application] C:₩jdk5₩bin₩javaw.exe (2005. 6. 29 오후 3:48:25)
프로토콜 : http
호스트 : java.sun.com
포트 : 8800
패스 : index.jsp
쿼리 : name=syh1011
ref : content
mixURL : http//java.sun.com:8800index.jsp?name=syh1011#content
URL : http://java.sun.com:8800index.jsp?name=syh1011#content
=== 문서의 내용 ===
<!DOCTYPE HTML PUBLIC "-//W3C//DTD HTML 4.01 Transitional//EN">
<html>
<head>
<title>Java Technology</title>
<meta name="keywords" content="Java, platform" />
<meta name="description" content="Java technology is a portfolio of products that are based o
<meta http-equiv="Content-Type" content="text/html; charset=ISO-8859-1"/>
<meta name="date" content="2003-11-23" />
```

[그림 15-5] URLEx의 실행결과 (1)

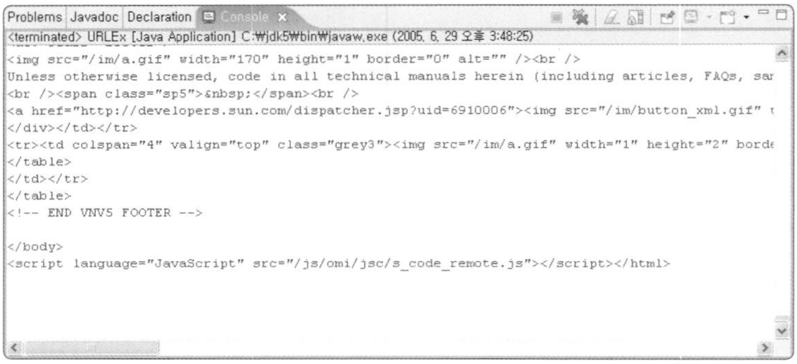

```
Problems Javadoc Declaration Console
<terminated> URLEx [Java Application] C:₩jdk5₩bin₩javaw.exe (2005. 6. 29 오후 3:48:25)
<img src="/im/a.gif" width="170" height="1" border="0" alt="" /><br />
Unless otherwise licensed, code in all technical manuals herein (including articles, FAQs, sa
<br /><span class="sp5"> </span><br />
<a href="http://developers.sun.com/dispatcher.jsp?uid=6910006"><img src="/im/button_xml.gif" t
</div></td></tr>
<tr><td colspan="4" valign="top" class="grey3"><img src="/im/a.gif" width="1" height="2" bord
</table>
</td></tr>
</table>
<!-- END VNV5 FOOTER -->

</body>
<script language="JavaScript" src="/js/omi/jsc/s_code_remote.js"></script></html>
```

[그림 15-6] URLEx의 실행결과 (2)

▷ ▶ ▶ 05행: 06행의 URL 객체를 생성할 때 발생하는 예외는 MalformedURLException이며 37행, 40
행, 43행에서는 IOException 예외가 발생하므로 예외 클래스 두 개를 사용했다.

11행: getDefaultPort( ) 메서드는 프로토콜에 대응하는 포트번호를 숫자로 반환한다. 예를 들면
http는 80, ftp는 21이다.

10행: getPort( ) 메서드는 URL에 명시된 포트를 반환한다. 만약, 포트가 명시되어 있지 않으면 −1
을 반환한다.

18행~20행: 포트가 80번일 경우는 mixUrl값에 포트를 연결하지 않는다.

21행~23행: 포트가 80번이 아닌 경우는 mixUrl값에 포트를 연결한다.

35행: 자원(Resource)를 얻기 위한 URL 객체를 생성한다.

36행: URL 객체로 읽기 위한 스트림을 생성한다.

39행~40행: 한 바이트씩 읽어 콘솔창에 출력한다.

URLConnection 클래스

URLConnection 클래스는 원격 자원에 접근하는 데 필요한 정보를 갖고 있다. 여기서 필요한 정보란 원격 서버의 헤더 정보, 해당 자원의 길이와 타입 정보, 언어 등을 얻어 올 수 있다. 그리고 URL 클래스는 원격 서버의 자원의 결과만을 얻어 오지만 URLConnection 클래스는 원격 서버에 대한 자원의 결과뿐만 아니라 원격 서버의 헤더 정보와 자원에 대한 정보를 얻어올 수 있다는 차이점이 있다.

❶ URLConnection 클래스의 생성자

URLConnection 클래스는 추상 클래스이기 때문에 단독적으로 객체를 생성할 수 없다. 그래서 URL 클래스의 객체를 생성해서 URL 클래스의 openConnection( ) 메서드를 이용해서 객체를 생성해야 한다. URLConnection 클래스의 객체가 생성이 되었다면 URLConnection 클래스의 connect( ) 메서드를 호출해야 객체가 완성된다.

```
URL url = new URL("http://www.increpas.com");
URLConnection urlCon = url.openConnection();
urlCon.connect();
```

URLConnection 클래스는 추상 클래스이며 생성자는 한 개 밖에 없고, 접근 지정자 또한 protected로 되어 있다. URLConnection 클래스의 생성자를 살펴보자.

[표 15-5] URLConnection 클래스의 생성자

반환형	생성자	
protected	URLConnection(URL url)	

❷ URLConnection 클래스의 주요 메서드

URLConnection 클래스는 원격 서버의 자원과 원격 서버의 헤더 정보, 자원에 대한 정보를 얻어올 수 있는 다양한 메서드를 제공하고 있다. 원격 서버의 자원을 얻기 위해서 getInput Stream( ) 메서드를 제공하며, 원격 서버의 헤더 정보를 알기 위해 getHeader Field(String name) 메서드를 제공한다. 그리고 원격 서버의 자원에 대한 정보를 알기 위한 다양한 메서드를 제공한다. URLConnection 클래스의 주요 메서드를 살펴보자.

[표 15-6] URLConnection 클래스의 주요 메서드

반환형	메서드	설명
String	getContentEncoding( )	헤더 필드의 content-encoding에 대한 value를 반환한다.
int	getContentLength( )	헤더 필드의 content-length에 대한 value를 반환한다.
String	getHeaderField(String name)	헤더 필드의 이름(name)에 대한 value를 반환한다. 필드의 이름은 content-encoding, content-type 등이 올 수 있다.
Map⟨String, List⟨String⟩⟩	getHeaderFields( )	헤더 필드의 구조를 Map으로 반환한다.
InputStream	getInputStream( )	URLConnection 객체로부터 읽기 위한 InputStream 객체를 반환한다.
OutputStream	getOutputStream( )	URLConnection 객체로부터 출력(쓰기)하기 위한 OutputStream 객체를 반환한다.
URL	getURL( )	URLConnection의 멤버변수로 설정된 url 필드의 값을 리턴한다.

❸ URLConnection 예제

URLConnection 클래스를 이용하여 원격 서버의 모든 헤더 필드의 값을 얻어오고 또한 자원의 결과를 살펴보는 예제를 만들어보자.

```
01    import java.net.*;
02    import java.io.*;
03    import java.util.*;
04    class URLConnectionEx{
05         public static void main(String[] args) throws Exception{
06         URL url = new URL("http://docs.oracle.com/javase/8/docs/api");
07         URLConnection urlCon = url.openConnection();
08             urlCon.connect();
09             Map<String , List<String>> map = urlCon.getHeaderFields();
10             Set<String> s = map.keySet();
11             Iterator<String> iterator = s.iterator();
12             while(iterator.hasNext()){
13                 String name = iterator.next();
14                 System.out.print(name + ": ");
15                 List<String> value = map.get(name);
16                 for(String _temp : value)
17                     System.out.println(_temp);
18             }
19                 int len = urlCon.getContentLength();
20                 System.out.println("문서의 길이 : "+len+" 바이트");
21                 if(len>0){
22                     InputStream input = urlCon.getInputStream();
23                 int readByte;
24                     System.out.println("== 문서의 내용 ==");
25                     while(((readByte = input.read()) != -1)
                       && (--len>0)){
26                         System.out.print((char) readByte);
27                     }
28                 input.close();
29             }else{
30                 System.out.println("내용이 없음");
31             }
32        }
33    }
```

```
Accept-Ranges: bytes
null: HTTP/1.1 200 OK
Server: Apache
ETag: "7c10763539346f8043a892b37ce5eb95:1429009903"
Connection: keep-alive
Last-Modified: Fri, 03 Apr 2015 03:22:26 GMT
Content-Length: 2848
Date: Mon, 08 Jun 2015 05:03:26 GMT
Content-Type: text/html
문서의 길이 : 2848 바이트
=== 문서의 내용 ===
<!DOCTYPE HTML PUBLIC "-//W3C//DTD HTML 4.01 Frameset//EN" "http://ww
```

[그림 15-7] URLConnectionExj의 실행결과

07행: URL 클래스의 openConnection( ) 메서드를 이용하여 URLConnection 객체를 생성한다.

08행: URLConnection 클래스의 connect( ) 메서드를 호출함으로써 객체가 완성된다.

09행: getHeaderFields( ) 메서드는 원격 서버의 모든 헤더필드를 Map 객체로 반환한다. 헤더필 드는 key와 value 형태로 이루어졌기 때문에 Map 객체로 반환하는 것이다.

10행: 헤더필드에 있는 모든 key를 Set 객체로 반환한다.

11행: Set 객체는 있는 key를 바로 가져올 수 없기 때문에 일반적으로 iterator( ) 메서드를 사용하 여 Iterator 타입으로 변환한다.

12행: Iterator에 key가 있는 경우는 true를 반환하고, 없으면 false를 반환한다.

13행: Iterator에 있는 key를 가져온다.

14행: Iteraotr에 있는 key를 출력한다.

15행: Map 객체가 있는 key를 이용하여 key에 대응되는 value를 가져온다. value의 타입은 9행 에서 List로 정의되어 있기 때문에 List 타입으로 반환한다.

16행~18행: List에 있는 모든 요소를 출력한다.

19행: 원격 서버 자원(http://www.ietf.org/rfc/rfc2068.txt)의 길이를 가져온다.

22행: 원격 서버 자원의 결과를 가져오기 위해 getInputStream( ) 메서드를 이용해서 바이트 입력 스트림을 생성한다.

25행: 스트림으로부터 한 바이트씩 읽어서(input.read( )) readByte의 저장하고 문서의 길이(len)를 한 바이트씩 줄여서 0보다 작을 경우는 while문을 빠져 나오게 한다.

28행: 입력 스트림을 닫는다.

29행~31행: 원격 서버 자원의 길이가 0보다 작을 경우다.

TCP

❶ 소켓

자바 프로그램들은 소켓(Socket)이라는 개념을 통해서 네트워크 통신을 한다. 소켓은 네트워크 통신의 끝부분을 나타내는데, 소켓은 실제 데이터가 어떻게 네트워크로 전송되는지 상관하지 않고 읽기/쓰기 인터페이스를 제공하며, 네트워크 계층과 전송 계층이 캡슐화되어 있기 때문에 네트워크의 계층을 신경쓰지 않고도 프로그램을 만들 수 있다.

소켓은 캘리포니아대학교(California University)에서 빌 조이(Bill Joy)에 의해 유닉스 기반에서 개발되었다. 그리고 자바는 이식성과 크로스 플랫폼 네트워크 프로그래밍을 위해서 소켓을 핵심 라이브러리 특징으로 만들었다. 또한 TCP/IP 계층의 TCP를 지원하기 위해서 java.net.Socket과 java.net.ServerSocket 소켓 클래스를 제공하고 있다.

자바 클라이언트는 java.net.Socket 클래스의 객체를 생성하여 TCP 서버와 연결을 시도한다. 이와 반대로 자바 서버는 java.net.ServerSocket 클래스의 객체를 생성하여 TCP 연결을 청취하여 클라이언트와 서버가 연결되는 것이다. 하지만 실제 네트워크 통신은 java.io 패키지에 있는 스트림 클래스들을 통해서 수행된다. 클라이언트 측에 있는 소켓을 TCP 소켓이라고 하고, 서버측에 있는 소켓을 TCP 서버 소켓이라고 부른다.

❷ Socket Stream

클라이언트와 서버간의 통신(양방향 스트림 통신)을 하기 위한 대략적인 설명을 하겠다. 다음 그림을 살펴보자.

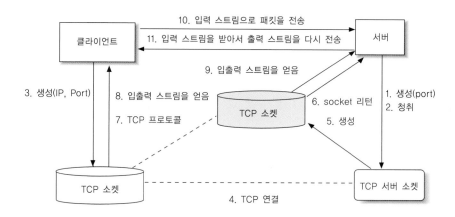

[그림 15-8] Socket과 ServerSocket의 통신방식

[그림 15-8]은 서버와 클라이언트가 소켓을 이용해서 통신하는 방법을 다이어그램으로 표시한 내용이다. 순서대로 한번 따라가 보자.

1. 클라이언트와 서버간의 통신은 먼저 서버의 실행으로부터 시작한다. 서버가 작동되면 TCP 서버 소켓을 생성하게 된다.

2. TCP 서버 소켓의 accept( ) 메서드를 통해서 클라이언트의 접속을 기다리고 있다.

3. 클라이언트가 TCP 소켓을 생성한다.

4. 클라이언트의 TCP 소켓이 생성되면 TCP 서버 소켓과 TCP 연결을 시도한다.

5. TCP 서버 소켓은 클라이언트와 TCP 연결이 이루어졌다면 accept( ) 메서드에 의해 클라이언트와 통신할 수 있는 TCP 소켓을 생성하게 된다.

6. TCP 소켓을 서버에게 전달한다.

7. 클라이언트에 있는 TCP 소켓과 서버측에 있는 TCP 소켓은 TCP/IP 계층을 통해서 TCP로 통신할 수 있는 상태가 된다.

8. 클라이언트는 TCP 소켓으로 바이트 입출력 스트림을 생성한다.

9. 서버측도 TCP 소켓으로 바이트 입출력 스트림을 생성한다.

10. 클라이언트는 출력 스트림으로 패킷을 전송한다. 패킷이란 통신을 하기 위한 데이터를 말한다.

11. 서버는 입력 스트림으로 패킷을 처리하고 다시 출력 스트림으로 패킷을 전송하게 된다.

[그림 15-8]은 클라이언트/서버 프로그램을 하기 위한 아주 중요한 흐름이다. 나중에 Socket과 SocketServer를 이용한 에코 프로그램을 작성할 때 이 그림을 다시 보고 이야기 해보자.

❸ Socket 클래스

[그림 15-8]에서 TCP 소켓은 java.net.Socket 클래스를 의미한다. 이제 Socket 클래스의 생성자와 메서드를 살펴보고 소켓 클래스를 이용한 간단한 프로그램을 만들어 보자.

Socket 클래스의 생성자

소켓 생성자가 서버와 접속하기 위해서는 서버의 IP 주소와 포트를 알아야 한다. Socket 클래스의 생성자는 9가지로 이루어졌으며 두 개는 반대(deprecated)로 이루어져 있다.

소켓 클래스의 주요 생성자를 살펴보자.

[표 15-7] Socket 클래스의 주요 생성자

생성자	설명	
Socket(InetAddress address, int port)	InetAddress 객체와 port를 이용하여 Socket 객체를 생성한다.	
Socket(String host , int port)	host와 port를 이용하여 Socket 객체를 생성한다.	

[표 15-7]에서 가장 많이 사용하는 생성자를 살펴보자.

```
public Socket(String host, int port)
throws UnknownHostException, IOException
```

소켓 객체를 생성할 때에는 두 가지 예외 처리가 발생한다. 첫 번째는 호스트를 찾을 수 없거나, 서버의 포트가 열려 있지 않은 경우 UnKnownHostException 예외가 발생한다. 두 번째는 네트워크의 실패, 또는 방화벽 때문에 서버에 접근할 수 없을 때 IOException 예외가 발생할 수 있다.

Socket 클래스를 이용한 간단한 예제로 원격 호스트(서버)에 어떤 포트번호가 열려 있는지를 확인할 수 있는 프로그램을 구현해보자.

예제 15-4 SocketScanEx

```
01  import java.awt.*;
02  import java.awt.event.*;
03  import java.net.*;
04  import java.io.*;
05  import javax.swing.*;
06  public class SocketScanEx extends JFrame
07      implements ActionListener, Runnable {
08      private JButton jbtn_scan;
09      private JTextField jtf_ip;
10      private JList jlist_result;
11      private JLabel jlabel_ip;
12      private DefaultListModel listmodel;
13      private int index;
14      private String ip;
15      public SocketScanEx(String message) {
16          super(message);
17          jbtn_scan = new JButton("스캔");
18          jlabel_ip = new JLabel("IP Address : ");
19          jtf_ip = new JTextField(10);
20          listmodel = new DefaultListModel();
21          jlist_result = new JList(listmodel);
22          jlist_result.setVisibleRowCount(10);
23
24          JPanel jpanel_south = new JPanel();
25          jpanel_south.add(jlabel_ip);
26          jpanel_south.add(jtf_ip);
27          jpanel_south.add(jbtn_scan);
28
29          jbtn_scan.addActionListener(this);
30          JScrollPane jsp = new JScrollPane(jlist_result);
31          add(jsp, BorderLayout.CENTER);
32          add(jpanel_south, BorderLayout.SOUTH);
33
34          pack();
```

```java
35          setVisible(true);
36          setDefaultCloseOperation(JFrame.DISPOSE_ON_CLOSE);
37      }
38
39      public void actionPerformed(ActionEvent ae) {
40          Object obj = ae.getSource();
41          if (obj == jbtn_scan) {
42              ip = jtf_ip.getText();
43              if (ip == null || ip.trim().length() == 0) {
44                  jtf_ip.requestFocusInWindow();
45                  jtf_ip.setText("");
46                  return;
47              } else {
48                  listmodel.insertElementAt(ip, index);
49                  jlist_result.setSelectedIndex(index);
50                  index++;
51                  Thread t = new Thread(this);
52                  t.start();
53              }
54          }
55      }
56      public void run() {
57          Socket s = null;
58          for (int i = 1; i < 65536; i++) {
59              try {
60                  s = new Socket(ip, i);
61                  listmodel.insertElementAt(i +
62                      "번 포트가 사용중입니다", index);
63                  jlist_result.setSelectedIndex(index);
64              } catch (IOException e) {
65                  listmodel.insertElementAt(i +
66                      "번 포트를 사용하지 않습니다.", index);
67                  jlist_result.setSelectedIndex(index);
68              }
69          }
```

```
70          }
71      public static void main(String[] args) {
72              JFrame.setDefaultLookAndFeelDecorated(true);
73              new SocketScanEx("Port Sanner");
74      }
75  }
```

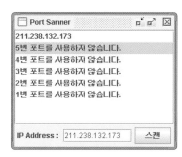

[그림 15-9] SocketScanEx의 실행결과

▶▶▶ 16행: JFrame의 title 이름을 지정한다.

20행: JList의 데이터를 처리하기 위한 DefaultListModel 객체를 생성한다.

21행: 20행에서 생성한 객체를 매개변수로 해서 JList 객체를 생성한다.

22행: JList의 화면에 데이터를 10개만 보여주도록 한다.

29행: 버튼에 이벤트를 등록한다.

36행: JFrame을 종료하기 위해서 X를 클릭하면 정상적으로 종료되지 않고 JFrame이 숨겨지게 된다. 그래서 모든 자원을 반납하고 종료할 수 있도록 JFrame 설정을 바꾼다.

40행: getSource( ) 메서드는 ActionEvent가 발생한 컴포넌트를 Object 타입으로 반환한다.

42행: JTextField에 입력한 값을 문자열로 반환한다.

43행: JTextField에 입력한 값이 아무것도 없거나 빈 공백일 경우다.

44행: JTextField에 초점을 놓이게 한다.

48행: DefaultListModel 객체(listmodel)에 ip를 추가한다. index는 0이기 때문에 JList의 첫 번째에 IP가 추가된다.

49행: JList의 첫 번째 데이터를 선택하도록 한다. JList의 데이터는 0부터 시작한다. 따라서 프로그램이 실행되면 ip가 선택된다.

50행: index를 증가하는 이유는 두 번째 데이터를 선택하기 위한 것이다.

51행~52행: 스레드를 생성하여 시작한다.

56행: 스레드를 시작하면 run( ) 메서드가 수행된다.

60행: 만약, Socket 객체가 생성되면 호스트와 연결됐다는 의미이기 때문에 해당 호스트의 포트를 사용하고 있다는 의미가 된다. 하지만 여기서 예외가 발생한다면 포트를 사용하지 않는다는 의미가 된다.

61행~62행: 포트를 사용하고 있다면 DefaultListModel 객체(listmodel)에 "XXX번 포트가 사용 중 입니다." 문자열을 추가한다.

65행~66행: port를 사용하지 않는다면 DefaultListModel 객체(listmodel)에 "XXX번 포트를 사용하지 않습니다." 문자열을 추가한다.

Socket 클래스의 주요 메서드

Socket 객체를 생성했다면 아래의 메서드를 이용하여 다양한 정보를 살펴 볼 수 있다. 여기서는 주요 메서드를 살펴보고 이를 좀더 구체적으로 알아볼 것이다.

[표 15-8] Socket 클래스의 주요 메서드

생성자	메서드	설명	
void	close( )	소켓 객체를 닫는다.	
InetAddress	getInetAddress( )	소켓 객체를 InetAddress 객체로 반환한다.	
InputStream	getInputStream( )	소켓 객체로부터 입력할 수 있는 InputStream 객체를 반환한다.	
InetAddress	getLocalAddress( )	소켓 객체의 로컬 주소를 반환한다.	
int	getPort( )	소켓 객체의 포트를 반환한다.	
boolean	isClosed( )	소켓 객체가 닫혀있으면 true를, 열려있으면 false를 반환한다.	
	isConnected( )	소켓 객체가 연결되어 있으면 true, 연결되어 있지 않으면 false를 반환한다.	
void	setSoTimeout(int timeout)	소켓 객체의 시간을 밀리 세컨드로 설정한다.	

소켓을 이용한 입출력 스트림 생성

TCP 소켓은 두 개의 네트워크 사이에서 바이트 스트림 통신을 제공한다. Socket 클래스에는 바이트를 읽기 위한 메서드와 쓰기 위한 메서드를 제공하고 있다. 이 두 가지 메서드를 이용해서 클라이언트와 서버간에 통신을 할 수 있다. 반드시 알아야 할 부분은 여기서 나오는 바이트 스트림과 로컬에서 사용하는 스트림은 다르다는 것이다. 14장에서 배운 스트림은 로컬 스트림이었다. 다시 말해, 로컬에서만 쓰고 읽을 수 있는 스트림인 반면에 여기서 나오는 스트림은 네트워크에서 쓰고 읽을 수 있는 스트림이라는 것이다.

다시 한번 정리한다면 14장에서 배운 스트림은 로컬 스트림이고, Socket 클래스를 이용한 스트림은 네트워크 스트림이다.

아래의 내용은 Socket 클래스에서 스트림을 생성할 수 있는 메서드다.

```
java.io.InputStream getInputStream() throws IOException;
java.io.OutputStream getOutputStream() throws IOException;
```

그리고 다음은 소켓 클래스와 스트림 메서드를 이용한 간단한 코드다.

```
try{
    Socket socket = new Socket("211.238.132.50",4000);
    InputStream in = socket.getInputStream();
    OutputStream out = socket.getOutputStream();
}catch(UnknowHostException ukhe){
    ukhe.printStackTrace();
}catch(IOException ioe){
    ioe.printStackTrace();
}
```

소켓 정보

Socket 클래스에서는 로컬의 IP 주소와 포트를 알 수 있는 메서드와 Socket으로 연결되어 있는 원격 호스트의 IP 주소와 포트를 알 수 있는 메서드를 제공하고 있다. 메서드의 이름만으로도 충분히 각자의 역할을 알 수 있을 것이다.

```
public InetAddress getInetAddress() throws IOException;
```

위의 메서드는 원격 호스트의 IP 주소를 알 수 있는 메서드다.

```
public int getPort() throws IOException;
```

위의 메서드는 원격 포트를 알 수 있는 메서드다.

```
public InetAddress getLocalAddress() throws IOException;
```

위의 메서드는 로컬 IP 주소를 알 수 있는 메서드다.

```
public int getLocalPort() throws IOException;
```

위의 메서드는 로컬 포트를 알 수 있는 메서드다.

실제로 클라이언트에서는 서버의 IP 주소나 포트번호를 알 필요가 거의 없다. 설령 알고 싶다면 Socket 클래스를 생성할 때 서버 IP 주소를 사용하기 때문에 얼마든지 알아낼 수 있다. 하지만 서버쪽에서는 어떤 클라이언트가 접속을 했는지 각각의 클라이언트의 IP 주소는 어떻게 되는지를 알아야 할 때가 있다. 서버에서 각각의 클라이언트의 IP 주소를 알아내는 유일한 방법은 Socket 클래스의 getInetAddress( ) 메서드를 이용하는 것이다.

소켓 종료

소켓은 시스템에 의해 자동으로 종료되는 경우가 있다. 예를 들어, 프로그램이 종료되거나, 가비지 컬렉터에 의해 처리되는 경우에 소켓이 자동으로 종료된다. 하지만 소켓이 시스템에 의해 자동으로 닫히는 것은 바람직하지 않다. 예를 들어, 가비지 컬렉터가 소켓을 자동으로 닫기 전에 더 이상 소켓을 열 수 없는 경우도 생길 수 있기 때문이다.

소켓의 사용이 끝나면 연결을 끊기 위해서는 소켓의 close( ) 메서드를 호출해야 한다. 그리고 소켓을 닫는 코딩은 일반적으로 finally 블록에서 처리한다. 아울러 close( ) 메서드는 IOException을 가지기 때문에 예외처리를 해줘야 한다.

```
Socket s = null;
try{
    s = new Socket("www.sist.co.kr",80);
}catch(UnknowHostException uhe){
    uhe.printStackTrace();
}finally{
    try{
        if(s != null) s.close();
    }catch(IOException ioe){
        ioe.printStackTrace();
    }
}
```

소켓이 닫히더라도 getInetAddress( ), getPort( ) 등의 메서드는 사용할 수 있으나 getInputStream( ), getOutputStream( )을 사용하게 되면 IOException을 발생시킨다.

❹ TCP Server Socket

클라이언트와의 TCP 연결을 받기 위해서는 java.net.ServerSocket 클래스의 객체를 생성해야 하는데, ServerSocket 클래스가 바로 TCP 서버 소켓을 의미한다. ServerSocket 클래스는 네트워크 통신을 수행하기 위해 자신을 바로 사용하는 것이 아니라 클라이언트의 TCP 연결 요청에 대한 java.net.Socket 객체를 생성하는 역할을 한다. 참고로 [그림 15-9]를 살펴보자.

ServerSocket 객체를 생성했다면 ServerSocket 클래스의 accept( ) 메서드는 클라이언트의 TCP 요청이 있을 때까지 블로킹되는 메서드다. 클라이언트에서 서버의 IP와 포트를 통해 Socket이 생성되면 해당 IP로 접근하여 지정된 포트번호가 열렸는지 확인한다. 만약, 지정된 포트번호가 열려 있다면 ServerSocket의 accept( ) 메서드를 통해 접속을 승인한다. accept( ) 메서드는 이를 놓치지 않고 받아내며 유실되지 않도록 관리하기 시작한다. 그런 후에 다른 클라이언트의 TCP 요청을 기다리게 되므로 일반적으로 accept( ) 메서드는 무한 루프 블록 안에 존재하게 되고, 스레드 뿐만 아니라 입출력 스트림과 함께 하나의 객체로 디자인하여 자바 컬렉션으로 유지해야 한다.

만약, Socket 객체를 유지하지 못하게 되면 Socket 객체가 소멸되기 때문에 클라이언트는 지속적으로 메시지를 보낼 수 없고 단 한번의 메시지만 보낼 수 있다.

ServerSocket 클래스의 생성자

서버 소켓 생성자는 TCP 포트번호를 인자로 받는다. 만약, 기존의 TCP 포트번호가 사용(binding) 중이라면 java.io.IOException을 발생시킨다. 이제 서버 소켓 생성자를 살펴보자.

[표 15-9] ServerSocket 클래스의 주요 생성자

생성자	설명
ServerSocket(int port)	port를 이용하여 ServerSocket 객체를 생성한다.

그리고 생성자를 구체적으로 살펴보면 다음과 같다.

```java
public ServerSocket(int port) throws IOException,
SecurityException;
```

포트번호는 잘 알려진 포트번호를 제외하는 것이 바람직하다. 윈도우 기반에서는 잘 알려진 포트번호를 사용하는 것에 어떤 제한도 없지만, 유닉스 기반에서는 잘 알려진 포트번호를 사용할 수 없다는 것도 고려해야 할 점이다. 일반적으로 ServerSocket 객체를 생성하는 방법은 아래와 같다.

```java
ServerSocket servers = null;
try{
serverS = new ServerSocket(4000);
}catch(IOException ioe){
ioe.printStackTrace();
System.exit(0);
}
```

ServerSocket을 이용해서 현재 시스템의 열린 포트번호를 알아보는 간단한 프로그램을 작성해보자.

예제 **15-5**	ServerSocketScanEx

```java
01    import java.awt.*;
02    import java.awt.event.*;
03    import java.net.*;
04    import javax.swing.*;
05    public class ServerSocketScanEx extends JFrame
06          implements ActionListener, Runnable{
07          private JButton jbtn_scan;
08          private JTextField jtf_ip;
09          private JList jlist_result;
10          private JLabel jlabel_ip;
11          private DefaultListModel listmodel;
12          private int index;
13          private String ip;
14          public ServerSocketScanEx(String message){
```

```
15              super(message);
16              jbtn_scan = new JButton("서버 스캔");
17              listmodel = new DefaultListModel();
18              jlist_result = new JList(listmodel);
19              jlist_result.setVisibleRowCount(10);
20
21              JPanel jpanel_south = new JPanel();
22              jpanel_south.add(jbtn_scan);
23
24              jbtn_scan.addActionListener(this);
25              JScrollPane jsp = new JScrollPane(jlist_result);
26              add(jsp,BorderLayout.CENTER);
27              add(jpanel_south,BorderLayout.SOUTH);
28
29              pack();
30              setVisible(true);
31              addWindowListener(new WindowAdapter(){
32                      public void windowClosing(WindowEvent we){
33                              System.exit(0);
34                      }
35              });
36      }
37      public void actionPerformed(ActionEvent ae){
38              Object obj = ae.getSource();
39              if(obj == jbtn_scan){
40                      listmodel.insertElementAt(ip,index);
41                      jlist_result.setSelectedIndex(index);
42                      //jlist_result.ensureIndexIsVisible(index);
43                      index++;
44                      Thread t = new Thread(this);
45                      t.start();
46              }
47      }
48      public void run(){
49              ServerSocket s = null;
```

```
50              for(int i=1;i<65536;i++){
51                  try{
52                      s = new ServerSocket(i);
53                  }catch(java.io.IOException e){
54                      listmodel.insertElementAt(i+
55                              "번 포트가 사용중입니다",index);
56                      jlist_result.setSelectedIndex(index);
57                  }
58              }
59              listmodel.insertElementAt("서버 스캔이 끝났습니다.",index);
60              jlist_result.setSelectedIndex(index);
61          }
62      public static void main(String[] args){
63          JFrame.setDefaultLookAndFeelDecorated(true);
64          new ServerSocketScanEx("ServerPort Sanner");
65      }
66  }
```

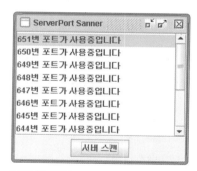

[그림 15-10] ServerSocketScanEx의 실행결과

▶▶▶ 52행: 만약, ServerSocket 객체가 생성되면 로컬 시스템의 어떤 프로세스도 해당 포트번호를 사용하지 않는다는 의미다. 하지만 여기서 예외가 발생한다면 로컬 시스템의 특정 프로세스가 포트를 사용한다는 의미가 된다.

54행~55행: 로컬 시스템의 특정 프로세스가 포트를 사용하고 있다면 DefaultListModel 객체(listmodel)에 "XXX번 포트가 사용중입니다"라는 문자열을 추가한다. 그리고 포트를 사용하지 않다면 DefaultListModel 객체(listmodel)에 "XXX번 포트가 사용중입니다."라는 문자열을 추가한다.

ServerSocket 클래스의 주요 메서드

ServerSocket 클래스의 가장 중요한 메서드는 accept( ) 메서드이며, accept( ) 메서드의 시간을 설정할 수 있는 메서드와 이외에 ServerSocket 객체를 종료할 수 있는 메서드와 서버의 포트번호를 알 수 있는 메서드 등이 있다. 여기서는 전반적인 메서드를 살펴보고 이를 좀더 구체적으로 살펴보도록 하겠다.

[표 15-10] ServerSocket 클래스의 주요 메서드

반환형	메서드	설명
Socket	accept( )	클라이언트의 Socket 객체가 생성될 때까지 블로킹되는 메서드다. 클라이언트의 Socket 객체가 생성되면 서버에서 클라이언트와 통신할 수 있는 Socket 객체를 반환하게 된다.
void	close( )	ServerSocket 객체를 닫는다.
int int	getLocalPort( )	ServerSocket 객체가 청취하고 있는 포트번호를 반환한다.
	getSoTimeout( )	ServerSocket 클래스의 accept( ) 메서드가 유효할 수 있는 시간을 밀리 세컨드로 반환한다. 만약, 0이면 무한대를 의미한다.
boolean	isClosed()	ServerSocket 객체의 닫힌 상태를 반환한다.
void	setSoTimeout(int timeout)	ServerSocket 클래스의 accept( ) 메서드가 유효할 수 있는 시간을 밀리 세컨드로 설정해야 한다. 만약, 시간이 지나면 java.net.SocketTimeoutException 예외가 발생하는데, 이 예외가 발생하더라도 ServerSocket 객체는 계속 유효하다.

ServerSocket 연결 받기

서버 소켓의 주요 작업은 들어오는 연결 요청들을 수신하고 각 요청을 java.net.Socket 객체를 생성하는 것이다. 이런 역할을 수행하는 것이 ServerSocket 클래스의 accept( ) 메서드다. 클라이언트에 들어오는 요청이 없다면 요청이 올 때까지 accept( ) 메서드는 블록화되거나 타임아웃이 되면 종료된다.

accept( ) 메서드의 형식은 아래와 같다.

```
Socket accept() throws IOException, SecurityException;
```

accept( ) 메서드는 일반적으로 무한루프로 처리한다. 클라이언트의 TCP 요청이 오면 accept( ) 메서드를 통해 java.net.Socket 클래스의 객체를 생성한 후에 다른 클라이언트

의 TCP 요청이 기다리게 되기 때문에 accept( ) 메서드를 무한루프로 처리해야 한다. 또한 accept( ) 메서드에 의해 리턴된 java.net.Socket 클래스의 객체는 스레드로 처리하여 계속 유지시킬 수 있게 한다.

다음의 예는 accept( )의 일반적인 코딩 방법이다.

```
try{
ServerSocket server = new ServerSoket(4000);
}catch(IOException ioe){
    ioe.printStackTrace();
    System.exit(0);
}
while(true){
    try{
Socket s = server.accept();
    }catch(IOException ioe){
        ioe.printStackTrace();
    }
}
```

ServerSocket 정보

ServerSocket 클래스에서는 서버의 포트를 알 수 있는 메서드를 제공한다. 서버의 포트를 알 수 있는 메서드는 아래와 같다.

```
public int getLocalPort();
```

또한 accept( ) 메서드의 시간을 설정할 수 있는 메서드와 시간을 알 수 있는 메서드를 제공하고 있다. 그리고 accept( ) 메서드의 시간을 설정하는 메서드는 아래와 같은데, 시간을 정할 때는 밀리 세컨드로 설정한다.

```
public void setSoTimeout(int timeout) throws SocketException
```

accept( ) 메서드의 시간을 알 수 있는 메서드는 아래와 같다. 만약 0을 반환한다면 accept( ) 메서드의 유효시간은 무한대를 의미한다.

```
public int getSoTimeout() throws IOException
```

서버 소켓의 종료

java.net.Socket 클래스의 종료처럼 서버 소켓의 종료는 close( ) 메서드로 간단하게 종료할수 있다. 서버 소켓 클래스의 close( ) 메서드를 살펴보자.

```
public void close() throws IOException;
```

Socket과 ServerSocket을 이용한 간단한 에코 프로그램 만들기

이 예제는 클라이언트와 서버를 만들어서 클라이언트에서는 Socket 클래스를 사용하고 서버에서는 ServerSocket 클래스를 이용한다. 클라이언트는 메시지를 한 번만 전송할 수 있다. 만약, 클라이언트가 계속 메시지를 전송하기 위해서는 서버쪽에 스레드를 생성해야 한다. 서버쪽에 스레드를 생성하는 예제는 다음 절에서 다루도록 하겠다.

그럼 예제에 앞서 [그림 15-9]를 참조하도록 하자. 일반적으로 클라이언트와 서버 프로그램 방식은 아래의 그림처럼 작성한다면 좀더 쉽게 이해할 수 있을 것이다.

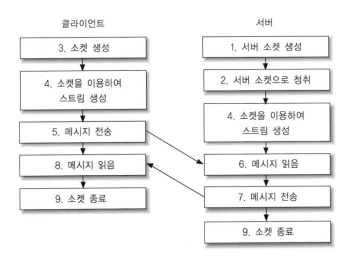

[그림 15-11] 클라이언트와 서버의 흐름도

[그림 15-11]을 간단하게 알아보자. 서버는 서버 소켓 객체를 생성하여 accept( ) 메서드로 클라이언트의 접속을 기다린다. 클라이언트가 Socket 객체를 생성하게 되면 서버와 클라이언트는 TCP 커넥션이 이루어지게 된다. 이때 서버에서 accept( ) 메서드에 의해 Socket 객

체가 생성된다. 따라서 클라이언트 소켓 객체와 서버의 소켓 객체간에 통신을 하게 된다. 그리고 각각의 소켓 객체를 이용하여 입출력 스트림을 생성한 후 데이터를 전송하고 수신하게 된다.

우선 EchoServer.java 파일을 생성하고, EchoClient.java 파일을 작성한 후에 EchoServer를 먼저 실행시킨 후 EchoClient를 실행하면 된다.

예제 15-6   EchoServer

```
01  import java.io.*;
02  import java.net.*;
03  public class EchoServer{
04      private BufferedReader bufferR;
05      private BufferedWriter bufferW;
06      private InputStream is;
07      private OutputStream os;
08      private ServerSocket serverS;
09      public EchoServer(int port){
10          try{
11              serverS = new ServerSocket(port);
12          }catch(IOException ioe){
13              ioe.printStackTrace();
14              System.exit(0);
15          }
16          while(true){
17              try{
18                  System.out.println("클라이언트의 요청을 기다리는 중");
19                  Socket tcpSocket = serverS.accept();
20                  System.out.println("클라이언트의 IP 주소 : "+
21                  tcpSocket.getInetAddress().getHostAddress());
22                  is = tcpSocket.getInputStream();
23                  os = tcpSocket.getOutputStream();
24                  bufferR = new BufferedReader(
25                  new InputStreamReader(is));
26                  bufferW = new BufferedWriter(
```

```
27                             new OutputStreamWriter(os));
28                    String message = bufferR.readLine();
29                    System.out.println("수신메시지 : "+ message);
30                    message += System.getProperty("line.separator");
31                    bufferW.write(message);
32                    bufferW.flush();
33                    bufferR.close();
34                    bufferW.close();
35                    tcpSocket.close();
36                }catch(IOException ioe){
37                    ioe.printStackTrace();
38                }
39            }
40        }
41    public static void main(String[] args){
42            new EchoServer(3000);
43        }
44 }
```

▷ ▶ ▶ 11행: ServerSocket 객체를 3,000번 포트번호를 이용하여 생성한다.

19행: accept( ) 메서드를 이용하여 클라이언트의 TCP 커넥션을 기다리고 있다. TCP 커넥션이란 클라이언트에서 Socket 객체를 생성하는 것을 말한다.

20행~21행: 클라이언트의 IP 주소를 반환한다.

22행: Socket 객체를 이용해서 바이트 입력 스트림을 생성한다.

23행: Socket 객체를 이용해서 바이트 출력 스트림을 생성한다.

24행~25행: 바이트 입력 스트림을 InputStreamReader 객체로 변환한 후에 다시 Buffered Reader 객체로 변환했다. 이렇게 스트림을 연결한 이유는 바이트 입력 스트림으로는 한 줄을 읽을 수 없기 때문에 한 줄을 읽을 수 있는 BufferedReader 클래스로 변환한 것이다.

26행~27행: 바이트 출력 스트림을 OutputStreamWriter 객체로 변환한 후에 다시 Buffered Writer 객체로 변환했다. 바이트 출력 스트림으로는 문자열을 쓸 수 없기 때문에 문자열을 쓸 수 있는 BufferedWriter 클래스로 연결한 것이다.

28행: readLine( ) 메서드는 한 줄을 읽을 수 있는 메서드다.

30행: 현재 시스템에서 한 줄의 끝을 표시할 수 있는 문자를 반환한다. 모든 운영체제는 한 줄을 표
시하는 문자가 다르기 때문에 어떤 운영체제에서도 동작하게 만들려면 반드시 30행처럼 표현해
야 한다.

31행: BufferedWriter 클래스의 write(String message) 메서드를 이용하여 문자열을 출력한다.

예제 **15-7**　EchoClient

```java
01  import java.io.*;
02  import java.net.*;
03  public class EchoClient {
04      private String ip;
05      private int port;
06      private String str;
07      BufferedReader file;
08      public EchoClient(String ip, int port) throws IOException {
09          this.ip = ip;
10          this.port = port;
11          Socket tcpSocket = getSocket();
12          OutputStream os_socket = tcpSocket.getOutputStream();
13          InputStream is_socket = tcpSocket.getInputStream();
14
15          BufferedWriter bufferW = new BufferedWriter(
16              new OutputStreamWriter(os_socket));
17          BufferedReader bufferR = new BufferedReader(
18              new InputStreamReader(is_socket));
19          System.out.print("입력 : ");
20          file = new BufferedReader(
21              new InputStreamReader(System.in));
22          str = file.readLine();
23          str += System.getProperty("line.separator");
24          bufferW.write(str);
25          bufferW.flush();
```

```
26              str = bufferR.readLine();
27              System.out.println("Echo Result : " + str);
28
29              file.close();
30              bufferW.close();
31              bufferR.close();
32              tcpSocket.close();
33          }
34      public Socket getSocket() {
35          Socket tcpSocket = null;
36          try {
37              tcpSocket = new Socket(ip, port);
38          } catch (IOException ioe) {
39              ioe.printStackTrace();
40              System.exit(0);
41          }
42          return tcpSocket;
43      }
44      public static void main(String[] args) throws IOException {
45          new EchoClient("localhost", 3000);
46      }
47  }
```

Problems | Javadoc | Declaration | ■ Console ✕

EchoClient [Java Application] C:\jdk5\bin\javaw.exe (2005. 6. 29 오후 5:02:48)

입력 : 안녕하세요...

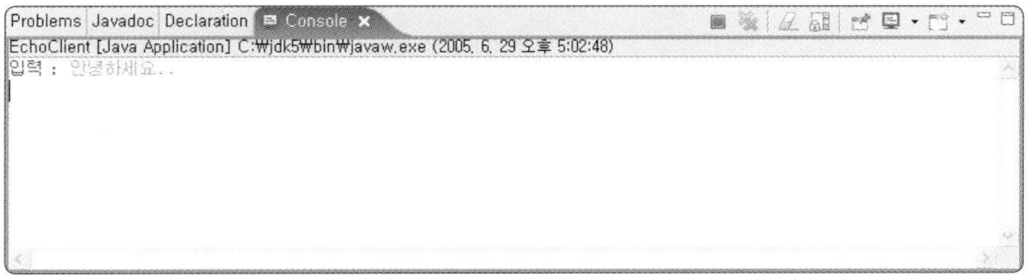

[그림 15-12] EchoClient 실행결과 (1)

[그림 15-13] EchoClient 실행결과 (2)

서버를 먼저 실행시키고 클라이언트를 실행했을 때 콘솔창에서 바로 입력하면 된다.

▶▶▶ 11행: Socket 객체를 생성한다. Socket 객체가 생성되면 서버와 TCP 커넥션이 이루지게 된다. 그리고 서버의 accept( ) 메서드는 클라이언트와 통신할 수 있는 Socket 객체를 반환하게 된다. 따라서 클라이언트의 Socket 객체와 서버의 Socket 객체가 각각의 스트림을 이용하여 통신할 수 있게 된다.

12행: Socket 객체로 바이트 입력 스트림을 생성한다.

13행: Socket 객체로 바이트 출력 스트림을 생성한다.

20행~21행: 키보드로 입력한 값을 한 줄로 읽기 위한 BufferedReader 객체를 생성한다.

22행: 키보드로 입력한 값을 한 줄로 읽어서 문자열로 반환한다.

23행: 22행에서 반환된 문자열을 서버로 전송하기 위해서는 문자열을 보내기 전에 한 줄의 끝을 표시해서 전송해야 한다.

26행: 서버에서 클라이언트로 출력한 문자열을 한 줄로 읽는다.

UDP

우리는 5절에서 TCP 프로토콜을 사용하여 네트워크 프로그램을 작성했다. TCP는 데이터의 신뢰성이 있고, 패킷 정렬을 한다는 특징이 있다. 데이터의 신뢰성은 전송 도중 손상되거나 손실이 되면 테이터를 다시 전송하도록 하여 데이터의 손실을 막아줄 수 있고, 패킷 정렬(Packet Ordering)이라는 것은 패킷의 순서가 무분별하게 도착하면 TCP는 패킷을 제대로 된 순서대로 정리한다.

TCP의 또 다른 특징은 TCP로 전송된 데이터가 빠른 네트워크 속도 때문에 데이터의 혼잡과 손실이 발생할 경우 TCP는 속도를 줄여 이런 상황을 미연에 방지하게 된다. 그래서 TCP 프로토콜을 사용하는 프로그램에서는 데이터의 손실이나 데이터의 순서에 대해서 전혀 고려하지 않아도 된다는 것이다. 하지만 이에는 반드시 반대 급부가 있기 마련이다. 다시 말해서 TCP의 연결을 맺고 끊는 데 많은 시간이 걸린다는 것이다.

UDP(User Datagram Protocol)는 비연결지향이고, IP 위의 매우 얇은 레이어로 구성되어 있다. UDP를 사용하는 애플리케이션은 TCP 프로그램에 비해 제어할 수 있는 부분이 적고, UDP 데이터를 전송할 때에는 데이터가 잘 도착했는지 알아낼 방법이 없으며, 데이터를 보낸 순서대로 도착한다는 보장도 할 수 없다. 하지만 UDP는 TCP에 비해 훨씬 빠르게 전달된다는 장점이 있다.

❶ UDP 데이터그램

UDP 데이터그램의 구조를 파악하는 이유는 UDP의 내부적 구조를 이해함으로써 UDP 상황에 맞는 프로그램을 개발할 목적이 있기 때문이다. 그럼 UDP 데이터그램의 구조를 먼저 살펴보자.

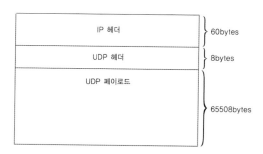

[그림 15-14] UDP 데이터그램의 구조

UDP는 IP 내의 레이어다. 따라서 데이터그램은 IP 헤더로 시작한다. IP 헤더는 패킷의 발신자와 목적지 주소, 길이, 헤더 체크섬, TTL(time-to-live) 그리고 다른 IP 옵션들이 포함된다. IP 헤더는 고정 부분과 가변적 부분으로 나누는데, 고정 부분은 20바이트의 길이를 가질 수 있고, 가변적인 옵션 부분은 40바이트까지의 길이를 갖는다. 그러므로 IP 헤더는 60바이트의 길이를 가질 수 있다.

UDP 헤더는 발신지 포트와 목적지 포트, 헤더를 포함하는 길이, 체크섬으로 구성되어 있다. UDP 페이로드(payload)에는 실제 데이터가 전송되는 공간이므로 실제 데이터가 들어가 있다. 그렇지만 UDP 페이로드가 가질 수 있는 공간은 전체 공간(65536)에서 최소 IP 헤더(20) 부분을 제외하고, UDP 헤더를 제외하면 최대 65508바이트가 될 수 있다. 그러나 이렇게 큰 패킷 크기를 대부분의 프로토콜에서는 지원하지 않는다.

IP 표준은 모든 IP 게이트웨이가 최소한 576바이트 길이의 데이터그램들을 전달할 수 있어야 한다고 정의한다. UDP 데이터그램은 총 576바이트에서 IP 헤더(20~60)와 UDP 헤더(8)를 제외하면 508바이트에서 548바이트의 UDP 페이로드값을 갖게 된다. 따라서 UDP로 만든 애플리케이션에서는 512바이트로 제한하는 경우가 많다.

❷ DatagramPacket 클래스

UDP 데이터그램은 java.net.DatagramPacket 클래스로 추상화한 것이다. Datagram Packet 클래스는 애플리케이션에서 주고받을 데이터와 관련된 클래스이고, Datagram Socket 클래스는 실제 데이터의 전송을 책임지게 된다. DatagramPacket 클래스는 데이터를 송신하기 위한 기능과 수신을 하기 위한 기능으로 분리된다. 따라서 생성자에서도 두 가지 기능을 분리하여 각각 제공하고 있다.

DatagramPacket 클래스의 생성자

DatagramPacket의 생성자는 데이터를 보내기 위한 생성자와 데이터를 받기 위한 생성자, 두 가지로 구분된다. 여기서 DatagramPacket의 생성자를 살펴보자.

[**표 15-11**] DatagramPacket 클래스의 주요 생성자

생성자	설명
DatagramPacket(byte[] buf, int length)	데이터를 수신하기 위한 생성자로 바이트 배열 buf의 length만큼 저장한다.
DatagramPacket(byte[] buf, int length, InetAddress address, int port)	데이터를 송신하기 위한 생성자로 address와 port로 바이트 배열 buf의 length만큼 저장한다.
DatagramPacket(byte[] buf, int offset, int length)	데이터를 수신하기 위한 생성자로 바이트 배열 buf의 offset 위치에서 length 만큼 저장한다.
DatagramPacket(byte[] buf, int offset, intlength, InetAddress address, int port)	데이터를 송신하기 위한 생성자로 address와 port로 바이트 배열 buf의 offset 위치에서 length만큼 저장한다.

DatagramPacket 클래스는 두 가지 종류의 생성자를 제공하고 있다. 첫 번째는 송신을 위한 생성자이고, 두 번째는 수신을 하기 위한 생성자다. UDP는 Socket 프로그램처럼 stream으로 통신하는 것이 아니라 UDP 데이터그램을 통해 송수신한다. 그래서 두 종류의 생성자를 제공하고 있는 것이다. 송신을 하기 위한 생성자는 [표 15-11]에서처럼 두 가지로 제공한다.

```
DatagramPacket
(byte[] buf, int length, InetAddress address, int port)
DatagramPacket
(byte[] buf,int offset,int length,InetAddress address,int port)
```

위 두 가지 생성자는 송신을 하기 위한 DatagramPacket 생성자로서 송신할 데이터를 buf로 처리하는데, 송신하기 위한 주소와 포트를 가지고 있다. 간단한 예제 코드를 살펴보자.

```
try{
    String message="hello";
    InetAddress ia = InetAddress.getByName("localhost");
```

```
    byte buffer[] = message.getBytes();
    DatagramPacket dp = new DatagramPacket(
    buffer,buffer.length,ia,PORT);
}catch(IOException ioe){
    ioe.printStackTrace();
}
```

수신을 하기 위한 생성자도 두 가지로 제공한다.

```
DatagramPacket(byte[] buf, int length)
DatagramPacket(byte[] buf, int offset, int length)
```

송신된 DatagramPacket을 수신할 수 있는 DatagramPacket으로 처리하기 위해서 필요한
생성자다. 그렇지만 송신을 위한 생성자와는 달리 주소와 포트를 가지고 있지 않다는 점도
특징이다. 당연히 송신용 DatagramPacket은 송신할 IP 주소와 포트를 알아야 하지만 수신
쪽에서는 송신에서 보낸 DatagramPacket을 단순히 수신용 DatagramPacket으로 만들어
야 하기 때문이다.

DatagramPacket 클래스의 메서드

이 클래스에는 IP 헤더에 출발지 주소와 목적지 주소를 설정하거나 주소를 얻어오는 메서드,
출발지 포트와 목적지 포트를 설정하거나 얻어오는 메서드 등 다양한 메서드를 가지고 있다.

[표 15-12] DatagramPacket 클래스의 주요 메서드

반환형	메서드	설명	
InetAddress	getAddress()	데이터그램에 대한 목적지 또는 출발지 주소를 반환한다	
byte[]	getData()	버퍼에 들어있는 실제 데이터를 바이트 배열로 반환한다.	
int	getLength()	버퍼에 들어있는 실제 데이터의 길이를 반환한다.	
	getOffset()	버퍼에 들어있는 실제 데이터의 시작 위치를 반환한다.	
	getPort()	데이터그램에 대한 목적지 또는 출발지 포트를 반환한다.	
void	setAddress InetAddress iaddr)	데이터그램을 보낸 호스트 주소를 설정한다.	
	setData(byte[ ] buf)	버퍼에 들어있는 실제 데이터를 바이트 배열 buffer로 설정한다.	

void	setData(byte[ ] buf, int offset, int length)	버퍼에 들어있는 실제 데이터를 바이트 배열 buffer의 offset 위치에서 length만큼 설정한다.
	setLength(int length)	버퍼에 들어있는 실제 데이터의 길이를 설정한다.
	setPort(int port)	데이터그램에 대한 목적지 또는 출발지 포트를 설정한다.

주요 메서드를 정리하면 데이터그램에 대한 목적지 또는 출발지 주소와 포트를 얻어올 수 있는 메서드를 제공한다.

```
public InetAddress getAddress()
public int getPort()
```

DatagramPacket 클래스는 페이로드(실제 데이터)에 접근하는 세 가지 메서드를 제공하고 있다.

```
public byte[] getData()
public int getOffset()
public int getLength()
```

getOffset( )과 getLength( ) 메서드는 페이로드를 포함하는 버퍼의 범위를 반환하는 반면, getData( ) 메서드는 실제 버퍼를 반환한다. 여기서 getLength( ) 메서드의 의미는 버퍼의 크기를 반환하는 것이 아니라 버퍼에 들어는 실제 데이터의 길이를 반환한다.

DatagramPacket 클래스의 객체를 만들 때 IP 주소와 포트를 지정하지 않았다면 이를 별도로 지정할 수 있는 메서드를 제공하고 있다.

```
public void setAddress(InetAddress iaddr): 패킷의 목적지를 바꾼다.
public void setPort(int port): 패킷의 목적지 포트를 변경한다.
```

DatagramPacket 클래스의 데이터 버퍼를 변경할 수 있는 setData( ) 메서드를 사용할 수 있다.

```
public void setData(byte[] buf)
public void setData(byte[] buf, int offset, int length)
```

첫 번째 setData(byte[ ] buf) 메서드는 바이트 배열에 길이만큼 데이터그램의 페이로드를 설정한다. 두 번째 setData(byte[ ] buf, int offset, int length) 메서드는 바이트 배열의 길이만큼 데이터그램의 페이로드를 설정하는데, 모든 바이트 배열의 길이를 설정하는 게 아니라 특정 부분을 설정할 수 있다. 다시 말해서 offset의 의미는 바이트 배열의 시작 위치를 말하고, length는 바이트 배열의 길이를 의미하는데, 여기서 주의할 점은 offset+length가 buffer 길이를 초과하게 되면 IllegalArgumentException 예외가 발생하게 된다는 것이다.

❸ DatagramSocket 클래스

TCP 스트림 소켓과 달리 서버와 클라이언트 데이터그램 소켓 사이에는 차이가 없으며 모든 데이터그램 소켓은 데이터그램을 전송할 뿐만 아니라 수신에서 사용할 수 있다. 이 차이의 이유는 스트림 소켓은 하나의 스트림에 연결되지만 데이터그램 소켓은 다중의 목적지로부터 수신하고 다중의 목적지로 전송하는 데 사용할 수 있기 때문이다.

DatagramSocket 클래스의 생성자

모든 DatagramSocket 객체는 데이터그램을 수신하기 위해서 사용될 수 있기 때문에 로컬 호스트 내의 유일한 UDP 포트와 연관되어 있다.

DatagramSocket 생성자는 모두 5개를 제공하고 있는데, 주요 생성자를 살펴보면 DatagramSocket 클래스 역시 DatagramPacket 클래스와 마찬가지로 데이터그램을 보내기 위한 생성자와 받기 위한 생성자로 구성되어 있다.

[표 15-13] DatagramSocket 클래스의 주요 생성자

생성자	설명
DatagramSocket()	할당된 특정한 포트번호가 중요하지 않다면 사용 가능한 임시 UDP 포트로 소켓을 생성하여 DatagramSocket 객체를 생성한다.
DatagramSocket(int port)	매개변수 포트로 소켓을 생성하여 DatagramSocket 객체를 생성한다.
DatagramSocket(int port, InetAddress iaddr)	매개변수 port와 iaddr로 소켓을 생성하여 DatagramSocket 객체를 생성한다.

DatagramSocket 클래스의 주요 메서드

DatagramSocket 클래스의 주요 메서드 기능은 DatagramPacket을 보내거나 받을 수 있는 메서드를 제공하는 것이다.

[표 15-14] DatagramSocket 클래스의 주요 메서드

반환형	메서드	설명
void	send(DatagramPacket dp)	UDP 데이터그램(dp)을 전송하는 메서드다.
	receive(DatagramPacket dp)	UDP 데이터그램을 받아서 이미 존재하는 DatagramPacket 객체인 dp에 저장한다.
	close( )	데이터그램 소켓이 점유하고 있는 포트를 자유롭게 놓아준다.
int	getLocalPort( )	현재 소켓이 데이터그램을 기다리고 있는 로컬 포트가 몇 번인지를 리턴한다.
void	connect(InetAddress address, int port)	DatagramSocket이 지정된 호스트의 지정된 포트하고만 패킷을 주고받을 것이라고 정한다.
	disconnect( )	현재 연결된 DatagramSocket의 연결을 끊는다. 연결이 끊기면 아무것도 하지 못하게 된다.
int	getPort( )	DatagramSocket이 연결되어 있다면 소켓이 연결되어 있는 원격지 포트번호를 반환한다.
InetAddress	getInetAddress( )	DatagramSocket이 연결되어 있다면 소켓이 연결되어 있는 원격지 주소를 반환한다.

❹ DatagramPacket과 DatagramSocket을 이용한 에코 프로그램

Socket에서 살펴본 클라이언트와 서버 에코 프로그램을 UDP를 이용해서 만들어 보기로 하자. 다음 절에 배우겠지만 아직은 스레드를 사용하지 않기 때문에 여기서는 클라이언트는 단한번의 메시지를 전송해서 서버로부터 다시 데이터를 받아 처리하는 에코 프로그램을 작성할 것이다.

```java
01   import java.net.*;
02   import java.io.*;
03   public class UDPEchoServer {
04       public UDPEchoServer(int port) {
05           try {
06               DatagramSocket ds = new DatagramSocket(port);
07               while (true) {
08                   byte buffer[] = new byte[512];
09                   DatagramPacket dp = new DatagramPacket(buffer,
10                       buffer.length);
11                   System.out.println("ready");
12                   ds.receive(dp);
13                   String str = new String(dp.getData());
14                   System.out.println("수신된 데이터 : " + str);
15
16                   InetAddress ia = dp.getAddress();
17                   port = dp.getPort();
18                   System.out.println("client ip : " + ia +
19                       " , client port : " + port);
20                   dp = new DatagramPacket(dp.getData(),
21                       dp.getData().length, ia,port);
22                   ds.send(dp);
23               }
24           } catch (IOException ioe) {
25               ioe.printStackTrace();
26           }
27       }
28       public static void main(String[] args) throws Exception {
29           new UDPEchoServer(3000);
30       }
31   }
```

▶ ▶ ▶ 06행: DatagramSocket 객체를 생성한다. 이때 포트번호는 3,000이다.

08행: UDP의 실제 데이터는 일반적으로 512바이트로 제한하는 경우 많기 때문에 바이트 배열의 크기를 512로 한 것이다.

09행: 수신을 위한 DatagramPacket 객체를 생성한다.

12행: DatagramSocket 객체로 수신된 데이터그램을 dp에 저장한다.

13행: 데이터그램의 실제 데이터를 문자열로 변환한다.

16행: 송신을 위한 데이터그램의 IP 주소를 InetAddress 객체로 반환한다.

17행: 송신을 위한 데이터그램의 포트번호를 반환한다.

20행~21행: 전송을 위한 DatagramPacket 객체를 생성한다. 이 때 IP 주소와 포트번호는 수신된 데이터그램의 IP 주소와 포트로 해야 한다.

22행: DatagramSocket 객체로 송신을 위한 데이터그램을 전송한다.

예제 15-9	UDPEchoClient

```
01   import java.net.*;
02   import java.io.*;
03   public class UDPEchoClient{
04       private String str;
05       private BufferedReader file;
06       private static int SERVERPORT=3000;
07       public UDPEchoClient(String ip,int port){
08           try{
09               InetAddress ia = InetAddress.getByName(ip);
10               DatagramSocket ds = new DatagramSocket(port);
11               System.out.print("message : ");
12               file = new BufferedReader(
13                   new InputStreamReader(System.in));
14               str = file.readLine();
15               byte buffer[] = str.getBytes();
16               DatagramPacket dp = new DatagramPacket(
17                   buffer,buffer.length,ia,SERVERPORT);
```

```
18              ds.send(dp);
19              buffer = new byte[512];
20              dp = new DatagramPacket(buffer,buffer.length);
21              ds.receive(dp);
22              System.out.println("server ip : "+dp.getAddress() +
23                      ", server port : "+dp.getPort());
24              System.out.println("수신된 데이터 : "+
25                      new String(dp.getData()).trim());
26
27          }catch(IOException ioe){
28              ioe.printStackTrace();
29          }
30      }
31      public static void main(String[] args){
32          new UDPEchoClient("localhost",2000);
33      }
34  };
```

```
Problems | Javadoc | Declaration | Console ×
UDPEchoServer [Java Application] C:\jdk5\bin\javaw.exe (2005, 6, 29 오후 5:36:52)
ready
수신된 데이터 : 안녕하세요.
client ip : /127.0.0.1 , client port : 2000
ready
```

[그림 15-15] UDPEchoClient 실행결과 (1)

```
Problems | Javadoc | Declaration | Console ×
<terminated> UDPEchoClient [Java Application] C:\jdk5\bin\javaw.exe (2005, 6, 29 오후 5:37:00)
message : 안녕하세요.
server ip : /127.0.0.1 , server port : 3000
수신된 데이터 : 안녕하세요.
```

[그림 15-16] UDPEchoClient 실행결과 (2)

▶▶▶ 09행: localhost로 InetAddress 객체를 생성한다. 지금은 송신할 원격지가 같기 때문에 localhost로 설정했지만 송신할 원격지가 다르다면 원격지의 IP 주소로 설정해야 한다.

10행: DatagramSocket 객체를 생성한다. 이 때 포트번호는 2,000이다.

12행~13행: 키보드로 입력한 값을 한 줄로 읽기 위한 BufferedReader 객체를 생성한다.

14행: 키보드로 입력한 값을 한 줄로 읽어서 문자열로 반환한다.

15행: 14행에서 반환된 문자열을 getBytes( ) 메서드를 이용하여 바이트 배열로 반환한다.

16행~17행: 송신을 위한 DatagramPacket 객체를 생성한다. 이 때 IP 주소와 포트번호는 송신할 원격지의 IP 주소와 포트로 해야 한다.

18행: DatagramSocket 객체로 송신을 위한 데이터그램을 전송한다.

20행: 수신을 위한 DatagramPacket 객체를 생성한다.

21행: DatagramSocket 객체로 수신된 데이터그램을 dp에 저장한다.

22행~23행: 수신된 데이터그램의 IP 주소와 port 번호를 출력한다.

24행~25행: 수신된 데이터그램의 실제 데이터를 반환한다.

멀티캐스팅

이 절에서는 인터넷에서 이루어지는 일대일 전송을 위한 '유니캐스팅(Uni Casting)'과 일대다 전송을 위한 '멀티캐스팅(Multi Casting)에 대해서 알아보기로 한다.

❶ 멀티캐스팅의 개념

앞서 TCP와 UDP를 이용해서 간단한 에코 프로그램을 작성해봤다. 물론, 클라이언트는 단 한번의 메시지를 보냈지만 클라이언트와 서버간에 지속적으로 메시지를 보내기 위해서는 스레드를 이용해야 한다. 이렇게 클라이언트와 서버간에 지속적으로 일대일로 통신하는 개념을 유니캐스팅이라고 한다.

유니캐스트 모델은 몇몇 애플리케이션에서 유용하게 사용되지만 때에 따라서는 일대다의 통신을 해야 할 일이 있다. 이런 일대다의 통신을 멀티캐스팅이라고 한다.

멀티캐스팅은 다양한 애플리케이션에서 점차적으로 중요해지고 있다. 예를 들어, 실시간으로 업데이트되는 애플리케이션 서버에 있는 내용을 모든 클라이언트가 실시간으로 보는 애플리케이션을 만든다면 멀티캐스팅 프로그램으로 작성해야 한다.

❷ 스레드를 이용한 멀티캐스팅

스레드를 이용한 멀티캐스팅을 구현해보자.

멀티캐스팅

일대일 모델은 실시간 프로그램에서 서버의 정보를 클라이언트 모두에서 공유할 때는 문제점이 있다. 예를 들어, 첫 번째 클라이언트가 서버의 정보를 변경했을 때 두 번째 클라이언트가 변경된 정보를 받기 위해서는 일대일 모델에서는 분명히 한계가 있다. 이런 문제를 해결할 수 있는 방법이 일대다 전송을 지원하는 멀티캐스트 방법이다. 한 명의 클라이언트가 서버의 정보를 변경했을 때 모든 클라이언트에게 전송함으로써 서로가 변경된 정보를 공유할 수 있는 애플리케이션을 만든다면 여러분들은 반드시 일대다 모델(MultiCast)으로 구현해야 할 것이다.

일대다 모델을 모두 표현하기에 너무 많은 공간이 필요하기 때문에 간단한 그림으로 설명하겠다. 우선 멀티캐스트 애플리케이션을 구현하기 위해서는 서버에서는 유니캐스트에서 생성된 스레드를 저장할 공간(ArrayList)이 필요하며, 클라이언트에서는 자신이 보낸 메시지나 다른 클라이언트가 보낸 메시지를 받기 위한 스레드를 생성해야 한다.

이와 같이 멀티캐스트를 하기 위해서는 유니캐스트와 다른 점을 분명히 기억해야 한다. 아래의 그림을 살펴보자.

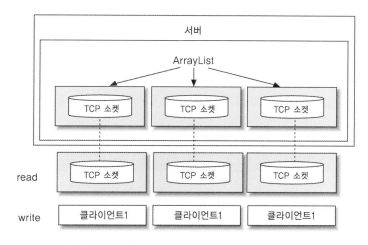

[그림 15-17] ArrayList를 이용한 멀티캐스트 흐름도

위 그림은 모든 클라이언트가 서버에 접속할 때 저장공간(ArrayList)을 두어 클라이언트가 접속할 때마다 스레드에 TCP 소켓을 저장하고, 다시 스레드를 ArrayList에 저장하는 구조를 가지고 있다. 그래서 클라이언트가 접속할 때마다 해당 클라이언트의 스레드를 ArrayList에 저장하고 ArrayList에 저장된 각각의 클라이언트에 대한 스레드를 가지고 메시지를 전송하게 된다.

처음 에코 프로그램, 유니캐스트 프로그램, 그리고 지금 멀티캐스트 프로그램까지 모든 걸 한 번에 익히기는 상당히 어려운 일이다. 인내를 가지고 하나씩 완벽히 자기의 것으로 만들어야만 네트워크에 강한 프로그래머가 되리라 생각된다.

이 예제는 4개의 파일로 구성되어 있다. 먼저 4개의 파일의 구조를 살펴보자.

[표 15-15] 멀티캐스트 프로그램에 필요한 클래스 구조

클래스명	설명
MultiServer	모든 클라이언트의 TCP 요청을 받아 소켓 객체를 생성한다. 소켓을 유지하기 위한 스레드를 생성하고 이 스레드를 저장할 Collection(ArrayList)을 생성하는 클래스다
MultiServerThread	각각의 클라이언트의 소켓 객체를 유지하기 위한 클래스다. 이 클래스는 멀티서버에 있는 컬렉션을 가지고 있기 때문에 다른 클라이언트에게 메시지를 보낼 수 있다.
MultiClient	스윙으로 구현된 클라이언트 클래스다. 이 클래스에서는 메시지를 보낼 때는 이벤트에서 처리했고, 다른 클라이언트가 보낸 메시지를 받기 위해 MultiClientThread 객체를 생성했다.
MultiClientThread	다른 클라이언트의 메시지를 받기 위한 클래스다.

첫 번째 클래스는 MultiServer 클래스다. 이 클래스는 모든 클라이언트의 TCP 요청을 accept( ) 메서드로 처리한 후 Socket 객체를 생성한다. MultiServerThread로 Socket 객체를 유지하고 이를 다시 Collection(ArrayList)에 저장하게 된다. Collection(ArrayList)에 저장하는 이유는 Collection에 저장된 MultiServerThread로 다른 클라이언트에게 메시지를 보내기 위함이다.

예제 **15-10**　MultiServer

```
01    import java.io.*;
02    import java.net.*;
03    import java.util.*;
04    public class MultiServer{
05        private ArrayList<MultiServerThread> list;
06        private Socket socket;
07        public MultiServer() throws IOException{
08            list = new ArrayList<MultiServerThread>();
09            ServerSocket serverSocket = new ServerSocket(5000);
10            MultiServerThread mst = null;
```

```
11              boolean isStop = false;
12              while(!isStop){
13                      System.out.println("Server ready...");
14                      socket = serverSocket.accept();
15                      mst = new MultiServerThread(this);
16                      list.add(mst);
17                      Thread t = new Thread(mst);
18                      t.start();
19              }
20          }
21      public ArrayList<MultiServerThread> getList() {
22              return list;
23      }
24      public Socket getSocket() {
25              return socket;
26      }
27      public static void main(String arg[])throws IOException{
28              new MultiServer();
29      }
30  }
```

▶▶▶ 05행: 클라이언트의 접속이 이루어졌을 때 지속적인 대화를 하기 위해 Runnable 객체를 생성하는
데, 이를 저장할 변수를 선언한다.

06행: 클라이언트의 접속이 이루어졌을 때 accept( ) 메서드에 의해 생성된 Socket 변수를 선언한다.

14행: accept( ) 메서드를 이용하여 클라이언트의 TCP 커넥션을 기다리고 있다.

15행: Runnable 객체를 생성한다.

16행: Runnable 객체를 ArrayList에 저장한다.

17행: Runnable 객체를 매개변수로 스레드를 생성한다.

두 번째 클래스는 MultiServerThread 클래스다. 이 클래스는 서버의 Socket 객체를 유지
하고 MultiServer의 Collection(ArrayList)을 가지고 있기 때문에 다른 클라이언트에게 메
시지를 보낼 수 있다.

```
01    import java.net.*;
02    import java.io.*;
03    public class MultiServerThread implements Runnable{
04         private Socket socket;
05         private MultiServer ms;
06         private ObjectInputStream ois;
07         private ObjectOutputStream oos;
08         public MultiServerThread(MultiServer ms){
09              this.ms = ms;
10         }
11         public synchronized void run(){
12              boolean isStop = false;
13              try{
14                   socket = ms.getSocket();
15                   ois = new ObjectInputStream(socket.getInputStream());
16                   oos = new ObjectOutputStream(socket.getOutputStream());
17                   String message = null;
18                   while(!isStop){
19                        message = (String)ois.readObject();
20                        String[] str = message.split("#");
21                        if(str[1].equals("exit")){
22                             broadCasting(message);
23                             isStop = true;
24                        }else{
25                             broadCasting(message);
26                        }
27                   }
28                   ms.getList().remove(this);
29                   System.out.println(socket.getInetAddress()+
30                        "정상적으로 종료하셨습니다");
31                   System.out.println(" list size : "+ms.getList().size());
32              }catch(Exception e){
33                   ms.getList().remove(this);
34                   System.out.println(socket.getInetAddress()+
```

```
35                          "비정상적으로 종료하셨습니다");
36                  System.out.println(" list size :  "+ms.getList().size());
37              }
38          }
39          public void broadCasting(String message)throws IOException{
40              for(MultiServerThread ct : ms.getList()){
41                  ct.send(message);
42              }
43          }
44          public void send(String message)throws IOException{
45              oos.writeObject(message);
46          }
47  }
```

▶▶▶ 09행: MultiServer 객체를 초기화한다.

14행: MultServer에서 생성된 Socket 객체를 반환한다.

15행: Socket 객체로 바이트 입력 스트림을 생성하고 이를 매개변수로 ObjectInputStream 객체를 생성한다.

16행: Socket 객체로 바이트 출력 스트림을 생성하고 이를 매개변수로 ObjectOutputStream 객체를 생성한다.

19행: 클라이언트에 전송된 문자열을 읽는다. ObjectInputStream의 readObject( ) 메서드는 객체를 역직렬화하는데, 이때 객체는 반드시 Serializable를 구현해야 한다. String 클래스는 기본적으로 Serializable를 구현한 클래스이기 때문에 readObject( ) 메서드를 이용하여 String 객체를 역직렬화 할 수 있다.

20행: 클라이언트에서 전송된 문자열은 "아이디#메시지"이기 때문에 이를 분리하기 위해서 split( ) 메서드로 아이디와 메시지를 String[ ]으로 저장한다.

21행~23행: 만약, 클라이언트에서 전송된 문자열의 메시지가 "exit"인 경우는 현재 스레드를 종료할 수 있도록 isStop 변수를 true로 설정하고 모든 클라이언트에게 다시 클라이언트에 의해 전송된 문자열을 다시 전송하여 클라이언트가 종료했다는 것을알린다.

24행~26행: 만약, 클라이언트에서 전송된 문자열의 메시지가 "exit"가 아닌 경우는 정상적인 메시지이므로 모든 클라이언트에게 다시 전송한다.

28행: 클라이언트가 "exit" 메시지를 보낼 경우는 현재 스레드가 종료되고 MultiServer의 ArrayList에서 제거한다.

33행: 만약, 클라이언트가 비정상적(강제종료)으로 종료한 경우는 클라이언트의 Socket 객체가 제거되면서 현재 스레드도 예외가 발생하게 되는데, 이때 역시 MultiServer의 ArrayList에서 현재 객체(this)를 제거한다.

40행~41행: MultiServer의 ArrayList에 저장된 모든 MultiServerThread의 send( ) 메서드를 호출하여 메시지를 전송한다.

세 번째 클래스는 MultiClient 클래스다. 이 클래스는 스윙으로 구성되어 있으며 메시지를 전송하는 부분이 Evnet 부분에 구현되어 있다. 또한 다른 클라이언트의 메시지를 청취하기 위해 MultiClientThread를 사용하고 있다.

예제 **15-12**	MultiClient

```
001  import java.awt.*;
002  import java.awt.event.*;
003  import java.io.*;
004  import java.net.*;
005  import javax.swing.*;
006
007  public class MultiClient implements ActionListener {
008      private Socket socket;
009      private ObjectInputStream ois;
010      private ObjectOutputStream oos;
011      private JFrame jframe;
012      private JTextField jtf;
013      private JTextArea jta;
014      private JLabel jlb1, jlb2;
015      private JPanel jp1, jp2;
016      private String ip;
017      private String id;
018      private JButton jbtn;
019      public MultiClient(String argIp, String argId) {
```

```
020          ip = argIp;
021          id = argId;
022          jframe = new JFrame("Multi Chatting");
023          jtf = new JTextField(30);
024          jta = new JTextArea("", 10, 50);
025          jlb1 = new JLabel("Usage ID : [[ " + id + "]]");
026          jlb2 = new JLabel("IP : " + ip);
027          jbtn = new JButton("종료");
028          jp1 = new JPanel();
029          jp2 = new JPanel();
030          jlb1.setBackground(Color.yellow);
031          jlb2.setBackground(Color.green);
032          jta.setBackground(Color.pink);
033          jp1.setLayout(new BorderLayout());
034          jp2.setLayout(new BorderLayout());
035
036          jp1.add(jbtn, BorderLayout.EAST);
037          jp1.add(jtf, BorderLayout.CENTER);
038          jp2.add(jlb1, BorderLayout.CENTER);
039          jp2.add(jlb2, BorderLayout.EAST);
040
041          jframe.add(jp1, BorderLayout.SOUTH);
042          jframe.add(jp2, BorderLayout.NORTH);
043          JScrollPane jsp = new JScrollPane(jta,
044              JScrollPane.VERTICAL_SCROLLBAR_ALWAYS,
045              JScrollPane.HORIZONTAL_SCROLLBAR_NEVER);
046          jframe.add(jsp, BorderLayout.CENTER);
047
048          jtf.addActionListener(this);
049          jbtn.addActionListener(this);
050          jframe.addWindowListener(new WindowAdapter() {
051              public void windowClosing(WindowEvent e) {
052                  try {
053                      oos.writeObject(id+"#exit");
054                  } catch (IOException ee) {
```

```
055                                    ee.printStackTrace();
056                                }
057                                System.exit(0);
058                            }
059                    public void windowOpened(WindowEvent e) {
060                            jtf.requestFocus();
061                        }
062                });
063            jta.setEditable(false);
064            Toolkit tk = Toolkit.getDefaultToolkit();
065            Dimension d = tk.getScreenSize();
066            int screenHeight = d.height;
067            int screenWidth = d.width;
068            jframe.pack();
069            jframe.setLocation((screenWidth - jframe.getWidth()) / 2,
070                    (screenHeight - jframe.getHeight()) / 2);
071            jframe.setResizable(false);
072            jframe.setVisible(true);
073        }
074    public void actionPerformed(ActionEvent e) {
075            Object obj = e.getSource();
076            String msg = jtf.getText();
077            if (obj == jtf) {
078                    if (msg == null || msg.length()==0) {
079                            JOptionPane.showMessageDialog(jframe,
080                                "글을쓰세요", "경고",
081                                    JOptionPane.WARNING_MESSAGE);
082                    } else {
083                            try {
084                                    oos.writeObject(id+"#"+msg);
085                            } catch (IOException ee) {
086                                    ee.printStackTrace();
087                            }
088                            jtf.setText("");
089                    }
```

```
090            } else if (obj == jbtn) {
091                try {
092                    oos.writeObject(id+"#exit");
093                } catch (IOException ee) {
094                    ee.printStackTrace();
095                }
096                System.exit(0);
097            }
098        }
099    public void exit(){
100    System.exit(0);
101 }
102 public void init() throws IOException {
103        socket = new Socket(ip, 5000);
104        System.out.println("connected...");
105        oos = new ObjectOutputStream(socket.getOutputStream());
106        ois = new ObjectInputStream(socket.getInputStream());
107        MultiClientThread ct = new MultiClientThread(this);
108        Thread t = new Thread(ct);
109        t.start();
110        }
111
112        public static void main(String args[]) throws IOException {
113            JFrame.setDefaultLookAndFeelDecorated(true);
114            Scanner sc = new Scanner(System.in);
115            System.out.print("ip : ");
116            String ip = sc.next();
117            System.out.print("id : ");
118            String id = sc.next();
119            MultiClient cc = new MultiClient(ip, id);
120            cc.init();
121            sc.close();
122        }
123    public ObjectInputStream getOis(){
124        return ois; 125  }
```

```
125        }
126        public JTextArea getJta(){
127            return jta;
128        }
129        public String getId(){
130            return id;
131        }
132    }
```

▶▶▶ 20행~21행: ip와 id를 초기화한다.

43행~45행: JScrollPane의 수직 스크롤바를 항상 나오게 하고, 수평 스크롤바를 절대 나오지 않도록 한다.

53행: 종료했다는 메시지를 서버로 전송한다("id#exit").

59행~61행: windowOpened( ) 메서드는 프레임이 보이고 난 후에 호출되는 메서드다. 이때 JTextField에 포커스를 설정한다.

64행: Toolkit 객체를 생성한다.

65행: Toolkit 객체를 이용하여 스크린의 크기를 얻어 올 수 있는 getScreenSize( ) 메서드로 Dimension 객체로 반환받는다. Dimension 클래스는 높이와 폭을 관리할 수 있는 클래스이며, 이 클래스의 스크린의 높이와 폭이 저장된다.

66행~67행: Dimension 클래스의 멤버변수인 height와 width를 이용해서 스크린의 높이와 폭을 얻어 온다.

69행~70행: JFrame을 스크린의 중앙에 올 수 있도록 설정한다.

78행~82행: JTextField의 아무것도 기입하지 않거나 빈 공백을 넣었을 경우 JOptionPane으로 경고창을 띄운다.

83행~88행: 정상적인 메시지를 작성한 경우는 서버쪽으로 메시지를 보낸다. 메시지의 형태는 "id#메시지"로 전송한다. 서버쪽에서는 클라이언트의 메시지를 "#"을 구분자로 문자열을 토큰하게 된다.

90행~97행: 종료 버튼을 누른 경우에 종료 메시지를 보낸 후에 프로그램을 종료한다.

99행~101행: 프로그램을 종료할 수 있는 메서드다.

103행: Socket 객체를 생성한다.

105행: Socket 객체를 이용하여 ObjectOutputStream 객체를 생성한다. 이 객체(oos)로 서버로 메시지를 전송하게 된다.

106행: Socket 객체를 이용하여 ObjectInputStream 객체를 생성한다. 이 객체(ois)로 서버에서
보낸 메시지를 읽게 된다.

107행~108행: MultiClientThread(Runnable) 객체를 생성하여 이를 매개변수로 스레드 객체를
생성하여 스레드를 시작한다.

네 번째 클래스는 MultiClientThread 클래스다. 이 클래스는 다른 클라이언트의 메시지를
청취하여 MultiClient의 JTextArea창에 메시지를 출력하는 역할을 한다.

예제 15-13   MultiClientThread

```
01   public class MultiClientThread extends Thread{
02       private MultiClient mc;
03       public MultiClientThread(MultiClient mc){
04           this.mc = mc;
05       }
06       public void run(){
07           String message = null;
08           String[] receivedMsg = null;
09           boolean isStop = false;
10           while(!isStop){
11               try{
12                   message = (String)mc.getOis().readObject();
13                   receivedMsg = message.split("#");
14               }catch(Exception e){
15                   e.printStackTrace();
16                   isStop = true;
17               }
18               System.out.println(receivedMsg[0]+","+receivedMsg[1]);
19               if(receivedMsg[1].equals("exit")){
20                   if(receivedMsg[0].equals(mc.getId())){
21                       mc.exit();
22                   }else{
23                       mc.getJta().append(
24                       receivedMsg[0] +"님이 종료 하셨습니다."+
25                       System.getProperty("line.separator"));
```

```
26                              mc.getJta().setCaretPosition(
27                                  mc.getJta().getDocument().getLength());
28                          }
29                  }else{
30                          mc.getJta().append(
31                          receivedMsg[0] +": "+receivedMsg[1]+
32                          System.getProperty("line.separator"));
33                          mc.getJta().setCaretPosition(
34                              mc.getJta().getDocument().getLength());35
36                      }
37                  }
38              }
39          }
```

▶▶▶ 12행: 서버쪽에서 전송된 메시지를 읽는다. readObject() 메서드는 서버에서 객체를 전송될 때까지 기다리는 블로킹 메서드다.

13행: 서버쪽에서 전송된 메시지를 "#"으로 구분한다. 서버에서 전송된 메시지는 크게 두 가지로 나눈다. 정상적인 메시지와 종료 메시지로 나눈다. 종료 메시지는 "id#exit"로 전송되고 그 외의 메시지는 모두 정상적인 메시지로 간주한다.

18행: receivedMsg[0]은 아이디가 저장되어 있고 receivedMsg[1]은 메시지가 저장되어 있다.

19행: 메시지가 exit인 경우는 종료하라는 뜻인데, 이 때는 두 가지로 분리하여 생각해야 한다.

20행~22행: 종료한 사람이 자기 자신일 경우는 프로그램을 종료한다.

23행~24행: 종료한 사람이 자기 자신이 아닌 경우는 채팅창에 종료한 사람의 아이디를 화면에 출력한다.

25행~26행: JTextArea에 append되는 경우는 스크롤바가 내려가지 않기 때문에 setCaretPosition() 메서드를 이용하여 캐럿의 위치를 JTextArea에 쓰여있는 문자열의 총 길이를 얻어와서 변경한다.

30행~31행: 서버에서 정상적인 메시지와 전송된 경우는 JTextArea에 메시지를 계속 이어쓰기를 한다.

이제 서버를 실행한다.

[그림 15-18] 서버에서 실행한 MultiClientThread의 실행결과

클라이언트를 실행한다(실행 시 매개변수로 IP 주소(localhost)와 아이디(syh1011)를 입력
한다).

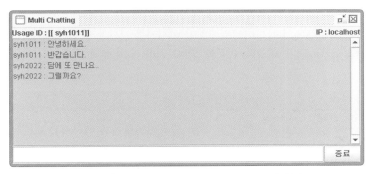

[그림 15-19] 클라이언트에서 실행한 MultiClientThread의 실행결과 (1)

다른 클라이언트를 실행한다(실행 시 매개변수로 IP 주소(localhost)와 아이디(syh2022)를
입력한다).

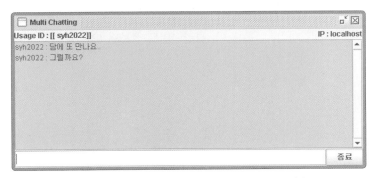

[그림 15-20] 클라이언트에서 실행한 MultiClientThread의 실행결과 (2)

프로토콜의 설계

앞선 절에서 우리는 일대일 통신(유니캐스트)과 일대다 통신(멀티캐스트)에 대해 살펴봤다. 각각의 통신 방법의 사용유무는 애플리케이션을 설계할 때 결정해야 한다.

그런데 실제 프로그래밍을 할 때에는 멀티캐스트 방식으로도 해결할 수 없는 상황이 발생하게 된다. 예를 들어, 10명의 클라이언트가 접속했을 때 한 클라이언트의 메시지를 모든 클라이언트에게 전달하는 것이 아니라 3명의 클라이언트에게만 메시지를 보내는 애플리케이션을 만들 때를 생각해보자. 멀티캐스트 방식에서는 무조건 모든 클라이언트에게 메시지를 전송하게 되는데, 이런 방식이 아닌 특정 다수에게 메시지를 전송해야 하는 경우는 클라이언트와 서버간의 약속을 만들어야 한다.

단적인 예로 채팅방 구현을 예로 들어 보자. 채팅방은 모든 클라이언트에게 메시지를 보내는 것이 아니라, 특정 다수, 즉 자기방에 있는 클라이언트에게만 메시지를 전송해야 한다. 그래서 나온 개념이 프로토콜이다.

❶ 프로토콜의 설계 정의

프로토콜이란 클라이언트와 서버간의 통신 규약이다. 아주 진부한 정의라고 생각하지만 이것이 프로토콜의 모든 것이라고 생각한다. 예를 들어, 클라이언트가 보낸 메시지 중에 서버와 약속된 규약을 같이 보낸다고 가정해 보자.

chatting##java##안녕

메시지 전송	채팅방	메시지

[그림 15-21] 프로토콜 분석 (1)

즉, "chatting##java##안녕"이란 메시지를 서버에게 보냈다면 서버는 "##"를 구분자로 하여 문자열을 토큰하여 첫 번째 문자를 분석하게 될 것이다. 첫 번째 "(chatting)"이라는 문자는 자기 방에 있는 모든 사람에게 메시지를 전송하라는 의미이고, 두 번째 문자는 "java"라는 방 제목이다. 세 번째 문자는 메시지가 된다. 이를 다시 한번 정리해보자. "java"방에 있는 사람에게 메시지(안녕)를 보내라는 뜻이 된다. 여기서 "chatting"은 단순히 특정 방 안에 있는 사람에게 문자를 보내라는 의미다. 또 다른 문자열을 보내 보자.

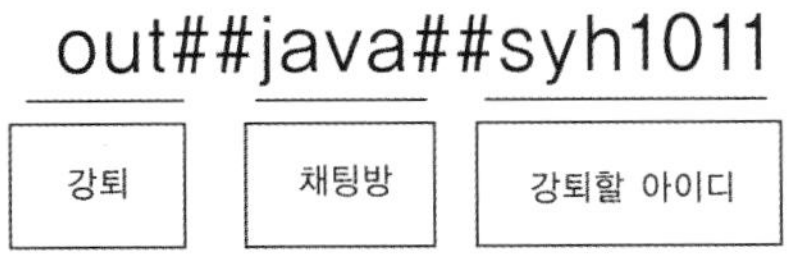

out##java##syh1011

| 강퇴 | 채팅방 | 강퇴할 아이디 |

[그림 15-22] 프로토콜 분석 (2)

"out##java##syh1011"이란 문자를 서버에게 보냈다면 서버는 위에서처럼 똑같이 문자열을 토큰하여 첫 번째 문자부터 분석하게 될 것이다. 첫 번째 문자의 의미(out)는 강퇴다. 두 번째 의미는 "java 방에 있는 사람 중에서"라는 의미가 되고, 세 번째 문자의 의미는 강퇴할 사람의 아이디(syh1011)가 된다. 다시 한번 정리하면 "out##java##syh1011" 문자의 의미는 java방에 있는 사람 중에 syh1011이라는 아이디를 가지고 있는 사람을 강퇴시키라는 의미가 되는 것이다.

위에서 살펴봤듯이 클라이언트와 서버간에 통신을 할 때 서로간의 규약을 만들어서 서로간에 알아 볼 수 있도록 규약을 만드는 것을 프로토콜이라고 한다. 이제까지 에코, 유니캐스트, 멀티캐스트 개념과 프로그램을 정확히 이해한 사람이라면 프로토콜 프로그램 역시 힘들지 않게 이해할 수 있을 것이다. 이번 절에서는 프로토콜을 이용해서 로그인을 인증하는 프로그램을 구현할 것이다.

❷ 프로토콜의 설계 기법

프로토콜의 설계는 앞서 말한대로 서로간의 통신 규약을 만드는 데 필요한 데이터가 어떤 것인지를 설계하는 것이다. 이것은 쉬운 일은 아니다. 왜냐하면 지금은 로그인을 인증하는 예를 만들지만 새로운 애플리케이션을 설계하다 보면 실제로 코딩하기 전에는 어떤 메시지를 전송해야 할지, 초보자가 미리 생각하기란 매우 힘든 일이기 때문이다.

프로토콜의 설계는 단 시간에 이루어지는 것이 아니다. 많은 설계 경험과 이런 경험에서 얻어지는 지식으로 프로토콜을 설계한 사람과 경험 없는 사람이 설계한 프로토콜은 분명히 차이가 있기 마련이다.

초보자라면 최대한 생각을 많이 해봐야 한다. 본인이 구현하고 싶은 기능을 생각하고, 실제로 각각의 기능에서 필요한 데이터가 무엇이 있을지 고민하여 프로토콜을 설계해보자. 처음에는 채팅방 프로그램을 구현하려고 했으나 너무 많은 지면을 차지한다는 이유로 여기서는 로그인 인증을 위한 프로그램을 만들 것이다.

로그인 인증을 할 때 아이디와 패스워드를 서버에 전송하면 서버는 아이디와 패스워드를 비교 분석하여 정확하게 메시지를 서버에게 전달하는 프로그램을 만들어 보겠다. 클라이언트와 서버간의 요구사항을 정리하면 아래의 그림과 같다.

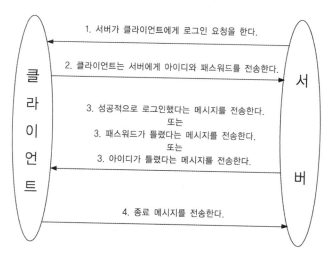

[그림 15-23] 로그인 인증을 위한 요구사항

1. 서버가 클라이언트에게 로그인 요청을 한다. (1)
2. 클라이언트는 아이디와 패스워드를 서버에게 전송한다. (2|id|pwd)
3. 아이디와 패스워드가 정확히 맞았다는 메시지를 전송한다. (3|1)
3. 패스워드가 틀린 경우의 메시지를 전송한다. (3|2)
3. 아이디가 틀린 경우의 메시지를 전송한다. (3|3)
4. 클라이언트는 서버에게 종료 메시지를 전송한다. 이 때 서버도 프로그램을 종료한다. (4)

다음 그림은 클라이언트와 서버의 요구사항에 관한 실제 데이터의 흐름이다.

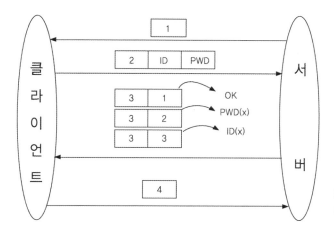

[그림 15-24] 로그인 인증을 위한 데이터 흐름

이와 같이 프로토콜을 만들기 위해서는 클라이언트와 서버간의 요구사항을 분석하고 각각의 요구사항에 알맞은 데이터를 분석하여 그림으로 도식화한 후에 프로그래밍하는 것이 프로토콜의 기본 설계 방법이다.

❸ 프로토콜을 이용한 클라이언트/서버 구축

프로토콜을 이용한 예제를 만들기 위해 3가지 클래스를 만들었다. 클라이언트에서 사용할 LoginClient 클래스와 서버에서 사용할 LoginServer 클래스, 그리고 클라이언트와 서버에서 공통으로 사용할 Protocol 클래스로 구성되어 있다. 3가지 클래스의 구조를 살펴보도록 하자.

[표 15-16] 프로토콜을 이용한 클라이언트/서버 구축에 필요한 클래스 구조

클래스명	설명
Protocol	이 클래스는 클라이언트와 서버에서 사용하는 클래스다. 주요 목적은 packet 바이트 배열을 생성하여 프로토콜 타입과 실제 데이터(ID와 PWD)를 저장하여 packet 바이트 배열을 클라이언트와 서버가 전송하게 된다.
LoginServer	서버를 의미하며, 일반적인 서버는 클라이언트의 요청이 있는 경우 통신을 시작하는데, 이 클래스는 클라이언트가 프로그램을 시작하면 서버에서 로그인 요청을 하게 된다. 클라이언트에서 로그인 요청이 있을 때 ID와 PWD를 체크한 후에 결과를 전송하고 클라이언트가 종료되면 프로그램도 같이 종료된다.
LoginClient	클라이언트를 의미하며, 서버에서 로그인 요청이 있는 경우 ID와 PWD를 입력하여 로그인 인증을 받게 된다. 로그인 인증의 결과와 상관없이 프로그램은 종료된다.

첫 번째 클래스는 Protocol 클래스다. 이 클래스는 서버와 클라이언트간의 데이터를 주고 받을 packet 바이트 배열을 가지고 있다. packet 바이트 배열에는 프로토콜 타입과 ID와 PWD 또는 로그인 결과가 저장되어 있다.

예제 15-14 Protocol

```
01   import java.io.*;
02   public class Protocol implements Serializable{
03       public static final int PT_UNDEFINED = -1;
04       public static final int PT_EXIT = 0;
05       public static final int PT_REQ_LOGIN = 1;
06       public static final int PT_RES_LOGIN = 2;
07       public static final int PT_LOGIN_RESULT = 3;
08       public static final int LEN_LOGIN_ID = 20;
09       public static final int LEN_LOGIN_PASSWORD = 20;
10       public static final int LEN_LOGIN_RESULT = 2;
11       public static final int LEN_PROTOCOL_TYPE = 1;
12       public static final int LEN_MAX = 1000;
13       protected int protocolType;
14       private byte[] packet;
15       public Protocol(){
16           this(PT_UNDEFINED);
17       }
18       public Protocol(int protocolType){
19           this.protocolType = protocolType;
20           getPacket(protocolType);
21       }
22       public byte[] getPacket(int protocolType){
23           if(packet == null){
24               switch(protocolType){
25                   case PT_REQ_LOGIN :
26                       packet = new byte[LEN_PROTOCOL_TYPE];
27                       break;
28                   case PT_RES_LOGIN :
29                       packet = new byte[LEN_PROTOCOL_TYPE+
```

```
30                          LEN_LOGIN_ID+LEN_LOGIN_PASSWORD];
31                              break;
32                      case PT_UNDEFINED :
33                              packet = new byte[LEN_MAX];
34                              break;
35                      case PT_LOGIN_RESULT :
36                              packet = new byte[LEN_PROTOCOL_TYPE+
37                              LEN_LOGIN_RESULT];
38                              break;
39                      case PT_EXIT :
40                              packet = new byte[LEN_PROTOCOL_TYPE];
41                              break;
42                  }
43              }
44      packet[0] = (byte)protocolType;
45      return packet;
46      }
47      public String getLoginResult(){
48          return new String(packet, LEN_PROTOCOL_TYPE ,
49          LEN_LOGIN_RESULT).trim();
50      }
51      public void setLoginResult(String ok){
52          System.arraycopy(ok.trim().getBytes(), 0, packet,
53          LEN_PROTOCOL_TYPE, ok.trim().getBytes().length);
54          packet[LEN_PROTOCOL_TYPE +
55              ok.trim().getBytes().length] = '\0';
56      }
57      public void setProtocolType(int protocolType){
58          this.protocolType = protocolType;
59      }
60      public int getProtocolType(){
61          return protocolType;
62      }
```

```
63        public byte[] getPacket(){
64            return packet;
65        }
66        public void setPacket(int pt, byte[] buf){
67            packet = null;
68            packet = getPacket(pt);
69            protocolType = pt;
70            System.arraycopy(buf, 0, packet, 0, packet.length);
71        }
72        public String getId(){
73            return new String(
74            packet, LEN_PROTOCOL_TYPE, LEN_LOGIN_ID).trim();
75        }
76        public void setId(String id){
77            System.arraycopy(id.trim().getBytes(), 0, packet,
78            LEN_PROTOCOL_TYPE, id.trim().getBytes().length);
79            packet[LEN_PROTOCOL_TYPE +
80                id.trim().getBytes().length] = '\0';
81        }
82        public String getPassword(){
83            return new String(packet, LEN_PROTOCOL_TYPE+
84            LEN_LOGIN_ID, LEN_LOGIN_PASSWORD).trim();
85        }
86        public void setPassword(String password){
87            System.arraycopy(password.trim().getBytes(),
             0, packet,
88            LEN_PROTOCOL_TYPE+LEN_LOGIN_ID,
89        password.trim().getBytes().length);
90            packet[LEN_PROTOCOL_TYPE+LEN_LOGIN_ID +
91            password.trim().getBytes().length] = '\0';
92        }
```

▶▶▶ 03행~07행: 프로토콜이 정의된 프로토콜 타입을 설정하는 변수다.

08행: 아이디 길이를 설정한다.

09행: 비밀번호 길이를 설정한다.

10행: 아이디와 비밀번호를 인증한 결과의 길이를 설정한다.

11행: 프로토콜 타입의 길이를 설정한다.

12행: 클라이언트와 서버간에 데이터의 최대길이를 설정한다.

19행: protocolType 변수를 초기화한다.

20행: getPacket( ) 메서드는 protocolType 변수로 클라이언트와 서버간의 데이터를 바이트 배열로 반환하는 메서드다.

22행~46행: protocolType 변수로 바이트 배열을 생성하고 첫 번째 배열에 프로토콜 타입을 저장한 후 바이트 배열(packet)을 반환한다.

47행~50행: getLoginResult( ) 메서드는 바이트 배열(packet)에 저장된 로그인 결과값을 반환하는 메서드다.

51행~56행: setLoginResult(String ok) 메서드는 문자열 ok를 바이트 배열로 변환한 후에 packet 바이트 배열에 로그인 결과가 저장될 위치에 배열을 복사하는 메서드다.

66행~71행: 멤버 변수인 packet과 protocolType을 재설정하는 메서드다.

73행~75행: getId( ) 메서드는 packet 바이트 배열에 저장된 아이디값을 반환하는 메서드다.

76행~81행: setId(String id) 메서드는 문자열 id를 바이트 배열로 변환한 후에 packet 바이트 배열에 아이디가 저장될 위치에 배열을 복사하는 메서드다.

82행~85행: getPassword( ) 메서드는 packet 바이트 배열에 저장된 비밀번호를 반환하는 메서드다.

86행~92행: setPassword(String password) 메서드는 문자열 password를 바이트 배열로 변환한 후에 packet 바이트 배열에 비밀번호가 저장될 위치에 배열을 복사하는 메서드다.

두 번째 클래스는 LoginServer 클래스다. 이 클래스는 클라이언트의 요청을 받아 프로토콜 타입에 따라 클라이언트에게 메시지를 다르게 보내게 된다. 예를 들면 클라이언트가 종료 프로토콜 타입을 전송하게 되면 클라이언트에게 종료 프로토콜 타입을 전송하고 서버도 프로그램 종료를 하게 된다. 그리고 클라이언트가 로그인 요청 프로토콜 타입을 전송하게 되면 로그인 정보를 확인한 후에 클라이언트에게 로그인 결과를 전송하게 된다.

```java
01    import java.net.*;
02    import java.io.*;
03    public class LoginServer{
04        public static void main(String[] args)
05        throws IOException, ClassNotFoundException,
06        InterruptedException{
07            ServerSocket sSocket = new ServerSocket(3000);
08            System.out.println("클라이언트 접속 대기중...");
09            Socket socket = sSocket.accept();
10            System.out.println("클라이언트 접속");
11
12        OutputStream os = socket.getOutputStream();
13        InputStream is = socket.getInputStream();
14
15            Protocol protocol = new Protocol(Protocol.PT_REQ_LOGIN);
16  // 로그인 정보 요청 패킷을 전송
17            os.write(protocol.getPacket());
18            while(true){
19                protocol = new Protocol();
20  // 기본적으로 1,000개의 byte가 잡혀 있음
21                byte[] buf = protocol.getPacket();
22                s.read(buf);
23  // 패킷 타입을 얻음
24                int packetType = buf[0];
25                protocol.setPacket(packetType,buf);
26                if(packetType == Protocol.PT_EXIT){
27                    protocol = new Protocol(Protocol.PT_EXIT);
28                        os.write(protocol.getPacket());
29                        System.out.println("서버종료");
30                        break;
31                }
32                switch(packetType){
33  // 클라이언트가 로그인 정보 응답 패킷인 경우
34                    case Protocol.PT_RES_LOGIN:
```

```
35                          System.out.println("클라이언트가" +
36                          "로그인 정보를 보냈습니다");
37                          String id = protocol.getId();
38                          String password = protocol.getPassword();
39                          System.out.println(id+password);
40                          if(id.equals("syh1011")){
41                          if(password.equals("1111")){
42                          // 로그인 성공
43                              protocol = new Protocol(
44                                  Protocol.PT_LOGIN_RESULT);
45                              protocol.setLoginResult("1");
46                              System.out.println("로그인 성공");
47                          }else{
48                          // 암호 틀림
49                              protocol = new Protocol(
50                                  Protocol.PT_LOGIN_RESULT);
51                              protocol.setLoginResult("2");
52                              System.out.println("암호 틀림");
53                          }
54                      }else{
55                      // 아이디 존재 안함
56                          protocol = new Protocol(
57                              Protocol.PT_LOGIN_RESULT);
58                          protocol.setLoginResult("3");
59                          System.out.println("아이디 존재안함");
60                      }
61                  System.out.println("로그인 처리 결과 전송");
62                  os.write(protocol.getPacket());
63                  break;
64              } // end switch
65          } // end while
66      is.close();
67      os.close();
```

```
68              socket.close();
69          }
70  }
```

▶▶▶ 07행: 포트번호 3000으로 ServerSocket 객체를 생성한다.

09행: ServerSocket 클래스의 accept( ) 메서드로 Socket 객체를 생성한다.

12행~13행: Socket 객체로 입출력 스트림을 생성한다.

15행: 로그인 요청 Protocol 객체를 생성한다. 이 객체가 생성되면 Protocol 클래스의 packet 바이트 배열을 생성하고 프로토콜 타입이 설정된다.

17행: 클라이언트에게 Protocol 클래스의 packet 바이트 배열을 전송한다.

19행: Protocol 객체를 다시 생성한다. 기본 생성자로 객체를 생성하면 기본적으로 packet 바이트 배열에 1000개를 저장할 수 있는 바이트 배열 객체가 생성된다.

21행: packet 바이트 배열을 buf 변수에 복사한다.

22행: 클라이언트에서 전송된 데이터를 바이트 배열 buf에 저장한다.

24행: 프로토콜 타입을 packetType 변수에 저장한다.

25행: setPacket( ) 메서드로 Protocol에 저장된 packet 바이트 배열을 다시 할당한다.

26행~31행: 프로토콜 타입이 종료되면 클라이언트에게 종료 packet 바이트 배열을 전송하고 서버도 종료한다.

34행: 프로토콜 타입이 PT_RES_LOGIN(로그인 응답)인 경우에는 클라이언트가 보낸 ID와 PWD를 조사하여 결과를 전송하게 된다.

37행: 클라이언트가 전송한 ID다.

38행: 클라이언트가 전송한 PWD다.

40행: 클라이언트가 전송한 ID가 syh1011과 같을 경우 40행~54행 블록을 처리하게 된다.

41행: 클라이언트가 전송한 ID가 일치하고 PWD가 같을 경우 41행~47행 블록을 처리하게 된다.

43행~44행: ID와 PWD가 일치하는 경우에 로그인 결과를 보낼 Protocol 객체를 다시 생성한다.

45행: 로그인에 성공했다면 문자열 "1"를 Protocol 클래스의 packet 바이트 배열에 저장한다.

47행~52행: ID는 일치하지만 PWD가 같지 않을 경우에는 문자열 "2"를 Protocol 클래스의 packet 바이트 배열에 저장한다.

54행~60행: ID가 일치하지 않은 경우에는 문자열 "3"을 Protocol 클래스의 packet 바이트 배열에 저장한다.

62행: 로그인 결과를 클라이언트에게 전송한다.

세 번째 클래스는 LoginClient 클래스다. 프로그램을 시작하게 되면 서버에서 로그인 요청을 하게 되고 ID와 PWD를 입력한 후 서버에게 메시지를 전송하면 서버에서는 로그인 결과를 다시 클라이언트에게 전송하게 되고, 로그인 결과와는 상관없이 프로그램을 종료하게 된다.

예제 15-16 LoginClient

```
01    import java.net.*;
02    import java.io.*;
03    public class LoginClient {
04        public static void main(String[] args)
05        throws IOException, ClassNotFoundException,
06        InterruptedException{
07            if(args.length < 2)
08        System.out.println("사용법 : " +
09            "java LoginClient 주소 포트번호");
10
11            Socket socket = new Socket(args[0],
12        Integer.parseInt(args[1]));
13            OutputStream os = socket.getOutputStream();
14            InputStream is = socket.getInputStream();
15            Protocol protocol = new Protocol();
16            byte[] buf = protocol.getPacket();
17            while(true){
18                is.read(buf);
19                int packetType = buf[0];
20                protocol.setPacket(packetType,buf);
21                if(packetType == Protocol.PT_EXIT){
22                    System.out.println("클라이언트 종료");
23                    break;
24                }
25                switch(packetType){
26                    case Protocol.PT_REQ_LOGIN:
27                        System.out.println("서버가 로그인 정보 요청");
28                        BufferedReader userIn = new BufferedReader(
29                            new InputStreamReader(System.in));
```

```java
30            System.out.print("아이디 : ");
31            String id = userIn.readLine();
32            System.out.print("암호 : ");
33            String pwd = userIn.readLine();
34            // 서버로 패킷 전송
35            protocol =
              new Protocol(Protocol.PT_RES_LOGIN);
36            protocol.setId(id);
37            protocol.setPassword(pwd);
38            System.out.println("로그인 정보 전송");
39            os.write(protocol.getPacket());
40            break;
41        case Protocol.PT_LOGIN_RESULT:
42            System.out.println("서버가 로그인 결과 전송.");
43            String result = protocol.getLoginResult();
44            if(result.equals("1")){
45                    System.out.println("로그인 성공");
46            }else if(result.equals("2")){
47                    System.out.println("암호 틀림");
48            }else if(result.equals("3")){
49                    System.out.println("아이디가 존재하지 않음");
50            }
51            protocol = new Protocol(Protocol.PT_EXIT);
52            System.out.println("종료 패킷 전송");
53            os.write(protocol.getPacket());
54            break;
55        }
56      }
57      os.close();
58      is.close();
59      socket.close();
60    }
61 }
```

서버를 실행시킨다.

[**그림 15-25**] 서버에서 실행시킨 LoginClient 실행결과

그리고 클라이언트를 실행시킨다(아이디: syh1011, 암호: 1111을 입력하여 로그인한다).

[**그림 15-26**] 클라이언트에서 실행시킨 LoginClient 실행결과

▶▶▶ 11행~12행: 서버의 ip와 port로 Socket 객체를 생성한다.

13행~14행: Socket 객체로 입출력 스트림을 생성한다.

15행: Protocol 객체를 생성한다. 기본 생성자로 객체를 생성하면 기본적으로 packet 바이트 배열에 1000개를 저장할 수 있는 바이트 배열 객체가 생성된다.

16행: packet 바이트 배열을 buf 변수에 복사한다.

18행: 서버에서 전송된 데이터를 바이트 배열 buf에 저장한다.

19행: 프로토콜 타입을 packetType 변수에 저장한다.

25행: setPacket( ) 메서드로 Protocol에 저장된 packet 바이트 배열을 다시 할당한다.

21행~24행: packetType이 종료(PT_EXIT)되면 프로그램을 종료한다.

26행~40행: packetType이 로그인 요청(PT_REQ_LOGIN)일 경우 ID와 PWD를 키보드로 입력받아 서버에게 전송한다.

41행~54행: packetType이 로그인 결과(PT_LOGIN_RESULT)인 경우 서버에서 전송된 메시지가 "1"인 경우는 정상적으로 로그인한 경우이고, "2"인 경우는 PWD가 틀린 경우이고, "3"인 경우는 ID가 틀린 경우다. 그리고 프로그램을 종료하도록 서버에게 종료 packet을 전송한다.

Chapter 15

☆ 요약

1 네트워크란 다른 장치로 데이터를 이동시킬 수 있는 컴퓨터들과 주변 장치들의 집합이다. 이런 네트워크의 연결된 모든 장치들을 노드라고 하는데, 이중에 다른 노드에게 하나 이상의 서비스를 해주는 노드를 호스트라고 부른다.

2 프로토콜이란 클라이언트와 서버간의 통신규약이며 상호간의 접속이나 전달방식, 통신방식, 주고받을 데이터의 형식, 오류검출방식, 코드변환방식, 전송속도 등에 대하여 정하는 것을 말한다.

3 TCP/IP 계층 모델은 4계층의 구조를 가지고 있다. 애플리케이션 계층, 전송계층, 네트워크 계층, 데이터 링크 계층으로 구성되는데, 이 중에 전송 계층에는 두 가지 프로토콜이 있다. 바로 연결지향 프로토콜(TCP)과 비연결지향 프로토콜(UDP)이다.

4 InetAddress 클래스는 IP 주소를 표현한 클래스다. 자바에서는 모든 IP 주소를 InetAddress 클래스를 기반으로 사용한다.

5 URL(Uniform Resource Locator)이란 인터넷에서 접근 가능한 자원(Resource)의 주소를 표현할 수 있는 형식을 말한다. 이런 URL를 추상화시킨 것이 URL 클래스다.

6 URL 클래스는 원격 서버의 자원(Resource)의 결과(HTML)만을 얻어 오지만 URLConnection 클래스는 원격 서버의 자원의 결과뿐만 아니라 원격 서버의 헤더 정보와 자원에 대한 정보를 얻어올 수 있다는 차이점이 있다.

7 자바는 TCP/IP 계층의 TCP를 지원하기 위해서 java.net.Socket과 java.net.ServerSocket 클래스를 제공하고 있다.

8 자바는 TCP/IP 계층의 UDP를 지원하기 위해 java.net.DatagramPacket과 java.net.DatagramSocket 클래스를 제공하고 있다.

9 유니캐스팅이란 클라이언트와 서버간에 지속적으로 일대일로 통신하는 개념을 말한다. 멀티캐스팅이란 클라이언트와 서버에 등록된 다른 클라이언트 즉, 일대다로 통신할 수 있는 개념을 말한다.

1 URL 클래스를 이용하여 특정 사이트의 이미지를 읽어와서 현재 로컬 시스템에 저장한 후 JFrame에 이미지를 보이도록 만드는 프로그램을 작성하라.

  ① 파일명: URLImage.java

  ② URL: http://www.apache.org/images/ac2005eu_135x50.gif

2 JFrame을 상속받는 클래스를 만들어 한 개의 JTextField, 한 개의 JButton을 일렬로 붙인다. 한 개의 JTextField에 도메인을 입력한 후 버튼을 클릭하면 다른 한쪽에 도메인에 대한 IP를 출력하는 프로그램을 작성하라.

  ① 파일명: SearchIP.java

  ② InetAddress 클래스를 이용한다.

[MEMO]

NIO

✳ **학습 목표**

• IO와 NIO의 차이점에 대해 알아본다.

• NIO의 특징에 대해 알아본다.

• Buffer 클래스의 특징과 상속관계, 속성, 동작 원리를 익힌다.

• Channel 클래스의 특징과 상속 관계를 알아본다.

• FileChannel, SocketChannel, ServerSocketChannel 클래스의 사용 방법을 익힌다.

• 셀렉터에 대해 알아본다.

NIO 소개

JDK 1.4에서는 I/O 기능을 향상시킨 New I/O 개념을 도입하게 되었다. New I/O는 기존의 I/O에서 제공하는 블로킹(Blocking) 기법의 한계를 극복한 넌블로킹(Non-Blocking) 기법을 사용함으로써 입출력을 향상시킨 개념이다. 블로킹이란 읽기와 쓰기를 할 때 특정한 스레드가 블로킹되는 현상을 말한다. 이와 반대로 넌블로킹이란 읽기와 쓰기를 할 때 특정한 스레드가 블로킹되지 않는 현상을 말한다. 앞으로 New I/O를 줄여 NIO라고 부르겠다.

❶ NIO의 특징

NIO의 특징을 간단하게 정리하면 아래와 같다.

- 기본 데이터용 버퍼를 제공한다.
- 캐릭터 셋에 대한 인코더와 디코더를 제공한다.
- 네트워크를 강화하기 위해 채널과 새로운 I/O를 추상화했다.
- 메모리 매핑과 파일의 락(Lock)을 지원하는 인터페이스를 제공한다.
- 넌블로킹 입출력을 할 수 있다.

NIO의 가장 큰 특징은 넌블로킹 입출력을 할 수 있다는 점이다. 넌블로킹의 장점은 스레드를 아낄 수 있다는 것이다. 하나의 스레드만으로 입출력이 발생하는 I/O에 대해 각각의 스레드가 존재할 필요가 없다. 또 하나의 중요한 특징은 셀렉터의 도입으로 클라이언트의 많은 접속을 처리할 서버의 부하가 상당히 줄었다는 것이다.

이런 NIO를 제공하는 java.nio 패키지에 대해 알아보자.

❷ NIO의 패키지

java.nio 패키지를 포함한 주요 하위 패키지에 대해 알아보자. 아래 표는 java.nio 패키지와 중요 하위 패키지를 표로 설명한 것이다.

[표 16-1] java.nio 패키지와 주요 하위 패키지

패키지명	설명
java.nio	자바 기본 데이터 타입에 맞는 버퍼 클래스를 제공한다.
java.nio.channels	채널과 셀렉터 클래스를 제공한다.
java.nio.charset	문자셋을 인코딩하고 디코딩하는 클래스를 제공한다.

java.nio 패키지는 다른 nio 패키지에서 참조할 수 있는 클래스로 구성되어 있으며 데이터를 저장할 수 있는 각종 Buffer 클래스를 제공하고 있다.

□2 버퍼

java.nio 패키지는 Buffer, ByteBuffer, ByteOrder, CharBuffer, DoubleBuffer, FloatBuffer, IntBuffer, LongBuffer, MappedByteBuffer, ShortBuffer 클래스를 제공하고 있다. 즉, 자바 원시 데이터 타입에 대응하는 모든 버퍼를 제공하고 있다. 이 중에 MappedByteBuffer는 메모리 관리 방식이 다른 버퍼와 다른데, Buffer는 만들기에 따라 자바가 가지는 객체를 위한 메모리 공간인 힙(Heap) 공간에 들어가는 힙 버퍼(Heap Buffer)가 있고, 이와는 다르게 자바가 따로 관리하는 시스템 메모리 공간에 직접 들어갈 수도 있다. 이렇게 힙이 아닌 일반 메모리에 직접 접근하는 버퍼를 다이렉트 버퍼(Direct Buffer)라고 한다. MappedByteBuffer는 시스템 메모리 공간을 직접 사용할 수 있는 다이렉트 버퍼다.

❶ Buffer의 개념과 특징

java.nio 패키지에는 각종 기본 데이터 타입을 담을 수 있는 컨테이너 역할의 Buffer 클래스를 제공한다. Buffer는 시작과 끝이 있는 일직선 모양의 데이터 구조를 갖고 내부적으로 자신의 상태 정보를 4가지 속성을 이용하여 처리하게 된다. 그리고 이런 4가지 속성을 처리할 수 있는 메서드를 제공한다.

우선 Buffer를 상속받는 클래스를 배운 후에 Buffer의 4가지 속성을 알아보자.

❷ Buffer의 상속관계

java.nio 패키지는 크게 두 가지 클래스로 구분된다. 첫 번째는 Buffer 클래스고, 다른 하나는 ByteOrder 클래스다. Buffer 클래스는 boolean을 제외한 각종 기본 자료형에 대응되는 Buffer 클래스의 슈퍼 클래스다.

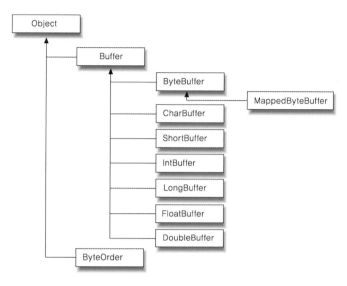

[그림 16-1] Buffer 클래스와 ByteOrder 클래스의 상속관계

❸ Buffer의 구성요소

Buffer는 시작과 끝이 있는 일직선 모양의 데이터 구조로 되어 있고, boolean을 제외한 원시 데이터 타입에 대한 각각의 구현을 가지고 있다. Buffer 클래스는 객체가 생성되면 Buffer의 크기는 절대 변하지 않는다. Buffer는 Buffer에 저장된 데이터를 관리하기 위한 4가지 중요한 속성이 있다.

[표 16-2] Buffer의 구성요소

속성	설명
capacity(버퍼의 용량)	Buffer가 사용할 수 있는 최대 크기를 나타낸다. 이 값은 음수가 되지 않으며 한 번 정해지면 절대 변하지 않는다.
limit(버퍼의 끝점)	Buffer에서 읽거나 쓸 수 있는 위치의 한계를 나타낸다. 이 값은 capacity값보다는 작거나 같을 수 있으며, 음수가 될 수 없다.
position(버퍼의 위치)	현재 읽거나 쓸 수 있는 Buffer의 위치값을 나타낸다. 만약, position이 limit와 같은 값을 가진다면 더 이상의 데이터를 읽거나 쓸 수 없다는 뜻이 된다.
mark(버퍼의 현재위치 표시)	mark(버퍼의 현재위치 표시) mark( ) 메서드로 현재 Buffer의 position을 표시할 수 있다.

처음 Buffer를 생성했다면 그 초기값은 position이 0이며, limit는 capacity값과 같다. 그리고 capacity는 전체 크기를 가진다.

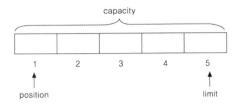

[그림 16-2] Buffer의 구성요소

Buffer 속성의 관계는 반드시 아래의 관계를 가지게 된다.

〈〉0 mark ≤ posistion ≤ limit ≤ capacity

❹ Buffer의 동작원리

Buffer로 가능한 동작들은 get/put 동작, clear 동작, rewind 동작, flip 동작 등으로 나눌 수 있다.

■ get/put 동작

get/put 동작은 Buffer에 데이터를 쓰거나 읽을 때 발생하는데, 이때 put 계열 메서드를 이용하여 데이터를 쓰게 되면 자동으로 position이 이동되고, position은 limit까지 도달할 수 있다. 즉 데이터를 쓸 수 있는 범위는 position과 limit가 같을 때까지다.

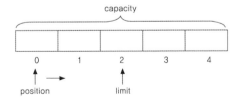

[그림 16-3] Buffer의 구성요소

position과 limit가 같게 되면 다른 메서드를 이용하여 재설정함으로써 재사용할 수 있게 된다.

■ **clear 동작**

clear( ) 메서드를 사용하면 Buffer에 있는 실제 데이터를 삭제하는 것이 아니라 position 을 0으로 설정하고, limit를 capacity로 설정하게 된다.

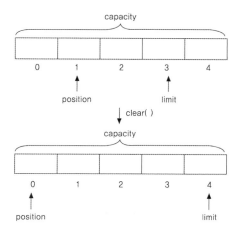

[그림 16-4] Buffer의 clear의 동작원리

■ **rewind 동작**

rewind( ) 메서드는 position을 0으로 하고, mark를 제거하는 메서드다. 이 메서드를 사 용하는 목적은 put( ) 메서드로 설정한 값을 모두 취소하고 다시 설정하거나 처음부터 끝 까지 읽기 위한 목적으로 사용된다.

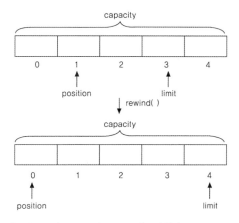

[그림 16-5] Buffer의 rewind의 동작원리

■ **flip 동작**

flip( ) 메서드는 limit를 현재 position으로 설정한 후에 position을 다시 0으로 하고, 만약 mark가 설정되어 있다면 mark를 제거한다. 이 메서드는 주로 put( )한 것을 처음부터 현재 position까지 읽기 위해 사용된다. 그 이유는 이전 position에 새롭게 limit가 설정되기 때문에 put( ) 했던 데이터 그대로를 새로운 범위로 지정하는 효과를 얻을 수 있기 때문이다.

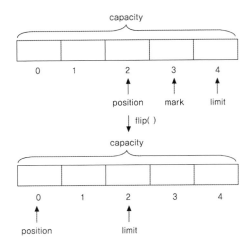

[그림 16-6] Buffer의 flip의 동작원리

Buffer의 4가지 속성은 Buffer 클래스의 메서드로 정의되어 있고, 이를 다시 표로 정리하면 다음과 같다.

[표 16-3] Buffer 클래스의 주요 메서드

반환형	메서드	설명	
int	capacity( )	버퍼의 용량을 반환한다.	
Buffer	clear( )	버퍼에 있는 실제 데이터를 삭제하는 것이 아니라 버퍼의 position을 0으로 설정하고, limit를 capacity로 설정한 Buffer 객체를 반환한다	
	flip( )	버퍼의 limit를 현재 position으로 설정한 후에 position을 다시 0으로 하고, 만약 mark가 설정되어 있다면 mark를 제거한 Buffer 객체를 반환한다.	

boolean	hasRemaining( )	버퍼의 현재 position과 limit 사이의 데이터가 있으면 true, 없으면 false를 반환한다.
int	limit( )	버퍼의 limit를 반환한다.
Buffer	limit(int newLimit)	버퍼의 limit를 설정한 Buffer 객체를 반환한다.
	mark( )	버퍼의 현재 position을 mark로 설정한 Buffer 객체를 반환한다.
int	Position( )	버퍼의 position을 반환한다.
Buffer	position(int newPosition)	버퍼의 position을 설정한 Buffer 객체를 반환한다.
int	remaining( )	버퍼의 현재 position과 limit 사이의 데이터(요소)의 수를 반환한다.
Buffer	rewind( )	버퍼의 position을 0으로 하고, mark를 제거한 Buffer 객체를 반환한다.

그럼 이제 지금까지 배운 Buffer 클래스와 Buffer의 속성과 동작 방식을 이용한 예제를 살펴보자.

예제 16-1	BufferEx

```
01    import java.nio.*;
02    public class BufferEx {
03        public static void main(String[] args){
04            IntBuffer intBuf = IntBuffer.allocate(5);
05            intBuf.put(1000);
06            intBuf.put(2000);
07            intBuf.put(3000);
08            intBuf.put(4000);
09
10            intBuf.flip();
11            while(intBuf.hasRemaining()){
12                System.out.println("첫번째 : "+intBuf.get());
13            }
14            System.out.println();
15            intBuf.clear();
16            intBuf.put(4,5000);
17            intBuf.rewind();
18            while(intBuf.hasRemaining()){
```

```
19                    System.out.println("두번째 : "+intBuf.get());
20              }
21          }
22  }
```

```
Problems  Javadoc  Declaration  🔲 Console ✕
<terminated> BufferEx [Java Application] C:\jdk5\bin\javaw.exe (2005. 7. 4 오후 10:13:27)
첫번째  : 1000
첫번째  : 2000
첫번째  : 3000
첫번째  : 4000

두번째  : 1000
두번째  : 2000
두번째  : 3000
두번째  : 4000
두번째  : 5000
```

[그림 16-7] BufferEx 실행결과

▶▶▶ 04행: Buffer를 상속받은 모든 클래스는 allocate( ) 메서드로 객체를 생성한다. IntBuffer의 초기
capacity를 5로 정한다. 총 메모리 공간은 20바이트를 차지한다.

05행~08행: IntBuffer에 put( ) 메서드를 이용하여 데이터를 넣는다.

10행: flip( ) 메서드는 현재 position을 limit로 설정하고 position을 0으로 설정했기 때문에
position은 0이고 limit는 4로 정해지게 된다.

11행: hasRemaining( ) 메서드는 현재 position과 limit 사이에 데이터가 있으면 true, 없으면
false를 반환한다.

12행: get( ) 메서드를 이용하여 현재 position의 값을 반환한 후에 다음 position으로 이동한다.

15행: clear( ) 메서드는 현재 position을 0으로 이동하고, limit값을 capacity로 설정하기 때문에
limit는 5가 된다.

16행: limit가 5이기 때문에 마지막에 값을 넣을 수 있다.

17행: rewind( ) 메서드는 현재 position을 0으로 설정한다.

❺ Buffer의 하위 클래스

버퍼의 하위 클래스는 boolean을 제외한 기본 데이터 타입에 대한 Buffer 클래스를 제공하
고 있다. 이 중에서 가장 사용빈도가 높은 ByteBuffer에 대해 알아보자.

ByteBuffer의 특징은 다이렉트 버퍼(힙이 아닌 일반 메모리에 직접 접근하는 버퍼)로 만들
수 있다는 점과 다른 유형의 버퍼로 변환해서 다룰 수 있다는 점이다.

다른 유형으로 변환할 수 있는 메서드는 아래와 같다.

    asCharBuffer(), asDoubleBuffer(), asFloatBuffer(),
    asIntBuffer(), asLongBuffer(), asShortBuffer()

다이렉트 버퍼로 만들수 있는 클래스 메서드는 allocateDirect( ) 메서드이며, 다이렉트 버퍼
로 만드는 경우 운영체제가 제공하는 메모리 입출력 기능을 직접 쓰기 때문에 입출력 속도가
매우 빠르다는 장점이 있다. ByteBuffer 클래스에서 자주 사용되는 메서드를 정리하면 다음
과 같다.

[표 16-4] ByteBuffer 클래스의 주요메서드

반환형	메서드	설명
static ByteBuffer	allocate(int capacity)	매개변수 capacity로 ByteBuffer 객체를 생성한다.
static ByteBuffer (int capacity)	allocateDirect	매개변수 capacity로 ByteBuffer 객체를 생성하는 데 이 메서드를 사용하게 되면 Direct ByteBufer이기 때문에 객체가 힙에 생기지 않고, 운영체제가 제공하는 메모리에 입출력할 수 있는 객체가 된다.
abstract CharBuffer	asCharBuffer( )	ByteBuffer를 CharBuffer 객체로 반환한다.
abstract DoubleBuffer	asDoubleBuffer( )	ByteBuffer를 DoubleBuffer 객체로 반환한다.
abstract FloatBuffer	asFloatBuffer( )	ByteBuffer를 FloatBuffer 객체로 반환한다.
abstract IntBuffer	asIntBuffer( )	ByteBuffer를 IntBuffer 객체로 반환한다.
abstract LongBuffer	asLongBuffer( )	ByteBuffer를 LongBuffer 객체로 반환한다.
abstract ShortBuffer	asShortBuffer( )	ByteBuffer를 ShortBuffer 객체로 반환한다.
abstract char	getChar( )	버퍼의 현재 position에서 다음 2바이트를 읽어 문자를 반환한다.
abstract double	getDouble( )	버퍼의 현재 position에서 다음 8바이트를 읽어 dobule값을 반환한다.
abstract float	getFloat( )	버퍼의 현재 position에서 다음 4바이트를 읽어 float값을 반환한다.
abstract int	getInt( )	버퍼의 현재 position에서 다음 4바이트를 읽어 int값을 반환한다.
abstract long	getLong( )	버퍼의 현재 position에서 다음 8바이트를 읽어 long값을 반환한다.
abstract short	getShort( )	버퍼의 현재 position에서 다음 2바이트를 읽어 short값을 반환한다.
abstract ByteBuffer	putChar(char value)	매개변수 value로 버퍼에 2바이트를 쓰기한 후 ByteBuffer 객체를 반환한다. 그러면 현재 position은 2가 증가된다.

abstract ByteBuffer	putDouble (double value)	매개변수 value로 버퍼에 8바이트를 쓰기한 후 ByteBuffer 객체를 반환한다. 그러면 현재 position은 8이 증가된다.
	putFloat(float value	매개변수 value로 버퍼에 4바이트를 쓰기한 후 ByteBuffer 객체를 반환한다. 그러면 현재 position은 4가 증가된다.
	putInt(int value)	매개변수 value로 버퍼에 4바이트를 쓰기한 후 ByteBuffer 객체를 반환한다. 그러면 현재 position은 4가 증가된다.
	putLong(long value)	매개변수 value로 버퍼에 8바이트를 쓰기한 후 ByteBuffer 객체를 반환한다. 그러면 현재 position은 8이 증가된다.
	putShort(short value)	매개변수 value로 버퍼에 2바이트를 쓰기한 후 ByteBuffer 객체를 반환한다. 그러면 현재 position은 2가 증가된다.

ByteBuffer를 이용한 간단한 예제를 만들어 보자.

예제 16-2   ByteBufferEx

```
01    import java.nio.*;
02    public class ByteBufferEx {
03        public static void main(String[] args){
04            ByteBuffer byteBuf1 = ByteBuffer.allocate(12);
05            System.out.println(byteBuf1);
06            byteBuf1.putInt(100);
07            System.out.println(byteBuf1);
08            byteBuf1.putDouble(12.10);
09            System.out.println(byteBuf1);
10            byteBuf1.flip();
11            System.out.println(byteBuf1.getInt());
12            System.out.println(byteBuf1.getDouble());
13
14            ByteBuffer byteBuf2 = ByteBuffer.allocateDirect(6);
15            System.out.println(byteBuf2);
16            byteBuf2.putChar('성');
17            System.out.println(byteBuf2);
18            byteBuf2.putFloat(23.45f);
19            System.out.println(byteBuf2);
```

```
20              byteBuf2.flip();
21              System.out.println(byteBuf2.getChar());
22              System.out.println(byteBuf2.getFloat());
23        }
24  }
```

```
Problems  Javadoc  Declaration  Console  X
<terminated> ByteBufferEx [Java Application] C:\jdk5\bin\javaw.exe (2005. 7. 4 오후 10:14:55)
java.nio.HeapByteBuffer[pos=0 lim=12 cap=12]
java.nio.HeapByteBuffer[pos=4 lim=12 cap=12]
java.nio.HeapByteBuffer[pos=12 lim=12 cap=12]
100
12.1
java.nio.DirectByteBuffer[pos=0 lim=6 cap=6]
java.nio.DirectByteBuffer[pos=2 lim=6 cap=6]
java.nio.DirectByteBuffer[pos=6 lim=6 cap=6]
성
23.45
```

[그림 16-8] ByteBufferEx의 실행결과

▷▶▶ 04행: ByteBuffer를 생성한다. 총 12바이트의 메모리 공간을 차지하게 된다.

05행: 4행에서 생성된 객체는 힙 버퍼임을 알 수 있다. 다시 말해서 allocate( ) 메서드는 힙버퍼 객체를 생성해주는 메서드다.

06행: int는 4바이트 공간을 차지하게 된다.

07행: position의 값이 4인 이유는 int값을 할당했기 때문에 4바이트 공간에 저장한 후 이동되었으므로 position의 값이 4가 된다.

08행: double은 8바이트 공간을 차지하게 된다.

09행: double이 8바이트 공간을 차지하기 때문에 position의 값은 12가 된다.

10행: flip( ) 메서드에 의해 position은 0, limit는 12가 된다.

채널

이전에 살펴본 버퍼(Buffer)를 입출력하기 위해 나온 개념이 채널(Channel)이다. 채널은 버퍼를 이용한 입출력을 추상화한 개념이다. 채널을 사용하게 되면 기존 스트림보다 향상된 I/O를 할 수 있다. 채널을 이용해서 로컬 시스템의 파일을 입출력하거나 네크워크로 연결된 시스템에서 입출력을 할 수 있다. 앞으로 이 절에서는 채널의 개념과 구성요소, 그 밖에 여러 가지 기능을 살펴보게 될 것이다.

❶ 채널의 개념과 특징

채널은 데이터를 읽고 쓸 수 있는 연결통로다. 여기서 데이터란 버퍼를 말하고, 읽고 쓸 수 있다는 의미는 파일이나 네트워크를 통한 I/O를 채널이라는 수단으로 연결하게 된다는 것이다. 즉, 채널은 파일이나 네트워크 I/O 또는 이것을 하부에 두는 프로그램 코드에 대한 연결을 나타내는 용어다.

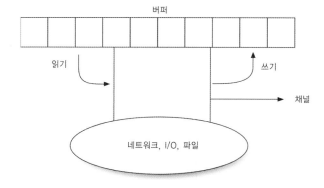

[그림 16-9] 채널과 버퍼의 관계

채널은 I/O 개념과 비슷하나 일반 I/O와 다른 다음과 같은 3가지 특징이 있다.

- 채널은 스트림과는 다르게 양방향으로 통신할 수 있다. 양방향 통신이란 채널 하나로 읽고 쓸 수 있다는 것이다.
- 채널은 하부에 Buffer 클래스를 이용하도록 되어 있다. 따라서 시스템 메모리 공간을 가지고 있기 때문에 기존의 스트림에 비해 데이터의 입출력 속도가 향상되었다.
- 스레드에 의해 블로킹된 채널을 다른 스레드가 해제할 수 있다.

❷ 채널의 상속관계

java.nio.channels.Channel 인터페이스는 6개의 하위 인터페이스와 9개의 하위 클래스로 구성되어 있다.

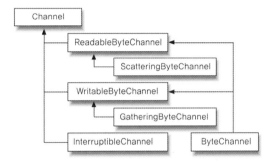

[그림 16-10] 채널의 상속관계

위 그림은 Channel의 하위 인터페이스의 상속 관계를 표현한 것이다.

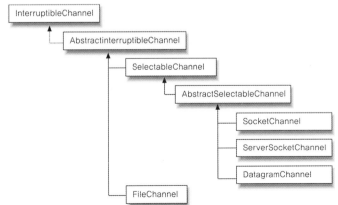

[그림 16-11] InterruptibleChannel의 상속관계

앞의 그림은 채널의 하위 인터페이스와 클래스의 관계를 표현한 것이다. 이 클래스 중 가장 사용빈도가 높은 FileChannel, SocketChannel, ServerSocketChannel에 대해 알아보자

❸ FileChannel 클래스

FileChannel 클래스는 추상 클래스이며, 객체를 생성할 수 있는 메서드를 가지고 있지 않다. 다만 FileInputStream이나 FileOutputStream, RandomAccessFile 클래스에서 getChannel( ) 메서드를 이용하여 객체를 생성해야 한다. 따라서 파일 객체와 같은 접근 권한을 갖게 되기 때문에 FileInputStream을 사용하여 생성된 채널은 읽기 전용으로 사용되고, FileOuputStream을 사용하여 생성된 채널은 쓰기 전용으로 사용된다. 그리고 RandomAccessFile을 통해 생성된 채널은 읽기와 쓰기를 모두 사용할 수 있다. 그럼 FileChannel 클래스에서 사용할 수 있는 메서드를 살펴보자.

[표 16-5] FileChannel 클래스의 주요 메서드

반환형	메서드	설명
abstract void	force(boolean metaData)	채널에 연결된 파일의 업데이트된 내용을 강제적으로 기억장치에 삽입한다.
FileLock	lock()	채널에 연결된 파일의 독점적인 락을 얻는다. 이렇게 해서 다른 스레드로부터 접근을 막을 수 있다.
abstract FileLock	lock(long position, long size, boolean shared)	채널에 연결된 파일의 position부터 size만큼 락을 얻는다. 이 메서드를 이용하면 파일의 특정 부분에 락을 얻을 수 있다.
abstract long	position( )	채널에 연결된 파일의 position을 반환한다.
abstract FileChannel	position(long newPosition)	채널에 연결된 파일의 position을 설정한다.
abstract int	read(ByteBuffer dst)	매개변수 dst에서 데이터를 읽는다.
long	read(ByteBuffer[ ] dsts)	매개변수 dsts에서 데이터를 읽는다.
abstract long	read(ByteBuffer[ ] dsts, int offset, int length)	매개변수 dsts에서 offset부터 length만큼 데이터를 읽는다.
abstract int	read(ByteBuffer dst, long position)	매개변수 dst의 position을 설정하여 읽는다
abstract long	size( )	채널에 연결된 파일의 크기를 반환한다.
abstract FileChannel	write(ByteBuffer dst)	매개변수 dst에서 데이터를 출력한다.

long	write(ByteBuffer[ ] dsts)	매개변수 dsts에서 데이터를 출력한다.
abstract long	write(ByteBuffer[ ] dsts, int offset, int length	매개변수 dsts에서 offset부터 length만큼 데이터를 출력한다.
abstract int	write(ByteBuffer dst, long position)	매개변수 dst의 position을 설정하여 출력한다.

FileChannel의 주요 메서드를 살펴봤다. FileChannel의 주요 메서드를 이용한 간단한 예제를 살펴보자.

예제 **16-3**   FileChannelEx

```
01   import java.nio.channels.*;
02   import java.nio.*;
03   import java.io.*;
04   public class FileChannelEx {
05       public static void main(String[] args) throws IOException{
06           RandomAccessFile raf =
07               new RandomAccessFile("c:\\filechannel.txt","rw");
08           FileChannel fc = raf.getChannel();
09
10           String message = "안녕하세요..";
11           ByteBuffer byteBuf1 = ByteBuffer.allocate(12);
12           byteBuf1.put(message.getBytes());
13           byteBuf1.flip();
14           fc.write(byteBuf1);
15
16           ByteBuffer byteBuf2 = ByteBuffer.allocate(12);
17           fc.position(0);
18           fc.read(byteBuf2);
19           byteBuf2.flip();
20           byte[] b = byteBuf2.array();
21           System.out.println(new String(b));
22       }
23   }
```

[그림 16-12] FileChannelEx 실행결과

▶▶▶ 06행~7행: RandomAccessFile 객체를 읽기와 쓰기를 모두할 수 있는 객체로 생성한다.

08행: RandomAccessFile 클래스의 getChannel( ) 메서드로 FileChannel 객체를 생성한다.

11행: 12바이트를 저장할 수 있는 ByteBuffer 객체를 생성한다. 한글 한 문자는 2바이트이기 때문에 "안녕하세요." 문자열은 총 12바이트가 필요하다.

12행: 문자열을 getBytes( ) 메서드로 바이트 배열로 변환한 후에 ByteBuffer의 put( ) 메서드로 쓰기 작업을 한다.

13행: flip( ) 메서드를 이용해서 limit를 현재 position으로 설정한 후에 position을 0으로 하고, 만약, mark가 설정되어 있다면 mark를 제거한다.

14행: FileChannel 객체인 fc의 write( ) 메서드로 ByteBuffer에 저장된 데이터를 fc에 쓰기 작업을 한다.

16행: 읽기 위한 ByteBuffer 객체를 생성한다.

17행: position을 0으로 설정한다.

18행: FileChannel 객체인 fc는 14행에서 쓰기 작업을 했기 때문에 read( ) 메서드로 읽는 작업을 한다.

20행: byteBuf2에 저장된 데이터를 바이트 배열로 변환한다.

21행: 바이트 배열을 문자열로 출력하기 위해서 String 클래스의 바이트 배열을 매개변수로 받는 생성자를 사용했다.

❹ SocketChannel 클래스

```
java.lang.Object
  └ java.nio.channels.spi.AbstractInterruptibleChannel
      └ java.nio.channels.SelectableChannel
          └ java.nio.channels.spi.AbstractSelectableChannel
              └ java.nio.channels.SocketChannel
```

[그림 16-13] SocketChannel의 상속도

소켓 채널은 네트워크 프로그램을 하기 위한 클래스다. 기존의 소켓이나 소켓을 이용한 I/O의 최대 단점은 클라이언트의 커넥션 요구를 받아들이는 서버소켓의 accept( ) 메서드에 의해 블로킹된다는 것이다. 이런 블로킹된 프로그램을 넌블로킹 효과를 내기 위해 멀티스레드 방식을 이용해야만 했다.

하지만 이런 블로킹 방식을 이용하지 않고 넌블로킹 방식을 이용할 수 있는 네트워크 프로그램 방식을 제공하는 클래스가 SocketChannel 클래스다. 이후에 배울 셀렉터는 다중의 클라이언트에게 메시지를 보내기 위한 블로킹 방식에서 멀티스레드를 대체할 기술이다. SocketChannel과 셀렉터를 이용한다면 스레드를 이용하지 않고 다중의 클라이언트에게 넌블로킹 방식으로 처리할 수 있게 된다.

소켓 채널은 블로킹 방식과 넌블로킹 방식을 모두 지원하며, 블로킹 방식일 경우는 기존의 소켓 프로그램 방식과 거의 같고, 넌블로킹 방식을 이용할 경우는 셀렉터와 더불어 사용된다.

소켓 채널의 객체 생성 방법은 아래와 같다.

```
SocketChannel sChannel = SocketChannel.open();
```

소켓 채널 객체가 생성되었다면 서버와 연결할 InetSocketAddress 객체를 생성해야 한다.

```
String ipAddress = "211.238.132.176";
int port = "3000";
InetSocketAddress isa = new InetScoketAddress(ipAddress, port);
```

이와 같이 SocketChannel 객체와 InetSocketAddress 객체가 생성되었다면 SocketChannel 클래스의 connect( ) 메서드에 InetSocketAddress 객체를 매개변수로 넣어서 해당 서버와 연결한다.

```
sChannel.connect(isa);
```

이렇게 연결된 SocketChannel 클래스의 read( ), write( ) 메서드를 이용하여 입출력을 처리한다. SocketChannel에서 사용되는 주요 메서드를 정리하면 다음과 같다.

[표 16-6] SocketChannel 클래스의 주요 메서드

반환형	메서드	설명
abstract boolean	connect(SocketAddress remote)	매개변수 SocketAddress 객체로 서버와 접속이 되면 true, 그렇지 않으면 false를 반환한다.
static SocketChannel	open( )	SocketChannel 객체를 생성한다.
abstract int	read(ByteBuffer dst)	SocketChannel에서 일련의 바이트들을 매개변수 dst로 읽어서 읽은 수만큼 반환한다.
abstract Socket	socket( )	채널에 관련된 Socket 객체를 반환한다.
abstract int	write(ByteBuffer dst)	매개변수 dst를 SocketChannel을 통해 일련의 바이트들로 쓰기를 한 후에 쓰기 한 만큼 반환한다.

다음으로는 SocketChannel 클래스와 연결을 시도할 ServerSocketChannel 클래스에 대해 알아보자.

❺ SocketChannel 클래스

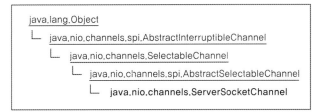

[그림 16-14] ServerSocketChannel의 상속도

서버소켓 채널은 기존의 서버소켓과 거의 동일하며 다른 점이 있다면 넌블로킹 모드로 동작할 수 있다는 점이다. 서버소켓 채널 객체는 ServerSocketChannel 클래스의 open( ) 메서드를 이용하여 생성한다.

```
ServerSocketChannel serverChannel = ServerSocketChannel.open();
```

서버소켓 채널 객체가 생성되었다면 서버가 동작하기 위해서는 특정 포트에 바인딩해줘야한다. 바인딩 작업 시 필요한 클래스가 InetSocketAddress 클래스를 이용하여 서버의 호스트와 포트를 지정한다. 이렇게 생성된 InetSocketAddress 객체를 서버소켓 채널 클래스의 socket( ) 메서드를 이용하여 바인딩해주면 된다.

```
int port = 3000;
InetSocketAddress isa
= new InetSocketAddress(InetAddress.getLocalHost(), port);
serverChannel.socket().bind(isa);
```

이렇게 생성된 서버소켓 채널 객체를 accept( ) 메서드를 이용하여 클라이언트의 접속을 기다리게 된다. 이 때 블로킹 방식으로 처리한다면 일반 소켓 프로그램 방식과 동일하다.

```
SockeChannel sChannel = serverChannel.accept();
```

ServerSocketChannel 클래스의 주요 메서드를 정리하면 아래와 같다.

[표 16-7] ServerSocketChannel 클래스의 주요 메서드

반환형	메서드	설명
abstract SocketChannel	accept( )	클라이언트의 커넥션을 허가한 후 SocketChannel 객체를 생성한다.
static ServerSocketChannel	open( )	ServerSocketChannel 객체를 생성한다.
abstract ServerSocket	socket( )	채널에 관련된 ServerSocket 객체를 반환한다.

❻ 셀렉터

블로킹 모드를 사용하는 소켓 프로그램에서는 클라이언트가 접속하기 전까지 서버는 accept( ) 메서드에 의해 블로킹되어 진다. 그래서 다중의 클라이언트를 처리하기 위해서는 서버의 스레드를 생성하여 처리해야 한다. 각각의 클라이언트마다 스레드가 생성되기 때문에 서버의 부하를 초래하게 되고 이로 인해 대형 시스템을 구축하기에 적합하지 않았다.

이러한 이유로 JDK 1.4에서는 넌블로킹 방식을 지원하는 각종 채널 클래스를 제공하게 되었다. 넌블로킹 방식의 특징은 기본적으로 입출력에 대해서 지연되지 않는다는 점이다. 예를 들어, 소켓 채널에서는 read( ) 메서드가 더 이상 읽을 데이터가 없다면 블로킹되지 않고 바

로 다음 문장을 수행하게 되고, 서버소켓 채널에서는 accept( ) 메서드에서 클라이언트의 요청이 없다면 바로 다음 문장을 수행하게 된다. 이런 넌블로킹 방식은 특정 요청에 따라 I/O가 지연되지 않는다.

그렇다면 소켓채널의 read( ) 메서드나 서버소켓 채널의 accept( ) 메서드에서 지연되지 않는다면 특정 클라이언트가 접속을 시도했을 때 이에 대한 처리는 셀렉터가 담당하게 된다.

셀렉터의 개념과 특징

셀렉터는 소켓채널과 서버소켓 채널의 정보를 가지고 특정 클라이언트가 접속을 시도했을 경우 셀렉터는 이를 감지하여 특정 클라이언트에 맞는 해당 채널을 선택하게 된다. 그러면 이 채널을 이용하여 통신을 하고 다시 셀렉터에 저장하게 되는 것이다. 셀렉터에 등록되기 위해서는 소켓채널과 서버소켓 채널은 반드시 넌블로킹 방식으로 설정해야 한다.

각종 채널을 넌블로킹 방식으로 설정하기 위해서는 채널 클래스의 cofigureBlocking(false)을 호출해서 넌블로킹 방식으로 만들어야 한다. configureBlocking( ) 메서드의 반환값은 SelectableChannel인데, SelectableChannel 객체만이 셀렉터에 등록 될 수 있다. 따라서 SelectableChannel 클래스의 서브 클래스인 SocketChannel, ServerSocketChannel, DatagramChannel은 셀렉터에 등록할 수 있는 클래스가 된다. 이외에 두 가지 클래스가 더 있다.

셀렉터의 사용 방법

셀렉터 객체를 생성과 등록, 사용하는 방법에 대해서 알아보자. 셀렉터 객체를 생성하는 방법은 Selector 클래스의 open( ) 메서드를 이용하면 된다.

```
Selector selector = Selector.open();
```

이렇게 생성된 Selector 객체를 등록해야 하는데, 이때 주의해야 할 점은 SelectableChannel의 register( ) 메서드를 사용해야 한다는 점이다. 다시 말해서 각 채널 클래스의 configureBlocking(false) 메서드의 반환값은 SelectableChannel인데 이 반환값의 register( ) 메서드를 이용해서 셀렉터에 등록해야 한다는 것이다. SelectableChannel의 register( ) 메서드를 구체적으로 살펴보면 아래와 같다.

```
public final SelectionKey register(Selector selector, int ops)
throws CloseChannelException
```

첫 번째 매개변수는 채널에 등록할 Selector 객체를 의미하고, 두 번째 매개변수는 클라이언트의 요청이 왔을 때 해당 SelectableChannel에게 어떻게 동작할 것인지를 설정하는 값이다. 이 매개변수는 SelectionKey 클래스의 멤버변수로 정의되어 있다.

이 동작에는 4가지 종류가 있다.

```
public static final int OP_ACCEPT
public static final int OP_CONNECT
public static final int OP_READ
public static final int OP_WRITE
```

이들은 각각 비트값을 가진 int형 데이터로서 각각이 OR 연산에 의해 합해져서 어떤 동작들이 가능하거나 관심이 있는지를 나타내게 된다. 예를 들어, OP_READ|OP_WRITE의 값을 저장하게 되면 이는 읽는 것과 쓰는 것에 관심이 있는 채널이라는 뜻이 된다. 따라서 읽거나 쓰거나 하는 동작이 취해지면 셀렉터에 의해 선택될 수 있게 된다.

그리고 위와 같이 SelectableChannel에 의해 등록된 후에 Selector 클래스의 select() 메서드를 호출하게 된다. 이 메서드는 클라이언트의 요청이 있을 때까지 블로킹되어 있다가 클라이언트 요청이 들어오는 순간 수행되는 메서드다.

Selector 클래스의 주요 메서드를 정리하면 아래와 같다.

[표 16-8] Selector 클래스의 주요 메서드

반환형	메서드	설명
abstract void	close( )	셀렉터를 닫는다.
abstract Set〈SelectionKey〉	keys( )	Selector의 key 집합(Set)을 반환한다.
static Selector	open( )	셀렉터 객체를 생성한다.
abstract int	select( )	셀렉터에서 클라이언트 커넥션 요청이 있을 때까지 블로킹(지연 상태)으로 대기한다.
abstract Set〈SelectionKey〉	selectedKeys( )	셀렉터의 선택된 키(key) 집합(Set)을 반환한다.

그럼 이제 지금까지 배운 버퍼(Buffer), 채널(Channel), 셀렉터(Selector)를 이용해서 멀티채팅을 구현해보자.

❺ 셀렉터와 채널을 이용한 멀티 채팅구현

이 예제는 '15장. 네트워크'에서 구현한 멀티 채팅을 재구성한 것이다. 예제에 대한 설명은 생략하기로 하고 NIO에 관한 설명만 하도록 하겠다. 이 예제에 필요한 클래스는 3가지다. 앞서 작성한 예제에서는 4개의 클래스가 있었지만 셀렉터를 이용하게 되면 서버쪽에서 제공한 스레드를 만들 필요가 없기 때문에 3개의 클래스만 있으면 구성할 수 있다.

[표 16-9] 멀티 채팅 예제에 필요한 클래스

클래스명	메서드
NIOMultiServer	이 클래스는 ServerSocketChannel을 셀렉터에 등록하여 클라이언트가 접속하는 경우에 셀렉터에 SocketChannel을 등록하고 Collection에 SocketChannel 객체를 저장한다. 또한 클라이언트가 메시지를 전송하는 경우에는 셀렉터에 등록된 SocketChannel로 클라이언트의 메시지(버퍼)를 읽어 Collection에 저장된 모든 클라이언트에게 메시지(버퍼)를 전송하게 된다.
NIOMultiClientThread	다른 클라이언트의 메시지를 받기 위한 클래스다. 이 클래스는 다른 클라이언트가 메시지를 보내게 되면 셀렉터에 등록된 SocketChannel을 반환받아 다른 클라이언트의 메시지를 읽게 된다.
NIOMultiClient	스윙으로 구현된 클라이언트 클래스다. 이 클래스는 서버의 IP와 포트로 SocketChannel 객체를 생성하여 셀렉터에 등록했다. 서버에게 메시지를 보낼 때는 이벤트에서 처리했고, 다른 클라이언트가 보낸 메시지를 받기 위해 NIOMultiClientThread 객체를 생성했다.

첫 번째 클래스는 NIOMultiServer 클래스다. 이 클래스는 클라이언트가 접속을 시도하는 경우와 메시지를 보내는 경우, 두 가지로 나누어서 처리하게 된다. 즉, 다른 서버 프로그램과 달리 NIO에서는 셀렉터의 도입으로 서버의 스레드가 필요 없다는 것이다. 예제를 살펴보자.

예제 16-4 NIOMultiServer

```
01    import java.nio.*;
02    import java.nio.channels.*;
03    import java.util.*;
04    import java.net.*;
05    import java.io.*;
06    public class NIOMultiServer {
07        private String host = "localhost";
08        private int port = 3000;
09        private Selector selector;
```

```
10        private ServerSocketChannel serverChannel;
11        private ServerSocket serverSocket;
12        private ArrayList list = new ArrayList();
13        public NIOMultiServer(){
14            try{
15                selector = Selector.open();
16                serverChannel = ServerSocketChannel.open();
17                serverChannel.configureBlocking(false);
18                serverSocket = serverChannel.socket();
19                InetSocketAddress isa =
                  new InetSocketAddress(host,port);
20                serverSocket.bind(isa);
21    serverChannel.register(selector,SelectionKey.OP_ACCEPT);
22            }catch(IOException ioe){
23                ioe.printStackTrace();
24            }
25            readyServer();
26        }
27        public void readyServer(){
28            try{
29                while(true){
30                    System.out.println("요청을 기다리는 중...");
31                    selector.select();
32                        Iterator iterator =
                          selector.selectedKeys().iterator();
33                    while(iterator.hasNext()){
34                        SelectionKey key =
35                        (SelectionKey)iterator.next();
36                        if(key.isAcceptable()){
37                            accept(key);
38                        }else if(key.isReadable()){
39                            read(key);
40                        }
```

```
41                          iterator.remove();
42                      }
43                  }
44
45                  }catch(Exception e){
46              e.printStackTrace();
47          }
48      }
49      private void accept(SelectionKey key){
50          ServerSocketChannel serverChannel =
51                      (ServerSocketChannel) key.channel();
52          SocketChannel socketChannel = null;
53          try{
54              socketChannel = serverChannel.accept();
55              if(socketChannel == null) return;
56              socketChannel.configureBlocking(false);
57  socketChannel.register(selector,SelectionKey.OP_READ);
58              list.add(socketChannel);
59          }catch(Exception ioe){
60              ioe.printStackTrace();
61          }
62      }
63      public void read(SelectionKey key){
64          SocketChannel socketChannel =
65                      (SocketChannel)key.channel();
66          ByteBuffer buffer = ByteBuffer.allocateDirect(1024);
67          try{
68              int read = socketChannel.read(buffer);
    }catch(IOException ioe){
69              try{
70                  socketChannel.close();
71              }catch(IOException _ioe){
72              }
73              list.remove(socketChannel);
74          }
```

```
75              try {
76                  broadCasting(buffer);
77              } catch (IOException ioe) {
78                  ioe.printStackTrace();
79              }
80              buffer.clear();
81          }
82          public void broadCasting(ByteBuffer buffer)
            throws IOException{
83              buffer.flip();
84              for(int i=0 ; i<list.size() ; i++){
85                  SocketChannel sc
                    = (SocketChannel)list.get(i);
86                  sc.write(buffer);
87                  buffer.rewind();
88              }
89          }
90          public static void main(String[] args){
91              new NIOMultiServer();
92          }
93  }
```

▶▶▶ 15행: Selector 객체를 생성한다.

16행: ServerSocketChannel 객체를 생성한다.

17행: ServerSocketChannel 객체를 넌블로킹 모드로 설정한다.

18행: ServerSocketChannel 클래스의 socket( ) 메서드로 ServerSocket 객체를 생성한다.

19행: host와 port를 매개변수로 InetSocketAddress 객체를 생성한다.

20행: InetSocketAddress 객체를 매개변수로 ServerSocket에 바인딩한다.

21행: ServerSocketChannel 클래스의 register( ) 메서드로 셀렉터에 등록한다. 이 때 OP_ ACCEPT로 지정하게 되면 다른 요청이 왔을 때 ACCEPT 요청만 ServerSocketChannel에 알린다.

31행: select( ) 메서드로 다른 요청이 들어오는지 감시한다.

32행: 선택된 채널의 키를 Iterator 타입으로 변환한다.

34행~35행: 채널의 키를 가져온다.

37행: 선택된 키가 OP_ACCEPT이면 accept( ) 메서드로 요청 처리를 한다.

39행: 선택된 키가 OP_READ이면 read( ) 메서드로 요청 처리를 한다.

41행: 선택된 키를 제거한다.

50행~51행: SelectionKey의 channel( ) 메서드로 ServerSocketChannel 객체를 얻어온다.

54행: accept( ) 메서드로 SocketChannel 객체를 얻어온다.

56행: SocketChannel을 넌블로킹 모드로 설정한다.

57행: SocketChannel을 셀렉터에 OP_READ 모드로 등록한다.

58행: ArrayList에 SocketChannel을 저장한다.

68행: SocketChannel의 read( ) 메서드로 ByteBuffer에 저장한다.

73행: 클라이언트가 강제 종료된 경우 ArrayList에서 제거한다.

76행: 모든 클라이언트에게 전송한다.

두 번째는 NIOMultiClientThread 클래스다. 이 클래스는 다른 클라이언트가 메시지를 보내는 경우에 필요한 클래스다. NIOMultiClient 클래스에서 셀렉터에 등록된 SocketChannel을 이용하여 다른 클라이언트 메시지를 처리하게 된다. 예제를 살펴보자.

예제 **16-5**　　NIOMultiClientThread

```
01   import java.io.IOException;
02   import java.nio.*;
03   import java.nio.channels.*;
04   import java.nio.charset.*;
05   import java.util.*;
06   public class NIOMultiClientThread extends Thread{
07       private NIOMultiClient mc;
08           private Charset charset;
09           private CharsetDecoder decoder;
10       public NIOMultiClientThread(NIOMultiClient mc){
11           this.mc = mc;
12               charset = Charset.forName("KSC5601");
13               decoder = charset.newDecoder();
```

```
14              }
15          public void run(){
16              String message = null;
17              String[] receivedMsg = null;
18                  Selector selector = mc.getSelector();
19              boolean isStop = false;
20              while(!isStop){
21                  try{
22                      selector.select();
23                      Iterator iterator =
se                      lector.selectedKeys().iterator();
24                      while(iterator.hasNext()){
25                          SelectionKey key =
                            (SelectionKey)iterator.next();
26                          if(key.isReadable()){
27                              message = read(key);
28                          }
29                          iterator.remove();
30                      } // end while
31                  receivedMsg = message.split("#");
32              }catch(Exception e){
33                  e.printStackTrace();
34                  isStop = true;
35              }
36              System.out.println(receivedMsg[0]+","+receivedMsg[1]);
37              if(receivedMsg[1].equals("exit")){
38                  if(receivedMsg[0].equals(mc.getId())){
39                      mc.exit();
40                  }else{
41                      mc.getJta().append(
42                      receivedMsg[0] +"님이 종료 하셨습니다."+
43                      System.getProperty("line.separator"));
44                      mc.getJta().setCaretPosition(
45                      mc.getJta().getDocument().getLength());
46                  }
```

```
47                     }else{
48                         mc.getJta().append(
49                         receivedMsg[0] +" : "+receivedMsg[1]+
50                         System.getProperty("line.separator"));
51                         mc.getJta().setCaretPosition(
52                             mc.getJta().getDocument().getLength());
53
54                     }
55             }
56     }
57         public String read(SelectionKey key){
58             SocketChannel sc = (SocketChannel)key.channel();
59             ByteBuffer buffer =
                ByteBuffer.allocateDirect(1024);
60             try {
61                 sc.read(buffer);
62             } catch (IOException e) {
63                 e.printStackTrace();
64                 try{
65                     sc.close();
66                 }catch(IOException ioe){
67                 }
68             }
69             System.out.println(buffer);
70             buffer.flip();
71             String message = null;
72             try {
73                 message
                    = decoder.decode(buffer).toString();
74             } catch (CharacterCodingException e) {
75                 e.printStackTrace();
76             }
77             System.out.println("message : "+message);
78             return message;
79         }
80 }
```

▶▶▶ 13행: Charset 객체를 이용하여 CharsetDecoder 객체를 생성한다.

18행: NIOMultiClient에 있는 셀렉터를 얻어온다.

22행: select( ) 메서드로 다른 요청이 들어오는지 감시한다.

23행: 선택된 채널의 키를 Iterator 타입으로 변환한다.

25행: 채널의 키를 가져온다.

27행: 선택된 키가 OP_READ이면 read( ) 메서드로 요청 처리를 한다.

29행: 선택된 키를 제거한다.

31행: 클라이언트에 의해 전송된 메시지를 "#"으로 구분하여 저장한다.

57행: SelectionKey의 channel( ) 메서드로 SocketChannel 객체를 얻어온다.

59행: 읽기 위한 ByteBuffer 객체를 생성한다.

61행: ByteBuffer에 데이터를 읽어서 저장한다.

73행: ByteBuffer에 저장된 데이터를 CharsetDecoder의 decode( ) 메서드를 통해 문자열로 변환한다.

세 번째는 NIOMultiClient 클래스다. 이 클래스는 스윙으로 구성되어 있으며, 서버와 접속을 시도하여 생성된 SocketChannel을 셀렉터에 등록하고 스레드를 시작한다. 예제를 살펴보자.

예제 16-6	NIOMultiClient

```
001  import java.awt.*;
002  import java.awt.event.*;
003  import java.io.*;
004  import java.net.*;
005  import javax.swing.*;
006  import java.nio.*;
007  import java.nio.channels.*;
008  public class NIOMultiClient implements ActionListener {
009      private JFrame jframe;
010      private JTextField jtf;
```

```
011        private JTextArea jta;
012        private JLabel jlb1, jlb2;
013        private JPanel jp1, jp2;
014        private String ip;
015        private String id;
016        private JButton jbtn;
017            private Selector selector;
018            private SocketChannel sc;
019            private ByteBuffer buffer;
020        public NIOMultiClient(String argIp, String argId) {
021            ip = argIp;
022            id = argId;
023            jframe = new JFrame("NIO Multi Chatting");
024            jtf = new JTextField(30);
025            jta = new JTextArea("", 10, 50);
026            jlb1 = new JLabel("Usage ID : [[ "+ id + "]]");
027            jlb2 = new JLabel("IP : " + ip);
028            jbtn = new JButton("종료");
029            jp1 = new JPanel();
030            jp2 = new JPanel();
031            jlb1.setBackground(Color.yellow);
032            jlb2.setBackground(Color.green);
033            jta.setBackground(Color.pink);
034            jp1.setLayout(new BorderLayout());
035            jp2.setLayout(new BorderLayout());
036
037            jp1.add(jbtn, BorderLayout.EAST);
038            jp1.add(jtf, BorderLayout.CENTER);
039            jp2.add(jlb1, BorderLayout.CENTER);
040            jp2.add(jlb2, BorderLayout.EAST);
041
042            jframe.add(jp1, BorderLayout.SOUTH);
043            jframe.add(jp2, BorderLayout.NORTH);
044            JScrollPane jsp = new JScrollPane(jta,
```

```
045                 JScrollPane.VERTICAL_SCROLLBAR_ALWAYS,
046                 JScrollPane.HORIZONTAL_SCROLLBAR_NEVER);
047         jframe.add(jsp, BorderLayout.CENTER);
048
049         jtf.addActionListener(this);
050         jbtn.addActionListener(this);
051         jframe.addWindowListener(new WindowAdapter() {
052             public void windowClosing(WindowEvent e) {
053                 try {
054                     buffer.clear();
055                     String msg = id + "#exit";
056                     buffer.put(msg.getBytes());
057                     buffer.flip();
058                     sc.write(buffer);
059                 } catch (IOException ee) {
060                     ee.printStackTrace();
061                 }
062                 System.exit(0);
063             }
064             public void windowOpened(WindowEvent e) {
065                 jtf.requestFocus();
066             }
067         });
068         jta.setEditable(false);
069         Toolkit tk = Toolkit.getDefaultToolkit();
070         Dimension d = tk.getScreenSize();
071         int screenHeight = d.height;
072         int screenWidth = d.width;
073         jframe.pack();
074         jframe.setLocation(
075                 (screenWidth - jframe.getWidth()) / 2,
076                 (screenHeight - jframe.getHeight()) / 2);
077         jframe.setResizable(false);
078         jframe.setVisible(true);
```

```java
079          }
080
081      public void actionPerformed(ActionEvent e) {
082          Object obj = e.getSource();
083          String msg = jtf.getText();
084          if (obj == jtf) {
085              if (msg == null || msg.length()==0) {
086                  JOptionPane.showMessageDialog(jframe,
087                      "글을쓰세요", "경고",
088                      JOptionPane.WARNING_MESSAGE);
089          } else {
090              try {
091                      msg = id+ " # " +msg;
092                      buffer.clear();
093                  buffer.put(msg.getBytes());
094                      buffer.flip();
095                      sc.write(buffer);
096              } catch (IOException ee) {
097                  ee.printStackTrace();
098              }
099              jtf.setText(" ");
100          }
101      } else if (obj == jbtn) {
102          try {
103              buffer.clear();
104              msg = id + "#exit";
105              buffer.put(msg.getBytes());
106              buffer.flip();
107              sc.write(buffer);
108          } catch (IOException ee) {
109              ee.printStackTrace();
110          }
111              System.exit(0);
112      }
113  }
```

```
114  public void exit(){
115        System.exit(0);
116  }
117   public void init() throws IOException {
118              buffer = ByteBuffer.allocateDirect(1024);
119              selector = Selector.open();
120              sc = SocketChannel.open(new InetSocketAddress(ip,3000));
121              sc.configureBlocking(false);
122              sc.register(selector,SelectionKey.OP_READ);
123              NIOMultiClientThread ct = new NIOMultiClientThread(this);
124              Thread t = new Thread(ct);
125              t.start();
126         }
127       public static void main(String args[]) throws IOException {
128              JFrame.setDefaultLookAndFeelDecorated(true);
129              Scanner sc = new Scanner(System.in);
130              System.out.print("ip : ");
131              String ip = sc.next();
132              System.out.print("id : ");
133              String id = sc.next();
134              NIOMultiClient cc = new NIOMultiClient(ip, id);
135              cc.init();
136              sc.close();
137         }
138       public JTextArea getJta(){
139              return jta;
140       }
141       public String getId(){
142              return id;
143       }
144       public Selector getSelector(){
145              return selector;
146       }
147  }
```

[그림 16-15] 멀티 채팅 예제 실행결과 (1)

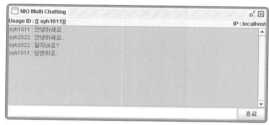

[그림 16-16] 멀티 채팅 예제 실행결과 (2)

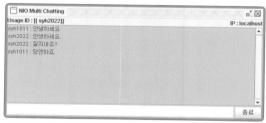

[그림 16-17] 멀티 채팅 예제 실행결과 (3)

▶▶▶ 54행~58행: 종료를 했을 경우 종료 메시지를 서버에게 전송한다.

   91행~95행: 서버에게 메시지를 전송한다.

   103행~107행: 〈종료〉 버튼을 클릭했을 경우 종료 메시지를 서버에게 전송한다.

   118행: 서버에게 보낼 ByteBuffer 객체를 생성한다.

   119행: Selector 객체를 생성한다.

   120행: SocketChannel 객체를 생성한다.

   121행: SocketChannel을 넌블로킹 모드로 설정한다.

   122행: SocketChannel을 셀렉터에 OP_READ 모드로 등록한다.

   123행~125행: 스레드를 생성하고 시작한다.

요약

1 NIO의 특징은 다음과 같다.

- 기본 데이터용 버퍼를 제공한다.

- 캐릭터 셋에 대한 인코더와 디코더를 제공한다.

- 네트워크를 강화하기 위해 채널과 새로운 I/O를 추상화했다.

- 메모리 매핑과 파일의 락(Lock)을 지원하는 인테페이스를 제공한다.

- 넌블로킹 입출력을 할 수 있다.

2 java.nio.Buffer 클래스는 각종 기본 데이터 타입을 담을 수 있는 컨테이너 역할을 한다.

3 Buffer 클래스의 구성요소는 다음과 같다.

[표 16-10] Buffer 클래스의 속성

속성	설명
capacity	Buffer가 사용할 수 있는 최대 크기를 나타낸다. 이 값은 음수가 되지 않으며 한 번 정해지면 절대 변하지 않는다.
limit	Buffer에서 읽거나 쓸 수 있는 위치의 한계를 나타낸다. 이 값은 capacity값보다는 작거나 같을 수 있으며, 음수가 될 수 없다.
position	현재 읽거나 쓸 수 있는 Buffer의 위치값을 나타낸다. 만약 position이 limit와 같은 값을 가진다면 더 이상의 데이터를 읽거나 쓸 수 없다는 뜻이 된다.
mark	Mark( ) 메서드로 현재 Buffer의 position을 표시할 수 있다.

4 Buffer 클래스의 동작원리는 다음과 같다.

- get/put 동작

  get/put 동작은 버퍼에 데이터를 쓰거나 읽을 때 발생하는데, 이때 put을 이용하여 데이터를 쓰게 되면 자동으로 position이 이동되고, position은 limit까지 도달할 수 있다.

- clear 동작

  clear( ) 메서드를 사용하면 Buffer에 있는 실제 데이터를 삭제하는 것이 아니라 position을 0으로 설정하고, limit를 capacity로 설정하게 된다.

■ rewind동작

rewind( ) 메서드는 position을 0으로 하고, mark를 제거하는 메서드다.

■ flip동작

flip( ) 메서드는 limit를 현재 position으로 설정한 후에 position을 0으로 하고, 만약 mark가 설정되어 있다면 mark를 제거한다.

5 채널은 파일이나 네트워크 I/O 또는 이것을 하부에 두는 프로그램 코드에 대한 연결을 나타내는 용어다.

6 일반 I/O와 다른 채널의 세 가지 특징은 다음과 같다.

• 채널은 스트림과 다르게 양방향으로 통신할 수 있다. 양방향 통신이란 채널 하나로 읽고 쓸 수 있다는 뜻이다.

• 채널은 하부에 Buffer 클래스를 이용하도록 되어 있어 데이터 관리를 시스템 메모리 공간을 가지고 있기 때문에 기존의 스트림에 비해 입출력 속도가 향상되었다.

• 스레드에 의해 블로킹된 채널은 다른 스레드가 블로킹된 채널을 해제할 수 있다.

7 셀렉터는 소켓채널과 서버소켓채널의 정보를 가지고 특정 클라이언트가 접속을 시도했을 경우 셀렉터는 이를 감지하여 해당 특정 클라이언트에 맞는 해당 채널을 반환하고, 서버에서는 서버에 맞는 채널을 반환하는 역할을 한다.

연습문제

1 DoubleBuffer 클래스를 이용하여 10개의 공간을 생성하고, 10개의 공간에 dobule값을 입력한 후에 입력된 내용을 출력하는 프로그램을 작성하라.

2 FileInputStream과 FileOutputStream 클래스로 FileChannel 객체를 각각 생성하여 시스템에 있는 특정 파일을 복사하는 프로그램을 작성하라(단, 이 때 복사한 시간을 출력해야 한다).

JDBC

✳ **학습 목표**

• DBMS와 SQL에 대해 알아본다.
• 2tier와 3tier의 구조와 특징에 대해 알아본다.
• JDBC의 필요성과 JDBC 코딩에 대해 알아본다.
• PreparedStatement의 특징에 대해 알아본다.
• CallableStatement의 특징에 대해 알아본다.
• Connection Pool에 대해 알아본다.

데이터베이스

데이터베이스란 지속적으로 저장되는 연관된 정보의 모음이라 할 수 있는데, 이 정보들은 검색이나 처리의 대상이 될 수 있다. 데이터베이스 시스템은 데이터베이스를 만들고 관리하는 자동화, 컴퓨터화된 시스템이다. 데이터베이스는 친구나 동료들의 이름, 주소, 전화번호 등을 관리하는 단순한 것에서부터 하나의 기업을 운영할 수 있을 만큼 복잡해질 수도 있다. 첫 번째 경우라면 간단한 파일과 텍스트 편집기 등을 이용해 충분히 데이터베이스를 관리할 수 있을 것이다. 하지만 두 번째 경우라면 데이터베이스의 복잡성이 증가함에 따라 좀더 정교한 데이터베이스 시스템이 필요해진다.

❶ 데이터베이스의 개요

데이터베이스란 지속적으로 저장되는 연관된 정보의 모음이라고 방금 전에 언급했다. 즉, 특정 관심의 데이터를 수집하여 그 데이터의 성격에 맞도록 잘 설계하여 저장하고 관리함으로써 필요한 데이터를 효율적으로 사용할 수 있는 자원이다. 효율적인 데이터베이스를 구축함으로써 (기업측에서 본다면) 정확한 데이터를 분석하여 저비용, 고효율을 가져 올 수 있기 때문에 사업의 극대화를 추구할 수 있을 것이다.

이런 데이터베이스의 발전은 결국 비즈니스 분야로 적용되었고 그 시작은 OLTP(Online Transaction Processing)에서 출발했다고 할 수 있다. 1990년 말에 온라인 분야는 급성장하게 되었고, 결국 데이터베이스는 온라인의 데이터를 처리하기 위한 가장 적합한 시스템으로 인정받게 되었다. 데이터베이스의 활용은 이에 그치지 않고 DW(Data Warehouse) 환경에서 이를 기업 프로세스에 접목한 전사적 자원 관리(ERP, Enterprise Resource Planning)로 적용하게 되었다. 요즘에는 B2B(Business To Business)와 B2C(Business To Customer), CRM(Customer Relationship Management)으로 적용 범위를 넓혀가고 있다.

❷ DBMS의 개요

DBMS(DataBase Management System)란 데이터를 효율적으로 관리할 수 있는 시스템을 말한다. 이런 데이터를 효율적으로 관리하기 위해서는 데이터베이스의 데이터를 추가, 변경, 삭제, 검색할 수 있는 기능이 있어야 한다.

DBMS의 종류는 크게 세 가지로 구분된다. 즉, 계층형, 네트워크용, 릴레이션형으로 구분되는데, 최근에는 릴레이션형이 DBMS의 주류를 이루고 있다. 릴레이션형 DBMS를 RDBMS라고 하는데, 이런 제품으로는 DB2, 오라클(Oracle), MS-SQL, 사이베이스(Sybase), 인포믹스(Infomix) 등이 있다.

관계형 데이터베이스

관계 데이터베이스의 개념은 코드(E.F. Codd)에 의해 소개되었는데, 그의 세미나 원고인 '대규모 공유 데이터 뱅크를 위한 데이터의 관계 모델'에 처음으로 등장한 개념이다.

관계 데이터베이스는 일련의 수학적인 개념과 작업에 기반을 두고 있다. 간단히 말해서 관계형 데이터베이스는 관계들의 모음이며, 관계는 정렬되지 않은 일련의 튜플(tuple)이나 행(row)이다. 간단하게 생각하면 관계를 단지 테이블로 볼 수 있으며, 테이블의 각 행을 튜플로 볼 수 있다. 관계나 튜플은 특수한 수학적 용어인데, 관계의 주요성(cadinality)은 테이블 내 튜플의 수를 의미한다.

관계형 테이터베이스라는 이름은 바로 이러한 관계의 개념에서 온 것이다. 실제로 대부분의 사람들이 관계를 테이블로, 튜플을 행으로 지칭한다. 각각의 테이블은 보통 오브젝트나 실제 세계의 개념(개체), 또는 개체간의 관계를 표현한다.

관계형 데이터베이스에서는 기본 키와 외부 키에 대한 개념이 중요하므로 이 키에 대해서만 간략하게 언급하고 넘어간다.

❶ 기본 키와 외부 키

기본 키

기본 키(Primary Key)는 테이블의 각 행을 다른 행과 구분해주는 역할을 하는 열을 의미한다. 일반적으로 각 행이 모두 다른 값을 갖는 기본 키를 설정함으로써 행을 식별하게 된다. 그러므로 테이블의 각 행의 기본 키는 반드시 유일해야 한다. 테이블 내의 행은 하나 이상의 열 속성들의 조합으로 유일한 것이 된다. 예를 들어, 어떤 사람을 식별할 때 이름, 나이, 성별, 고향 등 모든 구성을 나열하면 다른 사람들로부터 그 사람을 구분할 수 있지만, 그보다는 주민번호를 이용해 식별하는 것이 훨씬 편한 것과 같은 이치다. 이와 같은 목적으로 선택된 속성이 테이블을 위한 기본 키(Primary Key)라 한다. 기본 키로 사용할 테이터 열은 반드시 '유일함'이라는 조건을 만족해야 하며, '값'이 있어야 한다. 즉, 기본 키는 NOTNULL 제약 조건과 UNIQUE 제약 조건을 포함한다.

외부 키

외부 키(Foreign Key)라는 개념은 한 테이블의 기본 키에 기반한 관계를 가진 두 개의 테이블이 있는 경우를 위한 것이다. 외부 키는 테이블 내의 한 열인 동시에 다른 테이블의 기본 키인 열을 말하는 것으로, 이것은 외부 키 열에 포함된 데이터가 반드시 다른 테이블의 기본 키의 데이터와 대응되어야 함을 의미한다.

아래의 그림은 기본 키와 외부 키를 설명한 것이다.

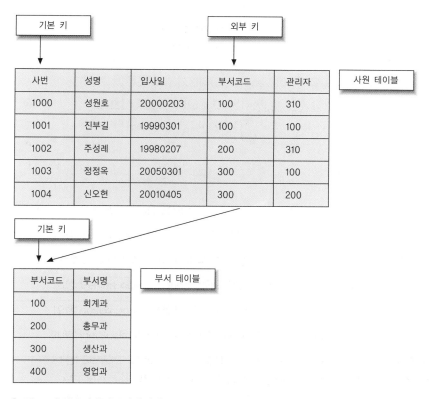

[그림 17-1] 기본 키와 외부 키의 관계

SQL

SQL(구조적 쿼리 언어, Standard Query Language)은 관계 데이터베이스 관리 시스템의 표준 언어다. SQL문을 이용해서 단순한 쿼리뿐만 아니라 데이터베이스 객체를 만들거나 제거하고, 데이터베이스 내의 데이터를 삽입, 갱신, 삭제하거나 다양한 운영 작업을 할 수 있다. SQL문이 첫선을 보인 것은 1970년대 IBM에 의해서이며, 이후 ANSI/ISO 표준으로 편입되어 여러 차례의 개량과 개발을 거쳤다.

SQL의 종류는 크게 데이터와 구조를 정의하는 DDL(Data Definition Language)과 데이터의 검색과 수정을 위한 DML(Data Manipulation Language) 그리고 데이터베이스 사용자의 권한을 정의하는 DCL(Data Control Language)의 3가지로 분류할 수 있다.

- DDL:create, drop, alter, rename문
- DML:insert, update, delete, select, commit, rollback문
- DCL:grant, revoke, lock문

[표 17-1] DDL과 관련된 SQL문

SQL문	설명
CREATE	데이터베이스 객체를 생성한다.
DROP	데이터베이스의 객체를 삭제한다.
DROP	기존에 존재하는 데이터베이스의 객체를 다시 정의하는 역할을 한다.

[표 17-2] DML과 관련된 SQL문

SQL문	설명
INSERT	데이터베이스 객체에 데이터를 입력한다.
UPDATE	데이터베이스 객체에 데이터를 갱신한다.
DELETE	데이터베이스 객체에 데이터를 삭제한다.

SELECT	데이터베이스 객체에 데이터로부터 데이터를 검색한다.
COMMIT	커밋 구문 전에 발생한 데이터베이스 액션을 영구히 저장한다.
ROLLBACK	마지막으로 발생한 커밋 후의 데이터베이스 액션들을 원시 데이터로 복구한다.

[표 17–3] DCL과 관련된 SQL문

SQL문	설명
GRANT	데이터베이스 객체에 권한을 부여한다.
REVOKE	이미 부여된 데이터베이스 객체의 권한을 취소한다.

❶ select문

SELECT문은 데이터베이스로부터 저장되어 있는 데이터를 검색하는 방법이다. SELECT문의 기본형식은 다음과 같다.

📋 이 책에서는 지면에 제약이 있으므로 이 중에서 가장 사용을 많이 하는 DML 부분만 살펴본다.

```
SELECT[ALL|DISTINCT] {*|컬럼,…}
FROM 테이블명
[WHERE 조건]
[ORDER BY{컬럼,…} [ASC | DESC]]
[HAVING 조건]
[GROUP BY {컬럼,…}]
```

SELECT문을 이용하여 중요한 성질을 살펴보자.

모든 열 선택

SELECT 키워드에 "*"을 사용하여 테이블의 열 데이터 모두를 조회할 수 있다.

■ EMP 테이블의 모든 컬럼을 조회하는 SQL문

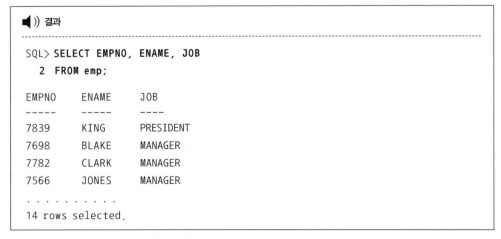

```
 )) 결과
----------------------------------------------------------------------------
SQL> SELECT *
  2  FROM emp;

EMPNO   ENAME    JOB        MGR    HIREDATE    SAL     COMM    DEPTNO
-----   -----    ----       ---    --------    -----   -----   -------
7839    KING     PRESIDENT          17-NOV-81   5000            10
7698    BLAKE    MANAGER    7839    01-MAY-81   2850            30
7782    CLARK    MANAGER    7839    09-JUN-81   2450            10
7566    JONES    MANAGER    7839    02-APR-81   2975            20
 . . . . . . . . . .
14 rows selected.
```

[그림 17-2] SELECT문의 "*" 실행결과

특정 컬럼 선택

테이블의 특정 컬럼을 검색하고자 할 경우 컬럼 이름을 " ,"로 구분하여 명시함으로써 특정 컬럼을 출력할 수 있다. 출력 순서는 SELECT문 뒤에 기술한 컬럼의 순서대로 출력된다.

■ EMP 테이블의 EMPNO, ENAME, JOB만 출력하는 SQL문

```
 )) 결과
----------------------------------------------------------------------------
SQL> SELECT EMPNO, ENAME, JOB
  2  FROM emp;

EMPNO   ENAME    JOB
-----   -----    ----
7839    KING     PRESIDENT
7698    BLAKE    MANAGER
7782    CLARK    MANAGER
7566    JONES    MANAGER
 . . . . . . . . . .
14 rows selected.
```

[그림 17-3] SELECT문의 특정 컬럼을 이용한 실행결과

컬럼의 별칭 사용

질의의 결과를 출력할 때 보통 선택된 컬럼을 사용한다. 이 컬럼은 때로 사용자가 이해하기가 어려운 경우가 있기 때문에 컬럼을 변경하여 질의 결과를 출력하면 좀더 쉽게 사용자가 이해할 수 있다.

■ EMP 테이블에서 ENAME을 NAME으로 SAL을 SALARY로 출력하는 SQL문

```
◀)) 결과
----------------------------------------------------------------
SQL> SELECT ename AS name, sal salary
  2  FROM emp;

NAME        SALARY
---------- ---------
KING          5000
BLAKE         2850
CLARK         2450
. . . . . . . . . .
14 rows selected.
```

[그림 17-4] SELECT문의 별칭을 이용한 실행결과

중복 행의 제거

SELECT문에서 특별히 명시되지 않았다면, 중복된 행을 제거하지 않고 Query 결과를 출력한다. 결과에서 중복되는 행을 제거하기 위해서는 SELECT문 바로 뒤에 DISTINCT를 기술한다.

■ EMP 테이블에서 담당하는 업무의 종류를 출력하는 SQL문

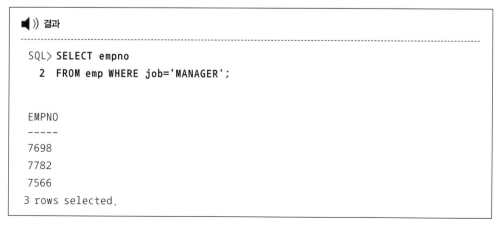

```
🔊 )) 결과
--------------------------------------------------------------------------------
SQL> SELECT DISTINCT job
  2  FROM emp;

JOB
---------
ANALYST
CLERK
MANAGER
PRESIDENT
SALESMAN
. . . . . . . . . .
14 rows selected.
```

[그림 17-5] SELECT문의 DISTINCT 키워드를 이용한 실행결과

조건 검색

SELECT문에서 특정 컬럼에 조건을 명시하여 검색하는 방법이 있다. 조건을 명시할 때는 WHERE절에 명시해야 하며 조건식에는 비교 연산자 = , >= , <= 등과 불리언 연산자 AND, OR, 그리고 NOT을 사용할 수 있다.

■ EMP 테이블의 직업이 MANAGER인 사원번호를 출력하는 SQL문

```
🔊 )) 결과
--------------------------------------------------------------------------------
SQL> SELECT empno
  2  FROM emp WHERE job='MANAGER';


EMPNO
-----
7698
7782
7566
3 rows selected.
```

[그림 17-6] SELECT문의 WHERE절을 이용한 실행결과

순서를 명시하는 검색

SELECT문의 검색결과는 일반적으로 시스템이 정하는 순서에 따라 출력된다. 그러나 사용자가 검색결과의 순서를 오름차순(ASC)이나 내림차순(DESC)으로 명시할 수 있다.

■ **EMP 테이블의 봉급을 내림차순으로 출력하는 SQL문**

```
◀)) 결과
-------------------------------------------------------------------
 SQL> SELECT ename
   2  FROM emp ORDER BY sal DESC;


  ENAME
  ------
   KING
   JONES
   BLAKE
   CLARK
 . . . . . . . . . .
 14 rows selected.
```

[그림 17-7] SELECT문의 ORDER BY절을 이용한 실행결과

❷ insert문

테이블을 사용하여 새로운 행을 삽입하기 위해서는 INSERT문을 사용한다. INSERT문의 형식은 아래와 같다.

```
INSERT INTO 테이블명 [(컬럼1[, 컬럼2, …, 컬럼N ])]
VALUES (값1[, 값2, …, 값N]);
또는
INSERT INTO 테이블명
VALUES (값1[, 값2, …, 값N]);
```

첫 번째 형식은 특정 칼럼에 데이터를 삽입할 때 사용하고, 두 번째 형식은 모든 컬럼에 데이터를 삽입할 때 사용한다. 열의 값과 열의 이름은 명시된 순서대로 일대일로 대응된다.

■ EMP 테이블의 모든 컬럼에 대해 값을 갖는 새로운 행을 삽입하는 SQL문

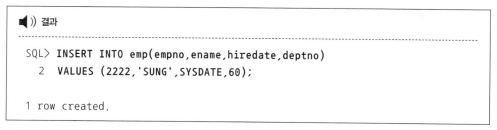

```
🔊)) 결과
------------------------------------------------------------------------
SQL> DESC emp
 Name                                    Null?      Type
 ------------------------------------    --------   ----
 EMPNO                                   NOT NULL   NUMBER(4)
 ENAME                                              VARCHAR2(10)
 JOB                                                VARCHAR2(9)
 MGR                                                NUMBER(4)
 HIREDATE                                           DATE
 SAL                                                NUMBER(7,2)
 COMM                                               NUMBER(7,2)
 DEPTNO                                  NOT NULL   NUMBER(2)

SQL> INSERT INTO emp
  2  VALUES (1212,'test','',NULL,SYSDATE,5000,NULL,50);

1 row created.
```

[그림 17-8] INSERT문의 한 개 로우를 추가한 실행결과

■ EMP 테이블에 사원번호, 사원이름, 고용날짜, 부서 번호만을 삽입하는 SQL문

```
🔊)) 결과
------------------------------------------------------------------------
SQL> INSERT INTO emp(empno,ename,hiredate,deptno)
  2  VALUES (2222,'SUNG',SYSDATE,60);

1 row created.
```

[그림 17-9] INSERT문의 한 개 로우 중 특정 컬럼을 추가한 실행결과

INSERT절의 컬럼은 선택적으로 기입할 수 있다. 이럴 경우 열 중 NOT NULL 제약 조건이 있는 열은 반드시 포함하여야 한다.

❸ update문

테이블을 사용하여 기존의 행을 변경하기 위해서는 UPDATE문을 사용한다. UPDATE문의 형식은 아래와 같다.

```
UPDATE 테이블명
SET 컬럼1 = 값1 [,컬럼2 = 값2, … , 컬럼N = 값N]
[WHERE 조건];
```

새로 변경되는 값은 산술식이나 NULL이 될 수 있다. WHERE절이 명시되면 조건을 만족하는 모든 레코드들이 SET절에 지시된 대로 변경된다.

■ **EMP 테이블에서 SCOTT의 업무와 급여를 일치시키는 SQL문**

🔊)) 결과

```
SQL> UPDATE emp
  2  SET (job,sal) = (SELECT job,sal
  3  FROM emp
  4  WHERE ename = 'SCOTT')
  5  WHERE ename = 'JONES';
1 row updated.
```

[**그림 17-10**] UPDATE문의 한 개 로우 중 특정 컬럼을 갱신한 실행결과

❹ delete문

테이블을 사용하여 기존의 행을 삭제하기 위해서는 DELETE문을 사용한다. DELETE문의 형식은 아래와 같다.

```
DELETE
FROM 테이블명
[WHERER 조건];
```

DELETE문은 WHERE절의 조건을 만족하는 레코드를 모두 삭제한다. 만일 WHERE절이 없으면 이 테이블에 있는 모든 행을 삭제하게 된다.

■ **EMP 테이블에서 사원번호가 7499인 사원의 정보를 삭제하는 SQL문**

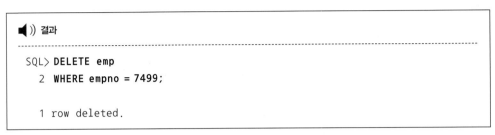

```
SQL> DELETE emp
  2 WHERE empno = 7499;

  1 row deleted.
```

[**그림 17-11**] DELETE문의 한 개 로우를 삭제한 실행결과

JDBC의 탄생 배경과 구조

JDBC(Java DataBase Connectivity)란 자바를 이용하여 데이터베이스에 접근하여 각종 SQL문을 수행할 수 있도록 제공하는 API를 말한다.

이 절에서 다루는 예제는 자바로 데이터베이스를 이용하여 프로그램에서 지속적인 정보를 유지하기 위해서 특정 데이터베이스에 저장해야 한다. 따라서 자바에서는 데이터베이스에 접근하는 방법과 DDL에서 사용하는 코딩 방법, DML를 사용하는 코딩 방법의 차이를 이해 해보고, 좀더 향상된 기능에 대해서 배울 것이다.

❶ 각종 DBMS를 통합한 표준 라이브러리 필요성

자바가 데이터베이스에 접근하는 프로그램을 시도하려고 할 때 한 가지 문제점이 있었다. 그 것은 DBMS의 종류가 다양하고, 또한 DBMS마다 구조와 특징이 다르다는 것이다. 이처럼 특정 DBMS에 맞게 API를 개발한다는 것은 자바의 기본 개념에 위배되고, 다른 개발자들 에게 상당히 고통스러운 일이기도 했다. 그래서 자바는 모든 DBMS에서 공통적으로 사용할 수 있는 인터페이스와 클래스로 구성하는 JDBC를 개발하게 되었고, 실제 구현 클래스는 각 DBMS의 밴더(bender)에게 구현하도록 했다. 그리고 각 DBMS의 벤더에서 제공되는 구현 클래스를 JDBC 드라이버라고 한다. 이런 JDBC 드라이버는 거의 모든 벤더가 제공하고 있 다. 따라서 JDBC로 코딩하기 위해서는 DBMS를 선택하고 DBMS에 맞는 JDBC 드라이버 가 반드시 필요하다.

❷ JDBC의 구조와 역할

JDBC는 크게 JDBC 인터페이스와 JDBC 드라이버로 구성되어 있다. 다음 그림은 응용프로 그램과 JDBC, DBMS의 관계를 구성한 것이다.

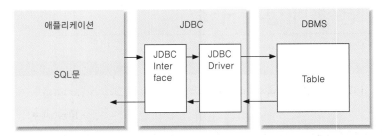

[그림 17-12] 애플리케이션과 JDBC, DBMS의 관계

위 그림에서 알 수 있듯이 응용프로그램에서 SQL문을 만들어 JDBC 인터페이스를 통해 전송하면 실제 구현 클래스인 JDBC 드라이버에서 DBMS에 접속을 시도하여 SQL문을 전송하게 된다. 그 결과가 JDBC 드라이버에서 JDBC 인터페이스에게 전달되고 다시 응용프로그램으로 전달되어 SQL문에 대한 결과를 받아 볼 수 있게 된다.

결론적으로 JDBC의 역할은 응용프로그램과 DBMS간의 다리(Bridge) 역할을 하여 응용프로그램과 DBMS의 연결하여 SQL문 DBMS에 전달하고 결과값을 응용프로그램에 전달하는 역할을 하게 된다.

❸ JDBC 드라이버의 종류

JDBC 드라이버는 DBMS의 벤더나 다른 연구 단체들에서 만들어지는데, DBMS에 의존하기 때문에 매우 다양하다. JDBC 드라이버는 크게 네 가지로 분류한다.

■ 타입 1: JDBC-ODBC 브리지 드라이버

JDBC API로 작성된 프로그램이 JDBC-ODBC 브리지를 통해 ODBC 드라이버를 JDBC 드라이버로 여기고 동작하도록 한다. 주의할 것은 JDBC API로 작성된 프로그램이 동작하는 운영체제 내에 반드시 ODBC 드라이버가 존재해야 한다는 것이다. 이런 이유 때문에 많은 제약을 가져온다. 왜냐하면 클라이언트에서 서버에 있는 ODBC 지원 데이터베이스를 접근하는 프로그램을 작성하였을 경우, 클라이언트에 반드시 ODBC 드라이버가 존재해야 하기 때문이다.

그러므로 이 드라이버의 형태는 클라이언트에 전부 ODBC 드라이버가 설치되어 있거나 설치가 용이한 경우, 또는 3tier 구조에서 서버 프로그램을 작성할 때 많이 사용된다.

■ 타입 2: 데이터베이스 API 드라이버

JDBC API 호출을 특정 데이터베이스의 클라이언트 호출 API로 바꿔 주는 드라이버다. 오라클의 OCI 드라이버가 여기에 속한다. 예를 들어, 오라클 데이터베이스를 지원하는 형태의 JDBC 드라이버는 JDBC API 호출을 오라클에서 제공하는 클라이언트의 API로 바꿔서 호출시켜 준다. 이 형태도 JDBC 프로그램이 동작하는 클라이언트의 API로 바꿔서 호출시켜 준다. 이 형태도 JDBC 프로그램이 동작하는 클라이언트쪽에 반드시 특정 데이터베이스의 클라이언트 코드가 있어야 하기 때문에 제약이 있다.

■ 타입 3: 네트워크 프로토콜 드라이버

이 드라이버는 클라이언트의 JDBC API 호출을 특정 데이터베이스의 프로토콜과 전혀 상관없는 독자적인 방식의 프로토콜로 바꾸어 서버로 전송한다. 서버에는 미들웨어가 있어서 그 프로토콜을 특정 데이터베이스의 API로 바꾸어서 처리한다. 서버의 미들웨어가 맡는 역할은 서버의 다양한 데이터베이스를 접근할 수 있도록 클라이언트의 요청을 처리하는 중요한 임무를 맡게 된다. 일반적으로 현재 이 방식의 드라이버가 인트라넷 환경에서 많이 적용되는 스타일이다.

■ 타입 4: 데이터베이스 프로토콜 드라이버

JDBC API 호출을 서버의 특정 데이터베이스에 맞는 프로토콜로 변환시켜 서버로 전송하는 드라이버(Java thin driver)라고도 한다. 이것은 데이터베이스 API 드라이버와 비슷하지만 데이터베이스의 클라이언트 API로 변환시키는 것이 아니라 직접 서버의 데이터베이스로 요청을 한다는 것이 다르다. 이 형식의 드라이버는 데이터베이스를 생산하는 회사에서 직접 제공하는 경우가 많다. 그것은 이 드라이버가 특정 데이터베이스의 프로토콜로 SQL 문장들을 직접 변환시켜야 하기 때문에 그 회사만이 만들 수 있다.

세 번째와 네 번째 드라이버는 웹에서 JDBC를 사용할 때 가장 바람직한 드라이버다. 이 드라이버들은 웹 브라우저가 있는 클라이언트에 추가로 어떤 데이터베이스 관련 드라이버나 프로그램을 설치하지 않아도 JDBC API를 사용한 애플리케이션과 애플릿을 실행할 수 있기 때문이다.

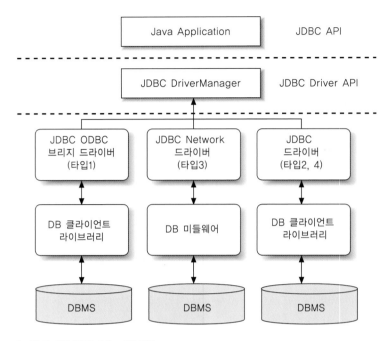

[그림 17-13] JDBC Driver의 타입

❹ 2tier와 3tier

2tier

자바 애플리케이션이 JDBC 드라이버를 통해서 직접 데이터베이스를 접근하는 형식이다. 이 모델에서 JDBC 드라이버는 JDBC API 호출을 통해 특정 DBMS에 직접 전달해 주는 역할을 한다. 아래 그림과 같이 자바 애플리케이션이 JDBC API를 호출할 때 JDBC API를 통하여 특정 데이터베이스에 맞는 프로토콜로 변환되어 DBMS에게 전달된다.

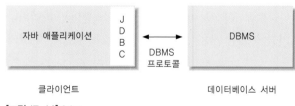

[그림 17-14] 2tier

3tier

3tier 모델은 2tier 모델에 미들웨어 계층이 추가된 형태이며 미들웨어에서 DBMS에 직접 질의하게 된다.

[그림 17-15] 3tier

이를 좀더 세분화하여 클라이언트와 미들웨어간의 프로그램 방식에 따라 구분하여 설명하겠다. 다음은 첫 번째 클라이언트와 미들웨어간의 프로그램 방식이 HTTP를 이용하는 경우다.

[그림 17-16] HTTP를 이용한 3tier

만약, 클라이언트가 애플릿이나 브라우저를 통해 미들웨어로 호출하게 되면 클라이언트와 미들웨어간에는 HTTP 프로토콜을 이용하게 되고 미들웨어는 HTTP 프로토콜을 지원하는 서버(아파치, 톰캣 등)를 이용해서 처리해야 한다. 애플릿 자체는 미들웨어에 있는 서버에 자바 클래스 파일을 동적으로 내려받아 처리하는 프로그램이기 때문에 클라이언트에서 DBMS에 질의를 하게 되면 미들웨어에 있는 서버에서 JDBC 드라이버를 통해 DBMS에 질의를 하게 된다. 이 모델에서 주의할 점은 애플릿을 사용하게 되면 보안상 문제가 발생하기 때문에 반드시 서명을 받은 애플릿(Signed Applet)으로 만들어 줘야 한다.

다음은 두 번째 클라이언트와 미들웨어간의 프로그램 방식이 Socket, RMI, Corba를 이용하는 경우다.

[그림 17-17] Socket, RMI, Cobra를 이용한 3tier

클라이언트가 자바 애플리케이션을 이용하여 미들웨어 계층에 있는 서버와 통신을 할 때 Socket, RMI, Corba를 이용할 경우 미들웨어 계층에 있는 서버는 일반적으로 사용자가 직접 만들어 제작한다. 물론, Socket을 이용할 경우는 프로토콜을 설계해야 하고, 기타 RMI, Corba를 이용하면 프로토콜 설계 없이 서버를 제작할 수 있다. 네트워크에서 배웠던 프로토콜을 이용하여 프로그램했던 방식에 DBMS가 추가되면 3tier가 되는 것이다.

다음은 세 번째 클라이언트와 미들웨어간의 프로그램 방식이 EJB를 이용하는 경우다.

[그림 17-18] EJB를 이용한 3tier

클라이언트가 자바 애플리케이션을 이용하여 미들웨어 계층에 있는 서버의 프로그램 방식으로 EJB를 이용할 경우 미들웨어 계층에 있는 서버는 EJB를 지원하는 미들웨어 벤더에 의해 제작된 서버(WAS)를 이용해야 한다. 유명한 WAS 제품으로는 웹로직(Weblogic), 웹스피어(Websphere) 등이 있다.

EJB 역시 이 책에서는 다루지 않지만 아마도 여러분들이 자바 개발자가 되기 위해서는 반드시 학습해야 할 부분이라고 생각된다. 이런 3tier 모델의 장점은 미들웨어를 통해 DBMS에 접근하기 때문에 클라이언트가 JDBC API의 세세한 부분을 모르더라도 미들웨어의 기능만 제대로 파악하고 있으면 클라이언트를 손쉽게 구현할 수 있다는 것이다. 그리고 사용자 인터페이스와 데이베이스의 질의 코드가 완전히 구별되어 있기 때문에 프로그램을 확장하거나 수정할 때 편리하다.

3tier의 장점을 예로 들어보자. 만약, 클라이언트 100명에게 똑같은 프로그램을 배포했다고 가정해보자. 그런데 갑자기 테이블 이름이 바뀌었을 경우 3tier에서는 미들웨어 계층에 있는 서버에 질의만 바꿔서 컴파일만 하면 끝난다. 하지만 2tier로 개발했다면 100명의 클라이언트 모두를 바꿔야 한다는 엄청난 일이 벌어지게 되는 것이다. 단점은 2tier에 비해 미들웨어 계층이 추가되어 있기 때문에 속도가 약간 느리다는 것이다.

3tier 모델 프로그램은 형태가 매우 다양한데, 이런 형태를 모두 이해할 수는 없다. 아직 배워야 할 것이 너무 많기 때문이다. 우리가 이 중에서 연습할 수 있는 부분은 두 번째 경우인 Socket을 이용한 경우 밖에 없다. 아직 JDBC를 배우지 않았지만 만약 여러분들이 JDBC를 배우고, 이를 이용한 3tier 프로그램을 만들어 본다면 숙련된 자바 개발자로 한 걸음 더 나갈 수 있을 것이라고 생각된다.

JDBC를 이용한 데이터베이스 연결 방법

이번 절에서는 JDBC를 이용해서 데이터베이스에 접근하여 SQL을 실행해보는 연습을 하게 될 것이다. JDBC는 상당히 간단하다. 물론, SQL문에 대한 지식을 가지고 있다는 전제에서 말이다.

JDBC는 단지 몇 행만 외우면 끝나는 간단한 프로그램이다. 부수적인 기능까지 모두 외운다는 것은 힘들지만 주로 사용하는 것만 외우고 나머지 기능은 항상 머리 염두해두고 상황에 맞게 리뷰하면 될 것이다. 다음에 나오는 6단계는 JDBC를 작성하기 위한 필수 단계다. 이 부분만 외운다면 여러분은 JDBC의 필수 부분을 습득한 것이고, 나머지는 여러분들의 기술을 향상시키는 데 도움을 주게 될 것이다. 우선 6단계를 정리하면 아래와 같다.

- 1단계: import java.sql.*; 한다.
- 2단계: 드라이버를 로드한다.
- 3단계: Connection 객체를 생성한다.
- 4단계: Statement 객체를 생성한다.
- 5단계: SQL문에 결과물이 있다면 ResultSet 객체를 생성한다.
- 6단계: 모든 객체를 닫는다.

이제 이 6단계를 구체적으로 살펴보자.

❶ 드라이버 다운받기와 설정

JDBC API를 이용해서 DBMS에 접근하기 위해서는 DBMS에서 제공되는 드라이버를 내려받아야 한다. 만약, 오라클이 설치되어 있다면 아래의 경로에서 드라이버를 제공하고 있다.

```
C:\oraclexe\app\oracle\product\11.2.0\server\jdbc\lib\ojdbc6.jar
```

그리고 오라클이 설치되어 있지 않다면 다음 방법으로 내려받으면 된다.

```
http://www.oracle.com/technetwork/database/enterprise-edition/jdbc-10201-
088211/ojdbc14.jar
```

■ 오라클 데이터베이스 설치하기

1 http://www.oracle.com에 접속한 후 Downloads에 마우스를 올려주면 나오는 하위 메뉴에서 'Oracle Database'항목을 선택한다.

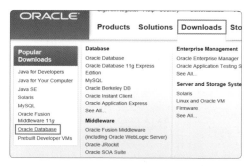

[그림 17-19] 오라클 데이터베이스 다운로드 준비 (1)

2 스크롤을 내려서 Oracle Database 11g Express Edition 항목의 download 링크를 클릭한다.

[그림 17-20] 오라클 데이터베이스 다운로드 준비 (2)

3 권한 수락 후 운영체제에 맞는 오라클 데이터베이스를 다운 받는다.

[그림 17-21] 오라클 데이터베이스 다운로드

4 다운 받은 데이터베이스의 압축을 풀고 설치 파일을 실행한다.

[그림 17-22] 오라클 데이터베이스 설치 (1)

5 설치를 진행한다.

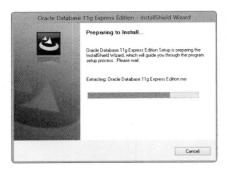 

[그림 17-23] 오라클 데이터베이스 설치 (2)

6 설치 권한을 수락하고 〈Next〉 버튼을 눌러 설치를 계속한다.

[그림 17-24] 오라클 데이터베이스 설치 (3)

7 설치 진행 중 비밀번호를 묻는 화면이 나오면 1111로 입력하자. 테스트용으로 사용할 것이므로 나중에 시스템 계정으로 접근하기 쉬운 비밀번호를 등록했다.

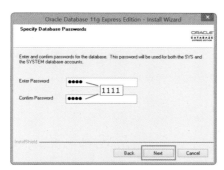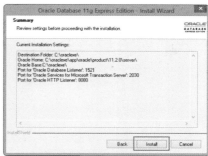

[그림 17-25] 오라클 데이터베이스 설치 (4)

8 설치 진행이 끝나면 〈Finish〉 버튼을 눌러 설치를 마무리한다.

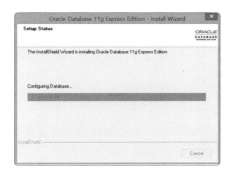

[그림 17-26] 오라클 데이터베이스 설치 (5)

ojdbc6.jar가 C 드라이브에 있다는 가정에서 JDBC 드라이버를 설정하겠다.

- 이클립스인 경우: 'project에서 오른쪽 클릭 → properties → libraries(탭) → Add External JARs. → ojdbc14.jar를 찾아서 〈열기〉 버튼 클릭'의 과정을 거치면 된다. 좀 더 자세한 내용은 바로 아래의 실습하기를 참조하자.

■ 이클립스에서 JDBC 드라이버 추가하기

1 project에서 마우스의 오른쪽 버튼을 클릭한다. 그리고 현재 프로젝트에서 마우스의 오른쪽 버튼을 클릭을 한 후 Properties를 클릭한다.

[그림 17-27] 이클립스에서 JDBC 드라이버 추가하기 (1)

2 환경변수창이 뜨면 Java Build Path를 클릭한다.

[그림 17-28] 이클립스에서 JDBC 드라이버 추가하기 (2)

3 Java Build Path를 클릭한 후 오른쪽 화면에 Libraries 탭을 클릭한다. 그리고 〈Add External JARs..〉 버튼을 클릭한다.

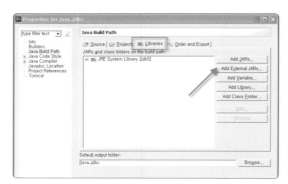

[그림 17-29] 이클립스에서 JDBC 드라이버 추가하기 (3)

4 c:\ojdbc6.jar 파일을 클릭한다.

[그림 17-30] 이클립스에서 JDBC
드라이버 추가하기 (4)

5 현재 프로젝트에 ojdbc6.jar 파일이 추가된 것을 확인할 수 있다.

[그림 17-31] 이클립스에서 JDBC 드라이버 추가하기 (5)

❷ JDBC API Import

JDBC의 첫 번째 단계로 JDBC에서 사용되는 클래스와 인터페이스를 지정해줘야 한다.
JDBC는 java.sql 패키지에 포함되어 있다. 따라서 여러분들이 JDBC로 프로그램을 만들기
위해서는 반드시 java.sql 패키지를 import하여 작성해야 한다. 아래와 같이 클래스를 만들
기 전에 반드시 java.sql 패키지를 import한다.

```
import java.sql.*;
public class JdbcEx{
}
```

❸ 드라이버 로드

두 번째 단계는 JDBC 드라이버를 로드해야 한다. 드라이버를 로드하는 코드는 아래와 같다.

```
try{
        Class.forName("oracle.jdbc.driver.OracleDriver");
}catch(ClassNotFoundException cnfe){
        cnfe.printStackTrace();
}
```

📄 만약, 이 부분에서 java.lang.ClassNot FoundException 오류가 발생했다면 다음 두 가지 사항을 확인해봐야 한다.
• oracle.jdbc.driver.OracleDriver의 철자가 정확한지 확인해 본다.
• 이클립스에 ojdbc14.jar를 등록했는지 확인한다.

Class.forName(~)은 동적으로 JDBC 드라이버 클래스를 로딩하는 것이다. 다시 말해서 forName(~) 메서드에 매개변수로 오는 OracleDriver 클래스의 객체를 만들어 런타임 시 메모리에 로딩시켜주는 메서드다. 물론, 아래와 같이 정의해도 상관없다.

```
oracle.jdbc.driver.OracleDriver driver = new
oracle.jdbc.driver.OracleDriver();
```

실제로 driver 객체는 JDBC 프로그램에서 더 이상 사용하지 않기 때문에 위와 같은 코딩은 잘 사용하지 않는다. 다만 Class.forName(~)을 이용하면 OracleDriver 클래스가 런타임 시 메모리에 로딩되고 DriverManager 클래스의 static 멤버 변수로 저장된다.

❹ Connection

세 번째 단계로 Connection 객체를 생성하는 것이다. 아래와 같이 객체를 작성한다.

```
try{
        Connection con = DriverManager.getConnection(
        "jdbc:oracle:thin:@localhost:1521:xe",
              "system", "1111");
}catch(SQLException sqle){
        sqle.printStackTrace();
}
```

DriverManager 클래스의 static 메서드인 getConnection( ) 메서드를 이용하여 Connection 객체를 얻어 올 수 있다. DriverManager 클래스의 주요 메서드를 정리하면 아래와 같다.

[표 17-4] DriverManager의 주요 메서드

반환형	메서드	설명
static Connection	getConnection(String url)	매개변수 url로 Connection 객체를 반환한다.
	getConnection(String url, Properties info)	매개변수 url, info로 Connection 객체를 반환한다.
	getConnection(String url, String user, String password)	매개변수 url, user, password로 Connection 객체를 반환한다.
static void	registerDriver(Driver driver)	매개변수 driver를 DriverManager에 등록한다.

getConnection(String url, Properties info) 메서드는 user, password를 Properties 객체에 등록하는 것이다. 그런데 Properties 객체에 등록할 때 반드시 키값은 "user", "password"로 등록되어야 한다. 만약, 다른 이름으로 등록되면 DBMS에 접근할 때 Connection 객체를 반환 받지 못하고 예외가 발생하게 된다. Properties 클래스는 8절에서 다루고 있기 때문에 여기서는 구체적으로 설명하지 않겠다. 아래의 예는 Propeties 클래스를 이용한 Connection 객체를 생성하는 방법이다.

```
try{
        Properties pro = new Properties();
        FileInputStream fis = new
        FileInputStream("c:\\jdbc.propertie");
        pro.load(fis);
        String user = pro.getProperty("user");
        String password = pro.getProperty("password");
        Connection con = DriverManager("jdbc:oracle:thin:@localhost:
        1521:sist", pro);
}catch(IOException ee){
        ee.printStackTrace();
}
```

Connection 객체를 얻어 왔다면 DBMS와 접속이 성공적으로 이루어진 것이다. 그럼 getConnection( ) 메서드에 들어가는 url, user, password에 대해서 알아보자.

■ url – "oracle:jdbc:thin:@ip:port:ORACLE_SID"

• ip: 오라클이 설치된 ip를 작성한다.
• c: 포트는 오라클의 포트를 작성하는데, 일반적으로 설치했다면 1521이다. 만약, 오라클을 설치할 때 포트 번호를 바꿔서 기억이 나지 않는다면 C:\oracle\ora92\network\admin\listener.ora가서 포트 번호를 찾아보면 된다.
• ORACLE_SID: 오라클을 설치할 때 설정하는 것인데, 대부분 일정하지 않다. 따라서 ORACLE_SID를 정확히 찾아 확인한 후 값을 정하도록 하자. 찾는 방법은 [시작] → [실행] → 'regedit'를 입력한 후에 〈확인〉 버튼을 누른다. 그러면 레지스트리 편집기가 나온다. 그리고 레지스트리 편집기에서 내 컴퓨터 → HKEY_LOCAL_MACHINE → SOFTWARE → ORACLE → HOME0으로 간 후 [이름] 탭에서 ORACLE_SID를 찾고 [데이터] 탭에서 ORACLE_SID값을 찾는다. 필자는 orcl로 되어 있다.

■ user

오라클의 user를 말한다.

■ password

오라클 user에 대한 password를 말한다.

저자 한마디

중요한 세 가지
오류 사항

url, user, password를 설정하는 부분에서도 많은 오류가 발생하는데, 중요한 오류 세 가지만 살펴보자.

1. Errorjava.sql.SQLRecoverableException
2. oracle.net.ns.NetException
3. java.net.ConnectException

위의 세 가지 예외는 오라클 서비스와 리스너를 실행시켜주는 것으로 해결할 수 있다.

(1) 제어판 – 관리도구를 실행한다.

[그림 17-32] 오라클 서비스와 리스너 시작하기 (1)

(2) 서비스 항목을 선택한다.

[그림 17-33] 오라클 서비스와 리스너 시작하기 (2)

(3) OracleMTSRecoveryService와 OracleXETNSListener의 서비스를 시작한다.

[그림 17-34] 오라클 서비스와 리스너 시작하기 (1)

Connection 객체가 할 수 있는 일, 즉 메서드를 정리하면 아래와 같다.

[표 17-5] Connection의 주요 메서드

반환형	메서드	설명
void	close( )	Connection 객체를 해제한다.
	commit( )	트랜잭션으로 설정된 모든 자원을 커밋한다.
Statement	createStatement( )	SQL문을 전송할 수 있는 Statement 객체를 생성한다.
	createStatement (int resultSetType, int resultSetConcurrency)	매개변수로 SQL문을 전송할 수 있는 Statement 객체를 생성한다. 매개변수값을 어떻게 설정하느냐 따라 Statement 객체의 기능이 달라진다.
boolean	getAutoCommit( )	Connection 객체의 현재 auto-commit 상태를 반환한다.
CallableStatement	prepareCall(String sql)	SQL문 전송과 Store Procedure를 호출할 수 있는 CallableStatement 객체를 생성한다.
	prepareCall(String sql, int resultSetType, int resultSetConcurrency)	매개변수로 CallableStatement 객체를 생성한다. 매개변수값을 어떻게 설정하느냐 따라 CallableStatement 객체의 기능이 달라진다.
PreparedStatement	prepareStatement (String sql)	SQL문을 전송할 수 있는 PreparedStatement 객체를 생성한다.
	prepareStatement (String sql, int resultSetType, int resultSetConcurrency)	매개변수로 PreparedStatement 객체를 생성한다. 매개변수값을 어떻게 설정하느냐 따라 CallableStatement 객체의 기능이 달라진다.
void	rollback( )	현재 트랜잭션에 설정된 모든 변화를 되돌린다.
	rollback(Savepoint savepoint)	Savepoint로 설정된 이후의 모든 변화를 되돌린다.
Savepoint	setSavepoint(String name)	현재 트랜잭션에서 name으로 Savepoint를 설정한다.

Connection 객체가 생성되었다면 SQL문을 전송할 수 있는 Statement에 대해 알아보자.

❺ Statement

오라클과 연결되었다면 SQL문을 전송할 수 있는 Statement 객체를 생성해야 한다. Statement 객체를 생성하는 다음과 같다.

```
try{
        Statement stmt = con.createStatement();
        StringBuffer sb = new StringBuffer();
        sb.append("select deptno from dept");
        ResultSet rs = stmt.executeQuery(sb.toString());
}catch(SQLException sqle){
        sqle.printStackTrace();
}
```

Statement 객체는 Connection 인터페이스의 createStatement( ) 메서드를 사용하여 얻어올 수 있다. Statement 객체를 생성했다면 SQL를 전송할 수 있는데, Statement 인터페이스에는 SQL문을 전송할 수 있는 여러 가지 메서드 중 3가지에 대해 살펴보자.

Statement의 executeQuery( ) 메서드는 일반적으로 select문을 전송할 때 사용하고 executeUpdate( ) 메서드는 select 이외의 문을 전송할 때 사용한다. 예를 들어, insert문, update문, delete문, create문, delete문 등이 있다. 이렇게 두 가지로 분리하는 이유는 각각의 문에 따른 결과가 다르기 때문이다. executeQuery( ) 메서드는 select의 결과를 ResultSet 객체로 반환하고, executeUpdate( ) 메서드는 갱신된 행의 수를 반환한다.

마지막으로 execute( ) 메서드는 SQL문이 select문인지, select문 이외의 문인지 알 수 없을 때 사용한다. 예를 들어, 사용자가 SQL문을 입력하는 프로그램을 작성한다고 하면 execute( ) 메서드를 사용해야 할 것이다. execute( ) 메서드의 리턴 타입은 boolean인데, 만약 true를 리턴하면 ResultSet 객체가 있다는 뜻이고, false를 리턴하면 ResultSet 객체가 생성되지 않았다는 뜻이다.

그래서 execute( ) 메서드 코딩은 아래와 같이 한다.

```
Statement stmt = con.createStatement();
StringBuffer sb = new StringBuffer();
sb.append("update test set id='syh5055' ");
boolean isResult = stmt.execute(sb.toString());
if(isResult){
        ResultSet rs = stmt.getResultSet();
        while(rs.next()){
            System.out.println("id : "+rs.getString(1));
        }
```

```
    }else{
            int rowCount = stmt.getUpdateCount();
            System.out.println("rowCount : "+rowCount);
    }
```

execute( ) 메서드가 true일 때는 ResultSet 객체가 있다는 뜻이기 때문에 ResultSet 객체를 얻어올 수 있는 getResultSet( ) 메서드를 제공하고, execute( ) 메서드가 false일 때는 ResultSet 객체가 없다는 뜻이기 때문에 갱신된 행의 수를 알 수 있는 getUpdateCount( ) 메서드를 제공하고 있다.

다시 한번 정리하면 아래와 같다.

- executeQeury(Stringsql): SQL문이 select 일 경우
- executeUpdate(Stringsql): SQL문이 insert문, update문, delete문 등일 경우
- execute(Stringsql): SQL문을 알지 못할 경우

그리고 Statement 인터페이스의 주요 메서드를 정리하면 다음 표와 같다.

[표 17-6] Statement의 주요 메서드

반환형	메서드	설명
void	addBatch(String sql)	Statement 객체에 SQL문을 추가한다. 이 메서드를 이용해서 SQL의 일괄처리를 할 수 있다.
	clearBatch( )	Statement 객체에 모든 SQL문을 비운다.
	close( )	Statement 객체를 해제한다.
boolean	execute(String sql)	매개변수인 SQL문을 수행한다. 만약, 수행한 결과가 ResultSet 객체를 반환하면 true, 어떠한 결과도 없거나, 갱신된 숫자를 반환하면 false를 반환한다.
int[ ]	executeBatch( )	Statement 객체에 추가된 모든 SQL문을 일괄처리한다. 일괄처리된 각각의 SQL문에 대한 결과값을 int[ ]로 반환한다.
ResultSet	exectueQuery(String sql)	매개변수인 SQL문을 수행하고 ResultSet 객체를 반환한다.
int	executeUpdate(String sql)	매개변수인 SQL문을 수행한다. SQL문은 INSERT문. UPDATE문, CREATE문, DROP문 등을 사용한다.
ResultSet	getResultSet( )	ResultSet 객체를 반환한다.

❻ ResultSet

다섯 번째 단계는 SQL문에 대한 결과를 처리할 수 있는 객체인 ResultSet 인터페이스다. 앞서 executeQuery( ) 메서드를 실행한 결과로 ResultSet 객체를 리턴받았다. ResultSet 인터페이스는 결과물을 추상화한 인터페이스다.

예를 들어, 아래와 같은 SQL문이 있다고 가정하자.

```
select id, age from test
```

이에 대한 결과문은 다음과 같다.

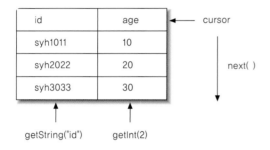

[그림 17-35] ResultSet 구조

ResultSet 객체는 위의 결과물을 가져올 수 있는 다양한 메서드(getXXX( ))를 제공한다. 또한 이런 모든 데이터를 한꺼번에 가져올 수 없기 때문에 커서(cursor)의 개념을 가지고 있다.

ResultSet 객체는 결과물에 대해 한 개의 행만을 처리할 수 있는데, 이때 사용하는 것이 커서다. 다시 말해서 커서란 ResultSet 객체가 가져올 수 있는 행을 지정해준다. 그러나 아쉽게도 처음 커서의 위치는 위의 그림에도 나와 있듯이 결과물에 위치하지 않기 때문에 커서를 이동해야 한다. 이때 사용되는 메서드가 next( ) 메서드다. next( ) 메서드의 리턴 타입은 boolean인데, 이는 다음 행의 결과물이 있으면 true, 없으면 false를 리턴한다. 일반적으로 next( ) 메서드는 반복문으로 처리하는 경우가 많다. 만약, 결과물이 반드시 하나라면 if문으로 처리하는 것이 좀더 좋은 표현이다. 물론, 반복문으로 처리해도 어차피 한 번 밖에 수행되지 않기 때문에 결과는 같다.

ResultSet 객체가 결과물을 가져올 수 있는 행으로 이동되었다면 이제는 실제 결과물을 가져와야 할 것이다. ResultSet 인터페이스에는 결과물을 가져오는 수많은 메서드(getXXX( ))를

제공한다. getXXX( ) 메서드는 오라클의 자료형 타입에 따라 달라지게 된다. 예를 들어, id
컬럼이 varchar2 타입이라면 getString(~) 메서드를 사용해야 하고, age 컬럼이 number
타입이라면 getInt( ) 메서드를 사용해야 한다.

또한 getXXX( ) 메서드는 두 개씩 오버로드된 상태로 정의되어 있는데, 정수를 인자로 받
는 것과 String 타입으로 인자를 받는 메서드를 제공하고 있다. 첫 번째 정수를 받는 타입은
select문 다음에 쓰는 컬럼명의 인덱스를 지정하는데, 인덱스의 처음번호는 1부터 시작하게
된다. 두 번째 String 타입은 select문의 다음에 오는 컬럼명으로 지정해야 한다. 아래를 보자.

```
select id from test ← getString("id")
select id as identity from test ← getString("identity")
```

위와 같이 String 타입을 받을 때는 실제 테이블의 컬럼명을 사용하는 것이 아니라 select문
에 사용되는 컬럼명을 이용해야 한다.

ResultSet 인터페이스의 메서드를 정리하면 아래와 같다.

[표 17-7] ResultSet의 주요 메서드

반환형	메서드	설명
boolean	absolute(int row)	ResultSet 객체에서 매개변수 row로 커서를 이동한다. 만약, 매개변수 row로 커서를 이동할 수 있으면 true, 그렇지 않으면 false를 반환한다.
void	afterLast( )	ResultSet 객체에서 커서를 마지막 로우 다음으로 이동한다.
	beforeFirst( )	ResultSet 객체에서 커서를 처음 로우 이전으로 이동한다.
boolean	last( )	ResultSet 객체에서 커서를 마지막 로우로 이동한다. 만약, ResultSet에 row가 있다면 true, 그렇지 않으면 false를 반환한다.
	next( )	ResultSet 객체에서 현재 커서에서 다음 로우로 커서를 이동한다. 만약, ResultSet에 다음 row가 있다면 true, 그렇지 않으면 false를 반환한다.
	previous( )	ResultSet 객체에서 현재 커서에서 이전 로우로 커서를 이동한다. 만약, ResultSet에 이전 row가 있다면 true, 그렇지 않으면 false를 반환한다.
void	close( )	ResultSet 객체를 해제한다.
boolean	first( )	ResultSet 객체에서 커서를 처음 로우로 이동한다. 만약, ResultSet에 row가 있다면 true, 그렇지 않으면 false를 반환한다.

InputStream	getBinaryStream (int columnIndex)	ResultSet 객체의 현재 로우에 있는 columnIndex의 값을 InputStream으로 반환한다.
	getBinaryStream (String columnName)	ResultSet 객체의 현재 로우에 있는 columnName의 값을 InputStream으로 반환한다.
Blob	getBlob (int columnIndex)	ResultSet 객체의 현재 로우에 있는 columnIndex의 값을 Blob으로 반환한다.
	getBlob (String columnName)	ResultSet 객체의 현재 로우에 있는 columnName의 값을 Blob으로 반환한다.
byte	getByte (int columnIndex)	ResultSet 객체의 현재 로우에 있는 columnIndex의 값을 byte로 반환한다.
	getByte (String columnName)	ResultSet 객체의 현재 로우에 있는 columnName의 값을 byte로 반환한다.
Clob	getClob (int columnIndex)	ResultSet 객체의 현재 로우에 있는 columnIndex의 값을 Clob으로 반환한다.
	getClob (String columnName)	ResultSet 객체의 현재 로우에 있는 columnName의 값을 Clob으로 반환한다.
double	getDouble (int columnIndex)	ResultSet 객체의 현재 로우에 있는 columnIndex의 값을 double로 반환한다.
	getDouble (String columnName)	ResultSet 객체의 현재 로우에 있는 columnName의 값을 double로 반환한다.
int	getInt (int columnIndex)	ResultSet 객체의 현재 로우에 있는 columnIndex의 값을 int로 반환한다.
	getInt (String columnName)	ResultSet 객체의 현재 로우에 있는 columnName의 값을 int로 반환한다.
String	getString (int columnIndex)	ResultSet 객체의 현재 로우에 있는 columnIndex의 값을 String으로 반환한다.
	getString (String columnName)	ResultSet 객체의 현재 로우에 있는 columnName의 값을 String으로 반환한다.

이제까지 JDBC에 대한 5단계에 대해 설명했다. 마지막으로 남은 것은 Connection, Statement, ResultSet 객체인데, 이는 사용이 끝난 후에 종료를 해줘야 한다. 종료해주는 메서드는 모든 객체에 close( ) 메서드로 정의되어 있다.

다시 한번 정리하면 다음과 같다.

- 1단계: import java.sql.*;한다.
- 2단계: 드라이버를 로드한다.
- 3단계: Connection 객체를 생성한다.
- 4단계: Statement 객체를 생성한다.
- 5단계: SQL문에 결과물이 있다면 ResultSet 객체를 생성한다.
- 6단계: 모든 객체를 닫는다.

이 단계를 구체적으로 이해했다면 JDBC의 2/3는 소화했다고 볼 수 있다. 그럼 이제 간단한 예제를 만들어 보자.

예제 17-1　JdbcEx

```
01    import java.sql.*;
02    public class JdbcEx{
03        static{
04            try{
05        Class.forName("oracle.jdbc.driver.OracleDriver");
06            }catch(ClassNotFoundException cnfe){
07                cnfe.printStackTrace();
08            }
09        }
10        public static void main(String arg[]){
11            try{
12                Connection con = DriverManager.getConnection(
13        "jdbc:oracle:thin:@localhost:1521:xe",
14                "system",
15                "1111");
16                Statement stmt = con.createStatement();
17                StringBuffer sb = new StringBuffer();
18                sb.append("create table test1(
                   id varchar(10),");
```

```
19          sb.append("age number)");
20          int updateCount =
            stmt.executeUpdate(sb.toString());
21          System.out.println("createCount : " + updateCount);
22
23          sb.setLength(0);
24          sb.append("insert into test1 values ('syh1011'");
25          sb.append(",10)");
26          updateCount = stmt.executeUpdate(sb.toString());
27          System.out.println("insertCount : " + updateCount);
28
29          sb.setLength(0);
30          sb.append("select * from test1");
31          ResultSet rs = stmt.executeQuery(sb.toString());
32          while(rs.next()){
33              System.out.print("id : "+rs.getString(1)+" , ");
34              System.out.println("age : "+rs.getString("age"));
35          }
36
37          sb.setLength(0);
38          sb.append("update test1 set id='syh2022',");
39          sb.append("age=20 where id='syh1011'");
40          updateCount = stmt.executeUpdate(sb.toString());
41          System.out.println("updateCount : " + updateCount);
42
43          sb.setLength(0);
44          sb.append("select * from test1");
45          rs = stmt.executeQuery(sb.toString());
46          while(rs.next()){
47              System.out.print("id : "+rs.getString(1)+" , ");
48              System.out.println("age : "+rs.getString("age"));
```

```
49                    }
50
51                    sb.setLength(0);
52                    sb.append("delete from test1");
53                    updateCount = stmt.executeUpdate(sb.toString());
54                    System.out.println("deleteCount : " + updateCount);
55
56                    sb.setLength(0);
57                    sb.append("drop table test1");
58                    updateCount = stmt.executeUpdate(sb.toString());
59                    System.out.println("dropCount : " + updateCount);
60
61                    rs.close();
62                    stmt.close();
63                    con.close();
64            }catch(SQLException ee){
65                    System.out.println("Connection Error");
66                    ee.printStackTrace();
67            }
68        }
69 }
```

Problems	Javadoc	Declaration	🖳 Console ⊠			🔲 🎇 🖉 🔢 🖼 ⬜ ▾ 📑 ▾ ⬜ ⬜

<terminated> JdbcEx [Java Application] C:₩jdk5₩bin₩javaw.exe (2005. 7. 7 오후 9:19:13)

```
createCount : 0
insertCount : 1
id : syh1011 , age : 10
updateCount : 1
id : syh2022 , age : 20
deleteCount : 1
dropCount : 0
```

[그림 17-36] JdbcEx의 실행결과

▶▶▶ 03행~09행: static 초기화로 드라이브를 로드한다.

12행~15행: Connection 객체를 생성한다.

16행: SQL문을 수행할 수 있는 Statement 객체를 생성한다.

17행~19행 : 테이블을 생성할 수 있는 SQL문을 생성한다.

20행: executeUpdate( ) 메서드로 테이블을 생성한다. 이 때 반환값은 0이다. 이유는 executeUpdate( ) 메서드는 테이블의 로우의 생성과 삭제, 갱신의 수를 반환하기 때문이다.

23행: StringBuffer의 길이를 0으로 함으로써 StringBuffer의 저장된 문자열을 초기화하는 역할을 한다.

24행~25행: 테이블의 로우를 삽입할 수 있는 insert SQL문을 생성한다.

26행: executeUpdate( ) 메서드로 테이블의 로우를 삽입한다. 이 때 반환값은 1이 된다.

31행: Select문의 결과를 ResultSet 객체로 반환받는다.

32행: next( ) 메서드는 ResultSet의 커서를 아래(전방향)로 내리는 메서드다. 이때 해당 커서의 로우가 있다면 true, 없다면 false를 반환한다.

33행: getString(1) 메서드는 해당 커서의 컬럼을 반환한다. 주의해야 할 점은 인덱스의 시작번호는 0이 아니라 1이라는 점이다.

34행: getString("age") 메서드는 해당 커서의 컬럼을 반환한다. 주의해야 할 점은 실제 테이블의 컬럼명이 아닌 SELECT문의 컬럼명이다.

40행: executeUpdate( ) 메서드로 테이블을 갱신한다. 이때 조건을 만족하는 로우는 하나이기 때문에 반환 값은 1이다.

53행: executeUpdate( ) 메서드로 테이블의 로우를 삭제한다. 반환 값은 1이 된다.

58행: executeUpdate( ) 메서드로 테이블을 삭제한다. 이 때 반환 값은 0이다. 이유는 테이블을 삭제했기 때문이다.

61행~63행: 모든 자원을 닫는다.

Statement의 상속관계

Statemenet 인터페이스는 SQL문을 전송할 수 있는 객체다. 하지만 좀더 효율적으로 DBMS에 질의를 할 수 있는 인터페이스를 제공하고 있다. Statement의 상속관계를 살펴보자.

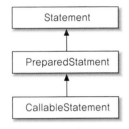

[그림 17-37] Statement의 상속관계

상속관계에서 보듯이 Statement의 서브 인터페이스로 PreparedStatement를 제공하고 있고, PreparedStatement의 서브 인터페이스로 CallableStatement를 제공하고 있다. 당연히 서브 인터페이스로 갈수록 기능이 향상된 인터페이스를 제공한다.

❶ PreparedStatement 기능과 사용 방법

PreparedStatement를 이해하기 위해서는 SQL문을 수행했을 때 오라클에서는 어떤 작업을 하는지 이해해야 한다.

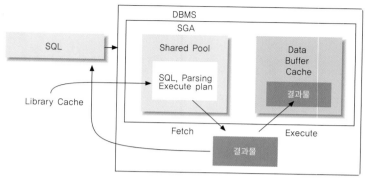

[그림 17-38] 오라클에서 SQL문 수행 시 SGA 영역의 메모리 관리

SQL문을 전송했을 때 오라클은 내부적으로 PARSING → EXECUTE PLAN → FETCH 작업을 한다. 이런 세 가지 작업을 한 후 검색한 결과를 SGA 영역 안의 Data Buffer Cache 영역에 블록 단위로 저장하게 된다. 그리고 SQL문과 파싱(parsing)한 결과와 EXECUTE PLAN을 SHARED POOL 안의 LIBRARY CACHE에 저장하게 된다.

똑같은 SQL문을 전송하면 LIBRARY CACHE에 저장된 SQL문과 비교하여 SQL문이 동일하다면 파싱한 결과와 EXECUTE PLAN을 그대로 사용하게 되고, 결과 또한 디스크에서 I/O로 읽어 오지 않고 데이터 버퍼 캐시(Data Buffer Cache)에 저장된 실제 메모리에서 읽어 오기 때문에 결과를 가져오는 작업(FETCH) 또한 빠르다고 할 수 있다. 하지만 똑같은 SQL문이라도 대소문자가 하나라도 다르거나 SQL문이 다르다면 LIBRARY CACHE에 저장된 세 가지 작업을 재사용할 수 없고 다시 PARSING → EXECUTE PLAN → FETCH 작업을 수행하게 된다.

PreparedStatement의 SQL문은 동일하나 조건이 다른 문장을 변수로 처리함으로써 항상 SQL문을 동일하게 처리할 수 있는 SQL문을 제공하고 있다. 따라서 LIBRARY CACHE에 저장된 세 가지 작업을 재사용함으로써 수행 속도를 좀더 향상시킬 수 있다.

물론, SQL문이 항상 동일하다면 PreparedStatement와 Statement의 성능 차이는 없다. 하지만 일반적으로 SQL문의 구조는 거의 같으나 조건값이 달라지는 SQL문을 작성한다면 PreparedStatement를 사용하는 것이 좋다.

PreparedStatement의 객체 생성은 Statement의 객체 생성 방법과 다른데, Statement의 객체 생성 방법은 다음과 같다.

```
String sql = "select age from test1 where id='syh1011'"
Statement stmt = con.createStatement();
ResultSet rs = stmt.executeQuery(sql);
```

그리고 PreparedStatement의 객체 생성은 아래와 같다. 잘 구분해 보기 바란다.

```
String sql = "select age from test1 where id=?";
PreparedStatement pstmt = con.prepareStatement(sql);
pstmt.setString(1,"syh1011");
ResultSet rs = pstmt.executeQuery();
```

PreparedStatement는 SQL문을 작성할 때 컬럼값을 실제로 지정하지 않고, 변수로 처리함으로서 DBMS를 효율적으로 사용한다. PreparedStatement의 객체 생성은 Connection 인터페이스의 prepareStatement(String sql) 메서드로 생성된다.

PreparedStatement의 SQL문은 SQL문의 구조는 같지만 조건이 수시로 변할 때 조건의 변수처리를 '?'로 지정하는데, 이를 바인딩 변수라 하고, 바인딩 변수는 반드시 컬럼명이 아닌 컬럼값이 와야 한다. 예를 들어, 아래와 같은 코딩을 절대로 해서는 안 된다.

```
String sql = "select age from test1 where ?=?";
PreparedStatement pstmt = con.prepareStatement(sql);
pstmt.setString(1,"id");
pstmt.setString(2,"syh1011");
```

왜냐하면 바인딩 변수는 컬럼명에는 절대로 사용할 수 없기 때문이다. 반드시 기억하라. 바인딩 변수의 순서는 ?의 개수에 의해 결정이 되는데, 시작 번호는 1부터 시작하게 된다.

```
String sql = "insert into test (id, regDate, age)
values(?,sysdate,?)"
PreparedStatement pstmt = con.prepareStatement(sql);
pstmt.setString(1,"syh1011");
pstmt.setInt(2,30);
```

위에서 보듯이 SQL의 바인딩 변수(?)는 두 개가 있다. 따라서 첫 번째 바인딩 변수는 id를 의미하고 두 번째 바인딩 변수는 age를 의미하게 되는 것이다. 바인딩 변수에 값을 저장하는 메서드는 오라클의 변수 타입에 따라 지정해주면 된다. 전에 ResultSet의 getXXX( ) 메서드와 유사하게 PreparedStatement 인터페이스에는 바인딩 변수에 값을 저장하는 setXXX( ) 메서드를 제공하고 있다.

이제 두 가지 예제를 살펴 볼 것이다. 첫 번째는 PreparedStatement의 일반적인 사용 예제이고, 두 번째는 PreparedStatement와 Statement의 성능 비교에 대한 예제다. 먼저, 첫 번째 예제를 살펴보자.

예제 17-2 PreparedStatementEx

```
01    import java.sql.*;
02
03    public class PreparedStatementEx{
04        static{
05            try{
06            Class.forName("oracle.jdbc.driver.OracleDriver");
07            }catch(ClassNotFoundException cnfe){
08                cnfe.printStackTrace();
09            }
10        }
11        public static void main(String arg[]){
12            Connection con=null;
13            PreparedStatement pstmt = null;
14            ResultSet rs = null;
15            try{
16                con = DriverManager.getConnection(
17                    "jdbc:oracle:thin:@localhost:1521:xe",
18                    "system",
19                    "1111");
20                String sql = "create table syh1011(id varchar(10)," +
21                    "password varchar(10))";
22                pstmt = con.prepareStatement(sql);
23                int updateCount = pstmt.executeUpdate();
24                System.out.println("createCount : " + updateCount);
25
26                sql = "insert into syh1011 values(?,?)";
27                pstmt = con.prepareStatement(sql);
28                pstmt.setString(1,"syh2022");
```

```
29              pstmt.setString(2,"1111");
30              updateCount = pstmt.executeUpdate();
31              System.out.println("inser tCount : " + updateCount);
32
33              sql = "select * from syh1011";
34              pstmt = con.prepareStatement(sql);
35              rs = pstmt.executeQuery();
36              while(rs.next()){
37                      System.out.print("id : "+rs.getString(1));
38                      System.out.println(", password : "+rs.getString(2));
39              }
40
41              sql = "drop table syh1011";
42              pstmt = con.prepareStatement(sql);
43              updateCount = pstmt.executeUpdate();
44              System.out.println("dropCount : " + updateCount);
45          }catch(SQLException sqle){
46              sqle.printStackTrace();
47          }finally{
48              try{
49                      if(rs != null) rs.close();
50                      if(pstmt != null) pstmt.close();
51                      if(con != null) con.close();
52              }catch(SQLException sqle){}
53          }
54      }
55  }
```

```
Problems  Javadoc  Declaration  Console ⊠
<terminated> PreparedStatementEx [Java Application] C:\jdk5\bin\javaw.exe (2005. 7. 7 오후 9:21:51)
createCount : 0
insetCount : 1
id : syh2022 , password : 1111
dropCount : 0
```

[그림 17-39] PreparedStatementEx의 실행결과

04행~10행: static 초기화로 드라이버를 로드한다.

16행~19행: Connection 객체를 생성한다.

20행~21행 : 테이블을 생성할 수 있는 SQL문을 생성한다.

22행: SQL문을 수행할 수 있는 PreparedStatement 객체를 생성한다.

23행: executeUpdate( ) 메서드로 테이블을 생성한다. 이때 반환값은 0이다.

26행: INSERT문을 생성한다. 이때 INSERT문의 컬럼값은 바인딩 변수로 처리한다.

27행: PreparedStatement 객체를 생성한다.

28행~29행: 26행에서 바인딩 변수로 처리된 부분을 setString( ) 메서드로 저장한다.

30행: executeUpdate( ) 메서드로 테이블에 삽입한다.

34행: SELECT문으로 PreparedStatement 객체를 생성한다.

35행: SELECT문의 결과를 ResultSet 객체로 반환받는다.

36행~39행: SELECT문의 결과를 추출한다.

41행~44행: 테이블을 삭제한다.

47행~53행: 모든 자원을 닫을 때는 finally 블록에서 처리한다. 왜냐하면 Connection 객체 생성 후 DBMS의 장애로 오류가 발생할 경우 try 블록에서 닫는다면 Connection 객체를 닫을 수 없기 때문이다.

두 번째 예제는 PreparedStatement와 Statement의 성능을 비교한 예제다. 테이블을 생성하여 Statement 객체로 10,000개의 로우를 삽입하고, PreparedStatement 객체로 10,000개의 로우를 삽입한 예제다.

예제 17-3	PerformanceEx

```
01    import java.sql.*;
02    public class PerformanceEx{
03        static{
04            try{
05                Class.forName("oracle.jdbc.driver.OracleDriver");
06            }catch(ClassNotFoundException cnfe){
07                cnfe.printStackTrace();
08            }
```

```
09        }
10    public static void main(String[] args){
11        long start;
12        long end;
13        Connection con = null;
14        PreparedStatement pstmt = null;
15        Statement stmt=null;
16
17        try{
18            con = DriverManager.getConnection(
19                "jdbc:oracle:thin:@localhost:1521:xe",
20                "system",
21                "1111");
22            stmt = con.createStatement();
23            String sql ="create table performance(id varchar(10)," +
24                        "password varchar(10))";
25            stmt.executeUpdate(sql);
26
27            start=System.currentTimeMillis();
28            for(int i=0;i<10000;i++){
29                stmt.executeUpdate( " insert into performance values "
30                +"('"+i+"','"+i+"')");
31            }
32            end = System.currentTimeMillis();
33            System.out.println("Statement process time = "
34                    +(end - start));
35
36            sql ="insert into performance values(?,?)";
37            pstmt = con.prepareStatement(sql);
38
39            start = System.currentTimeMillis();
40            for(int j=0;j<10000;j++){
41                pstmt.setString(1,""+j);
42                pstmt.setString(2,""+j);
43                pstmt.executeUpdate();
```

```
44                            }
45                            end = System.currentTimeMillis();
46                            System.out.println("PreparedStatement process time = "
47                                    +(end - start));
48                            stmt.executeUpdate("drop table performance");
49                    }catch(SQLException ee){
50                            ee.printStackTrace();
51                    }finally{
52                            try {
53                                    if(pstmt != null) pstmt.close();
54                                    if(stmt != null) stmt.close();
55                                    if(con != null) con.close();
56                            }catch(SQLException se){}
57                    }
58            }
59    }
```

```
Problems  Javadoc  Declaration  📃 Console ✕                          ▦ ❈  ⬛ ⬚ | ⬚ ⬚ | ⬚ ⬚ ▾ | ⬚ ⬚
<terminated> PerformanceEx [Java Application] C:\jdk5\bin\javaw.exe (2005. 7. 7 오후 9:23:39)
Statement process time = 18750
PreparedStatement process time = 14047
```

[그림 17-40] PerformanceEx의 실행결과

▶▶▶ 25행: 테이블을 생성한다.

27행: currentTimeMillis( ) 메서드는 1970년 01월 01일부터 현재 시간을 밀리 세컨드로 반환한
  다. 테이블의 로우를 삽입하기 이전에 시간을 start 변수에 저장한다.

28행~31행: performance 테이블에 10,000개의 로우를 삽입한다.

33행~34행: (end - start)의 값은 테이블의 10,000개의 로우를 삽입한 시간을 밀리 세컨드로 반
  환한 값이다. 이를 테스트한 결과값은 18,750이다. 즉 Statement 객체로 10,000개의 로우를
  삽입한 결과는 18.750초가 소요되었다는 뜻이다.

46행~47행: (end - start)의 결과는 14,047이다. 즉 PreparedStatement 객체로 10,000개
  의 로우를 삽입한 결과는 14.047초가 소요되었다는 뜻이다. Prepared Statement 객체가
  Statement 객체에 비해 약 4.7초 정도 빠르다는 얘기다.

JDBC의 주요 기능

❶ DataSource

DataSource는 DataSource 객체를 표현할 수 있는 물리적인 데이터 자원인 Connection 객체에 대한 Factory다. 여기서 물리적 데이터 자원은 여러 가지가 있지만 그 중에 하나인 Connection 자원을 지칭한다. 이 말을 좀더 쉽게 표현하자면 Connection 객체를 미리 생성한 집합을 인터페이스로 선언한 것이다. DataSource 인터페이스를 구현한 객체는 전형적으로 JNDI API 내에 네이밍 서비스(Naming Service)를 기반으로 하는 곳에 등록되어 있어야 한다.

DataSource를 구현한 클래스는 일반적으로 JDBC Driver Vendor에 작성하고 각 Vendor는 아래의 세 가지 조건에 맞도록 구현해야 한다.

1. 기본 구현: 기본적으로 Connection 객체를 생성한다.
2. ConnectionPool구현: Connection Pool이란 Connection 객체를 미리 생성하여 재사용하는 방식이다. 이런 방식을 구현하여 작성해야 한다.
3. 분산 트랜잭션 구현: 분산 트랜잭션이 가능하게 구현해야 한다.

DataSource 인터페이스를 구현하는 모든 vendor는 위 세 가지를 의무적으로 구현해야 하며, JDBC Driver에는 이런 구현 클래스가 포함되어 있다. 하지만 DataSource를 이용해서 DBMS와 연결하기 위해서는 JNDI를 지원하는 서버가 있어야 하는데, 여기서는 별도로 설치하지 않겠다. 결론적으로 얘기한다면 DataSource를 제공하는 이유는 DriverManager와 ConnectionPool을 지원하기 위해서 인터페이스를 선언하여 좀더 효율적인 JDBC를 하기 위함이다.

📋 JNDI(Java Naming and Directory Interface) 이름과 디렉토리에 접근하기 위한 API이다. JNDI를 이용해서 이름이나 디렉토리 구조로 접근하여 객체나 객체의 레퍼런스를 검색할 수 있는 방법을 제공한다.

❷ BatchQuery

BatchQuery란 여러 개의 SQL문을 한꺼번에 전송하는 일괄 처리 방식이다. JDBC 1.0에서는 executeUpdate( ) 메서드만을 제공하기 때문에 하나의 SQL문만 처리할 수 있지만, JDBC 2.0 에서는 executeBatch( ) 메서드를 제공해서 SQL문을 일괄적으로 처리할 수 있다. 하지만 모 든 SQL문을 처리하지 못한다. 즉 INSERT, UPDATE, DELETE, CREATE, DROP, ALTER문 등에서만 사용할 수 있다.

다음 예제는 여러 개의 INSERT문을 작성하여 Statement의 addBatch(String sql), executeBatch( ) 메서드로 일괄처리할 수 있는 예제다.

예제 **17-4**   BatchInsertEx

```
01    import java.sql.*;
02    public class BatchInsertEx {
03        static{
04            try{
05                Class.forName("oracle.jdbc.driver.OracleDriver");
06            }catch(ClassNotFoundException cnfe){
07                cnfe.printStackTrace();
08            }
09        }
10
11        public static void main(String args[]){
12            ResultSet rs = null;
13            Connection con=null;
14            Statement stmt=null;
15            String sql = null;
16            boolean commit = false;
17            try {
18                con = DriverManager.getConnection(
19                    "jdbc:oracle:thin:@localhost:1521:xe",
20                    "system",
21                    "1111");
22                stmt = con.createStatement();
```

```
23              sql = "create table test4(id varchar2(10), " +
24                      "password varchar2(10))";
25              stmt.executeUpdate(sql);
26
27              con.setAutoCommit(false);
28              stmt.addBatch("INSERT INTO test4 " +
29                  "VALUES('syh1011', '1111')");
30              stmt.addBatch("INSERT INTO test4 " +
31                  "VALUES('syh2022', '2222')");
32              stmt.addBatch("INSERT INTO test4 " +
33                  "VALUES('syh3033', '3333')");
34              stmt.addBatch("INSERT INTO test4 " +
35                  "VALUES('syh4044', '4444')");
36
37              int [] updateCounts = stmt.executeBatch();
38              commit = true;
39              con.commit();
40              con.setAutoCommit(true);
41
42              rs = stmt.executeQuery("SELECT * FROM test4");
43
44              while (rs.next()) {
45                  String id = rs.getString("id");
46                  String password = rs.getString("password");
47                  System.out.println("id : " + id +
48                      " , password : "+password);
49              }
50      }catch(SQLException sqle) {
51              sqle.printStackTrace();
52      }finally{
53              try{
54                  if(!commit) con.rollback();
55                  if(rs != null) rs.close();
56                  if(stmt != null) stmt.close();
57                  if(con != null) con.close();
```

```
58                    }catch(SQLException sqle){
59                        sqle.printStackTrace();
60                    }
61            }
62        }
63  }
```

```
Problems  Javadoc  Declaration  🖳 Console ☒
<terminated> BatchInsertEx [Java Application] C:₩jdk5₩bin₩javaw.exe (2005. 7. 7 오후 10:25:25)
id : syh1011 , password : 1111
id : syh2022 , password : 2222
id : syh3033 , password : 3333
id : syh4044 , password : 4444
```

[그림 17-41] BatchInsertEx의 실행결과

▶▶▶ 25행: test4 테이블을 생성한다.

27행: 트랜잭션의 시작을 명시한다. 일괄처리를 할 때는 데이터가 모두 들어가거나 아니면 모두 들어가지 않도록 트랜잭션 처리를 하는 것이 바람직하다.

28행~29행: INSERT문을 Statement 인터페이스의 addBatch( ) 메서드에 추가한다.

37행: Statement 인터페이스의 executeBatch( ) 메서드로 Statement에 저장된 모든 INSERT문을 일괄처리한다. 반환값이 int[ ]인 이유는 각각의 INSERT문의 결과를 반환하기 때문이다.

38행: 일괄처리가 정상적으로 처리되었다면 commit 변수를 true로 설정한다. 만약, 일괄처리에서 오류가 발생한다면 54행에 의해 모든 작업이 롤백된다.

39행: 일괄처리가 정상적으로 이루어졌다면 커밋한다.

44행~49행: 일괄 처리된 테이블의 모든 로우를 화면에 출력한다.

❸ Scrollable

JDBC 2.0의 가장 큰 변화 중 하나는 ResultSet의 커서가 양방향으로 움직(Scollable)인다는 것이다. ResultSet의 메서드 중에 커서를 내리기 위한 메서드로 next( ) 메서드가 있었다. 이것은 커서를 forward 방향으로 움직이는 것인데, JDBC 2.0에서는 backward 방향으로 움직이는 메서드를 제공하고 있다.

양방향 커서를 코딩하기 위해서는 createStatement( ) 메서드에서 매개변수 두 개를 받는 메서드를 제공하고 있다. JDBC 1.0에서는 Statement 객체를 생성하기 위해서 Connection 인터페이스의 createStatement( ) 메서드를 이용했지만 JDBC 2.0에서는 createStatement(int resultSetType, int resultSetConcurrency) 메서드를 제공하고 있다. 물론, prepareStatement( ), prepareCall( ) 메서드에도 똑같은 유형의 메서드를 제공하고 있다.

그렇다면 매개변수 인자로 들어가는 두 가지 int값에 대해 알아보자. 두 가지 인자값은 ResultSet의 상수값으로 존재한다.

■ resultSetType → TYPE_XXX 형태

- TYPE_FORWARD_ONLY:커서의 이동을 단방향으로만 할 수 있다. 성능이 높다.
- TYPE_SCROLL_INSENSITIVE:커서의 이동을 양방향으로 할 수 있으며, 갱신된 데이터를 반영하지 않는다.
- TYPE_SCROLL_SENSITIVE:커서의 이동을 양방향으로 할 수 있으며, 갱신된 데이터를 반영한다.

■ resultSetConcurrency → CONCUR_XXX 형태

- CONCUR_READ_ONLY: 읽기만 된다.
- CONCUR_UPDATABLE: 데이터를 동적으로 갱신할 수 있다.

일반적으로 양방향이 가능한 Statement 객체를 생성하는 방법은 아래와 같다.

```
Statement stmt =con.createStatement(
ResultSet.TYPE_SCROLL_INSENSITIVE,
ResultSet.CONCUR_UPDATABLE);
```

Scrollable이 가능한 Statement 객체를 생성하여 ResultSet의 커서를 양방향으로 움직이는 것이 성능면에서는 약간 떨어지기는 하지만 ResultSet 객체를 재사용함으로서 자원을 효율적으로 사용하는 것은 장점이 된다. 따라서 일반적으로 관리자 모드를 만드는 애플리케이션에서 자주 사용한다.

다음의 예제를 살펴보자. 먼저 테이블을 생성한 후 예제를 실행시킨다.

```
create table scrolltest (name varchar2(10), gender
varchar2(10));
insert into scrolltest values('최건식','남자');
insert into scrolltest values('남민혜','여자');
insert into scrolltest values('임재훈','남자');
commit;
```

예제 17-5   ScrollableEx

```
01    import java.sql.*;
02    public class ScrollableEx{
03        static{
04            try{
05                Class.forName("oracle.jdbc.driver.OracleDriver");
06            }catch(ClassNotFoundException cnfe){
07                cnfe.printStackTrace();
08            }
09        }
10        public static void main(String[] args){
11            Connection con = null;
12            PreparedStatement pstmt = null;
13            ResultSet rs = null;
14            String sql = null;
15            try{
16                con = DriverManager.getConnection(
17                    "jdbc:oracle:thin:@localhost:1521:xe",
18                    "system",
19                    "1111");
20                sql = "SELECT * FROM scrolltest";
21                pstmt = con.prepareStatement(sql,
22                        ResultSet.TYPE_SCROLL_SENSITIVE ,
23                        ResultSet.CONCUR_UPDATABLE);
24
```

```
23                              ResultSet.CONCUR_UPDATABLE);
24
25              rs = pstmt.executeQuery();
26              System.out.println("next()═══════════════");
27              while (rs.next()){
28                      System.out.println("name : " + rs.getString(1)
29                              + " , gender : " + rs.getString(2));
30              }
31              System.out.println("previous()═══════════════");
32              while (rs.previous()){
33                      System.out.println("name : " + rs.getString(1)
34                              + " , gender : " + rs.getString(2));
35              }
36              System.out.println("first()═══════════════");
37              rs.first();
38              System.out.println("name : " + rs.getString(1)
39                      + " , gender : " + rs.getString(2));
40              System.out.println("last()═══════════════");
41              rs.last();
42              System.out.println("name : " + rs.getString(1)
43                      + " , gender : " + rs.getString(2));
44              System.out.println("absolute(1)═══════════════");
45              rs.absolute(1);
46              System.out.println("name : " + rs.getString(1)
47                      + " , gender : " + rs.getString(2));
48
49      }catch (Exception e){
50              e.printStackTrace();
51      }finally{
52              try {
53                      if(rs != null)rs.close();
54                      if(pstmt != null)pstmt.close();
55                      if(con != null)con.close();
56              }catch(SQLException e){
57              }
```

```
58            }
59         }
60    }
```

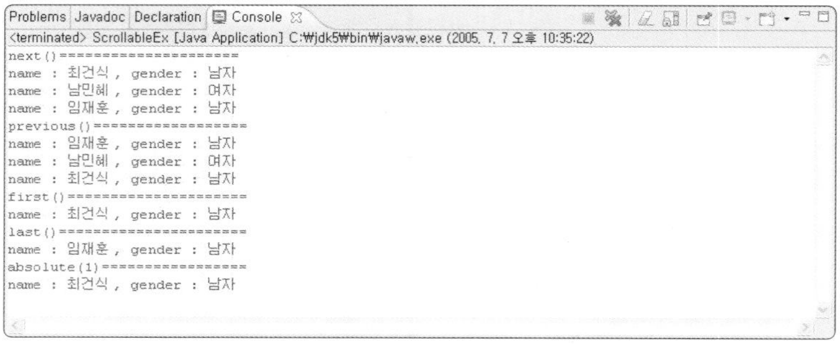

[그림 17-42] ScrollableEx의 실행결과

▶▶▶ 21행: 양방향 가능한 PreparedStatement 객체를 생성한다.

27행~30행: ResultSet 커서를 forward 방향으로 움직여서 화면에 출력한 부분이다.

32행~35행: ResultSet 커서를 backward 방향으로 움직여서 화면에 출력한 부분이다.

37행: ResultSet 커서를 첫번째 로우로 이동할 수 있는 메서드다.

41행: ResultSet 커서를 마지막 로우로 이동할 수 있는 메서드다.

45행: ResultSet 커서를 원하는 로우로 이동할 수 있는 메서드다.

❹ SavePoint

SAVEPOINT는 트랜잭션 내에 세이브 포인트를 만들 수 있게 해주는데, 하나의 트랜잭션 내에 여러 개의 세이브 포인트를 만들 수 있다. 트랜잭션 내에 설정된 세이브 포인트 이전의 작업은 그대로 두고, 세이브 포인트 이후의 작업들만을 선택적으로 롤백할 수 있다. 예를 들어, 두 개의 INSERT문을 실행한 후에 SAVEPOINT를 지정하고, 다시 두 개의 DELETE문을 실행했다고 가정해보자. 만약, 어떤 오류가 발생하여 방금 전에 설정한 SAVEPOINT로 지정한 이후의 작업을 롤백으로 수행할 수 있다. 이 롤백으로 뒤에 있는 두 개의 DELETE문은 취소되지만 앞선 두 개의 INSERT문은 영향을 받지 않게 된다.

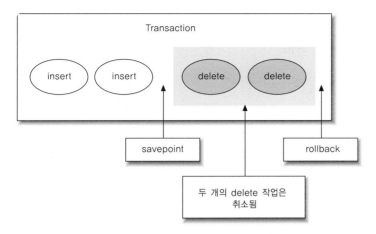

[그림 17-43] Transaction에서 SavePoint 처리

세이브 포인트는 하나의 트랜잭션을 일련의 작은 부분으로 나눌 수 있게 해주는 유용한 트랜 잭션 기능이다. 세이브 포인트 예제에 앞서 테이블을 생성하고, INSERT문으로 4개의 로우 를 삽입하자.

```
create table savepoint
(id varchar2(10),
total number);
insert into savepoint values('syh1011',200);
insert into savepoint values('syh2022',600);
insert into savepoint values('syh3033',1200);
insert into savepoint values('syh4044',2000);
commit;
```

예제 **17-6** SavepointEx

```
01    import java.sql.*;
02    public class SavepointEx {
03        static{
04            try{
05                Class.forName("oracle.jdbc.driver.OracleDriver");
06            }catch(ClassNotFoundException cnfe){
07                cnfe.printStackTrace();
08            }
```

```
09          }
10     public static void main(String args[]) {
11          Connection con = null;
12          PreparedStatement selectPs = null;
13          PreparedStatement updatePs = null;
14          ResultSet rs = null;
15          String sql = null;
16          try{
17               con = DriverManager.getConnection(
18                    "jdbc:oracle:thin:@localhost:1521:xe",
19                    "system",
20                    "1111");
21               con.setAutoCommit(false);
22               String query = "SELECT id, total FROM savepoint "+
23                                   "WHERE total > ?";
24               String update = "UPDATE savepoint SET total = ? "+
25                                   "WHERE id = ?";
26
27               selectPs = con.prepareStatement(query);
28               updatePs = con.prepareStatement(update);
29
30               selectPs.setInt(1, 100);
31               rs = selectPs.executeQuery();
32
33               Savepoint save1 = con.setSavepoint();
34
35               while (rs.next()) {
36                    String id = rs.getString("id");
37                    int oldTotal = rs.getInt("total");
38                    int newPrice = (oldTotal * 2);
39                    updatePs.setInt(1, newPrice);
40                    updatePs.setString(2, id);
41                    updatePs.executeUpdate();
```

```
42              System.out.println("New Total of " + oldTotal+
43                      " is " + newPrice);
44              if (newPrice >= 5000) {
45                      con.rollback(save1);
46              }
47          }
48
49      System.out.println();
50      selectPs = con.prepareStatement(query);
51      updatePs = con.prepareStatement(update);
52      selectPs.setInt(1, 100);
53
54      rs = selectPs.executeQuery();
55
56      Savepoint save2 = con.setSavepoint();
57
58      while (rs.next()) {
59              String id = rs.getString("id");
60              int oldTotal = rs.getInt("total");
61              int newPrice = (oldTotal * 2);
62              updatePs.setInt(1, newPrice);
63              updatePs.setString(2, id);
64              updatePs.executeUpdate();
65              System.out.println("New Total of " + oldTotal+
66                      " is " +newPrice);
67              if (newPrice >= 5000) {
68                      con.rollback(save2);
69              }
70      }
71      System.out.println();
72          con.commit();
73          Statement stmt = con.createStatement();
74          rs = stmt.executeQuery("SELECT id, " +
```

```
75                      "total FROM savepoint");
76
77                  System.out.println();
78                  while (rs.next()) {
79                      String id = rs.getString("id");
80                      int price = rs.getInt("total");
81                      System.out.println("id : "+ id
82                          +" , total : " + price);
83                  }
84          } catch (Exception e) {
85                  e.printStackTrace();
86          }finally{
87              try {
88                      if(rs != null)rs.close();
89                      if(selectPs != null)selectPs.close();
90                      if(updatePs != null)updatePs.close();
91                      if(con != null)con.close();
92              }catch(SQLException e){
93                  }
94          }
95      }
96  }
```

```
Problems  Javadoc  Declaration  Console  ✕
<terminated> SavepointEx [Java Application] C:\jdk5\bin\javaw.exe (2005. 7. 7 오후 10:39:02)
New Total of 200 is 400
New Total of 600 is 1200
New Total of 1200 is 2400
New Total of 2000 is 4000

New Total of 400 is 800
New Total of 1200 is 2400
New Total of 2400 is 4800
New Total of 4000 is 8000


id : syh1011 , total : 400
id : syh2022 , total : 1200
id : syh3033 , total : 2400
id : syh4044 , total : 4000
```

[그림 17-44] SavepointEx의 실행결과

▶▶▶ 21행: 트랜잭션의 시작을 명시한다.

27행: SELECT문에 대한 PrepareStatement 객체를 생성한다.

28행: UPDATE문에 대한 PrepareStatement 객체를 생성한다.

30행: SELECT문의 바인딩 변수에 100을 저장한다.

33행: 첫 번째 세이브 포인트를 지정한다. 세이브 포인트를 지정한 후에 세이프 포인트를 이용하여 롤백하게 되면 세이브 포인트에 이후의 작업은 모두 롤백된다.

37행~38행: savepoint 테이블의 id, total 컬럼값을 가져온다.

38행: total값을 두 배로 증가한다.

39행~41행: 두 배로 증가된 total값과 id로 테이블 정보를 갱신한다.

44행~46행: 두 배로 증가된 값이 5000을 넘을 경우는 첫 번째 세이브 포인터로 지정한 이후의 모든 작업은 롤백시키게 된다. 하지만 이 조건을 만족하는 경우가 없기 때문에 롤백되지 않는다.

50행: SELECT문에 대한 PrepareStatement 객체를 다시 생성한다.

51행: UPDATE문에 대한 PrepareStatement 객체를 다시 생성한다.

52행: SELECT문의 바인딩 변수에 100을 저장한다.

56행: 두 번째 세이브포인트를 지정한다.

67행~69행: 조건을 만족하는 경우가 발생되었기 때문에 두 번째 세이브 포인트의 모든 UPDATE 문은 롤백된다.

72행: 트랜잭션을 커밋한다. 이때 첫 번째 세이프 포인트에서는 롤백이 수행되지 않았지만 두 번째 세이브 포인트에서는 롤백이 수행되었다. 따라서 41행의 UPDATE문은 정상적으로 수행되지만, 64행의 UPDATE문은 모두 롤백된다.

ConnectionPool

Connection Pool이란 JDBC에서 가장 중요한 자원이자 생성 시간이 많이 소요되는 Connection 객체를 미리 여러 개를 생성하여 이를 관리하기 위한 방법이다. 그래서 클라이언트가 DBMS 요청이 있을 때마다 Connection을 생성하는 것이 아니라 미리 생성된 Connection을 사용하고 이를 반납하여 DBMS의 연결을 빠르게 하는 데 목적이 있다.

❶ ConnectionPool의 필요성

우리는 앞서 3tier에 대한 대략적인 구조를 살펴봤다. 3tier 구조에서 미들웨어와 DBMS의 거리가 멀어진다면 JDBC API 중에 Connection 객체를 만드는 비용은 상당할 것이다. 왜냐하면 미들웨어와 DBMS의 실제적인 접속시도는 Connection 객체를 생성할 때 이루어지기 때문이다. 따라서 JDBC API의 가장 비싼 자원인 Connection 객체를 미리 생성하여 재사용하는 메커니즘을 ConnectionPool이라고 한다. 단어에서 보듯 Connection 객체를 pool에 저장한 후 pool에서 꺼내어 사용하고 다시 pool에 저장시키는 구조를 갖는다. 아래의 내용은 미들웨어가 서울에 있고 DBMS가 뉴욕에 있을 경우 네트워크에 따라 12초~10분 정도 걸리는 상황을 그려 놓은 것이다.

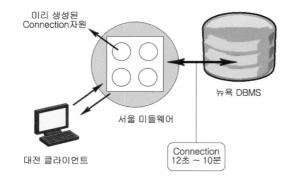

[그림 17-45] Connection Pool과 DBMS의 상관관계

위와 같은 3tier 구조에서 미들웨어와 DBMS의 거리는 상당히 중요하며, 이런 환경에서는 Connection 자원을 미리 생성하는 ConnectionPool 매커니즘을 사용해야 한다. ConnectionPool을 사용하는 예는 도메인 검색이다. 도메인을 검색하게 되면 미국의 루트 서버에 있는 DBMS를 검색해야 하는데, 이런 상황이 대표적이라고 할 수 있다.

❷ ConnectionPool 만들기

ConnectionPool을 만들기 위해서는 전체 구조를 분석할 필요가 있다. 우선 Connection을 저장할 수 있는 두개의 Vector를 생성한다. Freed(Vector)는 ConnectionPool 클래스의 객체가 생성될 때 미리 생성된 Connection 객체를 저장하는 장소다. Used(Vector)는 실제 미들웨어에서 DBMS와 연결할 때 사용하는 Connection 공간이다. 이때 Freed(Vector)에서 Connection 객체를 꺼내와 Used(Vector)에 저장하고 Used(Vector)에 있는 Connection 객체를 실제 애플리케이션에 사용하는 것이다. 대략적인 그림은 아래와 같다.

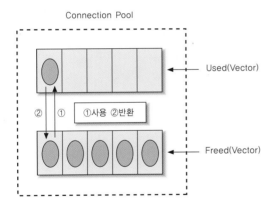

[그림 17-46] Connection Pool의 프로그램 구조

ConnectionPool에 대한 예제를 살펴보자.

예제 17-7	ConnectionPool

```
001  import java.sql.*;
002  import java.util.*;
```

```
003  public final class ConnectionPool{
004      static{
005          try{
006              Class.forName("oracle.jdbc.driver.OracleDriver");
007          }catch(ClassNotFoundException cnfe){
008              cnfe.printStackTrace();
009          }
010      }
011      // 사용하지 않은 커넥션 즉, 초기 커넥션을 저장하는 변수
012      private ArrayList<Connection> free;
013
014      // 사용 중인 커넥션을 저장하는 변수
015      private ArrayList<Connection> used;
016
017      private String url;
018      private String user;
019      private String password;
020
021      // 초기 커넥션수
022      private int initialCons = 0;
023
024      // 최대 커넥션수
025      private int maxCons = 0;
026
027      // 총 커넥션수
028      private int numCons = 0;
029      private static ConnectionPool cp;
030
031      public static ConnectionPool getInstance(String url,
032          String user, String password,
033              int initialCons, int maxCons){
034          try{
035              if(cp == null){
036                  synchronized(ConnectionPool.class){
037                      cp=new ConnectionPool(url,user,
```

```
038                             password,initialCons,maxCons) ;
039
040                     }
041                 }
042             }
043         catch(SQLException sqle){
044                 sqle.printStackTrace();
045         }
046         return cp;
047     }
048
049     private ConnectionPool(String url, String user,
050         String password, int initialCons, int maxCons)
051         throws SQLException{
052
053         this.url = url;
054         this.user = user;
055         this.password = password;
056         this.initialCons = initialCons;
057         this.maxCons = maxCons;
058
059         if (initialCons < 0)
060             initialCons = 5;
061         if(maxCons < 0)
062             maxCons = 10;
063
064         /*
065             초기 커넥션 개수를 각각의 ArrayList에 저장할 수
066             있도록 초기 커넥션 수만큼 ArrayList를 생성한다.
067         */
068         free = new ArrayList<Connection>(initialCons);
069         used = new ArrayList<Connection>(initialCons);
070
071         // initialCons 수만큼 Connection을 생성(free)한다.
072         while (numCons < initialCons){
```

```
073                    addConnection();
074            }
075       }
076    // free에 커넥션 객체를 저장한다.
077    private void addConnection() throws SQLException{
078            free.add(getNewConnection());
079       }
080
081    // 새로운 커넥션 객체를 생성한다.
082    private Connection getNewConnection()
083            throws SQLException{
084            Connection con = null;
085            try{
086                    con = DriverManager.getConnection(url,
087                            user, password);
088            }catch (SQLException e){
089                    e.printStackTrace();
090            }
091            System.out.println("About to connect to " + con);
092            //커넥션 생성될 때마다 숫자가 증가한다.
093            ++numCons;
094            return con;
095       }
096
097    /*
098            free에 있는 커넥션을 used로
099            옮기는 작업 => free--->used
100    */
101    public synchronized Connection getConnection()
102            throws SQLException{
103            /*
104                    free에 Connection이 없으면
105                    maxCons만큼 Connection을 더 생성한다.
106            */
107            if(free.isEmpty()){
```

```
108            while(numCons < maxCons){
109                    addConnection();
110            }
111        }
112        Connection _con;
113        _con = free.get(free.size()-1);
114        free.remove(_con);
115        used.add(_con);
116        return _con;
117    }
118    /*
119        used에 있는 커넥션을
120        free로 반납한다.
121    */
122    public synchronized void releaseConnection(
123        Connection _con)
124        throws SQLException {
125        boolean flag = false;
126        if (used.contains(_con)){
127            used.remove(_con);
128            numCons--;
129            flag = true;
130        }else{
131            throw new SQLException("ConnectionPool"
132            +"에 있지않네요!!");
133        }
134        try{
135            if (flag){
136                free.add(_con);
137                numCons++;
138            }else{
139                _con.close();
140            }
141
142        }catch (SQLException e){
```

```java
143              try{
144                      _con.close();
145              }catch(SQLException e2){
146                      e2.printStackTrace();
147              }
148          }
149      }
150      // 모든 Connection 자원을 반납한다.
151      public void closeAll(){
152          // used에 있는 커넥션을 모두 삭제한다.
153          for(int i=0;i<used.size();i++){
154              Connection _con = (Connection)used.get(i);
155              used.remove(i--);
156              try{
157                      _con.close();
158              }catch(SQLException sqle){
159                      sqle.printStackTrace();
160              }
161          }
162
163          // free에 있는 커넥션을 모두 삭제한다.
164          for(int i=0;i<free.size();i++){
165              Connection _con = (Connection)free.get(i);
166              free.remove(i--);
167              try{
168                      _con.close();
169              }catch(SQLException sqle){
170                      sqle.printStackTrace();
171              }
172          }
173      }
174      public int getMaxCons(){
175          return maxCons;
176      }
177      public int getNumCons(){
```

```
178            return numCons;
179        }
180 }
```

▶▶▶ 31행~47행: getInstance( ) 메서드를 이용하여 자기 자신의 객체를 생성한다. 35행의 cp의 null
을 체크하는 것은 객체를 한 개만 생성하기 위함이다.

49행: 생성자의 접근 지정자가 private인 이유는 외부에서 객체를 생성하지 못하게 하기 위해서다.

59행~60행: initialCons의 값이 음수가 들어오는 경우는 기본적으로 5를 설정한다.

61행~62행: maxCons의 값이 음수가 들어오는 경우는 기본적으로 10을 설정한다.

ConnectionPool 클래스를 만들었다면 이를 이용한 DBMS와 연결할 수 있는 프로그램을
만들어 보자.

예제 17-8 ConnectionPoolEx

```
01  import java.sql.*;
02  public class ConnectionPoolEx {
03      public static void main(String[] args){
04          Connection con = null;
05          PreparedStatement pstmt = null;
06          ResultSet rs = null;
07          ConnectionPool cp = null;
08          try{
09              cp = ConnectionPool.getInstance(
10              "jdbc:oracle:thin:@211.238.132.173:1521:sist",
11                  "scott","tiger",5,10);
12              con = cp.getConnection();
13              pstmt = con.prepareStatement("select * from dept");
14              rs = pstmt.executeQuery();
15              while(rs.next()){
16              System.out.println("deptno : "+rs.getInt(1)+",");
17              System.out.println("dname : "+rs.getString(2)+",");
```

```
18                    System.out.println("loc : "+rs.getString(3));
19            }
20        }catch(SQLException sqle){
21            sqle.printStackTrace();
22        }finally{
23            try{
24                if(rs != null)rs.close();
25                if(pstmt != null)pstmt.close();
26                if(con != null) cp.releaseConnection(con);
27            }catch(SQLException _sqle){
28                _sqle.printStackTrace();
29            }
30        }
31        cp.closeAll();
32    }
33 }
```

```
Problems  Javadoc  Declaration  🖳 Console ☒                              ☀  🗏  🖹 🗗 🗗 ▾ 🗗 ▾
<terminated> ConnectionPoolEx [Java Application] C:\Program Files\Java\jdk1.5.0_02\bin\javaw.exe (2005. 7. 25 오후 2:54:33)
About to connect to oracle.jdbc.driver.OracleConnection@ae000d
About to connect to oracle.jdbc.driver.OracleConnection@e39a3e
About to connect to oracle.jdbc.driver.OracleConnection@12498b5
About to connect to oracle.jdbc.driver.OracleConnection@18e3e60
About to connect to oracle.jdbc.driver.OracleConnection@c1cd1f
deptno : 10,dname : salesss,loc : NEW YORK
deptno : 20,dname : RESEARCH,loc : DALLAS
deptno : 30,dname : SALES,loc : CHICAGO
deptno : 40,dname : OPERATIONS,loc : BOSTON
```

[그림 17-47] ConnectionPoolEx의 실행결과

요약

1 JDBC를 작성하기 위한 6단계는 아래와 같다.

　　1) import java.sql.*; 한다.　　　　　　　　　　2) 드라이버를 로드한다.

　　3) Connection 객체를 생성한다.　　　　　　　　4) Statement 객체를 생성한다.

　　5) SQL문에 결과물이 있다면 ResultSet 객체를 생성한다.　　6) 모든 객체를 닫는다.

2 PreparedStatement란 SQL문을 미리 컴파일하여 조건값을 변수로 처리하고, 실행 시 변수로 처리된 값을 저장함으로써 조건문의 값이 다르더라도 항상 동일한 SQL문을 DBMS에게 전달하여 PARSING, EXECUTE PLAN 작업을 재사용하는 아주 유용한 구문이다.

3 CallableStatement는 Stored Procedure를 호출할 수 있는 Statement다.

4 JDBC 2.0에서는 Scrollable, Savepoint, Batch Query를 할 수 있는 다양한 기능이 추가되었다.

5 Connection Pool이란 JDBC에서 가장 중요한 자원이자 생성 시간이 많이 소요되는 Connection 객체를 미리 여러 개 생성하여 이를 관리하기 위한 방법이다.

연습문제

1 dept 테이블에 있는 모든 정보를 화면에 출력하라(단, Statement를 사용한다).

2 emp 테이블에서 sal이 1000보다 크거나 같고, 3000보다 작은 모든 정보를 화면에 출력하라(단, PreparedStatement를 사용한다).

3 String sql = "select EMPNO, ENAME, JOB, MGR, HIREDATE, SAL, COMM, DEPTNO from EMP"의 모든 칼럼명과 컬럼명의 자료형을 화면에 출력하라.

4 현재 계정에 있는 모든 테이블을 화면에 출력하라(단, "select tname from tab"문과 Properties 클래스를 사용한다).